Therese von Bayern

Meine Reise in den brasilianischen Tropen

Therese von Bayern

Meine Reise in den brasilianischen Tropen

ISBN/EAN: 9783743331808

Hergestellt in Europa, USA, Kanada, Australien, Japan

Cover: Foto ©Andreas Hilbeck / pixelio.de

Manufactured and distributed by brebook publishing software (www.brebook.com)

Therese von Bayern

Meine Reise in den brasilianischen Tropen

MEINE REISE

IN DEN

BRASILIANISCHEN TROPEN

VON

THERESE PRINZESSIN VON BAYERN

(TH. VON BAYER*).

MIT

ZWEI KARTEN,

4 TAFELN, 18 VOLLBILDERN UND 60 TEXTABBILDUNGEN

zum Theil nach Photographien der Reisegesellschaft und Zeichnungen der Verfasserin.

BERLIN 1897.
VERLAG VON DIETRICH REIMER
(ERNST VOHSEN).

DEM ANDENKEN

SEINER MAJESTÄT

DES HOCHVEREHRTEN UND UNVERGESSLICHEN KAISERS

DOM PEDRO II. VON BRASILIEN

GEWIDMET.

VORWORT.

Meine Reise nach Brasilien unternahm ich in Begleitung einer Dame, eines dienstthuenden Kavaliers und eines Dieners, welcher sich taxidermische Fertigkeiten angeeignet hatte. Zweck meiner Reise war, die Tropen kennen zu lernen, womöglich Indianerstämme aufzusuchen und Pflanzen, Thiere und ethnographische Gegenstände zu sammeln. Als Ergebniss der Reise ist unter Anderem das Entdecken einiger neuer Thier- und Pflanzenarten und -varietäten und die Feststellung einiger neuer Fund- und Standorte zu verzeichnen.

Zunächst die Absicht, zur Thier- und Pflanzengeographie ergänzend beizutragen, bewog mich, die diesbezüglichen Resultate meiner Reise auszuarbeiten und an ihre Veröffentlichung zu denken. Während ich mit dieser Arbeit beschäftigt war, ereignete sich die grosse politische Umwälzung in Brasilien. Und bald auch wurde das einstige, edle Herrscherpaar dieses Landes zur ewigen Ruhe gebettet. Nun gehörte einer abgeschlossenen Geschichtsperiode an, was ich in Brasilien am Hof gesehen und erlebt, und Manches davon gewann an Interesse dadurch, dass es fernerhin nicht mehr beobachtet werden konnte. Dies veranlasste mich, schliesslich auch diesen, anfangs nicht für die Oeffentlichkeit bestimmten Theil meiner Reise einer Ausarbeitung zu unterziehen, und den geographischen Schilderungen anzugliedern. —

Es war leider nicht möglich, diese Blätter früher dem Druck zu übergeben, da allein fünf Jahre auf Bestimmen der von mir gesehenen und gesammelten Pflanzen und Thiere und auf Vergleich der von mir mitgebrachten ethnographischen Gegenstände mit denjenigen verschiedener ethnographischer Museen verwendet werden mussten. Wohl hatten Männer von Fach die Güte, die meisten Objekte zu bestimmen, doch liess ich es nicht dabei bewenden, sondern arbeitete selbst jeden einzelnen Gegenstand nochmals durch, zu welchem Zweck ich mich mit der einschlägigen Literatur erst eingehend bekannt machen musste. Eine weitere Verzögerung der Veröffentlichung ergab sich dadurch, dass ich mich genöthigt sah, verschiedene Reisen zur Vervollständigung meiner Studien zu unternehmen. So war ich im Jahre 1889 in Paris, die dort in noch nie dagewesener Uebersichtlichkeit aufgestellte altindianische Keramik Mexicos und verschiedener central- und südamerikanischer Staaten, behufs Vergleiches mit derjenigen Brasiliens, einer Besichtigung zu unterziehen. Dann war ich 1893 in Nordamerika, um in möglichst viel ethnographisches Vergleichsmaterial Einblick zu erhalten. Dies gelang mir, ausser durch Besuch der Sammlungen, auch insofern, als ich von Canada bis Südmexico Indianer aus siebzehn verschiedenen Stämmen zu Gesicht bekam.

Es wurde mir gerathen, meine Reiseerlebnisse in Tagebuchform zu kleiden. Ich folgte diesem Rath. Je mehr ich aber im Schreiben meines Buches vorwärts gelangte, desto mehr kam mir zum Bewusstsein, dass diese Form keine glückliche ist. Sie verhindert z. B. das Zusammenfassen der Eindrücke und das Verwerthen später erworbener, ergänzender Erfahrungen. Verwerthet man letztere aber dennoch, so ergiebt sich der Missstand, dass man anscheinend Dinge zu einer Zeit gewusst hat, zu der man sie kaum oder unmöglich hat wissen können. Als ich dieser und noch vieler anderer Nachtheile der Tagebuchform gründlich inne geworden, war das Werk jedoch schon zu weit fortgeschritten, um in veränderter Fassung wieder von vorne begonnen zu werden.

Ausser durch letztgenannten Uebelstand, wurde ich auch noch durch Mangel an Literatur gehindert, mein Buch nach Wunsch auszuarbeiten. So sind, um nur Einiges zu erwähnen, mehrere der wichtigsten Pflanzenfamilien in der Flora Brasiliensis von Martius noch nicht erschienen. Ebenso ist der die Reiher etc. behandelnde Band des ornithologischen Kataloges, welchen das Britische Museum herausgiebt, noch nicht veröffentlicht worden. Da während meiner langjährigen Arbeit sich manche neue naturwissenschaftliche Standpunkte geltend gemacht haben, war ich später gezwungen, im schon vollendeten Werk Verschiedenes abzuändern. Es mag nun vielleicht geschehen sein, dass ich an einer Stelle die Berichtigung angebracht, sie an einer anderen anzubringen jedoch übersehen habe und hierdurch in meinem Buche Widersprüche entstanden sind. Ueberhaupt mögen, trotz mehrmaliger peinlicher Revision des Ganzen noch so manche Fehler mituntergelaufen sein. —

Ehe ich dieses einleitende Wort beende, kann ich nicht umhin, all Denjenigen zu danken, welche mir mit so grosser Liebenswürdigkeit im Bestimmen des von mir gesammelten naturwissenschaftlichen Materials oder sonstwie hilfreich an die Hand gegangen sind. Zu diesen gehören die Herren an der zoologischen, paläontologischen, mineralogischen und prähistorischen Sammlung und dem ethnographischen und botanischen Museum zu München, verschiedene Herren an dem naturhistorischen

Museum zu Wien, dem Museum für Naturkunde und botanischen Museum zu Berlin und dem Britischen Museum zu London, die Botaniker Professor Dr. Weiss in Freysing, Dingler in Aschaffenburg, Schenk in Darmstadt, Köhne in Berlin, Mez in Breslau, Cogniaux in Verviers, Dr. Stapf in Kew und Petersen in Kopenhagen, die Zoologen Graf Otting in München, Graf Berlepsch in Münden, Professor Dr. Forel in Zürich, Baron de Selys-Longchamps in Lüttich und Dr. Goeldi in Pará, schliesslich der Geologe Professor Orville A. Derby in São Paulo.

München 1897.

Die Verfasserin.

Inhalts-Verzeichniss.

	Seite
Kapitel I. Ueberfahrt nach Brasilien	1— 11

17. Juni. Abreise von Lissabon. Madeira. Sturmvogel. Die Reisegefährten.
24. Juni. Fliegende Fische. Physaliden. Möwen. Die tropische Zone. Südäquatorialströmung. Meeresfarbe. Havarie.
25. Juni. Passiren der Linie. Land in Sicht. Coelenteraten. Lootse an Bord. Rio Pará. Pororóca.

Kapitel II. Allgemeines über Brasilien und die Amazonasprovinzen . . . . 12— 24

Flächeninhalt Brasiliens. Bevölkerung. Mischrasse. Weisse. Neger. Indianer.
Provinz Grão Pará. Provinz Amazonas. Urwald und Campos. Der Amazonas. Igapó und Vargem. Furos und Paraná-mirims. Schwarz- und Weisswasserflüsse. Geologisches. Hylaea. Igapó- und Etéwald. Artenreichthum der Hylaea. Charakter der Fauna. Klima.

Kapitel III. Pará . . . . 25— 56

26. Juni. Fahrt auf dem Strom. Ufervegetation. Ankunft in Pará. Vögel und andere Thiere. Cafuzas. Bauart in den Tropen. Temperatur. Gefährlichkeit des Klimas.
27. Juni. Igapówelt. Ilha das Onças. Vegetation. Vögel, Schmetterlinge und Krabben. Neger. Nutzpflanzen. Igarapéfahrt. Indianerhütten.
29. Juni. Fahrt nach Sacramento. Capoeira. Negertanz.
30. Juni. Caá-Eté. Baumwolle und Mandioca. Wanderung im Urwald. Insekten. Cacaopflanzung. Kautschukgewinnung. Neue Vogelspecies.
1. Juli. Militärmesse. Seltener Schmetterling.
2. Juli. Ausflug nach Araparý. Verschiedene Pflanzen. Schlangen, Ameisen, Termiten. Sklavenemancipation. Zuckerfabrikation und -Export. Buschmesser. Reiseausrüstung. Die Deutschen in Pará. Gesammelte Thiere.

Kapitel IV. Auf dem Amazonas . . . 57 — 81

3. Juli. Abreise von Pará. Canal von Tagypurú. Hütten im Urwald. Nachtfahrt. Thierkonzert.
4. Juli. Gurupá und Xingú. Wasserpflanzen. Serras. Almeyrim. Inseln. Papageien. Prainha. Heisse Nächte. Fledermäuse.
5. Juli. Tropenhimmel. Tapajoz. Inselvegetation. Vögel. Obidos. Wassermasse des Amazonas. Trombetas. Mauéindianer. Amazonastiefebene und Ueberschwemmungen. Pyrophoren. Parintins. Einwanderer.
6. Juli. Brüllaffen. Ilha Tupínambarána. Eisvögel. Viehfazenda. Itacoatiara. Indianer. Verlockendes Angebot. Madeira. Aráraindianer. Mundurucú. Mura. Urwaldkonzert.

Kapitel V. Rio Negro . . . . 82—104

Rio Negro. Klima. Geschichtliches. Verhältniss zwischen Weissen und Indianern.
7. Juli. Ankunft in Manáos. Crichanáindianer. Indianische Bevölkerung Manáos. Exportwaaren. Deutsche. Klima.
8. Juli. Brasilianische Sitten. Miranhaindianer. Abreise flussaufwärts. Manaháindianer. Nachtschwalben. Strike an Bord. Uebernachten im offenen Boot.
9. Juli. Nächtliches Urwaldkonzert. Vegetation. Korallenschlange. Indianischer Aberglaube. Indianische Sage. Anthropophagen. Tauapessassú. Indinnerinnen. Schildkröten. Malaria.
10. Juli. Thiere in unserem Nachtquartier. Rückreise nach Manáos. Paricatúba. Indianische Todtenurnen. Blaserohr und Harpunenpfeil. Ungemüthliche Heimfahrt.

Kapitel VI. Solimões . . . . 105—120

11. Juli. Reiseschwierigkeiten. Affen. Solimões. Delphine. Mura. Ungnädiger Empfang. Uebernachten in der Murahütte.
12. Juli. Nächtliche Thierstimmen. Fahrt stromaufwärts. Bemalter Indianer. Weg versperrt. Vögel und Insekten. Providencia. Mura und Mauá. Wollaffe. Wasserriesenschlange. Lanzenratte und Wasserschweine.
13. Juli. Verwundete Affen. Uferseen. Vegetation und Thierleben. Victoria regia. Eidechsen. Mura. Erhandeln von Waffen. Käfer.

Kapitel VII. Rio Negro . . . . 121—145

14. Juli. Einkäufe ethnographischer Gegenstände. Mortalität unter den Indianern. Igarapé da Cachoeirinha.
15. Juli. Ausflug an den Hyanuarysee. Klammeraffe. Vegetation. Thierwelt. Hohe Temperatur.
16. Juli. Indianer in Manáos. Einfluss der Hitze. Igarapé da Cachoeira grande.
17. Juli. Wespennest. Ausflug an den Tarumá-assú. Paricatuba. Mandiocamehlbereitung. Nacht an Bord.
18. Juli. Tarumá-assú. Urwald. Pflanzen- und Thierwelt. Wasserfall. Orchideen. Tarumáindianer. Neue Macaireaspecies.
19. Juli. Umgegend von Manáos. Anämie der Tropen. Naturwissenschaftliche Ausbeute. Ameisenplage.

X

	Seite
Kapitel VIII. Auf dem Amazonas	146—167

20. Juli. Abreise von Manáos. Brasilianischer Dampfer. Mündung des Rio Negro. Anthropomorphe Urne. Peruanische Indianer. Cacaokultur und -ausfuhr. Jagende und fischende Indianer. Arara.

21. Juli. Obidos. Indianerlager. Neger und Indianer. Zahme Affen. Zwei Paraná. Vogelreichthum. Alligatoren. Alemquer. Urwald bei Mondschein.

22. Juli. Tropischer Regen. Ungeziefer. Santarem. Versteinerungen. Indianische Keramik. Prainha. Einschiffung und Verpflegung des Rindviehes.

23. Juli. Porto de Moz. Xingú. Miritíwaldungen. Gurupá. Fächerpapagei. Schwimmender Kaufladen. Verschiedene Palmen. Breves.

24. Juli. Unsere Reisegefährten. Ankunft in Pará.

Kapitel IX. Pará . . . . 168—180

26. Juli. Marajó. Ethnographische Sammlungen. Brasilianische Musik. Pfeilgift. Wasserschwein und andere Thiere.

27. Juli. Ilha das Onças. Vieraugen. Palmenhain. Lepidopteren. Pary. Zitteraale.

28. Juli. Gelbfieber. Primitive Unterkunft. An Bord.

Verzeichniss der gesammelten Insekten. Geographische Verbreitung der Lepidopteren.

Kapitel X. Maranhão und Ceará . . . . . . 181—202

29. Juli. Menagerie an Bord. Abreise von Pará. Brasilianische Frauen. Provinz Maranhão.

Neues Floragebiet. Campos. Camposwälder.

Sertão. Camposfauna. Klima von Maranhão.

30. Juli. São Luiz. Nackte Hunde. Verwechslung.

31. Juli. Windrichtung. Küstenriffe. Provinz Ceará. Dürren.

2. August. Gestrandeter Dampfer. Fortaleza. Jangadas. Indianer. Schlimme Flossfahrt. Carnaúbapalmen. Baumwollproduktion u. -export. Maranguape. Bergbesteigung. Felsenmeerschweinchen. Ein Aussätziger.

Kapitel XI. Vier Provinzen Nordostbrasiliens . . . . . . 203—217

3. August. Provinz Rio Grande do Norte. Cocospalmen. Cap de São Roque. Landungsschwierigkeit.

4. August. Provinz Parahyba do Norte. Fahrt auf dem Rio Parahyba. Stadt Parahyba. Ein Jaguar.

6. August. Provinz Pernambuco. Handel von Recife. Regenzeit. Bodengestalt. Ein Stück Holland. Sandsteinriff.

7. August. Provinz Alagôas. Maceió. Salzwassersee. Stachelschwein.

Kapitel XII. Bahia . . . . 218—237

8. August. Vögel und Schildkröte. Wale. Rio São Francisco. Küstenurwald. Serra do Mar. Fauna des Küstenurwaldgebietes.

9. August. Provinz Bahia. Landwirthschaft. Indianer. Lage Bahias. Vorherrschen des schwarzen Elementes.

10. August. Grösse der Bai. Wasservögel. Krabben. Santo Amaro. Minasnegerinnen. Fische.
11. August. Negervorstellung. Colibris. Anlagen. Umgegend Bahias.
12. August. Bahia vom Meere aus. Plankton. Wale und Schwertfisch. Abrolhos. Cap São Thomé.

Kapitel XIII. Rio de Janeiro 238–257

Municipio und Provinz Rio de Janeiro. Bevölkerung nach Rassen. Kulturen. Klima. Handel.
14. August. Ankunft in Rio de Janeiro. Die Bai. Lage der Stadt. Strassenleben. Verkaufsläden. Plätze. Unser Hotel. Rio bei Nacht.
15. August. Cariócawasserleitung. Nietheróy. Thiermarkt.
16. August. Ausflug auf den Corcovado. Vegetation. Rundsicht. Insekten. Gewitter.
Verzeichniss der auf dem Corcovado gesammelten Schlangen, Kerbthiere u. Spinnen.

Kapitel XIV. Minas Geraes 258–280

Grösse der Provinz Minas Geraes. Milchwirthschaft. Mineralreichthum. Indianer. Klima.
17. August. Eisenbahnwesen. Rio Parahyba. Waldcharakter. Parahybuna. Serra do Espinhaço. Termiten. Araucarien. Viehzucht. Alpine Region. Lafayette.
18. August. Serra de Ouro Branco. Topasminen. Ouro-Preto. Ritt auf den Itacolumý. Camposvegetation. Thierleben. Fernsicht. Charakter des Gebirges. Termitenbauten. Zecken.
Verzeichniss der auf dem Itacolumý gesammelten Pflanzen.
19. August. Niedrige Temperatur. Strassentypen Ouro-Pretos. Bergbauschule. Petrefakten und Mineralien. Goldwäschereien.
Verzeichniss der erhaltenen Gesteinsarten und Mineralien.
20. August. Brennender Wald. Schlangenstörche. Ueberfüllte Waggons.

Kapitel XV. Rio de Janeiro . 281–293

21. August. Zoologischer Garten.
22. August. Rückkunft des Kaisers. Republikanische Strömung.
24. August. Ausflug nach Cantagallo. Delphine und Scheibenquallen. Pampasstrauss. Papyrus. Baumfarne. Nova Friburgo. Einwanderung. Würgspinne. Kaffeeplantage. Sklaverei u. Abschaffung derselben. Kaffeeernte. Kaffeeproduktion u. -export. Ochsenbespannung.

Kapitel XVI. Espirito Santo 294–338

25. August. Abreise zu den Botokuden. Provinz Espirito Santo. Mangel an Verkehrswegen. Verschiedene Indianerstämme. Botokuden. Anthropologisches. Nak-nanuk.
26. August. Itapémirim. Guaraparý. Victoria.
27. August. Ausrüstung für die Reise durch den Urwald. Zu Canôa. Rio Santa Maria. Pontederien. Ein loyaler Fazendeiro. Glückliche Begegnung. Mangarahý.

XII

Seite

28. August. Ritt nach Cachoeiro. Pflanzen- und Thierwelt. Eine frühere Kolonie. Ritt durch den Urwald. Vegetation. Pilões. Nacht im Urwald. Santa Thereza. Ausbleiben der Packthiere.
29. August. Beutelratte. Tropeiro. Aufgeben der Muttersprache. Soziale Zustände. Ansiedler. Pflanzenlawine. Bei Tyrolern.
30. August. Im dichtesten Urwald. Vegetation. Vögel. Südtyroler. Schmetterlinge. Tapire. Finstere Nacht im Wald. Einsame Fazenda.
31. August. Langer Ritt durch den Urwald. Riesenbäume. Vögel und Brüllaffen. Eintönigkeit des Waldes. Rio Doce.

Kapitel XVII. Rio Doce . . . . 339—374

1. September. Unerforschtes Land. Mangelhafte Unterkunft. Mutum. Zweck der Aldeamentos. Priestermangel. Unser Zeltlager. Botokuden. Wilde Mahlzeit. Anthropophagie. Papageienbraten. Tanzende Botokuden. Ein Wilder.
2. September. Gestörte Nachtruhe. Säugethiere, Vögel u. Schmetterlinge. Nausikaa. Botokudenhütte. Erhandeln ethnographischer Gegenstände.
3. September. Abbrechen des Lagers. Affen. Zu Canôn den Rio Doce hinunter. Lagerfeuer der Wilden. Verhältniss zwischen Ansiedlern und Wilden. Rio das Pancas. Unterkunft in einer Negerhütte.
4. September. Thier- und Pflanzenwelt. Deutsche Ansiedler. Sägefische. Palisander. Niedriger Wasserstand. Wir werden für Ingenieure gehalten. Linhares.
5. September. Lagôa de Juparanã. Botokudenknabe. Beutelnester. Alligatoren. Vögel. Regencia. Matéproduktion u. -export.
6. September. Vegetation. Schlimme Ausfahrt über die Barre des Rio Doce.

Kapitel XVIII. Küste von Espirito Santo . . . . . . 375—392

7. September. Meeresschildkröten. Santa Cruz. Seethiere u. Algen. Restingavegetation. Spornflügler. Feuerwerk. Brasilianische Liebenswürdigkeit.
Verzeichniss von Gasteropoda, Lamellibranchiata u. Anthozoa.
8. September. Victoria. Ritt nach Carapinas.
9. September. Frühe Heirathen. Kloster Nossa Senhora da Penha.
11. September. Brasilianische Sitten. Schlangen u. Seestern. Padre Anchieta. Kaffeehandel.
12. September. Nadelhecht. Die Ladung unseres Dampfers. Papageien. Reiskultur.

Kapitel XIX. Rio de Janeiro . . . . 393—414

14. September. São Christovão. Museu Nacional. Ethnographische Gegenstände. Anthropologische Sammlung. Indianische Keramik. Paläontologische und mineralogische Sammlung. Botanische u. zoologische Abtheilung. Passeio Publico. Federnindustrie.
15. September. Botanischer Garten. Irrenanstalt. Aufwartung bei den Majestäten. Einfachheit bei Hof.
16. September. Krankenhaus. Gelbfieber. Die Kronprinzessin. Sandflöhe.

XIII

Kapitel XX. Petropolis . . . . 415—428

17. September. Bai von Rio de Janeiro. Salzgehalt u. Fluthhöhe. Bergfahrt. Petropolis. Deutsche Kolonisten. Colibri. Kaiser u. Kaiserin. Piabanhathal. Gesundes Klima.
18. September. Baumwollwaarenfabrik. Chinesen.
19. September. Hübsches Familienleben bei Hof. Itamaratýfall. Der Kaiser und die deutsche Literatur.
20. September. Das Innere des kaiserlichen Schlosses. Käserei. Orchideenkultur.
21. September. Der Kaiser liest arabisch. Ritt nach Alto do Imperador.

Kapitel XXI. Rio de Janeiro u. Serra dos Orgãos . 429—452

22. September. Rückkehr nach Rio de Janeiro. Brasilianische Kunst. Jugend des Kaisers. Institut zur Wuthschutzimpfung.
23. September. Kaiserparade. Armee und Marine. Der kaiserliche Palast im Innern. Sprachkenntnisse des Kaisers. Tupí. Vielseitigkeit des Kaisers. Fahrt mit den Majestäten nach Petropolis.
24. September. Deutsche Kolonie. Vortrag der kaiserlichen Gedichte.
25. September. Ritt nach Therezopolis. Sturz vom Pferd. Neue Fuchsienvarietät. Temperatur in Therezopolis.
26. September. Dedo de Deos. Chinapflanzung. Primitive Wege. Leuchtkäfer.
27. September. Marinearsenal in Rio. Meteorit. Maurischgothischer Bau. Gewünschte Decentralisation. Kirchhöfe.
28. September. Fest der Goldenen Rose. Politisches. Paço da Cidade. Empfang bei Hof. Galawagen. Diamantenproduktion Brasiliens.

Kapitel XXII. São Paulo . . . . 453—469

29. September. Provinz São Paulo. Handel. Klima. Starke Einwanderung. Indianer. Serra da Mantiqueira. Itatiaya. Verschiedene Campos. Flussuferwälder. Araucarien.
30. September. Stadt São Paulo. Fahrt in die Campos. Geierfalken. Theekultur. Kinderbegräbniss.
1. Oktober. Ypiranga. Küstenurwald. Santos. Hahnenkämpfe. Kaffeelagerräume. Drahtseilbahn.
2. Oktober. Rückreise nach Rio de Janeiro. Brasilianische Eisenbahnen.

Kapitel XXIII. Die letzten Tage in Brasilien . . . . . . 470—482

3. Oktober. Abschiedsfahrt nach Petropolis. Schulfeier in der Waisenanstalt. Besuch bei den Majestäten. Urtheil eines Deutschen über den Kaiser.
4. Oktober. Tijuca. Palast der Kronprinzessin. Park. Pinseläffchen.
8. Oktober. Einschiffung. Unser Dampfer. Havarie. Seethiere.
9. Oktober. Bahia. Museum. Politisches Gespräch. Nonnenkloster. Rothbarte.
10. Oktober. Einkäufe auf dem Thiermarkt. Armenhaus. Ausfuhr an Kurzflügelpapageien. Verlassen des brasilianischen Bodens.

	Seite
Kapitel XXIV. Ueberfahrt nach Europa	483—492

13. Oktober. Flugfische. Brasilienstrom. Vogelsterben. Fernando de Noronha.
18. Oktober. Thiere an Bord. Unser Dampfer. Kalmenzone. Signalisiren der Schiffsnamen.
22. Oktober. Die Cap Verdischen Inseln. Flugfisch an Bord.
23. Oktober. Die Kanarischen Inseln. Teneriffa. Las Palmas auf Gran Canaria. Cochenillezucht. Afrikanische Landschaft. Kanarienvögel. Wieder an Bord.
28. Oktober. Land! Quarantäne. Schluss.

Anhang	493—500

I. Die mitgebrachten lebenden Thiere.
II. Die mitgebrachten lebenden Pflanzen.

Hauptsächlich benützte Literatur	501—514
Personen- und Sachregister	515—540
Berichtigungen	541
Erklärung der ethnographischen Tafeln	543

Verzeichniss der Illustrationen.

Dom Pedro II., Kaiser von Brasilien
Funchal
Mangroven
Bissige Winkerkrabbe (Gelasimus mordax)
Igarapé auf der Ilha das Onças
Hütte an einem Igarapé der Ilha das Onças
Jabutí-Mutá-Mutá (Bauhinia)
Urwald am Amazonas
Stamm und Tafelwurzeln eines Urwaldriesen
Dendrexetastes paraënsis, vermuthlich nov. spec.
Der Amazonas
Uferlandschaft im Amazonasgebiet
Uferlandschaft im Amazonasgebiet
Amazonasufer
Maximiliano Roberto
Indianerin in Tauapessassú
Indianerhütte in Tauapessassú
Murahütte in Corarezinho
Providencia
Mura und Mauá
Cuiá
Typytí
Urwald im Amazonasgebiet
Feuerfächer
Unser Landungsplatz am Tarumá-assú
Fahrt durch überschwemmten Urwald
Assaípalmen am Tarumá-assú
Unser João in einer Montaria
Macairea Theresiae, nov. spec.
Anthropomorphe Urne von Maués
Prainha
Miritípalmenwald
Vierauge (Anableps tetrophthalmus)
Ein Igarapé

	Seite
Nymphidium nov. spec. ♂ u. ♀	179
Carnaúbapalmenhain	196
Maranguape	198
Ochsenfuhrwerk	199
Fortaleza	201
Hafen von Recife	213
Bahienser Negerin	226
Canoa auf der Bahia de Todos os Santos	230
São Salvador da Bahia	232
Weg nach dem Leuchtthurm	234
Der Dique mit Montrichardien im Vordergrund	235
Die Altstadt von Rio de Janeiro	243
Rua São Clemente	247
Bai von Rio de Janeiro vom Corcovado aus	248—249
Ouro-Preto mit dem Itacolumy	267
Eine Kaffeefazenda	279
Mündung des Itapémirim	300
Muquissaba	305
Der Rio Santa Maria mit dem Mestre Alvaro	307
Brücke in der Provinz Espirito Santo	317
Tillandsia usneoides	328
Stimmsack eines Mycetes ursinus	337
Unser Lager am Rio Doce	343
Botokudin	344
Alter Botokude	345
Häuptling der Botokuden von Mutum	348
Botokuden	349
Botokuden-Mädchen	354
Botokuden-Mädchen	356
Botokudinnen	364
Der Morro da Serra von Carapina aus	382
Palast von São Christovão	394
Von Jivaro mumificirter Kopf	395
Stereosternum tumidum	401
Indianisches Basthemd	404
Die Gavea	406
Bambusgruppe im botanischen Garten	407
Bahn nach Petropolis	417
Kaiserliches Schloss in Petropolis	420
Die Serra dos Orgãos von Therezopolis aus	439
Südhang der Serra dos Orgãos	443
Araucarienwald in São Paulo	454
Teneriffa	488
Cavia rupestris	495

Karten.

Südöstlicher Theil der Provinz Espirito Santo	296
Brasilien, Uebersichtskarte	Am Schluss.

KAPITEL I.

Ueberfahrt nach Brasilien.

An Bord der »Manauense«. Sonntag, den 17. Juni 1888.
Nun befinden wir uns schon einige Tage auf hoher See. —

Den 14., abends 5 Uhr, verliessen wir an Bord des Liverpooler Dampfers »Manauense« Lissabon, um auf dem Wege nach Brasilien den Ocean zu queren. Eine Stunde später schon schwamm unser Fahrzeug auf offenem Meere. Der Wind war äusserst heftig, die See ging hoch, Wellen brachen über Deck. Als endlich eine Sturzsee auch die Deckkajüte überspülte und uns, die wir gegen das Unwetter hinter letzterer Schutz gesucht hatten, in ihrem Wasserfall vollständig begrub, mussten wir auf Wunsch des Kapitäns gedeckte Räume aufsuchen. Die Gefahr, über Bord gerissen zu werden, war zu gross.

Den ganzen folgenden Tag dauerte das Wetter an. Unser Dampfer schlingerte stark. Sturzseen wiederholten sich von Zeit zu Zeit, doch konnte man auf Deck aushalten, mit beiden Händen fest angeklammert. Aber nur wenige Passagiere waren im Stande, gleich mir, sich der frischen Luft zu erfreuen; die Mehrzahl lag theilnahmlos in den Kajüten, in welchen eine unerträgliche Hitze herrschte. Man sah von früh bis spät nichts als Himmel und Wasser — einen trüben, bedeckten Himmel, ein hoch aufgewühltes, wild schäumendes Wasser. Die Temperatur war in Folge der bewegten Luft eher kühl, abends zwischen 6 und 7 Uhr zeigte das Thermometer 20° C.

Den dritten Tag kam zu früher Morgenstunde die Insel Porto Santo in Sicht, ein Portugal gehöriges hübsches Eiland, welches sich zackig aufbaut wie Ischia. Wir liessen es steuerbord liegen und nahmen den Kurs zwischen ihm und den nahezu unbewohnten Desertasinseln hindurch. Letztere sind öde und so steil, dass sie den Fluthen theilweise senkrecht entsteigen. Nun tauchte im Nordwesten auch die Hauptinsel der ganzen

Funchal.

Madeiragruppe auf, Madeira selbst, im Allgemeinen jäh und hoch sich emporthürmend, nur gegen Osten in eine niedere Landzunge auslaufend. Deutlich liess sich an der Südostküste das schneeweisse Funchal unterscheiden, die Hauptstadt, welche vom Meere ab die Höhen malerisch hinanklimmt.

Wie sich all die Eilande nach und nach der duftigen Ferne entrungen hatten und in immer bestimmteren Formen in das Gesichtsfeld getreten waren, ebenso verwischten sich die schönen Umrisse jetzt immer mehr und mehr. Der entgegengesetzte Vorgang fand statt, und endlich waren auch die letzten Inselcontouren in der duftigen Ferne wieder entschwunden. Volle 8 Tage sollten wir nun kein Land mehr erblicken.

In der Nähe der Inseln war, zum ersten Male seit wir in See gegangen, der Wellentanz ein ruhigerer geworden, und da wir die Inseln passirt hatten, hielt die verhältnissmassige Ruhe an. Die Temperatur betrug unter Tags etwas über 22° C.; vielleicht eine Stunde lang war es drückend und windlos gewesen. An lebenden Wesen bemerkten wir den ganzen Tag über nur einen Sturmtaucher, ein kleines, dunkelgefiedertes Thier mit langen spitzen Flügeln. Es war sicher eine der namentlich auf den Ilhas desertas, aber auch bis zu den Canarischen Inseln vorkommenden Bulweria bulweri Jard et Selb. Delphine (Delphinus) hatten sich seit dem ersten Abend unserer Seefahrt, seit wir die Küstengewässer Europas verlassen, keine mehr gezeigt.

Heute stand das Thermometer schon morgens sechs ein halb Uhr auf 22,5° C., fiel aber bis 10 Uhr bei frischem Wind auf 20° C. Das Meer zeichnete sich andauernd durch Stille aus, die lange Dünung abgerechnet, welche jahraus jahrein die Oberfläche des Atlantik hebt und senkt. Bis Mittag war unser Dampfer in 24 Stunden 300 Seemeilen gelaufen. Wir befanden uns zu dieser Zeit auf 28° 47′ n. Br. und 21° 11′ w. L. von Greenwich. Vormittags kam ein Segelschiff in Sicht, nachmittags wieder eines, diesmal ein Vollschiff, ausserdem ein Dampfer, welcher den Kurs von Afrika nach Westindien zu steuern schien. Zum ersten Male fesselten unser Interesse fliegende Fische, deren es im Atlantischen Ocean über 20 Arten giebt, nämlich mindestens 16 Arten von Hochflugfischen (Exocoetus),[1] eine Art von Flatterfisch (Dactylopterus) und einige Arten von Prionotus und Trigla.[2] Dass heute, einem der längsten Tage der nördlichen Hemisphäre, die Sonne um 7 Uhr unterging, bewies uns, auch ohne sonstige Beobachtungen, wie weit wir schon nach Süden vorgedrungen waren.

Des Abends, als das Meer mit seinen Wundern weniger unsere Aufmerksamkeit in Anspruch nahm, beschäftigten wir uns heute wie alltäglich mit unseren Reisegefährten. Dieselben bilden eine rassig und social sehr gemischte Gesellschaft und geben uns einen vorläufigen Begriff von dem, was wir in dieser Hinsicht in der neuen Welt zu erwarten haben. Eine freundliche Wiener Jüdin, welche als Putzmacherin nach Pará geht, und ein gemüthlicher Stuttgarter Weinhändler, den Geschäftsangelegenheiten nach derselben Stadt rufen, sind ausser uns die einzigen Passagiere deutscher Zunge. An Franzosen ist nur einer da, ein sehr bescheidener Mann, der dem Schneiderhandwerk obliegt und dasselbe Reiseziel verfolgt, wie die zwei Erstgenannten. Die portugiesische Nation wird vertreten durch eine junge Kaufmannsfrau, welche ihrem vorausgereisten Gatten nach Manáos folgt, und durch einen jungen, brustleidenden Ansiedler, der spannend von seinem Verirren und seinem fast zu Tode Hungern in den Amazonaswäldern erzählt. Spanierinnen sind zwei an Bord; sie vertreiben sich Abends die Zeit durch nationales Tanzen mit graziös erhobenen Armen und Begleiten des Tanzes mit nasalem Singen spanischer und portugiesischer Lieder, welche einen eigenthümlichen

---

[1] Unter den Hochflugfischen Exocoetus ist die gemeinste und verbreitetste Species der Exocoetus evolans L.

[2] Im Ganzen sind Prionotus und Trigla mehr springende als fliegende Fische, doch rechnet z. B. Lacépède 'Histoire naturelle des Poissons, III. 349 ff.' drei Species zu den echten Flugfischen, und von diesen kommen zwei nur an der amerikanischen Küste vor, indessen eine für die wärmere Osthälfte des Atlantik verzeichnet ist. Siehe auch Günther: Catalogue of the fishes in the British Museum, II. 192 ff.

Nachschlag am Ende der Strophe haben. An Brasilianern endlich zählen wir unter uns einen in Deutschland erzogenen, feingebildeten Kaufmann aus Pará, einen ebenfalls dem Kaufmannsstande angehörigen Herrn aus Manaos, einen jungen Arzt, welcher an seinem Finger einen schlangenverzierten Ring trägt, in Brasilien das übrigens nicht obligatorisch zu führende Zeichen der Schüler Aeskulaps, und als Letztzunennenden einen Paraenser Postbeamten, dem zweifellos nicht wenig indianisches Blut in den Adern fliesst. Des Letzteren Frau und Schwägerin sind hübsche Mulattinnen, welche von ihrer grossen und entsetzlich korpulenten Mutter begleitet werden. Diese Alte ist eine aus der Schaar jener Schwarzen, die niemals Sklaven waren, sondern nur Verdienstes halber auf eine Spanne Zeit aus Afrika nach Brasilien herüberkamen und -kommen. Trotz der bevorzugten Stellung, welche diese Neger gegenüber den bisherigen Negersklaven einnahmen, scheinen sie doch nicht als social gleichstehend mit den Weissen betrachtet zu werden. Wenigstens isst z. B. unsere alte Schwarze nicht, wie ihre Töchter, am gleichen Tisch mit uns, sondern an der Tafel für die Dienerschaft; auch hat sie keine Koje zur Verfügung, sondern schläft am Fussboden auf der Schwelle der Kajüte ihrer Töchter. Und wenn die Mulattinnen von der Schwester ihrer Mutter sprechen, vermeiden sie die Bezeichnung »Negerin«, welche wohl als demüthigend gilt, und nennen sie umschreibend »die Tante aus Afrika«.

Diese unsere Mitpassagiere, durchwegs Muss- und nicht wie wir Vergnügungsreisende, sind fast Alle mehr oder minder mit den Verhältnissen am Amazonas vertraut. Von ihnen suchen wir deshalb möglichst viel Aufschluss zu erhalten über die von uns in Aussicht genommenen Ausflüge in das Innere des Landes. Denn kein bequemer Bädecker steht uns hilfreich zur Seite, und bisher konnten wir den Plan zu diesen Touren nur aus zum Theil veralteten Reisebeschreibungen mühsam und unzuverlässig zusammenstellen.

An Bord. Sonntag, den 24. Juni.

Morgen sollen wir den Ocean gequert haben. Diese letzten acht Tage unserer Seereise boten wieder des Interessanten genug für uns, die wir zum ersten Male die Ueberfahrt nach Amerika unternahmen. Fliegende Fische beobachteten wir nahezu täglich und den ganzen Tag hindurch, indessen man ihnen in den kälteren Theilen des Atlantik selten oder gar nicht begegnet. Die des 18. Juni, südlich von Madeira, waren kleine, weissglänzende Thiere mit flügelgleichen Brustflossen, deren Spitze bis zum Schwanzende zurückreichte. Sie flogen meist zu mehreren oder vielen in ein und derselben Richtung mit schwirrendem, an den der Alken erinnerndem Fluge nahe oberhalb des Wassers eine gute Strecke weit dahin. Ihrer Färbung im Grossen und Ganzen und der Länge der Brustflossen nach könnten wir in ihnen vielleicht Vertreter der fast durchwegs silberglänzenden Species Exocoetus Rondeletti Cuv. u. Val. gesehen haben, welche südwärts bis zu den Canarischen Inseln vordringen. Den folgenden Tag, bei Abenddunkel, kam ein fliegender Fisch auf Deck gefallen und zwar ein Gemeiner Flughahn (Dactylopterus volitans L.), ein Fisch von kaum 30 cm Länge mit konischem Körper, ziemlich grossen schwarzen Augen und stacheligen, dunklen Brustflossen, mit welch letzteren er um sich schlug wie ein Vogel mit seinen Flügeln. Soweit mir die mangelhafte Beleuchtung an Bord zu unterscheiden gestattete, hielt ich den Rücken des Thieres für grau mit etwas dunklerer Zeichnung, die Unterseite für weiss. Die ganze Erscheinung des Flughahnes war die eines riesigen Nachtfalters, wozu sowohl die Körperform wie die weitabstehenden, je in zwei getheilten Brustflossen, deren oberer Theil den unteren überragt, die Veranlassung gaben. Nachdem sich der arme Fisch eine Zeitlang abgezappelt, wurde er wieder in sein nasses Element zurückbefördert. Die heute, schon näher der Küste gesehenen Flugfische dürften möglicher Weise einer der zwei,[1] nicht als allgemein im Atlantischen Ocean, sondern speciell für diese Regionen verzeichneten Exocoetus-Arten angehören.

Ausser durch fliegende Fische war die Meeresoberfläche auch durch Seeblasen (Caravella) belebt. Den 18., bei schönem Wetter, blauem Himmel und dunkelblauer, ruhiger See, bemerkten wir die ersten. Ihre nach oben kammförmige Luftblase irisirte mehr oder minder roth- oder blauviolett, was uns hätte vermuthen lassen können, Caravella gigantea Hkl. vor uns zu haben, wenn nicht die geographische Breite unter der wir uns befanden, darauf hingedeutet hätte, dass es Grosse Seeblasen (Caravella maxima Hkl.) sein mussten.[2] Die Wellen, welche unser Dampfer verursachte, warfen den segelartigen Hautkamm dieser Röhrenquallen um, doch augenblicklich richtete sich derselbe wieder empor. Am nächsten Tage, bei gleich schönem, regenlosem Wetter, begegneten uns neuerdings Schaaren solcher Physaliden. Den dritten Tag, bei etwas Seegang, segelten sie nur sehr vereinzelt daher, indessen sich die Flugfische durch die bewegte See nicht stören liessen.[3] Während des Restes unserer Ueberfahrt, bei mehr trüber Witterung und theilweise höheren Wellen, waren sie gänzlich verschwunden.

An Vögeln war auf hoher See wenig zu sehen. Den 19. Juni zeigte sich vormittags eine hellgrau geflügelte Möwe mit weisser Unterseite,

---

[1] Exocoetus bahiensis Ranzani und Exocoetus cyanopterus Cuv.

[2] Da wir uns an der Grenze des Verbreitungsgebietes der Caravella gigantea Hkl. befanden, welche im südlichen und tropischen Atlantischen Ocean angetroffen wird, ist übrigens die Möglichkeit, dass es doch Caravella gigantea Hkl. waren, nicht unbedingt ausgeschlossen.

[3] Sie sollen im Gegentheil zur Unterstützung des Fliegens etwas Wellenbewegung benöthigen. Vergleiche Cuvier: Histoire naturelle des Poissons, XIX. 73.

vielleicht die an der westafrikanischen Küste verbreitete Rosen-Silbermöwe (Larus gelastes Thienem.). Nachmittags kam eine ähnlich gefiederte Seeschwalbe mit schwarzem Oberköpfchen in unseren Gesichtskreis. Unter den verschiedenen Sterninen, welche den Atlantischen Ocean bewohnen, dürfte es am wahrscheinlichsten eine der auch des Sommers weit im Süden sich herumtreibenden Paradies-Seeschwalben (Sterna dougalli Mont.) gewesen sein. Den 20. Juni erschien hoch über dem Wasser ein Seeflieger, an welchem mir nur die dunkle Färbung auffiel. Es war vermuthlich ein Noddy (Anous stolidus L.), eine jener tropischen Seeschwalben, die sowohl im Atlantik, wie in den asiatischen Meeren und dem Pacifischen Ocean, oft fern von jeglichem Lande angetroffen werden. Bis zum 23. zeigte sich nun keine Möwe mehr; an diesem Tag zählten wir eine, heute am 24. deren drei.

Dass wir uns diese letzten acht Tage auf hoher See befanden, bewies uns auch der fast gänzliche Mangel an Schiffen. Die ganze Zeit war kein Dampfer in Sicht gekommen, den 18. wohl ein Vollschiff, den 19. ein Schuner, heute wieder ein Segelschiff — das war aber Alles. Den 18. befanden wir uns zu Mittag auf $25°\ 6'$ n. Br. u. $24°\ 58'$ w. L. von Greenwich und hatten in 24 Stunden 300 Seemeilen zurückgelegt. Die Sonne stand fast im Zenith, so dass wir kaum einen Schatten warfen. Sie ging diesen Tag kurz nach 6 Uhr unter, dann folgte ein prachtvoller Mondschein.

Den 19., früh 5 Uhr, passirten wir den Wendekreis des Krebses und betraten zum ersten Male die tropische Zone. Wir befanden uns nun in der Region des Nordostpassates, einem regenarmen Striche. Zu Mittag wurde festgestellt, dass die »Manauense« in den letzten 24 Stunden 304 Seemeilen gelaufen war. Der Spiegelsextant gab $21°\ 27'$ n. Br., der Chronometer $28°\ 47'$ w. L. an. Der gesteuerte Kurs, den wir auch den folgenden Tag beibehielten, war S 44 W. Eine bezaubernd helle Mondnacht schloss sich an das Scheiden des Tagesgestirnes und verhinderte nicht, dank der klaren Luft, dass die vier Jupitermonde sichtbar wurden. Bis zum Mittag des 20. Juni war das Schiff neuerdings 304 Knoten gelaufen, von da ab aber verminderte sich die Geschwindigkeit unserer »Manauense« von Tag zu Tag, wohl in Folge des Eintretens bewegterer See und verschiedener Meeresströmungen. Wir zählten nur mehr 294, dann 292, 285 und endlich heute 272 Seemeilen von Mittag zu Mittag. Der gesteuerte Kurs schwankte zwischen S 37 W und S 40 W.

Den 20. Juni wurde mittags die geographische Lage zu $17°\ 49'$ n. Br. und $32°\ 33'$ w. L., bestimmt, den 21. zu $13°\ 56'$ n. Br. und $35°\ 40'$ w. L., den 22. zu $10°\ 13'$ n. Br. und $38°\ 52'$ w. L., den 23. zu $6°\ 24'$ n. Br. und $41°\ 42'$ w. L., den 24. zu $3°\ 48'$ n. Br. und $44°\ 27'$ w. L. Die Temperatur wies, den geographischen Breiten gemäss, keine grossen Sprünge auf. Den 18., an der Grenze der Tropen, hatten wir früh acht ein halb Uhr noch 23° C., von da ab aber, in der heissen Zone, stand das Thermometer schon morgens zwischen sechs ein halb und sieben ein halb Uhr auf 24° bis 26° C. In den Mittagsstunden stieg es am 21. bis auf 28° C. und blieb die anderen Tage auf 26—27,5° C. stehen. Abends 8 oder 9 Uhr ergaben die Beobachtungen durchschnittlich 25—26,5° C. Eine Steigerung der Temperatur vom Morgen zum Mittag um 1—2° war die Regel, ebenso ein Fallen um eine gleiche Anzahl Grade bis zum Abend; nur einen Tag, den 22., stand das Thermometer früh und Mittag, und einen zweiten, den 19., mittags und abends gleich hoch. Auf Deck war, dank einzelner Brisen und dem durch die Fortbewegung des Schiffes erzeugten Luftzuge, die Temperatur immer erträglich. Die Nächte in den Kajüten gestalteten sich aber in Folge der Hitze zu einer wahren Marter, und wenn man des Morgens erwachte, fühlte man sich, statt erquickt, durch das heftige Transpiriren so ermattet, als ob es gälte sich von einer schweren Krankheit zu erholen. Vom 20. ab hatten wir, wie an den ersten Tagen unserer Ueberfahrt, manchmal bewölkten Himmel zu verzeichnen, und vom 21. ab, gemäss unserem Eintritt in die Aequatorialzone, auch zeitweise Regen. Letzterer gestaltete sich den 22. zum ersten Male zu einem echt tropischen und gab uns einen Begriff von den uns auch ferner erwartenden, Alles überschwemmenden Güssen. Zugleich mit der Bewölkung und den Niederschlägen stellte sich auch mehr Seegang ein. Die ersten zwei Tage kam derselbe aus Osten und konnte man ihn noch Dünung nennen; den 22. hatte er jedoch den Charakter richtiger Windwellen, die das Schiff von achter in spitzem Winkel backbord trafen, und den folgenden Tag, gestern, waren entschieden Seen aus Südost zu bemerken. Heute endlich, seit wir uns in der, besonders zu dieser Jahreszeit starken, südlichen Aequatorialströmung befinden, ist die Bewegung eine doppelte geworden, und unsere »Manauense« stampft und rollt ganz erbärmlich. Die Wellen sind grossartig und von einer Länge, bis zu welcher man sie sich niemals in einem Binnenmeere entwickeln sieht.

Bezüglich der Meeresfarbe während unserer bisherigen Ueberfahrt machte ich die nämliche Beobachtung, welche ich schon vor Jahren im Polarmeere gemacht hatte. Die Farbe des Wassers richtete sich nach der jeweiligen Farbe des Firmamentes: war letzteres grau umzogen, so erschien auch das Wasser melancholisch schwarzgrau, und lachte der Himmel blau auf uns nieder, so schimmerten uns auch die Fluthen gemüthserheiternd blau entgegen. Doch das Blau der tropischen See ist nicht mattblau wie das des hohen Nordens, oder undurchsichtig dunkelblau wie das der wärmeren gemässigten Zone; es ist von einem so leuchtenden Azur und einer zo entzückenden Klarheit, dass es die Sinne märchenhaft umstrickt.

Seit dem 20. stand das südliche Kreuz schon ziemlich hoch über dem Horizont und bot unseren Nächten auf hoher See einen neuen Reiz.

Die Kreuzesform dieses Sternbildes ist deutlich ausgeprägt, doch wird der eine Kreuzesarm nur durch einen Stern dritter Grösse bezeichnet, was, gegenüber dem helleren Leuchten der übrigen drei Sterne erster und zweiter Grösse, etwas störend wirkt.

Aber nicht nur an angenehm interessanten Eindrücken war unsere Seefahrt reich, es fehlte auch nicht an unangenehm aufregenden. Wenn man das erste Mal den Ocean quert und liegt des Nachts bei Wellenrauschen schlaflos in seiner Koje, da keimen mitunter in der Phantasie alle Schreckbilder einer Reise auf hoher See empor und wachsen sich riesengross aus. Nur dünne Wände trennen den kühnen Herrn der Schöpfung von einem gähnenden Abgrund, welcher 6000—7000 m in die Tiefe geht. Auf Tagereisen vor und hinter dem Schiffe ist kein Land, keine Hilfe. Das schwanke Fahrzeug weiss man den Elementen auf Gnade und Ungnade preisgegeben, und wenn sich irgend ein Unglück ereignet, kann das Schiff mit Mann und Maus untergehen, ohne dass je eine lebende Seele das Wie und Wo in Erfahrung bringt. Bei solchen Betrachtungen fühlt der Mensch seine unverantwortliche Waghalsigkeit, fühlt er sich ohnmächtig und verlassen; — aber das sind nur Stimmungen durch eine halbwache Einbildungskraft erzeugt. Ist der lichte Tag wieder am Himmelszelt heraufgezogen und schimmert das Meer wieder in unendlicher Bläue, dann verschwinden diese Hirngespinnste, wie der Frühnebel vor der aufgehenden Sonne zerrinnt. Und nicht einmal greifbare Ereignisse können dann das Gleichgewicht der Seele ernstlich erschüttern. Ich denke hierbei an den einzigen Unfall, der uns unterwegs begegnet ist. Den 21., kurz nach Mittag, verspürte man im ganzen Schiff einen heftigen Stoss — dann schien dasselbe stillzustehen. Hatte es wirklich keine Fahrt mehr? Oder war dies nur eine Täuschung? Nein, unsere »Manauense« rührte sich in der That nicht von der Stelle. Was war geschehen? Bis man wusste, um was es sich handelte, verflossen einige bange Minuten. Dann erfuhren wir, dass die Maschine nicht mehr arbeitete, weil ein Maschinentheil gebrochen war. Nun lag unser Dampfer inmitten des Atlantischen Oceans, auf einer fast garnicht befahrenen Strecke und somit wohl ohne Aussicht, einem rettenden Fahrzeug zu begegnen. — Doch so schlimm, dass wir letzteres gebraucht hätten, stand es glücklicher Weise noch nicht um uns. Eine Stunde lang wurde unser Schiff durch die Dünung willenlos hin und her gewiegt, und nur die rasch gesetzten, schlaffen Segel brachten uns langsam vorwärts. Dann war der Schaden an der Maschine ausgebessert und mit frischen Kräften unser Kurs wieder aufgenommen. Uebrigens hatte uns der Kapitän lachend versichert, er sei auf drei Wochen verproviantirt, und wir könnten uns also ohne Hungersgefahr noch eine geraume Zeit auf hoher See herumtreiben lassen.

An Bord. Montag, den 25. Juni.

Heute war ein ereignissreicher Tag. Um 6 Uhr früh passirten wir den Aequator, doch keine Linientaufe verherrlichte für uns, die wir zum ersten Male die südliche Hemisphäre betraten, den feierlichen Moment. Auf diesem Kauffahrteischiff wenigstens ist durch die Prosa der Neuzeit jegliche humoristische Feier abgeschafft. Um sieben ein halb Uhr zeigte heute das Thermometer schon 28° C. Das Meer verrieth durch seine grüne Färbung die Nähe des Landes, und um 8 Uhr kam die ersehnte Küste in Sicht, zunächst als grauer, nebelverschleierter Höhenzug. Wie auf Columbus' Caravelas hatte sich Alles auf Deck versammelt, den fremden Welttheil zu begrüssen. Es war dies der zweite packende Augenblick des heutigen Tages. Eine Viertelstunde später schon glänzte uns der blendendweisse Leuchtthurm der Ponta de Atalaia[1]) entgegen, der Lootsenstation für die nach Santa Maria de Belem do Grão Pará bestimmten Schiffe.

In den Fluthen um uns schwammen Ctenophoren und Polypomedusen in Menge. Erstere waren graugrüne Melonenquallen (Beroidae), deren untere, den Mund einschliessende Hälfte roth erschien,[2]) letztere graugrüne Hydroidpolypen, welche, Gestalt und Färbung nach, Aequoriden gewesen sein könnten.

Inzwischen war auch der Lootsenschuner sichtbar geworden, und die Küste hatte sich als weisser, von braunem Terrain überlagerter Dünenstreifen in weiter Ausdehnung entwickelt. Das Wasser wurde immer gelbgrüner. Wir näherten uns dem Schuner, welcher ein winziges Beiboot mit drei riemenführenden Leuten und dem Lootsen aussetzte. Die Riemen waren richtige Pagaien des Amazonas, d. h. kurze Handruder mit nahezu kreisrundem, flachem Ruderblatt.[3]) Eine gleiche Pagaia diente dem achter sitzenden Mann zum Steuern. Unser Dampfer stoppte, indessen drei Delphine sich in der Nähe tummelten und ein paar Reiher hoch zu unseren Häuptern dahinflogen. Der Lootse kam an Bord. Es war dies ein Tapuio, d. h. ein halbcivilisirter Indianer oder überwiegend von Indianern abstammender Mischling Nordbrasiliens.[4]) Er hatte unleugbar

---

[1]) Atalaia (portug.) = Wachtthurm.

[2]) Obwohl diese Beschreibung nicht ganz genau auf Idyia ovata Eschsch. passt, dürfte es doch vermuthlich diese Beroide gewesen sein. Die ihr nahestehende Idyia gilva Eschsch. ist wohl zu klein und zu gelblich, um in Betracht zu kommen.

[3]) Siehe rückwärts Tafel III. No. 1.

[4]) Der Begriff Tapuio wird verschieden definirt. Hartt (Archivos do Museu Nacional de Rio de Janeiro, VI. 173, und Revista da Exposição Anthropologica brazileira, 75) sagt, dass die Nachkommen der Tupí am Amazonas jetzt Tapuya oder Tapuios heissen, dass aber dieser Name auch auf die Nicht-Tupíindianer angewendet wird. Couto de Magalhães (O Selvagem XII. XXVI. und II.) 68, 88 ff. versteht unter Tapuio sowohl den wilden wie den civilisirten Indianer und den Mestizen Nordbrasiliens, Tschudi (Reisen durch Südamerika, II. 259) unter Tapuyas die wilden und halbcivilisirten Indianer eines Theiles von Nord- und Mittelbrasilien. —

die Züge der mongolenähnlichen Völker, unter anderem plattes Gesicht, vortretende Jochbeine, dicke Lippen, Bartarmuth und straffes, schwarzes Haar. Seine Hautfarbe war ein schmutziges Braun.

Wir nahmen nun den Kurs direkt nach Westen, in ziemlicher Entfernung parallel der Küste. Um 11 Uhr war der Thermometerstand 31,5º C., eine bis jetzt auf unserer Reise noch nicht erreichte Höhe. Eine Stunde später kamen wir am Leuchtschiff vorbei, welches die Mündung des Rio Pará oder südöstlichen Amazonasarmes anzeigt. Wir liefen, die Tijucabank nordwestlich zur Rechten, die Tijucainsel mit der Brandung an der davorliegenden Bragançabank südöstlich zur Linken lassend, in den gewaltigen Strom hinein. An Bord entspann sich unter den Passagieren ein Streit darüber, ob die von uns jetzt zu befahrende Wasserstrasse als Tocantins oder als Rio Pará, das heisst Ostarm des Amazonas zu betrachten sei. Auch die Karten und geographischen Werke sind darüber verschiedener Meinung,[1]) jedoch weisen die geologischen und orographischen Verhältnisse des Amazonasbeckens darauf hin, dass besagter Wasserlauf dem Amazonas und nicht dem Tocantins zugehört.[2])

Auf unserer Weiterfahrt stromaufwärts sah man nur links in der Ferne einen Uferstreifen, rechts dehnten sich die grünen Fluthen scheinbar uferlos. Es wird dies begreiflich, wenn man sich vorstellt, dass diese ungeheueren Wassermassen an ihrer Mündung, von der Ponta de Tijuca bis hinüber zur Ponta de Magoary auf Marajó, eine Breite von 60 km einnehmen. Welke Blätter trieben uns entgegen, einzelne Palmstämme schwammen im Wasser und kleine Segelboote kreuzten auf diesem Süsswassermeere. Wir kamen an einer ertrunkenen Insel vorbei. Ihre Bäume waren weggerissen und verschwunden, auf dem übriggebliebenen

---

Mello Moraes Filho und Barboza Rodrigues (Revista da Exp. Anthrop. Brazil, 30 u. 41) nennen Tapuios die civilisirten Amazonasindianer; letzterer bezeichnet so speciell die reinrassigen. Silva Araujo (Diccionario do Alto Amazonas, 142, 193) versteht unter Tapuios die Eingeborenen am Amazonas, welchen Stammes sie auch sein mögen. Schütz (Der Amazonas, 174) nennt so die getauften Indianer. Martius endlich (Zur Ethnographie Amerikas, zumal Brasiliens, I. 30, 370, 713, 717, 721 ff.) bezeichnet als Tapuios bald die nichtcivilisirten, bald die halbcivilisirten, bald die Amazonasindianer überhaupt. — Meinen in Brasilien gemachten Beobachtungen nach versteht man unter dem Worte Tapuio den sesshaften Indianer des Amazonasthales, dem in den meisten Fällen die Tradition, welchem Stamm er zugehört, verloren gegangen ist, aber auch den indianischen Mischling mit vorwiegend indianischen Rassenmerkmalen. Zu ähnlicher Schlussfolgerung ist auch Keller-Leuzinger (Vom Amazonas und Madeira, S. 28 Anm. 1) gelangt.

[1]) Siehe Moreira Pinto: Apontamento para o Diccionario Geographico do Brazil, I. 263. — Moura: Diccionario Geographico do Brazil, I. 44. — Silva Araujo: Diccionario do Alto Amazonas, 34. — Wappäus: Brasilien, S. 1244, 1245, 1250, 1251. — Levasseur: Le Brésil, p. 9. — Osculati: Esplorazione delle regioni equatoriali, p. 266 e s.

[2]) Orville Derby: Physikalische Geographie und Geologie Brasiliens, 18, 19. — Hartt: Geology and Physical Geography of Brazil, 491. — Süss: Das Antlitz der Erde, II. 631. — Siehe auch Ehrenreich: Südamerikanische Stromfahrten (Globus LXII. S. 36).

Sande starrten nur mehr etliche astlose, abgestorbene Stämme empor.
Vielleicht war dieses Eiland ein Opfer der berüchtigten Pororóca, jener
hohen Fluthwelle, welche sich zur Zeit der Syzygien, alles vernichtend,
amazonasaufwärts wälzt.[1]) Im Süden lagerten dem Festland, von letzterem
kaum zu unterscheidende Waldinseln vor. Nicht früher als drei Stunden,
nachdem wir in den Strom eingefahren, zeigte sich im Westen die Rieseninsel
Marajó als kaum über den Wasserspiegel aufragender Waldsaum. Erst durch
das Auftauchen dieser zweiten Uferlinie erhielten wir eine klare Vorstellung
der ganzen überwältigenden Breite des rechten Amazonasarmes. Südöstlich trat die Insel Collares in den Gesichtskreis, indessen das von den
Jesuiten gegründete Städtchen Vigia durch vorlagerndes Land den Blicken
verborgen blieb. Auf Collares erhob sich aus blaugrünem Gebüsch der
Flecken gleichen Namens, welcher einst ein Tupinambá-Dorf gewesen.
Als Hintergrund diente ihm der bräunlich-grün getönte Wald. Ein paar
Klippen entstiegen den Fluthen, welche letzteren hier schon die charakteristische Farbe des Amazonas trugen, nämlich ein schmutziges Gelb.
Nachdem wir die Insel passirt, öffnete sich die Bahia do Sol. Immer
wieder, bald näher, bald ferner, tauchten im Süden flache, über und über
mit der üppigsten Vegetation bedeckte Eilande empor. Als gefranste
Baumlinie blieb uns im Westen Marajó, jenes grosse, ebene und überwiegend
alluviale Land, welches, in die Mündung des Amazonas eingelagert, dessen
nordwestlichen Arm vom südöstlichen, dem Rio Pará, trennt. Die hereinbrechende stockfinstere Nacht setzte unserer Fahrt ein Ziel, und wir warfen
Anker inmitten des Stromes. Heftiger Regen rauschte hernieder, und die
Luft maass zwischen 7 und 8 Uhr abends gut 26° C.

---

[1]) Die Pororóca ist landeinwärts noch im Rio Purús, einem Nebenfluss des Amazonas,
800 km von der Mündung des letzteren, beobachtet worden. Souza: Valle do Amazonas, 127.
Boguslavski: Handbuch der Oceanographie, II. 160 ff. Weitere einheimische Quellen über die
Pororóca sind Cerqueira e Silva: Corografia Paraense, 69 e s. — Moreira Pinto: Apontamentos
para o Diccionario Geographico do Brazil, I. 264. — Silva Araujo: Diccionario etc., 54. Moura:
Diccionario etc., I. 45; endlich nochmals Souza: Valle etc., 126, 146, 219, welcher, entgegen
allen anderen Quellen, merkwürdiger Weise behauptet (p. 146), dass die Pororóca niemals im
Amazonas selbst beobachtet worden sei! —

KAPITEL II.

Allgemeines über Brasilien, speciell die Amazonas-Provinzen.

Das Land, welches wir morgen früh betreten sollen, spannt unsere Erwartungen auf das Höchste. Es ist, die Reiche ohne Kolonien berechnet, das viertgrösste Reich der Erde, erstreckt sich durch ca. 38 Breitengrade und gilt als etwa zur Hälfte noch unerforscht. Seinem Flächeninhalt von 8 361 350 qkm entspricht, mit den meisten anderen Ländern verglichen, die Kopfzahl seiner Bevölkerung keineswegs; es zählt nur etwas über 14 Millionen Einwohner, so dass auf den Quadratkilometer nur 1,67 treffen. Das grösste Kontingent zur Bevölkerung stellt eine Mischrasse von Weissen, Indianern und Negern, welche hauptsächlich die arbeitende Klasse repräsentirt, aber auch in die höheren Gesellschaftskreise eindringt. Letzteres steht im Gegensatz zu den Verhältnissen in den Vereinigten Staaten Nordamerikas, woselbst die Rassen social bis jetzt sehr geschieden sind. Diese brasilianische Mischrasse betrug im Jahre 1872,[1]) als man die Gesammtbevölkerung auf nur ca. 11 Millionen schätzte, nahezu 4 Millionen; neben dieser berechnete man noch ungefähr 2 Millionen Neger, fast 1 400 000 Indianer und etwas unter 4 Millionen Weisse, welch letztere auch nicht alle die Reinheit ihres arischen Stammbaumes unbestritten festzustellen im Stande gewesen sein dürften. Von der seitherigen Zunahme der Bevölkerung um 3 Millionen kommt zweifellos der Löwenantheil der Mischrasse zu; auf die weisse Bevölkerung mag ungefähr eine Million entfallen.[2])

Die Mischrasse theilt sich in Mamelucos, d. h. Mischlinge von Indianern und Weissen, in Caribocas,[3]) d. h. Mischlinge von Indianern und Negern, in

---

[1]) Seither scheint keine Zählung nach Rassen mehr vorgenommen worden zu sein.

[2]) Bei der Unzulänglichkeit der staatlichen Behörden sind alle statistischen Angaben sehr unzuverlässig.

[3]) Die Caribocas werden auch Cafuzos genannt.

Mulatten, d. h. Mischlinge von Weissen und Negern, und endlich in ein Kreuzungsprodukt all dieser Mischlingsrassen in dem vollständigsten Durcheinander sämmtlicher Abstufungen. Die Mischrasse Brasiliens vermehrt sich rasch, ist geistig den reinen Rassen zum Mindesten gleichwerthig und accomodirt sich physisch den Einflüssen des Klimas ausgezeichnet. Körperliche Schönheit ist den brasilianischen Mestizen nicht immer eigen; diejenigen, welche Negerblut aufweisen, sind mitunter sogar abschreckend hässlich. Was ihren Charakter betrifft, begegnen die Mischlinge unter den reinrassigen Mitbürgern manchem Misstrauen, und kann man von Letzteren öfters die vermuthlich durch Vorurtheile beeinflusste[1]) Aeusserung hören, dass das Unglück Brasiliens die Mischrasse sei. Mag dem sein wie ihm wolle, jedenfalls gehört dieser Rasse die Zukunft des Landes. Die geographische Vertheilung der Mischlinge ist eine sehr ungleiche; die meisten sitzen in den mittleren und nördlichen Theilen Brasiliens, die mischlingsarme Provinz Amazonas ausgenommen. Im Norden herrscht in der Mischrasse das indianische Blut vor, im Osten Mittelbrasiliens das Negerblut. Im Innern des Landes und im Süden sind die Mischlinge vorwiegend Mamelucos.[2]) Die Weissen, welche nach den Mischlingen das vielköpfigste Bevölkerungselement im Lande bilden, setzen sich aus fast allen Nationalitäten Europas zusammen. Unter ihnen herrschen, was sich aus der geschichtlichen Entwickelung Brasiliens naturgemäss ergiebt, die Portugiesen weitaus vor, wie ja auch das Portugiesische die Sprache des Landes geworden ist. Den Portugiesen dürften die Italiener an Zahl am nächsten stehen, diesen die Spanier; in vierter Reihe wären die Deutschen zu erwähnen.[3]) Was an Franzosen, Russen und anderen Weissen in Brasilien vorhanden ist, scheint an Zahl kaum nennenswerth; ganz verschwindend ist die angelsächsische Rasse vertreten. Am besten acclimatisiren sich die Romanen, die sogar in den äquatorialen Strichen den schädlichen Einflüssen der Hitze Widerstand leisten können. Die Deutschen hingegen sehen sich, wenigstens für Kolonisirungszwecke, auf die mittleren und namentlich südlichen Provinzen angewiesen.

Die Neger, die, wie wir früher bemerkten, immerhin zwei Millionen betragen, zerfallen in solche, welche noch selbst nach Brasilien eingeführt,[4]) und in solche, welche in Brasilien geboren worden sind, als Nachkommen

---

[1]) Vergleiche Couto de Magalhães: O Selvagem, II. 102 e seg. 185.

[2]) Siehe Levasseur: Le Brésil, p. 24, 50.

[3]) Diese Annahmen beruhen z. Th. nur auf Muthmaassungen, da das statistische Material äusserst mangelhaft ist. Scheinbar überflügeln vielleicht die Deutschen die Spanier an Zahl, doch, da die Spanier sich mit den von ihnen in Brasilien vorgefundenen anderen Romanen sicherlich leichter amalgamiren als die Deutschen, dürften Manche unter ihnen nicht mehr als Spanier gelten, die vielleicht noch Vollblutspanier sind.

[4]) Es geschah dies bis 1850.

der drei Jahrhunderte hindurch in das Land gebrachten Sklaven. Diese Neger gehören verschiedenen Stämmen aus den verschiedensten Theilen Afrikas an. Am bekanntesten und schönsten sind die Minasneger, welche ihre Heimath in Bonin am Meerbusen von Guinea haben. Die meisten Neger finden sich in Brasilien in den mittleren Küstenprovinzen von Bahia bis einschlüssig Rio de Janeiro, aber auch Maranhão und Minas Geraes weisen einen hohen Prozentsatz an Schwarzen auf.

Die Indianer endlich, welche als die Urbevölkerung des Landes unser Interesse am meisten in Anspruch nehmen, sind jetzt daselbst die wenigst zahlreiche Rasse geworden. Die civilisirten unter ihnen beliefen sich 1872 auf fast 400 000 und konzentrirten sich hauptsächlich auf die wenig zugängliche Provinz Amazonas. In einzelnen Küstenprovinzen waren sie schon damals nahezu verschwunden. Die wilden Indianer, über welche in Bezug auf Anzahl jede sichere Angabe fehlt, werden von Einigen auf 600 000, von Anderen auf eine Million geschätzt. Man theilte die Indianer bisher bald in zwei, bald in drei, in vier oder in acht Hauptgruppen, Eintheilungen, welche nicht so sehr auf anthropologischer als mehr oder minder auf linguistischer Grundlage beruhten. Neuestens hat man wieder, und zwar gleichfalls nach linguistischen Prinzipien, acht Hauptgruppen aufgestellt,[1]) welche sich jedoch nicht mit den früheren acht decken. Unter denselben sind es namentlich vier, welche für Brasilien Bedeutung haben. Ich nenne vor Allen die Gruppe der Tupí, welche die vornehmsten, wichtigsten und bildungsfähigsten Indianerstämme in sich vereinigt. Sie hat ihren Wohnsitz hauptsächlich südlich des Amazonas und ist in diesem Stromgebiet das produzirende und vornehmlich schifffahrende Element. An diese weitverbreitete Gruppe reiht sich diejenige der Gés, welche in der Osthälfte Brasiliens die vorherrschende ist und die auf primitivster Stufe stehenden Stämme in sich schliesst. Als dritte Gruppe begegnet uns diejenige der Karaiben, die man sowohl in Centralbrasilien wie an beiden Amazonasufern antrifft. Als vierte Hauptgruppe endlich sind die unter dem Namen Nu-Aruak oder Maipure zusammengefassten Stämme zu erwähnen, welche sich von der Nordgrenze Brasiliens bis zum 20° s. Br. und vom äussersten Westen bis an den Atlantischen Ocean hinziehen, jedoch vorzüglich im oberen Amazonasgebiete sitzen. Die vier übrigen Hauptgruppen, die Goyatacá, die Gaycurú, die Miranha und die Pano sind theils nur mehr in spärlichen Resten erhalten, theils überwiegend jenseits der brasilianischen Grenze zu suchen.

Ausser diesen linguistisch deutlich abgegrenzten Gruppen von Stämmen giebt es in Brasilien noch andere, und nicht unbedeutende Indianerstämme,

---

[1] Ehrenreich: Die Eintheilung und Verbreitung der Völkerstämme Brasiliens nach dem gegenwärtigen Stand unserer Kenntnisse (Petermann's Geographische Mittheilungen, XXXVII. 84 ff).

welche sich bisher noch nirgends einordnen lassen. Zu diesen gehören am Amazonas die Mura, und am Rio Negro die Uaupé. Ueber die Anzahl der überhaupt auf brasilianischem Gebiet hausenden Stämme ist noch nichts Erschöpfendes bekannt. Wollte man sämmtliche in Büchern und auf ethnographischen Karten vorkommende diesbezügliche Namen als solche selbständiger Stämme ansehen, so würde man die ausgiebige Summe von etwa 500 erreichen, von denen allein über 200 auf das Amazonasgebiet zu treffen hätten.[1]) Da jedoch manche dieser Namen jetzt ausgestorbenen oder verschollenen Stämmen zugehören, manche nur Hordennamen sind und die einzelnen Horden oft wieder unter mehrerlei Benennungen auftreten,[2]) so dürften die wirklich vorhandenen Stämme eine erheblich geringere Zahl ergeben. Diesen wilden Indianerstämmen gehört das Centrum, der Norden, der Westen und ein Theil des Südens von Brasilien auf weiten Strecken ausschliesslich, auf anderen vorwiegend. Ganz im Osten und im Süden sind sie grösstentheils von den weissen und schwarzen Einwanderern zurückgedrängt worden, und finden wir sie da nur mehr um die Serra dos Aymorés herumgelagert, das heisst in der Provinz Espirito Santo, im Osten der Provinz Minas Geraes und Süden der Provinz Bahia. All die zahlreichen Indianerstämme Brasiliens weisen Einheitlichkeit des ethnographischen Gesammtcharakters auf, wenn auch bei ihnen in den Einzelheiten grosse Mannigfaltigkeit herrscht.[3]) Ihre Zugehörigkeit zu den mongolenähnlichen Völkern ist kaum anzustreiten,[4]) da die mongoloiden Rassenmerkmale, gegenüber einzelnen Abweichungen vom mongolischen Typus, weit vorherrschen. Die Hautfarbe wechselt sehr nach den verschiedenen Stämmen; die der Botokuden ist gelblich, die der Cauixanas kupferroth, die der Muras dunkelbraun, der zahlreichen Farbenabstufungen anderer Indianerstämme nicht zu gedenken. Die Amazonasindianer gelten kulturell durchschnittlich für höherstehend als die südlicher wohnenden Stämme, doch trifft man auch unter ihnen einige Horden, welchen Anthropophagie vorzuwerfen ist. Uebrigens scheint diese rohe Sitte früher viel verbreiteter gewesen zu sein als in der Jetztzeit.[5]) Die wilden Indianer Brasiliens, sofern sie nicht von europäischer

---

[1] Martius (Zur Ethnographie Amerikas, S. 48) rechnet für ganz Brasilien etwas über 250 Horden und Stämme, Moura (Diccionario Geographico do Brazil, I. 459 e s.) nur 160. — Aus sämmtlichen mir zur Verfügung stehenden, namentlich brasilianischen Quellen ergab sich die im Text erwähnte Zahl von etwa 500 verschiedenen Namen.

[2] Siehe Martius, l. c. S. 432 Anm. 2, und Ehrenreich l. c. S. 84.

[3] Lacerda: O homem dos sambaquis (Archivos do Museu Nacional do Rio de Janeiro, VI. 538).

[4] Peschel: Völkerkunde, 404 ff. — Ratzel: Anthropogeographie, II. 753, 774 ff. — Ranke: Der Mensch, II. 268, 272, 275, 350. — Martius: Zur Ethnographie, S. 307. — Mello Moraes: Revisto da Exposicão Anthropologica etc., 70. — Rey: Les Botocudes, 20, 63, u. A.

[5] Mello Moraes: Revista etc., 103, 111 e s., 119. — Martius l. c. 427.

Kultur beeinflusst wurden, leben noch alle in der Steinzeit.[1]) Die Versuche der Regierung, die Indianer zu civilisiren, sind bisher nicht von grossem Erfolg begleitet gewesen, theils weil die Angelegenheit unglücklich ins Werk gesetzt, theils weil von gewissenlosen Privatleuten den staatlichen Behörden entgegengearbeitet wurde. Von Natur ist der Indianer durchschnittlich gutmüthig, ehrlich, vertrauend, dankbar und treu; er gilt ferner als intelligent, geschickt und fleissig. Erst die Berührung mit den Weissen und die Behandlung durch dieselben, das Uebervortheilt- und Betrogenwerden durch habsüchtige Händler hat ihn verdorben, hat ihn verstockt und rachsüchtig, unzuverlässig, misstrauisch und dem Trunke ergeben gemacht. Und nicht nur psychisch, auch physisch scheint der Verkehr mit den Weissen verderbenbringend auf die Indianer einzuwirken. Namentlich Hautkrankheiten, die sie früher nicht kannten, wie Blattern und Masern, decimiren ihre Reihen.[2]) Ueberhaupt ist die brasilianische Rothhaut nicht sonderlich kräftig, jedenfalls weniger widerstandsfähig und besonders gegen die Einwirkung der Sonne empfindlicher als die schwarze Rasse, hingegen verträgt sie kühlere Temperatur besser, als man vermuthen sollte.

Diejenige der zwanzig Provinzen[3]) Brasiliens, der wir zunächst unseren Besuch abstatten wollen, ist Grão Pará, die drittgrösste des Reiches. Sie hat einen Flächeninhalt von 1 149 712 qkm und eine Bevölkerung von nur 407 350 Seelen; somit ist sie nicht viel kleiner als Deutschland und Frankreich zusammengenommen und zählt dabei kaum mehr Seelen als das Herzogthum Braunschweig. Auf den Quadratkilometer treffen nur 0,35 Menschen;[4]) die Mestizen überwiegen, sie betragen $38^0/_0$ der Gesammtbevölkerung, indessen die Weissen sich mit $33^0/_0$ begnügen, die civilisirten Indianer mit $16^0/_0$, die Neger mit $11^0/_0$.[5]) Ueber die Anzahl der wilden Indianer ist nichts Genaues bekannt, wohl aber über ihre Verbreitung. Sie haben fast die ganze Region des linken Amazonasufers inne und sitzen da ziemlich dicht; je weiter von den Weissen entfernt, desto dichter. Aber auch am rechten Stromufer, dem Süden des Landes zu, begegnen uns ziemlich viele Stämme, unter welchen vor Allen die Maué und Mundurucú zu nennen sind, die individuenreichsten Stämme ganz Brasiliens.

---

[1]) Couto de Magalhães: O Selvagem, I. 151, 281; II. 95, 96. — Martius l. c. 763.
[2]) Rey: Les Botocudes, 72. — Martius l. c. 149, 150.
[3]) Seit der Republik sind es nicht mehr Provinzen, sondern Staaten.
[4]) Volkszählung des Jahres 1888.
[5]) Die etwas zu niedrig gegriffenen Ziffern ergeben sich dadurch, dass in Levasseur: Le Brésil, p. 50, keine Brüche angegeben sind. — Die Ziffern sind der Volkszählung des Jahres 1872 entnommen, da über die Rassenvertheilung keine neueren Angaben existiren.

Westlich der Provinz Grão Para liegt die Provinz Amazonas, welche auch auf unserem Reiseprogramm steht und mit der erstgenannten den riesigen Komplex der Amazonasniederung umfasst. Sie ist die grösste und zugleich am schwächsten bevölkerte Provinz des Landes. Ihr Flächeninhalt beträgt nicht weniger als 1 893 020 qkm, übertrifft somit denjenigen von Deutschland, Frankreich, Oesterreich-Ungarn, Serbien und Rumänien zusammengenommen. Die Bevölkerung dieser Riesenprovinz, welch letztere ihrem Umfange nach allein schon ein grosses Reich repräsentirt, beläuft sich auf nur 80 654 Seelen, so dass auf den Quadratkilometer bloss 0,04 Menschen entfallen. In keinem Theil des Landes ergeben sich so günstige Zahlenverhältnisse für die autochthone Rasse wie hier. Die civilisirten Indianer allein betragen nicht weniger als 63 % der Bevölkerung, die Weissen hingegen nur 19 %, die Mestizen 13 % und die Neger 3%.[1]) Wilde Indianerhorden sind in zahllosen Stämmen über das ganze Gebiet verbreitet; ich will von ihnen nur einige der bekannteren erwähnen, so die Muras, die Caripunas, die Ticunas und die menschenfressenden Miranhas.

Die Ansiedelungen in diesen beiden umfangreichen Nordprovinzen Brasiliens beschränken sich ausschliesslich auf die Ufer des Amazonas, die Ufer des gleichwerthigen Rio Negro und den Unterlauf der übrigen Nebenflüsse. Sämmtliches Hinterland, schon die nächsten Landstriche rechts und links der Flüsse, sind das unbestrittene, noch unerforschte Gebiet der wilden Indianerstämme. Undurchdringlicher Urwald bedeckt weithin den jungfräulichen Boden, zusammenhängende Waldkomplexe bildend, von einer Grösse, bei deren Begriff uns schwindelt. Dazwischen dehnen sich einzelne baumentblösste, steppenartige Strecken, für welche die Brasilianer den Namen Campos haben. Die einzigen Verkehrswege dieses Landstriches sind die Wasserläufe. Keine Strassen durchziehen die Waldwildniss, kein Saumpfad verbindet eine Ortschaft mit der anderen. Nur die Wilden durchstreifen die Urwälder auf geheimen, bloss ihnen bekannten, nicht einmal Fusssteige zu nennenden Bahnen.

Neben der endlosen Waldwildniss drückt der König der Ströme, der riesige Amazonas, dieser Gegend den Charakter auf. Die Provinzen Grão Pará und Amazonas entfallen ganz auf sein Stromgebiet, welches das grösste der Erde ist. Ausser ebengenannten Provinzen gehören noch die südlicheren, Goyaz und Mato Grosso, fast vollständig, und von den westlich an Brasilien grenzenden Ländern grosse Strecken in sein Bereich. Alles zusammengenommen umfasst das Gebiet des Amazonenstromes somit ungefähr 7 Millionen Quadratkilometer. Der Stromlauf hat eine Länge von 5430 km,[2]) von welchen 3150 km auf Brasilien entfallen. Die Breite

---

[1] Levasseur: Le Brésil, p. 50.
[2] Rechnet man die, Rio Pará genannte Mündung hinzu, ergiebt sich eine noch höhere Kilometerzahl.

des Stromes beträgt schon an der brasilianischen Grenze 2770 m, bis zum Einfluss des Madeira zwischen 4 und 6 km, und wo Inseln zwischenlagern noch weit mehr, 900 km stromabwärts von da, eine gute Strecke hindurch 10 km, dann 15, 25, endlich bei Macapá 40 km, womit der Strom den Charakter eines Golfes angenommen hat. Der Länge und Breite des Amazonas entspricht seine Tiefe. Sie beläuft sich schon beim Eintritt in Brasilien auf 20 m und hält sich dann durchschnittlich auf 20 bis 50 m, erreicht aber an manchen Stellen 80 m und einmal sogar 120 m. Das Gefäll ist sehr gering, namentlich von Tabatinga, dem brasilianischen Grenzort, an gerechnet. Es beträgt von da ab durchschnittlich nur 1 m auf 41 600 m; dabei ist aber die Strömungsgeschwindigkeit, zum Theil in Folge der ungeheuren Wassermasse, nichtsdestoweniger eine verhältnissmässig bedeutende, nämlich im Mittel 0,78 m pro Sekunde. Der Amazonas weist ein hauptsächlich durch periodische Regen bedingtes jährliches regelmässiges Steigen (enchente) und Fallen (vazante) auf, deren Niveauunterschied sich am mittleren Strom durchschnittlich auf 13,5 m berechnet. Die Anschwellung des Wassers beginnt im Oberlauf des auf brasilianisches Gebiet entfallenden Stromtheiles schon Ende Oktober,[1]) im Unterlauf weit später; Ende Juni bezw. Ende Juli tritt das Fallen des Stromes ein und dauert bis über den September hinaus. Zur Zeit der Enchente sind die Ufer landeinwärts meilenweit überschwemmt, wodurch ein bald als Igapó, bald einfach als Vargem bezeichnetes Alluvionsgebiet[2]) mit ganz bestimmtem Vegetationscharakter entsteht. Ebbe und Fluth, welche sich durchschnittlich noch 425 km von der Mündung aufwärts bemerkbar machen, sind zur Zeit des niedersten Wasserstandes des Amazonas sogar 790 km aufwärts ganz bedeutend, weitere 100 km noch etwas zu verspüren. Eine Eigenart des Stromes ist sein Reichthum an Inseln, deren man zweierlei unterscheidet. Es giebt solche, welche inmitten des Strom-

---

[1] Vergleiche Silva Araujo: Diccionario do Alto Amazonas, p. 56.

[2] Unter Igapó versteht man überhaupt einen überschwemmten Wald (Barboza Rodrigues: Pacificação etc., p. 44. — Souza: Valle do Amazonas, p. 311. — Silva Araujo: Diccionario etc. 141. - Verissimo: Revista Amazonica I. 90), unter Vargem im Allgemeinen den Niederungsboden, das Ueberschwemmungsgebiet (Hartt: Geology and Physical Geography of Brazil 152. 163. 168; - siehe auch Martius: Tabul. physiogn. LXVI. u. Orville Derby: Contribution to the Geology of the Lower Amazonas, 158 u. f.), so dass sich, nach dem jeweiligen Ufercharakter, bald nur der letztere, bald auch der erstere Ausdruck für das Ueberschwemmungsgebiet gebrauchen lässt. — Keller-Leuzinger (Vom Amazonas zum Madeira, S. 26, Anmerk.) hingegen nennt, unbekümmert, ob es Waldterrain ist oder nicht, Igapó das länger und alljährlich überschwemmte Gebiet, im Gegensatz zum Vargem, dem über der mittleren Fluthhöhe befindlichen, somit kürzer und theilweise auch seltener unter Wasser gesetzten Terrain, eine Auffassung, die ziemlich mit den von mir an Ort und Stelle gesammelten Notizen stimmt. — Smith (Physical Geography of the Amazons Valley. [American Naturalist XIX. 30 u. ff.]) schliesst sich ebenfalls der Auffassung Keller-Leuzinger's an, erwähnt jedoch, dass das Wort varzea = vargem auch eine allgemeinere Bedeutung erfährt.

bettes liegen und solche, welche nur durch schmale Wasserarme, Paranámirims, vom Ufer getrennt sind oder durch Furos, d. h. kanalartige Wasserstrassen, welche zwei Flussläufe verbinden, gebildet werden. Durch diese Paraná-mirims und Furos, die sich nach allen Richtungen kreuzen, entsteht zu beiden Seiten des Stromes ein wahres Labyrinth inselartiger Landfragmente, welches sich schliesslich sowohl rechts wie links auf mehr denn 100 km landeinwärts erstreckt und in welchem man auf dem Wasserwege über 1000 km zurücklegen kann, ohne jemals das eigentliche Strombett berühren zu müssen.[1]

Wie Alles, was mit dem Amazonas zusammenhängt, das gewöhnliche Maass überschreitet, so zeichnen sich auch seine Zuflüsse durch Anzahl und Grösse besonders aus. Es giebt deren ungefähr hundert. Dreissig führen ihm mehr Wasser zu als die Seine dem Meer, elf entsprechen der Grösse des Rheines und sechs sind fast so mächtig wie er selbst,[2] darunter vor Allem der von Süden kommende Madeira. Die Flüsse zerfallen in Schwarz- oder Klarwasser- und in Weisswasserflüsse, das heisst in solche mit klarer, dunkler und solche mit undurchsichtiger, fast gelblicher Wasserfarbe. Die Verschiedenheit der Farbe wird durch die Verschiedenheit des durchflossenen Bodens bedingt. Die auf weichem Alluvialboden fliessenden Flüsse haben helltrübes, die über felsigen Grund fliessenden klares dunkles Wasser.[3] Die Weisswasserflüsse gelten für weit fieberfreier, also für gesunder als die Schwarzwasserflüsse;[4] dafür sind letztere fast durchwegs von der entsetzlichen Mückenplage befreit,[5] welche an ersteren dem Menschen den Aufenthalt geradezu verleidet. Der Amazonas zählt zu den Weisswasserflüssen, ebenso der Içá und Japurá, indessen der Teffé, Juruá, Jutahy und der bedeutendste Nebenfluss auf dem linken Amazonasufer, der Rio Negro, sich unter die Schwarzwasserflüsse einreihen.[6] Beim Zusammenfluss des Rio Negro mit dem Amazonas beginnt letztgenannter erst, katexochen, den Namen Amazonas zu führen. Weiter aufwärts bis an die Grenze Brasiliens heisst der König der Ströme Alto Amazonas oder Solimões, Marañon aber in seinem Oberlaufe, in Ecuador und Peru. Diese Dreitheilung des Laufes durch dreierlei Namen

---

[1] Moreira Pinto: Apontamentos para um Diccionario Geographico do Brazil I. 262.

[2] Souza: Valle etc.

[3] Journal of the Linnean Society. Zoology IX. 351. — Wallace: Travels on the Amazon and Rio Negro, 409, 410.

[4] Schütz-Holzhausen (Der Amazonas, 187) berichtet vom Rio Negro u. Rio Branco das Gegentheil, doch stimmt seine Erfahrung nicht mit den allgemein, auch nicht mit den von uns gemachten Erfahrungen überein.

[5] Siehe Ausnahmen in Brown and Lidstone: Fifteen thousand miles on the Amazon, p. 272.

[6] Zu den Flüssen mit klarem, dunklem, jedoch nicht gerade schwarzem Wasser rechnen der Tocantins, Xingú u. Tapajoz, zu denjenigen Flüssen, welche in der Regenzeit weisses, in der trockenen Jahreszeit klares, dunkles Wasser führen, der Madeira u. der Purús. — Wallace

findet übrigens ihre Begründung in der physikalischen Charaktereigenthümlichkeit des jeweilig durchströmten Gebietes.[1]) Der Amazonas, von den Indianern Paraná-assú, das heisst grosser Strom, genannt, hat seinen merkwürdigen griechischen Namen durch eine spanische Expedition erhalten, welche im 16. Jahrhundert den Strom befuhr und behauptete, mit Amazonen gekämpft zu haben. Diese letztere Behauptung ist fast allgemein angezweifelt und dahin ausgelegt worden, dass die Spanier sich haben täuschen lassen, sei es durch die bei manchen Indianerstämmen gebräuchliche Anwesenheit nicht kämpfender Weiber in der Schlacht,[2]) sei es durch ausnahmsweise, das heisst im Nothfall kämpfende Indianerinnen,[3]) sei es endlich durch den Anblick junger, bartloser, weibisch aufgeputzter Männer des Stammes der Cunari und der Uaupé.[4]) Von noch anderer Seite endlich meinte man, dass die Spanier durch den von den Indianern dem Strom wegen der Pororóca gegebenen Namen Amassonas = Bootzerstörer, welchen sie missverstanden hätten, auf den Gedanken kämpfender Frauen gebracht worden seien. Diese Auslegung, nämlich dass die Spanier von den Indianern das Wort Amassonas, richtiger Amaçunu, gehört und dasselbe missdeutet hätten, ist die einfachste und wahrscheinlichste. Doch ist zu berichtigen, dass auf Tupí-Guaraní Amaçunu nicht Bootzerstörer sondern Wasserwolkenlärm bedeutet und die Indianer mit diesem Namen sicherlich nur die Pororóca selbst bezeichnet haben. Dass sogar unter den Indianern der Glaube an die einstige Existenz von Amazonen verbreitet ist,[5]) mag durch den Import solcher Idee aus Europa,[6]) schwerlich durch die relativ hervorragendere Stellung, welche die vorgeschichtlichen Frauen der unteren Amazonasgegend eingenommen zu haben scheinen,[7]) entstanden sein. Ausser den Spaniern Orellanas sind auch noch andere

(Travels etc. 406) bildet aus obengenannten Flüssen, wie dem Tapajoz etc. eine dritte Gruppe von Flussarten, doch lässt sich diese nicht streng durchführen, da z. B. gleich der Tapajoz einen Uebergang zu den echten Schwarzwasserflüssen bildet, welche in ihrer Art ebenso durchsichtiges Wasser haben wie die Klarwasserflüsse von Wallace. Zudem zeigen die meisten, wenn nicht alle der in dieser Anmerkung genannten Flüsse gleiche hygienische Verhältnisse und gleiche oder ähnliche Vegetation wie die echten Schwarzwasserflüsse.

[1] Dies trifft zum mindesten für den mittleren und unteren Stromtheil zu. Siehe Smith: Physical geography etc. (American Naturalist XIX. 27).

[2] Martius: Zur Ethnographie etc., S. 69. Silva Araujo. Diccionario topographico, 360. — Mello Moraes: Revista Anthropologica etc., 121. — Cerqueira e Silva: Corografia Paraense, 125.

[3] Martius l. c. S. 729, Anmerk. 2.

[4] Silva Araujo l. c. 101. 360. — Mello Moraes l. c. p. 96. — Martius l. c. 595. — Wallace: Travels on the Amazon and Rio Negro 493 a. f.

[5] Cerqueira e Silva l. c. 125. — Souza: Valle do Amazonas 163 e s. — Ribeiro de Sampaio: Diario da Viagem á Capitania do Rio Negro 25 e. s. — Mello Moraes l. c. 106. 110. — Osculati: Esplorazione delle regioni equatoriali 256.

[6] Martius l. c. 730 u. ff.

[7] Archivos do Museu Nacional etc. VI 430. Auch Anmerk. daselbst.

Weisse an diesem Glauben betheiligt gewesen und giebt es, sonderbar genug, heutzutage noch solche, die ihn nicht unbedingt über Bord werfen.[1])

Das ganze Gebiet, welches der Amazonas durchströmt, ist eine riesige Niederung, im Westen von den Anden, im Süden vom Hochplateau Centralbrasiliens, im Norden vom Gneisshochland Guyanas und Venezuelas, im Osten vom Meer begrenzt. Während diese Niederung in ihrem oberen Theile ungeheuer ausgedehnt ist, verengt sie sich vom Rio Negro abwärts bis auf 500 und 250 km, und rücken da namentlich von Norden her einzelne Höhenzüge bis nahe an den Strom heran. Auf der Nordseite des Stromes finden wir an einzelnen Stellen Urgebirge, an anderen zum Theil trapp- und dioritdurchsetzte paläozoische und mesozoische Ablagerungen aus der Silur-, Devon-, Steinkohlen- und Kreideformation. Die Südseite hat ziemlich die gleiche geologische Physiognomie, ist jedoch am unteren Amazonas namentlich durch weitverbreitete carbonische Ueberreste bemerkenswerth und im noch wenig bekannten Solimõesgebiet durch ausgedehnte Gebilde aus der Kreidezeit. Die Spuren des känolithischen Zeitalters sind bedeutende Flächen tertiären Ursprunges und beträchtliche quartäre Bildungen sowohl diluvialen wie namentlich alluvialen Charakters.[2])

Was die Pflanzenwelt der Amazonasniederung betrifft, so bemerkten wir schon früher,[3]) dass in ihr der Wald die weitaus überwiegende Vegetationsform ist. Dieser ungeheure, an Ausdehnung kaum seines Gleichen findende, äquatoriale Wald, welcher den Flächeninhalt Frankreichs um mehr als das Zehnfache übertreffen soll, hat von Humboldt den Namen Hyläa erhalten. Er zerfällt in zwei gegeneinander scharf abgegrenzte Vegetationsregionen, in den Igapó, das heisst den periodisch überschwemmten Wald, und den Eté- oder Guaçúwald, das heisst die den Ueberschwemmungen niemals ausgesetzte Hochwaldung des Festlandes. Der Igapó,[4]) welcher in der Höhe des Pflanzenwuchses hinter dem Etéwald zurückbleibt, übertrifft letzteren in Reichthum an Palmen und krautartigen Lianen. Seine Pflanzenarten, die von denen des Caá-Eté[5]) fast durchwegs verschieden sind, sind es auch wieder, je nachdem er die Ufer eines

---

[1]) Souza l. c. 168 A. e. s. — Silva Araujo l. c. 361. — Martius l. c. 729. — Cerqueira e Silva l. c. 125 e. s. — Moreira Pinto: Apontamentos etc. I 266.

[2]) Orville Derby: A Contribution to the Geology of the Lower Amazonas (Proceedings of the American philosoph. Society XVIII, p. 160 a. f.) — Orville Derby: Physikalische Geographie und Geologie Brasiliens S. 4. 11 u. ff. 28. — Hartt: Geology and Physical Geography of Brazil p. 319. 475. 493. — Liais: Climat, Géologie, Faune et Géographie Botanique du Brésil p. 233. — Süss: Das Antlitz der Erde I. 2 S. 658 u. ff.

[3]) Siehe S. 17.

[4]) Genau genommen sollte man Igapówald sagen, da das indianische Wort Igapó (richtiger Iapó) nichts weiter als Sumpf bedeutet, doch hat sich für den Begriff »Sumpfwald« das Wort Igapó mit Weglassung von Caá (Wald) eingebürgert. Siehe meine Anmerk. S. 18.

[5]) Caá-Eté = Etéwald.

Weisswasser- oder eines Schwarzwasserflusses einsäumt. Der Etéwald hat, im Gegensatz zum Igapó, einen grösseren Reichthum an Epiphyten und entwickelt Laubbäume bis zu 60 m Höhe, welche die höchsten Palmen überragen und sich wie Riesenschirme oberhalb der geschlossenen Waldlinie ausbreiten.

Während unser deutscher Wald artenarm und reich an gesellig lebenden Gewächsen ist, zeichnet sich die Hyläa durch einen fast unerschöpflichen Artenreichthum aus, welcher selbstverständlich das gesellschaftliche Leben der Pflanzen in den Hintergrund drängt. Die Entfernung von nur einem Längen- oder Breitengrad genügt zum Erscheinen einer Unzahl neuer Arten,[1]) und mit Ausnahme einiger Palmenwälder finden sich nirgends ungemischte Bestände. Durch dieses Nebeneinanderwachsen von allerhand Arten entsteht ein unglaublich unruhiges Vegetationsbild, im Vergleich mit welchem die ruhigen Linien des aussertropischen Waldes wohlthuend wirken. Die Hyläa, in der sich kein Sommer und Winter unterscheiden lässt, prangt das ganze Jahr hindurch im Blätterschmuck und bringt jeden Monat des Jahres Blüthen zur Entwicklung. Sie besitzt keinen einzigen Nadelbaum und wenig Baumfarne und, in Folge der Dichtigkeit des Waldes, nur wenige, das endlose Grün unterbrechende Blumen. Der Flora des Orinoco steht sie weit näher als derjenigen Südbrasiliens, und kann man ihre Südgrenze im Ganzen bei ungefähr 8—10° s. Br. annehmen. Wenn auch so manche Aequatorialpflanzen noch weiter südlich gehen, wenn auch die Familien im Ganzen identisch und viele Gattungen gleich sind, so sind dieselben doch in verschiedenen Proportionen in der Aequatorialflora und der Flora der tropischen Zone vertreten, und dieses namentlich drückt der Vegetation des Amazonas einen von der des übrigen Brasiliens verschiedenen Charakter auf.[2])

Gleich der Flora steht auch die Fauna der Amazonasniederung im Ganzen derjenigen der nördlich angrenzenden Länder, namentlich der Guyanas, bedeutend näher als derjenigen des südlicheren Brasilien. Der Strom und einige seiner Nebenflüsse bilden in dieser, von der des übrigen Landes ziemlich geschiedenen Fauna weitere zoologische Grenzlinien, so dass sich in derselben noch vier Untergebiete unterscheiden lassen. Manche Thierarten breiten sich nur nördlich des Stromes aus, andere aus dem Süden heraufdringende finden ihre Grenze am Südufer des Stromes, im Nordwesten überschreiten einzelne niemals weder das nördliche Solimões- noch das westliche Rio Negroufer, und im Südwesten endlich ist ein Verbreitungsbezirk, der sich nur bis zum südlichen Solimões- und westlichen

---

[1]) Spruce: On Insect-Migrations in Equatorial America (Journal of the Linnean Society: Zoology IX 352). — Wallace: Travels on the Amazon and Rio Negro 435 a. f. 442.

[2]) Liais: Climat, Géologie, Faune et Géographie botanique etc. 581.

Madeiraufer hin erstreckt.[1]) Auch hier in der Thierwelt begegnen wir derselben Erscheinung wie in der Pflanzenwelt der Amazonasebene, nämlich einem ungeheuren Artenreichthum, gegen welchen die Höhe der Stückzahl der einzelnen Arten, mit wenig Ausnahmen, sehr zurücktritt. An Vögeln allein sind im unteren Amazonasgebiet bis jetzt 452 Arten bekannt, im oberen ungefähr 600.[2]) An Fischen besitzt das Becken des Amazonas über 1800 Species. Und in der unmittelbaren Umgebung Parás kann man bis zu 700 Arten Schmetterlinge zählen, mehr als doppelt so viel als ganz Europa aufzuweisen im Stande ist.[3])

Der grosse Reichthum an Thieren und der, ersteren hauptsächlich bedingende, Reichthum an Pflanzen führt von selbst auf die klimatischen Verhältnisse zurück, welche ihrerseits wieder als Mitursache der üppigen Vegetation des Amazonasthales anzusehen sind. Das Klima des äquatorialen Brasilien ist heiss und feucht. Man nimmt hier eine Jahresisotherme von ungefähr $28°$ C. an und eine jährliche Regenmenge von 1300—2000 mm. Für ein tropisches Gebiet sind letztgenannte Summen nicht sonderlich hoch; was jedoch an Niederschlagshöhe in Gestalt von Regen fehlt, wird ersetzt durch atmosphärische Niederschläge in Gestalt von Nebel und reichlichem Thaufall. Die Regenvertheilung das Jahr über ist nach den Oertlichkeiten verschieden. Bei Pará und am Solimões oder oberen Amazonas regnet es das ganze Jahr hindurch, wenn auch im Mittel mehr von Dezember bis Mai. Auf der mittleren Strecke des unteren Amazonas hingegen und an dessen nordwestlicher Mündung können deutlich eine trockene und eine nasse Jahreszeit unterschieden werden.[4]) Die Jahresisothermen der einzelnen Punkte das Stromgebiet entlang sind annähernd gleich; nahe der Küste, in Pará, beträgt diese Isotherme $27°$ C., im Innern des Landes, in Manáos, $26°$ C. Verhältnissmässig ebenso gering ist an den einzelnen Orten der Temperaturunterschied zwischen dem kältesten und wärmsten Monat, zwischen der kältesten und wärmsten Tageszeit. In Pará und Manáos differirt das höchste und tiefste Monatmittel nur um $1,7°$ C.[5]) Die interdiurne Wärmeschwankung beträgt in Pará durchschnittlich circa $3°$ C. Das Thermometer zeigt nämlich gewöhnlich $25,07°$ bei Sonnen-

---

[1] Smith: The Physical geography of the Amazons Valley. (The American Naturalist XIX p. 29). — Wallace: On the monkeys of the Amazon (Annals of Natural History II Series, V. XIV, p. 454). — Wallace: Travels on the Amazon and Rio Negro 471 a. f. — Siehe auch Pelzeln: Zur Ornithologie Brasiliens S. 389. — Bei der Lepidopterenfauna zeigen sich im Grossen und Ganzen, wenn auch nicht ganz gleiche, so doch sehr ähnliche Verbreitungsbezirke, s. Transactions of the Entomological Society. New Series V., p. 223 a. f., 349 a. f.

[2] Pelzeln: Zur Ornithologie etc. S. 372. 386. — Siehe auch Wallace: Travels 463.

[3] Bates: The naturalist on the river Amazons 52. — Wallace: Travels etc. 14. 49. 468. 469.

[4] Transactions etc. V., 224. — Wallace: Travels etc. 428 a. f.

[5] Hann: Handbuch der Klimatologie S. 344.

aufgang und 28,15° Nachmittags 2 Uhr.[1]) Etwas beträchtlicher stellt sich die tägliche Temperaturamplitüde im Innern des Landes. Das Maximum der in Pará und Manáos beobachteten Wärmegrade ist 35° C., bezw. 35,7 C., das Minimum 22,8° bezw. 20,7° C.[2]) In der ganzen Amazonasniederung trifft man selten mehr als 33° und weniger als 25°, doch wurden schon Maxima bis zu 40° C. verzeichnet.[3]) Diese letzterwähnte Temperatur ist immerhin noch nicht hoch zu nennen, jedoch steigert der grosse Feuchtigkeitsgehalt der Luft die Wärmeempfindung bis zur Unerträglichkeit.

[1]) Liais: Climat etc. du Brésil p. 573.
[2]) Reclus: Nouvelle Géographie Universelle XIX, p. 149, Note 2. — Hann l. c. 352.
[3]) Wappäus: Kaiserreich Brasilien S. 1295.

KAPITEL III.

Pará.

Pará. Dienstag, den 26. Juni.

Die ganze Nacht lagen wir im Strom vor Anker. Bei Tagesanbruch, $5^{1}/_{2}$ Uhr, begann die Weiterfahrt, welche sich zwischen flache, bis zum Wasserrande waldbedeckte Inseln hindurchzog. Da letztere immer näher zusammen- und somit auch unserem Dampfer näherrückten, liess sich bald die sie schmückende Vegetation unterscheiden. Zunächst umgab die Inseln ein Gürtel von Mangroven. Dahinter erhob sich bei manchen kranzartig ein Aningal, d. h. ein Wäldchen von Montrichardia arborescens Schott, einer am Amazonas ihre Südgrenze findenden, bis zu 3 m hohen Aracee mit Holzstamm und grossen, pfeilförmigen Blättern. Hinter dieser Ufervegetation ragten ausser verschiedenen Bäumen noch allerhand Palmen empor. Dutzende von Mirití (Mauritia flexuosa L.) mit ihren malerischen Fächelblättern, einzelne Cocospalmen, schlankstämmige, graziös geneigte Assaí (Euterpe oleracea Mart.), die beliebten Weinpalmen (Oenocarpus bacaba Mart.) und endlich eine vierte Fiederpalmenart, die am Amazonas weit verbreitete Tucumá (Astrocaryum Tucumá Mart.). Im Festlandwald sah man vereinzelte, die Palmen an Grösse bedeutend übertreffende Sumaumeiras (Ceiba samaúma Schum.) in die Lüfte steigen, bis hoch hinauf ohne Aeste, dann aber ihre Kronen wie riesige Dächer weithin horizontal ausbreitend. Sie befanden sich gerade in ihrer fast laublosen Periode und stachen dadurch sehr von ihren Nachbarn ab, da es in der Hyläa nur wenig Bäume giebt, welche ihren Blätterschmuck während einer Zeit des Jahres abwerfen. An menschlichen Ansiedlungen zeigten sich, und zwar am Festlandsufer, nur einzelne Ziegeleien und palmenbeschattete einstöckige Landhäuser. Es war auch eine kleine Niederlassung zu bemerken, neben welcher das hellgrüne, leicht aufgebaute Laub und die hellen, schlanken Stämme etlicher Seringeiras oder Kautschukbäume (Hevea brasiliensis Müll.)[1] sichtbar wurden. Der tropische Wald, sowohl der Festlands- wie der Inselwald, der sich zu unserer Rechten und Linken, vor uns und hinter uns dehnte, erschien uns als ein vollständiges Pflanzengewirr, als eine undurchdringliche grüne Wand. Südostwärts in der Ferne theilten sich endlich die sich fortwährend vor- und zwischeneinander schiebenden, das Fahrwasser scheinbar versperrenden Inseln und es glänzte uns das weissschimmernde Santa Maria de Belém do Grão Pará entgegen. Es ist dies eine flach hingestreckte, gewöhnlich kurzweg Pará genannte Stadt von ungefähr 70 000 Einwohnern, welche unschöne Kirchthürme und unschöne öffentliche Gebäude hat.

Unsere »Manauense« musste wegen der hier geringen Tiefe des Stromes in ziemlicher Entfernung von Pará vor Anker gehen. Wir blieben zwar an Bord wohnen, da wir Billette bis Manáos hatten, beeilten uns aber, gleich unseren hier endgiltig landenden Reisegefährten, in einem gemietheten Boot an das Ufer hinaus zu fahren, wie begreiflich fiebernd aus Ungeduld, die neue Welt endlich zu betreten. Unmittelbar am Hafen begrüsste uns die Tropenvegetation in Gestalt einer prachtvollen Allee Westindischer Königspalmen (Oreodoxa regia Mart.), und auf dem nahen Markte wurden Tropenfrüchte, wie Bananen, Ananas und Cocosnüsse, feilgeboten. Aus verschiedenen Läden und Häusern kreischten uns allerhand Papageien entgegen. Vor Allem waren es Kurzschwanz-Papageien (Psittacidae), und zwar Repräsentanten der am häufigsten nach Europa gebrachten Arten Chrysotis aestiva L. und Chrysotis amazonica Briss. Erstere Species, der Amazonenpapagei mit rothem Flügelbug, bewohnt das Innere Südamerikas von Argentinien bis Mittelbrasilien und vorwiegend das Camposgebiet, letztere, der Amazonenpapagei mit grünem Flügelbug, ist mehr in den Waldungen und findet sich am Amazonas wie über das ganze nördliche Südamerika verbreitet. Mit entsetzlicher Stimme empfing uns auch ein zahmer Ara macao L., einer jener prachtvollen, roth-blau-gelben Araras, welche in Brasilien nicht südlicher gehen als der Amazonas, aber bis Mexiko hinauf angetroffen werden. Auf den Vorstadtstrassen, namentlich den etwas verwilderten Plätzen, hüpften Rabengeier (Catharistes atratus Bartram) um unsere Füsse mit einer Vertraulichkeit, man möchte sagen Frechheit, welche sich nur dadurch erklärt, dass diesen ekelhaften Vögeln, ihrer strassenreinigenden Eigenschaften wegen, nie etwas zu Leide gethan wird. In einem Privathause, in welchem unsere Wiener Ueberfahrtsgefährtin abgestiegen war, fanden wir eine grosse Boa constrictor L., welche in einer

---

[1] Die zwei einzigen für den untersten Amazonas in Betracht kommenden Heveaspecies sind: Hevea brasiliensis Müll. und H. guyanensis Aubl. Letztere ist zwar vor Allem in Guyana heimisch, doch lässt sich so ziemlich sicher annehmen, dass ihr Verbreitungsbezirk auch den unteren Amazonas einschliesst. Siehe Martius: Flora brasiliensis, XI. 2, p. 304.

Kiste gehalten wurde und uns unwirsch anzischte. Wir machten dort auch die Bekanntschaft eines kaum 15 cm langen, bräunlichen Eichhörnchens (Sciurus gilvigularis Natt.),[1]) mit buschigem Schweif, kurzer Schnauze und kleinen, nicht von einem Haarkranz umgebenen Ohren. Das niedliche Thierchen war so wenig scheu, dass es ganz zutraulich an uns auf und nieder lief. Es gab in diesem Hause noch ein drittes Thier, einen Coati oder Rüsselbär (Nasua socialis Wied); derselbe schlich an uns heran, beschnupperte uns mit seinem langen, fingergleich greifenden Riechorgan, stieg mit den Vorderpfoten an uns herauf und liess sich bereitwillig streicheln.

Nicht nur Thiere und Pflanzen mutheten uns in der neuen Welt fremdartig an, auch die Menschen, von den Weissen abgesehen, boten uns manch unerwartetes Studium. Die Neger und Negerinnen mit ihren charakteristischen Krausköpfen waren hier weit zahlreicher vertreten, als wir dachten. Zwischen ihnen bewegten sich einzelne Cafuzas, Mischlinge von Negern und Indianerinnen, welche sich namentlich durch ihren fusslang abstehenden, nicht krausen, aber verfilzten schwarzen Haarwuchs hervorthaten. Die Indianer hingegen fielen auf durch ihr straffes, pechschwarzes Haar, ihre Adlernasen und weit in das Gesicht zurückgreifende Nasenwurzeln.

Die Stadt selbst, welche all diese Menschen, Thiere und Pflanzen beherbergt, ist unschön, unelegant. Die Strassen und Plätze sind ungepflegt, theils von Rasen überwuchert, die Kirchen zopfig und äusserlich nicht anziehend, die Häuser stillos, hellgemalt, ein-, höchstens zweistöckig und die Treppen im Innern der Häuser über alle Beschreibung halsbrecherisch. Einzig annehmbar schienen uns einige Verkaufsläden, welche unerwartet elegante Auslagen hatten. In dem von einem Franzosen gehaltenen Hôtel Central, dem einzigen von Damen frequentirbaren Gasthaus Parás, lernten wir die innere Eintheilung tropischer Häuser kennen. Die Zimmer sind sämmtlich ohne Decke, nur mit dem Dachstuhl über sich und nur durch eine etwa 3—4 m hohe Bretterwand vom Nachbarzimmer getrennt, so dass man von einem Raum in den anderen jedes Wort versteht und jeden sonstigen Lärm im ganzen Hause mitanhören muss. Anfangs erscheint diese Einrichtung dem Neuangekommenen sehr lästig und stört ihn auch in der Nachtruhe, doch bald lernt er den Segen derselben dankbarst anerkennen. Diese Bauart, vermittelst welcher eine ständige Ventilation durch das ganze Gebäude geschaffen wird, bietet die einzige Möglichkeit, die namentlich des Nachts in den Häusern unerträgliche Tropenhitze einigermaassen zu mildern.

---

[1]) Farbe des Pelzes, Grösse etc. stimmten auf Sciurus gilvigularis Natt.; da ich aber das Thier zu flüchtig gesehen, kann ich die Species nicht mit Sicherheit bestimmen und wäre auch Sciurus aestuans L., nicht ausgeschlossen.

Mangroven (nach Biard).

Von der Temperatur der Aequatorialgegenden erhielten wir schon heute einen guten Begriff. Indessen früh 6 Uhr am Schiff das Thermometer 25° C. zeigte, hatte es zu Mittag in der Stadt 31° C., in der Sonne bis zu 37° C. Wir konnten nur im Schatten der Häuser dahinschleichen und in die Sonne uns nur mit dichtem, weissem Schirm, und das nur auf einige Minuten, wagen. Auch warnten uns die Eingeborenen vor der Einwirkung der Sonnenstrahlen, durch welche man sich leicht das hier endemische gelbe Fieber zuziehen kann. Das sich der Nachtluft Aussetzen hingegen hat häufig Malaria zur Folge,[1]) die hier am Amazonas, äusserst gefährlich, oft einen rasch tödtlichen Verlauf nimmt. Wir sind wenig erfreut über diese unangenehme Alternative, ebenso über die hieraus sich ergebende Beschränkung unserer Bewegungsfreiheit, welche dadurch noch erhöht wird, dass wir uns dem Beispiel der Einheimischen nach, von 10 bis 4 Uhr möglichst ruhig in irgend einem schattigen Winkel, vor Allem einem Hause, aufhalten sollen. Rechnet man, dass die Sonne in diesen Strichen um 6 Uhr erst auf und um 6 Uhr schon wieder untergeht, so bleibt, wenigstens in den Städten, ungemein wenig Zeit zu Unternehmungen. Auf dem Lande, im Wald und unter dem schützenden Sonnensegel eines Bootes gestalten sich die Verhältnisse indessen etwas günstiger.

Pará. Mittwoch, den 27. Juni.

Gestern besuchten wir die Stadt, heute wollten wir uns in die wunderbare Igapówelt vertiefen. Zu diesem Zwecke hatten wir aus Pará ein Segelboot an unsere »Manauense« herausbestellt und fuhren um 7 Uhr früh bei 28° C. Wasser- und 25° C. Lufttemperatur in das Insellabyrinth des Amazonas hinein. Zunächst gewannen wir die Nordspitze der Ilha das Onças, einer westlich von Pará gelegenen, nordsüdlich gestreckten, fast flachen Insel. Hier öffnete sich uns ein Ausblick in die weitere Inselwelt. Waldeiland hinter Waldeiland, soweit das Auge reicht, alle von einem Gürtel von Rhizophora Mangle L. umsäumt, oder von Aningáes, d. h. Wäldchen von Montrichardia arborescens Schott umkränzt. Hinter diesem Gebüschgürtel wiegten sich hoch in den Lüften die Kronen zarter Assaï- (Euterpe oleracea Mart.) und stämmiger Miritípalmen (Mauritia flexuosa L.) und drängte sich eine unbeschreibliche Fülle allerhand schlingpflanzenbehangener Laubbäume. Sämmtliche Inseln und Inselchen schienen wie auf dem Wasser schwimmende Boskette und zeigten sich in reizender Lichtwirkung. An dem Westufer der Ilha das Onças, bei der Olaria oder Ziegelbrennerei Nuguez, stiegen wir an das Land und suchten eine Strecke

---

[1]) Ich gebe hier die Ansicht der Eingeborenen wieder, nach der wir unsere Lebensweise richteten. — Neuerdings wird von ärztlicher Seite die Schädlichkeit der Nachtluft resp. der Bodenausdünstung zur Nachtzeit in Frage gestellt. Siehe Schellong: Die Malariakrankheiten unter spezieller Berücksichtigung tropenklimatischer Gesichtspunkte 106 u. ff., 117 u. ff., 136, und Martin: Aerztliche Erfahrungen über die Malaria der Tropenländer. 19. 20.

weit in den Wald vorzudringen. Indessen draussen am Wasserrande
früchtetragende, echte Cocospalmen (Cocos nucifera L.) standen, traten uns
hier hohe Mucajá (Acrocomia sclerocarpa Mart.) und Urucuri (Attalea excelsa
Mart.), letztere eine buschige Fiederpalme, deren Früchte zur Kautschukbereitung dienen, zuerst in den Weg. Mehr im Waldinnern erhoben sich
Ubussúpalmen (Manicaria saccifera Gärtner) und dazwischen schlingpflanzen-
umstrickte, riesig hohe Wollbäume (Bombaceen), welche mit feiner Wolle
dichtgefüllte Kapseln trugen und uns durch ihre mächtige Erscheinung
überraschten. An den sumpfigen Gründen hatten sich die grossblätterigen
Montrichardien mit über 3 m hohem, holzigem Strunke angesiedelt.

Reich wie die Flora, war auch die Fauna dieser äquatorialen Insel.
Im Walde tönte Papageiengeschrei. Als wir im Dickicht streiften, schwirrten
rothbraune Colibris mit röthlich schillerndem Schweife (Pygmornis pygmaeus
Spix?) an unseren Köpfen vorbei, am Waldrande flog ein Bem-te-vi (Pitangus
sulphuratus L.) auf, ein häufig anzutreffen-
der, bräunlicher Vogel. Und von Baum zu
Baum wechselten Schaaren der gelb und
schwarzen Japims (Cassicus persicus L.),
welche ihre merkwürdigen Beutelnester an
die Bombaceen gehängt hatten und dieselben eifrig umflatterten, bald der eine,
bald der andere in den kunstreichen Bauten
verschwindend. An sonnigen Stellen gaukelten allerhand Schmetterlinge. Es waren
grosse, grellrothe, scheinbar mit weissen
Querstreifen über der Spitze der Vorder-
flügel, vermuthlich Repräsentanten einer der beiden Danaïsarten der
Amazonasfauna; Prepona Demophon L., am ganzen Amazonas gemeine,
grosse, graubraune Nymphalinen mit glänzend blauem, breitem, senk-
rechtem Streifen über Vorder- und Hinterflügel; und Catopsilia Philea L.,
an Grösse letztgenannten Lepidopteren nicht viel nachstehende goldgelbe
Pierinen, die sowohl in Brasilien, wie in Guyana vorkommen. Zwischen
diesen grösseren Schmetterlingen spielten um die Blüthen noch sehr viele
kleinere, welche den Grössenverhältnissen nach mehr den europäischen ent-
sprachen. Im Schlamm an den Montrichardiawurzeln tummelten sich zahllose
kleine, braungraue Winkerkrabben (Gelasimus) herum, die Männchen ihre
grosse Scheere beim Laufen hoch erhoben. Endlich nach langem Be-
mühen gelang es uns, eines der drolligen, blitzschnell in Erdlöchern sich
bergenden Thiere zu fangen. Es zeigte sich, dass es ein Exemplar der
Spezies »Bissige Winkerkrabbe« (Gelasimus mordax Smith) war, welche bisher
nur bei Pará beobachtet worden ist. Auch mit Erhaschen von Schmetterlingen gaben wir uns eine Zeitlang ab, doch jagte uns die sengende

Bissige Winkerkrabbe
(Gelasimus mordax). Nat. Grösse.

Tropensonne nach wenig Minuten immer wieder in den Schatten zurück. Die durch die Sonnenstrahlen sogar auf der kleidergeschützten Haut hervorgebrachte Empfindung war geradezu die einer Verbrennung, und gerade in der glühendsten Sonne fing es schon nach kurzer Zeit an, uns zu frösteln. Umsomehr bewunderten wir die Neger, welche, wie z. B. hier und im Hafen von Pará, in der äquatorialen Mittagssonne barhaupt arbeiteten; denn letzteres ist ein Verfahren, das Europäer einfach tödten würde, die Afrikaner aber gar nicht zu belästigen scheint.

In der Olaria waren ungefähr achtzig Schwarze aus den verschiedensten Stämmen, bärtige und bartlose, beschäftigt. Die Männer, welche wie aus Bronze gegossen schienen, hatten meist nur ein Beinkleid angethan. Die Weiber trugen Röcke und Brustlatz, liessen jedoch den Rücken unbedeckt. Als die Sklavenemancipation verkündet wurde, waren diese Leute schon sämmtlich freie Arbeiter. Die Neger bezogen jetzt einen Taglohn im Werth von 5 Mark, die Negerinnen im Werth von 3 Mark. Während sich die Erwachsenen bei der Arbeit befanden, wurde der kleine schwarze Nachwuchs von einer alten Negerin gehütet — eine Kleinkinder-Bewahranstalt für Schwarzhäute. Die Wohnhäuser dieser Neger bestanden in länglichen, einstöckigen Gebäuden, welche zu mehreren Räumen abgetheilt waren. Die innere Einrichtung beschränkte sich auf Hängematten; die Kleidungsstücke hingen, an Stricken befestigt, frei im Zimmer umher.

Nach unserer Jagd im Walde und auf den Wiesen wurden wir, ohne darum gebeten zu haben, im Hause der Olariabesitzerin bewirthet. Hier lernten wir zum ersten Male die auch ganz Fremden gegenüber übliche brasilianische Gastfreundschaft kennen, welche nicht einmal nach Namen und Herkunft der Bewirtheten fragt. Die Hausfrau war eine Brasilianerin, die Wittwe eines Franzosen, der Werkführer ein Sachse. Nach dem einfachen Male, bei welchem die Leute sich ungemein freundlich gegen uns zeigten, wurden wir in den Garten geführt, einzelne tropische Pflanzen in Augenschein zu nehmen. Neben einer Alocasia indica Schott mit Riesenblättern wuchs eine uns als Tajá bezeichnete, kleinblätterige Aracee, vermuthlich Caladium bicolor Vent., blühte das Centratherum punctatum Cass., eine durch ihre Bracteen merkwürdige, in Brasilien häufige Composite, und zitterte im geringsten Lufthauch eine wunderbar zarte Eragrostisart. Ein paar Schritte weiter erhob sich unter Anderem ein Codiaeum variegatum Müller Arg. var. genuinum M. A., eine in Strauchform wachsende Euphorbiacee Indiens, der Molukken und der Fidschiinseln, ferner eine zweite strauchförmige Euphorbiacee, die in Brasilien beheimathete Acalipha macrostachya var. sidaefolia Müller Arg. und als namentlich interessant für uns der Ipadú oder Cocastrauch (Erythroxylon Coca Lam.), dessen pulverisirte Blätter den Indianern als narkotisches Genussmittel dienen. Wir fanden da auch den wegen seiner Früchte sehr geschätzten, eleganten, im

Igarapé auf der Ilha das Oncas.
(Nach einer selbstaufgenommenen Photographie.)

ganzen tropischen Amerika wildwachsenden Goldblattbaum (Chrysophyllum Cainito L.), von welchem wir uns einige der durch ihre goldig glänzende Unterseite merkwürdigen Blätter mitnahmen. An besonders wichtigen Nutzpflanzen fehlten hier aber auch nicht der Ceylonische Zimmtbaum (Cinnamomum ceylanicum Breyn.), der auffallend hellgrün belaubte Gummibaum (Hevea guyanensis Aubl.) und der Echte Chokoladebaum (Theobroma cacao L.), der nur in den heissesten Erdstrichen gedeiht. Letzterer wurde uns noch dadurch bemerkenswerth, dass ihm die grossen gelben Früchte am Stamm sitzen, eine Eigenschaft, welche allen, schwere Früchte tragenden Bäumen gemeinsam ist, die wir aber hier zum ersten Male zu Gesicht bekamen.

Und nun, nachdem wir uns wieder eingeschifft hatten, folgte eine Bootfahrt durch einen breiten und dann einen schmalen Igarapé[1]) quer durch die Insel, eine so wunderbare, alle Erwartungen, alles nur je Geträumte übertreffende Fahrt, dass diese allein die ganze weite Reise über den Ocean gelohnt hätte. Es war eine sinnberauschende, sinnverwirrende Ueppigkeit an Pflanzen, die uns umgab. Zu höchst breiteten sich die Kronen riesiger Bombaceen, ragten einige Cajú bravo (Spondias purpurea L.)[2]) mit ihren rothen Früchten heraus und wiegten sich die gefiederten, luftigen Blattbüschel zarter Laubbäume, an welchen eine ganze Schlingpflanzenwelt emporkletterte. Um Einiges niedriger trachteten die Palmen im Dickicht sich Platz zu schaffen, zu oberst die schlanken Assaí mit wenig Wedeln und weissen, rispigen Blüthenständen, daneben die mächtigen, edelgeformten Mauritien, etwas tiefer die Inajá (Maximiliana regia Mart.), deren bis zu 12 m lange Fiederblätter in dichten, buschigen Mengen, dem kurzen Stamm entquellen. Ueber das Wasser herein legte sich breit das massige, dunkelglänzende Laub einer Mangueira (Mangifera indica L.), verschiedene Mimoseen, unter welchen Pentaclethra filamentosa Benth.,[3]) zeichneten sich daneben durch feingefiederte Blätter aus, und ein Baum mit ganz glattem, dünnem Stamm strebte vollständig senkrecht, etwa 15 m hoch, astfrei in die Lüfte, oben ein kleines, reizend zierliches Blattbouquet aussendend. Unterhalb der Palmenregion drängten sich Heliconienhaine und Montrichardiawäldchen. Inmitten letzterer ragten, an den Blüthenstand der Colocasia erinnernd, glänzend weisse Spatha mit gelbem Spadix in die Höhe, indessen die feuchten Gründe die blaublüthige Pontederia cordata L.[4]) bedeckte. Das üppige Grün durchzogen, wohl den Sterculiaceen zugehörige, weisse Blüthen, gelb- und andersfarbig blühende Ranken, die ich für Bignonien gehalten, auch rothblühende Trichterwinden, und zwar

---

[1]) Igarapé ist tupí und heisst Bootweg. Am Amazonas versteht man darunter einen Bach oder kleinen Fluss oder Flussarm, der sich in das Festland oder in eine Insel hineinzieht resp. dieselbe kanalartig durchquert, überhaupt jede schmale, von einer Canoa befahrbare Wasserstrasse.

[2]) In Martius: Flora brasiliensis, XII. 2, p. 374, ist Cajú als Vulgärname dieses Baumes angeführt, was mit meinen Reisetagebuch-Notizen stimmt. In Barboza Rodrigues: Hortus fluminensis, p. 103, sind für Sp. purpurea andere Vulgärnamen genannt; für die zwei übrigen brasilianischen Spondiasarten jedoch ist der Name Cajá angegeben, so dass auch eventuell der Sp. purpurea der Name Cajá und nicht Cajú zukommen dürfte.

[3]) In mein Herbarium gesammelt.

[4]) In mein Herbarium gesammelt.

die über Centralamerika und den nördlichen Theil von Südamerika verbreitete Ipomea fastigiata Sw.[1]) All diese Pflanzen hingen, kletterten, strebten, wuchsen in unentwirrbarem Durcheinander, keines Fusses Breite am Boden unbenützt lassend, und bildeten ein undurchdringliches Dickicht, das sich in die malerischsten Laubgruppen auflöste, namentlich hoch oben, wo sich das Laub fast freischwebend, pinienförmig lagerte, von unzählbaren Lianen mit herabgesenkten Luftwurzeln erstiegen. Weithin dehnte sich das Wasser unter der in allen Schattirungen von Grün wechselnden Pflanzenwelt aus, ja, ziemlich der ganze Grund war eine Wasserfläche, aus welcher der Tropenwald sich emporrang. Durch diese Wachsthumsfülle, eine Fülle, in welcher die Natur sich selbst übertroffen zu haben schien, zogen sich die kanalartigen Flussarme, bald schmäler, bald breiter und so gewunden, dass vor und hinter dem Canoafahrenden sich die Waldwände immer wieder schlossen, und man auf einem Teiche zu schwimmen glaubte. Bald da, bald dort hing ein Busch, ein Baum, eine Palme weit auf den Igarapé über. Japimnester,[2]) von ihren schöngefiederten Erbauern umflattert, zierten als lange, kunstvolle Beutel in luftiger Höhe die wagerechten Aeste. Mit dem poetischen Namen Guarda-Rio[3]) belegte, glänzend stahlblaue Madenfresser (Crotophaga major Gm.) mit langem, prächtigem Fächerschwanz flogen in Schaaren vorüber. Ein Eisvogel, in Gestalt wie unserer, doch in Färbung verschieden, vermuthlich Ceryle americana Gm. sass versteckt im Laube. Blaue und rothe Schmetterlinge, Danaïs und Prepona Demophon L., gaukelten von Ufer zu Ufer. Aus dem Walde erschallten allerhand Vogelstimmen und klang der eintönige Ruf einer Kröte, vielleicht des Bufo marinus L., der zuweilen auch bei Tag sein schnarchendes Bellen hören lässt. Dieses Waldkonzert vervollständigte das schrille Zirpen der Cicadiden und Feldheuschrecken, welch letzteres namentlich gegen 3 Uhr nachmittags immer lauter und lauter wurde.

Hier und da öffnete sich die uns zu beiden Seiten begleitende, undurchdringliche Pflanzenwand, in welcher man vor Laubfülle keine Stämme unterscheiden konnte, und irgend ein verstecktes Plätzchen wurde sichtbar, auf welchem am Ufer, im tiefsten Waldesschatten eine Palmblatthütte lag. Eine solche Hütte war entweder nur auf einer Seite oder nur auf zwei Seiten, oder nur bis auf Brusthöhe durch Matten geschlossen, oder bestand sogar nur aus einem auf Pfählen ruhenden Dache. Hier verbrachte eine Indianerfamilie ihre einförmigen Tage, urwüchsig, ohne Sorgen, ohne Bedürfnisse, in paradiesischem Frieden — das Urbild der menschlichen Existenz, das sich durch Tausende und Tausende von Jahren in

---
[1]) In mein Herbarium gesammelt.
[2]) Siehe S. 30.
[3]) Flusswächter.

diesen gottbegnadeten Länderstrichen erhalten. Einige neben der Hütte gereifte Bananen, ein paar den todtbringenden Pfeilen zum Opfer gefallene Vögel, etliche in Fischreusen gefangene oder mit Harpunen erlegte Fische bilden die ganze Nahrung dieser Waldmenschen. Hängematten, ein paar Thongeschirre und Palmstrohkörbe die ganze Einrichtung dieser primitiven, luftigen Wohnstätten. Wozu arbeiten, wozu sich mühen, wenn die Natur mühelos bietet, was zu solch anspruchslosem Leben genügt? Diese Menschen wissen es nicht besser, und wer sagt uns, ob ihnen nicht der glücklichere Theil geworden?

Ein rascher Blick auf die Urwaldidylle, ein blitzschneller Eindruck dieser ursprünglichen Lebensweise — dann schliesst sich wieder vor dem vorüberziehenden Boote der bewohnte Erdenwinkel, und die Landschaft sinkt zurück in ihre märchenhafte, ungestörte Pflanzenherrlichkeit. Dort taucht eine Montaría auf, ein winziger Nachen mit niederem Bord; einige Schwarze hocken darin und führen geschickt die Pagaias, diese malerischen Ruder, welche man zum Rojen nicht in Dollen legt. Dann wird es wieder menschenöde, und Thiere und Pflanzen scheinen von Neuem unbestritten die Herrschaft zu führen.

Im engen Igarapé ist es noch weit bezaubernder. Das Laub wölbt sich über dem fast lautlos dahingleitenden Nachen zu einem Blätterdach

Hütte an einem Igarapé der Ilha das Onças.
(Nach einer selbstaufgenommenen Photographie.)

zusammen, die Wasserstrasse in dämmerige Kühle hüllend. Umgestürzte Baumstämme hemmen den Lauf der Canoa; hereinragende Laubmassen nöthigen zu einem Umweg; von allen Seiten rankt, strebt, blüht Alles gegen- und durcheinander in feenhafter Pracht. Indessen im weiten Igarapé der Wald wie zwei riesige, reichgegliederte Wände an beiden Ufern des Wassers emporsteigt, ist hier das Rechts und Links mehr verwischt. Der Wald greift zu beiden Seiten über, die Zweige von hüben und drüben umschlingen und verflechten sich, und wenn man nach oben blickt, sieht man vor grünem Laub kaum mehr des Himmels Bläue. Grün ist es zu Häupten, grün zu den Seiten, grün allüberall. Hier fliesst das Gewässer nicht mehr stolz und ungehindert durch den Wald, es windet sich mühsam in unzähligen Krümmungen hindurch, noch eingeengt durch üppig wuchernde Araceen, geknickte, gefällte, in den Fluthen gebettete Bäume und deren vermodernde Stämme. Es ist hier stiller als dort, manchen Thieren scheint es zu eng und sonnenarm. Die maasslos wuchernde Pflanzenwelt hat sie verdrängt und freut sich hier des fast unbestrittenen Alleinbesitzes. Wir sehen dem Tropenwalde ins Herz, und wenn wir auch auf dem Wasser sind, wir sind doch mitten im Wald, und über uns breiten sich die hohen Laubbäume mit den in ihren Astwinkeln nistenden Bromeliaceen, als ob wir auf fester Erde ständen. Diese Kahn-Waldfahrt ist traumhaft schön, man könnte immer fahren und träumen und träumen und fahren — endlos — endlos! —

Plötzlich öffnet sich der enge Igarapé, und in grellem Sonnenlichte liegt der grosse breite Arm des Pará vor uns mit der gleichnamigen Stadt und unserem verankerten Dampfer. Der Traum hat ein jähes Ende gefunden.

Um halb fünf Uhr waren wir an Bord zurück, und nun gab es stundenlange Arbeit mit Ordnen und Unterbringen der erbeuteten Pflanzen und Thiere. Auch das Flusswasser wurde noch gemessen und ergab um 5 Uhr 30^0 C.

Pará. Freitag, den 29. Juni.

Den gestrigen heissen Tag — früh 7 Uhr hatte es 25^0 C., Nachmittags 30^0 C. Luftwärme — verbrachten wir möglichst ruhig im kühlen Hotelzimmer, da sich bei mir eine Fiebermahnung zeigte, welche jedoch rasch abgeschnitten wurde. Heute hingegen ging es früh 7 Uhr bei 24^0 C. Luftwärme und 27^0 C. Wasserwärme mit frischen Kräften vom Dampfer in die Stadt hinein. Auf dem Wege dahin fuhren wir am Schlachthaus vorüber, dessen Dächer förmlich schwarz bespickt waren mit Urubús (Catharistes atratus Bartram). Aber nicht nur die Dächer, auch den Boden und die umstehenden Bäume hatten die nackthalsigen schwarzen Geier bedeckt, von denen manche als verkörperte Wappenadler mit ausgespannten Flügeln unbeweglich da sassen.

Eine Maulthier-Trambahn führte uns aus der Stadt zunächst zwischen Villen hindurch. Diese Landhäuser umgaben rosablühende Gesträuche und ebenfalls in Blüthe befindliche Magnoliaceen, deren Brasilien zwei Arten besitzt. Auch Ubussúpalmen (Manicaria saccifera Gärtn.) und hohe Fächerbananen, wohl Ravenala guianensis Benth., schmückten ihre Gärten. Eine prachtvolle Allee dunkellaubiger Mangobäume (Mangifera indica L.) beschattete unseren Weg. Unmittelbar nach der Vorstadt Nazareth vertiefte sich die Trambahn in den Wald. Es war hier Capoeira, die wir durchfuhren, das heisst eine auf gerodetem Urwaldsboden sich erhebende Waldvegetation, welche ganz andere Formen und einen ganz anderen Charakter aufweist, als der Urwald mit seinen Baumriesen. Zwar fehlten in dieser Capoeira allerhand Palmen nicht, jedoch herrschten immerhin hohe, schlingpflanzenbehangene Laubbäume der verschiedensten Arten vor und machte sich eine grosse Mannigfaltigkeit des Unterholzes bemerkbar. Man konnte den Wald dicht nennen, wenn auch nicht undurchdringlich, wie die Igapó-Vegetation der Ilha das Onças, und hatte ungefähr den Gesammteindruck, wie von einem üppigen, ungepflegten europäischen Wald mit reichlicher Zugabe von Schlinggewächsen. Der letzte Theil des heute zurückzulegenden Weges bestand aus einem engen Walddurchhau, über welchen sich das Laub gewölbeartig zusammenschloss.

Unser heutiges Ziel war Sacramento, ein kleiner, in einer Capoeiralichtung gelegener sitio,[1] welcher eine gute Anzahl Kilometer von der Stadt entfernt ist. Daselbst wuchsen unter anderem Musaceen, Cacaobäume, hohe, Bromeliaceen und grossblätterige Aroideen tragende Laubbäume und ein Páo[2] da terra genannter Baum mit grossen, fingerigen, einer Riesenhand gleichen Blättern und ungeniessbaren Früchten.[3] Die uns schon bekannten Japims (Cassicus persicus L.), glänzend schwarze Anús (Crotophaga Ani L.) mit schönem Fächerschwanz und ein Mariajá-è-dia (Zonotrichia pileata Bodd.), ein kleiner Fringillide, der nur bei Sonnenaufgang sein Lied ertönen lässt, flogen über die Lichtung. Helle Pierinen, von denen hier am Amazonas den Gattungen Catopsilia und Eurema zugehörige vorkommen, blaue Thecla, von welchen verschiedene Arten in diesen Gegenden beobachtet werden, und rothe Schmetterlinge, deren man mehrere, in die Genera Colaenis und Dione eingereihte Species, gerade

---

[1] Sitio = kleines Landgut.

[2] Oder Pão?

[3] In Braz da Costa Rubim: Vocabulario brasileiro, p. 58, ist ein Páo terra als Urwaldbaum genannt und in Malcher: Estatistica das Arvores Silvestres da Provincia do Pará, p. 1, ein Páo Macaco da terra firme, beide jedoch ohne Angabe der Familie, zu der sie gehören. Sollte es vielleicht Theobroma Mariae Schumann gewesen sein? — Die in Martius (Flora brasiliensis XIII. 2) erwähnten Páo terra stimmen weder in Blattform noch Standort.

auf offenen, sonnigen Plätzen wie hier bei Sacramento, in der Amazonasregion anzutreffen pflegt, freuten sich im heissen Sonnenscheine ihres kurzen Lebens. Durch den Wald schlängelte sich ein murmelnder Bach, der bis auf 22° C. erwärmt war, indessen die Lufttemperatur um 1 Uhr 28° C. betrug.

Inmitten der Lichtung erhob sich ein anspruchsloses Haus mit gedeckter Veranda. Hier tanzte eine aus Männern, Weibern und Kindern bestehende Negergesellschaft, welche den Tanz mit eintönigem Gesang, unter Wiederholung derselben Worte, in portugiesischer Sprache begleitete. Als einziges Musikinstrument dienten Trommeln, die primitiv aus einem langen, ausgehöhlten, am Querschnitt fellüberspannten Baumstamm hergestellt waren und von den auf dem Instrumente rittlings sitzenden Musikanten mit den Fingern geklopft wurden. Der Tanz selbst liess an Wildheit nichts zu wünschen übrig. Bald hatten die Schwarzen die Arme hoch in die Lüfte gereckt, bald rührten sie nur dieses oder jenes Glied, bald sprangen sie auf und setzten sich dann fast zu Boden oder warfen sich gar ganz auf die Erde, um hierauf mit doppelt verzerrten Bewegungen in die Höhe zu schnellen. Man hatte vollständig den Eindruck, eine Bande Verrückter vor sich zu sehen. Endlich liess sich die schwarze Schaar, welche allerlei Negertypen repräsentirte, an langen Tischen zum einfachen Mahle nieder. Manche langten sich die Speisen mit den Händen aus dem Teller, Manche assen zu zwei aus einer Schüssel.

Auf der Rückfahrt von Sacramento hielten wir uns in einer Taverne in dem kleinen Oertchen Marco da Legoa auf, woselbst wir im Garten des pflanzenkundigen Tavernenbesitzers an Palmen, die uns neu waren, nur Pupunhas (Guilielma speciosa Mart.) entdeckten, die wichtigsten Nährpalmen der Amazonasniederung. In Nazareth endlich suchten wir in patriotischen Gefühlen einen halbblinden deutschen Priester auf, welcher, wie alle ausländischen Priester in Brasilien, im Gegensatz zu vielen einheimischen, grosse Achtung geniesst.

Pará. Samstag, den 30. Juni.

Der heutige Tag war dazu bestimmt, den Caá-Eté, den niemals überschwemmten Urwald des Festlandes,[1]) kennen zu lernen. Bei einer Flusstemperatur von 27° C. und einer Lufttemperatur von 24° C. gingen wir kurz nach sechs ein halb Uhr früh ans Land und fuhren per Trambahn neuerdings nach Marco da Legoa. In Begleitung eines eingewanderten Portugiesen und eines Mischlings begann nun eine mehrstündige Fusswanderung durch den tropischen Hochwald. Anfangs führte unser Pfad über eine sumpfige, palmenbedeckte Strecke, auf welcher Batagueiras (Conobea scoparoides Benth.), in der nördlichen Hälfte Brasiliens ver-

---

[1]) Siehe weiter oben S. 21.

breitete, krautförmige Scrophularineen, wuchsen, und die Nymphea Rudgeana G. F. W. Meyer, eine gelbe, südamerikanische Seerose, sowie die zartblühende Barba de Paia (Nepsera aquatica Naud.)[1]) die stehenden Gewässer bedeckten. Dann mussten wir uns durch das Pflanzengewirre einer Capoeira[2]) durchschlagen, wo unter Anderem echte Ananas (Ananas sativus Schult.) und ein Bärlapp (Selaginella Parkeri Hook. Grev.) den Boden schmückten, Syngonium Vellozianum var. Poeppigii Schott, eine in Brasilien nur am Amazonas zu findende Aracee, im Gestrüpp emporkletterte und der Surinam'sche Giftbaum (Tephrosia toxicaria Pers.),[3]) ein akazienartig gefiederter Strauch, welcher uns als Timbó coca bezeichnet wurde, unsere Aufmerksamkeit fesselte. Eine Unmenge Eidechsen huschten über sonnenbeschienene Plätze. Unfern unserem Pfade wuchs eine Sambabaia da pluma (Lycopodium cernuum L.), ein in den Tropen gemeines Moosfarn, und ein Sabdariffe-Eibisch (Hibiscus sabdariffa L.), welchen die Brasilianer seines säuerlichen Geschmackes wegen Vinagreira nennen.[4]) Irgend ein grösseres Thier, das wir nicht zu Gesicht bekamen, brach durch das Capoeiragestrüpp. Unsere Führer vermutheten anfangs, dass es ein Veado (Coassus rufus F. Cuvier) sei, dann aber entschieden sie sich dem verursachten Geräusche nach für einen Dickhäuter. Einige Roças, das heisst Pflanzungen, lagen am Wege, kleine, dem Walde abgerungene Fleckchen Erde. Eines war bebaut mit Baumwolle (Gossypium),[5]) das andere mit Mandiocasträuchern (Manihot utilissima Pohl), jener wichtigen Nährpflanze des tropischen Brasilien, deren Wurzel den dortigen Bewohnern unser Getreidemehl ersetzt.

Endlich hatten wir den Urwald erreicht, dessen unentweihtes Gebiet wir zum ersten Male betreten sollten. Es geschah dies in jener feierlicherwartungsvollen Stimmung, welche den noch nicht ganz in der Prosa des Lebens untergegangenen Menschen jedesmal beseelt, wenn ein Traum seiner Jugend oder auch seiner reiferen Jahre nach langem, vergeblichem Wünschen endlich der Verwirklichung entgegengeht. Eine Picada, das will sagen ein schmaler Waldweg, führte uns in den jungfräulichen Tropenwald, welcher uns bald mit all seiner märchenhaften Pracht umfing.

. . . .
Wandeln wie in Traumgedanken
Durch des Urwalds einz'ge Pracht,
Wo sich die Lianen ranken
In des Dickichts kühler Nacht.

---

[1]) Diese drei Pflanzen in mein Herbarium gesammelt.
[2]) Siehe weiter oben S. 37.
[3]) Letztere drei Pflanzen in mein Herbarium gesammelt.
[4]) Beide in mein Herbarium gesammelt.
[5]) Am Amazonas wird das Gossypium religiosum L. kultivirt.

Palmen heben stolz und edel
Ihren schlanken Stamm empor,
Breiten ihre mächt'gen Wedel
Aus der Krone Dach hervor.

Blaue Schmetterlinge gaukeln
Schillernd in der klaren Luft,
Colibris um Blüthen schaukeln,
Trinken Orchideenduft.

Riesenbäume, wie sie der Caá-Igapó niemals hervorbringt, ragten in die Lüfte, der die Paránuss liefernde Castanheiro (Bertholletia excelsa Humb.), die himmelanstrebende Sapucaia (Lecythis amazonum Mart.) und die in der Neubelaubung begriffene Sumaúma (Ceïba samaúma Schum.), der grösste Baum der Amazonasflora. Ebenfalls durch ihre Höhe fiel die Sapubira (Bowdichia virgiloides H. B. K.), eine rosablühende[1]) Papilionacee, in die Augen und machten sich, wenn auch die bisher genannten Waldriesen an Grösse keineswegs erreichend, die Almecega vermelha (Protium heptaphyllum March. var. brasiliensis Engler) und die Cupiubeira (Spondias [lutea?] Linn.), ein schlanker Baum mit breiter Krone, bemerkbar. Neben diesen erhob sich die Timborana,[2]) welche mit ihrer föhrenartig horizontal ausgedehnten Laubmasse aus der Ferne täuschend einem Nadelbaum glich. Doch all diese Bäume liessen sich nur vom Waldrande aus übersehen. Einmal in den Urwald eingedrungen, raubte das dichte Unterholz den freien Blick auf die Baumkronen, und fast nur die Palmen, weil sie niedriger waren, konnte man im Dickicht unterscheiden. Da fehlte nicht die mittelgrosse, fiederblätterige, stachelbewehrte Mumbáca (Astrocaryum munbáca Mart.), die auf Luftwurzeln stehende Pachyúba oder Stelzenpalme (Iriartea exorrhiza Mart.), die Bacába (Oenocarpus bacaba Mart.)[3]) und die wohlbekannte Assaï (Euterpe oleracea Mart.). Zum ersten Male zeigten sich uns einige Desmoncus und eine andere Kletterpalme, die dem Blatte nach ziemlich genau mit der jedoch nicht kletternden, bisher nur in Peru gefundenen

[1]) Die Bowdichien haben zwar meist blaue, manchmal weisse, rothgestreifte Blüthen, doch mögen diese, vor Allem die weissen und roth gemischten, namentlich wenn sie noch nicht ganz geöffnet sind, aus der Ferne rosa erscheinen.

[2]) Ein wissenschaftlicher Name war für diesen Baum nicht ausfindig zu machen. Es könnte allenfalls eine Verwechslung mit Imbú-rana (Bursera leptophloeos Mart.) vorliegen, doch ist diese letztere nur für die Camposregion verzeichnet, so dass man billig zu zweifeln berechtigt ist, ob sie am Amazonas vorkommen kann.

[3]) Die Oenocarpus bacaba Mart. soll zwar nach Wallace (Martius: Flora brasiliensis, III., 2., p. 470) bei Pará nicht vorkommen, doch wüsste ich nicht, welche Species sonst die uns als Bacaba bezeichnete hohe Palme hätte sein können, umsomehr, da sie ganz verschieden war von der hier einzig noch in Frage kommenden Bacabaart, der Oenocarpus minor Mart., welche wir später zu sehen Gelegenheit hatten. — Siehe auch Martius: Beiträge zur Ethnographie etc., II. 386, wo Pará als Standort für Oenocarpus bacaba Mart. genannt ist.

Chamaedora fragrans Mart. übereinstimmte.¹) In dem Laubdach zu unseren Häupten glänzten die hellgrünen Blätter einiger Kautschukbäume (Hevea brasiliensis Müller), und unfern der Picada fiel uns ein als Almecega branca bezeichneter Baum durch sein Luftwurzelgestell in die Augen. Sicher war unter diesem Namen einer der am Amazonas in vielen Arten verbreiteten Elemibäume (Protium Burm.) zu verstehen. An Sträuchern bemerkten wir unter anderen die Urena lobata L. var. reticulata Gürke,²) eine weit verbreitete Malvacee, und den Trebú comarú, eine Acanthacee mit röthlichen, lanzettförmigen Blättern, welch letztere in der Nervatur den Blättern der Gattung Beloperone nahe standen.³) Den Boden schmückten die dunkelrothen Blüthen der Amasonia punicea Vahl,⁴) eines nur in den Tropen vorkommenden Eisenkraut-Gewächses (Verbenacee), und bedeckten in dichtem Teppich allerhand Araceen und Farne. An letzteren will ich nur erwähnen das in den brasilianischen Urwäldern häufige Nephrodium villosum Presl. var. subincisum Baker und das Polypodium macropterum Kaulf var. connexus Baker,⁵) ein bisher nur in Mittelbrasilien gefundenes Tüpfelfarn. Die Araceen hatten ihren Standort nicht nur in den niedersten Waldregionen. Manche unter ihnen strebten vom Waldesgrunde empor nach Luft und Licht, und auf den Bäumen wuchsen schöne langblätterige Arten, so zum Beispiel Stenospermatum spruceanum Schott,⁶) in Brasilien die einzige Vertreterin ihrer hauptsächlich auf Peru beschränkten Gattung. Unter den zahllosen Lianen that sich vor Allem die riesige Jabutí-Mutá-Mutá (Bauhinia [Sprucei Benth.?])⁷) hervor, deren bandförmig flacher, welliger

Jabutí-Mutá-Mutá (Bauhinia).
(Nach dem von der Verfasserin gesammelten Exemplar) ca. ¹/₂ nat. Gr.

---

¹) In mein Herbarium gesammelt; nicht bestimmbar.
²) In mein Herbarium gesammelt.
³) Weder der einheimische Name noch das mitgebrachte Herbarium-Exemplar haben Aufschluss über die Species dieser Pflanze gegeben.
⁴) In mein Herbarium gesammelt.
⁵) In mein Herbarium gesammelt.
⁶) In mein Herbarium gesammelt.
⁷) Ausser Bauhinia Sprucei Benth. wären hier, von einigen anderen Arten abgesehen, vor Allem Bauhinia longipetala Walp u. Bauhinia splendens H. B. K. in Betracht zu ziehen, letztere namentlich, sofern sie nicht, wie es scheint, ihren Standort mehr in den Capoeiras hätte.

Stamm eine wahrhaftige, über 10 cm breite, feste Treppe bildete, auf der man hätte hinaufklettern können. Luftwurzeln von Schlinggewächsen und Epiphyten hingen gleich Schnüren und Seilen aus den Baumkronen herab.

In dieses Pflanzenchaos nun vertiefte sich unser Pfad. Wir mussten über gestürzte, den Weg versperrende Stämme klettern, welche ganz von Parasiten überwuchert waren; wir verfingen uns in Lianenschlingen, strauchelten über allerhand Wurzeln und abgebrochene Aeste, und glitten auf moderndem Laube aus. Es war manchmal mehr ein Sichdurchkämpfen als ein ruhiges Dahinwandern. Hoch über uns in den Lüften ertönte das ohrenzerreissende Gekreisch von Sittichen und Kurzschwanz-Papageien, neben uns waren da und dort im Waldboden von Armadillen (Dasypus) gegrabene Höhleneingänge. Riesenameisen (Dinoponera grandis L.), einsam im Walde umherstreifende blauschwarze Thiere von zweieinhalb Centimeter Länge, welche von den Eingeborenen wegen ihres, heftigen Schmerz und Fieber verursachenden Stiches sehr gefürchtet werden, liefen über die Picada. Heuschrecken sprangen umher. Ein Mamangão (Pepsis heros F.), eine wundervolle, schwärzlich-blaue Wegwespe mit dunkelröthlichen Flügeln[1]) schwirrte durch das Dickicht. Ein seltener und schöner schwarzer Rüsselkäfer mit weisspunktirten Flügeldecken, Cratosomus bufo Dejean, wagte sich über den Weg. Reizende blaue Thecla, auch rothe Schmetterlinge, vielleicht Temenis Laothea var. Ariadne Cramer,[2]) flatterten vorüber. Morpho Achilles L., ein schwarzer Riesenfalter (Morphidae) mit breitem, silberblauem, atlasglänzendem Querband und einer Spannweite von 12 cm, ein Weibchen von Papilio Hippason loc. var. Paraensis Bates, ein ebenfalls schwarzer Edelfalter mit weissem Fleck auf den Vorderflügeln und mehreren prachtvoll karminrothen Flecken auf den gezähnten Hinterflügeln[3]) und ein kleiner, unansehnlicher, dunkel und hellbraun gebänderter Hesperide, der Achlyodes Bromius Stoll,[4]) flogen der Picada entlang. Helicopis cupido L., eine weitverbreitete Lemoniine mit hübsch gezahnten silberfleckigen Hinterflügeln und Eunica Eurata Cr.[5]), eine kleine Nymphaline mit entzückendem, sattblauem Atlasschimmer auf der Flügeloberseite, wagten sich indessen mehr an die Sonne heraus.

Wir arbeiteten fleissig mit dem Schmetterlingsnetz und mit Nikotin, und sicherten unserer entomologischen Sammlung eine reiche Beute. Dann setzten wir unsere Wanderung nach einem Cacaoal, d. h. einer Cacao-

---

[1]) Der Körper ist 6 cm lang, die Spannweite der Flügel beträgt 10 cm.

[2]) Diese Temenis wurden bisher nur am Amazonas und in Guyana beobachtet.

[3]) Diese Papilionine gehört einer auf Guyana und das Amazonasdelta beschränkten Art an und ist eine Varietät, welche ausschliesslich in der Umgegend Parás vorkommt.

[4]) Ist nur für die Fauna Guyanas erwähnt.

[5]) Es ist etwas zweifelhaft, ob wir diese Eunica-Species wirklich hier beobachtet und gefangen haben.

Urwald am Amazonas. (Nach Natur von L. Wiegandt).

pflanzung fort, wo Baum an Baum das dunkle, massige Laub aneinanderfügte. Am Boden raschelte ein grosses Reptil und schlängelte sich durch das Gebüsch. Unsere Leute meinten, es [könne eine Jararáca (Lachesis lanceolatus Lacép.), die 1,4—1,7 m lange, gemeinste und überaus gefürchtete Lochotter Brasiliens, sein. Es wäre dies nicht die erste Schlange des heutigen Tages gewesen, denn kurz vorher war, als wir nach einem hochsitzenden Schmetterlinge schlugen, unter der Rinde eines Stammes heraus eine Baumschlange knapp neben uns zur Erde gefallen. Hinter dem Cacaoal trafen wir auf ein Stück Vargem,[1]) welches ein reizender Igarapé[2]) durchzog. Auf dem stillen Wasser wiegten sich zwei Canoas, und über dasselbe waren als primitive Brücke einige morsche Baumstämme gelegt. Träumerisch schloss sich der hier ungemein üppige Urwald über dem friedlichen Bilde. Mauritien und andere Palmen strebten empor. Einige Kautschukbäume leuchteten durch ihr helleres Grün aus dem übrigen Laub heraus; sie waren angezapft und unter ihren Wunden hingen, an den Stamm befestigt, kleine Thongefässe zum Auffangen des herausfliessenden kostbaren Saftes. Ein Apuhy (Clusia insignis Mart.), ein, wie unser Führer behauptete, milchsaftspendender Waldriese,[3]) daneben ein in Brasilien ziemlich verbreiteter, Ucuúba (Myristica sebifera Swartz) genannter Baum, dessen Stamm beim Anschneiden reichlich Saft entquillt und dessen Früchte zur Kerzenfabrikation dienen, endlich eine im Amazonasthal häufige Meliacee, die Andiroba (Carapa guianensis Aubl.), deren Samen Oel liefern, fielen uns im Dickicht in die Augen. Doch merkwürdiger als alles Andere erschienen uns die Tafelwurzeln einer ausserordentlich

---

[1]) Siehe weiter oben S. 18 und Anmerkung daselbst.

[2]) Siehe weiter oben S. 33 und Anmerkung daselbst.

[3]) Nach dem Botaniker Barboza Rodrigues (Pacificação dos Crichanás 164) ist unter Apuhy eine Clusia, und nach Martius: Flora brasiliensis (XII. 1. S. 424) zweifellos die Clusia insignis zu verstehen, welche auf den von uns gesehenen, jedoch nicht näher beachteten Baum, wohl dem Standort, aber weder der Grösse noch dem Enthalten von Milchsaft nach stimmt. Die letzteren beiden Punkte betreffend besteht nur die Möglichkeit anzunehmen, dass wir ein besonders altes und daher ungewöhnlich grosses Exemplar von Clus. insign. antrafen, ferner dass unser Führer den gummiharzigen Saft der Guttibäume mit Milchsaft verwechselte. Andererseits ist aber auch möglich, dass wir in Bezug auf die Species des Baumes ganz falsch berichtet wurden und es ein Abiú (Chrysophyllum L.) (siehe Malcher: Estatistica das Arvores Silvestres da Provincia do Pará, p. 4) oder eine andere Sapotacee, nämlich die Massarandúba (Mimucops elata All.) war, welch letztere, obwohl in Flora brasiliensis (VII. p. 43) nicht für den Amazonas erwähnt, doch in anderen Werken (Souza: Valle do Amazonas, p. 278. — Malcher l. c. p. 2. — Bates: The Naturalist on the River Amazon, p. 30. — Wallace: Travels on the Amazon and Rio Negro, p 28, 436. — Spruce: Botanical Excursion on the Amazon [Hooker's Journal of Botany, II. 74]) als dort vorkommend genannt wird. — Uebrigens stimmt der von Spruce in Hooker's Journal etc. (II. 230) ohne wissenschaftlichen Namen angeführte Uapui im Habitus vollständig mit unserem Apuhy oder Apui überein, und dürfte somit letzterer nicht die Massarandúba sein, da Spruce die Mass. und den Uapui als zweierlei Bäume anführt.

Stamm und Tafelwurzeln eines Urwaldriesen.
(Nach Keller-Leuzinger.)

grossen Sumaúma (Ceiba samaúma Schum.); sie glichen den Riesenfalten einer ungeheuren Schleppe und bildeten eine Art Nische, aus welcher ein ziemlich umfangreicher Cacaobaum herauswuchs. Leben auf Leben, Ueppigkeit, kolossale Verhältnisse, wo man nur hinblickte!

Inmitten des Cacaoals stand eine Seringueirohütte, d. h. die bescheidene Palmstrohbehausung eines Kautschuksammlers. Wir traten in dieselbe ein. Sie umfasste einen einzigen Raum und hatte die vordere Hauswand nur bis zur Brusthöhe aufgeführt. Das Dach war mit Ubim-, d. h. Geonoma- oder Erdpalmblättern, und zwar vermuthlich der Species Geonoma baculifera Kth.,[1]) gedeckt. Die innere Einrichtung bestand aus Hängematten,

---

[1]) Diese Geonoma-Art wird in den schattigen, trockenen Waldungen um Pará häufig angetroffen.

einem Altärchen und einigen anderen Habseligkeiten. Neben dem Hause erhob sich unter Anderem ein Fructa-pão oder Brotbaum (Artocarpus incisa L.); er beschattete ein auf Pfählen ruhendes, niederes, blättergedecktes kleines Satteldach, unter welchem der Kautschuk bereitet wurde. Zu Mittag kam der Seringueiro, ein Mestize, reichbeladen nach Hause. Er hatte im Walde den Milchsaft aus den an den Gummibäumen aufgehängten kleinen Thongefässen in ein grösseres Gefass aus Fruchtschale zusammengesammelt und schüttete nun denselben in eine grosse Metallschüssel, ihn über dem offenen Feuer zu erwärmen. Einige Zeit nachdem dies geschehen, tauchte er eine Holzschaufel, welche schon mit der Kautschukmasse der vorhergehenden Tage überklebt war und an die mit Glasmasse bedeckte Pfeife eines Glasbläsers erinnerte, in den inzwischen erwärmten Milchsaft und drehte sie darin um. Unfern der Metallschüssel stand ein irdenes Geschirr in Form eines Bienenkorbes oder einer breiten Flasche ohne Boden, darunter brannten getrocknete Früchte der Urucurípalme (Attalea excelsa Mart.). In dem ihnen, beziehungsweise dem Flaschenhals entströmenden Rauch wurde nun die aus der Schüssel gezogene und mit frischem Saft überlaufene Holzscheibe gehalten und fortwährend gewendet, bis die Flüssigkeit, gerinnend, sich verdickt hatte. Dieses Verfahren wiederholte sich so lange als noch Milchsaft im Metallgefäss vorhanden war.

So weit konnten wir das Verfahren verfolgen. Den Schluss desselben, der nach etlichen Tagen eintreten sollte, liessen wir uns erzählen. Erst nachdem die nach und nach dunkel werdende Kautschukmasse, welche täglich Zuwachs erhält, ein Gewicht von 2—5 Kilo erreicht hat, wird sie vom Holz herabgeschnitten. Sie gelangt, als erste oder zweite Qualität, nach dem Gewicht in den Handel. Der in Gestalt einer Haut täglich in der Schüssel zurückbleibende Rest wird abgekratzt, zusammengeballt und als dritte Qualität, vom halben Werth der ersten, verkauft. Es kommen aus den beiden Provinzen Amazonas und Pará jedes Jahr 15 Millionen Kilogramm Kautschuk zum Export; der Preis des Kilogramms schwankt, nach Qualität und Nachfrage, zwischen 2,5 und 8 Mk.[1]) Da die, ursprünglich von den Omaguaindianern erlernte Kautschukgewinnung ziemlich mühelos und sehr einträglich ist — man rechnet einen Durchschnittsverdienst von mehr als 20 Mk. pro Tag —, drängen sich, zum Schaden der Landwirthschaft, alle Arbeitskräfte ihr zu und beschäftigte sie um das Jahr 1880 an 40 000 Menschen. Uebrigens ist die Arbeit des Seringueiro wegen der Enchente,[2]) der durch sie verursachten Ueberschwemmungen und Fieber, grösstentheils auf die Zeit von Juni oder Juli bis Januar beschränkt.[3])

---

[1]) Santa-Anna Nery: Le Brésil, 217. 223. 224. 455.
[2]) Siehe weiter oben S. 18.
[3]) José Verissimo: Revista Amazonica, II. 81 e. seg. — Souza· Valle do Amazonas, 155 220. 295. — Couto de Magalhães: O Selvagem, II. 89.

Nachdem wir die Gewinnung des Haupt-Ausfuhrartikels von Pará hiermit kennen gelernt, traten wir bei einer Temperatur von 28° C. unseren Rückweg durch den Urwald an. Wieder umfing uns der Zauber dieser einzigen Waldlandschaft, dieser unerreichten Pflanzenüppigkeit. Baum

Dendrexetastes paraënsis. Vermuthl. nov. spec. $^1/_4$ nat. Grösse.

reihte sich an Baum, ein jeder mit grossen Parasiten und überhaupt verschiedenen Arten von Epiphyten über und über bewachsen, behangen und erklettert. Der Riesenstamm einer Caruba (Caesalpinia brasiliensis Sw.?),[1]

---

[1] In Malcher (Estatistica das Arvores etc., p. 1, 2, 3) ist für Pará unter dem Vulgärnamen Guaryuba die Caesalpinia brasiliensis erwähnt, unter dem Namen Quarúba die Vachyria (soll zweifellos heissen Vochysia) acida, für Manáos unter dem Namen Caroba die Bignonia brasiliensis. In Silva Araujo (Diccionario do Alto Amazonas, p. 19, 20) ist sowohl eine Guariúba wie eine Guarijúba unter den Bauhölzern genannt, Alles ohne nähere Beschreibung. — In Martius (Flora brasiliensis, XIII. 2 und XV. 2) findet sich weder eine Caes. bras. noch eine Voch. ac. angeführt, und die Bignoniaceen sind in diesem Werk bisher noch nicht erschienen. — Da die Quellen so mangelhaft sind, ist es schwer, die Species des von uns gesehenen Baumes sicher zu bestimmen.

einer Leguminose, deren Holz zu Canoabauten verwendet wird, lag quer über den Weg, und es musste mühsam darüber hinweggeturnt werden. Am Waldrand begrüssten uns Colibris, Japims (Cassicus persicus L.) und andere Vögel, von welchen ein Rouxinol (Icterus cayanensis L.) und ein dem Dendrexetastes temminckii Lafr. sehr nahe stehender Pica-páo oder Baumhacker*) das Opfer unserer Flinte wurden.

*) Dieser Vogel stellte sich später als eine vermuthlich neue Species von Dendrexetastes heraus, welcher den Namen Dendrexetastes paraënsis erhalten hat.[1])

Pará. Sonntag, den 1. Juli.

Um 7 Uhr früh zeigte das Thermometer 27° C. im Amazonaswasser, 23° C. in der Luft. Wir fuhren an das Land, die Militärmesse in der Igreja de S. Anna zu hören. Während der heiligen Handlung spielte die Regimentsmusik lustige Weisen, im feierlichsten Augenblick ein äusserst lärmendes Stück. Die Mannschaft kniete am Boden von der Präfation bis nach der Kommunion. Als der Gottesdienst vollendet war, stellte sich die Truppe, unter welcher wir Mulatten und Neger bemerkten, vor der Kirche auf, brachte dies aber so unbefriedigend zu Stande, dass der Offizier die Aufstellung wiederholen liess. Der Offizier selbst sass von der rechten und nicht, wie bei uns üblich, von der linken Seite auf. Die Uniformirung dieser ersten Probe brasilianischen Militärs — es war Artillerie — erinnerte etwas an die der griechischen Armee. Der Eindruck, welchen uns die Truppe hinterliess, war, sowohl was Ausbildung als was Montur betraf, ein keineswegs günstiger.

Nachmittags 1 Uhr maassen wir 28° C. Fluss- und fast 30° C. Lufttemperatur. Das Barometer stand unverändert auf schön.

Abends an Bord wurde eine Calliomma nomius Boisd. gefangen, ein sehr seltener, rehfarbiger Schwärmer (Sphingidae) mit dunkelrostbraunen, silbergezeichneten Flügeln, der bisher nur in Brasilien beobachtet worden ist.

Pará. Montag, den 2. Juli.

Eine kleine Steamlaunch, welche wir gemiethet hatten, brachte uns des Morgens in zwei Stunden nach der Insel Arapary. Dortselbst sollten wir den gleichnamigen Engenho[2]) der Familie Laroque besuchen, von welch letzterer ein sehr liebenswürdiges Mitglied einer unserer Reisegefährten auf der Ueberfahrt nach Brasilien gewesen war. Der Weg zur Insel führte zunächst Pará entlang, dessen Westende mit seinen bis an das Wasser hinunterreichenden Gebäuden an Venedig erinnerte. Marinearsenal und Fort boten einen ganz malerischen Anblick. Von da ab vertiefte sich unsere Launch in die Inselwelt des Rio Pará. Stellenweise erstreckte sich die Wasserfläche seebreit zwischen den ausgedehnten, ganz flachen

---

[1]) Siehe Lorenz: Ueber einen vermuthlich neuen Dendrocolaptiden (Annalen des K. K. naturhistorischen Hofmuseums. Jahrgang 1896).

[2]) Unter Engenho versteht man eine mit Zuckerfabrik verbundene Zuckerplantage.

Inseln, dann wurde das Fahrwasser wieder enger. Der Charakter der Eilande war derjenige der bisher geschehenen: ein Saum von Mangroven oder Montrichardien, dahinter hohe, schön abgetönte Laubbäume, wundervoll gruppirt, darüber noch das Schirmdach riesiger Bombaceen.

Nach heisser Fahrt, welche nur das Sonnensegel erträglich gestalten konnte, erreichten wir den am Ende eines Igarapé gelegenen Engenho. Im Garten und der nächsten Umgebung dieser Ansiedlung waren verschiedene Kulturpflanzen, bemerkenswerthe brasilianische Pflanzen und tropische Gewächse aus anderen Erdtheilen bunt durcheinander gewürfelt. Neben dunkellaubigen Cacaobäumen erhoben sich kleine und unschöne Baumwollsträucher (Gossypium), unansehnliche Kaffeebäumchen (Coffea arabica L.) mit reifen und unreifen, gelben und rothen Beeren; eine Tamarindus indica L. mit ihren reizenden Fiederblättchen; Inga ingoides Willd.,[1]) eine sehr merkwürdige baumförmige Mimosee mit einen guten Centimeter breiten, nahezu einen Meter langen Früchten; birntragende Goiababäume (Psidium piriferum L.), deren Fruchtfleisch die bekannten Gelées liefert; ein Assacú oder gemeiner Streusandbüchsenbaum (Hura crepitans L.), eine stachelbewehrte, giftige Milch gebende Euphorbiacee; ein gewaltiger, vielverzweigter, indischer Banyanenbaum (Ficus indica Roxb.) mit unzähligen Säulenwurzeln, einige Ambaúba (Cecropia leucocoma Micq.),[2]) schlanke, baumförmige Artocarpaceen mit gefingerten Blättern und weisslicher Blattunterseite; ein Echter und ein Glanzblätteriger Brotbaum (Artocarpus incisa L. und Artocarpus integrifolia L.), welch letzterem die cocosnussgrossen Früchte am Stamme sitzen; Kalabassenbäume (Crescentia cujete L.),[3]) denen die riesigen Früchte ebenfalls dem Stamm entwachsen und welche hauptsächlich die, Cuias genannten, am Amazonas gebräuchlichen Gefässe liefern; eine nicht hohe Genipa americana L., an der uns die hellgrüne Farbe des Laubes, die magere Blattentwicklung und die an diejenige unseres Nussbaumes etwas erinnernde Form der Blätter in die Augen fiel, und welche ferner auch unser Interesse erweckte, da aus ihren Beeren die Indianer eine blauschwarze, zum Tätowiren verwendete Farbe bereiten; endlich ein Strauch mit rothen Blüthen und kleinen Früchten, welch letztere zur Herstelluug des berühmten, überaus gefährlichen Uirari oder Pfeilgiftes dienen.[4]) Auch Palmen waren in reicher Auswahl ver-

---

[1]) Es könnte auch gut die der Inga ingoides sehr nahe stehende, bei Pará kultivirte Inga edulis Mart. gewesen sein, doch stimmte die Länge der Frucht mehr mit derjenigen von Inga ingoides.

[2]) In mein Herbarium gesammelt.

[3]) In mein Herbarium gesammelt.

[4]) Es dürfte der Grösse und Blüthenfarbe nach wohl das am Japurá wachsende Guatteria venificorum Mart. gewesen sein, dessen Früchte von den Jurí-Indianern zur Uiraribereitung verwendet werden; s. Martius: Flora brasiliensis, XIII. 1, p. 34. — Martius: Zur Ethnographie Amerikas, S. 659 Anmerk., und Martius: Ueber die Bereitnng des Pfeilgiftes Urari etc. (Repertorium für die Pharmacie, XXXVI. S. 344).

treten, so die Pupunha (Guilielma speciosa Mart.) mit ihrem stacheligen Stamm, die Inajá (Maximiliana regia Mart.), die imposante Königspalme (Oreodoxa regia Mart.), die Mucaja (Acrocomia sclerocarpa Mart.), die schlanke Assaï (Euterpe oleracea Mart.), die schöne Miriti (Mauritia flexuosa L.) und andere mehr, als einzig neue für uns die Murúmurú (Astrocaryum Murumuru Mart.).

Nach der belehrenden Inaugenscheinnahme all dieser tropischen Pflanzen begaben wir uns in das Haus, woselbst eine halbzahme Cutia (Dasyprocta aguti Erxl.) in grossen Sätzen behende und blitzschnell dahinsprang. Es war dies ein fast hasenartiges Nagethier mit gelblich und braunem, länglichem rauhen Haar, spitzem kleinen Kopf und nach den Vorderfüssen zu, wie bei einem Känguruh, schmäler werdendem Körper. Auch eine Katze belebte das Haus, welche uns deshalb bemerkenswerth wurde, weil sie nicht den Typus unserer deutschen Katzen, sondern denjenigen der griechischen trug, nämlich sehr hohe Beine und auffallend grosse Ohren hatte. Von den im Engenho hausenden Königsschlangen (Boa constrictor L.) kam uns leider keine zu Gesicht. Jedoch erhielten wir in Weingeist eine der in der Umgegend häufigen,[1]) von den Eingeborenen kurzweg Cobra coral genannten Korallenrollschlangen (Ilysia scytale L.) geschenkt, prachtvoll roth und schwarz quergestreifte, ungiftige Thiere, welche meist in Erdlöchern leben und durch ihren walzenförmigen Körper auffallen. Als eine wahre Landplage schilderte man uns die im Haus herumwimmelnden winzigen gelben Ameisen, vor welchen nichts sicherzustellen ist.[2]) Auch wurde uns von einer hier im Walde lebenden Termitenart erzählt, welche grosse Thon- oder Holznester an die Aeste baut, ebenfalls die Häuser besucht und dort nahezu Alles, sogar die Gebäude selbst, angreift und zu zerstören vermag.[3])

Neben dem Wohnhaus und der Fabrik in Arapary standen die nur halbgeschlossenen Negerhütten. Hinter diesen begannen die jetzt

---

[1]) Diese Wickelschlange scheint hauptsächlich in Guyana vorzukommen.

[2]) Es könnten dies der Färbung und Grösse nach Monomorium pharaonis (L.) Mayr oder auch M. floricola (Jerd.) Em. sein, letztere, sofern auch sie, was nicht ganz sicher festgestellt ist, gleich dem M. pharaonis Alles zusammenfressen. Eine sichere Bestimmung ist in diesem Falle ohne ein Individuum der Art vor Augen zu haben, nur nach kurzen Reisenotizen überhaupt unmöglich, da es hier, wie in allen Tropengegenden eine ganze Reihe von Species kleiner, heller, in den Häusern wimmelnder Ameisen giebt.

[3]) Es giebt in Brasilien zum Mindesten drei, vielleicht aber sogar bis zu zwölf, baumnesterbauende Termitenarten, doch ist nur eine Art erwähnt, welche zugleich auch in den Häusern zerstörend auftritt; es ist dies Termes rippertii Rambur. (Hagen: Monographie der Termiten. [Linnaea Entomologica, XII. 186 ff., XIV. 85 ff.]) Der sehr gefürchtete Termes devastans Kollar würde, was seine Zerstörungsarbeiten betrifft, auch für die hier auf Arapary genannten Termiten passen, doch ist nirgends zu ersehen, ob er gleichfalls Baumnester baut. (Pohl und Kollar: Brasiliens vorzüglich lästige Insecten, S. 13. Hagen: Monographie etc. Linnaea etc., X. 103, XII. 229).

noch hellgrünen Zuckerrohrfelder, von welchen das Zuckerrohr zum Theil auf dem Igarapé mittelst Canoa nach der Fabrik geschafft zu werden pflegt. Im Engenho waren 60 Neger beschäftigt, von welchen die Männer vier, die Weiber drei Mark Taglohn bezogen. Sie waren alle Sklaven gewesen und hatten erst vor wenig Monaten durch die Emancipation ihre Freiheit erhalten, die sie sehr froh zu stimmen schien. Von diesen hiesigen Sklaven soll nie einer entlaufen, aber auch nie einer geschlagen worden sein, obwohl man es an der diesen Leuten gegenüber nöthigen Strenge nicht hatte fehlen lassen. Die Abschaffung der Sklaverei betrachteten die Fazendeiros[1]) als empfindlichen Verlust, da jeder Sklave für sie den Werth etlicher tausend Mark repräsentirte.

Im Engenho wurde gerade kein Zucker, nur Cachaça, das heisst Zuckerbranntwein, fabrizirt. Nichtsdestoweniger besichtigten wir sämmtliche Fabrikräume und liessen uns den nicht selbst beobachteten Betrieb, wie folgt, wenigstens berichten. Das vom Felde gebrachte Zuckerrohr wird zunächst auf eine schiefe Ebene geschüttet, von welcher es zwischen zwei Walzen hineinrutscht, die es zerquetschen. Den hierdurch ausgepressten und dann abfliessenden Zuckersaft treibt ein Dampfdruck bis unter das Dach hinauf und in die Sudpfanne hinein. Sobald der Saft, dem Kalkmilch zugesetzt wird, gesotten hat, leitet man ihn in grosse Kessel, in welchen er einkocht, indessen der obenauf sich bildende schmutzige Schaum abgeschöpft werden muss. Endlich bringt man den Zuckersaft in einen Vakuumcylinder, in dem sich die Krystallisation vollzieht. Zum Schluss wird mittelst einer Centrifugalmaschine vom krystallisirten Zucker die Melasse ausgeschieden. Letztere dient zur Cachaçabereitung. Man lässt die Melasse aufkochen und dann in grossen, offenen Bottichen gähren, wozu kaum etliche Tage nöthig sind; hierauf leitet man sie in den Destillationsapparat, wo Zuckerbranntwein verschiedener Stärke gewonnen wird. Je älter die Cachaça, um so mehr nimmt sie eine gelbe Farbe an und an Stärke zu; ihre feinste Sorte ist der Rum. Im Engenho wird sie in grosse Fässer gefüllt, von da in Flaschen und so verwahrt zur Stadt gebracht.

Der Konsum an Cachaça oder Zuckerrohrbranntwein im Lande ist sehr bedeutend, die Ausfuhr hingegen beträgt nur 1,5 Millionen Liter. Sowohl Produktion, wie Export sind übrigens gegen früher sehr zurückgegangen, da auf den grossen Engenhos durch die nun vollkommeneren Maschinen mehr Zucker, dafür aber weniger Branntwein gewonnen wird. Von dem in Brasilien produzirten Zucker wird ebenfalls ein Theil im Lande selbst abgesetzt, das übrige exportirt. 1886/87 belief sich die Ausfuhr auf 226 Millionen Kilogramm im Werthe von ungefähr 33 Millionen

---

[1]) Gutsbesitzer.

Mark.[1]) Nach dem Kaffee stand unter allen brasilianischen Exportartikeln der Zucker in erster Linie. Die Zuckerrohrkultur, zu welcher sich das Amazonasthal vorzüglich eignen würde, ist, Dank dem leichteren Lebenserwerb durch Ausbeutung der Waldprodukte, daselbst wenig verbreitet, umsomehr aber in den südlichen Landestheilen.[2]) Diejenige Art der Zuckerfabrikation, in welche wir heute einen Einblick gewannen, ist nicht maassgebend für das ganze Land. Der Betrieb solcher Fabriken wechselt meistens, je nachdem sie in kleinerem oder grösserem Stile eingerichtet sind, da hiermit auch gewöhnlich die Anwendung von einfacheren oder vollkommeneren Maschinen verbunden ist.

Nach Besichtigung der Siederei und Brennerei wurden wir im Freien bewirthet, wobei uns zum ersten Male die in der Form kastanienähnlichen, gebratenen Kerne der Brotbaumfrucht,[3]) deren jede etliche enthält, vorgesetzt wurden. Wir fanden sie mehlig und gut, im Geschmack sowohl an Kartoffel, wie an Kastanien erinnernd. Während wir beim Frühstück sassen, liess der Hausherr einen Mamelucoknaben eine hohe Palme erklettern. Es geschah dies, uns zu zeigen, wie man an glatten, astlosen Stämmen emporklimmt. Der Junge stellte seine Füsse in eine um den Palmstamm gewundene feste Lianenschlinge und stieg oder vielmehr rutschte, Arme und Beine wagerecht gegen den Baum gestemmt, mit seiner Peconha[4]) rasch nach aufwärts, zwischen den Zähnen das grosse Buschmesser haltend, welches ihm dienen sollte, die in höchster Höhe befindlichen Blätter, beziehungsweise Früchte herunterzuhauen.

In der Capoeira,[5]) welche den Engenho umgab, wurde heute gerade eine Roça, das heisst ein gerodeter Platz,[6]) hergestellt. Auch dies mussten wir zu unserer Belehrung noch in Augenschein nehmen. Eine winzige Montaria,[7]) ein kielloses, primitives Fahrzeug, brachte uns auf dem Igarapé nach der gewünschten Stelle. Guarda-Rios (Crotophaga major Gm.) flogen über das Wasser, Krähenstärlinge (Cassicus persicus L.) umschwärmten kreischend ihre an Bombaceen hängenden Beutelnester, rothe und blaue Schmetterlinge gaukelten den Ufern entlang, und Paranacaché (Pentaclethra filamentosa Benth.),[8]) baumbildende Mimoseen mit horizontal gestellten

---

[1]) Nach Anderen von über 40 Millionen Mark.
[2]) Levasseur: Le Brésil, 64, 65, 76. — Souza: Valle do Amazonas, 68, 155. — Santa Anna-Nery: Le Brésil, 223 et s., 456.
[3]) Siehe weiter oben S. 50.
[4]) Peconha = Lianenschlinge; aus dem Tupí stammendes Wort. Siehe Verissimo: Revista do Amazonas, I. 135.
[5]) Siehe S. 37.
[6]) Unter Roça versteht man sowohl Reutland wie Pflanzung (siehe weiter oben S. 39).
[7]) Montaria ist am Amazonas das für Canoa gebräuchliche Wort. Siehe Verissimo: Revista etc., I. 50, II. 10.
[8]) In mein Herbarium gesammelt. — Dieser Baum wird nach Barboza Rodrigues (Hortus fluminensis, 152) entgegen Martius (Flora brasiliensis, XV. 2, p. 263) Parauachy, Parauákochy genannt.

Blättern, wiegten ihr zartes Laub über den Fluthen. Das in eine Roça umzuwandelnde Stück Capoeira wimmelte von dunkelhäutigen Arbeitern beiderlei Geschlechtes. Die Leute hantirten mit dem unvermeidlichen Buschmesser, dem Terçado. Das Werk ging ungemein rasch vorwärts, scheinbar wiederstandslos fielen die über armsdicken Aningastämme,[1]) auch Palmen und andere kräftige Gewächse zu Boden, und in kurzer Zeit war eine grosse Strecke Capoeira niedergelegt. Es sah aus wie ein Schlachtfeld. Sterbende und todte Pflanzen lagen in wüstem Durcheinander aufgehäuft und in wenigen Tagen sollte das Feuer diese armen Kinder der Tropen vertilgen. Dann war das aschegedüngte Stück Land zur Bebauung vorbereitet. —

An Bord unserer »Manauense« zurückgekehrt, verbrachten wir den Rest des Tages, die erbeuteten Thiere und Pflanzen zu versorgen und unsere in der Capoeira zu Schaden gekommenen Kleider wieder in Stand zu setzen. Mittags zeigte das Thermometer 28° C. Der Himmel war vielfach bewölkt, und abends stellte sich, wie häufig zu dieser Tageszeit, heftiger Regen ein. —

Morgen sollen wir Pará verlassen, da unser Dampfer seinen Kurs stromaufwärts nach Manáos fortzusetzen hat. Die letztvergangene Woche, die erste Woche in der Aequatorialzone, ist nach Wunsch verflossen. Ziemlich regelmässig fuhren wir jeden Tag zwischen 6 und 7 Uhr früh von Bord weg, wozu das Boot schon den Nachmittag vorher im Hafen bestellt werden musste. Es bedurfte nämlich vor nachmittäglichem Schluss des Zollamtes jedesmal eine eigene Erlaubniss für das so frühe Anlegen eines Paraenser Bootes an unseren Dampfer. Die Zollbehörden sind hier ungemein streng, und wir hatten uns täglich, ehe wir die »Manauense« verliessen, durch den Tag und Nacht an Bord befindlichen Mauthbeamten einer Prüfung unterziehen zu lassen, ob wir nicht etwa zollpflichtige Waare mit uns führten. Endlich flott geworden, benutzten wir den Morgen am Land zu Ausflügen oder Besorgungen, trachteten in den unerträglich heissen Mittagsstunden womöglich im Schatten einer Veranda oder in einem Zimmer zu rasten, waren nachmittags zu neuen Unternehmungen bereit und kehrten abends 5 oder 6 Uhr zu unserer schwimmenden Behausung zurück. Für die uns bevorstehenden bescheidenen Expeditionen haben wir uns in Pará fertig ausgerüstet. Unsere aus Europa mitgebrachten Feldbetten, welche sowohl der Decke, wie der Matratze und des Kopfkissens entbehren und bloss aus einem über ein hohes Metallgestell gespannten Segeltuche bestehen, sollen auf den Fahrten in den Amazonasgegenden durch Hängematten ersetzt werden. So sind an letzteren, den unentbehrlichen Begleitern der im äquatorialen Brasilien Reisenden, vier

---

[1]) Stämme von Montrichardia arborescens Schott.

Stück angeschafft worden. Drei bestehen aus Baumwollgewebe, und ihre Verfertiger sind Weisse der brasilianischen Nordküste; die vierte, ein aus den Blättern der Tucúmpalme (Astrocaryum vulgare Mart.) hergestelltes Spagatgeflecht ist eine echt indianische Arbeit. Als Schutz gegen die entsetzliche Mückenplage hat jede Hängematte eine Art Moskitonetz, welches bis zum Boden reicht, beigelegt erhalten. Ferner ist für das Zeltleben noch eine zweite, feste Handlaterne gekauft worden und für die Ausflüge in den Urwald ein Terçado,[1]) eines der unentbehrlichen, grossen Buschmesser; unseres — trägt eine rheinische Firma! Endlich haben wir uns noch Kerzen und Konserven verschafft. —

Bei den hiesigen Deutschen ist uns ein äusserst freundliches Entgegenkommen zu Theil geworden. Im Gefühl der Stammes-Zusammengehörigkeit sind sie uns, wo sie konnten, an die Hand gegangen — ein in solchen Ländern doppelt schätzbares Benehmen, da man oft gänzlich auf 'die freiwillige Hilfe Ortsangesessener angewiesen ist. Sie haben uns mit vaterländischen Zeitungen versorgt und uns manchen guten Rath auf die Weiterreise mitgegeben. Auch unsere zoologische Sammlung ist durch sie vermehrt worden. Wir erhielten an Reptilien eine junge Arráuschildkröte (Podocnemis expansa Schw.); einen ebenfalls jungen Brillenkaiman (Caiman sclerops Dum.), eine den Namen Jaburána führende, weiss und schwarze Doppelschleiche (Amphisbaena fuliginosa L.), somit einen in der Erde lebenden Saurier; eine von den Brasilianern Cipó[2]) genannte Schlange und zwar Leptophis liocercus Wied, einer jener langen, dünnen unschädlichen Ophidier, welche zu den Baumschlangen (Dendrophidae) gehören, auf den Zweigen nach Beute lauern und namentlich in Guyana gefunden werden; ein Lycognathus cervinus Lavr., ein südamerikanischer Ophidier, welcher als lebhaft und keck geschildert wird; eine zweite Dipsadomorphine, nämlich Oxyrrhopus petolarius L., schliesslich einen Elaps spixii Wagl., eine der prachtvoll rothen Prunkottern, welche wegen ihrer Färbung bewundert und wegen ihres Giftes gefürchtet sind. An Insekten schenkte man uns Telaugis aenescens Burm., einen prachtvoll erzgrün schimmernden Blatthornkäfer, welcher Guyana seine Heimath nennt; Pelidnota laevissima Burm., einen hellbraunen, dem Maikäfer in Gestalt und Grösse ähnlichen Lamellicornier, der bisher nur für Venezuela verzeichnet worden ist; Strategus aloeus L., einen weitverbreiteten Lamellicornier von 5 cm Grösse; Gymnetis hebraica Drapiez, einen graugrün und braun marmorirten, nur für Brasilien erwähnten Käfer derselben Familie; Nyssicus quadriguttatus Sved., einen gelbbraunen,

---

[1]) Die Eingeborenen verderben dieses gut portugiesische Wort in Traçada.
[2]) Den Namen Cipó tragen Schlangen verschiedener Art, wohl weil diese sämmtlich ein cipó-(lianen-)artiges Aussehen haben. Siehe Wied: Beiträge zur Naturgeschichte Brasiliens, I, 265, 284.

hübschgezeichneten Bockkäfer mit vier gelben Flecken auf den Flügeldecken; eine kleine, defekte Viehbremse (Tabanus); Angocoris sexpunctatus Fabr., eine dicke, schmutzigweiss-graue, charakteristisch mit dunklen Punkten gezeichnete Schildwanze; eine brasilianische Mannacicade (Fidicina mannifera F.), eine in Südamerika ziemlich verbreitete Cicadine, deren lauter Gesang weithin und oft auf lästige Weise hörbar ist; endlich Tympanoterpes gigas Olivier, eine 5 cm lange, grünlichbraune südamerikanische Singzirpe mit hübschgezeichnetem Thorax.

KAPITEL IV.

Auf dem Amazonas.

An Bord der »Manauense«. Dienstag, den 3. Juli.

Früh 4 Uhr wurde der Anker gelichtet zu einer viertägigen Stromfahrt nach Westen in das Innere von Brasilien hinein. Zuerst musste unsere »Manauense«, das freiere Fahrwasser zu gewinnen, eine Strecke flussabwärts dampfen, dann hatte sie in spitzem Winkel zu wenden, und nun ging der Kurs zunächst südlich und südwestlich den seebreiten Rio Pará hinauf. Hier war der Wasserstand zwischen 10 und 20 Meter. Uns zur Rechten lag die Waldlinie von Marajó, zur Linken die Waldlinie kleinerer Inseln und der bedeutenden Ilha[1]) Carnapijú. Wir hatten den Eindruck, nicht auf einem Strome, sondern auf einem riesigen Landsee zu schwimmen. Nach Süden zu liess sich gar kein Ufer unterscheiden, da in dieser Richtung der Blick gerade auf die ungemein breite Mündung des Rio Tocantins traf, eines der mächtigsten Zuflüsse des Amazonas.[2]) Die beiderseitigen Uferlinien des Pará waren so entfernt, dass die Fahrt anfangs nur Langeweile bot. Erst als die Inseln näher traten und das Fahrwasser enger wurde, gewann die Gegend an Reiz. Links sprang die Ilha de Murúmurú, rechts die Ilha de Jararáca weit vor, und es war sehr anziehend, zwischen diesen montrichardia- und palmenbesetzten Ufern, die sich gegenseitig fast berührten, hindurchzusteuern. Als vorherrschende Palme dieser Strecke erwies sich die malerische Mauritia flexuosa Mart., eine der wenigen waldbildenden Palmen Brasiliens. Wir verfolgten nun einen genau westlichen Kurs, hatten im Norden die Insel Marajó, im Süden das Festland zur Seite. Der Dampfer vertiefte sich in eine Welt von Waldinseln. Bald war es ein unabsehbar grosses, bald ein kleines Eiland

---

[1]) Ilha = Insel.

[2]) Der Tocantins hat eine Länge von 2600 km, bleibt also nur wenig hinter der Länge der Donau zurück.

von wenig Schritten Durchmesser, das sich im Strome lagerte; eines löste das andere ab, eines schob sich coulissenartig hinter das andere. Einzelne dieser Inseln stiegen wie ein Strauss von Palmen entzückend aus dem Wasser empor; sämmtliche charakterisirte ein vollständig flaches Terrain. Die auf der Nordseite unseres Weges, am Südufer von Marajó, gelegene Povoação[1]) Curralinho war der allereinzige Ort, den wir den ganzen langen Tag zu Gesicht bekamen. Er bestand aus weiter nichts als einer grossen, hässlichen Kirche in Zopfstil und einigen langen, einstöckigen Gebäuden ohne Fenster, jedoch mit einer Anzahl Rundbogenthüren. Das ganze Kirchdorf war so unschön und nüchtern wie nur möglich, so dass wir unsere Blicke gern wieder auf die einzig schöne Natur lenkten. Nun begannen im Strome einzelne kleine Inseln aus Mururí (Pontederiaceae) zu treiben, aus Wasserpflanzen, deren Blattform in kleiner Ausgabe etwas an die der Montrichardia arborescens erinnerte. Nach Südwesten bot sich durch die breite Mündung des Rio Uanapú wieder eine scheinbar uferlose Stromlandschaft. Dann folgten neuerdings Inseln, diesmal solche, die einen allseitig so breiten Araceengürtel hatten, dass sie auf einem hellgrünen Sammtkissen zu ruhen schienen.

Wir liessen den nach der Stadt Breves führenden Kanal rechts liegen und liefen geraden Wegs links in den Kanal von Tagipurú ein. Dieser Kanal, berühmt als verbindende Wasserstrasse der westlichen und östlichen Amazonasmündung, ist ausserdem berühmt durch seine landschaftliche Schönheit. Hier blieben die Inseln zurück, und der Wald nahm uns auf. Rechts und links, in unserer unmittelbaren Nähe, erhoben sich die tausendfach gebrochenen Waldwände. Die aus der Ferne so einförmige und eintönige grüne Wand, welche höchstens einige Wollbäume (Bombax) überragten, löste sich in zahllose malerische Baumpartien auf. Mauritiagruppen, Bacába (Oenocarpus bacaba Mart.) mit ihren hochgestellten Fiederblättern, die kurzstämmigen, lange Wedel entsendenden, üppigen Jubatí (Raphia taedigera Mart.) und andere Palmen wechselten mit lianengeschmückten graziösen, hohen Laubbäumen. Auf einem weit emporragenden halbdürren Ast sass eine leider nicht in Blüthe befindliche Orchidee. Hier und da war dem Urwald ein Würfel freien Platzes abgerungen, und da erhob sich, unter Palmen versteckt, die palmblattgedeckte, primitive Hütte eines Seringueiros oder sonstigen Ansiedlers. Die eine oder andere bestand nur aus einem Dach ohne Wände oder war der Ueberschwemmungen halber auf Pfählen errichtet. Ein Steg führte vom Land in das Wasser hinaus; auf demselben hockten braune Kinder. Es hatten sich da Mamelucos,

---

[1]) Povoação = Dorf oder Ortschaft. Das uns als Povoação bezeichnete Curralinho ist nach Macedo (Corographia do Brasil, 34 [publicirt 1873]) eine Villa, d. h. ein Flecken, und nach Baena (Informações sobre as comarcas da Provincia do Pará, 49 [publicirt 1885]) eine Freguezia = Kirchdorf.

Der Amazonas. (Nach Rand.)

Mulatten, auch Luso-Brasilianer[1]) und andere Weisse niedergelassen. Nie befanden sich zwei Hütten bei einander; eine jede Ansiedlung bildete eine Einsiedelei für sich, fern von allen übrigen Ansiedlungen, und hatte nur zu Wasser Verbindung mit der Aussenwelt. In das hier als Vargem bezeichnete Land zweigten sich einzelne Kanäle vom Tagipurúkanal ab. Unsere Wasserstrasse wurde bald enger, bald weiter. Manchmal rückten die Ufer so nahe zusammen, dass man meinte, die Waldwände müssten dem Schiff den Weg versperren, dann entfernten sie sich wieder voneinander, und der Kanal bildete einen bescheidenen See, auf welchem kleine Mauritiapalmen-Inseln schwammen. Reiher standen im seichten Wasser, Möwen stiessen auf Beute herab; graue, schwalbenähnliche Vögel, vermuthlich die zu den Seglern (Cypselidae) gehörigen Chaetura fumosa Sal. schwebten über den Fluthen dahin. Bem-te-ví (Pitangus lictor Licht)[2]) und Ciganos (Opisthocomus hoazin Müller), röthlich braune Schopfhühner, die sich von Araceenfrüchten nähren, umflogen das Ufergebüsch. Von den Leuten Maracaná genannte kleine grüne, am Kopf gelb- und rothgezeichnete Papageien, Conurus aureus Gm.,[3]) strichen mit grossem Gekreisch in Schaaren über den Kanal hinweg, und desselben Weges kam etwas später ein einzelnes Papageienpärchen, wohl grüne Araras, gezogen.

Zu Mittag maassen wir heute 29° C. im Schatten, abends 9 Uhr 24° C. Den ganzen Tag gab es keinen Regen zu verzeichnen. Dafür hatte in den frühen Nachtstunden die Luft einen solchen Feuchtigkeitsgehalt, dass z. B. unsere Haare wie aus dem Wasser gezogen sich anfühlten. Ungefähr um 5 Uhr 30 Minuten war die Sonne untergegangen, doch bis es ganz dunkel geworden, hatte es fünf Viertelstunden gedauert. Der Sonnenuntergang auf der stillen, einsamen Waldlandschaft war herrlich gewesen, herrlicher noch war jetzt die Nachtfahrt. Die hohen, dunklen, geheimnissvollen Waldwände begleiteten uns ununterbrochen. Hier und da blitzte ein Licht aus ihrer schwärzlichen Undurchdringlichkeit heraus und spiegelte sich im Strom. Dieser einsame Schein kam aus einer Seringueirohütte. Prachtvoll war die Sternennacht am Himmelszelte aufgezogen, und das Sterngefunkel glitzerte aus den Wassern zurück. Besonders hell erglänzte am Firmament das südliche Kreuz. Aus dem nahen Walde erscholl das nächtliche Thierkonzert der Tropen; Grillen, auch Baumfrösche,[4]) deren weithin hörbare Stimme zu den charakteristischen Nachtlauten in den südamerikanischen Ur-

---

[1]) Unter »Luso-Brasilianer« versteht man die Brasilianer portugiesischer Abkunft.

[2]) Den Namen Bem-te-ví tragen verschiedene Species der Tyrannidenfamilie, doch dürften die heutigen Bem-te-ví, der Art des Vorkommens nach, Pitangus lictor Licht. gewesen sein.

[3]) Ausser Conurus aureus Gm. wüsste ich am Amazonas keine andere, Maracaná genannte, kleine Papageienart, auf welche obige Personalbeschreibung passen könnte.

[4]) Die Baumfrösche (Hylidae) treten nirgends auf der Erde so arten- und individuenreich auf, wie in den Urwäldern Südamerikas.

wälder gehört, betheiligten sich an dem etwas eintönigen Gesang. Die Nachtfahrt durch den einsamen, menschenleeren, endlosen Wald war unsagbar poetisch und ergreifend. Die unberührte Natur trat uns in ihrer ganzen, überwältigenden Grösse entgegen, durch keinen Hauch der Kultur gestört. Hier lebte, hier wucherte Alles wie es wollte, wie es war, ehe menschliche Wesen der Erde ihren Willen aufgezwungen. Und jetzt, da es Nacht und man gesammelteren Sinnes, sprach der Tropenzauber nur um so mächtiger zu Gemüth. So konnten wir uns nicht satt sehen an all der einzigen Herrlichkeit, standen auf Deck unbeweglich, beobachtend und geniessend. Im Nordosten flammte Wetterleuchten auf und zeichnete in feurigem Schein die schwarzen Umrisse der Baumwipfel. An der gegenüberliegenden Himmelsgegend aber schoss eine einzelne Sternschnuppe herab und verschwand, räthselvoll, auf ewig unerforschbar, hinter der düsteren Urwaldwildniss, welche noch keines Menschen Fuss betreten.

An Bord. Mittwoch, den 4. Juli.

Vor Tagesanbruch hatten wir, seit Pará, schon fast sechshundert Kilometer zurückgelegt und waren, nach Verlassen des Kanals von Tagipurú, an Gurupá und an der Hauptmündung des Xingú vorübergefahren.

Das am Südufer eines Amazonasarmes gelegene Gurupá ist ein unbedeutender Ort, aber interessant als älteste der von den Portugiesen am Strom gegründeten Niederlassungen.[1]) Dieselbe geht auf das Jahr 1623 zurück und hat ihren Namen von einem ausgestorbenen Indianerstamm, welcher den Tupí zugehörte, der edelsten Indianergruppe Brasiliens. Wie Gurupá, so ist auch der Xingú von Interesse, und zwar in neuester Zeit speciell für uns Deutsche durch die grosse Forschungsreise des preussischen Gelehrten von den Steinen. Der Xingú ist ein gewaltiger Nebenstrom von 2000 km Länge und am Unterlauf von 4—8 km Breite und ist der zweite der grossen von Süden kommenden Zuflüsse des Amazonas, dessen Mündung wir passirten.

Von letzterer an galt es noch eine ganze Strecke Weges zu überwinden, ehe wir in den ungetheilten Amazonas einliefen, der nun in seiner ganzen Mächtigkeit vor uns lag. Ungefähr 7 Kilometer breit wälzte der Strom seine hellbraunen Wasser dem Meere entgegen, zu beiden Seiten von einer niederen Waldlinie begrenzt, aufwärts und abwärts stellenweise, in scheinbar nicht endender Wasserfläche, uferlos an das Firmament angrenzend. Auf dem Strome kamen uns Pontederienwiesen entgegengeschwommen, ebenso ganze Inseln aus Caa-pim (Gramineae).[2]) Das Einmünden einzelner

---

[1]) Pará ist wohl schon 1616 gegründet worden, doch liegt es nicht an dem vor Allem und unbestritten Amazonas genannten Strom, sondern nur am rechten, häufig angezweifelten Mündungsarm des Amazonas. Siehe das weiter oben S. 10 Gesagte.

[2]) Diese Grasinseln des Amazonas bestehen meist aus Orizeae, Chlorideae und Paniceae (Hooker: Journal of Botany, III. 142).

Furos und Paraná-mirims[1]) brachte etwas Abwechslung in die sonst eintönige Uferlinie. Der Vegetationscharakter hatte sich etwas geändert, die Mauritiawäldchen waren zurückgeblieben und überhaupt wenig Palmen mehr im strombegrenzenden Waldesdickicht zu bemerken. Bald nach der westlichsten Xingúmündung, der Boca de Urucuricai, zeigte sich der erste Campo,[2]) nachdem wir seit Tagen und Tagen keinem waldenblössten Land mehr begegnet. Auch der erste Höhenzug, den wir auf brasilianischer Erde sehen sollten, wurde sichtbar. Es war dies die aus niederen Tafelbergen zusammengesetzte Serra de Jutahy,[3]) welche am Nordufer des Amazonas, westlich des Rio Aramucú gelegen ist. Riesige Baumstämme trieben im Strome, und ein malerisches Boot mit gelbrothen Segeln belebte die einsamen Fluthen. Im Uferwalde liessen sich sowohl Bombaceen wie Armleuchterbäume (Cecropia) unterscheiden. Letztere, von denen mehrere Arten am Amazonas vorkommen, fallen durch die steife Stellung ihrer Aeste, ihre Blattarmuth, die helle, fast weisse[4]) Farbe ihrer Blattunterseite und ihr meist geselliges Wachsthum ganz besonders in die Augen. In der Höhe von Almeirim wurde der Strom ungemein breit und grossartig, und machte ganz den Eindruck, ein See zu sein. Almeirim selbst, eine von Aracajúindianern bewohnte Povoação, verschwand bald hinter dem sich vorschiebenden Walde. Die hier, am linken Ufer emporsteigende, aus tertiärem Sandstein bestehende Serra, welche den gleichen Namen trägt wie das Kirchdorf, ist 240 Meter hoch und bis oben hinauf bewaldet. Endlos und einförmig zieht sich der Waldsaum den Strom entlang, dahinter gruppiren sich neben und voreinander die verschiedenen Tafelberge in Gestalt riesiger Dünen.

Wir verliessen hier den an 30 m tiefen Hauptstrom und steuerten, die starke Strömung des letzteren zu vermeiden, in einen südlichen Paraná oder Seitenarm[5]) des Amazonas hinan. Dieser bot mehr Abwechslung als die letzt zurückgelegte Strecke Weges, da in ihm die Ufer näher aneinander gerückt waren als im Hauptarm des Stromes. Auffallend lange, schmale Inselchen, von Grasgürteln eingeschlossen, lagerten im Amazonas. Sie waren nicht mit dichtem, undurchdringlichem Wald bestanden wie die

---

[1]) Siehe weiter oben S. 19.

[2]) Siehe weiter oben S. 13. — Unter Campos versteht man auch natürliche Wiesen und Weiden schlechtweg.

[3]) Die Specialkarte der einzelnen Provinzen aus dem Atlas von Lomellino de Carvalho giebt an dieser Stelle eine Serra de Jutahy an; die auf anderen Karten an dieser Stelle verzeichnete Serra de Parú liegt erst westlich des Rio Parú (s. Derby: Contribution to the Geology of the lower Amazonas. [Proceedings of the American philosophical Society, XVIII. 176.])

[4]) Es giebt am Amazonas auch eine Cecropiaspecies mit nichtweisslicher Blattunterseite, C. concolor Willd.; doch spricht sie nirgends im Landschaftsbilde mit.

[5]) Paraná ist ein Tupíwort und bedeutet Fluss, wird am Amazonas im Sinne von Seitenarm, Nebenarm gebraucht.

bisher geschehen, sondern hatten eine so magere Vegetation, dass man zwischen den Bäumen durchblicken konnte. Diese Vegetation setzte sich auch nicht aus hunderterlei Arten von Pflanzen zusammen, wie die Pflanzenwelt der Inseln um Pará, sondern bestand nur aus Aningáes, das heisst Wäldchen von Montrichardia arborescens, aus Gebüschen von Salix martiana Leybold und im Centrum der Eilande aus Ambaúba (Cecropia adenopus Mart.). Auch das Südufer des Stromes schmückten, neben riesigen, schirmförmigen Sumaúmas, die für hier so charakteristischen Cecropien, welche, durch die zum Theil nach oben gekehrte Unterseite ihrer Blätter, sich wie weissblühende Bäume ausnahmen. Im Vargem gediehen Pisanghaine. Palmen fehlten eine lange Strecke ganz, bis schliesslich einige Assaï (Euterpe oleracea Mart.), gleichsam als verlorene Posten, im übrigen Pflanzenchaos erschienen. Ein kleiner grüner Papagei, der uns als Periquito bezeichnet wurde, wohl einer der in Brasilien und Guyana vorkommenden Tirikasittiche (Brotogerys tirica Gm.),[1]) flog am Schiff vorüber. Viele von den Fluthen unterspülte und endlich umgerissene Waldriesen lagen im Wasser, ihre Wurzeln wie hilfesuchend emporreckend. Laubbäume, in der in Tropengegenden charakteristischen Gestalt, bis hoch hinauf astfrei, oben schirmförmig sich ausbreitend und wie mit senkrechten Stricken cipóbehangen,[2]) erhoben sich lebensfrisch neben ihren todten Kameraden. Eine Unmenge Lianen überwucherten die am Ufer stehenden Holzgewächse, eine dichte grüne Laubwand webend, welche in den phantastischsten Formen wasserfallartig von den hohen Laubkronen zur Erde reichte. An einigen Stellen war diese Wand durchbrochen, und blickte man hinein in das geheimnissvolle Urwalddickicht, doch auch dort wieder waren nichts als dichte Waldwände zu sehen. Für das Auge des Beschauers schoben sich diese, durch die Vorwärtsbewegung

Uferlandschaft im Amazonasgebiet. (Nach Biard.)

---

[1]) Diese Schmalschnabelsittichart wird in vielen Gegenden Periquito verdadeiro genannt.

[2]) Unter Cipó versteht man nicht nur Schlingpflanzen = Lianen im engeren, sondern auch im weitesten Sinne. (Vergleiche Schenk: Beiträge zur Biologie und Anatomie der Lianen, I. S. 4 und 106 ff.)

des Dampfers, wie Coulissen in endlosen Reihen schwindelerregend vor- und hintereinander. Auf dem Strome war es vollständig leblos. Nur ein paar weisse Garças (Ardea egretta L.?]) flogen auf und zogen langsam am Waldsaum dahin; auch zwei kleine grüne Araras mit langen Steuerfedern und, wie mir schien, blaugrünen Flügeln querten unseren einsamen Weg. Der Pilot nannte sie Maracanã und werden es vermuthlich Ara severa L. gewesen sein. Die Stromufer hier waren weit menschenleerer als die Kanäle südlich und westlich von Marajó, wohl weil es hier keine gewinnversprechenden Kautschukbäume auszubeuten gab.

Nun arbeitete unsere »Manauense« wieder im Hauptstrom gegen die gewaltigen Wassermassen mühsam aufwärts. Hinter der horizontalen Waldlinie des nördlichen Ufers entwickelten sich die Höhenzüge der Serras de Parú in 300 m hohen, zahlreich sich aneinander reihenden Tafelbergen, welche die Tertiärschichten des Amazonasbeckens ausgezeichnet repräsentiren. Einzelne Campos blitzten in hellerem Grün durch den Uferwald der Nordseite des Stromes. Früh 7 Uhr hatten wir eine Temperatur von 25^0 C. gehabt; bis 11 Uhr war sie auf 26^0 C. gestiegen und bis $1^1/_2$ Uhr nachmittags auf 28^0 C. Obwohl man die Wärmegrade somit nicht als sonderlich hoch bezeichnen konnte, ruhte die Luft, bei theilweise bewölktem Himmel, doch bleischwer auf unseren Gliedern, und nur durch einen konstant aus Westen den Amazonas herabwehenden Luftzug schien uns das Aequatorialklima auf unserer Stromfahrt einigermaassen erträglich. Hier und da furchte mal ein Segelschiff die mächtigen Fluthen, auch fuhr ein Dampfer der einheimischen »Companhia do Amazonas limitada« an uns vorüber. Wir suchten neuerdings die Nähe des Südufers auf, woselbst einige weisse Reiher im Wasser standen. Kreischend zog eine Schaar Papageien, welch letztere uns als Maracanã[1]) bezeichnet wurden, über uns hinweg. Es waren diesmal vielleicht Pavua-Keilschwanzsittiche (Conurus leucophthalmus Müll.), welche im Amazonasgebiet in individuenreichen Schwärmen angetroffen werden. Verschiedene Mungúbas (Bombax Munguba Mart. et Zucc.), den Sumaúmas ähnliche Waldriesen, breiteten ihr Blätterdach am Ufer. Bald rechts, bald links passirten wir an langgestreckten Inseln, welche uns Festlandsufer vortäuschten. Vor uns hatte der Strom keine Landgrenze, die endlose Wasserfläche dehnte sich bis zum fernen Horizonte. Rechts, im Norden, theils unmittelbar am Ufer, theils auf einen Grashügel hinaufgelagert, zeigte sich Prainha mit seinen wenigen, elenden Häusern und seinen schlanken Cocospalmen. Ringsum schloss sich der Wald, so nahe an die Villa[2]) herangerückt, dass man meinte, er müsse sie über

---

[1]) Mit dem Namen Maracanã bezeichnen die Eingeborenen sowohl einige Arten von Ara und von Conurus, wie vermuthlich ein paar Arten aus anderen Psittacidengattungen, jedoch werden die Conurus leucophthalmus Müll. vom Volke am allgemeinsten Maracanã genannt.

[2]) Villa, siehe weiter oben S. 58, Anmerk. 1.

kurz oder lang in seiner Umarmung erdrücken. Drei Kilometer oberhalb Prainha fuhren wir an der igarapégleich schmalen Mündung des Rio Urubuquára vorüber und nun in eine Strecke des Amazonas hinein, welche durch ihre ausserordentliche Breite unsere Bewunderung erregte. Noch sahen wir den pyramidal zulaufenden Monte Alegre, auf welchem der Ort gleichen Namens liegt, noch konnten wir einige kleinere Enten (Nettion brasiliense Briss.)[1]) unterscheiden, welche über den Strom hinstrichen, dann ging das Tagesgestirn unter in prachtvoll glühenden Tinten,

. . . niedertaucht ins Urwaldbett die Sonne[2])

und wieder senkte sich die tiefschwarze Tropennacht auf die einzigschönen Gefilde.

Den ganzen Tag war kein Regen gefallen. Abends 9 Uhr hatten wir noch 26° C., so viel wie um 11 Uhr vormittags, und verhiess uns dies wieder eine jener qualvollen, entnervend heissen Nächte, welche zu den grössten Beschwerlichkeiten einer Reise in den Aequatorialgegenden gehören. Wohl waren heute zum ersten Male unsere Hängematten aufgemacht worden, doch rieth man uns dringend ab, als noch nicht Acclimatisirte, dieselben zum Schlafen auf Deck zu benutzen. So sollten wir also wieder unsere Marterkajüten aufsuchen.

Der Tag schloss mit einem von Mitreisenden gelieferten interessanten Bericht über blutsaugende Fledermäuse, deren es ziemlich viele Species in dem an Chiropteren sowohl arten-, wie individuenreichen Brasilien giebt. Die am Amazonas häufigen kleinen Fledermäuse, um welche es sich in diesen Erzählungen handelte, greifen unter Anderem Hühner, Rindvieh und Pferde an. Die Hühner überleben einen solchen Aderlass nicht, und die grösseren Thiere werden durch denselben erschöpft, namentlich weil sich die Blutsauger meistens gleichzeitig zu vielen auf ein Opfer werfen. Aber auch die Menschen bleiben nicht verschont,[3]) und ein brasilianischer Kaufmann, seit Lissabon unser Mitpassagier, versicherte, von solchen Fledermäusen angefallen worden zu sein. Während des Blutentziehens war ihm gar keine Empfindung zum Bewusstsein gekommen, erst nach Aufhören des Saugens hatte er die Bisswunde gefühlt. Man will diese Chiropteren mittelst Laternen oder eines sonstigen Lichtes vertreiben

---

[1]) Da diese Enten an unsere Stockenten (Anas boscas Forst.) erinnerten, dürften es wohl Nettion brasiliense Briss. gewesen sein.

[2]) Aus dem Gedicht: »Abend am Paraguasu« von Kaiser Maximilian von Mexiko (Aus meinem Leben, VII. S. 277).

[3]) Avé-Lallemant: Reise durch Nordbrasilien, I. 132. — Bates: The naturalist on the river Amazons, 91, 337. — Wallace: Travels on the Amazon and Rio Negro, 88, 449 a. f. — Goeldi: Os mammiferos do Brasil, 58.

können, da sie der Helligkeit zufliegen und dann, von ihr betäubt, die Flucht ergreifen sollen.[1]

An Bord. Donnerstag, den 3. Juli.

Auch heute war es uns wieder beschieden, wie gestern, an zahllosen Inseln vorüberzuziehen und einem nicht endenwollenden Waldsaum entlang zu dampfen, hinter dem sich bald niedere Höhenzüge erhoben, bald eine flache, Hunderte von Meilen breite, nur von wilden Indianern durchstreifte Urwaldwildniss ausdehnte. Und auch heute wieder sollte sich wie alle Tage ein blasser Tropenhimmel über uns ausspannen, nicht ein tiefblaues Firmament, wie wir ein solches in den Alpen oder in Südeuropa und Nordafrika zu sehen gewohnt sind. Denn die Tiefe der blauen Himmelsfarbe hat sich in der gemässigt warmen und subtropischen Zone erschöpft, und für die heissesten Gebiete ist, in Folge des reichlichen Wasserdampfgehaltes der dortigen Luft, nur eine mattere Färbung übrig geblieben.

Gleichwie gestern die Mündung des Xingú, so passirten wir heute vor Tagesanbruch die Mündung des Tapajóz, welch letzterer, nach einer Lauflänge von 1800 km, in der enormen Breite von 15—20 km sich in den Amazonas ergiesst. Wir nahmen hierauf unseren Kurs in den südlichen Arm des Stromes. Während die Inseln an der untersten Strecke des Stromlaufes ausnahmslos mit einem Kranz von Montrichardia arborescens umgeben waren, hatten sie hier, und schon vielfach auf dem gestern durchfahrenen Wege, einen breiten Gürtel von Cana-rana, von dichtstehendem, hellgrünem und, wie sein Name andeutet, schilfrohrähnlichem Grase.[2] Inmitten dieses Gürtels erhoben sich einzelne Gruppen von Weiden (Salix Martiana Leyb.) und Armleuchterbäumen (Cecropia adenopus Mart.). Ein durchsichtiger Waldsaum lief dem Südufer des Amazonas entlang und liess Campos hinter seiner Pflanzenwand vermuthen. Ebenfalls in dieser Richtung, vom Schiffe aus aber nicht zu sehen, breitete die Lagôa de Campinas, auch Lagôa grande de Villa Franca genannt, ihre von Wildgeflügel besonders belebte, 56 km lange Wasserfläche aus.

Anfangs fehlten im heutigen Landschaftsbilde die Palmen vollständig, dann aber zeigten sich am Stromufer vereinzelte Marajá (Bactris Maraja Mart.)[3] und später einige Assaï. Dazwischen waren namentlich zahlreich die gewaltigen Mungúbas (Bombax Munguba Mart. et Zucc.) mit ihren gurkenförmigen rothen Trockenfrüchten vertreten. Auch mehrere Páo-mulato (Calycophyllum Spruceanum Hook. fil.), hohe, schlanke Bäume mit pinien-

---

[1] Wallace (Travels etc. 451) hingegen erzählt, dass sie von vornherein das Licht meiden.

[2] Cana (portugiesisch) = Schilfrohr; rana (tupi) = ähnlich.

[3] Allem nach waren diese Marajá die Bactris Maraja und nicht das ebenfalls Marajá genannte und ebenfalls in diesen Regionen vorkommende Astrocaryum gynacanthum Mart.

förmig gebreitetem, dunklem Laube und rothem, jährlich sich abrindendem Stamme fielen in die Augen, namentlich da sie gerade im Rindenwechsel begriffen waren. Nicht gleich dem Páo-mulato im Abwerfen der Rinde, wohl aber in dem der Blätter, befand sich eben ein hochgewachsener Apuhy (Clusia insignis Mart.). Eine Vitex triflora Vahl., ein auf die guyanische Flora beschränktes baumförmiges Eisenkrautgewächs, unterbrach durch ihren reichen lila Blüthenschmuck auf angenehme Weise das endlose Waldesgrün. Das unserem Schilfe ähnliche Pfeilgras (Gynerium saccharoides H. B. K.) mit seinen wolligen Rispen bildete an einem Inselufer ein beetförmiges Dickicht. Ein bromeliaceenbesetzter Baum legte sich malerisch über den Strom heraus. Pflanzungen von Bananen (Musa sapientum L.) verriethen die Nähe des Menschen, und bald auch tauchte ein einsames Ansiedlerhäuschen auf. Eine durch Pagaias,[1]) diese hübschen Tellerruder, gelenkte Montaria schwamm auf dem Wasser. Kleine graue, schwalbenähnliche Vögel, sicher Chaetura fumosa Sal., jagten rastlos dahin, eine Ente flog vorüber, ein einzelner Falke stieg in die Lüfte empor und weisse Reiher standen unbeweglich im sumpfigen Nass. Mit Fischen befasste sich ein Uairiramba oder Eisvogel, der, seiner Grösse und dem breiten weissen Ring um den Hals nach, eine Ceryle amazona Lath. gewesen sein musste. Schwärzliche Vögel, in welchen wir Tamburí-pará (Monacha nigrifrons Spix.) vermutheten, waren öfters zu sehen. Ununterbrochen tönte Papageiengekreisch aus dem nahen Walde, und immer wieder flogen Schaaren von Periquitos auf. Die Ansiedlungen mehrten sich. Auf einer Insel lag eine von Murúmurúpalmen (Astrocaryum Murumuru Mart.) beschattete Hütte; auf einer zweiten war ein langer Cacaoal gepflanzt.

Um 10 Uhr fuhren wir an dem 1256 km von Pará entfernten, winzigen Städtchen Obidos vorüber, welches, einst von Pauxisindianern gegründet, jetzt wenig Rothhäute mehr in seine Mauern schliesst. Es ist baumumringt und vor einem dichtbewaldeten Hügel auf einer rothen, tertiären[2]) Sandsteinklippe gelegen. Die Bauart der Häuser verräth, gleich der aller bisher am Amazonas gesehenen Orte, wenig Schönheitssinn. Sämmtliche Gebäude, von denen einige sich zum Ufer herabziehen, sind einstöckig, langgestreckt und weiss getüncht, und haben ziemlich flache, ziegelgedeckte rothe Satteldächer.

---

[1] Siehe weiter oben S. 9 u. 35.

[2]) Nach Derby (Contribution to the Geology of the lower Amazonas [Proceedings of the American Philosophical Society, XVIII. 176] und: The Amazonian Upper carboniferous Fauna [The Journal of Geology, II. 482]) ist anzunehmen, dass dieser Sandstein aller Wahrscheinlichkeit nach tertiär ist. — Spruce [Hooker's Journal of Botany, II. 196, 230] spricht auch von Sandstein bei Obidos, sagt aber, dass die Stadt auf einer Thonklippe liegt, welche, nach Derby zu schliessen, übrigens ebenfalls tertiären Ursprungs sein müsste.

Mit Obidos, woselbst die Fluthhöhe noch 33 cm beträgt, hatten wir einen sehr interessanten Punkt des Amazonas erreicht. Hier wird der sonst so breite Strom auf 1910 m eingeengt; er hat sich aber hierfür eine Tiefe von 80—120 m gegraben und wälzt seine Wassermassen mit erhöhter Schnelligkeit zu Thal. Die Raschheit des Laufes beträgt an dieser Stelle 1 m in der Sekunde, so dass der Strom per Sekunde zum Mindesten 76 000 cbm und per Stunde die ungeheure Summe von ca. 274 Millionen Kubikmeter Wasser thalwärts wälzt.[1]) Bald hatte unser Dampfer diese auffallend schmale, insellose, reissende Strecke des Amazonas überwunden und konnte wieder kampfloser stromaufwärts ziehen. Am Nordufer zeigten sich waldige Hügel und folgte die Einmündung des Trombetas, welch letzterer einen auf das brasilianische Guyana beschränkten Lauf hat und ein urwaldbedecktes, noch ziemlich unerforschtes, von wilden Indianerhorden unsicher gemachtes Gebiet durchströmt. Dadurch, dass der Trombetas zwischen bewaldeten Ufern in spitzem Winkel seine Wasser dem Amazonas zuführt, konnten wir seine Mündung nicht unterscheiden.

Das Südufer des Hauptstromes nahmen endlose Cacaopflanzungen ein, welche Obidos einen seiner wichtigsten Ausfuhrartikel liefern. Sie wurden hier und da unterbrochen durch einzelne breite, cecropienbesetzte Canaranawiesen,[2]) durch stolze Mucajá (Acrocomia sclerocarpa Mart. var. Wallaceana Dr.) und Urucurí (Attalea excelsa Mart.), beide Palmen des Etéwaldes, und durch Acacia polyphylla D. C., hohe, schirmartig sich ausbreitende Bäume mit stachelübersätem Stamm und gelben, langen, steifen Blüthenrispen. Im Laufe des Tages bemerkten wir in Wassernähe blühende Magnoliaceen.[3])

Ein mit Tapuios bemanntes Boot segelte auf dem Strom. Ein weisslicher Reiher mit grauen Schwungfedern (Ardea çocoi L.) philosophirte am Ufer, einige Möwen stiessen auf Fische herab und gelbe Tagfalter aus der Gattung Catopsilia, welche durch mindestens sieben Arten am Amazonas vertreten ist, wagten sich vom nahen Lande über das Wasser heraus. An einem Baume hing ein beutelförmiges, schneeweisses Cabanest, d. h. das Nest einer, gemäss der Aussage der Eingeborenen, zwei Centimeter langen Wespe, welche ihrem Nestbau nach in die Gattung Polybia oder Chartergus hineingehören muss.

Bis 2 Uhr nachmittags stieg unser Thermometer auf 29^0 C., morgens 7 Uhr hatte es auf 26^0 C., um zehn ein halb Uhr auf $27{,}75^0$ C. gestanden. Sobald kein Luftzug Kühlung brachte, war die Luft drückend zum Er-

---

[1]) Moreira Pinto: Apontamentos para o Diccionario Geographico do Brazil, I. 261.
[2]) Siehe weiter oben S. 67.
[3]) In Martius: Flora brasiliensis, sind für den Amazonas zwar keine Magnoliaceen angeführt, doch hat auch ein anderer Reisender (Avé-Lallemant: Reise durch Nordbrasilien, II. 110) deren daselbst bemerkt.

sticken; man fühlte sich jeglicher Energie beraubt und hatte die Empfindung, aus Hitze krank zu werden.

Seit wir die Mündung des Tapajóz hinter uns gelassen, begleitete uns zur Linken das Gebiet der Mauéindianer. Die Maué sind ein 16 000 Köpfe starker Stamm, welcher zu den unter dem Namen Tupí zusammengefassten Stämmen gehört und in ziemlich viele Horden zerfällt. Es sind kräftige, wohlgebaute Leute von hellbrauner Hautfarbe, welche den Ruf geniessen, unter allen Indianern die schönsten Frauen zu besitzen. Sie leben in Malocas,[1]) d. h. Dörfern vereint und sind jetzt fast alle mehr oder minder civilisirt. Trotzdem haben sie manche Nationalgebräuche bewahrt. Sie begraben ihre Todten in hockender Stellung unter ihre Hütten in die Erde, verfertigen Flöten aus menschlichen Röhrenknochen und Trinkschalen aus Menschenschädeln und erproben ihre Tapferkeit durch eine Ceremonie, welche in standhaftem Ertragen unzähliger schmerzhafter Ameisenbisse besteht. Gleich anderen Indianerstämmen haben sie Pagés, das will sagen Heilkunde ausübende Zauberer, welche sehr einflussreich sind und eine Art roher Theokratie vorstellen.[2]) Obwohl sich die Maué schon seit fast 100 Jahren den Portugiesen unterworfen haben, so begegnen sie den Weissen doch noch misstrauisch, wenn auch nicht feindlich. Sie leben, wie es ihnen gerade gefällt, in Monogamie oder Polygamie, sind kriegerisch, tapfer, stolz und unabhängig, aber schon sehr decimirt. Ihre Waffen bestehen aus Pfeil und Bogen und aus den gefürchteten Sarabatanas oder langen Blaserohren, aus welchen die kleinen, mitunter vergifteten Pfeilchen oft Hunderte von Schritten weit treffen können. Da sie Kahnbauer sind und die Flüsse befahren, wäre es nicht unmöglich, dass die zu Mittag von uns gesehenen segelnden Indianer Maué gewesen sein könnten.[3])

Nachmittags bemerkten wir im Amazonas viele werdende Inseln, welche vorläufig noch ausschliesslich oder grösstentheils aus Cana-rana bestanden. Sie machten schon den schüchternen Versuch zum Ansatz magerer Ambaúbawäldchen oder birkenartig feiner Weiden, welche sich zu Gebüschen vereinigten. Ein Magoary (Ardea çocoi L.), ein äusserst schlanker Reiher mit scheinbar schneeweissem Rücken[4]) belebte einzig

---

[1]) Maloca bedeutet soviel wie Indianerdorf, Indianerwohnsitz, riesiges indianisches Haus, welches alle Familien eines Dorfes aufnimmt, vor Allem das Dorf etc. nichtchristianisirter Indianer.

[2]) Ueber Pagés siehe Verissimo: Revista Amazonica, I. 207 e s. — Mello Moraes: Revista da Exposição Anthropologica Brazileira, p. VI. — Silva Araujo: Diccionario do Alto Amazonas, 146, 149. — Archivos do Museu Nacional de Rio de Janeiro, VI. 128, 165. — Souza: Valle do Amazonas, 97, 98, 273. — Martius: Beiträge zur Ethnographie und Sprachenkunde Amerikas, I. 7, 66, 68, 76 ff., 585 ff. und andere Werke.

[3]) Ueber die Maué von mir benutzte Quellen: Mello Moraes: Revista etc., p. 10, 11, 66, 151. — Archivos do Museu etc., VI. 133, 516. — Silva Araujo: Diccionario etc., 202, 260. — Martius: Beiträge etc., I. 400 ff.

[4]) Der Magoary hat in Wirklichkeit einen hellgrau gefiederten Rücken; doch machte der Rücken dieses Individuums wohl in Folge dunkler Umgebung den Eindruck, schneeweiss zu sein.

die einsame Landschaft. Wir passirten die am Südufer gelegenen unbedeutenden, waldbedeckten Höhen der Serra das Piranhas und der Serra de Parintins. Letztere wird von den Eingeborenen mit abergläubischer Furcht betrachtet, da sie behaupten, nachts aus ihrer menschenleeren Wildniss Glockengeläute erschallen zu hören.

Mit der Serra de Parintins, unmittelbar und steil dem Strome entsteigenden, malerischen Waldhügeln, hatten wir die Westgrenze der Provinz Grão Pará erreicht und waren in die Provinz Amazonas eingetreten, die grösste Provinz des grossen Brasilien.[1]) Nachdem die Serra unseren Blicken entschwunden, begann zu beiden Seiten des Stromes die endlose, ununterbrochene Tiefebene sich auszubreiten, welche nach Westen bis Ecuador und Peru reicht, nach Norden bis über den Aequator und nach Süden bis ungefähr zum achten Grad südlicher Breite. Die Campos, wie wir deren vereinzelt in der östlichen, schmäleren Amazonasniederung trafen, haben vollständig aufgehört, und nichts als höchstens durch Flussläufe durchschnittener Urwald bedeckt auf viele Tagereisen vor uns und zur Rechten und zur Linken das ungeheuer ausgedehnte Flachland. Bedenkt man, wie nieder und eben das Terrain ist, und bedenkt man ferner, dass der Strom und seine Zuflüsse bei Hochwasser mindestens 10 m[2]) über ihren niedersten Wasserstand steigen, so kann man sich vorstellen, welche Ausdehnungsverhältnisse die jährlichen Ueberschwemmungen annehmen müssen. Seen hören auf Seen zu sein, sie werden mit ihren Gewässern hineingezogen in die zu dieser Zeit bis zu ihren Ufern reichenden Stromfluthen, und zwischen manchen Nachbarflüssen ist das Land unter dem Alles begrabenden Hochwasser verschwunden. Die Canoas fahren ungehindert unter dem Laubdache des überschwemmten Urwaldes hindurch, und mit Ausnahme der Vögel hat die Thierwelt sich von den Strom- und Flussufern zurückgezogen, tiefer in die Waldregion hinein und entfernter von den uferlos fluthenden Wassern. Wehe dem Menschen, der um diese Zeit auf einem der Wasserläufe Schiffbruch leidet! Auf Meilen kann er keinen trockenen Fleck Erde erreichen, und gelingt es ihm, die Krone eines aus den Fluthen ragenden Baumes zu erklimmen, so ist er dort, in jenen menschenleeren Regionen, erbarmungslos dem Hungertode preisgegeben. —

Gegen Abend wurde unsere heutige Fahrt noch reizvoller. Am linken Amazonasufer, dem entlang wir steuerten, bemerkte man häufig dem Walde abgerungene, würfelförmige Ausschnitte. In jedem derselben erhob sich neben Bananenpflanzungen eine versteckte, halboffene Palmstrohhütte der Eingeborenen. Zu einzelnen dieser primitiven Wohnhäuser führte vom Stromufer aus ein malerischer Igarapé. Palmen beschatteten

---

[1]) Siehe das weiter oben S. 17 Gesagte.
[2]) Das Hochwasser des Amazonas selbst erreicht eine Höhe von 8—19 m über den niedrigsten Wasserstand. Siehe Levasseur: Le Brésil, p. 9.

die einsamen Niederlassungen. Eine Murúmurú (Astrocaryum Murumuru Mart.) erhob stolz ihre Wedelkrone. Und wieder kam nun, wie gestern, eine Uferstrecke, an welcher die Lianen mit solcher Ueppigkeit wucherten, dass sie eine undurchsichtige, gewellte grüne Wand schufen, die von Haushöhe herab bis zum Wasser reichte. In unendlichen Verschlingungen wuchsen die Pflanzen durch einander bald laubenartig vortretend, bald in

Uferlandschaft im Amazonasgebiet.
(Nach Biard.)

phantastischen Gestalten sich aufbauend. Diese Art Vegetationsbild der Tropen ist die sinnbestrickendste, die fesselndste, und jedesmal, wenn sie uns begegnet, hängen unsere Blicke wie festgebannt an ihr.

Papageiengeschrei ertönte von Neuem aus dem Walde; ein Sokó, (Nycticorax gardeni Gm.?) flog vorüber. Nach Sonnenuntergang entwickelte sich am Himmel ein Strahlenbündel, welches vom Horizont bis gegen den Zenith zu flammte. Einzelne Feuerfliegen (Pyrophorus noctilucus L.) umschwärmten unser Schiff und schwebten als räthselvolle Leuchten hoch oben am nächtigdunklen Urwald. Das von ihnen ausgehende Licht wirkte viel intensiver als das unserer Leuchtkäfer (Lampyris); es war grösser, bläulicher, blitzender, fast wie das elektrische einer schwachen Bogenlampe.[1]

Zwischen 7 und 8 Uhr erreichten wir das einst Villa Bella da Imperatriz genannte Städtchen Parintins, welches am südlichen Stromufer liegt und noch vor 50 Jahren hauptsächlich von Mauéindianern bewohnt wurde. Auch jetzt scheint das indianische Element daselbst noch ziemlich stark vertreten zu sein. Hier hielt unser Dampfer inmitten des Stromes, einen Trupp Toskaner und Toskanerinnen auszuschiffen, gemüthliche, arbeitsuchende Leute, welche mit uns von Lissabon übergefahren waren. Der Anführer, Dinelli mit Namen und Sohn eines früheren grossherzoglichen Hoffischers in Lucca, hatte schon das zweite Mal die weite Rückreise nach Italien unternommen, einen frischen Nachschub von Landsleuten nach Brasilien herüberzuholen. Es ist dies ein Zeichen, dass diese Italiener in der neuen Heimath ein gutes Fortkommen finden und ihnen auch das mörderische Klima des Amazonas, welches den europäischen Nordländern übel mitspielt, nicht allzuviel anhaben kann.

Das Anhalten von heute Abend war das erste auf unserer ganzen Fahrt stromaufwärts. Somit hatten wir auch zum ersten Male Gelegenheit, beim Stillestehen der »Manauense« zu beobachten, wie stark der Amazonas strömt und mit welcher Gewalt er die Schiffe nach abwärts reisst, so dass z. B. unser Dampfer nur durch unausgesetztes Arbeiten der Maschine sich auf der Höhe von Parintins zu halten im Stande war.

An Bord. Freitag, den 6. Juli.

Gestern zu abendlicher Stunde hörten wir noch das laute Gebrüll der Garibás oder Brüllaffen (Mycetes)[2] aus dem Urwald durch die Dunkelheit erschallen, und heute in aller Frühe tönte heftiges Araragreschrei an unser, für solche Naturlaute empfängliches Ohr. Auch andere Vögel liessen im Waldesdickicht ihren mehr oder minder wohlklingenden Gesang ertönen, in welchem wir deutlich den einen Ruf Bem-te-ví[3] unter-

---

[1] Da die von uns gesehenen Pyrophoren so besonders kräftig leuchteten, vermuthe ich, dass unter den 45 Pyrophorusarten Brasiliens sie die berühmten P. noctilucus L. gewesen sein werden. Diese grössten sämmtlicher Feuerfliegen, welche man von den Antillen bis nach Argentinien hinunter antrifft, gaben früheren Reisenden zu fabelhaften Berichten über ihre Leuchtkraft Anlass. Ich habe einige Jahre später selbst erlebt, dass meine der Tropen unkundigen Reisegefährten in Mexico solche Pyrophoren für Irrlichter hielten, bis ich Gelegenheit hatte, sie über ihren Irrthum aufzuklären.

[2] Die von uns gehörten Brüllaffen müssen ihrer geographischen Verbreitung nach wohl Mycetes Belzebul L. gewesen sein. Vergl. Pelzeln: Brasilische Säugethiere, S. 3 ff. — Schlegel: Muséum d'Histoire naturelle des Pays-Bas, VII. Monographie, 40. Simiae 150—151. — Wallace: On the Monkeys of the Amazon (Annals of Natural History. Sec. Series, XIV. 451). — Wagner: Beiträge zur Kenntniss der Säugethiere Amerikas (Abhandlungen der mathematisch-physikalischen Klasse der K. Bayr. Akademie der Wissenschaften, V. 414).

[3] Ueber die, sicher nach diesem Ruf Bem-te-ví benannten Vögel siehe weiter oben S. 61 Anm. 2.

scheiden konnten. Etwas später zeigten sich ganze Schaaren von grauen, schwalbenähnlichen Vögeln, sicherlich wieder Chaetura fumosa Sal., Segler, welche sowohl in Columbien, wie am Amazonas beobachtet worden sind.[1]) Ein schwarzer Gavião (Ibycter ater Vieill.)[2]) stieg stolz in die Lüfte, eine Ente kam schweren Fluges vorbei, und eine Unzahl paarweise fliegender, grasgrüner Papagaios (Chrysotis amazonica Briss.) kreuzte unseren Weg. Längs der Ufer blühten zahlreiche Parica-ranas (Acacia polyphylla D. C.). Wir nahmen den Kurs unglaublich nahe dem Lande, ein Beweis für die Tiefe des Stromes, welcher jetzt als Rio cheio[3]) den Dampfern das Befahren all seiner Paraná-mirims[4]) ermöglicht. Am linken Ufer wurde der östlichste Zufluss aus dem Lago Saracá bemerkbar; am rechten, hinter einer langen, niederen Landzunge, die Mündung des Furo dos Ramos, einer der verschiedenen schmalen Wasserläufe, welche sich vom Ostarm des Madeira abzweigen. Wir fuhren auf dieser Seite der Ilha de Tupnambarána entlang. Diese Insel, welche eine Länge von circa 300 km hat, ist die zweitgrösste des Amazonasgebietes[5]) und gehört nicht zu den inmitten des Stromes liegenden und durch ihn geschaffenen Eilanden, sondern zu jenen, die Furos ihren Ursprung verdanken.[6]) Stromaufwärts und stromabwärts waren von Zeit zu Zeit vermeintliche Luftspiegelungen sichtbar, welche dadurch entstanden, dass sich unmittelbar unterhalb des Ufers ein wellenloser oder anders als der übrige Wasserspiegel beleuchteter Streifen Wassers befand. Dieser nun nahm sich, aus der Ferne beobachtet, im Gegensatz zur übrigen Wasserfläche täuschend gleich einem Streifen Luft, einem Stückchen Himmel aus, und folglich erschien die darüber liegende Strecke Landes wie in die Lüfte gehoben.

Früh, gegen 8 Uhr, war die Temperatur, Dank einem hitzemildernden Winde, sehr angenehm. Die Wärmegrade konnte ich heute nicht feststellen, da gestern meine beiden Thermometer zerbrachen und erst morgen in Manáos, dem Ziele unserer Stromfahrt, dieser Verlust wieder zu ersetzen sein wird.

Neuerdings flogen Manguepapageien (Chrysotis amazonica Briss.) vorüber. Einige Urubús (Oenops [pernigra Bowdl. Sharpe?]) lauerten auf Beute, und hier und da zeigten sich kleinere schwarze Vögel, sicher irgend-

---

[1]) Gray: Catalogue of the Birds in the British Museum, XVI. 484.

[2]) Da ausser dem Ibycter ater Vieill. kein anderer ganz schwarzer Gavião am Amazonas vorkommt, muss es dieser gewesen sein.

[3]) Rio cheio, wörtlich »voller Fluss«, bedeutet somit »hoher Wasserstand«.

[4]) Siehe weiter oben S. 19.

[5]) Sie zerfällt, streng genommen, in drei Inseln, welche jedoch unter dem Namen Ilha de Tupinambarána zusammengefasst sind, ebenso wie auch die verschiedenen, durch Wasserläufe von einander getrennten Theile von Marajó als eine einzige Insel betrachtet werden.

[6]) Siehe weiter oben S. 19. — Siehe auch S. Anna Nery: Le Brésil, 8, und Wappäus: Brasilien, S. 1237.

welche Icteriden. Gestern Abend 10 Uhr waren wir in den Paraná de Pacoval eingefahren, heute früh 9 Uhr befanden wir uns in dem Paraná de Serpa. Letzterer, der dem Hauptstrom an Breite nur um die Hälfte nachsteht, bespült das nordwestliche Ufer der grossen Ilha de Serpa, indessen die grössere Wassermasse des Amazonas die Insel südlich und östlich umfliesst. Am Uferrand standen fischend eine Menge Alcediniden, unter welchen ich, dem weissen Hals und dem im übrigen grauen Gefieder nach, eine Ceryle torquata L. zu erkennen glaubte, indessen die anderen mit ihren gelblichen Hälsen Rothbäuchig punktirte Eisvögel (Ceryle inda L.) gewesen sein müssen. Auch ein schwarzer Vogel mit einer blauen Querbinde auf seinem Fächerschwanz[1]) trieb sich in diesem Paraná herum. Von Zeit zu Zeit wurden einzelne Hütten sichtbar, von Orangen- und Cacaobäumen umgeben. Das Erträgniss solch letztgenannter Bäume lag als grosser Haufen rothgelber Bohnen vor einem der Häuschen aufgeschüttet. Es zeigten sich einzelne Palmen, Assaï, Murúmurú, Pupunha und andere, entweder im Walde, oder, was häufiger war, bei den menschlichen Wohnungen. Im Vergleich zu ihrem reichlichen Vorkommen am untersten Stromlaufe gab es hier fast keine Palmen, und nur an ein paar Stellen unterhalb Serpa erschienen wieder ganze Wäldchen und zwar wildwachsender Murúmurú (Astrocaryum Murumuru Mart.). Wie gestern sahen wir auch heute Páo mulato (Calycophyllum Spruceanum Hook. fil.) am Ufer wachsen, baumförmige Rubiaceen, deren schönes, in der Brennbarkeit der Kohle ähnliches Holz zu Schreinerarbeiten verwendet wird. Noch vor Serpa, oder richtiger gesagt Itacoatiára, kamen wir an der längs des Stromes gelegenen Fazenda[2]) des Mister Stone vorbei, eines Amerikaners, welcher, nicht wie die meisten Ansiedler, stromaufwärts eingewandert war, sondern stromabwärts, von Peru aus. Er hatte 300 Stück Hornvieh und galt für den grössten Heerdenbesitzer am ganzen Amazonas. In seiner Fazenda, welche auf Terra alta, also erhöhtem Ufer, sich ausbreitete und in Wiesen und Wald zerfiel, konnte man überall Vieh weiden sehen, ein am Amazonas höchst seltener Anblick.

Um zwölf ein halb Uhr mittags stoppte unser Dampfer vor Itacoatiára, einer von einem 22 m hohen Thonerdehügel ganz anmuthig herabgrüssenden kleinen Stadt. Dieses Städtchen, welches wohl von den in seinem Hafen befindlichen altindianischen Felsenmalereien und -skulpturen seinen Namen trägt,[3]) hat eine überwiegend indianische, aus Bruchstücken verschiedener Stämme hervorgegangene Bevölkerung; die rothhäutigen Ein-

---

[1］ Ueber diesen Vogel konnte ich nirgends Aufschluss finden. Wenn er nicht einsam geflogen wäre, hätte es einfach ein Madenfresser (Crotophaga) sein können, auf dessen Schwanz ich eine blaue Querbinde zu sehen vermeinte.

[2］ Fazenda = Landgut.

[3］ Itacoatiára ist ein Tupíname. Itá bedeutet Stein, coatiára bedeutet gemalt.

wohner Itacoatiáras sind nämlich die Nachkommen von allerhand Indianern, welche die Jesuiten vor ungefähr 200 Jahren in einer Missionsstation vereinigten, und von solchen, welche die Regierung aus irgendwelchen Gründen daselbst ansiedelte. Es waren Individuen aus dem Stamm der Abacachí, welcher südlich des Amazonas sass,[1]) aus demjenigen der Anicoré, der sich am oberen Madeira herumtreibt, aus der Gemeinschaft der Aponiará, der Curuachiá, Juquí und Tururí, welche dem gefürchteten Stamm der Mura zuzählen, aus den ebenfalls im Madeiragebiet sitzenden Stämmen oder Horden der Barý, Sará und Urupá. Es waren ferner einige Jumá, deren am Südufer des Solimões verbreiteter Stamm zu den menschenfressenden gerechnet wird, auch eine Anzahl Irijú vom Rio Branco und andere guyanische Indianer, nämlich Pariquí, welch letztere einer Gemeinschaft entsprossen, die den Ruf hat, wild und tapfer zu sein. Auch ein Theil der Flussräuberei treibenden Tora wurde 1716 der Mission einverleibt; vom Purús kamen Tiari, deren Stamm nun als verschollen gilt; und Martius endlich erwähnt noch Ururiindianer, über welche jedoch nirgends etwas Genaueres zu erfahren ist.[2])

Diese verschiedenen indianischen Elemente, seit Jahrhunderten gemischt, weisen nun keine Stammeseigenthümlichkeiten mehr auf, wohl aber den allgemeinen Charakter der indianischen Rasse, und konnten wir, bei unseren Wanderungen durch Itacoatiára, auf der Strasse manch hübschen Indianertypus bemerken. Namentlich an dem Jungen, welcher uns in einer winzigen Montaria an das Land ruderte, war der Charakter des reinrassigen Amazonasindianers deutlich ausgeprägt; er hatte ausser anderen Merkmalen eine Adlernase, auffallend gelbbraune Hautfarbe und straffes schwarzes Haar.[3]) Auf seiner Schulter sass ein grassgrüner Kurzschwanzpapagei, mit bläulichem Kopf, rothem Unterrücken und theilweise blauen Flügeln. Es war dies ein Blaubart (Chrysotis festiva L.), eine Art von Amazonenpapagei, welche hauptsächlich das nördliche Amazonasgebiet bewohnt und von den Indianern, hochgeschätzt, gezähmt zu werden pflegt.

Die Strassen Itacoatiáras, welche wir betraten, glichen nicht denen einer Stadt. Des Pflasters entbehrten sie natürlich gänzlich, aber nicht nur dies, sie ergingen sich ausserdem in bedenklichen Hügeln und Thälern, über und durch welche wir in der sengenden tropischen Mittagssonne stolperten. Unser Kapitän brachte uns zu Mr. Cattle, einem fliessend

---

[1]) Dieser Stamm scheint jetzt verschollen.

[2]) Zur Feststellung dieser Volksstämme benutzte Quellen: Silva Araujo: Diccionario do Alto Amazonas. — Moura: Diccionario geographico do Brazil. — Moreira Pinto: Apontamentos para o Diccionario etc. — Ribeiro de Sampaio: Diario da Viagem á Capitania do Rio Negro. — Martius: Beiträge zur Ethnographie etc. Amerikas, I.

[3]) Ueber den Typus der unvermischten Amazonasindianer siehe Mello Moraes: Revista da Exposição Anthropologica Brazileira, p. 70.

deutsch sprechenden englischen Kaufmann, dessen Frau Hamburg ihre Heimath nennt. Die Magazine im Hause dieses Engländers enthielten allerhand tropische Rohprodukte, Kautschuk, Cacaosäcke im Nettowerth von à 100 Mk. und manches Andere. Der Hausherr stand gerade im Begriff, mit einer gemietheten offenen Steamlaunch zum Einsammeln von Kautschuk mehrere Wochen auf dem Madeira und seinen Zuflüssen und Paraná-mirims von Hütte zu Hütte zu fahren. Hörend, dass wir an den Amazonas gekommen, möglichst viel von Land und Leuten zu sehen, bot er uns, ihm vollständig Fremden, in zuvorkommendster Weise an, ihn auf seiner Expedition zu begleiten. Und nur die Befürchtung, dem liebenswürdigen Mann, durch unser mögliches Erkranken als noch nicht Acclimatisirte, Ungelegenheiten zu bereiten, vermochte uns das verlockende Anerbieten dankend abzulehnen.

Von Itacoatiára aufwärts nahmen wir den Kurs dem Nordufer entlang, fortwährend durch Paranás. Auf diesen letztgenannten Wasserstrassen waren uns die waldigen Ufer sehr nahe gerückt, näher als wenn wir im Hauptstrom gefahren wären, und konnten wir folglich das Vogelleben besser beobachten. Wir sahen da eine schwarzköpfige Ente mit weissem Hals und schwarzem Schweif und Unterrücken, welche, sofern sie dafür nicht zu gross war, die am Hinterkopf schwarze, an der Kehle weissbefiederte Dendrocycna viduata L. gewesen sein dürfte; einen zweiten Leistenschnäbler, den Alicorne oder Anhuma (Palamedea cornuta L.); den Caracara-i (Ibycter chimachima Vieill.); einen grauen Geierfalken mit hellem Hals; einen kleinen Vogel mit schwarzem Kopf, schwarzen Steuerfedern und blauweissem Rücken, wohl die Tityra cayana L. aus der Familie der Cotingiden; endlich mehrere kleine weiss- und graugefiederte Seeschwalben (Sterna superciliaris Vieill.) im Uebergangskleid, deren dunkle Ohrgegend und dunkler Nackenstreifen aus der Ferne wie ein schmaler schwarzer Ring um den Hals erschienen.

Endlos und eintönig dehnten sich zu beiden Seiten die immer flachen, immer waldigen Ufer. Selten unterbrach eine blühende Pflanze das ewige Grün des Urwaldes, nur ein Tarumástrauch (Vitex triflora Vahl.) hatte hier seine lila Blüthen entfaltet. Hoch oben an einem Baume sass wie eine Astanschwellung das braune Lehmnest einer kleinen gelben Cupií-, das will heissen Termitenart.[1] Eine Fazenda mit ein paar Wiesen und schönem Vieh wurde sichtbar. Nachdem wir die südlich von uns gelegene Cumarú- oder Trinidadinsel passirt hatten, that sich vor unseren Blicken die Mündung des Madeira auf, dieses mächtigsten Zuflusses des Amazonas. Der Madeira,

---

[1] Cupií ist das Tupíwort für Termite. Nach einer Quelle (Bates: Der Naturforscher am Amazonasstrom, 226) verwenden die baumnesterbauenden Termitenarten Erde zu ihren Bauten, nach anderen Quellen (Pohl und Kollar: Brasiliens vorzüglich lästige Insekten, S. 14. — Linnaea Entomologica, XIV. S. 86, 126, 127) Pflanzentheilchen, wie Blätter und Holz.

Amazonasufer.
Nach einer selbstaufgenommenen Photographie.)

welcher weit nach Bolivien hinaufreicht, hat einen Lauf von 6400 km Länge[1]) und übertrifft somit unseren grössten europäischen Strom, die Wolga, an Längenausdehnung fast um das Doppelte. Seine dichtbewaldeten, sumpfigen Ufer sind von allerhand wilden Indianerhorden bewohnt, welche das Reisen, namentlich am oberen Lauf, zu einem lebensgefährlichen gestalten. Auf brasilianischem Gebiet sitzen besonders vielerlei Stämme an den östlichen Quellflüssen, indessen es deren am unteren Stromlauf nicht so viele verschiedene, aber um so bedeutendere und bekanntere giebt. Da sind z. B. die wahrscheinlich zur Gruppe der Karaiben gehörigen Arára, ein noch ganz wildes, kriegerisches Volk, welchem sogar die Menschenfresserei vorgeworfen wird. Die Arára haben keine festen Wohnsitze; man sieht sie auf ihren Streifereien sowohl am Madeira, wie am Xingú. Ihre Erscheinung soll eine vornehme, ihre Hautfarbe eine sehr helle sein.

Mehr als über die Arára weiss man über die ihnen feindlichen Mundurucú, die übrigens nicht nur am Madeira, sondern auch in der Tapajózgegend wohnen. Sie sind einer der kriegerischsten, mächtigsten und intelligentesten Indianerstämme Brasiliens, welcher sich schon im Jahre 1785 der portugiesischen Regierung unterworfen hat und mindestens 18 000 Köpfe stark ist.[2]) Aller Wahrscheinlichkeit nach sind die Mundurucú

---

[1] Levasseur: Le Brésil, p. 10.

[2] Er wird nach Markham (Globus XX. S. 200) sogar auf 40 000 Köpfe geschätzt, doch dürften bei dieser Zählung die civilisirten, nicht mehr rassenreinen Mundurucú auch mitgerechnet sein.

der grossen Gruppe der Tupí zuzuzählen. Sie werden bald als ganz dunkel, bald als kupferbraun, bald als von noch hellerer Hautfarbe beschrieben,[1]) was sich dadurch erklären dürfte, dass sie durch Frauen- und Kinderraub sich mit anderen Indianerstämmen vermischen.[2]) Sie sind schöne Leute, gross und kräftig und zeichnen sich durch Gutmüthigkeit, Fleiss, Ehrlichkeit und Sanftmuth vortheilhaft vor anderen Indianern aus. Sie leben sowohl in einzelnen Hütten wie in Dörfern vereint, treiben etwas Feldbau und etwas Handel. Die civilisirteren, näher dem Amazonas wohnenden, tätowiren sich nicht, umsomehr die weiter im Innern sitzenden, welche wegen ihrer kunstvollen Tätowirung, zu welcher sie vorwiegend blaue Farbe verwenden, berühmt sind.[3]) Wie viele andere Stämme der Amazonasgegend begraben sie ihre Todten in die Erde unter der Hütte. Trotz ihres guten Charakters und ihrer verhältnissmässigen Civilisation finden sich bei ihnen unglaublich barbarische Sitten vor. So schaffen sie unheilbare Kranke und sogar ihre hilflosen alten Eltern aus dem Wege.[4]) Auch tragen sie gleich einzelnen anderen Stämmen die Köpfe erschlagener Feinde als Trophäe mit sich. Zu diesem Zwecke werden aus dem mit einem Bambusrohrmesser vom Rumpf getrennten Feindeskopf Gehirn, Augen, Zähne, Zunge und die meisten Muskeln entfernt und derselbe mit Oel präparirt und geräuchert oder an der Sonne getrocknet.[5]) Wenn ein Krieger zehn solche Köpfe besitzt, ergiebt sich für ihn die Möglichkeit, zum Tuchauá, d. h. Häuptling, erwählt zu werden.[6]) Das Tragen eines solchen Kopfes aber berechtigt ihn schon dazu, fünf Jahre lang nicht zu arbeiten und von seinem Stamm während

[1]) Martius: Beiträge zur Ethnographie etc., I. 387. — Couto de Magalhães: O Selvagem, II. 69. — Archivos do Museu de Rio de Janeiro, VI. 117.

[2]) Archivos do Museu etc., VI. 118, 119, 130, und Gonçalvez Tocantins: Estudos sobro a tribu Mundurucú (Revista do Instituto historico, geographico e ethnographico, XL. p. 84, 93). — Martius (l. c. I. 71), der ebenfalls persönlich bei den Mundurucú gewesen, scheint hingegen anzunehmen, dass keine ehelichen Verbindungen mit solchen Geraubten eingegangen werden.

[3]) Martius, l. c. I. 387.

[4]) Martius, l. c. I. 393. Uebrigens ist erstere Sitte eine bei vielen Völkern verbreitete, und auch letztere wird häufiger angetroffen als man glauben sollte. Siehe Martius, l. c. I. 126, 393, und Sartori: Die Sitte der Alten- und Krankentödtung (Globus LXVII. 107 ff., 125 ff.)

[5]) Martius, l. c. I. 392. — Osculati: Esplorazione delle regioni equatoriali, p. 262. — Gonçalvez Tocantins: Estudos etc. Revista etc., XL. 75, 84, 95). Vergleiche auch die in der ethnographischen Sammlung in München und Wien befindlichen Köpfe. — Barbosa Rodrigues (Mello Moraes: Revista da Exposição Anthropologica Brazileira, p. 39, 40) beschreibt übrigens eine andere Art von Präparirung der Köpfe, welche ungefähr der bei den Jivaro üblichen entspricht. Ueber letztere siehe Colini: Osservazioni etnografiche sui Givari. (Reale Academia dei Lincei, CCLXXX.) Vergleiche wegen der Mundurucú aber auch in Mello Moraes, l. c. die Abbildung p. 28 u. 80. — Nicht nur die Feindesköpfe, auch die Köpfe der Gefallenen des eigenen Stammes werden von den Mundurucú mumifizirt. Siehe Osculati etc., 262, und Gonçalvez Tocantins etc., XL. 130 e s.

[6]) Ayres de Cazal: Corographia brasilica, II. 279.

dessen unentgeltlichen Unterhalt zu geniessen.[1]) Wie man uns versicherte, kommt diese Sitte des Mumifizirens jedoch immer mehr und mehr ab, und ist es deshalb schon jetzt sehr schwierig, sich eine derlei Trophäe zu verschaffen.

Neben den, trotz Allem, sympathischen Mundurucú treffen wir am Madeira, aber auch den Ufern des Amazonas und den Solimões entlang, einen Stamm, welcher sich in der ganzen Gegend einen schlimmen Ruf erworben hat. Es sind dies die kürzlich, gelegentlich der Mission von Itacoatiára, erwähnten Mura, ein 12000 Männer starker Stamm, welcher einst aus Peru eingewandert sein soll und sich in keine der indianischen Hauptgruppen einreihen lässt. Klein von Gestalt, breitschulterig, korpulent, von dunkelkupferbrauner Hautfarbe und wildem Ausdruck, fallen die Mura gegen die übrigen Indianer sofort durch ihre Hässlichkeit auf. Der körperlichen Hässlichkeit gesellt sich die des Charakters zu. Der Mura ist grausam, faul, diebisch und räuberisch; er lebt unregelmässig, zieht landlos ohne Dach und Fach umher und flieht die Civilisation. Die meisten Mura wohnen in Canoas, leben vom Fischfang und von den Früchten des Waldes und sind gefürchtete Flusspiraten. Einige von ihnen haben sich angesiedelt und verdingen sich sogar auf kurze Zeit als Arbeiter. Die Mura gelten als die schlimmsten, und die nomadischen unter ihnen noch überdies als die tiefststehenden aller Amazonasindianer. Sie werden von den anderen Stämmen verachtet und verfolgt. Gleich vielen sonstigen Indianergemeinschaften pflegten sie früher die Unterlippe durchbohrt zu tragen und gleich den Mundurucú und Mauhé begraben sie, entgegen den meisten anderen Stämmen, ihre Todten nicht zusammengekauert in Urnen, sondern legen dieselben einfach in die Erde unter ihre Hütte, welch letztere sie von diesem Moment an verlassen. Ihre Pfeile sind nicht vergiftet wie die der Mundurucú, haben aber scharfe Spitzen aus Bambusrohr oder mehrere Widerhaken. Ihre Bogen zeichnen sich durch besondere Länge aus und werden beim Spannen mit dem einen Ende am Boden aufgestellt.

Bald nach der im Süden sichtbar gewordenen Madeiramündung zeigte sich am Nordufer des Amazonas auf erhöhtem Terrain das erste Muradorf. Dieses Dorf, welches nur aus einigen strohgedeckten Lehmhäusern besteht, trägt den Namen Saõ José de Matarí und ist die Residenz des Tuchauá[2]) der rohen Murahorde.[3]) Kurz vor Sonnenuntergang bot sich uns wieder eine Strecke weit eine der schon öfters erwähnten feenhaften Urwaldscenerien mit weit über das Wasser vorstehenden, lianenbehängten und umstrickten hohen Bäumen. Wundervoll wölbte sich der rothe Abendhimmel über dem friedlichen Bilde. Später fuhren wir durch einen Paraná,

---

[1]) Barbosa Rodrigues: Tribu dos Mundurucús (Mello Moraes: Revista etc., 45—46).
[2]) Siehe vorhergehende Seite.
[3]) Silva Araujo: Diccionario etc., 200, 208.

in welchem die dunklen Waldufer so nahe zusammenrückten, wie im Kanal von Tagipurú. Eine Unzahl Feuerfliegen (Pyrophorus) blitzten im Walde zwischen den Baumzweigen auf, und das tausendstimmige nächtliche Urwaldkonzert hatte seinen Anfang genommen. Das war ein Knarren und ein Schnalzen[1]) in den verschiedensten Zusammenstellungen, ein Zirpen und ein Schrillen, welches durcheinander tönte und sich abwechselte, dass das Ohr des Menschen verwundert lauschte ohne zu ermüden. Nur eine charakteristische Thierstimme fehlte in dem wunderbaren Tongemälde, das Brüllen des Ochsenfrosches (Hyla boans Daud.),[2]) welches uns jedoch der indianische Pilote durch sein geschicktes Nachahmen zu ersetzen trachtete.

Unter diesem echt tropischen Schlummerliede suchten wir unser heisses Lager auf, für längere Zeit zum letzten Male auf dem König der Ströme. denn schon in wenig Stunden sollte unsere »Manauense« in den Rio Negro hineindampfen.

[1]) Das Knarren und Schnalzen waren die Stimmenäusserungen verschiedener Froschlurche; ersteres dürfte vielleicht den in tiefem Bass trillernden, Bufo marinus L. genannten Riesenkröten zugehört haben, letzteres vermuthlich Knackfröschen (Hyla crepitans Wied), jenen über das nördliche und mittlere Brasilien verbreiteten Hyliden, deren knackende oder hämmernde Stimme sehr charakteristisch ist.

[2]) Dieser 7 cm lange Laubfrosch, der auf das östliche Südamerika beschränkt zu sein scheint, ist nicht zu verwechseln mit dem nord- und mittelamerikanischen Ochsenfrosch (Rana catesbiana Shaw).

KAPITEL V.

Rio Negro.

Mit dem Rio Negro haben wir den mächtigsten linksseitigen Zufluss des Amazonas erreicht, jenen Zufluss, welcher namentlich dadurch beachtenswerth ist, dass erst nachdem seine gewaltigen Wassermassen sich in den Hauptstrom ergossen haben, letzterer allgemein den Namen Amazonas trägt. Der Rio Negro durchläuft auf brasilianischem Gebiet 1460 km. Er steht zwar an Länge hinter anderen Zuflüssen des Amazonas zurück, nicht so jedoch an Tiefe und Breite. Seine Tiefe beträgt bis zu 40 und 60 m,[1] und seine Breite bis zu 20 und 30, ja 50 km, so dass er in letztgenannter Beziehung sogar den Solimões übertrifft. Die Strömung des Rio Negro ist gering, namentlich am Unterlauf. Zur Zeit der Enchente steigt der Strom um ungefähr 10 m und überschwemmt die meisten seiner zahlreichen Inseln. Die Vazante beginnt Ende Juni, etwas später wie im Amazonas, und legt manches durch die Enchente herrlich gedüngte Stück Inselland trocken. Die Farbe des Rio Negro ist ein schönes Bernsteingelb, scheint jedoch, wo das Wasser tiefer ist, undurchsichtig schwarz und hat hierdurch dem Strom seinen Namen gegeben. Wie alle Schwarzwasserflüsse beherbergt auch der Rio Negro wegen Mangels an Wasserpflanzen und Ufergras verhältnissmässig wenig Fische[2] und ist auch er von der entsetzlichen Mückenplage befreit, welche den Aufenthalt am Amazonas zu einem so qualvollen gestaltet. Letzterer Umstand war es vielfach, der Anfang des vorigen Jahrhunderts die Ansiedler vorzugsweise an den Rio Negro lockte. Doch bald erkannte man, dass das Klima hier weit ungesunder sei als am weisswasserführenden Hauptstrom, und dass bösartige Fieber und Haut-

---

[1] Silva Araujo: Diccionario topographico do Alto Amazonas, 209. — Souza: Valle do Amazonas, 319.

[2] Journal of the Linnean Society, Zoology IX. p. 364, 365. Immerhin beträgt sein Fischreichthum noch etliche hundert Arten; s. Wallace: Travels on the Amazon and Rio Negro, 467.

krankheiten decimirend herrschen. So sind nun manche einst blühende Ortschaften daselbst wieder verlassen worden und dem Verfalle anheimgegeben.

Als die Portugiesen vor zweieinhalb Jahrhunderten den Rio Negro entdeckten, fanden sie seine Ufer und die seiner Nebenflüsse von Indianern dicht besetzt. Diese Eingeborenen zerfielen in sieben vorherrschende Stämme und ungefähr hundert kleinere Stämme, Horden und Gemeinschaften. Unter diesen ragten die Aruaquí hervor, welche den Stamm fast aller Missionen und Kirchspiele des Rio Negro bilden; die Baré, deren Sprache am oberen Flusslauf das Tupí ersetzt; die Manáo, die im Stromgebiet einst die Hegemonie ausübten und gleich den zwei vorgenannten Stämmen der Nu-Aruakgruppe zugehören; die menschenfressenden Uaupé, welche die Unterlippen durchbohrt haben, für geistig sehr entwickelt gelten und bis jetzt ethnographisch isolirt dastehen; endlich noch manche andere, welche alle hier zu nennen den Rahmen dieser Arbeit weit überschreiten würde. Die vordringenden Weissen suchten civilisatorisch vorzugehen. Sie gründeten blühende Missionen und von Indianern bevölkerte Dörfer. Doch schon in der ersten Hälfte des achtzehnten Jahrhunderts sowie einige Jahrzehnte später revoltirten einzelne Stämme, und seither haben sich die Rothhäute immer mehr und mehr vom Hauptfluss zurückgezogen. Das jetzige Verhältniss zwischen Weissen und Indianern ist ein höchst trauriges, ist ein steter stiller Kampf zwischen der raffinirten Schlauheit der einen und der rohen Gewalt der anderen Rasse. Die Hauptschuld an diesen Zuständen tragen die weissen Händler, welche auch die entlegensten Flüsse befahren und zu ihren egoistischen Zwecken die armen Wilden auf die gewissenloseste Weise ausbeuten und hintergehen. Die solcherweise schmählich betrogenen, den Weissen ursprünglich stets vertrauensvoll entgegenkommenden Indianer trachten dann durch Ueberfälle, durch Raub und Mord sich an ihren Peinigern zu rächen. So entwickelt sich ein gegenseitiger Vernichtungskrieg, welchem die Regierung umsonst zu steuern sucht. Der Eigennutz der Privatpersonen weisser Rasse versteht es, die philanthropischen Pläne der staatlichen Behörden immer wieder zu durchkreuzen und den friedlichen Verkehr mit den von Natur aus gutmüthigen Eingeborenen immer wieder zu verhindern.[1]

---

[1] Ein ausführliches, auf eigener Anschauung beruhendes und ganz zu Gunsten der Indianer ausfallendes Bild dieser Zustände giebt Barboza Rodrigues in seinem Buche: Rio Jauapery. Pacificação dos Crichanás, erschienen 1885 in der Imprensa Nacional de Rio de Janeiro. — Ein gleiches Bild giebt derselbe Autor in Mello Moraes: Revista da Exposição Anthropologica Brazileira, 47 ff. — Siehe auch Avé-Lallemant: Reise durch Nordbrasilien, II. 156 ff., und Gonçalves Tocantins: Estudos sobre a tribu Mundurucu (Revista do instituto historico, geographico e ethnographico do Brazil, XL. 2. p. 137 e s., 144 e s.).

Manáos. Samstag den 7. Juli.

Heute Nacht warf unsere »Manauense« Anker vor Manáos im Rio Negro und war somit am Ziel ihrer Reise angelangt. Wir hatten seit Pará ungefähr 1717 km[1]) zurückgelegt und hatten vier Tage auf die Amazonasstromfahrt verwendet. Nachdem wir dem freundlichen Kapitän und den wenigen Mitpassagieren, die uns nicht schon in Pará verlassen, Lebewohl gesagt, gingen wir an das Land und zunächst in das einzige Gasthaus, welches, gleich dem besten in Pará, von einem Franzosen gehalten wird.

Nun galt es, baldmöglichst eine der bescheidenen Expeditionen zu organisiren, zu welchen uns Manáos als Ausgangspunkt dienen soll. Dank der Zuvorkommenheit eines hiesigen Kaufmannes, welcher mit uns von Lissabon übergefahren war, wurden wir in dieser Angelegenheit an einen Halbindianer gewiesen, an Maximiliano Roberto, den Sohn eines Spaniers und einer Muraindianerin. Derselbe ist Kenner von Land und Leuten, Pflanzen und Thieren. Er hat viel unter den Indianern gelebt, um mit ihren Sitten und Gebräuchen bekannt zu werden, und spricht nicht weniger als fünfzehn Indianersprachen. Letzterer Umstand allein aber ist schon die beste Empfehlung zum gütlichen Verkehr mit den Eingeborenen, denn Denjenigen, welcher ihrer Sprache mächtig ist, betrachten sie durchschnittlich als Freund, Denjenigen, welcher sie nicht erlernt hat, als Feind. So scheint Roberto in jeder Beziehung der berufenste Führer für uns zu sein. Nach einigem Zögern erklärte er sich auch bereit, uns zu begleiten, und schlug zum Zweck des Besuches eines wilden Indianerstammes vor, den Rio Negro aufwärts zu den Jauapery oder Crichaná[2]) zu fahren. Dieser 2000—3000 Seelen zählende Stamm, welcher sich nach Barbosa Rodrigues[3]) von den Aruaquí abgezweigt hat, somit der Nu-Aruakgruppe zuzurechnen ist, wird nach Ehrenreich[4]) zur Gruppe der Karaiben gestellt. Er sitzt am Rio Jauapery, einem linksseitigen Nebenfluss des Rio Negro. Während Weiber, Kinder und alte Männer in den Malocas zurückbleiben, ziehen alljährlich zur Zeit der Vazante die streitbaren Männer auf ihren Ubás oder Rindencanoas den Fluss herab zum Rio Negro, daselbst in Verkehr mit den Weissen zu treten. Dass letzterer oft schlimm ausfällt, wird nach dem weiter

---

[1]) Diese Kilometerzahl ist Souza (Valle do Amazonas, p. 35) und der Tabella das Linhas de Nanegação (p. 3) entnommen. Macedo (Noções de Corographia do Brazil, p. 41) nimmt für diese Strecke 103 km weniger an.

[2]) Sie werden auch Uasahy, Auamiry, Uamery, Uamiry, Waimeri, Uaymery, Cericuná, etc. genannt. (Barboza Rodrigues: Pacificação etc., 134, 135. — Mello Moraes: Revista etc., 47.) — Crichaná bedeutet Nação grillo = Grillennation.

[3]) Mello Moraes, l. c. 36.

[4]) Ehrenreich: Die Eintheilung und Verbreitung der Völkerstämme Brasiliens etc. (Petermanns Geographische Mittheilungen XXXVII. S. 124).

oben über solchen Verkehr Gesagten als naheliegend erscheinen. Thatsächlich hat ungefähr dreissig Jahre lang eine Art Vernichtungskrieg zwischen den Crichaná und den weissen Ansiedlern des Rio Negro stattgefunden, und erst seit 1884 ist es gelungen, ein freundschaftlicheres Verhältniss anzubahnen. Der Crichaná ist gutmüthig, friedlich und mitleidig, aber auch jähzornig und rachsüchtig. Er ist gross, schlank und kräftig, dolichokephal und von hellbrauner Hautfarbe, seine Nase ist etwas gebogen, seine Augen sind klein und geschlitzt, seine Jochbeine wenig vorstehend, seine schwarzen Haare oberhalb der Augenbrauen horizontal zugeschnitten. Er trägt Federschmuck, verfertigt Strohkörbe, Thongefässe, Baumwollgewebe, besitzt Steinwerkzeuge, Messer aus Schildpatt und Scheeren aus zugefeilten Fischzähnen. Seine Waffen sind Bogen und Pfeile, zu welch letzteren er die Spitzen aus den Knochen erschlagener Weisser herstellt. Aber auch zu Halsketten und Flöten werden die Arm- und Beinknochen des Feindes verwendet. Um sein Palmblatthaus, welches kreisrund ist, pflanzt der Crichaná Mandioca, Bananen, Ananas, Nutzpalmen und andere nützliche Gewächse;

Maximiliano Roberto.
(Nach einer selbstaufgenommenen Photographie.)

ausserdem betreibt er Jagd und Fischerei. Die Todten werden in Hängematten aufrecht in irgend einem hohlen Baumstamm des Urwaldes begraben. Entgegen der Sitte anderer Stämme haben die Crichaná keine gewählten Tuchauá, die Aeltesten unter ihnen sind von Natur aus ihre Anführer. Sich bei feindlichen Zusammenstössen durch Signale zu verständigen, bedienen sie sich einer Pfeilzeichensprache.[1]

---
[1] Barboza Rodrigues: Pacificação etc. — Rockling: Contra os Jauaperys (Revista do Amazonas, I. 98 e s., 124 e s.). — Mello Moraes: Revista etc., 47., 48.

Diesen wilden, noch in der Steinzeit lebenden Stamm sollen wir also aufsuchen. Doch hierzu bedurfte es allerhand Vorbereitungen. Vor Allem mussten wir eine Lancha auftreiben, ein kleines Dampfboot, uns stromaufwärts zu bringen, dann musste diese Lancha auf einige Zeit mit Lebensmitteln verproviantirt werden, da unterwegs wenig oder nichts zu haben sein wird, endlich mussten wir uns mit vielerlei Tauschartikeln versehen, einen freundschaftlichen Verkehr mit den Wilden einzuleiten. Diese Ausrüstungen zu unserer Expedition und das Besehen von Manáos füllten unseren heutigen Tag. —

Manáos, die Hauptstadt der 1852 errichteten Provinz Amazonas, zählt circa 25000 Einwohner, welche in Weisse, Indianer, Neger und Mischlinge zerfallen. Man bemerkt hier weit weniger Neger und weit mehr Indianer als in Pará. Letztere, deren man vor 30—40 Jahren in Stadt und Umgegend über 4000 rechnete, sind Nachkommen von Manáo, Baré, Baníba, Passé, Tarumá, Payana, Purupurú, Coretú, Uerequéna und Jurí und werden jetzt, seit Jahrzehnten und Jahrhunderten untereinander vermischt, mit dem allgemeinen Namen Tapuios bezeichnet. Die auf mehreren Kalkhügeln liegende Stadt hat fast kein einziges hübsches Gebäude aufzuweisen, dafür aber einige ganz annehmbare Verkaufsläden französischen Ursprunges. Die Strassen sind reich an Löchern und noch schlechter als die von Pará. Unter den Begriff Strasse rechnet man übrigens auch graswachsenes, zwischen Hütten und Häusern sich hinziehendes Erdreich, auf welchem nur ein Fusspfad ausgetreten ist. Die auf einige Stadttheile beschränkten Bürgersteige sehen höchst ungepflegt aus und haben ebenfalls Berg und Thal. Ueberall dringt das Grün weit in die Stadt herein und wird die mangelhafte Architektur durch Palmen und andere Bäume wett gemacht. Das Stadtende hinter der ganz hübschen Kirche São Sebastião bilden palmstrohgedeckte, malerische Indianerhütten, in Reihen geordnet. Vor ihren stets offenen Thüren spielen braune, schwarzhaarige Kinder. Auf dem Markt und an den Fenstern der Wohnhäuser sieht man allerhand Vögel in Käfigen, graue brasilianische Ammern mit dunklen Flügeln und rothem Kopfe, Paroaria larvata Bodd., einen graubraunen, dunkelgefleckten, also weiblichen Sabiá do sertão (Mimus saturninus Licht.)[1], auch weissgefiederte Thierchen mit graublauem Kopf und noch eine Menge anderer unfreiwilliger Stubengenossen des Menschen. Auf dem Markte, wo sich einige der wenigen Neger Manáos' einzufinden pflegen, bemerkt man ferner riesige Pirarucú (Arapaima gigas Cuv.), bis zu 4,5 m lange Fische des Amazonas-

---

[1] Dieser Sabiá (Spottdrossel), stimmt nach Wied (Beiträge zur Naturgeschichte von Brasilien III. 658) auf das Weibchen des Mimus saturninus Licht., indessen das Männchen nach Catalogue of the Birds in the British Museum VI. 348 und Burmeister (Systematische Uebersicht der Thiere Brasiliens III. 128), ein gelblicheres und röthlicher braunes Gefieder hat.

gebietes, deren getrocknetes Fleisch eine der Hauptnahrungen der dortigen Bevölkerung abgiebt. Auch allerhand Vegetabilien werden feilgeboten, unter anderem feijões pretos, diese bei den Brasilianern so beliebten, nahrhaften schwarzen Bohnen. Die Stadt durchzieht ein von Häusern und Bäumen eingeschlossener Igarapé, auf welchem Batelões liegen, an Vor- und Achterschiff mit Strohmatten tonnengewölbartig gedeckte, malerische Fahrzeuge.[1]) Gegen den Hafen zu führt eine Allee stolzer Königspalmen (Oreodoxa regia Mart.). Auf dem hier 3 km breiten Rio Negro ankern grössere und kleinere Schiffe, bestimmt Waldprodukte wie Kautschuk, Castanha,[2]) Cumarú,[3]) Andiroba,[4]) Guaraná,[5]) Piassaba,[6]) Copahybaöl[7]) u. s. w., aber auch Cacao, Pirarucú, Thierhäute, Schildkröten und Peixe-boifett,[8]) federnverzierte Hängematten und vieles Andere stromabwärts zu bringen. Der Werth des jährlichen Waarenumsatzes beläuft sich auf ungefähr neuneinhalb Millionen Mark.[9])

Unter den hiesigen Europäern finden wir ziemlich viel Deutsche. Wir werden in den Läden mitunter deutsch angesprochen und sogar auf den Strassen wegen unseres deutschen Typus' von Landsleuten angehalten, welche ebenso froh sind wie wir, Anklängen an die Heimath zu begegnen.

Mittelst der heute eingekauften Thermometer massen wir abends 8 Uhr 26,5° C. Das hiesige Clima gilt als verhältnissmässig gesund, trotzdem das gelbe Fieber bis hierher vorgedrungen ist. Auch wird die Hitze durch Winde und Bergwasser gemildert, erscheint uns aber nichtsdestoweniger unerträglich. Schlimmer steht es um die Gesundheitsverhältnisse stromaufwärts, und zwar so schlimm, dass wir von einem hier angestellten Landsmann ernstlich gewarnt worden sind, uns dahin zu

---

[1]) Nach Keller-Leuzinger (Vom Amazonas und Madeira, S. 27) zu schliessen, könnten diese Fahrzeuge möglicherweise Igarités, und nicht Batelões, sein.

[2]) Castanha = Paránüsse, Früchte der Bertholletia excelsa Humb.

[3]) Cumarú = zum Parfümiren des Schnupftabaks und der Wäsche verwendete Samen der Dipterix tetraphylla Spruce.

[4]) Andiroba = öliefernde Samen der Carapa guianensis Aubl.

[5]) Guaraná = Paste aus den gepulverten Samen der Paulinia sorbilis Mart., ein indianisches Genuss- und Heilmittel.

[6]) Piassaba = Fasern der Blattstiele der Leopoldinia Piassaba Wallace, einer Palme des westlichen äquatorialen Brasiliens und des südlichen Venezuela.

[7]) Copahyba = Copaifera; in diesem Falle vermuthlich C. guianensis Desf., C. multijuga Hayne etc.

[8]) Peixe-boi = Manatus inunguis Natt., pflanzenfressender Cetacee. Goeldi (Os mammiferos do Brasil 120) trennt den M. inunguis des Amazonas als eigene Species vom M. australis Tiles = M. americanus Desm. der tropischen Küstenstriche Ostamerikas. Ein Gleiches thun Pelzeln (Brasilische Säugethiere, S. 88 u. ff.), Wagner, Burmeister etc.

[9]) Ziffer von 1881—1882.

wagen. Unsere Fahrt ist aber nun bestimmt und wir wollen sehen, ob die Malaria dort wirklich so verheerend auftritt.

Manáos — Auf dem Rio Negro. Sonntag, den 8. Juli.

Früh 6 Uhr hörten wir eine heilige Messe in der Kirche dos Remedios. Wir trafen dort einen Missionär, welcher von Itacoatiára mit uns gekommen war und uns unterwegs viel Interessantes über seine Missionsthätigkeit bei den Mundurucú mitgetheilt hatte. Sein Projekt, uns zu diesen Indianern zu bringen, scheiterte an dringenden Geschäften seinerseits. Jedoch führte er uns heute in das Haus des Generalvikars und dessen Schwester ein und in dasjenige des angesehensten Arztes der Stadt. Bei diesem Anlass sahen wir zum ersten Male die überall gleiche, möglichst nüchterne Saloneinrichtung der brasilianischen Häuser. An der Hauptwand steht ein steifes Canapee und zu diesem ziehen sich in rechtem Winkel zwei Reihen von Rohrstühlen, so dass die ganze, ungemüthliche Sitzgelegenheit die Form eines Hufeisens hat. Auch mit einer anderen, in der Musikliebhaberei der Brasilianer begründeten Sitte wurden wir hier bekannt. Unaufgefordert spielte man uns gleich bei diesen ersten flüchtigen Besuchen auf dem Klaviere vor und lud uns hierauf ein, ebenfalls unsere musikalische Fertigkeit zum Besten zu geben.

Das Haus des Generalvikars bot uns ein ferneres Interesse, indem wir daselbst eine erst kürzlich vom Rio Juruá heruntergebrachte Miranhaindianerin antrafen. Sie war kaum mittelgross, kräftig, untersetzt und hatte eine gelbbraune Hautfarbe, eine tiefliegende Nasenwurzel, einen breiten Mund und kleine, dunkle Augen mit enger Lidspalte. Das pechschwarze, schlichte Haar trug sie, wie viele brasilianische Indianer, oberhalb der Augenbrauen und im Nacken horizontal abgeschnitten. Ihr Aussehen verrieth Intelligenz, ihr Benehmen, als das eines echten Kindes der Wildniss, war etwas scheu. Die Miranha, welche eine der acht Hauptgruppen der brasilianischen Indianer bilden und, wenigstens in Brasilien, aus umhertreibenden Banden bestehen, sitzen hauptsächlich auf beiden Seiten des Rio Japurá zerstreut. Sie gehören zu den berüchtigtsten Menschenfressern des Amazonasthales. Nicht nur, dass sie die im Kampf getödteten und die gefangenen und dann gemästeten Feinde verzehren, sie verzehren auch aus dem eigenen Stamm Verwandte und Freunde, welche wegen Altersgebrechen oder schwerer Krankheit umgebracht worden sind. Und dies geschieht mit der Absicht, hierdurch den Betreffenden ein ehrenvolles Grab zu bereiten, welches der zu ihnen gehegten Liebe entspricht. Die Miranha sind fast thierisch roh und doch werden sie andererseits als sanft, aufrichtig und gutmüthig geschildert. Unstät und flüchtig ziehen sie umher, kriegführend, raubend und mordend. Ihre Waffen, unter welchen das Blaserohr zu nennen ist, sind sämmtliche mit Uirari vergiftet. Die Miranha werden als unbezahlte gute Arbeiter von den Weissen gern eingefangen, namentlich die Mädchen, gehen aber an Heimweh bald zu Grunde.[1] Es ist zu wünschen, dass unsere junge Miranhaindianerin im Hause des Generalvikars vor einem ähnlichen Schicksal bewahrt bleiben möge. —

Um 1 Uhr mittags lag unsere gemiethete Steamlaunch »Corta-agua« klar zum Auslaufen im Hafen. Diese Launch ist ein winziger Dampfer ohne eine Spur von Cajüte, einfach ein durch Dampf getriebenes offenes Boot, kaum gross genug, uns wenige Personen, das bescheidene Gepäck, den Proviant, die Tauschartikel und den Kohlenvorrath zu fassen. Das Fahrzeug ist für unsere Reise von unbestimmter Dauer entschieden ungenügend, aber es liess sich momentan kein anderes auftreiben. An Bord haben wir, ausser unserem Führer Senhor Maximiliano Roberto, einen englischen Maschinisten, einen tauben, alten portugiesischen Matrosen und einen zu allen Handlangungen zu verwendenden Portugiesen Namens João. Letzterer ist ein prächtiger, findiger Mensch, den wir für die Zeit unseres Aufenthaltes in Manáos in Dienst genommen haben und der über jede Schwierigkeit mit Humor und den Worten »Não faz mal«[2] hinwegzukommen sucht.

Anfangs nahmen wir den Kurs am linken Rio Negrouser, welches aus rothem Sandstein besteht, ziemlich hoch ist und dicht bestanden mit Laubbäumen und Inajápalmen (Maximiliania regia Mart.) Der Unterschied zwischen dem vorherrschenden Ufercharakter des Amazonas und dem des Rio Negro wurde uns in Bälde klar. Indessen am Hauptstrom die Ufer meist niedrig und überschwemmt sind und die Inseln sich vielfach über dem Niveau der Enchente erheben, sind hier die Ufer meist sandige Terra firme[3] und manche der Inseln fast bis zu den Wipfeln ihrer Bäume überschwemmt. Eine so überaus üppige, mitunter feenhaft reiche und phantastisch gruppirte Ufervegetation, wie wir sie am Amazonas trafen, fehlt hier gänzlich und auch die Pflanzenarten sind im Grossen und Ganzen genommen andere als dort. Keine Montrichardien, keine Cana-rana schmücken die sandigen Ufer, wenig Cecropien strecken ihre steifen Aeste hinaus, wenig und wenigerlei Palmen wiegen ihre zierlichen Kronen im Winde, keine Waldriesen, wie Ceiba Samauma oder Bombax Munguba, nur Holzgewächse mittleren und niedrigen Wuchses bilden die Bestände, und im Flusse selbst treiben keine Caapim-Inseln und keine entwurzelten Bäume.

Um zweieinhalb Uhr hatte die Luft eine Temperatur von 26° C. und das Wasser von 27,5° C. Gegen die Sonnenstrahlen, welche unbarmherzig

---

[1] Mello Moraes: Revista da Exposição Anthropologica Brazileira, 30, 41 e o., 124 e s., 152, vergl. auch p. 54. — Martius: Zur Ethnographie Amerikas etc. I. 55, 73, 534 u. ff. — Ehrenreich: Die Eintheilung etc. (Petermann's geographische Mittheilungen XXXVII. S. 84, 121).

[2] Não faz mal — es schadet nichts, es macht nichts, es liegt nichts daran.

[3] Der portugiesische Ausdruck »terra firme« heisst so viel wie Festland. Im Amazonasgebiet bezeichnet man damit das von den jährlichen Ueberschwemmungen nicht mehr berührte Terrain.

herniederbrannten, war auf unserem Miniatur-Dampfer nur hoch oben ein Sonnensegel aus dünner Leinwand angebracht; auf den Seiten aber fehlte sogar diejenige Art von Schutzvorrichtung, welche nicht einmal die kleinen Ruderboote dieser Aequatorialgegenden entbehren. So verfertigten wir schliesslich selbst aus einem zufällig an Bord befindlichen Leintuch eine senkrechte Wand um uns herum, uns vor den verderblichen Einwirkungen der Tropensonne zu retten.

Nun steuerte die »Corta-agua« gegen das rechte Ufer hinüber, während am linken deutlich die Mündung des Tarumá-assú sichtbar wurde. Es ist letzteres ein kleiner Fluss, an dessen oberem Laufe wilde Indianer hausen sollen.[1]) Wir fuhren jetzt neben der inmitten des Rio Negro liegenden Insel Camaleão vorbei, welche sich, da der Fluss seit dem höchsten Wasserstand erst um 90 cm gefallen war, noch zum Theil unter Wasser befand. In der sie bedeckenden, vorwiegend aus Laurineen bestehenden Wald-Vegetation scheuchte ein röthlicher Vogel aus der Familie der Hokkohühner (Cracidae) auf, und zwar ein Mutúm (Nothocrax urumutum Spix.).[2]) Am rechten Stromufer waren, wie am linken, ziemlich viel Inajápalmen zwischen die Laubbäume eingesprengt und erhob sich die Terra alta in malerischen Formen. Eine vereinsamte Palmstrohhütte wurde im Walde sichtbar, dann die zwei winzigen, gemauerten Häuser eines sitio, endlich, unfern einer Bacába (Oenocarpus Bacaba Mart.), die Hütte eines venezolanischen Indianers aus dem Stamme der Manahá.[3]) Wir passirten nun die engste, Tatucuára genannte Stelle des unteren Rio Negro. Oberhalb dieser begegnete uns eine mit zwei Leuten bemannte Igarité[4]) und bemerkten wir am linken Ufer, zwischen Bäumen versteckt, eine Tapuiohütte. Um 5 Uhr kamen wir wieder an der Hütte eines Indianers vorbei. Hier entschlossen wir uns, nicht in dieser zu übernachten, sondern die Tageshelle vernünftig auszunützen und noch anderthalb Stunden stromaufwärts zur nächsten Unterkunft zu dampfen. Inzwischen ging die Sonne, in glühende Farben getaucht, hinter dem Urwald zur Ruhe. Nicht sonderlich grosse Fledermäuse flatterten vor unserem Schiffe hin und her. Oberhalb einer überschwemmten Insel strichen ganze Schaaren düster gefärbter,

---

[1]) Es werden dies vermuthlich Aruaquí sein, ein Stamm, dem man von brasilianischer Seite Anthropophagie vorwirft.

[2]) Da ausser diesen kein am Rio Negro vorkommender, Mutúm genannter Cracide rothes oder röthliches Gefieder hat, ist eigentlich kein Zweifel, dass der von uns gesehene Mutúm der Nothocrax urumutum Spix. gewesen ist.

[3]) Unter Manahá verstand unser Führer (dem wir diese Mittheilung verdanken) zweifellos die Manahós = Manaós = Manáos = Manáo (Moura: Diccionario geographico do Brasil II 23), welche sowohl am mittleren Rio Negro, wie unmittelbar an der Grenze Venezuelas sitzen.

[4]) Igarité — eine im Amazonasgebiet gebräuchliche Canoa zum Rudern und zum Segeln; sie ist mittelgross und theilweise gedeckt. Siehe weiter oben S. 87 u. Anmerk. 1 daselbst.

nächtlicher Vögel, Bacuráus (Caprimulginae),[1]) unheimlich unstät umher. Es wurde vollständig Nacht, eine jener tiefschwarzen, durch keinen Mondschein erhellten Tropennächte. João, unser Portugiese, welcher die ganze Zeit nur aus Gefälligkeit an Stelle des Matrosen gesteuert hatte, weigerte sich plötzlich weiterzufahren, da ihn dieser nicht ablösen wollte, und lenkte die Steamlaunch mitten auf eine tief unter Wasser befindliche Insel. Unser kleines Schiff, welches hierdurch zwischen die Wipfel der Bäume gerieth, stand im Begriff sich in die Aeste zu verwickeln und drohte zu kentern. Es war ein vollständiger Strike an Bord ausgebrochen. Ein Gewitter stieg dräuend am Himmel auf, und unsere Lage inmitten des seebreiten Stromes, dessen Sturmwellen kleineren Fahrzeugen Verderben bringen, konnte mindestens eine höchst unangenehme genannt werden. Nach einigem Unterhandeln und der kategorischen Erklärung, dass wir unter keinen Umständen an diesem gefährlichen Platze, wie uns zugemuthet, übernachten wollten, liess sich João besänftigen, und unser Wille, die Nacht am Ufer zuzubringen, wo immer es auch sei, trug den Sieg davon. Nach der erwarteten Indianerhütte ausspähend, fuhren wir weiter. Wir vermeinten, am Land ein Licht zu sehen, — Täuschung. Wieder fuhren wir weiter, es wurde 8 Uhr — kein Licht weit und breit. Unsere Dampfpfeife gab Nothsignale . . . . keine Antwort; nur das allnächtliche Thierconcert hallte uns wie höhnend aus dem Urwald entgegen. Wir befanden uns mutterseelenallein in der Urwaldeinsamkeit. Nachdem unser Schiff schon auf einem Felsen an den Grund gerakt war und weitere Experimente bei pechschwarzer Finsterniss nicht gefahrlos erschienen, warfen wir endlich Anker in der Nähe des Ufers, auf einer überschwemmten Insel. An ein Landen und Aufschlagen der Zelte war, bei Unkenntniss des Terrains und dem durch die Enchente unter Wasser Gesetztsein des Uferrandes, in dunkler Nacht nicht zu denken. So beschlossen wir, auf unserem offenen Boote zu übernachten, immerhin gerade zu dieser Jahreszeit ein gesundheitlich bedenkliches Unternehmen, da der Fluss fieberverpestet war und man sich am allermeisten vor dem Schlafen im Freien hüten sollte.[2]) Zudem war uns erst in Manáos gesagt worden, dass die tropische Malaria den davon ergriffenen Fremdling oft in wenig Tagen dahinrafft. Feuchtigkeit strömte uns von allen Seiten entgegen, doch wir wappneten uns dagegen vernünftigerweise durch warme Umhüllungen, welche weit das durch die Temperatur bedingte Maass überschritten. Unser Lager wurden die Flurhölzer[3]) und die schmalen Holzbänke des Schiffes, wo wir, eingepresst zwischen unseren

---

[1]) Es kommen mindestens vier Arten von Caprimulginae (Nachtschwalben) am Rio Negro vor: Caprimulgus nigrescens Cab., Nyctidromus albicollis Gm., Chordeiles acutipennis Bodd. und Chor. rupestris Spix.

[2]) Vergleiche das weiter oben S. 29 und in Anmerkung 1 daselbst Gesagte.

[3]) Innere Bodenfläche.

Gepäckstücken, den Himmel über uns, nur die leichte Leinwanddecke des Toldo[1]) hoch zu unseren Häuptern flatternd, die auf Reisen so nöthige Ruhe suchten.

Auf dem Rio Negro — Tauapessassú. Montag, den 9. Juli.

Der Ruhe war zwar heute Nacht nicht viel, doch in vollen Zügen genossen wir das stets poetische, immer neuen, unsagbaren Reiz entwickelnde nächtliche Concert im Urwald. Der tausendstimmige Gesang wechselte in unendlichen Modulationen die dunklen Stunden hindurch. Bald knurrten diejenigen Kröten, welche nur zur Zeit der Vazante lärmen.[2]) Dann quakte eine Art von Glattfröschen, die den wilden Indianern als Nahrung dienen.[3]) Um 2 Uhr nachts zischten Jupará, (Cercoleptes caudivolvulus, Ill.), diese in den Wäldern des Rio Negro häufigen Baumbären,[4]) eine Begleitung dazu. Auf dem Schiff selbst krabbelte und schabte irgend ein Thier die ganze Nacht in der unmittelbaren Nähe meines Kopfes. Eingedenk der in den Tropen nicht selten tödtlichen Scorpionstiche und anderer derlei Vorkommnisse, liess mich namentlich die gespannte Aufmerksamkeit auf dieses unsichtbare Wesen, welches zwischen unseren Säcken herumarbeitete, nicht zum Schlafen gelangen. Ein leichter, kurzdauernder Regen sprühte auf uns nieder. Den Strom herab pustete ein Dampfer der »Companhia do Amazonas limitada« und rechtfertigte unseren Wunsch, in der finsteren Nacht in Ufernähe und nicht im möglichen Kurs grösserer Fahrzeuge verankert zu sein. Zwischen vier und fünf Uhr morgens wurde es lebendig an Bord unserer »Corta-agua«. Eine Canoa mit fischenden Tapuios, welche Pagaias[5]) handhabten, tauchte gespensterhaft in der Dunkelheit auf. Angerufen von unseren Leuten, ruderten die Indianer herbei und durch sie orientirten wir uns über den Platz, an dem wir Anker geworfen. Derselbe war ganz nahe der Hütte, in welcher wir hätten übernachten sollen. Nach und nach begann es zu dämmern, und wieder erschienen ganze Schaaren von Nachtschwalben (Caprimulginae), welche in raschem, unstätem Fluge über unser Schiff hin und her kreuzten. Wie diese Bacuráus die letzten Vögel gewesen, welche uns gute Nacht gewünscht, erschienen sie als die ersten, welche uns am

---
[1]) Toldo, portugiesisches Wort für Sonnenzelt eines Bootes = Sonnensegel.

[2]) Ueber Kröten, oder überhaupt Froschlurche, welche nur lärmen, wenn der Fluss fällt, wie unser Führer Roberto uns angab, konnte ich in keinem einschlägigen Werk irgend einen Aufschluss finden.

[3]) Diese von unserem Führer als Giá bezeichnete Raniden dürften Leptodactylus ocellatus L. gewesen sein, ziemlich grosse, dickschenkelige Frösche des östlichen Südamerika, welche mitunter nicht üble Concerte aufführen sollen und von denen speciell erwähnt wird, dass sie den Indianern als Nahrung dienen. — (S. Wied: Beiträge zur Naturgeschichte Brasiliens I, 543. — Wagler: Descriptiones et Icones Amphibiorum, Tafel 21.)

[4]) Unser Halbindianer nannte die Jupará bezeichnend Affen.

[5]) Siehe weiter oben S. 9. 23 und rückwärts Tafel III. f. 1 u. 7.

erwachenden Tag begrüssten. Das Froschlurchconcert war mit einsetzender Dämmerung verstummt. Wundervoll zog der purpurne Sonnenaufgang hinter dem Waldsaum empor, nachdem der noch wundervollere, hellblitzende Sternenhimmel langsam verblasst war.

Unser kleiner Dampfer begann zu arbeiten, und mit frischen Kräften zogen wir stromaufwärts, einem unsicheren Ziele entgegen. Wie gestern, begleitete uns auch heute rechts und links ununterbrochener Wald in ewigem Einerlei, und nur das Interesse an der fremden Pflanzen- und Thierwelt verkürzte uns die Zeit auf unserem einförmigen Wege. Einige Inajápalmen strebten im Waldesdickicht sich zu entfalten. Ihnen folgten später Tucumá (Astrocaryum Tucuma Mart.), Palmen, deren Stroh den Indianern zu allerhand Flechtarbeiten dient, und ferner Jauarý (Astrocaryum Jauary Mart.), welche durch ihren hellen Stamm auffielen und nur hoch oben einige magere Wedel trugen. Eine solche Sternnusspalme stand auch vereinzelt inmitten des Stromes, fast bis zur Krone im Wasser und nahm sich in dieser Lage noch merkwürdiger aus, als eine kleine hochüberschwemmte Waldinsel, an welcher wir gestern vorbeigefahren waren. Periquitos flogen schaarenweise über den Wald, indessen ein ganz grün scheinender Papagaio (Chrysotis farinosa Bodd.)[1]) einsam seines Weges zog. Heute bestanden die Ufer häufig aus Igapó. Auf einigen Bäumen sassen riesige Araceen, und einen abgestorbenen Ast umklammerte noch eine Schmarotzerpflanze mit fleischigen, wie zerknittert aussehenden Blättern. Alle hiesigen Inseln trugen viele ölliefernde Bäume, welche unser Führer Namué benannte.[2])

Inzwischen waren wir an derjenigen Indianerhütte vorbeigefahren, welche unser Nachtquartier hätte werden sollen. Eine hübsche, ungemein schlanke Schwalbe (Atticora melanoleuca Neuwied) mit langem, zierlichem Schwanze, schwarzem Oberkörper und weissgefiederter Unterseite strich über den Strom dahin. Einige graue Tauben, wohl Chamaepelia minuta L., flogen im Dickicht auf; ein, Bem-te-ví genannter, gelber Königswürger mit braunen Flügeln[3]) liess seinen Ruf ertönen; aus der Familie der Stärlinge fehlte auch hier nicht der weitverbreitete Cassicus persicus L., und am

---

[1]) Da unter allen Papagaios die Mülleramazonen (Chrys. farinosa Bodd.), namentlich von unten gesehen, die grünsten sind und sie am Rio Negro vorkommen, vermuthe ich, dass der hier beobachtete Papagaio dieser Species zugehört haben dürfte.

[2]) Vermuthlich irgend eine Lauracee. Gonçalves Dias wenigstens erwähnt in seinem Diccionario da lingua tupy (S. 115) für die überschwemmten Inseln dieser Gegend einen Nannuým genannten Baum, der auch Louro (Lorbeer) heisst. Möglicherweise handelt es sich hier um Nectandra cymbarum Nees. Siehe Martius: Flora Brasiliensis V. 2 p. 265, 318, Hooker's Journal of Botany VII. p. 278 und Wallace: Travels on the Amazon and Rio Negro 438, 439.

[3]) Der Art des Vorkommens nach dürfte dieser Tyrannide der Pitangus lictor Licht gewesen sein.

Ufer trieb sich ein grosser Wasservogel umher. Im Wasser selbst standen reizende, von Schmetterlingen umgaukelte gelbroth und rosa blühende Sträucher, letztere vermuthlich Byrsonima inundata Benth. Eine gemauerte Tapuiohütte mit ihren braunen Bewohnern wurde knapp am Strome sichtbar. An neuen Palmen zeigten sich eine merkwürdig kugelige Fächerpalme, die Orophoma Caraná Spruce, und eine nur 3—4 m hohe Bacaba-í (Oenocarpus minor Mart.). Auch die hiesige Assaï (Euterpe) könnte eine von uns bisher nicht gesehene Species des westlichen Brasilien gewesen sein,[1] indessen wir in einer Mauritia die altbekannte Mauritia flexuosa des unteren Amazonas wieder erkannten. Häufig thaten sich seeartige, malerische Buchten auf. Eine sehr lange Korallenschlange mit wundervoll im Sonnenlicht leuchtenden hellrothen Ringen schwamm vor unserem Schiffe quer über den Strom. Es war einer jener vielen, schwarz und roth quer gestreiften, farbenprächtigen Ophidier, welche Südamerika beherbergt und welche die Brasilianer sämmtlich als Cobras coraes bezeichnen, obwohl sie verschiedenen Arten und sogar ganz verschiedenen Familien zugehören.[2]

Am rechten Ufer erhob sich ein Hügel, der Ai-purusá, d. h. Hügel des Verderbens, genannt wird und an den die Indianer einen Aberglauben, eine Frage an das Schicksal, knüpfen. Demjenigen unter ihnen, welchem es gelingt seinen Pfeil über die Höhe hinwegzuschiessen, stehen viele Lebenstage bevor, derjenige aber, dessen Pfeil am Abhang anprallt, muss bald sein Leben lassen.

Unser Mameluco Roberto, dem wir den Bericht über dieses indianische Augurium verdankten, erzählte uns während der Fahrt noch manches Andere aus seinem reichen Schatze an Sagen und Sitten der Rasse seiner Mutter. So giebt es weiter Rio Negro aufwärts eine Felseninschrift,[3] wie deren viele über das Amazonasgebiet und darüber hinaus bis nach Rio Grande do Sul verbreitet sind. Die besagte Inschrift bringt eine der vielen indianischen Thiersagen zur Darstellung und zwar diejenige einer Metamorphose in verschiedene Thiergestalten. Ferner erzählte Roberto, dass die im oberen Rio Negro-Gebiet sitzenden Uaupé-Indianer der Sitte huldigen, an Festtagen unter Tanzen und Weinen die Knochenasche ihrer

---

[1] Euterpe precatoria Mart. oder Euterpe Catinga Wallace, s. Martius: Flora Brasiliensis III 2 p. 464, 465, doch kommt nach Schwacke auch E. oleracea Mart. am Rio Negro vor.

[2] Siehe Schlegel: Essai sur la Physionomie des serpents p. 8, 53. 433. — Wied: Beiträge zur Naturgeschichte Brasiliens I 386, 393, 411, 420. — Für die hier gesehene Korallenschlange dürfte der Grösse, dem Gesammtfarbeneindruck und der geographischen Verbreitung nach vor Allem Erythrolamprus aesculapii L. in Betracht kommen.

[3] Man findet am Rio Negro viele prähistorische Felseninschriften, siehe Archivos do Museu Nacional de Rio de Janeiro. VI. 534, 540. 551 e s., siehe auch Tafel XI.—XV. ebendaselbst. — Wallace: Travels on the Amazon and Rio Negro. 524.

verstorbenen Verwandten, in ein Getränk gerührt, zu trinken.[1]) Der Anthropophagie wollte Roberto, entgegen den Berichten Anderer, nur drei Stämme des Amazonasbeckens ergeben wissen: die Miranha, die nördlich vom Rio Japurá wohnenden Umauá[2]) und die am oberen Rio Purús sitzenden Ipurina,[3]) welch letztere zur Nu-Aruakgruppe gehören und wegen ihres unverlässlichen Charakters überall berüchtigt sind.

Anderer Art waren die Erzählungen unseres Portugiesen João, welcher, wie viele seiner in Brasilien eingewanderten Landsleute, aus der Umgegend Portos stammte. Er sprach z. B. von den blutsaugenden Fledermäusen, durch welche er in Manáos ein Kind im Alter von zwei Monaten fast verloren hätte. Es könnten diese Thiere etwa Phyllostoma hastatum Pall. gewesen sein, im Amazonasgebiet häufig vorkommende und sehr lästige Blattnasen.[4])

Während der heutigen vormittägigen Stromfahrt, und zwar um neuneinhalb Uhr, betrug die Lufttemperatur bis zu 29° C., die Temperatur des Wassers nur 26,5° C. Nach den Igapóufern folgte wieder mehr Terra alta, welche sich namentlich durch einzelne rothe Sandsteinfelsen bemerkbar machte. Ein bläulicher Langschnauzen-Delphin, Inia amazonica Spix, tauchte aus den goldbraunen Fluthen des Rio Negro empor. Am Ufer lag eine Indianerhütte unter Cocospalmen (Cocos Inajá-i Trl.) versteckt, und ein mit rosa Blüthen dicht übersäter Baum[5]) nahm sich reizend aus im Farben-

---

[1]) Martius (Beiträge zur Ethnographie. I. 599) und Wallace (l. c. 498) erwähnen von den Cobeu und Tucano, welche der Miranhagruppe zugehören, und von den Tariana, welche nach deutschen Gelehrten zu den Nu-Aruak, nach französischen zu den Karaiben gerechnet werden, die Sitte, die Asche ihrer Verstorbenen zu trinken, zum Zwecke, Letzterer Tugenden sich anzueignen. Da nun diese drei Stämme am Uaupés sitzen und oft alle in diesem Flussgebiet wohnenden Indianer mit dem Namen Uaupé bezeichnet werden (Martius: l. c. 563. 567 ff.; Wallace: l. c. 481. 482), kann es leicht möglich sein, dass Roberto in seinem Bericht dieser Sitte nicht sowohl den eigentlichen Uaupéstamm, als überhaupt einen der im Volksgebrauch als Uaupé bezeichneten Stämme meinte. — Eine ähnliche Sitte erwähnt Martius (l. c. 404, Anmerkung) von den Mauhé und erwähnen Silva Araujo (Diccionario do Alto Amazonas, 150) und Martius (l. c. 485) von den am Içá und Japurá wohnenden Xomana oder Jumána, welche ein Nu-Aruakstamm sind.

[2]) Es kann sich hier nur um die am oberen Japurá oder die am oberen Jutahý sitzenden Umauá handeln (Ribeiro de Sampaio: Diario da viagem á capitania do Rio Negro, 81; Martius: l. c. 545 ff.; Silva Araujo: Diccionario etc., 356) und nicht um die Umauá = Omaguá = Cambéba des Solimões (Ribeiro etc., l. c. 72 e s.; Martius: l. c. 199. 433 ff.; Moreira Pinto: Apontamento para o Diccionario geographico do Brazil V. 213; Silva Araujo: l. c. 79, 215 e 356, und Moura: Diccionario geographico. II. 174).

[3]) Die Anthropophagie der Ipurina wird auch von Oberst Labre erwähnt, siehe Ehrenreich: Beiträge zur Völkerkunde Brasiliens (Veröffentlichungen aus dem Museum für Völkerkunde zu Berlin, II. S. 59).

[4]) Siehe Wallace: Travels on the Amazon and Rio Negro. 449.

[5]) Es mag leicht sein, dass nicht der Baum selbst in Blüthe stand, sondern dass er von einer kletternden Securidaca überdeckt war, deren es rosablühende am Rio Negro und

einerlei des grünen Waldes. Um einzelne Aeste im Urwalddickicht sassen wie dicke Astanschwellungen grosse Insektennester, welche aus Thon aufgebaut zu sein schienen. Gegen Mittag landeten wir in der Freguezia Tauapessassú, um nach einer Fahrt von 120 km unsere steifgewordenen Glieder etwas zu bewegen und unsere seit mehr denn 24 Stunden fast nur mit Thee genährten Magen wieder etwas zu stärken.

Indianerin in Tauapessassú.
(Nach einer selbstaufgenommenen Photographie.)

Tauapessassú, welches aus zerstreut auf dem hügeligen Ufer gelegenen Häuschen und Hütten besteht, soll früher an 200 Einwohner gezählt haben, grösstentheils Nachkommen von Manáo-, Baré- und Passé-

---

überhaupt in der Provinz Amazonas giebt. Siehe Barboza Rodrigues: Rio Jaupery etc., 40, und Martius: Flora brasiliensis, fasc. LXIII. 64—65. — Es giebt ebendaselbst auch rosablühende Bignonien (siehe B. Rodrigues, l. c. p. 40) und noch verschiedene andere Pflanzen mit rosa Blüthen (siehe Schwacke: Skizze der Flora von Manáos in Brasilien [Jahrbuch des K. Botanischen Gartens zu Berlin, III, 225 u. ff.].

indianern,[1]) ist aber jetzt fast ganz verlassen. Wir hatten Anker geworfen vor dem nahe am Wasser gebauten Hause eines Portugiesen, der uns ohne Zögern gastfreundlichst aufnahm. Nebst seiner indianischen Frau war auf dem Anwesen noch eine andere Indianerin, welch letztere uns durch ihren ausgesprochenen, mehr nordamerikanischen Rassentypus interessirte. Sie hatte eine fliehende, schmalere Stirn als die meisten brasilianischen Indianerinnen, schwarze Augen mit enger Lidspalte, eine tiefliegende Nasenwurzel und fast gerade Nase, einen breiten Mund mit nicht sonderlich dicken Lippen, etwas vortretende Jochbeine, ein eher schwach entwickeltes Kinn, gelbbraune Hautfarbe und prachtvolles, schwarzes Haar. Auch durch höhere Gestalt und grössere Intelligenz unterschied sie sich vortheilhaft von der halbcivilisirten Durchschnittsindianerin des Amazonasgebietes. Da, wie es scheint, die halbcivilisirten Tapuios nicht gern nach ihrer Stammeszugehörigkeit gefragt werden, wohl auch oft die Tradition derselben verloren haben, konnten wir hier ebenfalls nicht den gewünschten Aufschluss erhalten. Jedoch der Gesammterscheinung nach dürfte dieser Indianerin am ehesten Passéblut in den Adern fliessen. Eine nahe Palmstrohhütte beherbergte eine andere Vollblutindianerin, welche sich im Typus besonders deutlich von erstbeschriebener unterschied. Sie war kleineren Wuchses, hatte dunklere Hautfarbe, breiteres und niedrigeres Gesicht und breitere Nasenflügel. Die Hütte, welche sie bewohnte, war fensterlos; Strohmatten bildeten Thür und Wände, der Boden bestand aus gestampfter Erde und die Einrichtung so ziemlich aus nichts. Tabakspflanzungen zogen sich zwischen den einzelnen Behausungen hin, und auf den Bäumen sassen ein paar gelbbäuchige Tyranniden mit braungefiederter Oberseite (Pitangus Sw.). Im Hofe des Anwesens unseres Gastfreundes trippelten zahme, blaustirnige Kurzflügel-Papageien (Chrysotis) herum, denen gegenüber die frechen Haushühner das Feld behaupteten. Eine Tartaruga (Podocnemis expansa Schw.) von etwa 80 cm Länge, eine dieser häufigsten und wichtigsten Lurchschildkröten des Amazonasgebietes, kroch frei in Haus und Hof herum. Sie stammte aus dem Rio Negro und war mittelst einer Sararáca, das heisst eines Harpunenpfeiles, erjagt worden. Unsere Ankunft setzte ihrem Leben ein frühzeitiges Ende. Es wurde ihr der Kopf abgehauen, und abends erschien sie in verschiedentlichen Zubereitungen auf der Tafel. Das für uns Ausgehungerte leckere und ausgezeichnete Mahl bestand aus Schildkrötenbraten, Schildkrötenleber und -schinken und aus Reis, welcher in Schildkrötenbutter gekocht war. Eine solche Butter gewinnt man sowohl aus dem Fett wie aus den Eiern des Thieres und bringt sie in den Handel als Küchenfett, als Beleuchtungsstoff und zum Kalfatern.[2])

---

[1]) Die Passé sind gleich den Manáo und Baré ein Nu-Aruakstamm.

[2]) Siehe Goeldi: Bedeutung, Fang und Verwerthung der Schildkröten am Amazonas (Der Zoologische Garten. XXVII. 330. 368). Souza: Valle do Amazonas. 33. 34.

Noch ehe der Tag zu Ende ging, war unser ferneres Schicksal entschieden. Erkundigungen nach verschiedenen Seiten ergaben, dass der Rio Negro in ungewohnt hohem Maasse malariaverpestet sei, und dass ausserdem am ganzen Flusse die Masern derart herrschen, dass die Indianer in Massen dahinsterben. Da uns nun, bei dem Mangel jeglichen gedeckten Raumes auf unserem winzigen Dampfboot, bevorstand, die künftigen Nächte entweder wieder unter freiem Himmel auf dem Strom oder in einer allenfalls maserninfizirten Indianerhütte zuzubringen, gebot die Vernunft ein Aufgeben der verlockenden Weiterreise. Eine der als so gefährlich ge-

Indianerhütte in Tauapessassú.
(Nach einer selbstaufgenommenen Photographie.)

schilderten Nächte bei regengleichem Thaufall hatten wir glücklich überstanden, aber Niemand gab uns die Versicherung, dass es ein zweites und drittes Mal ebenso günstig verlaufen würde. Und was die Masern betraf, sollte Eines von uns daran erkranken, liefen wir Gefahr, in irgend einer einsamen Indianerhütte im Urwald ohne Arzt, ohne Arzneien, schliesslich ohne richtige Lebensmittel wochenlang liegen zu bleiben und in dieser Lage und Fiebergegend uns die gefürchteten Sezões[1]) noch überdies zuzuziehen. Die gesundheitlichen Zustände in Tauapessassú selbst und nament-

---

[1]) Sezões (portugiesisch) = Wechselfieber. Wie sehr gefürchtet die Sezões am Rio Negro sind, erzählt auch Wallace: Travels on the Amazon and Rio Negro. 327. Siehe ebenfalls Martius: Beiträge etc., I. 550.

lich in dem Hause, in welchem wir Unterkunft gefunden, boten kein ermunterndes Beispiel. Sowohl unser Hausherr wie seine sämmtlichen Kinder schlichen fieberelend umher, und ersterer, welcher eine wachsgelbe Gesichtsfarbe hatte, lebte in der Ueberzeugung, dass seine Tage gezählt seien. Die Crichaná endlich, denen wir unseren Besuch zugedacht, befanden sich noch zu dieser Zeit, durch das Hochwasser und den Igapó, in ihren Malocas vom Jauaperý abgesperrt, und war es sehr fraglich, ob man überhaupt bis zu ihnen würde vordringen können. Günstiger wären die Verhältnisse ein oder zwei Monate später für uns gewesen. Denn dann, wenn die Vazante fortschreitet, fahren die Crichaná den Fluss herab und dehnen ihre Streifereien auf dem Rio Negro selbst, bis nach Tauapessassú aus.[1]) Nun — es sollte nicht sein, dass wir sie zu Gesicht bekamen, und bewahrte dies unsere Knochen vielleicht vor dem Schicksal, zu Pfeilspitzen oder Flöten verarbeitet zu werden.

Es war Abend geworden, und vergebens hatten wir auf einen Alligator[2]) gepasst, welcher täglich zu dieser Zeit sich hier am Ufer einfinden soll. Sicher verscheuchte ihn der Lärm, welchen unser vollständig betrunkener englischer Maschinist in Scene setzte. Kaum fing es an zu dunkeln, so begannen wieder die Cicaden zu pfeifen, die Grillen zu zirpen, die Frösche zu quaken und grosse Fledermäuse, welche den warmblütigen Thieren ungefährlich sind, herumzuflattern. Im Ranidenconcert unterschieden wir das Knurren der Cururú (Ceratophrys cornuta L.),[3]) die sowohl in Brasilien wie in Guyana die dunklen Urwälder bewohnen und abends ihre eintönige Stimme hören zu lassen pflegen.

Als Nachtquartier wies uns unser freundlicher Hausherr ein hochgelegenes und noch unbewohntes neues Haus an, dessen scheibenlose Fensteröffnungen durch Holzläden geschlossen waren. Nach echt äquatorialer Bauart hatten die Zimmer keine Decke, sondern nur den Dachstuhl über sich, und waren nur bis auf eine bestimmte Höhe durch Wände voneinander getrennt, so dass man zwar nicht Alles sehen, aber Alles hören konnte, was im Hause vorging. In diese vollständig leeren Räume hingen wir unsere Hängematten an Haken, welche sich in der Mauer befanden, und ergaben uns dem Schlummer.

---

[1]) Barboza Rodrigues: Rio Jauapery. Pacificação etc., 9. 11. 24. 29. 92 e s. 175. — Mello Moraes: Revista da Exposição anthropologica brazileira, 47. Rockling: Contra os Jauaperys (Revista amazonica, I. 99).

[2]) Es giebt mindestens vier Arten von Alligatoren im Rio Negro, a) Mohrenkaiman (Caiman niger Spix), b) Caiman sclerops Schn., c) Caiman trigonatus Schn. etc.

[3]) Die Ceratophrys dorsata Wied wird auf Tupí ebenfalls Cururú genannt, doch scheint sie mehr südlich vorzukommen. — Auch Martius (Beiträge etc., I. 658, II. 443) erwähnt zwei, Cururú genannte Anuren, doch dürfte von diesen für hier höchstens der Bufo marinus L. in Betracht kommen.

Tauapessassú—Manáos. Dienstag, den 10. Juli.

Von 8½ Uhr abends bis 3½ Uhr morgens dauerte unsere Nachtruhe, nicht so viel war unseres Schlafes. Wir übernachteten in einem Raum mit Fledermäusen, Eidechsen, grossen Spinnen und noch vielerlei anderen vermuthbaren Thieren. Die Fledermäuse sangen, zwitscherten und zischten an den Wänden herunter, und die ganze Nacht hindurch raschelten Gekos (Hemidactylus mabouia Dum.)[1]) im Palmblattdache zu unseren Häupten. Im Freien aber lachte ein Murucututú (Glaucidium ferox Vieill.?), eine in Brasilien weitverbreitete Zwergeule, welche Nachts den Ruf: »Keck! keck! keck! keck!« ertönen lässt.[2]) Ehe wir uns aus unseren Hängematten schwangen, zündeten wir Licht an, um nicht in der Finsterniss allenfalls auf irgend einen unserer lärmenden oder stummen Schlafkameraden zu treten. Die später erfolgte genaue Besichtigung der Wände, Ecken und Böden unserer Zimmer ergab leider nur den Fang einer sehr langbeinigen, ockergelben Krabbenspinne (Laterigrada) von 2,4 cm Körperlänge. Es war dies eine Ocypete setulosa Hahn aus der Familie der Thomisiden, ein, wie es scheint, auf Brasilien und vermuthlich sogar nur auf dessen Aequatorialgegenden beschränktes Spinnenthier.

Um fünfeinhalb Uhr, vor Tagesanbruch, schifften wir uns ein, nach herzlichem Abschied von unserem liebenswürdigen Hausherrn, welcher sich weigerte, für Nachtquartier und Verpflegung auch nur die geringste Vergütung anzunehmen. Nun ging es mit enttäuschtem Hoffen und zerstörten Plänen wieder den Rio Negro abwärts. Bei Sonnenaufgang hatte die Luft 25°, das Wasser 26,5° C. Nicht lange, so landeten wir auf Wunsch unseres Mamelucos an einem rechtsuferig gelegenen kleinen Hause, welches von Mestizen bewohnt war. Im gleichen Augenblicke legte dort eine Canoa an mit einem von der Jagd heimkehrenden Halbindianer. Er hatte ein Inhambú oder Steisshuhn erlegt, welches ich, seinem grauen, etwas gesprenkelten Gefieder nach, für Tinamus major Gm. gehalten. Nach kurzem Aufenthalte an diesem, durch seinen struppigen Wald sehr unschönen Punkte setzten wir unsere Fahrt fort. Da es thalwärts ging und wir die Strömung nicht zu vermeiden brauchten, sondern im Gegen-

---

[1]) Wir bekamen zwar keine dieser ruhestörenden Saurier zu Gesicht, doch waren es aller Wahrscheinlichkeit nach obengenannte Gekos, da sie für das Amazonasgebiet erwähnt werden, speciell in den Häusern vorkommen und sich, entgegen anderen Eidechsen, namentlich durch ihr Nachtleben auszeichnen.

[2]) Dem lachenden Rufe und der Angabe von Dias (Diccionario da Lingua Tupí 113) nach, dass der Murucututú steinfarbiges Gefieder und gelbe Iris hat, dürfte die von uns gehörte Eule das Glaucidium ferox Vieill. gewesen sein. Doch ist auch vielleicht die Strix nacurutú Vieill. = Bubo magellanicus Gm. in Betracht zu ziehen, da sie Martius (Beiträge etc., II. 456, 464) unter dem Vulgärnamen Murucutatú anführt. Geographisch scheinen beide Arten möglich. Siehe Catalogue of Birds in the British Museum, II. — Pelzeln: Zur Ornithologie Brasiliens. — D'Orbigny: Voyage dans l'Amérique méridionale, IV. u. Andere.

theil benutzen sollten, nahmen wir heute den Kurs in der Mitte des Rio Negro, konnten aber in Folge dessen weniger Thierleben beobachten. Den ganzen Tag über zeigte sich nur ein Vogel, ein schöner grüner Papagaio, welcher gerade seines schönen grünen Gefieders wegen ein Blaubart (Chrysotis festiva L.) gewesen sein könnte.

Nachmittags landeten wir neuerdings am rechten Ufer, diesmal in Paricatúba, einer nur aus einigen Indianerhütten bestehenden Ansiedlung. Es galt hier einen altindianischen Begräbnissplatz aufzusuchen, welcher vermuthlich dem nun aus dieser Gegend verschwundenen und nordwärts verzogenen Stamme der Tarumá zugeschrieben werden dürfte.[1]) Durch dichtes Gestrüpp arbeiteten wir uns zu diesem interessanten Punkte empor, der unmittelbar neben einer Palmstrohhütte auf einem Hügel gelegen war. Man sah daselbst, auf engem Raum beisammen, die durch den abwaschenden Regen an der Oberfläche erscheinenden Ränder der Todtenurnen, welch letztere aus einer Mischung von Holzasche und Lehm hergestellt waren. In solchen gebrannten und ungebrannten Urnen, welche sich in Brasilien namentlich über das Amazonasgebiet zerstreut finden, begruben und begraben noch viele Indianerstämme die Ueberreste der Verstorbenen, entweder die ganzen Leichen in zusammengekauerter Stellung oder nur die Knochen oder auch nur die Asche. Die alten prähistorischen Urnen, von welchen namentlich Marajó die schönsten liefert, sind manchmal reich ornamentirt, zoomorph oder anthropomorph, bekunden einen hochentwickelten Kunstsinn und stehen den keramischen Arbeiten des alten Peru und Mexiko an künstlerischer Vollendung nur um Weniges nach. Hier in Paricatúba handelte es sich nur um ganz einfache, kleine, ungebrannte Todtenurnen, welche keine Verzierungen hatten und nur zum Aufbewahren von Knochen oder Asche gedient haben konnten. In glühendster Sonne suchten wir eine dieser Urnen freizulegen. Es gelang dies auch, doch als wir dieselbe aus dem Boden herausheben wollten, zerfiel sie in Trümmer. Sie enthielt nichts als Erde, und wenn sie je Knochen beherbergt haben sollte, waren auch diese längst schon zu Staub geworden.

Von diesen Bildern der Vergänglichkeit wendeten wir uns wieder dem frisch pulsirenden Leben zu. Um uns herum schwirrten und gaukelten allerhand Insekten im heissen Sonnenschein. Ein Papilio Polydamas L., ein schwarzer Edelfalter mit gelben, bandbildenden Flecken längs des Aussenrandes der Flügel, wurde das Opfer unserer Nachstellungen. Auch zwei Diastatops pullata Burm., kaum etwas über 3 cm lange, röthliche Wasserjungfern (Libellulina) mit ganz dunkelrostrothen Flügeln, verirrten

---

[1]) Vergleiche Martius: Beiträge etc., 1. 683 ff. Schomburgk: Reisen in Britisch-Guiana. II. 388, 467 ff.

sich in unser Fangnetz.[1]) Nahe der Hütte scharrten zahme Mutums (Mitua mitu L.), zierliche, hübsch gestellte Hokkohühner mit blauschwarzem Gefieder, gekräuseltem Federkamm, langem Schwanz und rothem Schnabel. In dem nebenanliegenden Teich oder Corral[2]) tummelten sich einige Chelyden, eine von den uns schon bekannten Tartarugas grandes (Podocnemis expansa Schw.) und eine Tracajá (Podocnemis dumeriliana Schw.), eine kleinere Schildkröte des Rio Negro mit gelb und schwarzem Körper, deren Fleisch wie das der erstgenannten Art als sehr wohlschmeckend gilt.[3]) In der Hütte hing die Decke eines Veado (Coassus rufus Cuv.), eines der über ganz Brasilien verbreiteten Rothspiesshirsche, welche in der Färbung sehr an unsere Rehe erinnern, jedoch durch ihre weit geringere Grösse auffallen.

Die Bewohner der von uns betretenen Palmstrohhütte waren Vollblutindianer, mit denen Roberto sich auf Tupí, das heisst in der sogenannten Lingua geral unterhielt, diesem allgemeinen sprachlichen Verkehrsmittel des untersten Rio Negro-Gebietes. Sie boten uns Xibé an, ein bei den Tapuios gebräuchliches, sehr erfrischendes Getränk. Dasselbe wird aus Wasser und Tapióca, dem Satzmehl des aus den zerriebenen Mandiocawurzeln ausgepressten giftigen Saftes, hergestellt. An Industrie bemerkten wir in der Hütte nur das Fertigen von Hüten und Körben aus dem Stroh der Tucumápalme (Astrocaryum Tucuma Mart.). Diese Gewerbethätigkeit war ausschliesslich für den Hausbedarf berechnet, wie solches wohl auch der Fall gewesen sein wird mit der Hutflechterei, welche wir bei den heute morgen besuchten Mestizen vorfanden.

Als Jagdgeräthe führten die hiesigen Indianer zum Vogelschiessen die Sarabatána[4]) und zum Schildkrötenfangen riesige Bogen und Pfeile. Die Sarabatána war ein Blaserohr von 2,9 m Länge, aus dem Schafte einer Stelzenpalme (Iriartea) verfertigt und mit einem glatten, konischen Mundstück aus dunklem Holz und einem beinverzierten Visir aus Pechmasse versehen. Das Rohr bestand der Länge nach aus zwei gleichen Theilen, welche zusammengeleimt und zu grösserer Dauerhaftigkeit noch mit einem Rindenstreifen spiralisch fest umwunden waren. Hätte diese Sarabatána, wie manche andere, einen ungetheilten Schaft gehabt, so wäre ihr Werth, des

---

[1]) Soviel mir erinnerlich, wurden diese Libelluliden in Paricatuba gefangen, doch ist nicht ausgeschlossen, dass sie von einer anderen Stelle des Rio Negro-Gebietes oder vom unteren Solimões stammen könnten.

[2]) Corral heisst Viehhof; mit diesem Wort wird am Amazonas der Schildkrötenteich bezeichnet, s. Bates: The Naturalist on the River Amazons, 264.

[3]) Es giebt im Amazonasgebiet noch andere, der P. dumeriliana nahe verwandte Flussschildkröten ähnlicher Grösse und ähnlicher Färbung, welche vermuthlich auch sämmtlich essbare sind, doch scheinen die Eingeborenen unter Tracajá die P. dumeriliana Schw. zu verstehen. Siehe Gray: Catalogue of Shield Reptiles, p. 61 u. 62.

[4]) Siehe rückwärts Tafel II. No. 7.

schwierigen Herstellens wegen, ein weit höherer gewesen. Die zum Blaserohr gehörigen, Uamiri genannten, 30 cm langen Pfeilchen aus Inaja-Palmholz waren am unteren Ende ganz roh mit etwas Samenwolle der Ceiba Samauma umwunden und sahen sehr zerbrechlich aus. Erst Schiessversuche, welche wir auf ein in der Ferne stehendes Brett anstellten, lehrten uns, dass diese dünnen, unansehnlichen Pfeile sich mit einer unglaublichen Kraft tief in das Holz einbohren konnten. Durch Uirari, mit welchem sie die Indianer zu vergiften pflegen, werden die Uamiri noch wirksamer und gefährlicher gemacht.

Die Sararáca oder Harpunenpfeile[1]) zur Schildkrötenjagd waren aus zwei Theilen gefertigt, einem vorderen, Gomo genannten Theil, welcher die Eisenspitze trug, und einem rückwärtigen, dem federnbesetzten Pfeilschaft, in welchen der Gomo mit seinem Hinterende hineingesteckt wurde. Eine um den Schaft gewundene Palmfaserschnur verband ausserdem noch die beiden Theile. Der Zweck dieser Vorrichtung ist nun, dass, wenn das getroffene Thier mit der im Panzer steckenden Pfeilspitze taucht, der Pfeilschaft, welcher an der sich abrollenden Schnur befestigt ist, auf der Wasserfläche schwimmen bleibt. Hierdurch wird dem Indianer angezeigt, wohin die ohne diese Vorrichtung leicht in Verlust gerathende Jagdbeute ihren Weg genommen hat. —

Während wir uns oben in Paricatúba über indianische Lebensweise unterrichteten, hatte unser englischer Maschinist an Bord in bedenklichem Maasse der Cachaça-Flasche[2]) zugesprochen; er war in seinem Rausche sogar in den Strom gefallen, von den zwei Portugiesen jedoch wieder herausgezogen worden. Die fast zwei Stunden dauernde Heimfahrt gestaltete sich unter solchen Verhältnissen zu einer aufregenden. Der vollständig betrunkene Sohn Albions wusste nichts Besseres zu thun, als im Feuerraume der schon überheizten Maschine unablässig nachzuschüren, so dass der Zeiger des Manometers gefahrdrohend um die Marke der höchsten Dampfspannung herumschwankte und zweimal das Sicherheitsventil herausgeschleudert wurde. Unsere wiederholten Proteste gegen das unsinnige Beginnen des Rauschbefangenen prallten an dem Gleichmuth des Letzteren ab; von uns Anderen aber wusste Niemand eine Dampfmaschine zu behandeln, und an ein Landen war bei der Uferbeschaffenheit nicht zu denken. — So mussten wir uns schliesslich in unser Schicksal ergeben, in wahnsinnigem Tempo dahinzusausen, jeden Augenblick gewärtig, mit unserem betrunkenen Jack in die Luft zu fliegen. Gegen 7 Uhr abends erreichten wir endlich Manáos und somit den Abschluss unserer verfehlten Expedition zu den Crichaná. Mehr als den Verdruss über das Fehlschlagen unseres Projektes, empfanden wir jedoch momentan das Gefühl

---
[1] Siehe rückwärts Tafel II. No. 3.
[2] Cachaça = Zuckerbranntwein, s. oben S. 52.

der Erlösung aus der vielleicht unberechtigten, bangen Todeserwartung, welche uns endlose Viertelstunden hindurch in Athem gehalten hatte. Am glücklichsten über die wiedergeschenkte Lebenssicherheit aber schien unser halbindianischer Führer, welcher beim Betreten des festen Landes sich in Erinnerung an die gewesene Gefahr förmlich schüttelte.

Das Erstaunen in Manáos ob unserer verfrühten Heimkehr war gross, rührend die Freude unserer Hausleute, uns wohlbehalten zurückkommen zu sehen. Letzterer Umstand erst öffnete uns die Augen darüber, wie gewagt den Hiesigen unsere Fahrt zu den Wilden und in die Fiebergegend des Rio Negro erschienen war.

KAPITEL VI.

Solimões.

Manáos — Corarezinho. Mittwoch den 11. Juli.

Gestern Abend versprach Roberto, statt zu den Crichaná, uns zu einer, vom Südufer des Solimões landeinwärts gelegenen Mura-maloca zu bringen. Heute jedoch war ihm die Lust hierzu vergangen. So sahen wir uns des besten, vielleicht einzigen Führers zu wilden oder halbwilden Indianern beraubt und mussten nun versuchen, ob es uns gelingen würde, allein unsere Reisepläne zur Ausführung zu bringen. Es war letzteres um so schwieriger, da sämmtliche Karten, sowohl die deutschen, wie die französischen und brasilianischen sich als sehr mangelhaft, zum Theil sogar als vollständig unrichtig erwiesen und man somit auch nicht, wie in anderen Ländern, nach diesen reisen konnte. So blieb nichts zu thun übrig, als sich auf gut Glück dem Zufall anzuvertrauen und sich von Fall zu Fall bei den Eingeborenen durchzufragen. Es war ein Reisen in's Blaue.

Bis heute Mittag hatte uns João eine neue, etwas grössere, »Jovitha« genannte Dampflancha mit 5 Mann Besatzung, Portugiesen und Mestizen, verschafft und sich selbst mit einem Gefährten an Bord eingefunden. Uns lag es ob, für den Proviant zu sorgen, welcher nach Anzahl Menschen und Tage genau berechnet werden musste. Um 1 Uhr waren wir reisefertig und steuerten zunächst Rio Negro abwärts und an der Nordseite der Insel Marapatá vorüber, der letzten Insel im Schwarzen Strom. Unmittelbar vor der Vereinigung des Rio Negro und Solimões fuhr unser kleiner Dampfer rechts in den Chubrena genannten Igarapé hinein, auf kürzerem Wege den Hauptstrom zu erreichen. Hier wurde die Mischung der verschieden gefärbten Wasser sichtbar; das dunkelbraune des Rio Negro drang zackenförmig in das gelbe des Solimões ein. Der Igarapé war namentlich anfangs ganz reizend. Die Vegetation erstreckte sich bis an, ja bis über die Ufer herein und erging sich in den phantastischsten

Draperien und Schlingpflanzenlauben. Es war wieder eine jener unbeschreiblich malerischen Uferwaldscenerien, wie wir deren am unteren Amazonas häufig beobachtet und welche wir am Rio Negro vollständig vermisst hatten. Ziemlich viele Indianerhütten, manche nur aus einem Dach bestehend und vermuthlich von Mura bewohnt, lagen einzeln am Waldesrande halb verborgen. Eine Schildkröte tauchte neben unserem Schiffe unter. Kleine, braune Affen[1]) turnten unter wildem Geschrei von Baum zu Baum, mit dem Greifschwanz sich haltend und schwingend. Bem-te-ví (Tyrannidae), Guarda-rios (Crotophaga) und grüne Periquitos, welche kurz und dick waren und die mir Schmalschnabelsittiche (Brotogerys) zu sein schienen, belebten die zauberhaft schöne Wasserstrasse. An manchen Stellen erweiterte sich dieselbe seenartig und immer neue Igarapés zweigten sich nach allen Seiten von ihr ab. Faulthierbäume (Cecropia), welche im Landschaftsbilde des Rio Negro fehlten, stellten sich hier wieder in Menge ein.

Endlich hatten wir auf unserem Furo das in einem Winkel von 25—30° zulaufende Tiefland, welches zwischen dem Zusammenfluss der beiden Ströme eingekeilt ist, durchquert, und waren in den insellosen, seegleichen, durch ganz flache Ufer charakterisirten Solimões eingelaufen. Wieder gellte Affengeschrei an unser Ohr. Sehr dunkelgefärbte Delphiniden, Steno Tucuxi Gray, sprangen auf. Die Sonne näherte sich dem Horizont und ihr Untergang hinter der weiten Wasserfläche erinnerte ganz an ähnliche schöne Naturschauspiele auf dem heimischen Bodensee.

Wir nahmen den Kurs quer über den Riesenstrom und auf dem rechten Ufer in einen Igarapé hinein, in welchem wir zum Uebernachten Anker warfen. Hier befanden sich zwei primitive Hütten von Muraindianern. Die eine war nur aus einem einseitigen Bretterverschlag und grossem Dache zusammengesetzt und diente der Indianerfamilie als Wohnung, die andere war auf Holzpfeilern, etwa 2—3 Meter oberhalb des Bodens errichtet, ringsum über Brusthöhe mit Palmstrohmatten geschlossen, ausserdem aber bis zum hohen Palmstrohdache nach allen Seiten offen. Die Einrichtung beschränkte sich auf etliche der Wand entlang laufende Bänke und einen altarartigen Tisch, was uns auf die Vermuthung brachte, dass diese Hütte den Wanderpriestern gelegentlich als Kirche dient. Die Treppe zu diesem hochgelegenen Indianerpalaste war eine sehr primitive, breite Leiter, zu deren Erkletterung Affengeschicklichkeit gehörte. Unsere Bitte um Nachtquartier wurde von den Mura sehr ungnädig aufgenommen und mit der Bemerkung beantwortet: »O branco tem dinheiro, o tapuio tem casa.«[2]) Nach einigem Zögern

---

[1] Sicher Rollschwanzaffen (Cebiden), deren es hier mehrere Arten giebt, und zwar vermuthlich Cebus gracilis Spix.

[2] Der Weisse hat Geld, der Tapuio hat Haus.

wiesen sie uns jedoch den auf Pfählen ruhenden, luftigen Palmstrohbau an, indessen unsere Leute für die Nacht an Bord zurückkehrten. In einer jeden der vier Ecken wurde eine der mosquitonetzumhüllten Hängematten aufgeknüpft, auf einer der Bänke zum Abendtrunk unsere Flasche portugiesischen Landweines niedergestellt. Die spielenden Murakinder warfen jedoch in der Dunkelheit die Flasche zu Boden, und das ganze köstliche Nass floss zwischen den Dielen in die Tiefe hinab. Da wir in Brasilien, nach der bisher giltigen Ansicht über die Factoren bei Malariainfection, niemals einen Schluck ungemischten Wassers trinken sollten,[1]) mussten wir nun in der entsetzlichen Hitze bis zum anderen Morgen dursten. Etwas herabgestimmt krochen wir in unsere schwingenden Netzbetten und ein lautes Froschlurchconcert wurde unser Schlummerlied.

Corarezinho — Providencia. Donnerstag, den 12. Juli.

Noch niemals bisher hörten wir so viele verschiedene Thierstimmen, eine solche Urwaldsymphonie wie diese Nacht. Sogar ein Jaguar (Felis onça L.) soll, wie fernes, tiefes Glockengeläute, in dem Concert mitgewirkt haben, doch war sicher der von uns unterschiedene Laut nur der Ruf des Schmiedenden Baumfrosches (Hyla faber Wied).[2]) Vor Tagesanbruch liess sich noch eine Taube vernehmen, welche deutlich in einer Terze nach abwärts sang.[3]) Um viereinhalb Uhr begannen wir aufzubrechen. Im Urwald, der uns rings umgab und sich über unsere offene Hütte zusammenschloss, war der Thaufall so stark, dass es von den Blättern wie Regen niedertroff. Dies war uns ein neuer Beweis, dass in solch feuchten Aequatorialgegenden ein Uebernachten im Freien, ohne Schutz von oben, gesundheitsschädlich sein muss. Wir warben einen der Muraindianer als Führer zur nächsten Mura-maloca und verliessen um 7 Uhr unseren, Corarezinho genannten Indianersitio. In den Solimões hinausgedampft, hielten wir uns an dessen rechtem Ufer, dem entlang wir aufwärts fuhren. Dasselbe war ununterbrochen mit wundervollem, lianengeschmücktem Wald bedeckt, aus welchem uns ein Morgenständchen

---

[1]) Nach Einigen ist die Annahme, dass der Genuss schlechten Trinkwassers Erkrankungen an Malaria verursache als gründlich, nach Anderen als noch nicht endgiltig widerlegt zu betrachten. (Siehe Schellong: Die Malariakrankheiten S. 108. — Martin: Aerztliche Erfahrungen über die Malaria der Tropenländer. S. 20 u. ff.). — Erfahrungen am Amazonas (Moreira Pinto: Apontamentos para o Diccionario geographico do Brasil I 236) bestätigen jedoch die altüberkommenen Ansichten, ebenso Berichte aus Afrika (Globus LX. 127.)

[2]) Wenn es auf Wahrheit beruht, was die Indianer Wallace erzählten (Wallace: Travels on the Amazon and Rio Negro, 455), nämlich dass der Jaguar fast jede Thierstimme nachäffen kann, dann ist die Möglichkeit nicht ausgeschlossen, dass wir doch einen Jaguar gehört haben.

[3]) Wäre die Scardafella squamosa Temm., welche nördlich und südlich des Amazonas beobachtet worden ist, auch schon am Amazonas selbst gesehen worden, würde ich der Art und der Zeit des Gesanges nach die von uns gehörte Taube unbedingt für diese Scardafella halten. Siehe auch Wied: Beiträge zur Naturgeschichte Brasiliens IV. 412.

befiederter Sänger entgegenschallte. An Thieren fehlte es hier nicht. Kleine Periquitos, welche ich, nach ihrer spatzenähnlichen Art zu schreien und sich zu benehmen, für Sperlingspapageien (Psittacula passerina L.) hätte halten mögen,[1]) zankten sich am Waldesrande herum. Schwalben strichen über das Wasser, ein rother Arara[2]) rauschte schweren Fluges auf, die weitverbreiteten Japims kamen geschäftig ab und zu, Uairirambas (Alcedinidae) standen fischend am Ufer und verschiedene Reihervögel, darunter namentlich viele rostbraune mit graulichen Flügeln, welche uns als Japiá-soca (Tigrisoma brasiliense Wied)[3]) bezeichnet wurden, gesellten sich ihnen bei der Arbeit zu. In den Zweigen trieben kleine, bräunliche Affen, Macacos de cheiro (Chrysotrix sciurea L.), ihr drolliges Wesen; später zeigte sich ein einzelner Affe mit gelbem Gesicht.

Wir landeten an einer Indianerhütte, deren Besitzer mehrere grosse Lurchschildkröten (Podocnemis expansa Schw.) und einige zahme Manguepapageien (Chrysotis amazonica Briss.) besassen. Die alte Hausfrau wollte mir den auf ihrem Finger sitzenden dieser Vögel schenken, ein Geschenk, das ich wegen Transportschwierigkeiten jedoch nicht annehmen konnte. Vom Hausherrn, welcher Spuren blauer Bemalung im Gesichte trug, erhandelten wir einen kleinen, grob gearbeiteten Bogen und einen 1,19 m langen Pfeil mit widerhakenloser, glatter Holzspitze;[4]) sowohl Pfeil wie Bogen hatten ihm zum Fischschiessen gedient. Als wir weiterfuhren, sprang ein Botó (Delphinide) aus den gelblichen Fluthen auf. Wollbäume, sowohl Ceiba Samauma wie Bombax Munguba, auch Páo mulato (Calycophyllum Spruceanum Hook. fil.) wuchsen am Ufer.

Unser Dampfer lenkte an der Südseite des Solimões in den Paraná de Janauacá ein, um zum See gleichen Namens zu gelangen. Dort sollte die gesuchte Mura-maloca liegen. Wieder zeigten sich Japiá-socas und auch ein Cigano (Opisthocomus hoazin Müll.) hatte sich eingefunden. Den Waldsaum schmückten Marí-marí (Cassia leiandra Benth.), Bäume mit paariggefiederten Blättern aus der Familie der Caesalpiniaceen, und Capitahí, lila blühende, blattlose Sträucher, welche, nach der Art des Blühens zu schliessen, wohl Bignoniaceen, und, der Blüthenfarbe nach, vermuthlich irgend eine Species Jacarandá gewesen sind. Ein sich abzweigender Igarapé, hierzu eine auf Pfählen stehende Tapuiohütte boten ein vollendet malerisches

---

[1]) Ob die Psittacula passerina L. am oberen Amazonas vorkommen, ist nicht gesagt; kommen sie da nicht vor, könnten diese Psittacula die ihnen ähnlichen Psittacula sclateri G. R. Gr. gewesen sein, doch scheint nichts darüber bekannt, ob letztere sich ebenfalls spatzenähnlich benehmen.

[2]) Man kennt am Amazonas zwei Arten rother Araras, den Ara macao L. und den Ara chloroptera G. R. Gr.

[3]) Ich wüsste nicht, welche andere Reihervögel als T. brasiliense unter diesen Japiásoca zu verstehen wären.

[4]) Siehe rückwärts Tafel II. N. 1. u. 2.

Bild. Auf unserem Paraná, der durch seine nahe aneinander gerückten Ufer mit ihren üppigen Waldwänden besonders anziehend war, drangen wir unaufhaltsam südwärts in das Innere des Waldes vor, bis ein dichtes Gewebe von Cana-rana uns gebieterisch Halt zurief. Der Wasserpflanzenteppich versperrte hier den Weg dermaassen, dass die Schraube unseres Dampfers nicht mehr arbeiten konnte. Dieses unvorhergesehene Hinderniss stellte uns vor die Wahl, entweder umzukehren oder zu suchen, in einem kleinen Ruderboot der Fahrschwierigkeiten Herr zu werden. Da wir von der nächsten Hütte flussaufwärts sieben oder auch mehr Stunden entfernt waren, erschien ein Nachtquartier in unserem winzigen Nachen, unter freiem Himmel und inmitten des Sumpfes, als unvermeidlich. Ein solches Uebernachten wäre aber in der jetzigen Fieberzeit ein womöglich noch unsinnigeres Beginnen gewesen, als das Im-Freien-Schlafen auf der »Cortaagua«. So gaben wir mit schwerem Herzen den Besuch der Maloca am Janauacásee auf und kehrten in den Solimões zurück, eine andere Muraniederlassung zu suchen.

Unser »Jovitha« nahm wieder den Kurs längs des rechten Ufers aufwärts. Ein weisslicher, rosa schimmernder Zahnwal, Steno pallidus Gervais,[1]) tauchte in unserer Nähe auf, Araras mit farbenprächtigem Gefieder flogen vorbei und ein wundervoller weisser Reiher, Ardea egretta Gm., stand philosophirend am Ufer. Dem Aussehen nach aus Lehm gefertigte Nester einer kleinen, Alles zerfressenden Termitenart[2]) waren an den Bäumen befestigt, und von einem Aste hing der weisse, netzförmige Nestbau einer Biene, welch letztere, da ihr Honig als Arzneimittel dient, vermuthlich Trigona pallida Latr.[3]) gewesen sein dürfte.

Durch die Mückenlosigkeit des Rio Negro verwöhnt, waren wir unangenehm berührt, heute von Piums gestochen zu werden, kaum 1 mm

---

[1]) Der Steno pallidus Gerv. ist vielleicht nur eine Farbenvarietät von Steno Tucuxí Gray. Siehe Gray: Catalogue of Seals and Whales in the British Museum, 237. — Pelzeln: Brasilische Säugethiere, 95, 96. — Flower: On the Delphinidae (Proceedings of the Zoological Society. London, 1883, p. 488). — Goeldi: Os mammiferos do Brazil, 117.

[2]) Da es in Brasilien, wie schon weiter oben, S. 51, Anmerkung 3, erwähnt, zum mindesten drei, vielleicht aber sogar bis zu 12 Arten baumnesterbauende Termiten giebt, ist es schwer zu ergründen, welcher Species diese Nestbauten zuzuschreiben waren. Die Wahrscheinlichkeit spricht für Termes Rippertii Rambur, da diese, entgegen anderen Arten, sowohl speziell als baumnestbauend wie als Alles zerstörend und als weit verbreitet erwähnt ist und sich überdies entschieden unter die Termiten mit geringerer Körperlänge einreiht. Siehe Hagen: Monographie der Termiten. (Linnaea Entomologica, X. 289. XII. 187, 219, XIV. 85 ff.. 122.'

[3]) Es ist nicht sicher zu sagen, welcher Art von Bienen oder socialen Wespen dieses Nest angehörte, da es z. B. von letzteren allein mindestens 85 Species in Brasilien und Guyana giebt, welche ähnliche Nester bauen, und auch verschiedene Species von ersteren, entgegen unseren Bienen, solche Nester verfertigen und sie an Baumzweigen aufhängen. Doch da die Apiden- oder Vespidenart, welcher das Nest zugehörte, nach Aussage der Eingeborenen einen als Arzneimittel Verwendung findenden Honig liefert, vermuthe ich, dass dies ein Nestbau der

bangen, durch das Blutsaugen ihren Körper roth farbenden Mücken, welche den Simulien sehr nahe zu stehen scheinen.¹) Wir fühlten ihre Stiche gar nicht, wurden die Verwundung nur durch den an der Stichstelle entstehenden Blutstropfen und an dem nachfolgenden Anschwellen dieser Stelle gewahr, empfanden auch späterhin keinen Juckreiz.

Die unmittelbare Ufervegetation hier war ganz verschieden von der des Rio Negro und theilweise anders als die des Amazonas. Das hohe, sehr malerische Pfeilgras (Gynerium saccharoides H. B. K.), welches sich

Providencia. Unser Nachtquartier vom 12. auf 13. Juli.
(Nach einer selbstaufgenommenen Photographie.)

in dichten Reihen dahinzog, hatten wir schon weiter stromabwärts gesehen, an Stelle der Montrichardien aber, die den untersten Lauf des Amazonas

---

Munbuca (Trigona pallida Latr.) gewesen ist, einer kleinen, hellgefärbten, stachellosen Biene. Diese Trigona ist nämlich, wie es scheint, die einzige aus den vielen Bienen- und Wespenspecies Brasiliens, deren Honig regelmässig zu Heilzwecken dient, ausserdem gehört sie zu denjenigen Apiden, welche ihr Nest aussen an den Bäumen befestigen. Siehe namentlich Perty: De Insectorum in America meridionali habitantium vitae genere, moribus ac distributione geographica observationis nonnullae, p. 28, und Andere. Smith führt in Transactions of the Entomological Society of London, Third Series. Ia. p. 504 u. 509, ebenfalls eine Mombuca an und nennt sie Trigona Mombuca Smith, doch unterscheidet sich seine Mombuca von der in Piso (De Indiae Utriusque re naturali etc., 112) beschriebenen Munbucá (T. pallida Latr.) in der Färbung etc. wesentlich.

¹ Es ist absolut kein näherer Aufschluss über diese Dipteren zu finden.

schmücken, standen hier Araceen mit lanzettlichen Blättern von etwa 50—70 cm Länge. Im Uferdickicht erhoben sich kleine Marajápalmen (Astrocaryum gynacanthum Mart.)[1]) und dahinter prachtvolle Murúmurú (Astrocaryum Murumuru Mart.).[2]) Ein, Guanambé genannter Vogel mit grau, weiss, blau und schwarz gemischtem Gefieder, sicher irgend ein Blaurabe (Cyanurus),[3]) flog in die Höhe. Einige Roças mit Bananeiras, d. h. Bananenpflanzungen, wurden sichtbar.

Wir fuhren in den nach Südwesten sich abzweigenden Paraná Maraquiry' hinein. Am Eingang desselben erhob sich ein auf Pfählen ruhendes, vollständig geschlossenes Häuschen, dessen Wände aus Palmstrohmatten bestanden. Der Eigenthümer dieses Häuschens, Senhor Polycarpo da Souza, ein Mulatte, welcher in der brasilianischen Marine gedient hatte, sollte uns Aufschluss geben, wo stromaufwärts eine echte Mura-maloca zu finden sei. Wir begegneten ihm entfernt von seiner Hütte und weit innen auf dem Paraná, im Begriffe zu Canoa von Jagd und Fischfang heimzukehren. Da nach seiner Aussage auf weitem Umkreis keines der gesuchten Muradörfer existirte, traten wir mit ihm den Rückweg nach seinem Heim an, dort die Nacht unter Dach und Fach zu verbringen.

Auf dem bescheidenen, Providencia genannten Sitio befanden sich, ausser dem Hausherrn, seine sehr indianisch aussehende Gattin, einige Mestizen, eine Muraindianerin vom Purús und ein Mauáindianer[4]) aus dem Rio Negrogebiet. Die junge Mura hatte, entgegen manch anderen

---

[1]) Da ich in meinen Reisenotizen eigens bemerkte: »Kleine Marajápalmen«, ist anzunehmen, dass es diesmal Astr. gyn. und nicht, wie am 5. Juli, Bactris Marajá Mart. gewesen sind.

[2]) Es ist bezweifelt worden, ob A. Murumuru seinen Standort nach den westlichen Aequatorialgegenden Brasiliens ausdehnt (s. Martius: Flora brasiliensis III a, p. 375), doch möchte ich meinerseits sehr bezweifeln, ob die uns als Murúmurú bezeichnete prachtvolle und, im Vergleich zu Astrocaryum gynacanthum, hohe Palme, das ebenfalls den Namen Murúmurú tragende Astrocaryum minus Trl. der westlichen Amazonasgegenden gewesen sein kann.

[3]) Die Cyanurus tragen den einheimischen Namen Anambé (Wallace: Travels on the Amazonas etc., 361), und verschiedene ihrer Species stimmen im Gefieder annähernd mit fraglichem Vogel, so z. B. C. diesingi Pelz. — Dass die Cyanurus Anambé und nicht Guanambé genannt werden, darf nicht irre führen, da in Tupinamen für die Silbe Guá gern Uá und für Uá ebensogern A gesagt wird. Martius (Beiträge etc., II. 436, 484) giebt zwar einen Uanambé und einen Anambé an, doch ist nicht ausgeschlossen, dass sie synonym sind. Uebrigens passt das, was er über den Anambé und den Uanambé anführt, auf das Gefieder und die Art des Vorkommens meines Guanambé.

[4]) Unter Mauá, einem Stammesnamen, der unter dieser Form nirgends zu finden ist, müsste wohl Umauá zu verstehen sein, ein Stamm, welcher zwar nicht im Rio Negrogebiet selbst, aber unmittelbar daran anstossend sitzt. (Ueber Umauá siehe weiter oben S. 95). — Derselbe Indianer wurde uns aber auch als Uaupé, also als einem grossen und geistig entwickelten Stamme zugehörig, bezeichnet (über Uaupé s. weiter oben S. 83, 94 u. 95 Anmerk 1). Dieses Schwankende in den Aussagen über Stammeszugehörigkeit beweist entweder das geringe Interesse, welches die Leute im Allgemeinen an dieser Frage nehmen, oder bestätigt die weiter oben (S. 97) ausgesprochene Vermuthung.

Amazonasindianern, keine gelbbraune, sondern eine reinbraune Hautfarbe und war, trotz ihres breiten Mundes und ihrer Nase mit eher aufgestulpter Spitze und breiten Nasenflügeln, in Folge ihres mehr ovalen Gesichtes verhältnissmässig nicht gerade hässlich zu nennen. Um so hässlicher erschien der Maua mit seiner fast dreieckigen Gesichtsform, ein Typus, welcher sich bei den meisten Indianern der Amazonasniederung wiederfindet. Die Nase war jedoch gut entwickelt und die Augen gerade gestellt. An Thieren des Waldes und der Flüsse, deren jede Ansiedelung in diesen Gegenden verschiedene beherbergt, interessirte uns hier vor allem ein junger Macaco barrigudo (Lagothrix cana Geoffr.), ein ganz grauer, noch sehr scheuer Wollaffe, welcher jedesmal, wenn man sich ihm nahern wollte, entsetzt aufschrie und zu fliehen suchte.

Mura und Mauá.
(Nach einer selbstaufgenommenen Photographie.)

Unser Hausherr, der sich zum Methodismus bekannte und behauptete, viele Glaubensbrüder am Amazonas, ferner am Rio Negro und an einigen anderen Nebenflüssen zu besitzen, schien ein ganz gebildeter Mann zu sein. Gemäss seinen Beobachtungen über Enchente und Vazante am unteren Solimões soll das Fallen des Stromes vom 24. Juni bis in den September hinein wahren, zu diesem Zeitpunkt in der Niveauveränderung ein Stillstand bis zum 19. oder 20. Oktober eintreten und von da an mit einsetzendem Regen das Steigen des Wassers bis in den Juni fortdauern. Die Nebenflüsse hingegen sollen eine schon im August beginnende Enchente und einen schon ziemlich hohen Wasserstand haben, wenn der Hauptstrom noch einen niedrigen aufweist.

Merkwürdig lauteten die Berichte über die Sucurijús (Eunectes murinus L.), diese Wasserriesenschlangen, welche bis zu neun und mehr Meter messen und an Grösse von keiner anderen Schlange Amerikas übertroffen werden. Natürlich haben sich ihrer nicht nur die indianischen Sagen,[1]

---
[1] Siehe Hartt: Contribuições para a Ethnologia do Valle do Amazonas (Archivo do Museu Nacional do Rio de Janeiro VI. 163).

sondern auch die übertriebensten Erzählungen der Eingebornen bemächtigt. Sie sollen hier sehr häufig sein und soll in der Nähe eine erst kürzlich einen Menschen gefressen haben. Es hatte dies zwar Niemand gesehen, doch da der betreffende Mann, der sich allein befand, seither abgängig ist und man durch die an jener Stelle angerichtete Verwüstung weiss, dass eine Sucurijú dort gewesen, schreibt man derselben das Verschwinden des unglücklichen Eingeborenen zu. Wenn man bedenkt, dass diese Boaschlangen sogar Ochsen bewältigen können,[1] so scheint ihr Erdrücken und Verschlingen des kleineren und weit schwächeren Menschen nicht mehr gar so unglaublich. Auch das Entstehen einer Enseada[2] wurde hier einer Sucurijú zugeschrieben. Letztere soll durch ihr Eingraben in das Ufer und das hierdurch veranlasste Zusammenstürzen der darauf befindlichen Vegetation die Bildung dieser Bucht verursacht haben.

Die Berichte über blutsaugende Fledermäuse, welch letztere ebenfalls hier anzutreffen sind, deckten sich so ziemlich mit den schon früher gehörten. Diese Flatterthiere fallen Hühner und Rindvieh an und sollen eine Art haben, ihr Opfer während des Anbohrens und Saugens mit den Flügeln zu fächeln, dass dasselbe die Wunde erst empfindet, wenn der Angreifer sich wieder empfohlen hat. So erzählten die hiesigen Leute, was mit den Angaben in Wallace[3] so ziemlich stimmt, indessen von anderer Seite[4] die Unmöglichkeit eines solchen Verfahrens behauptet wird.

Unsere heutige Abendmahlzeit bestand aus dem Jagdergebniss des Hausherrn. Es wurde uns eine Paka (Coelogenys Paca Wagn.) vorgesetzt, ein Nagethier, welches bräunlichen Pelz hat und gleich den Meerschweinchen in die auf Amerika beschränkte Familie der Hufpfötler (Subungulata) gehört. Ausser seinem schmackhaften, an das des Kaninchens erinnernden Fleische, trug man uns auch dasjenige eines Armadills auf. Es war dies ein zweiter, in Brasilien sehr gemeiner Wildbraten, der uns trotz seines etwas süsslichen Geschmackes ebenfalls mundete. Färbung und Panzer des erlegten Thieres nach zu schliessen, stammte dieser Braten vom Langschwänzigen Tatu (Praopus novemcinctus L.), der in Brasilien verbreitetsten Gürtelthierart.

Heute Mittag 2 Uhr hatten wir die höchste der bisher beobachteten Temperaturen erreicht, nämlich über 30° C.

Nach eingetretener Dunkelheit schallte in unsere sehr hörige Strohhütte das allnächtliche Thierconcert herein. Zu den gewohnten Stimmen, unter

---

[1] Cerqueira e Silva: Corografia paraense 27. Auch Wallace erzählt (Travels on the Amazon and Rio Negro 464), dass ihr Verschlingen von Rindvieh und Pferden eine unbestreitbare Thatsache ist. Ueber ihr Angreifen des Menschen siehe Bates: The Naturalist on the River Amazons, 51. 215 und Cerqueira ect. e. c. 27. Anmerk. 1.

[2] Enseada = Bucht.

[3] Wallace (Travels etc., 449, 450).

[4] Brehm's Thierleben, Säugethiere I. 332.

welchen wir namentlich das Knarren des Hornfrosches (Ceratophrys cornuta L.) unterschieden, gesellte sich heute der laute, eintönige Ruf des Toró (Loncheres armata Geoffr.), einer im Walde lebenden und leicht zähmbaren Lanzenratte.[1]) Wasserschweine (Hydrochoerus Capybara Erxl.), diese grössten sämmtlicher Nagethiere, suchten, von der Nacht begünstigt, die Zuckerplantagen auf, und die beunruhigten Hunde des Hauses schlugen an.

Providencia—Manáos. Freitag, den 13. Juli.

Früh nach 6 Uhr dampfte unsere Lancha den Solimões aufwärts. Heute wollten wir unter Führung des Senhor Polycarpo da Souza die Victoria regia suchen, diese Königin unter den Wasserrosen. Die Ufer hier waren Vargem, ein nur bei besonders hohem Wasserstand überschwemmtes Terrain. Einige graue Delphine tauchten auf, einige schwimmende Caa-piminseln kamen uns entgegen. Jauarýpalmen (Astrocaryum Jauary Mart.) wiegten sich am Waldesrand und Stryphnodendron microstachyum Poepp.[2]), diese reizenden, paarig gefiederten Mimoseen der Amazonasniederung, wuchsen zahlreich dazwischen. Schaaren von Affen trieben ihr Wesen auf den Baumzweigen. Ein paar wohlgezielte Schüsse trafen zwei dieser drolligen Thiere, von denen eines, seine Wunde haltend, langsam abwärts stieg, indessen das andere im Dickicht in das Wasser fiel, so dass die engverwobene Pflanzenwand uns hinderte, die Jagdbeute zu holen.

Hier sollten wir eine der Eigenthümlichkeiten der Amazonasniederungen kennen lernen, nämlich die Userseen, welche vielfach den Strom entlang gelegen sind und zur Hochwasserzeit, wie jetzt, mit dem Strome häufig in eine einzige Wassermenge zusammenfliessen. Ein Ruderboot nach europäischem Muster und eine Montaria nahmen uns auf, und nun ging es durch den Igapó in den Genipapo- und dahinter in den Justinosee. Diese Canoafahrt unter dem überschwemmten Wald hindurch war zauberhaft schön. Wir mussten uns mühsam im Waldesdickicht vorwärts kämpfen, bald von einer Liane umstrickt, bald von stacheligen Ranken bedroht und verwundet. Die auf den Pflanzen hausende Insektenwelt wurde durch unsere Boote aufgestöbert und suchte sich an den keeken Eindringlingen zu rächen. Die männliche Larve einer Brunneria brasiliensis Sauss., einer auf Südamerika beschränkten Fangheuschreckenart, fiel in unseren Kahn herab und wurde die Beute unseres Sammelns. Canarana, lilablühende Sträucher, wohl Vitex triflora Vahl., Jauarýpalmen,

---

[1]) In meinen Notizen steht Coró und nicht Toró, doch da es sich um ein rattenartiges Nagethier handelte, welches etwas kleiner ist als die Paca, kann dies eigentlich nur der Toró gewesen sein. Vergl. Pelzeln: Brasilische Säugethiere 64. 65. — Burmeister: Systematische Uebersicht der Thiere Brasiliens I. 196 u. ff.

[2]) Obwohl das hier gesammelte Stryphnodendron meines Herbariums ganz gut mit dem in Kew befindlichen S. microstachyum stimmt, ist, nach Dr. Stapf, doch nicht ausgeschlossen, dass es vielleicht eine var. des Stryphnodendron Guianense Benth. sein könnte.

Popunha-rana (Cocos speciosa Barb. Rodr.) und hunderte anderer Pflanzen blühten und grünten um uns herum, umschlangen einander in endlosen Abwechslungen vor unserem staunenden Auge und verloren sich in unabsehbaren Höhen in dem hehren Urwalddom, der sich uns zu Häupten wölbte. Die Seeflächen bedeckte ein grüner Teppich von Pistia stratiotis L. var. obcordata Engler und Salvinia auriculata Aubl., zwischen welchen die Eichhornia azurea Kunth. ihre rundlichen Blätter emporhob.[3]) Und am Ufer nickten die rothen Blüthen der Cuphea Melvilla Lindl.,[4]) einer strauchförmigen, in Brasilien häufigen Lythracee. Hoch über den Seen schillerten im Sonnenschein prächtige, ganz blaue, atlasglänzende Morphiden, sicher die von Pará bis Ega verbreiteten hochfliegenden Morpho Rhetenor Cramer. Japims, Papagaios und Periquitos,[5]) flogen hin und her, Tukane (Rhamphastidae) sassen im Laubdickicht, und Piossocas (Parra jaçana L.), reizende schlanke Sumpfvögel mit grüngelben Schwingen, zogen graziös über die Wasserfläche dahin. Ganz verborgen in einer stillen Bucht des Justinosees träumte die Victoria regia ihr vergängliches Blumendasein. Von allen Seiten hingen Zweige und Blätter sonnewehrend auf sie herab und ich gedachte des Liedes von Heine:

> Die Lotosblume ängstigt
> Sich vor der Sonne Pracht.

Es war eine wunderbare Tropenwelt, die sich da vor uns aufgethan hatte, der einsame, kleine See mit seiner überwuchernden Vegetation, die auf allen Seiten in den malerischsten Gehängen über das Wasser hereindrängte, die leuchtenden Strahlen des Tagesgestirnes, die durch das grüne Laubwerk spielten und auf den stillen Fluthen glitzerten, Alles in ein Meer von Licht tauchend, die buntgefiederten Bewohner der Lüfte und farbenprächtigen Schmetterlinge, welche Leben und Bewegung in das Ganze brachten, endlich die mächtigen, schneeweissen, am Grunde rosa angehauchten Nympheen mit ihren riesengrossen, schwimmenden Blättern, welche in solcher Umgebung zu schauen, wenig Sterblichen vergönnt ist — es war ein Bild, bei dessen Anblick man von dem Gefühle überwältigt wurde, hiermit die Herrlichkeiten der Schöpfung bis auf die Neige ausgekostet zu haben. — — —

Da es Reisende giebt, welche Monate, ja Jahre am Amazonas zubringen, ohne je der Victoria regia Lindl. zu begegnen, konnten wir von Glück sagen, ihrer so bald ansichtig geworden zu sein. Eine war halbgeöffnet, eine andere in Knospe, eine dritte schon verblüht. Wir brachen

---

[3]) Diese 3 Pflanzenarten in mein Herbar gesammelt.

[4]) In mein Herbar gesammelt.

[5]) Vielleicht Goldflügelsittiche (Brotogerys chiriri Vieill.), eine Schmalschnabelsittichart des oberen Amazonas.

die erstere und einige der schönen, am Rande tellerförmig aufgebogenen Blätter, welche einen Durchmesser von 1.21 m hatten, und kehrten nach dem Sitio Providencia zurück.

Hier ergaben wir uns der Vogeljagd und dem Schmetterlingsfang. Die Flinte lieferte einen Cassicus persicus L. und ein Weibchen des Pteroglossus humboldti Wagl., eines einzig am oberen Amazonas vorkommenden Tukans. Aus der Schaar der vor dem Hause in sengender Sonnengluth gaukelnden Schmetterlinge erhaschten wir nur eine Catopsilia Argante F., eine orangegelbe, sowohl in Süd- wie in Mittelamerika anzutreffende Pierine und einige Anartia Jatropha L., weisse, hübsch braun gezeichnete und etwas röthlich schattirte Nymphalinen, welche bis Mexico hinauf verbreitet sind. Ganz ergebnisslos aber war der Versuch die hochbeinigen grossen Eidechsen einzufangen, die auf der gleichen, sandigen, mit etwas Gebüsch bewachsenen Stelle umherliefen. Die Art ihres Vorkommens, ihre Länge, ihre Färbung, von der ich nur das Dunkelgrün des Bauches erwähnen will, endlich ihre pfeilschnellen Bewegungen liessen mich schliessen, dass diese Lacertiden die im warmen Amerika häufigen Gemeinen Ameiven (Ameiva surinamensis Laur.) waren. Weit schöner noch als diese und ganz eigenthümlich muthete uns eine in Wassernähe unter einem Busch auftauchende wundervolle Riesencidechse an, welche durchaus hellgrün war und, uns ihre Vorderseite zukehrend, sich förmlich wie ein Hund mit hoch aufgerichtetem Oberkörper hinsetzte. Ich vermuthete in ihr einen der Gemeinen Leguane (Iguana tuberculata Laur.), die mitunter eine Länge von 1 m erreichen und bei den Eingeborenen als grosse Leckerbissen gelten.

Unser Hausherr schenkte mir einen Ringtragenden Schlinger (Epicrates cenchris L.) eine in ihrer Nahrung und Lebensweise der Boa constrictor sehr ähnliche Boaschlange, welche bis zu zwei Meter und mehr lang werden soll und ebenfalls Giboia genannt wird. Er gab mir ausserdem einen Surinamischen Laternenträger (Fulgora laternaria L.), eine jener nichtleuchtenden Leuchtzirpen mit merkwürdig keulenartigem, buckeligem Stirnfortsatz, welche nach seiner Aussage im Amazonasgebiet überall zu finden sind. Er theilte über sie die unbegründete Meinung der Indianer, dass sie giftig seien und eine durch sie zugefügte Verwundung unverzüglich den Tod herbeiführen müsse. An Pflanzen und Pflanzentheilen erhielt ich den Zweig eines Erythroxylon Coca Lamarck; einige wohlduftende, schotenförmige Früchte einer der Vanilla planifolia Andr. sehr nahestehenden Art von Vanille, welche vermuthlich eine nova species sein dürfte; endlich einen Contraveneno das Cobras (Xanthosoma helleborifolium Schott), eine Aracee mit fussförmig getheilten Blättern, welcher die Eigenschaft zugeschrieben wird, durch ihre auf die Wunde aufgelegten Knollen jeden Schlangenbiss zu neutralisiren.

Da unsere, auf nur wenige Tage berechneten Lebensmittel und, was noch ausschlaggebender war, unser Vorrath an Getränken zu Ende ging, mussten wir uns entschliessen, weitere Fahrten zu Mura-malocas aufzugeben und baldmöglichst nach Manáos zurückzukehren. Als Abschiedsgabe wollte mir die Frau des Hauses einen Manguepapageien überreichen, mit den an den Vogel gerichteten Worten: »Vai com a branca«.[1]) Auch hier musste ich dankend ablehnen, nahm aber um so lieber eine von Senhor Polycarpo de Souza angebotene lebende, riesige Tartaruga (Podocnemis expansa Schw.) an. Sie wurde an Bord gebracht und auf den Rücken gelegt, benahm sich auf der Weiterfahrt aber dermaassen ungeberdig und theilte so ausgiebige Fusstritte aus, dass man sie trotz ihrer Rückenlage noch anbinden musste.

Um 3 Uhr zeigte das Thermometer 27,5° C. Auch ungefähr zu dieser Zeit fiel der erste und einzige Regen, welchen wir auf dem Solimões haben sollten.

Wir landeten wieder in Corarezinho, unseren von da mitgenommenen indianischen Führer abzusetzen. Der Typus der hiesigen Mura war ein hässlicher. Sie hatten kleine Augen, stark entwickelte Jochbeine und mongoloiden Bartwuchs, nämlich einen spärlichen Schnurrbart, der aus einigen, nicht bis auf die Lippen herabreichenden, an den Mundwinkeln schief nach abwärts liegenden, kurzen und schlichten Haaren bestand. Immerhin war diese dürftige Bebartung genügend, uns die gelesenen Berichte zu bestätigen, dass, entgegen den anderen, fast durchwegs bartlosen Indianern, die Mura sich eines verhältnissmässigen Bartreichthums erfreuen, vielleicht weil sie weniger beflissen sind als andere, sich die sprossenden Haare aus zureissen.

Mit einigen Schwierigkeiten erhandelten wir von diesen Mura eine Sararáca,[2]) einen Pfeil mit eiserner Spitze, drei Rohre aus den Halmen des Gynerium saccharoides, bestimmt zur Pfeilfabrikation und einen hübschen, 1,69 m langen Pfeil mit Holzspitze und einer einseitig angebrachten Reihe stumpfer Widerhaken.[3]) Wir erlangten überdies einen langen, aus schwerem, röthlichem Holz gefertigten Harpunenschaft, an welchem je nach dem Zweck, zu dem er gerade dienen soll, ob zu Pirarucú-[4]) oder Peixeboifang[5]) oder zu anderer Jagd, verschieden geformte Eisenhaken und Eisenspitzen befestigt werden. An die Mitnahme einer echten, aus einem einzigen Baumstamme hergestellten Indianercanoa war wegen der Transportschwierigkeiten leider nicht zu denken.

---

[1] »Gehe mit der Weissen«.
[2] Siehe weiter oben S. 97. 103 und rückwärts. Tafel II. No. 3.
[3] Siehe rückwärts Tafel II. No. 4.
[4] Siehe weiter oben S. 87.
[5] Siehe weiter oben S. 87.

Nach Querung des Solimões fuhren wir, wie auf dem Hinweg, durch den Chubrena-Igarape. Hier fesselte uns neuerdings der Schlingpflanzenbehang des Uferwaldes, welcher ganze Laubschleier, grüne Vorhänge wie das Blätterkleid vermeintlicher Ruinen, bildete. Ein grosser, rosa angehauchter Steno pallidus Gervais sprang aus den Fluthen empor. Auf dem Rio Negro kämpften wir uns am malerischen linken Ufer aufwärts und trafen 7 Uhr abends wieder in Manáos ein.

Unsere Victoria regia, welche des Morgens weiss gewesen, wurde später, als sie ihren Kelch mehr erschlossen, ganz rosa; und gegen Abend, nachdem sich ihre Farbenpracht langsam aber stetig gesteigert, erglühte sie im schönsten, zartesten bläulichen Rosenroth. Der Durchmesser der vollständig entfalteten Blüthe, deren Geruch genau dem einer Wassermelone glich, betrug 25 cm. Ehe sich die Blume abends verwelkend schloss, wimmelte es in ihrem Kelche plötzlich von Cyclocephala castanea F., dunkel- und hellbraun gefärbten, guyanischen Blatthornkäfern, welche der sterbenden Wasserrose, die sie beherbergt hatte, nun schnöde und treulos entflogen. Die Poesie der Blume war uns durch diesen unschönen Anblick zerstört und ich empfand

> Das ist im Leben hässlich eingerichtet,
> Das bei den Rosen gleich die Dornen stehn.

KAPITEL VII.

Rio Negro.

Manáos. Samstag, den 14. Juli.

Den Morgen verbrachten wir zunächst mit Ordnen der gesammelten zoologischen, botanischen und ethnographischen Gegenstände. Dann sahen wir in einem Privathause einige junge, in einem Käfig gehaltene Jaguare (Felis onça L.) an, welche sich trotz ihrer Jugend sehr wild geberdeten. Schliesslich verschafften wir uns bei einem Händler was an interessanten indianischen Objekten in Manáos aufzutreiben war. Zu diesen gehörte ein Gefäss aus Gürtelthierpanzer,[1] ein flacher Korb mit Papageifedern verziert, zwei Pagaias,[2] ein Bogen der Maućindianer, ein kunstvoll mit Faden verzierter, eleganter Bogen aus dem Amazonasgebiet[3] und last not least Verschiedenes, was die Crichaná als Tauschartikel an den Rio Negro gebracht hatten. Unter letzteren befanden sich einige sehr selten zu erhaltende Steinbeile,[4] ein grosser Bogen aus schwerem dunklen Holz, über ein halbes Dutzend 1,42—1,66 m lange Pfeile mit Knochenspitze,[5] ein Pfeil mit Spitze aus Bambushalm[6] und ein Pfeil von 1,65 m Länge mit äusserst zierlich geschnitzter Holzspitze, welche drei Paare sehr scharfer, sich in einer Ebene symmetrisch gegenüberstehender Widerhaken aufweist.[7] Die Verwendung von Stein und Knochen zu Waffen und Hausgeräth sprach deutlich von der niederen, dem Eisen noch fremden Culturstufe dieses Indianerstammes.

In einem anderen Laden kauften wir eine Anzahl Cuiás. Es sind dies aus den holzartigen Schalen der Früchte der Crescentia Cujete L.[8],

---

[1] Siehe rückwärts Tafel III No. 2.
[2] Siehe Tafel III No. 1 u. 7.
[3] Siehe Tafel II No. 8.
[4] Siehe Tafel III No. 8 u. 9.
[5] Siehe Tafel I No. 1—4.
[6] Siehe Tafel I No. 5.
[7] Siehe Tafel I No. 6.
[8] Siehe weiter oben S. 50.

einfach durch Halbirung hergestellte halbkugelige Gefässe, welche den Eingeborenen als Napf, Becher, Teller und Anderes dienen. Sind diese Cuias mit Malerei zu versehen, und zwar ist dies gewöhnlich nur auf der Innenseite derselben der Fall, so wird die zu bemalende Fläche zunächst mit Baumrindenabsud getränkt, um der Farbe, welche aufgetragen werden soll, mehr Haltbarkeit zu geben. Hierauf wird die stets schwarze, Cury genannte Grundfarbe meistens durch Bereiben erwähnter Fläche mit einer aus verbrannten Palmfrüchten gewonnenen Kohle erzielt und mit einem Spatel aus hartem Holze recht glatt polirt. Die auf diese Grundfarbe aufgesetzten Malereien ergehen sich, sowohl was Zeichnung, wie Farbe betrifft, in den grössten Abwechslungen. Die hierzu verwendeten Farben bereiten die Indianer aus verschieden gefärbten Erden und aus den Blättern, Früchten und Wurzeln von allerhand Pflanzen. Am meisten ist diese in den Händen der Indianerinnen befindliche Cuiáindustrie in Carvoeiro am Rio Negro und in Monte Alegre, Prainha und Outeiro am Amazonas entwickelt.

Cuiá.
(Im Besitz der Verfasserin.)

Nachmittags fuhren wir zu Kahn nach dem in der Nähe von Manáos befindlichen Estabelecimento de Educandos artifices, einer Erziehungsanstalt, in welcher für 122 Waisenknaben der Provinz Platz geschaffen ist. Wir wollten hier die jungen Vollblutindianer sehen, deren die Anstalt aus allerhand Stämmen aufgenommen hat. Doch auch hier zeigte sich wieder die betrübende Thatsache, dass die Indianer, viel mehr als alle anderen Rassen Brasiliens, Krankheiten unterworfen sind. Bis auf wenige, lagen sämmtliche indianische Knaben an den Masern darnieder, indessen die übrigen Schüler, Weisse, Neger und Mischlinge, den Krankenzimmern ein weit geringeres Contingent stellten. Wenigstens war hier nicht zu befürchten, dass die Masernkranken, wie es in den Indianerdörfern am Rio Negro aufwärts geschieht, sich, unbekümmert um ihren Hautausschlag, im Flusse baden würden. Letzterwähntes Verfahren ist es, welchem man die erschreckend hohe Ziffer an letalem Ausgang der Masernfälle zuschreibt.[1] Uebrigens nicht nur durch Hautkrankheiten, auch durch Lungenschwindsucht werden nach Aussage Einheimischer die Reihen der Indianer decimirt.[2]

Unter obwaltenden Gesundheitsverhältnissen bekamen wir in der Educandosanstalt nur einen einzigen Indianer zu Gesicht, einen Cachinána

---

[1] Ebensolche schlimme Folgen der Flussbäder Masernkranker will man auch bei den Botokuden beobachtet haben. s. Key: Les Botocudos. 72.

[2] Dies stimmt mit dem, was Ehrenreich (Globus LXII S. 35) erzählt, und mit den Beobachtungen, welche über nordamerikanische Indianerstämme gemacht wurden. Siehe Buschan: Einfluss der Rasse auf Form und Häufigkeit pathologischer Veränderungen (Globus LXVII S. 62 u. 63).

vom Rio Negro.¹) Sein Typus war kein vornehmer und seine Züge waren unschön; er hatte eine fliehende Stirn, vorspringende Jochbeine, eine Nase ohne Spur von gekrümmtem Rücken, pechschwarze schlichte Haare und eine ausgesprochen braune Hautfarbe.

Von diesem Estabelecimento brachte uns unser Kahn in ein östlich von Manáos gelegenes Flüsschen, welches den Namen Igarapé da Cachoeirinha²) trägt. Der dort zur Zeit der Vazante zu sehende Wasserfall hatte sich noch nicht entwickeln können, da das Hochwasser die fallverursachenden Felsen noch gänzlich überdeckte. Doch die Fahrt an sich war reizend. Auf dem von beiden Seiten mit üppigster Vegetation eingefassten schmalen Igarapé schwamm unser Boot unter und zwischen den Bäumen hindurch, welche sich malerisch über das Wasser zusammen beugten und ihre schönen Formen in einen Schleier von Lianen hüllten. Nachdem wir uns durch das hochüberschwemmte Pflanzenchaos durchgewunden, landeten wir an einigen im Walde versteckten Indianerhütten, welche aus Lehm und Palmstroh aufgebaut waren. An einer derselben hing ein Typytí, das heisst ein langer, aus Desmoncus- oder Marantaceenstengeln geflochtener, elastischer Schlauch, der zum Auspressen des giftigen Saftes aus den zerriebenen Mandiocawurzeln dient. Von den hiesigen Vollblutindianern, welche uns sehr freundlich aufnahmen und als »branco« und »branca«³) ansprachen, waren zwei alte Leute mangelhaft

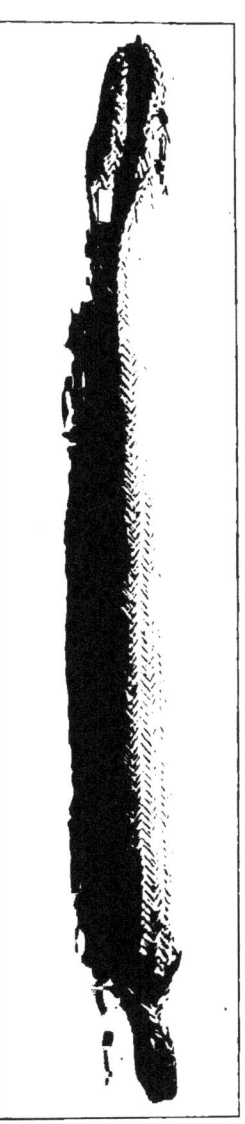

Typytí.
(Im Besitz der Verfasserin.)

---

¹) Einen Cachinána, Cachiuána genannten Stamm konnte ich in keinem einschlägigen Werke finden. Vielleicht handelt es sich um die am benachbarten Japurá und Tunantins sitzenden Cauixánas, Cauxinas (s. Martius: Beiträge I 481 u. ff. und Mello Moraes: Revista da Exposição Anthropologica brazileira p. 72), welche zu den Nu-Aruakstämmen zählen. Wie unglaublich die Stammesnamen geändert und verballhornt werden, beweist uns Martius fast auf jeder Seite seines Werkes. — Vergl. auch Martius l. c. S. 143 Anmerk. 1.

²) Cachoeirinha (portug.) = kleiner Wasserfall.

³) Branco = Weisser. Branca = Weisse.

gekleidet. Die jüngeren Familienmitglieder hingegen hatten, wie fast alle Tapuios, vollständige Anzüge aus blauem Kattun.

Nach einer kurzen Fusstour in den hinter den Hütten sich fortziehenden prächtigen Wald, kehrten wir zu Kahn nach Hause zurück. Eine Unzahl grösserer und kleinerer Canoas, von Indianern mittelst Tellerruders gelenkt, belebten in der Dämmerstille den anziehenden Wasserweg; und gegen den rotherglühten Abendhimmel zeichneten sich als graziöse Schattenrisse einzelne hohe, anmuthig geneigte Palmen. Es war ein vollendetes, tropisches Stimmungsbild.

Manáos. Sonntag, den 15. Juli.

Der heutige Tag diente zu einem Ausflug nach dem Hyanuarýsee,[1]) welcher in dem zwischen dem Zusammenfluss des Solimões und Rio Negro eingekeilten Stück Niederung liegt. Wir querten zunächst letztgenanntes Wasser und fuhren dann in den Hyanuary-Igarapé hinein. Das Wasser hatte — es war 7 Uhr Morgens — 26,5° C., die Luft nur 25,5° C. Wir landeten an einer Indianerhütte, die aus kaum mehr als einem Dache bestand und vor der die Decke eines Veado (Coassus rufus Cuv.)[2]) lag. Der Anziehungspunkt in dieser ursprünglichen Behausung war ein noch nicht ausgewachsener, weiblicher Coata (Ateles paniscus L.)[3]) ein ganz schwarzer, zahmer Klammeraffe, der sich streicheln liess und gern aufrecht zu gehen schien. Er legte seinen langen Schweif malerisch um sich herum, war gemessen in seinen Bewegungen, hatte an diejenigen des Menschen sehr erinnernde Stellungen und machte uns den Eindruck sanften, eher melancholischen Characters zu sein. Die Coatás, diese grössten Vierhänder Brasiliens, welche sich auch durch besonders schlanke Gestalt auszeichnen, gehören zu den Lieblingsaffen der Amazonasindianer und werden häufig gezähmt in den Hütten gehalten.

Von der Hütte aus traten wir eine fast zweistündige Wanderung durch den Caa Eté[4]) an, den ersten solchen Streifzug im Gebiet des Rio Negro. Die Picadas, welche zu Jagdzwecken den Urwald durchzogen, waren gerade breit genug, um eine Person durchzulassen. Wilde Cacaobäume[5]) und allerhand Palmen schmückten das Waldesdickicht. An letzteren bemerkten wir Maximiliania regia, Euterpe oleracea, verschiedene Geonomen und kleinere Bactrisarten, unter denen namentlich die 3 m hohe Bactris bifida Mart.[6]) mit ihren zweigespaltenen, stachelbewehrten Blättern häufig auftrat.

---

[1] Heisst auch Januarysee, Jauanarisee etc.

[2] Siehe weiter oben S. 102.

[3] Da dieser Affe, soviel ich mich entsinne, ein sehr dunkles Gesicht hatte, würde ich ihn für einen Ateles ater Cuv. gehalten haben, wenn diese Species von Ateles in diesen Regionen schon beobachtet worden wäre.

[4] Siehe weiter oben S. 2.

[5] Ein Blatt in mein Herbar gesammelt.

[6] In mein Herbar gesammelt.

Urwald im Amazonasgebiet. (Nach der Natur von B. Wiegandt.)
(Das Original im Besitz der Verfasserin.)

Riesige Bromeliaceen, die echten Ananas (Ananas sativus Schult.), von denen einige sich im Fruchtstand befanden, waren über den ganzen Waldboden verbreitet. Dazwischen erhoben Adiantum pulverulentum L., in Süd- wie in Nord-Brasilien anzutreffende Haarfarne, ihre anmuthigen Wedel und fiel ein zierlicher Bärlapp, Selaginella Parkeri Hook. Grev., durch sein zartes Hellgrün in die Augen,[1]) epiphytische und terrestrische Araceen, unter anderen die in Brasilien auf die Amazonasgegenden beschränkte Dieffenbachia Seguine Schott,[2]) erhöhten die Üppigkeit des Pflanzenwuchses. Vom Waldesgrunde endlich stiegen zahlreiche Lianen in das Laubdach empor, Bauhinien mit bandförmig flachem, auffallend gewelltem Stamm, dem Doliocarpus Rolandri Gmel. sehr nahe stehende Dileniaceen mit gewundenem Stamm und rother brüchiger Borke,[3]) Coccoloben mit merkwürdiger Rinnenbildung an den Flachseiten des stark gewundenen Stammes[4]) und unzählige andere, gleich diesen, nach Licht und Luft strebende Gewächse. Zwar stand der Boden dieses Urwaldes an Dichtigkeit des Pflanzenwuchses hinter dem des Caa-Eté bei Pará zurück, doch übte auch dieser mato virgem[5]) durch seine Unberührtheit, durch die ungehemmte Entwicklung seiner Pflanzenrepublik einen grossen Zauber auf uns aus. Da lag ein riesiger, faulender Baumstamm über dem Waldpfad, im Tode noch hundertfältig überwuchert, dort drängte sich dorniges Gestrüpp an die Picada heran, und stachelige Palmstämme und Palmblätter klammerten sich zudringlich an unsere Kleider. Wir mussten uns durchwinden und durchkämpfen.

Schmetterlinge gaukelten auf dem schattigen Wege vor uns her, ein Colibri schwirrte an uns vorbei, allerhand Vogellaute schallten aus den Zweigen herab, doch war keiner der befiederten Sänger zu erspähen. In der Ferne liess sich eine Waldtaube hören mit einem weniger girrenden, als klagenden Ton, vielleicht die Pomba rolla (Chamaepelia talpacoti Temm.), deren Stimme als eintönig, sanft und etwas tief beschrieben wird.[6]) Um einen Ast herum bewegte sich in Spirale eine Prozession blättertragender

---

[1]) Beide in mein Herbar gesammelt.

[2]) In mein Herbar gesammelt.

[3]) Die von mir mitgebrachte Stammprobe stimmt wohl so ziemlich in den Holzringen, aber nicht in der Borke mit Stammproben von Doliocarpus Rolandri Gmel.

[4]) Die von mir mitgebrachte Stammprobe hat in der Structur die meiste Aehnlichkeit mit der Stammstructur der Coccoloba striata Benth., doch können auch andere Coccoloba-species, wie C. peltigera Meissn., C. excelsa, etc. in Betracht kommen.

[5]) Portugiesische Bezeichnung für Urwald.

[6]) Siehe Wied: Beiträge zur Naturgeschichte Brasiliens IV 468. Die Ch. talpacoti ist, so viel mir bekannt, bisher zwar nicht speciell für den Rio Negro angeführt worden, doch wüsste ich keine andere Taube, von welcher eine nur irgend annähernd klagende Stimme beschrieben worden wäre.

Saúbas (Atta cephalotes (L.) Fabr.,[1]) ziemlich grosser rothbrauner Ameisen, welche auf die Bäume steigen, sich aus dem Laub pfenniggrosse Stücke herausschneiden und diese in ihre unterirdischen Wohnungen schleppen. Da beim Tragen der Blattstückchen die Thiere unter ihrer grünen Last verschwanden, schien der ganze Zug einer sich rührenden Pflanze täuschend ähnlich.

Nicht nur Insekten und Vögel, auch zahlreiche Säugethiere soll dieser Urwald bergen, Veados, d. h. Rothspiesshirsche (Coassus rufus Cuv.), Tatus (Dasypodidae) und verschiedene Arten von Nagern, wie Capivaras (Hydrochoerus Capybara Erxl.), Pacas (Coelogenys Paca L.) und Cutiás (Dasyprocta), sämmtlich Thiere, welche in die Küche des Amazonasuferbewohners wandern. Dieselben werden nicht nur durch das Gewehr des Jägers erlegt, sondern auch durch Fallen mit Selbstschuss, deren wir eine auf dem Waldterrain begegneten.

Der Igapó, der überschwemmte Wald, setzte unseren Fusswanderungen ein Ziel, und so fuhren wir von der Indianerhütte aus zu Kahn weiter hinein in die Verzweigungen des Hyanuarýsees, welcher mehr als 200 Fischarten bergen soll. Hier trieb das Wassergeflügel sein Wesen. Ein weisser Reiher, sicher Nycticorax pileatus Lath., stand sinnend am Wasserrande. Eine prachtvolle, grosse Ente, die mir braun und blauschwarz zu sein und nur einen weisslichen oder weissen Ring um den Hals zu haben schien,[2]) schwamm in einer ferneren Bucht. Hübsche graue und weisse Möwen (Phaëtusa magnirostris Licht.) stiessen auf Beute herab und mussten zwei aus ihrer Schaar als Opfer unserer Jagdflinte lassen. Eine Unzahl der namentlich im Fluge reizenden, rothbraun und gelben Piossocas (Parra jaçana L.), deren Gekreisch jedoch ganz entsetzlich ist, stiegen aufgescheucht in die Höhe und suchten das Weite. Ein wohlgezielter Schuss holte einen dieser Spornflügler herab, doch er fiel auf einen wegsperrenden Caa-pimteppich, dessen Gräser so dicht ineinander verwoben waren, dass sogar der Terçado unserer Leute dem Kahn keine Strasse hindurch bahnen konnte.[3]) Und so mussten wir auf das wenige Schritte von uns verendete, hübsche Thier verzichten. Glücklicher waren wir im Erbeuten eines Königswürgers (Tyrannus melancholicus Vieill.), welcher mit seinesgleichen und den Japims, den überall zu sehenden Trupialen, das Ufergebüsch belebte. Wir ruderten viel an überschwemmtem Wald vorbei;

[1] Da es mehrere Arten Atta im Amazonasgebiet giebt und ich zum Bestimmen kein Individuum von dieser Prozession mitbrachte, ist es nicht ausgeschlossen, dass es vielleicht eine andere Art als Atta cephalotes Faber gewesen sein kann, doch scheint letztgenannte Species am Amazonas die verbreitetste und bekannteste zu sein.

[2] Es dürfte dies vielleicht die bei Manáos vorkommende Dendrocycna discolor Sch. et Salv. gewesen sein.

[3] Es soll ein solcher Caa-pim- oder Cana-ranateppich manchmal so verfilzt sein, dass er grosse Thiere zu tragen im Stande ist. Siehe José Verissimo: Revista Amazonica I 92, 93.

hohe Palmen und andere baumartige Gewächse ragten vereinzelt oder in Gruppen aus dem Wasser heraus. Auf einem wasserumgebenen Riesenbaum sass hoch oben eine entzückende Aechmea setigera Mart., eine nicht südlicher als am Amazonas gefundene, grosse Bromeliacee mit rothen Stengelblättern und langem, grünem, dornenbewehrtem Bluthenschaft. Mit dem Terçado, welches an ein Ruder gebunden worden war, holten wir die Pflanze von ihrem luftigen Standorte herab, wobei sich das auf den Blättern angesammelte Regenwasser auf uns entlud. In der Bromeliacee war eine wundervolle, dunkelrothbraune, sammtig behaarte, weibliche Vogel-Würgspinne (Avicularia vestiaria De Geer.) verborgen. Sie hatte rostroth umrandeten Mund, strohgelbe und bernsteinfarbige Augen, blutrothe Längslinien auf den Beinen und Tastern und hellrubin und smaragdgrün schimmernde Sohlen. Ihre Körperlänge betrug, die Fresszangen nicht mitgerechnet, ungefähr 4 Centimeter.

Nahe dem Ufer bereiteten wir im Kahne, unter dem Sonnensegel, unsere einfache Mahlzeit. Um 2 Uhr mass die Luft im Schatten $34,5°$ C.; es war dies die höchste der bisher am Amazonas von uns beobachteten Temperaturen,[1]) und wir empfanden sie als unerträglich heiss. Das Wasser des Sees hatte um 3 Uhr $28°$ C. Wir wollten, da uns das Getränk ausgegangen war, als Ersatz das uns umgebende Seewasser mit Cachaça vermischt zum Durstlöschen benutzen, doch hatte es einen so überaus sumpfigen Geschmack, dass wir in Anbetracht der möglichen Malariagefahr davon Abstand zu nehmen für gut fanden.[2])

Unsere heutige zoologische Ausbeute war noch nicht beendet. Während, des Kochens halber, unser Boot stille lag, setzten sich verschiedene Wasserjungfern auf dasselbe. Es gelang uns einige dieser Insekten in unser Netz zu bekommen, zwei Erythemis bicolor Hagen, prachtvolle Libellulinen mit bläulich bereiftem Thorax und glänzendrothem Hinterleib und ferner ein Leptagrion flammeum ♀ Bates, eine bisher nur am Amazonas beobachtete sehr seltene Schlankjungfer.

Reichbeladen mit Thieren und Pflanzen aller Art kehrten wir unter Führung unseres getreuen João bis 5 Uhr nach Manáos zurück.

Manáos, Montag, den 16. Juli.

Diesen Morgen streiften wir durch die Stadt, am Hafen und auf dem Markte umher, Indianertypen zu beobachten. Es gelang uns, einiger Tapuios, einiger peruanischen Indianerinnen und einiger Mura ansichtig zu werden. Die Tapuios waren hässlich und den von uns am Solimões gesehenen Mura ähnlich. Sie zeichneten sich durch kleine Augen mit enger Lidspalte, einen kurzen schwarzen Bart und vortretende Jochbeine aus; einige hatten

---

[1]) Es blieb auch die höchste Temperatur, welche wir in Brasilien massen.
[2]) Siehe das weiter oben S. 109 und Anmerk. 1, daselbst Gesagte.

gelbbraune, andere, gleich dem Muramädchen in Providencia, ganz dunkelbraune Hautfarbe. Die Eine der peruanischen Indianerinnen stammte aus Moyabamba; ihr Typus war fast der einer Japanerin, ihre Hautfarbe gelblich, ihr Haar straff und pechschwarz, ihre Züge waren ausgesprochen mongolenähnlich. Die andere Peruanerin hatte sowohl weniger gelbliche Hautfarbe, wie weniger mongoloide Merkmale. Die Mura waren furchtbar hässlich und trugen ganz den Typus der beiden Mura in Corarezinho; sie hatten gemeine Züge, einen höchst unschönen Mund, einen kurzen Schnurrbart und im Ganzen einen abstossenden, wilden Ausdruck. Einer von ihnen fiel durch seine stark aufgestülpte Nasenspitze besonders in die Augen. Ein uber und über mit blauen Strichen tätowirter Mundurucú, welcher als Matrose auf einem Dampfer der »Companhia do Amazonas« einige Zeit hier gewesen war, hatte leider den Rückweg schon angetreten und entging somit unseren Beobachtungen.

Auf dem Markte und sonst in der Stadt gab es ausser Indianer auch eine Menge interessanter Dinge in Augenschein zu nehmen. Wir erwarben an letzteren die Haut einer Boa constrictor und diejenige einer Sucurijú (Eunectes murinus L.), die Decke eines Rothspiesshirsches (Coassus rufus Cuv.), einige Jaguarfelle, das Fell eines Ozelot (Felis pardalis L.), einen indianischen Halsschmuck aus Früchten des Thränengrases (Coïx Lacrima L.)[1]), welches in den feuchten Amazonaswäldern wächst, und endlich ein rohornamentirtes Gefäss aus der verholzten Fruchtschale einer Lagenaria vulgaris Ser., von Indianern am Rio Branco verfertigt.[2]) Auch erhielten wir ein Muster des Muirapinima geschenkt, eines der hübschesten Nutzhölzer des Amazonas, welches dem Brosimum discolor Schott, einer baumförmigen Urticinee, entstammt. Leider fehlte uns wegen des Marktbesuches die Zeit, einen in der Stadt in Privatbesitz befindlichen, zahmen jungen Tapir anzusehen.

Nachmittags hatte es 30° C. in unseren Zimmern, und fühlten wir uns, wie an jedem in Manáos verbrachten Tage, so vollständig abgespannt, dass es uns einen Entschluss kostete, auch nur einen zu Boden gefallenen Gegenstand wieder aufzuheben. Und doch durfte keine Viertelstunde gefeiert werden, wollten wir unsere naturwissenschaftlichen Schätze ordnen und verpacken. Am schlimmsten aber empfanden wir bisher die Nächte. Da unsere hiesigen Wohnräume klein sind und Zimmerdecken haben, also kein Luftzug durch das ganze Haus streifen kann, man zudem wegen der Malaria Nachts kein Fenster öffnen soll, ist jede Nacht wie ein ununterbrochenes Dampfbad. So wacht man denn des Morgens nicht erfrischt auf, sondern durchaus erschöpft, als wenn man gerade eine

---

[1] Martius Beiträge zur Ethnographie etc. I. 702) erwähnt solchen Schmuck als bei den Aruaquí gebräuchlich.

[2] Siehe rückwärts Tafel III. No. 6.

schwere Krankheit überstanden hätte. Die erträglichsten Tagstunden sind die im Freien verbrachten, sei es im Waldinnern, sei es unter dem Sonnensegel eines Kahnes oder einer Lancha. Die zu Wanderungen in der Stadt verwendeten hingegen sind geradezu eine Qual. Obwohl man im Schatten der Häuserreihen dahinschleicht, ist der Körper durch die feuchte Hitze doch so erschlafft, dass man kaum die Füsse heben kann und vermeint, Blei in den Gliedern zu haben. Jeden Morgen stehen wir bei Kerzenlicht auf, die ersten Frühstunden zu unseren Gängen zu benutzen und womöglich nach acht Uhr schon wieder zu Hause zu sein. Abends dann, da es um 6 Uhr finster wird und man die Nachtluft möglichst vermeiden soll, ist für uns kein Grund vorhanden, nicht zeitig unser Lager, Bett oder Hängematte, aufzusuchen.

Am Spätnachmittag, wenn die Haupthitze des Tages gebrochen ist, kann man sich wieder in das Freie wagen, und so benutzten wir auch heute diese Zeit zu einem Ausfluge. Unser João brachte uns in seinem Boote nach dem Igarapé da Cachoeira grande,[1]) welcher sich westlich von Manáos in den Rio Negro ergiesst. Anfangs war das Flüsschen ganz breit, dann wurde es enger und enger. An den Ufern standen wenig Palmen, aber viel hübsche, pinienförmig gebreitete, lianenbehangene Laubbäume. Der Igarapé zog sich in zahlreichen Windungen tief in den Wald hinein und bot einen malerischen Punkt nach dem andern, an welch jedem man mit Entzücken gerne länger verweilt hätte. Und doch sind der Jgapó und die Igarapés am Rio Negro lange nicht so schön und künstlerisch formvollendet, wie diejenigen bei Pará, da hier der Wald weniger palmenreich und zugleich weit mehr den Ueberschwemmungen unterworfen ist als dort. Bei Pará differirt der höchste und niederste Wasserstand verhältnissmässig nur um Weniges. Hier stehen jetzt noch manche Bäume bis zur Krone im Wasser; und wenn die Vazante fortschreitet, ragt der lange Zeit überschwemmt gewesene Wald viele Fuss weit hinauf schmutz- und schlammbehängt empor, durch die hässliche Farbe seiner unteren Theile den hohen Stand der Enchente markirend.

Am Igarapé da Cachoeira grande sind ausschliesslich Europäer oder wenigstens Weisse angesiedelt, den Urwald hat meistens die struppige Capoeira ersetzt, die Gegend ist augenscheinlich viel von der Civilisation beleckt und es fehlt überhaupt das Anziehende des Urwüchsigen. An der Cachoeira selbst, wo der Wald stark gelichtet, befindet sich ein Wasserwerk für eine Wasserleitung nach Manáos.

Wir verliessen hier das Boot und wanderten zu Fuss weiter durch wilde Vegetation bis zum Tanque,[2]) welcher klares Wasser hatte. Ueber

---

[1]) Cachoeira grande (portug.) = grosser Wasserfall.
[2]) Tanque (portugiesisch) = grosser Wasserbehälter.

unseren Weg zogen blättertragende Saúbas (Atta), jene gefürchteten Zugameisen, die ganze Bäume entlauben und die Landwirthschaft oft empfindlich schädigen.[1]) Die Heimfahrt traten wir erst nach Sonnenuntergang an. Nachtschwalben kreischten um unsere Köpfe, später flatterten Fledermäuse zackigen Fluges vor uns her. Gegen den dunkelroth aufflammenden Abendhimmel zeichneten sich reizend die Umrisse eines Segelschiffes. Ein grosser, mit Tapuios bemannter Batelão durchfurchte die Fluthen des Rio negro, mittelst kräftiger Ruderschläge vorwärts getrieben. Und auf dem Igarapé und dem Schwarzen Strome wiegten sich unzählige Canoas, welche von ihre dunkelhäutigen Insassen heimwärts gelenkt wurden.

Manáos—Paricatúba, Dienstag, den 17. Juli.

Gelegentlich unseres heutigen Morgenspazierganges durch Manáos begegneten wir einem jungen Indianer, welcher einen Affen trug. Das Thier hatte braunen Pelz und helleres, von dunklem Bart umrahmtes Gesicht Cebus cucullatus Spix??).

Wir waren auf der Wanderung zu einem deutschen Kaufmann begriffen, seine kleine Sammlung indianischer Gegenstände zu besichtigen. Es gab daselbst Acangatara, d. h. bei festlichen Gelegenheiten gebrauchte Kopfbinden aus aufrecht stehenden, bunten Federn; ein schmales, federnbesetztes Stirnband aus Zeug, vermuthlich eine der von Martius als Häuptlingsinsignie beschriebenen Acanguapé; Gürtel aus senkrecht nach abwärts gerichteten rothen Arárafedern; ein Armband aus Affenzähnen; ein Halsband aus Zähnen des Pekari (Dicotyles torquatus Cuv.); ein Blaserohr; einen kleinen, geflochtenen Köcher mit Uamiri, d. h. Blaserohrpfeilchen und noch manch anderen interessanten Gegenstand.

Als wir heimgekehrt waren, brachte man mir ein Nest des Chartergus Chartarius Sauss., einer unserer Gemeinen und unserer Deutschen Wespe Vespa vulgaris L. und V. germanica F.) nicht unähnlichen, nur um ein Geringes kleineren Wespe, mit schwarzem, der Quere nach gelbgestreiften Hinterleib. Es ist ein sehr solid und glatt gearbeitetes, an einem Baumzweig aufgehängtes Cartonnest von 27 cm Länge und weisslicher Grundfarbe mit braunen Sprenkeln. Seine Form sind zwei mit ihrer Basis aneinandergesetzte Kegel von sehr verschiedener Höhe; der obere ist spitzwinkelig, der untere, welcher an seinem Scheitel das Flugloch trägt, stumpfwinkelig.

Um halb 1 Uhr traten wir unseren letzten Ausflug von Manáos aus an. Diesmal stand uns eine, »Saõ Pedro« genannte, ausgezeichnete Steamlaunch mit Achterkajüte zur Verfügung. Deutsche Liebenswürdigkeit hatte sie uns verschafft. Um 2 Uhr zeigte das Thermometer 30,5° C. Luft-

---

[1] Siehe weiter oben, S. 128.

temperatur. Eine halbe Stunde später warfen wir Anker vor dem wohlbekannten Paricatúba[1]), diesmal, um das vor acht Tagen dort gesehene, seltene Blaserohr zu erhandeln. Da der dasselbe besitzende Indianer gerade abwesend war, blieb uns nichts zu thun übrig, als geduldig zu warten. Ein entzückender, urwaldumgebener See und Igarapé hinter den zerstreuten Indianerhütten lud uns ein, das Lenken ächt indianischer Canoas zu versuchen, welche unbenutzt am Ufer lagen. Diese schwankenden, schmalen Fahrzeuge bestanden blos aus einem ausgehöhlten Baumstamm, auf dessen Seitenwänden, zum Erhöhen des niederen Bordes, je eine Planke von geringer Breite aufgesetzt war. Indem wir, wie die Eingeborenen, am Buge sassen, gelang es uns ganz gut, mittelst der Pagaias im unsicheren, indianischen Boote über die unbekannte Tiefe zu steuern. Allerhand Wasserpflanzen stiegen aus dem braunen, geheimnissvollen Grunde bis nahe an die Oberfläche herauf. Es war still und träumerisch auf dem einsamen kleinen Waldsee im fernen Indianerlande.

Feuerfächer.
(Im Besitz der Verfasserin.)

Am Ufer befand sich eine Igarité befestigt, eines jener malerischen Fahrzeuge mit Tonnengewölbe aus Palmstrohgeflecht. Die nahe dem Wasser gelegenen, zum Theil wandlosen Strohhütten hatten den Boden mit Matten bedeckt. Eine derselben war die Yapona-oca, der so wichtige Schuppen zur Verarbeitung der Mandiocawurzeln. Man sah daselbst Ipycei, primitive Reiber zur Wurzelverkleinerung, Typyti[2]), verschiedene Körbe und Siebe aus Stroh, geflochtene Strohfächer zum Feueranfachen und vor Allem Yapona, d. h. niedere Oefen aus Lehm und Stein mit riesigen Thonpfannen zum Trocknen des Mandiocamehles. In einer der Wohnhütten war eine Indianerin mit Flechten von gelb und roth gemusterten Körben beschäftigt.

Während wir nach unserer Lancha zurückkehrten das Abendessen zu bereiten, flog über unsere Köpfe hinweg eine Schaar Amazonen-

---

[1] Die Angabe der Lage von Paricatúba auf der in Reclus Nouvelle Géographie Universelle XIX. Pl. I befindlichen Karte vom Rio Negro kann ebensowenig ganz richtig sein, wie die Angabe in Silva Araujo Diccionario do Alto Amazonas, p. 308, dass die Tarumá-assúmündung nur 1 legoa = 6,6 km oberhalb Manáos liegt. Nach der von uns gebrauchten Zeit zur Zurücklegung dieser Strecke, die wir viermal durchfuhren, stellt sich die Entfernung von Manáos bis zum Tarumá-assú, sowie bis nach Paricatúba als eine etwas grössere heraus.

[2] Siehe weiter oben S. 123.

papageien, deren ausgespannte Flügel im Sonnenlichte prachtvoll roth durchschimmerten.

> Die Paraquitos ziehen heim zur Rast
> Das Abendgold mit ihrem Glanz durchstreifend.[1])

Bei Mondschein klommen wir neuerdings hinauf zur Hütte des endlich heimgekehrten Indianers, die gewünschte, von den Uaupé stammende Sarabatana[2]) zu erbitten. Nicht nur dass uns der freundliche Tapuio das Blaserohr überliess, er schenkte uns dasselbe sogar, ebenso wie einen Balaio[3]), welchen er als von den stromaufwärts sitzenden Marquiritariindianern[4]) herrührend[5]), bezeichnete. Dieser Balaio ist ein aus Rindenstreifen von Palmblattstielen gefertigter, wenig vertiefter runder Korb, der ein Mäandermotiv als Muster aufweist.

Wir sassen mit der kinderreichen Indianerfamilie vor deren malerischen Hütte. Der Mond schien hell, weit heller als in unserer Heimath, und die Erde ringsum leuchtete in seinem Lichte schneeweiss auf. Uns zu Füssen lag mondverklärt der stille urwaldumgebene See, uns zu Häupten rauschten die Tucumápalmen ihre geheimnissvollen Weisen. Es war unsagbar poetisch, zauberhaft schön. Nur ein Misston klang in die stimmungsvolle, märchengleiche Tropennacht — ein achtjähriger, blödsinniger Indianerknabe[6]) schlich lallend umher und gemahnte uns, dass auch in diesen gesegneten Gefilden die Nachtseiten des menschlichen Daseins nicht fehlten. —

Zu unserer Steamlaunch zurückkehrend, verirrten wir uns im Igapó und kamen dermaassen in das Flusswalddickicht, dass wir genöthigt waren, uns platt in den Kahn zu legen, um unter dem Gebüsche durch zu gelangen. Nach Erkletterung des verankerten »São Pedro« schwangen wir uns in die an Bord kreuz und quer aufgeknüpften Hängematten. Doch die gehoffte Ruhe war gleich Null. In Folge der Strombrandung schaukelte die Lancha als wenn wir uns auf dem Meere befunden

---

[1] Kaiser Maximilian von Mexico: Aus meinem Leben. VII. 276.
[2] Siehe weiter oben S. 102 und rückwärts, Tafel I. Nr. 7.
[3] Siehe rückwärts Tafel III. Nr. 4.
[4] Die zu den Karaibenstämmen zählenden Maquiritari wohnen in Südvenezuela, zwar nicht direkt am Rio Negro, dehnen jedoch ihre Streifzüge bis zu diesem Strom auf brasilianisches Gebiet hinein aus. S. Martius: Beiträge etc. I. 565.
[5] Die Angabe, dass die Maquiritari solche Körbe verfertigen, stimmt, das Korbmaterial ausgenommen, mit dem in Hooker's Journal of Botany VII. 278 Gesagten. Uebrigens verfertigen auch die Pareci, die Banîba, die Içána und die verschiedenen, fälschlich und richtig unter dem Namen Uaupé gehenden Gemeinschaften ähnliche Körbe und letztgenannte Indianer treiben mit denselben einen schwunghaften Handel flussabwärts. S. Wallace: Travels on tho Amazone etc. 491, 492, 507 und s. die Körbe südamerikanischer Indianer im Ethnographischen Museum zu Wien.
[6] Martius erzählt in seinen Beiträgen etc. (I. 633), dass die Blödsinnigen bei den Indianern ähnlich wie bei den Orientalen eine besondere Rücksicht und Verehrung geniessen.

Unser Landungsplatz am Tarumá-assú.
(Nach einer selbstaufgenommenen Photographie.)

hätten, und die Redes[1]) schlugen aneinander, uns jeden Augenblick aus dem Schlummer schreckend. Die Nacht über liess sich in unmittelbarer Nähe unseres Schiffes ein eigenthümliches Brummen und Plätschern hören, Laute, welche wir Alligatoren zuschrieben. In grösserer Entfernung aber klang tausendstimmige Anurensymphonie, aus der uns das bekannte Hämmern der Hyla crepitans Wied und der metallische Ruf des Fereiro (Hyla faber Wied) heraus zu tönen schien.

Tarumá-assú—Manáos. Mittwoch, den 18. Juli.

Früh viereinhalb Uhr lichtete unserer »São Pedro« den Anker und querte bei wunderbar klarer Mondnacht und prachtvollem Sternenfunkeln die ganze Breite des Rio Negro.

. . . .
Ruhig schifft der Mond im blauen Himmel;
Ob des Urwalds dichtem Wipfelmeer
Schwebt der Stern' und Käfer Lichtgewimmel.

Abwärts strömt der Fluss, ein Silberband,
Küsst die duft'gen Blumen, tränkt die Bäume,
Und die üpp'ge Pflanzenwelt am Strand
Wiegt er sanft in . . . nächt'ge Träume.[2])

Eine Stunde später, als schon der Morgen graute, dampften wir in den Tarumá-assú hinein, der von Norden her seine bescheidenen Wasser dem Hauptflusse zuführt. Anfangs, eine kurze Strecke hindurch, bestanden

---

[1]) Rede (portugiesisch) = Hängematte.
[2]) Kaiser Maximilian etc. VII. 274.

die Ufer dieses kleineren Fluss-laufes aus Igapó, weiter aufwärts aus Terra firme. Sie waren grösstentheils urwaldbedeckt und arm an Palmen. Wir lenkten nach rechts in ein noch engeres Fahrwasser ein, welches ein Nebenarm oder Zufluss war, und woselbst einige palmblattgedeckte Lehmhütten standen. Hier landeten wir und unternahmen eine stundenlange Streiferei durch den Urwald, der uns als der formvollendetste der im Amazonasgebiet von uns gesehenen Urwälder anmuthete. Wundervolle Palmengruppen, so schön wie kein Künstler sie schöner hätte zusammenstellen können, erhoben sich im Waldesinnern. Es gab da allerhand grössere Fiederpalmen und einzelne Mauritien. Unterhalb dieser, einen Theil des Unterholzes bildend, sah man viel Palmen niedrigeren Wuchses, Geonomen, Bactris und vermuthlich noch andere, zu denen, was Höhe betraf, die Iriartea setigera Mart.[1]) den Uebergang bildete. Paó-mulato (Calycophyllum Spruceanum Hook. fil.) mit ihren braunrothen, glänzenden Stämmen fehlten nicht. Ein Baumriese trug hoch oben eine nach Aussage der Eingeborenen weissblühende Orchideenart, welche Epidendrum cochleatum L. gewesen sein könnte.[2]) Auf einem anderen dieser Riesenbäume sass eine Aechmea setigera[3]) mit hohem Blüthenschaft. Endlos lange Ficeenwurzeln hingen wie Schnüre aus dem dichten Laubdach auf uns herab. Die klimmenden Aeste eines Balsamgewächses, des Connarus punctatus Planch.[4]), strebten in die Höhe. Philodendren mit kleinen, eiförmig zugespitzten Blättern und das Philodendron eximium Schott[5]) rangen sich empor nach Luft und Licht. Ein kletterndes Machaerium[6]) mit einseitig geflügeltem, bandförmigem Stamm von 15 cm Breite und 4–6 cm Dicke, die mächtigste Liane, welche wir bisher gesehen, wand sich vor unserem staunenden Auge durch das Pflanzengewirr senkrecht nach oben. Auch eine grosse Jabuti-mutá-mutá, eine jener Bauhinien mit eigenthümlich flachem, welligem Stamme, verlor sich, treppengleich ansteigend, in der übrigen Lianenwelt. Breite Helicinienblätter schmückten das Dickicht. An Stelle terrestrischer Bromeliaceen bedeckten hier den Urwaldboden Aroideen mit länglichen und lanzett-

---

[1] In mein Herbar gesammelt.

[2] Da die Orchidee gerade nicht in Blüthe stand, konnte ich in mein Herbarium nur Blätter sammeln. Nach diesen allein ist eine sichere Bestimmung nicht möglich, doch lässt ihre Form und Stellung, vereint mit der weissen Blüthenfarbe, E. cochleatum L. vermuthen.

[3] Siehe weiter oben S. 129.

[4] In mein Herbar gesammelt.

[5] In mein Herbar gesammelt.

[6] Der mitgebrachten Stammprobe nach steht dieses Machaerium, wenn man von der einzelnen Flügelung absieht, nicht nur dem Machaerium aculeatum Raddi sehr nahe, sondern konnte sogar identisch mit ihm sein. Noch in Betracht käme allenfalls M. longifolium Benth., welches im Standort weit besser stimmen würde, als M. aculeatum R. Auch ist nicht ausgeschlossen, dass das von mir mitgebrachte Stammstück einer neuen Species zugehört.

förmigen Blättern, sicher irgendwelche Anthurien. Dazwischen streckten Pteris deflexa L.[1]), auf Amerika beschränkte tropische Saumfarne, ihre steifen Wedel heraus, und nickten die blauen Blüthen der Abolboda grandis var. minor Gris.[2]), einer wenig verbreiteten Xyridee. Von Tatú (Dasypus) und Paca gegrabene Löcher durchzogen das unebene Terrain. Verschiedene Vogelstimmen schmetterten Morgenlieder durch die grünen Hallen. Eine Waldtaube girrte in der Ferne.[3]) Ein anderer Vogel, in dem wir einen Sabia[4]) vermutheten, flötete in wundervoll gezogenen Tönen ganz wie unsere Nachtigall. Wir standen wie festgebannt stille, dem ergreifenden Gesang zu lauschen. Auf einem Baume sass hoch oben im Laub versteckt eine Urochroma purpurata Qm., ein reizender kleiner, grüner Kurzschwanzpapagei mit blauem Unterrücken und theilweise purpurrothen Steuerfedern. Ein tödtlicher Schuss streckte ihn nieder und der Balg wanderte in unsere Sammlung.

Auf einer Picada drangen wir vorwärts. Die Waldwände zu beiden Seiten unseres Pfades waren so dicht, dass wir nur mit Hülfe des Terçado hätten eindringen und den noch unentweihten Boden hätten betreten können. Einzelne umgestürzte Bäume, über welche wir klettern mussten, und ein paar sumpfige Stellen hemmten unsere Schritte. Es öffneten sich einzelne Blicke in das Dickicht hinein auf tiefer gelegene Gründe, welche zwischen den übrigen Pflanzen malerisch vertheilte Palmen zierten. Ueber einem winzigen Igarapé führte ein geländerloser Strohsteg, im Hintergrund erhob sich eine mauritienuntermischte Pflanzengruppe — es war ein künstlerisch vollendetes Bild. Noch mussten wir durch eine Capoeira, in welcher Miconien (Miconia Guianensis var. β ovalis Cogn.),[5]) baumförmige, gross-

---

[1]) In mein Herbar gesammelt.

[2]) In mein Herbar gesammelt.

[3]) Welche der vier, speziell bei Manáos beobachteten Taubenarten es gewesen, lässt sich nicht sicher entscheiden. Die Columba speciosa Gm. und die Geotrygon montana L. hört man im Ganzen wenig; über die Stimme der Chamaepelia passerina L. konnte ich überhaupt keinen Aufschluss finden; den Ruf der Columba rufina Temm. beschreibt Wied in seinen Beiträgen zur Naturgeschichte Brasiliens (IV, 458) als sanft und angenehm modulirt.

[4]) Sabiá werden sowohl Turdus wie Mimus genannt. An Turdus käme hier, der geographischen Verbreitung nach, der Turdus phaeopygus Cab. vor Allem in Frage, an Mimus vermuthlich keiner. Ich wäre jetzt, nach reiflicher Ueberlegung, jedoch eher geneigt zu glauben, dass das was wir damals einen Sabiá zu sein vermutheten gar keiner gewesen, sondern der bei Manáos vorkommende Cyphorinus musicus Bodd., der beste Sänger der brasilianischen Tropen. Wundervoll nachtigallartig soll auch der Icterus chrysocephalus L. singen, der sich einsam in den Wäldern des Rio Negro aufhält. Siehe Pelzeln: Zur Ornithologie Brasiliens 47, 93 ff. 194. Catalogue of the Birds in the British Museum V, VI, XI. — Wied, Beiträge etc. III, 653 ff. Burmeister: Systematische Uebersicht der Thiere Brasiliens III, 127, 133, 270. — Bates: The Naturalist etc. 377. — Sclater: Exotic Ornithology 149. — Schomburgk: Reisen in Britisch Guiana III, 673 und Andere.

[5]) In mein Herbar gesammelt.

blätterige Melastomaceen, wuchsen. Dann endlich war das Ziel unserer heutigen Wanderung erreicht, die Cachoeira[1]) de Tarumá, an welche sich eine indianische Loreleysage knüpft. Schleiergleich wallte der Wasserfall von bedeutender Höhe über eine Sandsteinkante senkrecht in die Tiefe. Unten, da wo die zerstäubenden Wasser aufschlugen, war ein Chaos grosser, dichtüberwachsener Felsblöcke entstanden, ringsum von der reichsten Vegetation, von schweigendem, dunkel ernstem Urwald umschlossen. Gerade gegenüber den stürzenden Fluthen ragte majestätisch ein prachtvoller Riesenbaum empor. Den Fuss des mächtigen, weit hinauf

Fahrt durch überschwemmten Urwald. (Nach Biard.)

astfreien Stammes schmückte ein Kranz langblättriger Anthurien, die Mitte ein Gürtel von Philodendren mit herzförmigen Blättern; erst hoch oben entwickelte sich die imposante Laubkrone. Links von diesem strebte ein anderer Baumriese in die Höhe mit schirmartig gebreitetem Laube; ihm fehlte zwar der reiche Araceenschmuck, doch war er über und über mit senkrechten Lianengewinden und Luftwurzeln, wie mit dem Tauwerk eines Schiffes, behangen. Wir lagen oben am Rande des Abgrundes neben dem Wasser, welches ruhig seinem jähen Falle zufloss, blickten hinunter auf dieses Stein- und Pflanzenchaos und konnten uns nicht satt sehen an dieser wunderbaren, einzig schönen Tropennatur.

[1] Cachoeira = Wasserfall.

Nach glücklicher Rückkehr auf die Lancha, dampften wir wieder in den Rio Tarumá-assú hinein und noch eine Strecke flussaufwärts. Die enganeinandergerückten Ufer waren hier grösstentheils hoch überschwemmt, unser »São Pedro« fuhr zwischen den Wipfeln der tief im Wasser stehenden Bäume hindurch. Wir bestiegen das Boot, eine Fahrt durch den Igapó zu unternehmen. Es war ganz entzückend zu Kahn in den Wald einzudringen, durch ein wahres Pflanzengewirr sich vorwärts zu arbeiten und mit dem Terçado sich durchhauen zu müssen. Aeste legten sich uns in den Weg, Schlingpflanzen hinderten die freie Bewegung der Ruder. Zahllose Palmen waren über dem Igapó zerstreut, manche ganz unter dem Flussspiegel begraben. Insektennester hingen an den Baumen, drohend ihre angriffslustigen Insassen auf uns herab zu schütten. Reizend war das Schauen durch den Wald mit seinem dunklen Wassergrunde, das Hindurchblicken zwischen den unzähligen Stämmen, welche säulenartig das dichte Blätterdach trugen und das Hinaufsehen nach den grünen Laubmassen, durch die sich die Sonnenstrahlen mühsam hindurchstahlen, um tausendfach gebrochen auf den braunen Fluthen weiter zu flimmern.

Wir sammelten hier einen Zweig des Blastemanthus gemmiflorus Mart. et Zucc., eines auf das Guyanagebiet beschränkten Baumes mit lederartigem, glänzendem Laube, auch das sattgrüne Blatt der Myrsine Rapeana Roem. et Schult., forma communis,[1]) eines von Guyana bis Rio de Janeiro verbreiteten Strauches, und endlich ein Blattexemplar der Varietät a. vulgaris Cogn. der Miconia Guianensis, von welcher wir die andere Varietät in der Capoeira angetroffen hatten. Mit Anstrengung drangen wir bis zur Terra firme vor. Hier erhob sich hoher Mato virgem, dessen Boden Bromeliaceen weithin überdeckten. Einzelne Vögel stimmten einen matten Gesang an. Mittagsschwüle brütete über dem Urwald und die feuchten Gründe dampften.

> . . . .
> Der Tropen heisser Mittag ist gekommen,
> Die Zeit der Gluth liegt auf dem weiten Land,
> Und tiefen Schatten sucht der Mensch beklommen.
>
> Die gold'ne Sonne triumphirend zieht
> Hoch über ries'ge Laub- und Palmenkronen,
> In ihrem azurblauen Lichtzenith
> Als Herrscherin der Tropenwelt zu thronen.
>
> Die Blumen senden ihren Liebesduft
> In die von Sonnengold durchwirkten Räume,
> . . . .[2])

---

[1]) Beide in mein Herbar gesammelt.
[2]) Aus »Mittag im Urwald« (Kaiser Maximilian von Mexico: Aus meinem Leben, Band VII. S. 318).

Wieder erkletterten wir unsere Lancha, welche jeglicher Fallreepstreppe oder auch nur Jakobsleiter entbehrte, und dampften flussabwärts nach dem Sitio der Velha Ignacia. Daselbst war eine primitive Zuckerfabrikation ohne Dampfbetrieb zu sehen. Mirití-[1]), Assaï-[2]) und Popunhapalmen[3]) beschatteten die verschiedenen Hütten. Auf einem Baume wuchs eine Acacallis cyanea Lindl.[4]), eine schöne, bläulichblühende, seltene Orchidee, welche von ihrem hohen Standorte herabgeholt und mitgenommen wurde.

Assaïpalmen am Tarumá-assú.
(Nach einer selbstaufgenommenen Photographie.)

Eine erneute kurze Fahrt brachte uns nach der Hütte eines weisshaarigen Indianers, dessen Alter über 100 Jahre geschätzt wurde; ich sage geschätzt, da die Leute selbst meistens nicht wissen, wie viele der Sonnenwenden über sie hinweggegangen sind. Jedenfalls sollen die Indianer sehr alt werden und ihre Haare selten, und wenn, dann sehr spät, den Farbstoff verlieren[1]). Namentlich die Tarumá, welche einstens an dem Flüsschen gleichen Namens sassen[2], nun aber daselbst verschwunden sind, haben sehr viel bejahrte Leute in ihren Reihen gezählt.

In der Hütte unseres Tapuiogreises am Tarumá-assú hauste ein gelbbrauner Affe mit schwärzlichem, haarlosem Gesicht, wie mir schien,

Unser João in einer Montaria.
(Nach einer selbstaufgenommenen Photographie.)

eine Callithrix caligata Natterer. Es war ein ungemein lebhaftes Thier, das ununterbrochen herumkletterte, wie eine Katze spielte, so viel als möglich stahl und sich niemals in aufrechter Haltung, sondern immer nur auf seinen vier Händen fortbewegte. Die Indianer hier kamen uns, gleich allen anderen,

[1] Soura: Valle do Amazonas 85. — Mello Moraes: Revista da Exposição Anthropologica 54. — Martius (Beiträge etc. I. p. 684 u. ff.) will die Langlebigkeit auf die halbcivilisirten und civilisirten Indianer beschränkt wissen.

[2] Silva Araujo: Diccionario do Alto Amazonas 233.

die wir gesehen, sehr zurückhaltend, ernst, fast mürrisch vor. Es ist wie ein Druck, der auf dem Gemüthe dieses Volkes lastet, wo man letzteres auch sehen mag, sei es im hohen Norden auf canadischen Gefilden oder tief unten im Süden in Brasiliens Urwäldern. Immer haben die Leute etwas Stolzes, Unnahbares in ihrem Wesen, etwas Unbewegliches in ihren Gesichtszügen, und doch muthen sie gerade durch ihre Ruhe und vornehme Abgeschlossenheit sehr sympathisch an.

Wie in anderen Indianerhütten, so mussten wir auch hier alle unsere Ueberredungskünste aufbieten, um, natürlich gegen klingende Münze, irgendeinen charakteristischen Gegenstand zu erhalten. Hier handelte es sich um einen Bogen, den wir uns durch Beharrlichkeit eroberten. Ueberlegt man die Sachlage, so erscheint der Widerwillen der Indianer, sich von ihren Habseligkeiten zu trennen, vollkommen gerechtfertigt. Die Dinge, welche für den Ethnographen Werth haben, sind keine, die der Indianer käuflich erworben, sondern solche, die er zu seinem eigenen Gebrauch oft mühsam gefertigt hat. Entäussert er sich derselben, so entbehrt er sie in seinem kleinen Haushalt, bis nach Tagen oder Wochen ein Ersatz dafür geschaffen ist. Und erst, wenn man ihm zumuthet, sich von seinen Jagdgeräthen, wie Bogen, Pfeil oder Blaserohr, zu trennen, die ihm den täglichen Unterhalt verschaffen, dann wird die Frage des Ersatzes eine noch brennendere, die Schwierigkeit des Hergebens eine noch grössere. Dass der Indianer, wenn es ihm irgend möglich ist zu schenken, gerne schenkt, wurde uns fast in jeder Hütte bewiesen. Wir betraten selten eine, ohne sie meist mit irgendeiner lebendigen Gabe wieder zu verlassen, und so wurde uns auch hier ein lebendes Huhn in das Boot nachgetragen.

Nun fuhren wir in den Rio Negro zurück, um bald abermals an das Land zu gehen. Es geschah dies auf dem waldigen linken Ufer. Wildwachsende ächte Ananas (Ananas sativus Schult.) bedeckten den Boden. Eine der Macairea albiflora Cogn. sehr nahe stehende, bisher unbekannte Species von Melastomacee[1]) prangte in hübschem lila Blüthenschmuck. Cajúbaume (Anacardium occidentale L.)[2]) mit ihren seltsam geformten Früchten erregten unsere Aufmerksamkeit. Auf einer Capoeira fanden wir eine neotropische Varietät unserer Renthierflechte, die Cladonia rangiferina var. pycnoclada Pers.[3]) Wir drangen noch bis zu einem palmenbeschatteten

---

[1]) Diese in mein Herbarium gesammelte Pflanze wurde später von Cogniaux als Macairea Theresiae Cogn. sp. nov. beschrieben. Siehe Botanisches Centralblatt LXVI p. 369. — Auf der anbei befindlichen Abbildung ist das unterste Blatt rechts ergänzt.

[2]) Da es verschiedene Species von Anacardien am Rio Negro giebt, könnten diese Cajúbäume allenfalls auch eine andere Species als A. occidentale gewesen sein. Sie müssten es sogar sein, wenn A. occidentale bei Manáos nicht wildwachsend vorkommen sollte und sie, wie zu vermuthen, wildwachsend waren.

[3]) In mein Herbarium gesammelt.

Bache vor, welcher sich durch die üppige Waldvegetation malerisch hindurchschlängelte, dann kehrten wir auf unsere Lancha zurück und waren Abends wieder in Manáos.

Manáos. Donnerstag, den 19. Juli.

Bei Sonnenaufgang, 6 Uhr früh, wanderten wir über einen hübschen, von Palmen und Bäumen begleiteten Igarapé und hinauf nach der Höhe

Macairea Theresiae nov. spec. (¹/₂ nat. Grösse.)

hinter der Stadt. Auf den Feldern wuchsen halbstrauchförmige Malvaceen mit schwefelgelben Blumenblättern, welche an der Basis einen dunkelrothen Flecken trugen; es waren die reizenden Pavonia cancellata var. deltoidea St. Hilaire.[1]) Indianische Strohhütten zogen sich von der Stadt fast bis da herauf. Neben der mangelhaftesten Einrichtung war in denselben das Vorfinden einer Nähmaschine nicht ausgeschlossen, wie wir solches an den hiesigen Flüssen, zu unserem Befremden, oft in den ärmsten Indianerbehausungen angetroffen hatten.

---

[1]) In mein Herbar gesammelt.

Von der Höhe wollten wir einen letzten Blick auf Stadt und Gegend werfen, die wir heute endgiltig verlassen sollten und die uns lieb geworden war. Es bot sich von diesem Punkte aus eine hübsche Uebersicht über die waldige, leichtgewellte Ebene, welche Manáos umgiebt. Weit vor uns, im Süden, wälzte der Rio Negro seine trägen dunklen Fluthen vorbei, tief in das unabsehbare Waldland einschneidend. Hinter uns, im Nordosten, wand sich der Igarape da Cachoeirinha. Der Eindruck, welchen die vor uns ausgebreitete Landschaft hervorrief, war der äusserster Ueppigkeit. Indessen im europäischen Süden und in Nordafrika bis auf einzelne Stellen Alles ausgebrannt erscheint, war hier Alles wie mit einem riesigen, zusammenhängenden, grünen Teppich üppigster Vegetation bedeckt, zwischen welchem nur an wenigen kleinen Punkten die nackte Erde zum Vorschein kam. Und trotz dieser grünen Farbe, welche meist einen kälteren, nördlicheren Ton in den Landschaftsbildern erzeugt, sah hier die Natur so ungemein heiss und tropisch südlich aus, dass man sie sich nicht heisser und tropischer vorstellen konnte.

Wir empfanden diesen Eindruck der Hitze auch physisch. So lange wir in Manáos und Umgegend weilten, waren wir Tag und Nacht ununterbrochen in Schweiss gebadet. Abgesehen von ein paar Regenschauern in den ersten zwei Tagen unseres Aufenthaltes war das Wetter immer schön, der Himmel immer blau. Zu Mittag zeigte das Thermometer durchschnittlich 30° C., doch wirkte nicht so sehr die Höhe der Temperatur als die unbeschreibliche Feuchtigkeit der Luft angreifend auf uns. Dank der gewissenhaften Beobachtung der uns angegebenen Vorsichtsmassregeln blieben wir jedoch Alle frisch und gesund. Nicht so leider stand es um die Deutschen, namentlich die blonden Norddeutschen, welche hier wie in Pará schon weit länger als wir dem gefürchteten Aequatorialklima ausgesetzt waren. Ihre Widerstandsfähigkeit hatte sich nach und nach verringert.[1] Manche unter ihnen litten mehr oder minder an der sogenannten tropischen Anämie, einer fieberlosen Malariakrankheit,[2] und ihre wachsgelbe Gesichtsfarbe war wirklich jammervoll anzusehen. —

Wenn wir auf das Ergebniss unseres Aufenthaltes in Manáos und der von hier unternommenen Ausflüge zurückblicken, können wir im Ganzen zufrieden sein. Zwar gelang es uns nicht, dank der Malaria und dem Ausspringen des unentbehrlichen Führers Roberto, bis zu den noch wilden Indianern vorzudringen, doch sahen wir einzelne Individuen aus nur halbcivilisirten und ebenso einzelne aus menschenfressenden Stämmen, und ist namentlich die Ausbeute in ethnographischer, zoologischer und botanischer Beziehung keine allzu geringe. Noch heute brachte uns der Wirthssohn

---

[1] Siehe hierüber auch Stokvis: Ueber vergleichende Rassenpathologie und die Widerstandsfähigkeit des Europäers in den Tropen, S. 21.
[2] Siehe Schellong (Die Malariakrankheiten, S. 33, 34, 146) und Andere.

ein lebendes Weibchen aus der auf Brasilien beschränkten[1]) und nicht sonderlich individuenreichen Species Stagmatoptera praedicatoria Sauss. Es ist dies eine jener merkwürdigen Fangheuschrecken (Mantidae) mit blattähnlichen Flügeldecken und in kniender Stellung gehaltenen Vorderbeinen. Wir sammelten auch verschiedene für diese Gegenden charakteristische Früchte und Samen. Ich nenne die eierbecherförmige Frucht der Couratari dictyocarpa Mart., einer bisher nur im Amazonasgebiet gefundenen baumförmigen Myrtacee; eine Nuss des Castanheiro (Bertholetia excelsa Humb.), jenes vielleicht edelsten Baumes der Amazonasregion, welcher sich auf die Terras altas beschränkt und dessen schwere, aus 25—30 m Höhe herabfallende Früchte mitunter Leute erschlagen; die, Cumarú genannten Samen der Dipterix tetraphylla Spruce, eines in den Wäldern um Manáos wachsenden Baumriesen; etliche der merkwürdig dreiflächig-geformten Samen der uns schon von Pará her bekannten Andiróba (Carapa guianensis Aubl.) und einige der gelbbraunen, mandelartigen Samenkerne des Cacaobaumes, welcher den grössten landwirthschaftlichen Reichthum des unteren Amazonas repräsentirt. Endlich an Pflanzen, von denen die genaue Angabe des Standortes zu notiren übersehen wurde, legten wir in unser Herbarium: Caladium bicolor Vent., eine Aracee, deren grüne Blätter viele kleine chlorophylllose Stellen haben, und Clitoria amazonum Mart., eine grossblüthige, kletternde Papilionacee, welche am Solimões und Rio Negro häufig vorkommt.

Im Gasthaus selbst hatten wir unerwünschte Gelegenheit zu Studien über Insektenleben und wurden an den Ausspruch des Naturforschers Spruce erinnert, dass, mehr als die Menschen, die Ameisen als Herren des Amazonasthales zu betrachten seien.[2]) Musste Jemand irgendwo im Hause eine Zuckerdose öffnen, so wimmelte es darin buchstäblich schon im nächsten Augenblick von sehr kleinen, hellen Ameisen,[3]) deren man sich nicht mehr zu erwehren vermochte. Winzige gelbe Formiciden[4]) drangen auch belästigend in unsere Zimmer und bis in einen unserer Koffer, in welchem ihnen ein Filzhut zum Opfer fiel. Es gelang uns jedoch, wenigstens unsere Insektensammlung vor ihnen zu retten, da wir, eingedenk dessen, dass die Ameisen die verderblichsten Feinde solcher Sammlungen sind, letztere ganz besonders sorgfältig hüteten.

---

[1]) Bis 1871, soweit meine Quellen gehen, war diese Species nur in Brasilien gefunden worden.

[2]) Journal of the Linnean Society Zoology V. p. 355.

[3]) Welche Formicidenart es war, ob Prenolepis fulva Mayer oder eine andere der kleinen, hellen, häuserbesuchenden Ameisen ist schwer zu sagen, ohne ein Individuum zur Bestimmung vor sich zu haben. (S. weiter oben S. 51 Anm. 2.)

[4]) Monomorium pharaouis (L.) Mayer (??)

KAPITEL VIII.

Auf dem Amazonas.

An Bord der „Pará". Freitag, den 20. Juli.

Nach herzlichem Abschied von unseren fürsorgenden Wirthsleuten, einem Franzosen und einer Pfälzerin, schifften wir uns gestern Nachmittag auf dem Dampfer »Pará« der »Companhia de Navegação do Amazonas« ein, um nach derjenigen Stadt zurückzukehren, welche den gleichen Namen wie der Dampfer trägt. Das brasilianische Schiff, das wir diesmal zu unserer Stromfahrt wählten, ist wohl weit weniger bequem, als das englische, welches uns herbrachte. Doch hat es, entgegen dem Liverpooler, den für uns Wissensdurstige unbezahlbaren Vortheil, den Lokalverkehr zu vermitteln und folglich an vielen Stationen zu halten und allerhand Seitenwege einzuschlagen, an welchen der überseeische Dampfer stolz vorüberfährt. Zudem sind die Mitpassagiere ausschliesslich Brasilianer, und hören und sehen wir auf diese Weise Manches über brasilianische Sitten. Auch ist die Küche vollständig einheimisch und lernen wir sie hier weit besser kennen, als in den europäisch beeinflussten Gasthäusern. Bis auf die Bananen, welche wir in allen Gestalten, gebraten, als Pudding und als Compot erhalten, munden die Leistungen dieser Kochkunst unserem Gaumen im Ganzen zwar sehr wenig. Sie munden uns sogar so wenig, dass wir mitunter in unserer Cabine eine Nachmahlzeit mit Vorräthen halten, welche unsere voraussehende Wirthin von Manáos uns als Wegzehrung mitgegeben. Doch da das Studium der landesüblichen Küche auch zur Kenntniss eines Landes gehört, unterziehen wir uns willig diesen kulinarischen Erfahrungen. Ueberdies steht neben dem Weizenbrode oder an Stelle desselben stets ein Teller mit Farinha auf dem Tische und ist dieses Mandiocamehl, welches mit den Fingern kunstreich in den Mund geworfen wird, eine auch uns immer geniessbar scheinende Nahrung.

Pünktlich um fünf Uhr Nachmittag verliess gestern unser Dampfer Manáos, welches mit seinen Palmen, Igarapés und malerischen, mit Indianerfamilien besetzten Cobertas, Batelões und Igarités bald unseren Blicken entschwunden war. Terra firme begleitete uns flussabwarts zur Linken, Igapó und Vargem zur Rechten; die den geschlossenen Wald überragenden Palmwipfel zeichneten sich als dunkle Wellenlinie gegen den Abendhimmel ab. Einige Furos durchschnitten die keilförmig die zwei Ströme trennende Landspitze. Nach einer Stunde Fahrt fand im Süden das rechte Ufer des Rio Negro sein Ende, und es öffnete sich der Ausblick auf den Solimões. Wolkig drang das gelbe Wasser des Hauptstromes gegen das braunschwarze des gleichwerthigen Nebenstromes vor. Eine Strecke weit wälzten sich die verschiedenfarbigen Fluthen, welche in sehr spitzem Winkel zusammen getroffen waren, unvermischt nebeneinander dahin. Später, nachdem der Solimões einerseits und der Rio Negro andererseits noch eine grosse Insel umflossen hatten, waren die Wasser des schwarzen Stromes braun, die des gelben Stromes schwach dunkler geworden, und bald setzten sie, gründlich durcheinander gemischt, als Amazonas gemeinsam die Reise meerwärts fort. Einzelne indianische Palmstrohhütten blickten vom Ufer friedlich auf das gewaltige Strombild. Die Sonne verglühte in feurigerem Roth als an all den letzten Tagen, später goss sich verklärendes Mondlicht über die einsame tropische Landschaft.

Nachts hielten wir vor Itacoatiára, woselbst uns das versprochene Geschenk des dortigen Missionärs, mit welchem wir die Hinreise nach Manáos zurückgelegt hatten, an Bord gebracht wurde. Es ist dies eine äusserst kostbare anthropomorphe Urne, welche aus einem prähistorischen Grab in der Nähe Maués, von der Südseite des Amazonas, stammt und einen eigenthümlichen, breiten Gesichtstypus zeigt, wie einen sehr ähnlichen einige der in Teotihuacan bei Mexico gefundenen, kleinen toltekischen Thonmasken aufweisen.[1])

Heute früh 7 Uhr stand das Thermometer bei etwas bedecktem Himmel auf 25° C.

Wir setzen unsere bisherigen anthropologischen Studien auch auf dem Dampfer fort, da die Schiffsmannschaft hierzu Gelegenheit bietet. Es befinden sich unter den Matrosen sowohl Mestizen wie reinrassige Indianer. Einer der ersteren ist ein Cariboco, das heisst ein Mischling von Negern und Indianern, es herrscht bei ihm jedoch der indianische Typus vor, der sich in diesem Fall durch tiefliegende Nasenwurzel, dürftigen Schnurrbartansatz und noch andere Merkmale äussert. Dieser Cariboco

---

[1]) Die Aehnlichkeit der keramischen Alterthümer der Amazonasgegenden mit den keramischen Arbeiten der Tolteken wird auch von Ladisláo Netto (Le Muséum National de Rio de Janeiro p. 64, 65) erwähnt. — Siehe auch Ladisláo Netto: Investigações sobre a archeologia brasileira (Archivos do Museu do Rio de Janeiro, VI. 417.

hat nichts so Ansprechendes wie einige auffallend hübsche Mamelucas, Töchter von portugiesischen Vätern und indianischen Müttern, welche wir gerade in den letzten Tagen gesehen haben. Die als Matrosen an Bord befindlichen Indianer sind peruanische; sie haben auffallend gelbbraune Hautfarbe, rabenschwarzes, schlichtes Haar, ein knochiges Gesicht und, wie viele ihrer Rasse, ein zurücktretendes Kinn.

Unsere Para dampfte heute den ganzen Tag der von Maué bewohnten Rieseninsel Tupinambaránas entlang, bald in diesen, bald in jenen Paraná einlenkend, bald an diesem, bald an jenem Sitio haltend. Die Sitios, deren Besitzer durchschnittlich Weisse waren, bestanden meistens nur aus einer Hütte, selten aus zwei. Ueberall wurden Cacaosäcke geladen, in Yricurituba auch Kautschuk und Schildkröten. Die Bedeutung

Anthropomorphe Urne von Maués.
(Im Besitz der Verfasserin.)

der Cacaoproduktion in der Amazonasniederung kam uns heute durch Augenschein deutlich zum Bewusstsein. Thatsächlich ist die Hylaea mit ihrem warmfeuchten Klima und ihrem weichen Alluvialboden für diese Kultur geeigneter als alle anderen Landstriche Brasiliens, und ist der Cacao nach dem Kautschuk der Hauptexportartikel aus dem Hafen von Pará. Die Ausfuhr belief sich in diesem ersten Halbjahr auf nahezu 3 Millionen Kilogr. im Werthe von 1429 contos[1]). Die Cacaokultur ist fast mühelos und sehr einträglich; der Chocoladebaum trägt dreijährig die ersten Früchte und bleibt 50—80 Jahre lang ertragsfähig. Man kann jährlich zwei Ernten erzielen, von jedem Baum bis zu 10 Kilogr. Bohnen, welch letztere einfach auf Matten in der Sonne getrocknet werden. Aus der weissen

---

[1] 1888 hatte 1 brasilianischer Milreïs den Werth von 2,26—2,28 Mark deutscher Währung; 1429 contos waren somit c. äquivalent mit 3 269 836 Mark.

Pulpa, in welcher die mandelartigen Samen eingebettet liegen, bereitet man an Ort und Stelle eine wohlschmeckende Gelée, die auch wir, in anbetracht der kaum geniessbaren Kost an Bord, zum Betäuben unseres Hungergefühles schätzen lernten.

Einige der an den Stationen am Dampfer anlegenden Boote waren mit Tapuios besetzt, braunen Leuten mit schönem, pechschwarzem Haar, welche manchmal laden halfen. Nachmittags gestaltete sich das linke Stromufer mit seinen urwaldumrahmten Buchten und seinen rothen, urwaldgekrönten Sandsteinhügeln sehr malerisch. Als Staffage diente diesem Tropenbilde eine Canoa, in der indianische Insassen Schildkrötenjagd betrieben. Später, im Paraná do Mocambó, sahen wir eine andere von Indianern besetzte Canoa, in welcher ein Mann vorn am Bug aufrecht stand, Bogen und Pfeil in der Hand um Fische zu schiessen. Es konnte sich hier nur um kleinere Fische handeln, da die grösseren harpuniert zu werden pflegen. Ausser auf den soeben genannten zwei Arten wird den Fischen, dieser Lebensbedingung der Amazonasindianer, auch noch mittelst Angeln, Netzen, Reusen, Vergiften der Gewässer und endlich durch tragbare oder feststehende Hürden, welche die Wasserläufe sperren, erfolgreich nachgestellt.[1])

Um 1 Uhr Nachmittag erreichte die Temperatur die Höhe von 29^0 C. Die Thalfahrt war auf dem Amazonas weniger heiss, als die Bergfahrt, da wir immer erfrischenden Gegenwind aus Osten hatten. Doch sobald der Dampfer stoppte und der Luftzug weniger fühlbar war, wurde die Hitze sofort unerträglich. Ausserdem bedrückte uns die entsetzliche Feuchtigkeit, welche in der ganzen Amazonasgegend herrscht, und die so gross ist, dass man nichts vor ihr zu bewahren vermag. Gepappte Gegenstände lösen sich auf, Photographien verderben und Medicamente in fester Zucker- und Pulverform schmelzen oder werden in kürzester Zeit unbrauchbar.

An Vögeln bemerkten wir heute zwei grosse, grau, schwarz und weiss gefiederte Reiher, von denen der eine fischte, der andere vorüberflog und die uns als Magoarý (Ardea çocoi L.) bezeichnet wurden, ferner einen schneeweissen Reiher, der wohl Ardea egretta Gm. gewesen ist, eine auf einem schwimmenden Holze sitzende Möve, welch ersteres nebst vielen Grasinseln und Baumstämmen den Strom heruntertrieb, schliesslich zwei Aráras, die im Fluge sich durch ihren glänzend rothen Körper und ihre sattblauen Schwingen deutlich als Ara macao L. erkennen liessen.

Gegen Abend dampften wir vom Sitio Santa Luzia wieder etliche hundert Meter stromaufwärts, um in Fortaleza eine Familie an Bord zu

---

[1]) Silva Araujo: Diccionario do Alto Amazonas. 31. — Martius: Beiträge zur Ethnographie etc. L, p. 610 u. ff.

nehmen, und setzten dann unseren Kurs den Amazonas hinunter fort nach Parentins, welches in Mondlicht gebadet vor uns lag. Unsere »Pará« stoppte inmitten des Stromes, mit Mühe sich auf der Höhe der Stadt erhaltend; von Ankerwerfen war keine Rede, da der Amazonas an dieser Stelle zur Zeit vielleicht sechzig Faden[1]) tief sein mochte. Jetzt, da das Schiff stille stand, gelangte uns die Riesengrösse des Amazonas erst wieder zu vollem Bewusstsein und waren wir überwältigt von der Grossartigkeit des Strömens dieser ganzen, ungeheueren Wassermasse, welche in einer Länge von mindestens zweidrittel Breite des nördlichen Südamerika und in mehr oder minder gleich bleibender, seeartiger Uferweite, wellenschlagend, wirbelnd, schäumend, majestätisch dem Meere zustrebt. Vor uns und hinter uns grenzte die endlose Wasserfläche an den Himmel. Ausgedehnte Grasinseln, einige thierbewohnt, schwammen, von den Fluthen mitgenommen, unaufhaltsam thalwärts; von einer derselben tönte ein ganzes Grillenkonzert durch die Nacht zu uns herauf.

An Bord. — Samstag, den 21. Juli.

Nachts fiel etwas Regen und wurden wir durch den Zusammenstoss unseres Dampfers mit einer im Bugsirtau geführten Lancha aus dem Schlaf geschreckt. Später, bei Tageslicht, zeigte sich, dass die Lancha am Bug Havarie erlitten hatte. Um 9 Uhr früh wurde die unmittelbar vom Ufer aus aufsteigende Serra de Trombetas sichtbar, ein durchweg bewaldeter, mässiger Höhenzug, welcher gerade in satten Farben erglühte. Am südöstlichen Ende der 10 km langen Serra tauchte Obidos auf, ein Städtchen von etwa 2500 Einwohnern, in welchem wir, dank dem Aufenthalt unserer »Pará«, an das Land gehen konnten. Am Strand lag eine ganze Flotille indianischer Boote aller Arten und Grössen und war ein ganzes indianisches Zeltlager aufgeschlagen. In den Zelten und um dieselben hockten Männer, Weiber und Kinder und wurde gekocht und gearbeitet. Es war ein buntes, malerisches Bild echt amerikanischen Lebens. Unter Anderen befand sich da eine ganze Familie von Indianern, welche amazonasaufwärts am Rio Sacurí[2]) ihre Wohnsitze hatten. Sie zeichneten sich durch bronzebraune Hautfarbe, breite, flache Gesichtszüge, ziemlich enge Augenlidspalten und prachtvolles Haar aus. Im Orte selbst begegneten wir einem Indianer mit mehr chinesischem Typus, fast gelber Färbung der Haut, verschwindend kleinen Augen, vortretenden Jochbeinen und, von diesen an, nach abwärts spitz zulaufendem Gesicht. Indessen fiel uns auf, dass es hier schon viel mehr

---

[1]) Etwa 100 Meter.

[2]) Es ist zwar in keinem geographischen Werk der Rio Sacurí verzeichnet, auch weiss man in Pará nichts von der Existenz eines solchen, doch da es z. B. in der Ereregegend Palmen des Namens Sacurí gibt (Boletim do Museu Paraense I, 267), dürfte dieser Name wohl richtig sein. Oder sollte es sich um den Rio Secundury, Sucundury, einen Quellfluss des Rio Canumá handeln?

Neger gab als stromaufwärts. Es war dies für uns keine erfreuliche Bemerkung, denn wenn man sich an das vornehm zurückhaltende Wesen der Indianer gewöhnt hat, berührt das haltlose, fast katzen- oder affenartige Gebahren der Neger unangenehm. Kaum wird Irgendjemand beide Rassen beobachtet haben, ohne genau zu wissen, welche von beiden die höherstehende ist, wenn er auch wird zugeben müssen, dass die grössere Gutmüthigkeit und die leichtere Art des Verkehrens auf Seite der schwarzen Rasse liegt.

Wir wanderten durch die Strassen des hübsch gelegenen Städtchens. Sie zogen sich hügelauf und hügelab, waren sehr schmutzig und ungepflegt und hatten, wie diejenigen aller nordbrasilianischen Städte, ein entsetzliches Trottoir. In einem Hause sahen wir einen zahmen Goldhasen (Dasyprocta) und als Käfiggefangenen einen Rouxinol (Icterus chrysocephalus L.), einen sehr hübsch singenden Troupial mit orangegelb und schwarz durcheinander gemischtem Gefieder welcher seine Heimath am Rio Negro, überhaupt an der Nordseite des Amazonas hat. Wir kauften in einem Laden einige indianische Erzeugnisse, nämlich moderne Thonschüsseln und ein Paar der charakteristischen Strohfächer zum Feueranfachen.[1]) Dann versuchten wir in den nahen, struppigen Wald einzudringen, der uns sehr reich an Vögeln zu sein schien.

Nach zwei Stunden Aufenthalt setzte unser Dampfer seine Fahrt stromabwärts fort. In der Nähe von Obidos zeigte sich eine, Paturi genannte, hochbeinige, langhalsige Ente mit dunkelbefiederter Unterseite, rostbraunen Flügeln, hellgefärbtem, mit dunkler Calotte geschmücktem Kopf und rothem Schnabel. Dieser Entenvogel, welcher jedenfalls nicht der Spix'sche Paturi (Nettion brasiliense Gm.) gewesen sein konnte, war sicherlich die Dendrocycna discolor Scl. et Salv.

Wir hatten in Obidos eine brasilianische Offiziersfamilie mit drei derselben gehörigen Affen an Bord genommen. Es sind dies ein Macaco de cheiro (Chrysotrix sciurea L.) ein intelligentes, aber scheues und bösartiges Aeffchen mit grau- und gelblich-braunem Pelz und hellem Gesicht; ein junger Sahuý (Hapale jacchus L. var. albicollis Spix), ein gelbgrau dicht behaartes, winziges Thier mit weissem Hinterkopf und weissen, langen, fächerförmigen Haarpinseln vor und hinter den Ohren, welches gleich einer Fledermaus zwitschert und, den Schweif abgerechnet, kaum 12 cm Länge misst, so dass seine Herrinnen es in die Kleidertaschen stecken können; endlich ein Macaco barrigudo (Lagothrix cana Geoffr.) von ca. 70 cm Körperlänge, ein rein grauer Affe mit kurzem, wolligem Pelz, dunklem Kopf und Negerphysiognomie, welcher in seinem Wesen vortheilhaft von Affen anderer Arten absticht. Er sucht niemals zu beissen, hat ruhige langsame Be-

---

[1]) Siehe weiter oben Abbildung S. 133.

wegungen, ist sanft und melancholisch, dabei zuthulich wie ein Kind. Wir hatten bald Freundschaft geschlossen. Nun liegt er mit Vorliebe vor meiner Cabine und lässt sich von mir anstandslos herumtragen, indessen er, vertrauensvoll seinen Kopf an meine Schultern schmiegend, seine Arme fest um meinen Hals schlingt. Setze ich ihn dann wieder auf den Boden, so ist er geradezu unglücklich. Seine Gebieterinnen lassen ihm die gleiche Behandlung angedeihen, wie die brasilianischen Indianerinnen und Negerinnen ihren Sprösslingen; statt ihn nämlich, wie ich es thue, auf den Arm zu nehmen, tragen sie ihn auf ihren Hüften reitend. Schade, dass diese wirklich sympathischen Affen, welche auf das Amazonasgebiet beschränkt zu sein scheinen, so zart sind, dass man sie selten lebend den Strom hinunter bis Pará[1]), noch seltener natürlich nach Europa zu bringen im Stande ist.

Unterhalb Obidos fuhren wir durch den Paraná gleichen Namens, dessen Ufer entlang ein ganzer Gürtel von Ambaúba (Cecropia) sich erstreckte, denen an vielen Stellen Cana-rana vorgelagert war. Dieser schmale Stromarm rief den Eindruck hervor, sehr bewohnte Ufer zu haben, bald rechts, bald links gewahrte man eine einzelne Hütte. Der Wald hier, welchen schön blauroth und gelbroth blühende Bäume[2]) schmückten, war theilweise gelichtet und einzelne kleine Campos zogen sich bis an das Wasser vor. Als der ziemlich enge Paraná sein Ende gefunden, steuerte unser Dampfer unmittelbar in den ebenfalls auf der Nordseite befindlichen Paraná von Alemquer hinein. Hier war es zauberhaft schön. Die Waldwände zu beiden Seiten rückten ganz nahe gegeneinander zu, phantastische Schlingpflanzenlauben bekleideten den Waldesrand. Paó mulato (Calycophyllum Spruceanum Hook. fil.), Mungúbas (Bombax Munguba Mart.), jedoch wenig Palmen erhoben sich dahinter. Andirá uschú, fast blätterlose, über und über mit rothen Blüthen bedeckte Bäume, zweifellos eine Spezies Wurmrindenbaum (Andira Lam.), deren man verschiedene am Amazonas zählt[3]), unterbrachen wohlthuend das eintönige Urwaldgrün. Nur wenige Indianerhütten und einzelne hübsche Tapuiotypen belebten die stille Landschaft. Linker Hand öffnete sich das Pflanzendickicht und einige Campos wurden sichtbar. Reizende Lichteffekte spielten über die ausgedehnten, tischplattebenen Rasenflächen, hinter denen neuerdings Wald den Blick gegen den Horizont zu abschloss. Unser Dampfer scheuchte die gesammte Vogelwelt dieses einsamen Paranás auf, welche in wilder Flucht das Weite suchte. Da waren weisse und

---

[1] Dies wird in neuester Zeit widersprochen, siehe Goeldi: Os mammiferos do Brazil 40.

[2] Es konnten dies vielleicht Korallenbäume (Erythrina L.) gewesen sein, von denen einige Arten ihren Standort am Amazonas haben, so z. B. die gelblich blühende Erythrina glauca Willd. und die hochroth blühende Erythrina corallodendron L.

[3] Vermuthlich waren es die dunkelpurpurblühenden Andira amazonium Mart.

weiss und schwarze, letztere Socó genannte Reiher, vermuthlich Ardea candidissima Gm. und Nycticorax gardenii Gm.; ein braun und gelb gefiederter Ardeide, den die Leute, wie die von uns am Solimões beobachteten rostbraun und grauen Reihervögel, Japiá-Soca nannten, und welcher vielleicht der, gleich dem Tigrisoma brasiliense, zu den Botaurinen gehörende Botaurus minor Gm. gewesen sein dürfte; schwarzblaue Madenfresser (Crotophaga major Gm.); ein grau-grün und weisser, sicherlich junger Eisvogel (Ceryle torquata L.); allerhand Schwalben oder schwalbenähnliche Vögel; Lathria cinerea Vieill., durchaus graugefiederte Cotingiden[1]) welche auf Guyana und den Amazonas beschränkt sind; an Troupialen, ausser den bekannten Japims (Cassicus persicus L.), auch ganz schwarze, mittelgrosse, wahrscheinlich Cassidix oryzivora Gm.; ein Urubú, der seines rothen Schnabels wegen ein Königsgeier (Cathartes papa L.) gewesen sein muss; Periquitos, nämlich kleine Langschwanzpapageien; endlich grosse, röthliche Schopfhühner (Opisthocomus hoazin Müll.) und etliche Möven.

Wir hatten auf unserer Reise noch niemals so viele verschiedenartige Vögel auf einem Raum beisammen gesehen. Aber mit diesen gefiederten Bewohnern der Lüfte war der Reichthum der hiesigen Thierwelt noch keineswegs erschöpft. Affen schrien aus dem Walde, hoch oben an einem Baume hing ein Chartergusnest,[2]) inmitten des Flussarmes tauchte ein Botó (Inia amazonica Spix et Martius) auf, ein hässlicher Delphin mit hellgrauem Rücken und ganz rosa gefärbter Unterseite, nahe an unserem Schiffe, nur mit dem Kopf über Wasser, schwamm ein junger, kaum sechzig Centimeter langer Alligator vorbei, und in einer stillen Seitenbucht lag träge ein Jacaré-assú oder Mohrenkaiman (Caiman niger Spix), von mindestens 3,5—4 m Länge, dessen ganzer Körper von der Schnauze bis zur Schwanzspitze sichtbar war. Er schielte frech nach unserem Dampfer herüber und liess sich in seiner Ruhe kaum so weit stören, dass etwas Bewegung in den hässlichen, gekrümmten Panzerleib kam.

Wir hielten vor Alemquer, einem Städtchen, welches nur aus einigen der für den Amazonas charakteristischen, langgestreckten, einstöckigen Häuser, die mehr Thüren als Fenster besitzen, zu bestehen schien. Dieses Bestehen aus so wenig Gebäuden, war indessen wirklich nur Schein, da der Ort einige Strassen und Schulen, eine Kirche, eine Post und andere öffentliche Gebäude aufweisen kann. Hinter Alemquer wiegten etliche Fliederpalmen ihre luftigen Kronen und erhob sich ein hübscher, bewaldeter Hügel, welcher den Blick nach Norden vollständig abschloss, Vor dem Orte erstreckte sich flacher, rasenbedeckter Grund bis an den Paraná oder Igarapé heran. Das Hochwasser des Stromes, welches

---
[1]) Grösse, Färbung und Verbreitungsbezirk nach waren diese Vögel fast zweifellos Lathr. cinerea.
[2]) Siehe weiter oben S. 132.

durch seine jährlichen Ueberschwemmungen auf den hiesigen Campos die Viehzucht stört, war schon etwas zurückgegangen und im dadurch entstandenen sumpfigen Lande spazierten einige prachtvolle, scharlachrothe Ibisvögel (Ibis rubra Vieill.). Ein Tapuio mit interessantem Gesichtstypus erschien am Landungsplatz.

Kurz nachdem wir Alemquer verlassen, zeigte sich wieder ein Alligator, der dritte am heutigen Tage, indessen während unserer mehrtägigen Bergfahrt überhaupt nur zwei solche Thiere sichtbar geworden waren. Es hatte dies seinen Grund einerseits wohl darin, dass unsere »Pará« vielfach die Seitenarme des Stromes befuhr, indessen wir uns mit der »Manauense« grösstentheils im Hauptstrom hielten. Andererseits, und zwar namentlich, hat dies aber seinen Grund darin, dass der Amazonas fortschreitend im Fallen ist und hierdurch die wasserbewohnende Fauna, den zurückweichenden Gewässern nach, aus dem Igapó in den Strom selbst hinausgetrieben wird. So sollen zur Zeit der Vazante die Alligatoren zu vielen Dutzenden nebeneinander im Amazonas liegen, eine weitgedehnte, schwarze Fläche bildend. Uebrigens nicht nur die wasserbewohnende, sondern auch die übrige Thierwelt, welche sich zur Enchentezeit im Inneren des unwegsamen Igapó verborgen hält, bietet zur Vazanteperiode, da sie sich dann an den Stromufern einfindet, weit mehr Gelegenheit zu Beobachtungen. Indem wir solcherweise, durch den für den Besuch des Amazonas gewählten Zeitpunkt, Manches in Bezug auf Fauna versäumten, war uns hingegen ein günstigerer Moment für landschaftliche Schönheit geworden; bei fortgeschrittenem Fallen des Stromes nämlich soll der Urwald durch seinen Schlammbehang sich recht hässlich ausnehmen. Gesundheitlich hatten wir hinwieder die schlimmste Zeit getroffen, indem zu Beginn der Vazante, nach Aussage der Einheimischen, die Malaria am stärksten einzusetzen pflegt.[1])

Von Alemquer fuhren wir den nämlichen Weg, welchen wir durch den gleichnamigen Paraná gekommen, wieder zum Ausgangspunkt desselben zurück. Die bei Tageslicht schon so phantastischen Pflanzenwände und lianenbehangenen Waldriesen erschienen nun bei Mondschein nur um so phantastischer und wirkungsvoller. Fledermäuse flatterten vor unserem Schiffe über dem Wasser hin und her, einsame Lichter blitzten aus dem undurchdringlichen Dunkel des nahen Waldes zu uns herüber. Die »Pará« lenkte wieder in den Amazonas ein, um später, eine gute Strecke weiter

---

[1]) In Moreira Pinto: Diccionario etc. I. 234 hingegen, wird das Maximum der Malariaerkrankungen nicht nur als in den Beginn der Vazante, sondern auch in den der Enchente fallend, erwähnt, und an einer anderen Stelle (p. 235) sogar auf die ganze Vazantezeit ausgedehnt. — Dies würde so ziemlich mit anderweitigen Beobachtungen über die Malaria in Tropenländern stimmen. (Vergl. Martin: Aerztliche Erfahrungen über die Malaria der Tropenländer S. 18. und Schellong: Die Malariakrankheiten etc. S. 106, 121, 122, 136.)

abwärts, in den Tapajoz hineinzusteuern. Ungefähr 11 Uhr Abends lagen wir vor Santarem, über welches sich die Lichtfluthen des Erdtrabanten ergossen.

An Bord. — Sonntag, den 22. Juli.

Nachts entlud sich ein heftiges Gewitter, gegen Morgen ein zweites. Der Regen ging mit solcher Gewalt und solch tropischer Menge nieder, dass die von uns beiden Damen bewohnte Kajüte durch die Zimmerdecke und die Fenster hindurch vollständig überschwemmt wurde. Nicht nur die obere Koje fanden wir den folgenden Morgen tropfnass, auch in der darunter befindlichen war die Matratze wie aus dem Wasser gezogen. Und sogar unsere Reiseeffekten, welche in der unteren Koje in einen sogenannt wasserdichten, irischen Segeltuchsack gehüllt lagen, waren durch die obere Koje hindurch, in der schützenden Hülle nass geworden. Es hatte sich gut getroffen, dass wir, um der unerträglichen Hitze in der Kajüte zu entgehen, heute ohnedies in unseren Hangematten auf Deck geschlafen hatten, was man hier unbeschadet thun konnte, da die »Pará« achtern ein vor Sonne, Regen und Thau schützendes horizontales Holzdach, so zu sagen ein hölzernes Sonnensegel besass. An einen künftigen Nachtaufenthalt in unserer Kajüte war nicht mehr zu denken. Wir retteten unser Hab und Gut in die einzig regensichere Ecke, welche kaum ein Drittel des kleinen Raumes einnahm und warteten geduldig der Dinge, die da noch kommen sollten. Dass es auch ohne solch unentrinnbare Ueberfluthung primitiv genug in den Kajüten unserer »Pará« zuging, beweist der Umstand, dass es in denselben weder Gläser, noch Handtücher gab. Letztere Thatsache liess überdies berechtigte Zweifel an den Reinlichkeitsbedürfnissen der Brasilianer in uns wach werden.

Uebrigens nicht nur der Regen besuchte Nachts unsere Kajüte, auch Schaben (Blattidae) trieben in derselben ihr Unwesen. Diese gefürchteten Insekten, welche in ziemlich viel Gattungen und Arten in Brasilien auftreten und in der Riesenschabe (Blabera gigantea Stoll) eine Länge von sechs Centimeter erreichen, greifen sogar schlafende Menschen an und sind gleich den Ameisen und Termiten eine wahre Landplage dieser Gegenden. Auf den Schiffen nisten sich vorzüglich Periplaneta americana Fabr. ein,[1]) und so werden wohl sie es gewesen sein, welche unseren kleinen Wohnraum auf der »Pará« unsicher machten und einmal über Nacht meine Stiefel annagten. Die kostbare Fussbekleidung ferner vor ihnen zu schützen, hing ich dieselbe nun immer Abends mittelst eines Bindfadens an einen durch die Kajüte gespannten Strick. Meine Erfindung war auch wirklich vom gewünschten Erfolg begleitet.

Um 7 Uhr früh gingen wir in Santarem an's Land. Santarem ist ein Städtchen von ungefähr 2000 Einwohnern, welches uns im Vergleich

---

[1]) Perty: Allgemeine Naturgeschichte III. 916.

mit den übrigen Orten am Amazonas, Pará und Manáos abgerechnet, hübsch erschien. Das Trottoir war besser, und unter den Häusern gab es manche zweistöckige und solche, die, gleich den Häusern in Portugal, fliesenbekleidete Aussenwände hatten. In der That ist Santarem, dank seiner günstigen Lage an der Tapajozmündung, in Bezug auf Handel und Gewerbe die wichtigste der zwischen den beiden obengenannten Provinzhauptstädten gelegenen Ortschaften. Es erhebt sich auf einem niederen Abhange und wird im Hintergrunde von circa 120 m emporragenden, kaenolithischen Höhen begrenzt, welche die einzigen der bisher im Tertiär des unteren Amazonasthales gefundenen Versteinerungen führen[1]). Der Tapajoz hat sich hier, 5 km oberhalb seines Einflusses in den Amazonas, zu einem See erweitert und erscheint, flussaufwärts gesehen, so ziemlich uferlos. Der Stadt gegenüber entsteigt den Fluthen eine kleine, steile, baumbedeckte Insel. Die Einwohnerschaft Santarems besteht aus Weissen, Indianern, Negern und Mestizen. Die Indianer, welche hier sehr zahlreich auftreten, sind die Nachkommen von Angehörigen der verschiedensten Stämme, doch herrscht das Mauhé- und Mundurucúblut bei ihnen weit vor. Das Negerelement nimmt, im Vergleich mit dem was wir amazonasaufwärts davon bemerkten, hier, mehr stromabwärts, immer sichtbarer überhand.

Unser erster Gang in Santarem war in die Kirche, welche einen romanischen Altar aus weissem Marmor besitzt, den hübschesten Altar, den wir bisher in Brasilien gesehen. Während der heiligen Messe und Predigt fiel uns eine Negerin auf, die mit ausgebreiteten Armen betete. Nach dem Gottesdienst suchten wir den Priester auf, einen liebenswürdigen Franzosen, an welchen uns eine Empfehlung mitgegeben worden war.

Von da aus durchwanderten wir das Städtchen, wobei unsere Studien über brasilianische Fauna eine Bereicherung erfuhren. In einer der Strassen lag eine todte Stachelratte am Weg, welche etwas mehr als die Grösse unserer Hausratte, ein spitz zulaufendes Gesicht, einen ziemlich langen, schwach behaarten Schweif und einen gelbgraubräunlichen, reichlich mit Stacheln untermischten Pelz hatte und die ich für einen Echimys cayennensis Geoffr. hielt.

Wir betraten unter Anderem auch einen nordamerikanischen, oder, wie man hier zu Lande kurzweg zu sagen pflegt, amerikanischen Verkaufsladen. Die Brasilianer nämlich scheinen sich nicht als zu Amerika gehörig zu betrachten; wenigstens bezeichnen sie den nordamerikanischen Dampfer als »Vapor americano«, im Gegensatz zum brasilianischen, dem »Vapor brazileiro«, und wurden wir z. B. hier am Amazonas gefragt, ob wir nach Amerika, sollte heissen Nordamerika, zu reisen gedächten, gerade, als ob wir uns nicht

---

[1]) Orville Derby: A Contribution to the Geology of the Lower Amazonas. (Proceedings of the American philosoph. Society XVIII. 176.)

schon in Amerika befunden hätten. Wir betraten also ebenerwähnten Laden, welcher uns durch seine ethnographischen Gegenstände interessirte. Es gab da einen angeblich aus der Inkazeit stammenden, prächtigen, aus Palmstroh geflochtenen Scepter,[1]) welcher die Form eines Köchers hatte und dessen Breitseiten weisse Federn zierten, während in das Innere blau und rothe Ararafedern gesteckt waren, deren oberes Ende kleine, weiss und schwarze, hingebundene Federchen schmückten. Ferner gab es da einen Bogen der am Tapajoz sitzenden Mauhéindianer und endlich einige indianische Thongefässe, von denen eines anthropomorph war, indessen ein anderes am oberen Rande wie einen Ring von verschlungenen Fratzen hatte. Der Styl dieser keramischen Arbeiten erinnerte fast an denjenigen, welchen man an buddhistischen Bauten in Indien findet.

Als wir von Santarem weitergedampft, fesselte unsere Blicke die nach und nach stattfindende Vermischung der dunklen Fluthen des Tapajoz mit den hellen des Amazonas. Am Südufer des Stromes zeigte sich die langgestreckte, niedere Serra de Ayoyé, indessen später auf der Nordseite die hübschgeformten Höhenzüge hinter Montealegre mit ihren sanft ansteigenden, einfachen, fast klassisch vornehm ruhigen Linien sichtbar wurden. Dadurch, dass die »Pará« auf ihrer Thalfahrt begriffen war, bei welcher Gelegenheit sie die Strömung nicht zu vermeiden brauchte, wurde der Kurs inmitten des Amazonas genommen. Wir waren in Folge dessen, bei der mindestens 7—10 km betragenden Breite des Stromes, so weit von den Ufern entfernt, dass gar kein Thierleben zur Beobachtung gelangen konnte. Hingegen wurde uns, gerade durch diese Fahrt in der Mitte des riesig breiten, gewaltig fluthenden Amazonas, seine ganze Grossartigkeit erst wieder recht klar, und begriffen wir, dass der Entdecker desselben, Vicente Yanez Pinzon, ihm einst den Namen Mar dulce[2]) gegeben.

Nachmittags 2 Uhr zeigte das Thermometer 28,5° C. Es wehte den Tag über starker Wind aus Osten. Um 5 Uhr stellte sich ein tropischer Regen ein, der an Heftigkeit Alles weit übertraf, was wir in dieser Beziehung überhaupt je erlebt hatten. Es war ein buchstäblicher Wolkenbruch, zu welchem sich ein Sturm gesellte, der das Wolkenwasser unter dem festen Holzdach hindurch über das ganze Deck hinwegpeitschte. Man wusste nicht mehr, wohin sich retten. Auf dreissig Schritte war jeder Ausblick durch die Regenwand vollständig benommen und der Sturm wühlte die Stromfläche zu Wellen auf, unter deren Bewegung der Dampfer zu schlingern begann. Unser Lootse entledigte sich rasch seiner Fussbekleidung, stülpte seine Beinkleider in die Höhe und

---

[1]) Da sich die Mauhés im Verfertigen kunstvoller Federscepter hervorthun (s. Martius: Zur Ethnographie etc. I. 406) und in Handelsverbindungen mit Santarem befinden, wird dieser Scepter wohl ihnen zuzuschreiben gewesen sein.

[2]) Süsswassermeer.

watete nun wohlgemuth in dem Regenwasser, welches mehrere Centimeter hoch von allen Seiten auf Deck daherschoss. Sobald der Regen sich etwas verzogen hatte, sah man die Landschaft in eine ungewohnt gelbliche Sonnenuntergangsbeleuchtung getaucht.

Um 6 Uhr erreichten wir Prainha, einen kleinen, heruntergekommenen Flecken, welcher nur aus ein paar gemauerten Häusern besteht, an die sich beiderseits etliche primitive Strohhütten und einige von Pfählen getragene Strohdächer anschliessen. Hier lernten wir die am Amazonas gebräuchliche, urwüchsige Art der Viehverschiffung kennen. Jedes einzelne

Prainha. (Nach Biard.)

Stück Vieh wurde mittelst eines Strickes an den Hörnern festgebunden und von einem kleinen Boot, welchem es nachschwimmen musste, dem ziemlich entfernt liegenden Dampfer vom Ufer aus zugeführt. Die Thiere wehrten sich gewaltig, und manchen gelang es, zwei- und dreimal im Wasser umzukehren und das Boot stets wieder an das Ufer zurückzureissen. Sobald sie dann festen Boden unter den Füssen fühlten, rannten die durch das Verfahren ganz toll gewordenen Thiere wie rasend hin und her. Endlich, durch die mehrmaligen Fluchtversuche vollständig erschöpft, liessen sie sich widerstandslos durch das Wasser zum Schiffe hin nachschleppen. Doch nun kam das Schlimmste: sie wurden einfach, die ganze Höhe vom Flussspiegel bis zum Zwischendeck, an ihren Hörnern frei in der Luft baumelnd, hinaufgezogen. Die Ochsen ertrugen dies standhaft, wenn ihnen auch der Kopf nachher noch lange gebrummt haben mag, die einzige zu verladende Kuh jedoch, wohl ihrer schwächeren Nerven wegen, sank, an Deck angekommen, ohnmächtig zusammen. Auch ein Pferd sollte eingeschifft werden. Da dieses edle Thier aber kein Gehörn besass, so musste man sich doch bequemen, in diesem Falle Gurten anzuwenden. Es lässt sich vorstellen, welchen unendlichen Zeitaufwand ein solcher Hornviehtransport erfordert, da jedes Stück einzeln an Bord geschafft werden muss. Unser Kapitän war avisirt worden, an einem anderen Orte in der Nähe etliche hundert Stück abzuholen, doch da ihm vor dem langen Aufenthalte graute — wir hätten sicher 1—2 Tage verloren —, lief er diese Viehfazenda nicht an und überliess es dem nächstfolgenden, acht oder zehn Tage später eintreffenden Dampfer, dieses Geschäft zu übernehmen. Bei uns wäre solch willkürliches Handeln wohl auch kaum möglich.

Mit der rohen Art des Einschiffens haben die armen Thiere ihre Leiden übrigens nicht überstanden. Auf der ganzen Fahrt bis Pará ist ihre Verpflegung die möglichst schlechte. Sie erhalten soviel wie gar kein Futter, und auch mit Trinkwasser wird gespart, so dass viele von ihnen auf der Reise zu Grunde gehen, die Ueberlebenden in elendem Zustande am Bestimmungsorte anlangen. Das Vieh hat in diesen Gegenden augenscheinlich wenig Werth. Doch nicht nur vom thierfreundlichen, auch vom rein praktischen Standpunkte aus ist eine derartige Behandlung zu verwerfen; sämmtliches Ochsenfleisch, das in Brasilien in die Küche wandert, ist, dank der schlechten Verpflegung und der mangelhaften Sorgfalt, welche man dem Rindvieh dort überhaupt angedeihen lässt, von einer unbeschreiblichen Zähigkeit und folglich wohl auch von recht geringem Nährwerth.

An Bord. — Montag, den 23. Juli.

Als wir heute früh das Deck betraten, lag unser Dampfer im Xingú. Am Westhimmel stand der untergehende Mond, im Osten dämmerte die Morgenröthe herauf. Eine ganze Reihe von Palmen hob sich als Schattenriss vom sanfterglühenden Horizont. Nach und nach traten zwischen ihnen auch einzelne Gebäude aus der Dunkelheit hervor, welche allmählich dem kommenden Tage zu weichen begann. Diese Gebäude gehörten zu Porto de Moz. Am Fusse eines kaum nennenswerthen Hügels gelegen, bestand diese unsauber aussehende Villa aus hässlichen, einstöckigen, thürenreichen Häusern, wie wir solche am ganzen Amazonas angetroffen hatten; zwischen diesen erhoben sich einzelne Palmstrohhütten. Schade, dass in die einzig schönen Vegetationsbilder der Amazonasniederung so aller Schönheit spottende Ortschaften eingestreut sind.

Der Xingú, welcher ziemlich rein von Süden aus Mato Grosso kommt und bis zu seiner Mündung zwölf Breitengrade durchströmt, misst hier von

Ufer zu Ufer ungefähr 9 km und steht an dieser Stelle der durchschnittlichen Breite des Amazonas, von da bergwärts gerechnet,[1]) nicht um Vieles nach. Den Strom hinauf ist nur Seehorizont sichtbar und das gegenüberliegende Land verschwimmt in der Ferne.

Von Porto de Moz, woselbst Guara-uára-Indianer einst ansässig waren und es vielleicht noch sind, fuhr unsere »Pará« wieder stromabwärts, und zwar in ein bezauberndes Insellabyrinth hinein. Eine kleine Waldinsel reihte sich an die andere. Palmen fehlten fast gänzlich, doch gelbrothblühende Bäume[2]) belebten die endlosen, grünen Laubmassen. Unzählige Lianen woben schön drapirte, dichte Blättervorhänge den Inselufern entlang. Luftwurzeln von allerhand Epiphyten hingen gleich Stricken von den Baumästen herab. Hier und da mal eröffnete sich ein Einblick zwischen die Pflanzenwände hindurch in den tieferen Wald hinein, welchen undurchdringliches, geheimnissvolles Dunkel umhüllte. Die Faulthierbäume (Cecropia) wurden seltener und seltener, bis sie schliesslich ganz verschwanden, die Aningáes oder Montrichardiawäldchen hingegen, welche wir amazonasaufwärts vollständig vermisst hatten, stellten sich nach und nach wieder ein. Hier und da zweigte sich von unserer ungemein malerischen Wasserstrasse ein Igarapé ab, dann schob sich wieder eine Insel hinter die andere. Im Osten wurde ein unter Palmen begrabener kleiner Ort sichtbar, vermuthlich Boa Vista. Wir befanden uns noch immer im Xingú, welcher erst 26 km unterhalb Porto de Moz in den Amazonas mündet. Wie wir gelegentlich der Fahrt Pará-Manáos deutlich bemerkten, dass der Palmenreichthum von Ost nach West allmählich abnahm, so entging uns gelegentlich der Fahrt Manáos-Pará nicht, wie derselbe, den untersten Stromgebieten zu, natürlich wieder in Zunahme begriffen war. Anfangs mischten sich Fiederpalmen in die Waldlandschaft, weiter abwärts erstbegannen einzelne Miriti (Mauritia flexuosa) sich zu zeigen. Dann aber bildeten diese letzteren bald die ausschliessliche Vegetation des unteren Endes einiger Inseln, somit vollständig geschlossene Waldungen. Denselben konnte man jedoch keinen Schönheitspreis zuerkennen. Die Unmenge heller, nackter Stämme nämlich, welche nur hoch oben einen Fächerbüschel trugen, nahmen sich, trotzdem sie überaus dicht standen, etwas armselig aus im Vergleich zu dem sonst nirgends fehlenden, üppigen Schlingpflanzenbehang der Hylaea. Reizend hingegen war es, wenn sich Palmen einzeln oder in Gruppen zwischen die Laubbäume eingestreut fanden, eine Vegetationsmischung, welche die malerischsten Urwaldbilder hervorzauberte.

Um 9½ Uhr, drei Stunden nachdem wir Porto de Moz verlassen hatten, that sich ein Durchblick nordwärts nach dem Amazonas auf, der

---

[1]) Der Amazonas zwischen Madeira und Xingú wechselt von 7 zu 13 km Breite.
[2]) Siehe weiter oben S. 248 Anmerk. 2.

Miritipalmenwald. (Nach Natur von R. Wiegandt.)
(Das Original im Besitz der Verfasserin.)

hier schon eine solch ungeheuere Breite besass, dass man das entgegengesetzte Ufer kaum mehr zu unterscheiden vermochte. Der Archipel der Xingúmündung lag hinter uns, wir hatten den Einfluss des vorletzten der von Süden kommenden riesigen Nebenströme erreicht. Bald jedoch lagerten wieder grosse Inseln in unserem Fahrwasser und hemmten den freien Ueberblick. Wir steuerten südlich der ausgedehnten Ilha de Tucuyus entlang und hielten endlich vor Gurupá, einer flach am Strande hingestreckten, scheinbar aus nur wenig Häusern sich zusammensetzenden Villa. Ein Boot brachte uns an das Land, da wir der Versuchung, hier in den Urwald einzudringen, nicht widerstehen konnten. Unmittelbar hinter dem Ort erhob sich der Wald, so erdrückend nahe, dass man denken musste, er könnte einmal wieder die Oberhand über das von Menschenfleiss Geschaffene gewinnen, und von Gurupá bliebe dann nur mehr die Sage übrig, dass da einmal eine Niederlassung gestanden haben solle.

Wunderbar üppig begegnete uns hier der Tropenwald mit seinen Pflanzendraperien phantastischster Art. Der Waldboden war feucht, Pfützen und Wasserarme sperrten uns nach allen Seiten den Weg. Ueber den Tümpeln lagen da und dort gestürzte Waldriesen, natürliche Brücken bildend. Lianenbehängte Bäume mit schirmförmig gebreiteter Krone stiegen aus dem nassen Grunde auf. Ein majestätischer, weit hinauf astfreier Laubbaum faltete den unteren Theil seines Stammes und seine Stützwurzeln wie eine Damenschleppe und auf den Kanten des Faltenwurfs hatten Araceen ihr blühendes Leben begonnen. Dieser Igapó war einer der malerischsten, den wir besucht. Ein pflanzenüppiges, künstlerisch formvollendetes Tropenwaldbild schloss sich an das andere, und der entzückte Blick schweifte von Bild zu Bild und wusste nicht, auf welchem er verweilen sollte. Die innige Verbindung von Wasser und Vegetation war reizend, unten die engumgrenzten träumerisch stillen Wasserflächen, quer darüber gelagert Wurzeln, Stämme und rankendes Grün in wildem Durcheinander.

Von da aus lenkten wir unsere Schritte in den trockenen Wald, in den Caá-Eté, welcher uns weit weniger poetisch anmuthete. Hier stellte sich uns undurchdringliches Dickicht entgegen. Und indessen wir im Igapó, die Nässe zu meiden, von Wurzel zu Wurzel springen mussten, und schliesslich die den Wald durchziehenden Wasseradern unseren Wanderungen ein Ziel setzten, verwickelten wir uns hier in Lianen und mussten, da wir kein Terçado bei uns führten, vor den dichtverwobenen Pflanzenwänden endlich jegliches weitere Vordringen aufgeben. Buchstäblich sah man in diesem Urwalde vor lauter Baumen den Wald nicht. Das Gezirpe und überhaupt die Thierstimmen, die ringsum aus dem Grün erschallten, lauteten im Zusammenklang wie wenn man eine grosse Säge würde arbeiten hören.

Ehe wir an Bord zurückgekehrt, war daselbst vom Kapitän ein zum Kauf angebotener Anaca oder Fächerpapagei (Deroptyus accipitrinus L.) erworben worden. Es war dies einer jener seltenen, hauptsächlich auf Guyana und das Amazonasthal beschränkten, gelehrigen Papageien, welche sowohl durch ihre absonderliche Gefiederfärbung, wie durch die für ihre Art charakteristische Aufrichtbarkeit der langen Halsfedern zu einer Holle, bemerkenswerth sind. Leider gab uns unser neuer Reisekamerad das fächerförmige Entfalten seines Halskragens, der sich aus dunkelrothen, blaugerandeten Federn zusammensetzte, niemals zum Besten.

Stromabwärts von Gurupá begleiteten uns neuerdings Mauritien, und auch Euterpen zeigten sich wieder häufiger als in den westlicher gelegenen Amazonasdistrikten. Die Ufer waren nicht dicht bewohnt, trotzdem schienen sie hier weit weniger durch Vögel belebt als in den oberen Stromgegenden. Viel treibende Baumstämme und Grasinseln schwammen gleich unserem Dampfer dem Meere zu.

Nachmittags 3 Uhr zeigte das Thermometer 28,5° C. Die Temperatur blieb sich auf unserer Thalfahrt, wie auf unserer Bergfahrt, ziemlich gleich, nur hatten wir jetzt, drei Wochen später, weit mehr Niederschläge zu verzeichnen. Namentlich nachts kam nahezu regelmässig ein heftiger Regenschauer aus Süden, so dass sämmtliche Passagiere, welche ihre Hängematten unter dem Holzdach steuerbord aufgeknüpft hatten, sich fast allnächtlich zu einem plötzlichen Exodus nach Backbord entschliessen mussten. Diese schlafstörende Flucht vor den geöffneten Schleusen des Himmels, dieses Retten der Hängematten und der eigenen Persönlichkeiten vor dem hereinpeitschenden Regen, ging jedesmal unter hellem Gelächter und mit unglaublicher Raschheit vor sich.

Am Spätnachmittag bogen wir in den Kanal von Tagipurú ein. Hier begegnete uns ein schwimmender Kaufladen, ein grösserer, halbgedeckter Kahn, bestimmt, Waaren von Hütte zu Hütte zu führen. Es ist dergleichen keine ungewöhnliche Erscheinung im Amazonasthale und bei der dünngesäten Bevölkerung an und für sich eine wohlthätige Einrichtung. Die Bewohner der vereinzelt im Urwald am Wasserrande erbauten Hütten können sich, in den tagereisenweit entfernt liegenden Ortschaften, die nöthigen Waaren nicht persönlich oder nur mit endlosem Zeitaufwand besorgen, und so werden ihnen dieselben auf die bequemste Weise durch Händler zugeführt. Letztere tauschen gegen ihre Handelsartikel allerhand Waldprodukte, ferner Farinha, getrockneten Pirarucú, indianische Industrieerzeugnisse und Anderes ein. Bei diesem Tauschhandel geht es jedoch oft nicht ohne Ausbeutung von Seiten der Händler ab,[1] da sie wenig

---

[1] Ueber diese traurigen Zustände siehe Silva Araujo: Diccionario topographico do Alto Amazonas 42 e. s.

Konkurrenz zu befürchten haben, und dies ist die einzige, grosse Schattenseite dieses eigenartigen Waarenumsatzes.

Im Kanal von Tagipurú wirkten die wunderbaren Urwaldscenerien mit gleicher Macht auf uns ein, wie an jenem Tage, als wir sie, gelegentlich unserer Bergfahrt, zum ersten Mal zu schauen bekamen. Wieder zogen die malerischen, auf Pfählen ruhenden Seringueirohütten mit ihren Tapuiogruppen an uns vorüber. Manche dieser einfachen Wohnstätten waren vollständig über das Wasser herein gebaut und vergegenwärtigten uns die reinste Pfahlbauerexistenz. Canoas aller Arten, welche vor den Hütten lagen, erzählten deutlich, dass die Verkehrswege hier zu Land die Wasserstrassen seien. Verschiedene Palmen, wie Pupunha (Guilielma speciosa Mart.), Ubussú (Manicaria saccifera Gärtn.) und Oenocarpus distichus Mart., welch letztere merkwürdig sind dadurch, dass sie ihre sämmtlichen Wedel in einer senkrechten Ebene gestellt haben, ferner Páo mulato, und Bäume mit rothbraunen Blüthen, vielleicht Myristica sebifera Swartz, liessen sich im lianenumstrickten Urwaldrand, der uns zu beiden Seiten begleitete, unterscheiden. Uferbegrenzende Cana-rana bemerkten wir jedoch keine mehr in diesen, der Strommündung näheren Regionen. Wenig Vögel belebten die abendlichen Gefilde, ein Alligator schwamm quer über den Flussarm und Affen zwitscherten, pfiffen und zischten im nahen Waldesdickicht. Aehnliche Laute gab auf Deck unser armer, kranker Macaco barrigudo von sich, der trotz Arzneien, welche ihm eingegossen wurden, recht elend war und durch seine kindlich hilfesuchende, immer gleich sanfte Weise mit jedem Tag unsere Herzen mehr gewann.

Von Norden mündeten einzelne Furos ein, die an Breite dem Tagipurú um Nichts nachstanden, vor uns zweigten andere in die gleiche Richtung ab. Die Fernsicht und die feine Luftperspektive, welche sich durch den Einblick in diese ziemlich gerade verlaufenden Furos ergab, bot eine reizend hübsche Abwechselung zum Blick auf die fast ununterbrochen in nächster Nähe sich entrollenden Waldwände.

Heftigem Regengusse folgte ein Sonnenuntergang mit schönen Lichtwirkungen. Feierlich stieg der Vollmond hinter dem geheimnissvollen, dunklen Urwald in die Höhe. Um 9 Uhr theilte sich der von uns befahrene Flussarm in noch zwei Arme; alle drei setzten sich als sehr enge Wasserstrassen fort. Wir steuerten in die nördlichste derselben, deren dichtbewaldete Ufer dermassen nah zusammenrückten, dass sich zwei Dampfer kaum hätten ausweichen können. Gespenstisch, wie es nur die wildeste Phantasie im Stande ist sich auszumalen, reckten die schlingpflanzenumkleideten Laubbäume ihre Wipfel in die Nacht empor, scharf zeichneten sich die graziösen Palmenhäupter vom klaren Vollmondhimmel ab. Manche der malerischen Palmstrohhütten lagen traumhaft da, vom hellsten Mondenschein übergossen. Im Wald, der sonst zu nächtiger Stunde so thierstimmenbelebt, war es heute ziemlich still.

Abends 11 Uhr erreichten wir das am Nordufer des Furos Paraúaú erbaute Städtchen Breves. Es ist dies eine der wenigen Ortschaften des Innern von Grão Pará, welche sichtbaren Fortschritt aufweist. Denselben verdankt es einzig seiner für Handel und Schifffahrt so günstigen Lage.[1] Von Breves, welches 5—600 Einwohner zählt und Schulen und andere öffentliche Gebäude besitzt, unterschieden wir nicht mehr als etliche gemauerte Häuser. Dieselben waren flach am Strande gelegen, da hier, auf der Rieseninsel Marajó, das ganze Terrain mehr oder minder tischplatteben ist.

An Bord. — Pará. Dienstag, den 24. Juli.

Früh fünf ein halb Uhr stoppte unser Dampfer vor Curralinho. Es war unser letzter Halteplatz vor Pará. Die wundervollen Paranás und Furos, welche den Urwald durchschneiden, hatten wir schon weit hinter uns gelassen, und nun ging es in breitem Fahrwasser auf den Endpunkt unserer Amazonasreise zu. Die Natureindrücke hier waren dieselben, wie auf der Bergfahrt, da wir wohl den gleichen Kurs steuerten wie damals. Anders jedoch mutheten uns unsere diesmaligen Reisegefährten an. Es waren gutmüthige, aber unglaublich ungebildete Leute, die nie den Fuss ausserhalb Brasiliens gesetzt hatten. Namentlich die Frauen verriethen einen sehr beschränkten Horizont und gestatten in ihrem unweltläufigen Benehmen keinen sehr günstigen Rückschluss auf die übrigen Brasilianerinnen. Ebensowenig wie den Mitpassagieren, gedachten wir unserem Dampfer nachzuweinen. Seine nicht regensicheren Kajütendecken und seine für europäische Magen bedenkliche Verpflegung waren eine Erfahrung, gut für einmal. Den dritten Tag nach der Einschiffung erhielten wir anstatt Brot nur mehr Farinha und dies war noch das Günstigste an dieser brasilianischen Küche. Uebrigens durften wir auf die Thalfahrt und überhaupt die ganze Reise auf dem Amazonas und seinen Nebenflüssen nur mit grosser Dankbarkeit zurückblicken. Trotz der ungünstigen Jahreszeit waren wir Alle gesund geblieben und trotz der einen oder anderen schwierigen Lage waren wir immer glücklich durchgekommen. Eine Reise auf dem Amazonas, nicht zu geschäftlichen oder rein wissenschaftlichen Zwecken, gilt hier zu Lande für etwas so Unerhörtes, dass man seine Verwunderung aussprach, uns nicht als möglicherweise verdächtige Individuen, wenn nicht gerade festgehalten, so doch wenigstens polizeilich überwacht zu sehen. —

Nachdem wir uns elf Stunden lang zwischen einer unüberblickbaren Reihe von Waldinseln durchgewunden hatten, tauchte endlich Pará schnee-

---

[1] Moreira Pinto: Apontamentos para o Diccionario Geographico do Brazil, IV. 237.

weiss in der Ferne auf. Um 5 Uhr nachmittags rasselte die Ankerkette unseres Dampfers angesichts der Stadt in die Tiefe und war unsere fünftägige Stromfahrt zum Abschluss gekommen. Diesmal konnten und wollten wir auch nicht, wie bei unserem ersten Aufenthalt vor drei Wochen, an Bord wohnen bleiben. Wir bezogen daher das Hotel Central.

Daselbst gilt es nun sich zu gedulden, in Erwartung des nächsten, den Amazonas herunterkommenden Dampfers der ›Companhia Brazileira‹, der uns südwärts, neuen Eindrücken entgegenbringen soll.

KAPITEL IX.

Pará.

Pará. Donnerstag, den 26. Juli.

Ein für diese Tage projektirter Ausflug nach der Nordostküste von Marajó musste unterbleiben, da gerade kein grösserer Dampfer diese Strecke befuhr und das Benutzen einer kleinen offenen Steamlaunch jetzt, zur Zeit höherer Fluthwellen,[1]) sich wegen der Gefahr des Kenterns von selbst verbot. Das Verzichten auf diesen Ausflug fiel uns um so schwerer, als wir hierdurch die Gelegenheit versäumten, die endlosen, rindviehbedeckten Campos zu sehen, welche etwa $^3/_5$ der ca. 25 000 □km grossen Insel[2]) bedecken. Es giebt dort Fazendeiros, welche Viehheerden von mehr als 10 000 Stück besitzen. Und statt auf Pferden pflegt man dort auf Ochsen zu reiten, welche zu diesem Zwecke ganz regelrecht gesattelt und gezäumt werden.

Da uns also vernünftigerweise die Möglichkeit zu Fahrten auf dem Rio Pará benommen war, suchten wir statt dessen gestern und heute Alles noch Sehenswerthe in der Stadt Pará selbst auszukundschaften. Vor Allem war es das ethnographische Museum, welches unser Interesse in Anspruch nahm. Wir fanden dort allerhand indianische Pfeile, solche mit einem und solche mit mehreren Widerhaken, Harpunen mit Knochenspitze, einen grossen, oben erweiterten Holzstab, welcher den Tuschauás zum Leiten der Tänze dient, einen anderen, an einem Ende lyraförmigen Holzstab, bestimmt, als Fehdezeichen eine grosse Cigarre eingeklemmt zu erhalten, verschiedenen Federnkopfputz, Schmuck aus Muscheln und aus Glasperlen, altindianische, wenig verzierte Thongefässe, einige kostbare Steinwerkzeuge und endlich Ubás, d. h. primitive, im Amazonasgebiet gebräuchliche indianische Canoas aus Baumrinde, welche nur mittelst Querstangen in der richtigen Form erhalten werden, Achter und am Vorschiff mit Lianen zusammengenäht sind und Sitzbretter aus gespaltenen Holzprügeln haben.

---

[1]) Vergleiche das weiter oben S. 11 über die Pororóca Gesagte.
[2]) Das Areal von Marajó entspricht ungefähr dem von Sicilien.

Eine zweite Sammlung indianischer Gegenstände besahen wir uns bei einem ehemaligen brasilianischen Schiffskapitän, Souza mit Namen, der viel im Amazonasthal gereist ist und von diesen Reisen eine Unzahl werthvoller Dinge mitgebracht hat. Von den Crichaná besass er eine Acangatára,[1]) Pfeile mit Knochenspitzen und einen einfachen, schwarzen Bogen, aus dem Gebiet des Rio Negro ferner noch federnverzierte Körbchen und verschiedenen Kopfputz aus Federn, von Indianern aus dem Flussgebiet des Juruá einen graziös geschnitzten Pfeil mit mehreren Holzwiderhaken, von einem Inka stammend einen mit hübschen Ornamenten bemalten Holzschild,[2]) ebenfalls aus Peru einen federngeschmuckten, sehr eleganten Pfeil in Gabelform mit drei Zinken, ausserdem von verschiedenen Indianerstämmen allerhand Bogen, Pfeile, Blaserohre, einen Holzspiess zur Jaguarjagd, Schmuck aus Vogelknochen, Halsketten aus Pekari-,[3]) Jaguar- und Affenzähnen, Ohrringe aus Käferflügeln, aus einer steinbesetzten Holzmulde bestehende Ipycei[4]), einen kleinen Götzen, einige Graburnendeckel und andere präcolumbische, hübsch ornamentirte Thongegenstände. Ausser ethnographischen Objekten hatte Senhor Souza auch einige Jagdtrophäen, von denen ich nur das Fell eines Faulthieres (Bradypoda) nennen will, eines jener in mehreren Arten am Amazonas vorkommenden, ein Baumleben führenden Edentaten, und ein brasilianisches Fischotterfell,[5]) welches, wunderbar in Farbe und Weichheit, an goldbraunen Sammet erinnerte.

Wie fast bei allen Besuchen in brasilianischen Familien wurde uns auch hier eine Musikproduktion zu Theil. Die Frau des Hauses trug uns auf dem Klavier einige schöne Stellen aus der von dem Brasilianer Antonio Carlos Gomes componirten Oper O Guarany vor. Es ist dies eine Oper, deren Text dem gleichnamigen brasilianischen Roman von Alencar entstammt, und welche besonderes Interesse abgewinnt, sowohl wegen ihres nationalen Textes, als auch wegen der in ihr verarbeiteten indianischen und brasilianischen Melodien.

Als werthvolle Gabe schenkte man uns dort beim Abschied Uirari in Originalverpackung.[6]) Dieses Uirari, welches das Aussehen von röthlichbrauner, festgewordener Erde hat, ist in ein kleines, einfaches, mittelst

---

[1]) Siehe weiter oben S. 132.

[2]) Den Namen Inka trugen in Peru nicht nur die Herrscher, sondern alle von Manco Capac in männlicher Linie abstammenden Nachkommen männlichen Geschlechtes. — Möglicherweise aber versteht man am Amazonas unter Inka schlechtweg Peruaner (s. Martius: Zur Ethnographie etc., I. 444) und würde es sich dann hier nur überhaupt um einen Schild peruanischen Ursprunges handeln.

[3]) Pekari = Nabelschwein (Dicotyles torquatus Cuv.).

[4]) Siehe weiter oben S. 133.

[5]) Vermuthlich ein Fell von Lutra brasiliensis Cuv.

[6]) Siehe rückwärts Tafel II No. 5.

Tauiribast[1]) geschlossenes Thongefäss gefüllt. So hat es Senhor Souza, wie er behauptet, von den Jumaindianern am Rio Içá aus Ecuador erhalten. Da jedoch die Júma bisher nur südlich des Solimões, vom Madeira bis zum Juruá angetroffen worden sind,[2]) am Içá hingegen die Jumána, welche auch Tecuna genannt werden, sitzen und die Tecuna Uirari- oder Pfeilgiftbereiter sind,[3]) was von den Júma nirgends berichtet wird, so liegt sicherlich eine Namensverwechselung vor.[4]) Das von den Tecuna bereitete Pfeilgift ist das wirksamste und das unter den Solimõesindianern bekannteste.[5]) Es dient gleich dem von anderen Stämmen hergestellten als werthvollster Tauschartikel, da viele Indianerhorden das Pfeilgift nicht zu bereiten wissen und auch die Pflanzen, aus denen man es gewinnt, nicht überall zu finden sind. Das Pfeilgift wird von den einzelnen Stämmen meist auf verschiedene Weise und aus verschiedenen Pflanzen hergestellt. Diese Pflanzen sind mehreren Familien entnommen, und es werden bald ihre Früchte und Wurzeln, bald ihre Stengel oder ihr Splint, bald ihre Blätter oder ihre Rinde als Giftstoff verwendet. Die Bereitungsart selbst wird von den Indianern meistens möglichst geheim gehalten und der Akt der Bereitung mitunter von einigen Ceremonien begleitet. Der Hauptbestandtheil des Pfeilgiftes scheint immer Rindenextract zu sein. Die zu letzterem zu verwendende Rinde wird zuerst zerstampft oder zerrieben, dann mit kaltem Wasser angefeuchtet, destillirt und über dem Feuer abgedampft, bis der aus ihr gewonnene Saft sich zu einer syrupartigen Masse verdickt hat. Dem Rindenextract werden, um die Wirksamkeit des Giftes zu erhöhen, auch noch giftige Säfte anderer Pflanzentheile zugesetzt.[6]) Sei das Material nun welches es wolle, immer hat bei der Pfeilgiftbereitung das Abdampfen über Feuer eine Rolle zu spielen.[7]) Die Wirkung des in

---

[1]) Taniri = Couratari Aubl., in Brasilien und Guyana wachsende, baumförmige Myrtaceen.

[2]) Silva Araujo: Diccionario do Alto Amazonas 160, 172, 335. — Guia da Exposição Anthropologica Brazileira p. 7. — Martius: Beiträge etc. I. 385.

[3]) Silva Araujo l. c. 141, 359. Martius l. c. 443, 483. — Reclus: Nouvelle Géographie Universelle XIX 181.

[4]) Wenn Silva Araujo (l. c. 359.) Jumaná und nicht Jumána schreiben würde, brauchte übrigens nicht einmal eine Namensverwechselung vorzuliegen. Da nämlich auf tupi aná so viel wie Volk, Nation bedeutet, würde Jumaná nichts anderes als die Nation der Júma heissen, und konnte man annehmen, dass Souza statt Jumaná = Nation der Júma zu sagen, sich kurz Júma, mit wissentlicher Auslassung der Bezeichnung Nation, habe ausdrücken wollen. — Vergl. Barboza Rodrigues: Pacificação dos Crichanás 135 und die Tupiwörterbücher.

[5]) Lacerda: Algumas Experiencias com o veneno do Bufo ictericus, Spix (Archivos do Museu Nacional do Rio de Janeiro III 39. Anmerk. 2.) — Mello Moraes: Revista da Exposição Anthropologica Brazileira. 52. —

[6]) Souza: Lembranças e Curiosidades do Valle do Amazonas 289 e s. — Cerqueira e Silva: Corografia Paraense p. 25 u. Anmerk. p. 128.

[7]) Schomburgk: Reisen in Britisch-Guyana I 451 u. ff. — Spix und Martius: Reise in Brasilien III 1237. Anmerk. — Ehrenreich: Beiträge zur Völkerkunde Brasiliens (Veröffent-

eine Wunde eindringenden Giftes ist hauptsächlich eine lähmende, doch treten auch Convulsionen ein und ist, wenn nicht rechtzeitig Gegenmittel gegeben werden, der tödtliche Verlauf ein sehr rascher. —

Ausser mit ethnographischen Studien, füllten wir unsere Zeit auch mit zoologischen und botanischen aus. Wir besahen die zoologische Abtheilung des Paraenser Museums und suchten in verschiedenen Häusern und Verkaufsläden lebende Thiere auf. In einem Magazin beobachteten wir ein frei umherlaufendes, zahmes Wasserschwein (Hydrochoerus Capybara Erxl.), eines jener grössten sämmtlicher Nager, welche an den grossen Flüssen des östlichen Südamerika hausen und am Amazonas häufig angetroffen werden. Das Thier, welches sich zutraulich streicheln liess, war einfarbig bräunlich, hatte rauhes Haar, die Gestalt eines auf einen Meter vergrösserten Meerschweinchens und die gleichen, ängstlichen Bewegungen wie dieses oder wie unser zahmes Kaninchen. Ein Laden am Hafen enthielt lebende Königsschlangen (Boa constrictor), allerhand, überwiegend braune Affen, Sperlingspapageien (Psittacula passerina L.) und merkwürdige kleine grüne Papageien mit gelbgrau gefiedertem Kopf, welche die am unteren Amazonas vorkommenden Caica leucogaster Ill. gewesen sein dürften. Auf der Strasse endlich begegnete uns ein mit einem Hund zusammengebundener Rüsselbär (Nasua), der von anderen Hunden unbarmherzig herumgerissen und misshandelt wurde.

Botanische Studien betrieben wir im Garten eines Nordamerikaners, des Mister Rand, welcher eine prachtvolle Orchideencultur hat. Da gab es vom Rio Negro Cattleya superba Schomburgk,[1]) mit ihren grossen und schönen lila Blüthen; aus dem Amazonasgebiet, ohne nähere Angabe des Standortes, die weiss und braun blühende Schomburgkia undulata Lind.,[2]) und ebenfalls in Blüthe befindliche Coryanthes Hook., ausserdem aus der ganzen übrigen Welt, z. B. Australien, verschiedene Orchideenarten unter denen sich mehrerlei Cypripedienspecies befanden. Es fehlten dort aber auch nicht allerhand Aroïdeen, Bromeliaceen und sonstige, namentlich tropische Pflanzen.

Pará. Freitag, den 27. Juli.

Wir konnten heute der Lockung nicht widerstehen, nochmals eine Fahrt nach der Ilha das Onças zu unternehmen, nach jener Insel, welche uns gerade vor einem Monat zum ersten Male die Wunder der Tropenwelt erschlossen hatte. Und es sollte uns nicht gereuen, denn obwohl wir inzwischen fast Tag für Tag den Zauber der tropischen

---

lichungen aus dem K. Museum für Völkerkunde zu Berlin II 64) — Schwacke: Bereitung des Curare-Pfeilgiftes bei den Tecuna-Indianern (Jahrbuch des K. botanischen Gartens zu Berlin III 220 u. ff.) — und Andere mehr.

[1]) Synonym von Epidendrum superbum Reichb.
[2]) Synonym von Bletia undulata Reichb.

Flora und Fauna auf uns hatten wirken lassen, war die heutige Fahrt doch bestimmt, uns wieder neue Eindrücke zu bringen. In der einen grösseren Wasserstrasse, auf welcher unser Boot in die Insel einzudringen begann, beobachteten wir viele absonderliche kleine Fische, die, mit dem Kopf halb aus dem Wasser, ziemlich rasch bald da, bald dort quer über den Igarape hinüber platscherten. Es waren dies Quatro-olhos oder Vieraugen (Anableps tetrophthalmus Bl.), höchst merkwürdige, bartgrundelähnliche Zahnkarpfen (Cyprinodontidae) mit breitem Maul, aufgeworfenen Lippen und hervorquellenden, fast wie auf Stielen sitzenden Augen, welch letztere einen Bau haben, der sich bei den Augen keiner einzigen anderen

Vierauge (Anableps tetrophthalmus) ½ nat. Grösse.
(Nach Brehms Thierleben VIII. 260.)

Thiergattung wiederholt. Im Walde zerstreut wuchsen Kautschukbäume (Hevea brasiliensis Müll. Arg.), am Wasserrande aber Sträucher, deren Blüthe an einen Kamm mit gelben Zähnen und rothem Obertheil erinnerte, zweifellos Mimoseen aus den Gattungen Inga oder Pithecolobium. Zu ihnen gesellten sich andere niederere Pflanzen in Strauchhöhe, mit langen rothen, bluthenartigen Bildungen in Form eines leichtgebogenen Stabes, wohl irgendwelche Araceen, und zwar vermuthlich Blüthenschweife (Anthurium Schott), von welchen mehrere Arten ihren Standort am Amazonas haben.

Wir landeten an einer der rechts und links längs der Igarapés gelegenen Seringueirohütten und vertieften uns von da in den Wald, in welchem ein ganz intensiver Patchouligeruch verbreitet war. Bald umgab uns ein wahrer Palmenhain, in welchen die Sonnenstrahlen hereinspielten, reizende Lichteffecte erzeugend. Wir waren noch nie auf unseren Urwaldstreifereien einer ausschliesslich aus Palmen, grossen und kleinen, gebildeten Waldparcelle begegnet. In derselben wogen Euterpe oleracea weit vor, doch fehlten auch Bactris und andere Arten nicht. Herrliche Schmetterlinge gaukelten durch das Dickicht. Der Picada entlang zogen langsamen Fluges, etwa drei Meter über der Erde, die riesigen, himmelblau atlasglänzenden Morpho Menelaus L., welche um Para sehr haufig zu treffen sind. Ebenso schläfrig ihre Flügel schlagend, kamen grosse graubraune, breit blaugestreifte Morpho Achilles, allem Anschein nach var. Deidamia Hübn., des Weges daher, durch ihren Dauerflug und ihre Bodenferne sich gleich jenen unserer Verfolgung entziehend. Glücklicher waren wir im Fangen zweier kleinerer, in Brasilien wie in Guyana vorkommender Tagfalter, einer Taygetis Thamyra Cr., eines Satyrinen mit unscheinbarer, dunkelbrauner Oberseite und lila und braun hübsch marmorirter Unterseite, und eines Heliconius Vesta Cr., eines schwarzen Rundfluglers mit schwefelgelb und ziegelroth gefleckten Vorder- und ziegelroth streifig gezeichneten Hinterflügeln. Die übrigen kleineren Papilioniden, unter welchen ich auch Temenis Laothea var. Ariadne Cram. zu bemerken glaubte, retteten sich, wie die Morpho, vor unserem todtbringenden Netze.

Bei weiterem Vertiefen in den Wald begann das bei solchen Streifereien unvermeidliche Klettern über umgestürzte Baumstämme, das Wegsuchen über schlammumringte Wurzeln, das Sichdurchhauen durch eine Wand von Schlinggewächsen, bis endlich Igapó und Igarapé unserem ferneren Vordringen energisch Halt geboten. Wir kehrten zum Boot zurück, doch jetzt erst gewahrten wir, wie misslich das Einsteigen sein würde, nachdem schon das Aussteigen nicht leicht gewesen war. Die Landung an dem ziemlich hohen lehmigen Ufer vermittelte, an Stelle einer Treppe, ein glatter, entrindeter, schräg nach aufwärts gestellter Baumstamm. Hinauf waren wir mit Mühe und Noth geklettert, hinunter würden wir sicherlich auf dem indianisch primitiven Landungssteg ausgleiten und in den schlammigen Igarapé hineingeschleudert werden. Nach einigem Besinnen blieb uns nichts zu thun übrig, als uns unserer Stiefel zu entledigen und gleich den Eingeborenen mit angeklammerten Zehen, mehr rutschend als gehend, den glitschigen Balken zu überwinden.

Ein Wall von Mangroven säumte die beiden Igarapéufer unserer weiteren Bootfahrt. Unter und zwischen den Stelzwurzeln, welche jetzt zur Ebbezeit fast trocken lagen, oder besser gesagt standen, wimmelte es von Hunderten von drolligen Winkerkrabben (Gelasimus). Troupiale und papageiartig kreischende Madenfresser belebten als Vogelproletariat den Igarapé. Eine Taube, vielleicht die am oberen, wie unteren Amazonas verbreitete Leptoptila rufaxilla Rich. et Bern., flog über unsere Köpfe hinweg. Gestelle zu Fischfangzwecken sperrten an einzelnen Stellen die sich abzweigenden Wasserwege. Es waren dies sogenannte Pary, d. h. aus Lianen geflochtene, netzartige Wände, welche kurz vor Eintritt der Ebbe an Reihen quer in den oberen Lauf eines Igarapé eingerammter Pflöcke befestigt werden. Den zur Fluthzeit hinaufgeschwommenen Fischen ist hierdurch der Rückzug abgeschnitten und sie werden in den sich immer mehr entleerenden, schliesslich fast trocken gelegten Wasserläufen, eine leichte Beute der Indianer.

An einem solchen Pary machten wir Kehrt und ruderten den engen, träumerisch schönen Igarapé wieder hinunter, der zu beiden Seiten von den malerischsten überhängenden Pflanzengruppen eingefasst war. Auf der Rückfahrt über den Rio Pará erfuhren wir, dass die Bevölkerung das Baden im Strome vermeidet, da es in demselben viel Zitteraale (Gymnotus electricus L.) giebt und diese wegen der lähmenden Wirkung ihrer Schläge sehr gefürchtet werden. Die inzwischen eingetretene Fluth brachte unsern Kahn nach der Stadt zurück, woselbst wir Nachmittags zweieinhalb Uhr in unserem Zimmer 29,5 ° C. fanden.

Pará. — Samstag, den 28. Juli.

Der Dampfer, der uns die brasilianische Nord- und Ostküste entlang führen soll, ist schon seit einigen Tagen fällig. Da es nun am Amazonas keine telegraphische Verbindung giebt,[1]) welche sein Eintreffen vorher avisiren könnte und er, wenn einmal eingetroffen, nach wenig Stunden seinen Kurs fortsetzt, so sind wir, um das Schiff nicht zu versäumen, jetzt an Pará und seine nächste Umgebung gebunden. Ein Versäumen des Schiffes wäre nämlich sehr schlimm, weil nur jede zehn Tage ein solcher Dampfer ausläuft und wir also dann noch länger in der ungesunden und langweiligen Hafenstadt auszuharren gezwungen sein würden.

Uns den unfreiwilligen, geduldprüfenden Aufenthalt angenehm auszufüllen, besuchten wir an den letzten Tagen unter Anderem auch verschiedene Landsleute, welche wir von der Zeit unseres ersten Aufenthaltes kannten, oder Solche, welche mit uns von Europa aus übergefahren waren. Die unter die letzteren gehörende Wienerin fanden wir in einem Erbarmen erregenden Zustand. Während wir den Amazonas hinaufgereist waren, hatte sie einen heftigen Anfall von Gelbem Fieber mit knapper Noth und nur dadurch überhaupt überstanden, dass augenblicklich und energisch heilend eingegriffen worden war. Die Gelbfiebergefahr ist in Pará sehr gross, so gross, dass die hiesigen Weissen vollständig mit dem Gedanken vertraut sind, heute oder morgen ein Opfer derselben zu werden. Thatsächlich sollen auch nahezu alle eingewanderten Europäer, welche in Brasilien länger an Orten verweilen, in denen das Gelbe Fieber endemisch ist, davon befallen werden,

---
[1]) Im Jahre 1896 sollte ein Telegraphenkabel von Pará den Strom hinauf, vorläufig bis Manáos gelegt werden.

Ein Igarapé. (Von R. Wiegandt. Das Original im Besitz der Verlagssseng.)

doch ist der Ausgang beim weitaus grösseren Prozentsatz der Erkrankten kein tödtlicher. Russen und Individuen der germanischen Rasse, unter letzteren die blonden Nordländer, namentlich die Skandinavier, werden am leichtesten vom Gelbfieber ergriffen.[1]) Junge Leute sind mehr gefährdet, als ältere, gesunde, kräftige mehr als schwächliche. Ein Ritt oder Spaziergang, jedwede körperliche Anstrengung unter direkter Einwirkung der Sonnenstrahlen kann zur Zeit der Prävalenz des Gelbfiebers lebensgefährlich werden. Der Verlauf der Krankheit ist häufig ein ungemein rascher, und je schneller Gegenmittel angewandt werden, um so grösser ist die Wahrscheinlichkeit der Rettung. Manche Leute tragen zur Gelbfiebersaison die nöthigen Arzeneien stets in der Tasche bei sich. Wenn auch Fälle von Gelbem Fieber, z. B. in Pará und Rio de Janeiro, das ganze Jahr hindurch vorkommen, so steigert sich die Häufigkeit derselben, wenigstens in Rio, doch bedeutend gegen Ende der heissen Jahreszeit, und sogar noch zu Beginn der kühlen. Die Krankheit, welche sich vermeintlich schon vor zwei Jahrhunderten in Pernambuco und Bahia gezeigt haben soll, ist erst 1850 nach Rio de Janeiro und Pará, 1856 stromaufwärts bis nach Manáos eingeschleppt worden. Durchschnittlich beschränkt sie sich auf die Seeküste und die Ufer grosser Flüsse; die landeinwärts und nicht an Strömen gelegenen Orte sind grösstentheils, die hochgelegenen nahezu alle immun.[2]) —

Nachmittag. Als wir heute Vormittag von einer reizenden Trambahnfahrt durch die äusseren Villenstrassen mit ihren tropisch üppigen Gärten zurückkehrten, war inzwischen der längst erwartete Dampfer der »Companhia Brazileira de Navegação a Vapor« eingetroffen. Sofort legten wir die letzte Hand an, unsere seit Tagen bereit liegenden Koffer vollends zu packen. Dieses war jedoch, wie jede Beschäftigung, welche Raum beanspruchte, mit Schwierigkeiten verbunden. Wir zwei Damen nämlich haben hier zusammen nur ein winziges, noch dazu von einer störenden Hängematte überspanntes Zimmer, und sogar dieses mussten wir uns mühsam erobern. Wie schlecht es in unserem Gasthaus um Platz bestellt ist, wird überdies dadurch bewiesen, dass unser Diener gar keinen Wohnraum für sich besitzt, sondern gleich dem Sohn des Hauses auf dem offenen Gang schläft, selbstverständlich in einer Hängematte wie alle Anderen. Es sind dies primitive Verhältnisse für das erste und für Damen

---

[1]) Buschan: Einfluss der Rasse auf die Form und Häufigkeit pathologischer Veränderungen. (Globus LXVII. S. 22.) Aehnliches berichtet Andree (Geographie des Welthandels I. 352 Anmerk.), nur tritt hier der Holländer und Belgier (wohl Flamländer) an Stelle des Skandinaviers.

[2]) Avé-Lallement: Das gelbe Fieber S. 9 u. ff. 90, 97. 99 u. ff. 169, 233, 239 u. ff. 320, 321. — Hirsch: Handbuch der historisch-geographischen Pathologie I 235 u. ff. — Scheube: Die Krankheiten der warmen Länder 37 u. f. — Loefgren: Dados climatologicos do anno 1889 p. 4 e 13 (Boletim da Commissão Geographica e Geologica de S. Paulo No. 6). Loefgren: Dados etc. 1890 p. 6 (Boletim etc. No. 8).

einzig besuchbare Hotel einer Stadt von ungefähr 70000 Einwohnern. Doch in Anbetracht weit minderer Quartiere in solchen Ländern, dürfen wir uns noch glücklich schätzen, es so getroffen zu haben.

Wir verlassen das entsetzlich heisse und feuchte Pará mit einem wahren Gefühl der Erleichterung. Indem wir uns an Bord begeben, findet der äquatoriale Theil unserer Reise in Brasilien seinen Abschluss.

* * *

Liste der auf unserer Reise in der Amazonasniederung von mir[1]) gesammelten Insekten, welche keine nähere Angabe des Fundortes aufweisen:[2])

Eumolpus surinamensis F., ein prächtiger, durchaus stahlblauer, metallglänzender Blattkäfer (Chrysomelidae), der am Amazonas seine Südgrenze zu finden scheint.[3])

Polistes annularis F. var. decolorata, eine schön bronzefarbige Feldwespe.

Ithomia Flora Cram., eine Danaine des unteren Amazonasgebietes, deren florartig durchsichtige, irisirende Flügel auf der Oberseite opaqueschwarz gerandet und gezeichnet sind, auf der Unterseite schwarz und hellrothbraun.

Colaenis Phaerusa L., eine ziemlich grosse, fuchsrothe, braungezeichnete Nymphaline, welche sowohl in Süd- wie in Mittelamerika angetroffen wird.

Colaenis Julia F., eine ebenfalls in Süd- und Mittelamerika verbreitete, in Brasilien gemeine Nymphaline, welche ähnlich gefärbt und gezeichnet ist wie vorhergehende, jedoch schmalere Flügel hat.

Dione Lucina Feld. (zwei Exemplare), auf das obere Amazonasgebiet beschränkte Nymphalinen, deren Flügel auf der Oberseite fuchsroth sind mit dunkelbrauner Zeichnung, auf der Unterseite gelbbräunlich mit silberglänzenden Flecken.

Napeocles Jucunda Hübn. ♀, eine ziemlich grosse, schwarzbraune Nymphaline mit weisser, an den Rändern blau angeflogener Fleckenbinde. Diese Lepidopterenspecies ist nicht über die Nachbarschaft des Amazonasdeltas hinaus verbreitet und ist die einzige Art ihrer Gattung.

Anartia Amalthea L., eine am Amazonas häufig vorkommende Nymphaline mit hellbraunen, weiss getupften und rothgebänderten Flügeln.

Gynaecia Dirce L., eine über Süd- und Mittelamerika verbreitete, braune Nymphaline mit breiter gelber Mittelbinde auf den Vorderflügeln.

Ageronia Iphtime Bates, eine fast schachbrettartig braun, weisslich, graublau und röthlich gezeichnete Nymphaline, welche am Amazonas ihre Südgrenze zu finden scheint.[4])

Anaea Morvus Feld. ♀, eine südamerikanische Nymphaline, deren braune Flügel theilweise in blauem Atlasschimmer glänzen.

Helicopis Acis F., eine reizende kleine, gelbweiss, dunkelbraun und goldgelb gefärbte Lemoniine, deren Hinterflügel einen tief und zierlich gezahnten Saum haben und auf der Unterseite silberglänzende Flecken tragen.

Apodemia campestris Bates, eine schachbrettähnlich gezeichnete, dunkelbraun, rostroth und weiss gefärbte kleine Lemoniine, welche häufig auf den Campos am Tapajoz vorkommt.

---

[1]) Leider stehen mir die von meiner Reisegefährtin gesammelten Insekten nicht zur Verfügung.

[2]) Diejenigen Insekten, welchen die genaue Angabe des Fundortes beigemerkt ist, sind im Reisebericht gelegentlich der Besprechung des betreffenden Fundortes erwähnt.

[3]) Könnte allenfalls nicht von uns selbst gesammelt, sondern in Pará uns geschenkt worden sein.

[4]) Ich vermuthe, diese Ageronia in Providencia am Solimoës gesammelt zu haben.

Nymphidium nov. spec. ♂, welches mit zwei von Natterer in Brasilien gesammelten, im Wiener Naturhistorischen Hofmuseum befindlichen Nymphidiummännchen übereinstimmt und durch das Fehlen des braungelben Vorderrandfleckes dem Nymphidium Philone Hew. (non God)[1]) am nächsten steht.[2]) (Im Wiener Hofmuseum befinden sich ausserdem zwei, ebenfalls von Natterer aus Brasilien mitgebrachte, zur gleichen Nymphidiumspecies gehörige Weibchen).

Stalachtis Calliope L., eine ziegelrothe, schwarzgezeichnete Lemoniine, deren Verbreitungsbezirk das Amazonasgebiet und Guyana ist.

Eurema Deva Doubl. ♀, eine in der ganzen Amazonasregion vorkommende, kleine gelbe Pierine mit breitem, dunklem Saum an den Vorderflügeln.

Perrhybris Pyrrha F. ♀, eine auf Südamerika beschränkte, grosse Pierine mit schwärzlichen, breit orange- und citronengelb gestreiften Flügeln.

Tabanus miles Wied, ein Individuum aus einer der zahlreichen Arten von Viehbremsen (Tabanus), welche Brasilien besitzt.

Libellula umbrata F., eine specifisch südamerikanische, 4 cm lange, bräunliche Wasserjungfer mit wasserhellen, der Quere nach durch eine braune Binde gezeichneten Flügeln.

Nymphidium nov. spec. ♂.
(Das von der Verfasserin gesammelte Exemplar.)

Nymphidium nov. spec. ♀.
(Eines der von Natterer gesammelten Exemplare. Mus. Caes. Vindob.)

Was speziell die Lepidopterenfauna betrifft, so ist zu bemerken, dass wohl keine andere Gegend auf der ganzen Erde so geeignet ist zur Entwicklung zahlreicher Arten von Tagfaltern, wie gerade die Amazonasniederung. Die Gattung Papilio z. B. ist allein durch 43 Arten und Varietäten vertreten, besonders artenreich zeigt sich auch die Gattung Helicionus. Das hiesige Faunagebiet weist übrigens nicht nur einen grossen Reichthum an Arten, sondern auch viele endemische Formen auf, so giebt es deren eine gute Anzahl in der Subfamilie Nymphalinae. Manche der am Amazonas vorkommenden Schmetterlingsspecies, namentlich die waldbewohnenden, haben einen sehr beschränkten Verbreitungsbezirk. Zu diesen gehören die meisten Ithomiaarten, von denen man in einer Entfernung von nur 160—300 km immer wieder anderen begegnet. Im Grossen und Ganzen kann man in lepidopterologischer Hinsicht das Amazonasgebiet

---

[1]) Hewitson: Exotic Butterflies IV. Nymph. t. IV. fg. 29, 30.
[2]) Ob mein Nymphidium am Amazonas oder etwas südlicher gesammelt worden ist, kann wegen Fehlens genauerer Fundortsangabe nicht mehr festgestellt werden. — Es ist ein am Innenwinkel der Hinterflügel beschädigtes Exemplar.

in drei sehr ausgeprägte Verbreitungsbezirke theilen, von denen sich der eine vom Fuss der Anden bis zum rechten Ufer des Rio Negro und linken des Madeira erstreckt, der zweite von diesen Strömen an bis einerseits nach Macapa, anderseits an das linke Ufer des Xingú, der dritte endlich von da bis ungefähr zur Küste, namentlich das Süd- und Ostufer von Marajó in sich einschliessend.[1])

[1]) Wallace: On the Habits of the Butterflies of the Amazon Valley (Transactions of the Entomological Society of London. New Series II. 253 a. ff.) Bates: Contributions to the Insect Fauna of the Amazon Valley (l. c. New Series V. 223 a. ff., 352 a. ff.). Bates: Contribution to an Insect Fauna of the Amazon Valley (The Journal of Entomology I. 222). Bates: Contributions etc. (The Transactions of the Linnean Society in London XXIII. 500, 501).

KAPITEL X.

Maranhão und Ceará.

An Bord der »Maranhão«. Sonntag, den 29. Juli.

Da man in Brasilien für jede Reise auf dem Wasser, also von einem brasilianischen Hafen zum anderen, eines Passes bedarf,[1]) so konnten wir uns erst einschiffen, nachdem in Pará unsere Pässe visirt worden waren. Seit gestern Nachmittag um 3 Uhr nun befinden wir uns an Bord der »Maranhão«, eines schönen, grossen brasilianischen Dampfers mit bequemen, reinlichen, luftigen Kajüten und einer grösseren Anzahl von Passagieren. Letztere sind bis auf einen deutschen Kaufmann und einen deutschen, in Nordamerika thätigen Missionspriester, ausschliesslich Brasilianer. Einige dieser weissen und farbigen Eingeborenen huldigen der von uns schon früher beobachteten brasilianischen Sitte, die Stiefel, wenn unbequem, einfach aufzuschneiden und aufgeschnitten weiter zu tragen.

Wir haben eine ganze Menagerie an Bord, ein neuer Beweis für die Thierliebe der Brasilianer, von denen fast Jeder irgend ein lebendes Wesen mit sich führt. Dies kommt mir sehr gelegen, da es meine Studien über die Fauna des Landes fördert. Namentlich sind Affen und Vögel vertreten. Unter ersteren befindet sich ein Macaco de cheiro (Chrysotrix sciurea L.); zwei Nachtaffen verschiedener Art (Nyctipithecus vociferans Spix (?) und Nyct. felinus Spix) von denen einer durch sein ziemlich grosses Gesicht auffällt; zwei Neger-Sahuý (Midas ursulus Hoffm.), sehr kleine Aeffchen mit dichtem, schwarzem, sammetweichem, gelbgesprenkeltem Pelz, schwarzen, haarlosen Gesichtern und intelligentem, aber boshaftem Ausdruck; endlich einige mittelgrosse, braune Affen, von denen einer sich sehr zuthulich benimmt. An Säugethieren enthält unsere Menagerie noch einen munteren, jungen, rothbraunen Rüsselbär (Nasua socialis Wied), welcher behende auf- und abklettert, eine schöne Cutiá (Dasyprocta Aguti

---

[1]) Diese Bestimmung ist im Jahre 1890 aufgehoben worden.

Erxl.) und zwei reizende Rothspiesshirsche (Coassus rufus F. Cuv.), die uns wie eine Miniaturausgabe unseres europäischen Rehes (Cervus capreolus L.) anmuthen.

Die Vogelwelt, welche unser Schiff belebt, besteht aus zwei prachtvollen, scharlachrothen Araras (Ara Macao L.); einem Goldsittich (Conurus guarouba Gm.), einem jener nicht häufigen Keilschwanzsittiche, welche mit Ausnahme der Schwungfedern ganz hellgoldgelb sind; einer der wegen ihres Gesanges gern im Käfig gehaltenen Küstenspottdrosseln (Mimus lividus Licht.); zwei wachtelartigen, gelbbraun sandfarbigen, dunkelgezeichneten Vögeln, welche Pavão[1]) genannt werden und Eupsychortyx sonnini Temm. sein dürften; einigen farbenprächtigen, zinnoberrothen Ibissen (Ibis rubra Vieill.) und etlichen rosagefiederten Flamingos (Phoenicopterus ruber Bonn.). Es sind dies nahezu sämmtlich Vögel, welche in der Amazonasgegend ihre Südgrenze finden und wohl deshalb, als grössere Seltenheiten, nach den südlicheren Theilen des Landes mitgenommen werden.

Doch mit Säugethieren und Vögeln ist unsere Sammlung lebender Thiere noch nicht erschöpft. Es sind an Bord auch einige Jabutí (Testudo tabulata Walb.) aus dem Amazonasgebiet, sehr wohlschmeckende Waldschildkröten, welche in den Sagen der Tupíindianer dieselbe Rolle spielen wie der Fuchs in denen der alten Welt.[2]) —

Um vier ein halb Uhr erst lichtete gestern unsere »Maranhão« den Anker und dampfte stolz den mächtigen Rio Pará hinunter, durch welchen der Amazonas per Sekunde 70 000—100 000 cbm Wasser dem Meere zuführt. Es ist dies eine Wassermasse, welche diejenige sämmtlicher Ströme Europas zusammengenommen übertrifft.[3]) Regen begleitete unsere Abreise, Segelschiffe flogen pfeilschnell über die winderregte, hier schon meergleiche Wasserfläche, durch den Wolkenhimmel sich stehlende Sonnenuntergangsstrahlen küssten vergoldend das aus unseren Blicken scheidende, zauberische Tropenland.

Heute hatten wir etwas Seegang bei hellgrünblauer, durchsichtiger Meeresfarbe. Alle weiblichen Passagiere, mit dem den brasilianischen Frauen eigenen Mangel an Energie, ergaben sich willenlos der lästigen Seekrankheit, im Voraus überzeugt, dass sie krank werden müssten.

Im Südwesten zeigte sich tagsüber die ferne Küste als kaum bemerkbarer Streifen. Streckenweise verschwand auch dieser und man konnte meinen, auf hoher See zu sein.

---

[1]) Den Vulgärnamen Pavão tragen Vögel aus den verschiedensten Familien.

[2]) Ueber solche Sagen siehe Archivos do Museu National do Rio de Janeiro VI 137 e. s. und Couto de Magalhães: O Selvagem I 185 e. s.

[3]) Levasseur: Le Brésil. 9.

Morgen soll unser Dampfer S. Luiz de Maranhão anlaufen; eine im Jahre 1610 von Franzosen gegründete Stadt, welche jetzt 45 000 Einwohner zählt. Sie liegt unter 2° 31′ 45″ s. Br. an der Nordostküste Brasiliens und ist die Hauptstadt der Provinz Maranhão. Diese Provinz, welche zwar einen weit geringeren Umfang hat als die zwei vom Amazonas durchströmten Provinzen, gehört immerhin zu den sechs grössten des Landes. Sie bedeckt einen Flächeninhalt von 459 884 ☐km und ist somit um ein Bedeutendes grösser als Italien und Rumänien zusammen genommen. Dabei hat sie aber eine Bevölkerung von nicht einmal einer halben Million, so dass auf den Quadratkilometer nur 1,1 Bewohner treffen. Von dieser Bevölkerung bilden die Mischlinge den Hauptbestandtheil, nämlich volle 46 Procent. Die Weissen betragen nur 28 Procent, also weniger als in der Provinz Grão-Pará, die Neger hingegen 23, was gegen die Amazonasprovinzen eine grosse Zunahme des schwarzen Elementes bedeutet. Die Urrasse ist, an civilisirten Indianern, durch drei Procent vertreten. Die im Centrum und Südwesten hausenden wilden Rothhäute hat Niemand genau gezählt, doch mögen sie, die vor 80 Jahren sich noch auf viele Tausende beliefen, nun auch etwas zusammengeschmolzen sein. Ein Theil von ihnen, die Guajajara, Manajós und Cupinharós, gehören der Tupígruppe an, der sich auch die Hauptstämme am Amazonas einreihen; der andere, grössere Theil wird zur grossen Gruppe der Gês gerechnet, welche hauptsächlich das nordöstliche Innere Brasiliens besetzt hält. Die hiesigen Gês zerfallen in verschiedene, der Berührung mit den Weissen so ziemlich entrückte Stämme, von denen die Meisten der brachycephalen Kayapóvölkerschaft zuzählen.

Mit Maranhão sind wir im Begriff, ein neues Floragebiet zu betreten. Wohl ragt die Hylaea noch eine gute Strecke weit in diese Provinz herein und geht nach der Meinung Einiger[1]) ostwärts fast bis zum Rio Parnahyba, doch sind es nur mehr ihre Ausläufer, und diese bilden einen Uebergang zu einer anderen mächtigen Vegetationsform Brasiliens, zu derjenigen der Campos. Der Urwald ist hier nicht mehr so üppig und ausgedehnt wie in der Amazonasniederung; grosse Wiesenflächen beginnen ihn zu unterbrechen, und von S. Luis de Maranhão nach Osten wird er, der Küste entlang, durch sterile Strecken immer mehr und mehr zurückgedrängt.[2]) Wie die Hylaea, dieses ungeheure äquatoriale Waldgebiet Südamerikas, in

---
[1]) Wallace: Travels on the Amazon and Rio Negro 433. Sclater and Salvin: List of Birds collected by Mr. Wallace on the Lower Amazonas and Rio Negro (Proceedings of the Zoological Society of London 1867 b. p. 596).
[2]) Wappäus: Brasilien 1213, 1312, 1644. Siehe auch die Karte in Reclus: Nouvelle Geographie Universelle XIX. 155.

der Provinz Maranhão seine Ost- und Südostgrenze findet, so hat auch die Thierwelt der Amazonasebene, welche daselbst, wie überall, innig mit der Vegetation verknüpft ist, in manchen Arten und Gattungen hier die Grenze ihrer südlichen Verbreitung gefunden.

Während uns, wie gesagt, im nördlichen Maranhão ein an die Natur der Amazonasgegenden erinnernder Landschaftscharakter entgegentritt, begegnet uns im südlichen Theil der Provinz zum ersten Male die eigentliche Camposwelt, und zwar in verschiedenen ihrer Gestaltungen. Allerdings haben wir in den Niederungen des Amazonas Campos gesehen, doch verschwinden sie dort gegenüber der riesigen, dem Landstrich die Physiognomie aufdrückenden Ausdehnung der hohen, dichten Urwälder. Hier hingegen handelt es sich nicht mehr um einzelne Campos, sondern um jene fast endlose, steppenartige Hochebene, welche das ganze Innere Brasiliens einnimmt und, nach Nordosten allmählich sich senkend, am Parnahyba bis zur Meeresküste vordringt. Auf diesem trockenen Hochlande, der Camposregion, herrschen gerade die entgegengesetzten Verhältnisse wie in der Amazonastiefebene; der Wald wird zur Nebensache und die Grasfluren prägen dem Gebiete den Charakter auf.

Wenn schon die Hylaea, der Aequatorialwald Brasiliens, kein einförmiges Bild bietet, sondern bald als Caá-Eté, bald als Caá-Igapó erscheint, so zeigt noch mehr das Camposgebiet des brasilianischen Binnenlandes ein sehr abwechslungsreiches Aussehen. Es zerfällt in Campos veros oder reine Grasfluren, in Campos abertos, d. h. von baumartigen Liliaceen bestandene Rasenflächen, in Campos cerrados, d. h. Rasen mit kleineren oder grösseren Gebüschgruppen besetzt, und in die verschiedenen Formen von Camposwald. Die Campos heissen Campos mimosos, wenn ihr Grasteppich mehr geschlossen ist und seine Halme durch ihre Feinheit gute Viehweiden abgeben, Campos agrestes hingegen, wenn ihre Pflanzendecke hauptsächlich aus einzelstehenden Büscheln harten, mattgrünen Grases besteht.

Unter den verschiedenen Formen des Camposwaldes ist die häufigste Form die Catinga oder richtiger Caá-tinga, welches Tupíwort weisser Wald bedeutet. Es ist dies der zusammenhängende Camposwald, welcher licht und durchschnittlich nieder, höchstens mittelgrosse Bäume aufweist und in der trockenen Jahreszeit, dem Winter, seine Blätter verliert. Ist genug Feuchtigkeit vorhanden, so kann dieser Niederwald auch sein Laub behalten; anderenfalls wieder, bleibt, was hier und da zu geschehen pflegt, die Regenzeit aus, so stellt sich auch die Neubelaubung des Waldes jahrelang nicht ein. Der Gattungs- und Artenreichthum der Catinga ist grösser als derjenige unserer europäischen Wälder. Im Grossen und Ganzen wechseln die Baumarten von Gegend zu Gegend. Die Camposwälder werden durch Lianen und Epiphyten geschmückt, vor Allem durch

Loranthaceen und Bromeliaceen, indessen Orchideen, Aroideen und Farrenkräuter daselbst weniger gedeihen als in der Hylaea und dem hohen Küstenurwald.

Eine andere Art von Camposwald sind die Capões[1]), durchschnittlich runde, convexe kleine Waldinseln, welche vereinzelt auf den weiten Grasfluren stehen. Da ihr Boden gewöhnlich sumpfig, sind sie auch meistens immergrün. Sie haben grösstentheils ihnen eigenthümliche Pflanzenarten, ihre Pflanzen stehen dicht und üppig, und die in der Mitte befindlichen Bäume erreichen eine ziemliche Höhe.

Immergrün, wie im Ganzen die Capões es sind, und ebenfalls mit eigenem Floracharakter, ist eine dritte Form von Waldvegetation des Camposgebietes, der Flussuferwald. Er zieht sich als schmaler Streifen den Flüssen entlang und ist durch Ueppigkeit ausgezeichnet, entbehrt aber doch der Vegetationspracht der eigentlichen Urwaldzone Brasiliens.

Eine vierte Art von Wäldern der Camposregion ist der Cerrado. Es ist dies ein höherer, geschlossener, baumuntermischter Buschwald, welcher, wie die Catinga, zur trockenen Jahreszeit seine Blätter abwirft. Im Norden des Landes wird er namentlich durch Cacteen, Akaziengebüsche und terrestrische, rasenbildende Bromeliaceen charakterisirt, im Süden, wo ihm mehr Feuchtigkeit zu Gebote steht, nähert er sich mehr der Catinga und der Vegetation des Flussuferwaldes. Ist dieser Busch- oder Zwergwald nicht höher als 3—3,5 m und treten in ihm die Bäume noch mehr in den Hintergrund, oder fehlen sie gänzlich,[2]) so trägt er den Namen Carrasco. Es ist dies ein eigentlicher Gestrüppwald, der eine grosse Mannigfaltigkeit dichtgedrängter Sträucher mit wenig saftigem Laube aufweist. Charneca heisst diejenige Vegetationsform, welche den Uebergang vom Carrasco, dem Halbwald, zum Sertão bildet. Unter letzterem endlich versteht man die Wüsten Brasiliens, menschenleere, hochgelegene, trockene Gegenden, welche mitunter lichtes, mannshohes, oft nicht länger als zwei bis drei Monat des Jahres belaubtes Gesträuch bedeckt, die aber manchmal auch jeglicher Vegetation entbehren.[3])

Nicht nur nach der Verschiedenheit der Pflanzendecke, auch nach der Verschiedenheit der Oberflächengestalt führen die Campos verschiedene Benennungen. Chapadas zum Beispiel heisst man flache, hochgelegene,

---

[1]) Caá (tupí) = Wald, apuám (tupí) = rund.
[2]) Siehe Hartt: Geology and Physical Geography of Brazil. 147. Anmerk. 252, 253. Wappäus: Das Kaiserreich Brasilien 1316.
[3]) Schenk: Beiträge zur Biologie der Lianen 60. — Martius: Tabulae physiognomicae p. XXXI. — Martius versteht unter Sertão die typische, völlig vegetationslose Wüste, die Brasilianer (s. Caminhoá: Geographia botanica [Botanica Medical Geral XIII] und Moura: Diccionario Geographico do Brazil II 418) verstehen darunter sowohl hochgelegene, trockene, durch eine besondere Vegetation charakterisirte Strecken im Innern des Landes, denen einzelne Bäume nicht fehlen, als, in einigen Landestheilen, menschenferne Gegenden, welche auch waldbedeckt sein können.

somit plateauartige Campos, Taboleiros Campos, welche welliges Terrain haben und gleichzeitig vorwiegend dürr sind. Tragen die Taboleiros nur zerstreut stehende Bäume, so bezeichnen sie die Eingeborenen als Taboleiros cobertos, als Taboleiros cerrados jedoch, wenn die Bäume näher zusammengerückt sind und dichtes Unterholz die Zwischenräume ausfüllt. — Es lässt sich denken, dass mit den Campos auch eine, von derjenigen der Hylaea im Allgemeinen verschiedene Fauna aus dem Süden herauf nach Maranhão vordringt. Zwar besitzt die Camposregion manche Thierspecies mit der Hylaea und der Küstenurwaldregion gemeinsam, doch hat sie viele Arten und manche Gattungen, die ihr eigenthümlich sind. Die Affen, welche im äquatorialen Wald Brasiliens überaus zahl- und artenreich auftreten, werden auf den Campos weit mehr in den Hintergrund gedrängt, dafür erscheinen Steppensäugethiere wie der Mähnenwolf (Chrysocyon jubatus Desm.), verschiedene Schakalfüchse (Lycalopex vetulus Sund. und L. fulvicaudus Burm.), Stinkthiere (Mephitis chilensis F. Cuv.), Felsenmeerschweinchen (Cavia rupestris Wied), Grosse Ameisenbären (Myrmecophaga jubata L.),[1] Pampashirsche (Blastocerus campestris F. Cuv.) und Camposrehe (Coassus simplicicornis Illig.). An Vögeln hat Brasilien, das vogelartenreichste Land der Erde, natürlich auch seine für die Campos charakteristische Arten. Hier sind, um nur einige anzuführen, unter anderen zu nennen Erdeulen (Spectyto cunicularia Mol.), die schönsingenden Camposspottdrosseln (Mimus saturninus Licht.), eine Troupialart (Icterus jamacaii Gm.), eine Art von Königswürger (Milvulus tyrannus L.), mehrere Arten der wegen ihres Nestbaues bekannten Töpfervögel (Furnarius Vieill.), Rothbraune Baumhacker (Picolaptes bivittatus Licht.), Camposspechte (Colaptes campestris Vieill.), aus der Gattung der Schlangenstörche die Seriema (Dicholophus cristatus L.), aus der Familie der Steisshühner Rhynchotus rufescens Temm. und Nothura media Spix, endlich, als besonders in die Augen fallend, zwei Amerikanische Strausse (Rhea americana L. und Rhea macroryncha Scl.), Vögel, welche sich, gleich der obengenannten Seriema, durch rasches Laufen auszeichnen. Unter den Reptilien begegnen uns, als so ziemlich auf das Camposgebiet beschränkt[2]), die Schauerklapperschlangen (Crotalus terrificus Laur.), welche ungefähr anderthalb Meter lang werden und wegen ihres Bisses mit Recht sehr gefürchtet sind. Was endlich die Insekten betrifft, so ist zu sagen, dass sie die weitgedehnten, oft scheinbar öden Savannen Brasiliens be-

---

[1] Diese Ameisenbären werden zwar auch ausserhalb des Camposgebietes angetroffen, sind jedoch für letzteres charakteristisch. S. Goeldi: Os mammiferos do Brazil 154 u. Andere.

[2] Wied (Beiträge zur Naturgeschichte Brasiliens I 445) und viele andere Naturforscher erwähnen den Crotalus terrificus speciell für die Campos, Osculati (Esplorazione delle regioni equatoriali p. 248), hingegen nennt ihn auch für die Rio Negrowälder.

leben, mehr als man vermuthen sollte. Auch unter ihnen befinden sich diesem Vegetationsgebiet eigenthümliche Arten, während andere ebenfalls in den Regionen der hohen Urwaldungen verbreitet sind. In den Sertões treten namentlich Meliponen und Trigonen, die honigliefernden Bienen Brasiliens, zahlreich auf. Die Ameisen, von denen man in Brasilien bisher ca. 400 Arten kennen gelernt hat,[1]) und von denen wir in Manáos sagen konnten, dass sie mehr denn die Menschen als Herren des Amazonasthales zu betrachten seien, kommen auch auf den Camposplateaus äusserst arten- und individuenreich vor. Ebenso stellen die merkwürdigen Fangheuschrecken (Mantidae) und die noch weit absonderlicheren Gespenstheuschrecken (Phasmidae) ihr Contingent zur Camposfauna, aber mehr als alle anderen Insekten sprechen in der Physiognomie der Campos die Termiten mit, nicht sowohl persönlich, als durch die prachtvollen Lehmbauten, welche sie aufführen und welche oft, gleich einer Vereinigung kegelförmiger Hütten, weithin die Grasfluren bedecken. —

Die im Vorhergehenden gegebene Skizze ist eine zusammenfassende der gesammten Camposwelt Brasiliens und trifft somit selbstverständlich für die steppenähnlichen Strecken Maranhãos nur theilweise zu, da die Campos in ihrer riesigen Ausdehnung von Nord nach Süd und von Ost nach West, wie schon im Laufe des Gesagten angedeutet, manche floristische und faunistische Abänderungen erleiden.

Flora und Fauna gestatten uns einen Rückschluss auf das Klima, und da in den Provinzen Maranhão sowohl Hylaea als Camposregion vertreten sind, so bauen sich auch die climatischen Verhältnisse daselbst aus den Klimaten dieser beiden Landschaftsarten auf. Die Küstenlande Maranhãos lehnen sich in ihrer geringen jährlichen Temperatur-Amplitüde an die äquatorialen Waldgegenden der beiden auf das Amazonasthal entfallenden Provinzen, das Innere von Maranhão schliesst sich in seinen grösseren Temperaturschwankungen an die nördlichen Camposprovinzen an. In Bezug auf Salubrität und deutliches Hervortreten der trockenen und nassen Jahreszeit zeigen indessen sowohl das Litorale wie die inneren Landesstriche fraglicher Provinz mehr Uebereinstimmung mit der Camposwelt des übrigen Brasilien als mit der Hylaea. Das Klima ist heiss und feucht und gilt nur an den Ufern des Parnahyba für ungesund. Genauere meteorologische Beobachtungen scheinen sich bisher so ziemlich auf São Luiz de Maranhão zu beschränken, welches noch innerhalb des Waldgebietes der Amazonasniederung liegt. Die Jahresisotherme beträgt daselbst 27,4 ° C. und bleibt somit, gleichwie diejenige von Pará, um einen Grad hinter der für diese

---

[1]) Europa besitzt nur etwa 100 Arten Ameisen.

Breite normalen Temperatur zurück. Das Temperaturmaximum ist 33,8° C., das Minimum 21,1°. Als heisseste Monate haben sich Dezember und Februar ergeben mit einer Durchschnittstemperatur von 28,6° C., als kältester Monat ist der Juli zu betrachten.[1]) São Luiz gilt als sehr regnerisch; es zählt im Jahre 86 Regentage und hat eine jährliche Niederschlagshöhe von 2450—2470 mm. Die Regenzeit, welche auf Sommer und Herbst fällt, beginnt Ende Dezember und dauert bis in den Juni. Die Hauptregenmonate sind März und April, indessen die Frühjahrsmonate September, Oktober und November fast gar keine Niederschläge zu verzeichnen haben. —

An Bord. Im Hafen von São Luiz. — Montag, den 30. Juli.

Heute früh warf unser Dampfer die Anker Angesichts São Luiz de Maranhão, in einem natürlichen Hafen, welcher an einzelnen Stellen bis zu 10 m Tiefe misst. Mit São Luiz hatten wir denjenigen Punkt der brasilianischen Küste erreicht, an dem die Differenz zwischen höchstem Stand der Fluth und tiefstem der Ebbe so gross ist wie nirgends sonst am ganzen übrigen Litorale Brasiliens, nämlich 6—8 m.

Die Stadt São Luiz liegt auf einer hügeligen Landzunge welche sich an der Nordwestseite der waldbedeckten Insel Maranhão befindet. Anmuthig zieht sich die baum- und palmenuntermischte Häusermasse auf sanft ansteigendem Terrain hinauf, zur Rechten und zur Linken von breiten Flussmündungen umrahmt, welche ihrerseits wieder von weit vorspringenden, rothen, tertiären Sandsteinufern umschlossen werden.

Ein Boot brachte uns an das Land, eine Trambahnfahrt nach allen Richtungen durch die Stadt. Die Strassen schienen uns weit sauberer gehalten als in Pará; ziemlich viel baumbesetzte Plätze unterbrachen die eintönigen Häuserreihen. Zahlreich waren die Gebäude vertreten, deren Aussenwände helle Fliesen bedeckten. Es ist dies eine sehr reinliche, aber in der Farbe kalt wirkende Mauerbekleidung, welche uns daran erinnerte, dass die weisse Bevölkerung Brasiliens überwiegend aus Portugal stammt. Denn wie die Spanier ihre Bauart nach Amerika hinüber verpflanzt haben, so auch die Portugiesen. Und wenn man eine dieser von Romanen der iberischen Halbinsel erbauten Städte in der neuen Welt betritt, wird man keinen Moment in Zweifel darüber sein, welcher Nation dieselbe zuzuschreiben ist.

Auf der Fahrt durch die Stadt hatten wir hübsche Blicke nach beiden Seiten in die auf- und absteigenden Querstrassen, in welche tropisch üppige Bäume hereinragten und deren Hintergrund meist waldige Gegend bildete. Von der Hässlichkeit der Kirchen will ich schweigen und nur die primitiven Beichtstühle erwähnen, welche wir in der Sé, d. h. Kathedrale, vorfanden. Sie bestanden einzig aus Beichtgitter, die sich aus der,

---

[1] Die Juli-otherme ist nicht anführbar, da sie in den meteorologischen Notizen nicht richtig wiedergegeben zu sein scheint.

von den Seitenaltären ununterbrochen bis vor den Hochaltar erstreckenden Kommunionbank herausziehen liessen. Der mit Königspalmen (Oreodoxa) geschmückte, hochgelegene Platz vor der Kirche Nossa Senhora dos Remedios bot eine schöne Aussicht auf den schiffbelebten Hafen und auf die jenseitigen unbewohnten, durchaus waldigen Uferhöhen, welche in weitem Halbkreis die Stadt umgeben. Die Nordseite von S. Luiz bespülen unmittelbar die breiten Mündungsfluthen des Rio Anil, die West- und Südseite die noch breiteren des Rio Bacanga, welch beide Flüsschen sich Angesichts der Stadt vereinen und in die Bucht von S. Marcos, den schon besprochenen Ankerplatz, ergiessen. Ein Blick landeinwärts zeigte uns, wie die knapp oberhalb der Mündung ganz schmalen Flüsse sich mit geringem Gefäll einer grünen Waldlandschaft entwinden und im Oberlauf vollständig unter Laubwerk verschwinden. Die Bäume längs der Ufer prangen in hellem Grün, den Abhang hinauf färben sie sich etwas dunkler.

Vorüber an Gärten mit gelbrothblühenden Magnoliaceen und mit Bougainvilleen, deren Deckblätter blendend dunkelroth erglühten, vertieften wir uns auf breiter Landstrasse in die freundliche Umgegend. Ein schön gewelltes weites Thal breitete sich um uns, buchstäblich begraben unter einer zusammenhängenden grünen Decke dichten Waldes, welchem einzelne Palmen entragten, und der, in Höhe des Pflanzenwuchses, ungefähr dem Caá-Igapó der Amazonasufer entsprechen mochte. Schattenlos, in glühendem Sonnenbrande, zog sich mitten hindurch der rotherdige Fahrweg, auf welchem Ochsen im trägen Schritte Lastenfuhrwerke vorwärts bewegten. Die speichenlosen Räder waren denjenigen der Bauernwagen in Portugal nachgebildet und quälten unser Trommelfell mit dem gleichen entsetzlichen, ohrenzerreissenden Chiado,[1] der im Mutterlande Brasiliens eine eigenthümliche Berühmtheit erlangt hat. Ziegelbrennereien erhoben sich an der Strasse; Leitern aus Bambushalmen zogen unsere Aufmerksamkeit auf sich. In einem stilleren Winkel, vom Wege ab, sahen wir ganz nah auf einem Zweige einen kleinen dunklen Colibri[2] sitzen und dann schwirrenden Fluges zwischen dem Gebüsch verschwinden.

Ausser- und innerhalb der Stadt fiel uns die grosse Menge Neger und Mulatten auf, welch beide zusammen genommen die Weissen an Zahl übertrafen. Die meisten der Negerinnen zeichneten sich durch malerische Kleidung aus; einzelne hatten den Kopf mit einem bunten Tuch turbanartig umwunden, ausser einem Rocke trugen viele, auf blossem Leibe, aus bunten Kattunflecken genial zusammengesetzte Jacken. In den Stadtstrassen tummelten sich einige hässliche, vollständig unbehaarte Hunde, diese charakteristischen Hausthiere des tropischen Amerika.

---

[1] Chiado (portug.) = Gekreisch der Wagenräder.

[2] Es könnte vielleicht Hylocharis sapphirina Gm. gewesen sein, der sowohl im Amazonasgebiet wie in Ostbrasilien angetroffen wird.

Nachmittags begaben wir uns an Bord unserer »Maranhão« zurück, nicht ohne unterwegs im Boot von einem echt tropischen Platzregen gründlich getauft worden zu sein. Auf dem Dampfer erst wurden wir inne, warum uns die Leute, in den von uns betretenen Verkaufsläden von São Luiz, in uns so befremdender Weise freudig empfangen und neugierig über das woher und wohin ausgefragt hatten, um uns dann, enttäuscht über unsere baldige Abreise, wieder ziehen zu lassen. Es war nämlich mit unserem Schiffe in der, wie es scheint nicht nur für literarische Bestrebungen, sondern auch für musikalische Genüsse zugänglichen Stadt eine Concertsängerin erwartet gewesen, welche man nun in einer von uns vermuthet hatte. Die Nachricht, dass wir schon in wenig Stunden wieder weiterdampfen wollten, zerstörte somit den Maranhensern die Hoffnung auf ein Vergnügen, welches ihnen gewiss selten zu Theil wird, und welches sie deshalb sicher doppelt schätzen. Uebrigens ist anzufügen, dass die wirkliche Sängerin auch wirklich mit uns angekommen war, sich jedoch selbstverständlich geradewegs in das Gasthaus begeben und hierdurch den Augen der Menge entzogen hatte. Freudig wird später in der musikliebenden Bevölkerung die Ueberraschung gewesen sein, dass das Concert, trotz unserer Abreise, nun doch stattfinden konnte.

An Bord. Küste von Ceará. Dienstag, den 31. Juli.

Seitdem wir gestern um 4 Uhr Nachmittag wieder in See gegangen, stampfte unsere »Maranhão« ununterbrochen bis heute Abend und noch ist kein Ende der Bewegung abzusehen. Die Meeresoberfläche war grün und schaumbedeckt, das Wetter die ganze Zeit über schön. An der brasilianischen Küste kennt der Alantische Ocean keinen Nebel und nur wenig Stürme. Es war alleinig der Südsüdostwind, der das ganze Jahr zwischen dem Cap São Roque und der Amazonasmündung weht, von Oktober bis März heftig, von da bis zum Oktober gelinde, welcher uns, die wir ihm entgegenfuhren, ziemlich stark fühlbar wurde. Obwohl er als hitzemildernd gilt, stieg die Temperatur heute Nachmittag 2 Uhr doch auf 27,5° C.

Seit wir das Delta des Parnahyba passirt haben, fahren wir längs der vielfach und oft auf weite Strecken unterbrochenen Kette von Sandstein- und Korallenriffen, welche die brasilianische Küste, von hier ab nach Süden zu, 14 bis 15 Breitengrade hindurch umsäumt. Die Sandsteinriffe, welche manchmal Flussmündungen vorgelagert sind, verdanken Wind und Wellen ihre Entstehung. Die Korallenriffe, die gleich den erstgenannten, unfern der Küste liegen und meist schiffbare Kanäle zwischen sich und dem Festlande lassen, haben sich aus sehr wenig Korallenarten aufgebaut, unter anderen aus Spezies von Acanthastraeen und Siderastraeen. Diese Korallenarten sind, soweit bekannt, fast alle Brasilien eigenthümlich.[1]

---

[1] Hartt: Geology and Physical Geography of Brazil. 189 and f. 214. — Verrill: Notes on the Radiata in the Museum of Yale College (Transactions of the Connecticut Academy of Arts and Sciences I. 352, 364 a. f.)

Das von den sechs Mündungen des Parnahyba durchströmte Gebiet hatte sich uns heute Vormittag als ein einziger gelber, flach erscheinender Dünenstreifen präsentirt, über welchem an einzelnen Stellen noch eine dunkle Waldlinie sichtbar wurde. Die nackten Dünen werden die Ostufer, die Mangrovewaldungen die Westufer der Mündungsarme gewesen sein.[1] Nachmittags lag das reizlose, niedrige Land hinter uns und wurde jenseits der langgestreckten Südküste ein ziemlich hoher Berg sichtbar. Abends 6 Uhr stieg vor uns in Südosten die doppelkuppelige Ponta de Jericoacoára in rosa Sonnenuntergangsbeleuchtung empor.

Wir hatten nun die Anfangs östlich, dann südöstlich verlaufende Küste der Provinz Ceará vor uns. Es ist letzteres eine Provinz, welche zwar einen geringeren Flächeninhalt besitzt, als die bisher von uns gesehenen Provinzen, nämlich nur 104 250 qkm[2], aber immerhin für sich allein noch die Grösse des Mutterlandes Portugal und seiner Inseln übertrifft. Sie gehört unter die dichtestbewohnten Strecken Brasiliens, da man innerhalb ihrer Grenzen neun Menschen auf den Quadratkilometer rechnet. Wenn auch, wie durchschnittlich in Nord- und Mittelbrasilien, die Mischlingsbevölkerung überwiegt — sie beträgt hier 49 Procent — so sehen wir doch schon gegen die nördlicheren Provinzen eine bedeutende Zunahme des weissen Elementes; dasselbe beläuft sich auf 38 Procent, indessen sich die Neger auf 6 Procent beschränken, die civilisirten Indianer hingegen mit 7 Procent gegen Maranhão wieder zunehmen.

Ceará zählt zu den reinen Camposprovinzen, da von Maranhão angefangen bis zum Rio San Francisco, sieben Breitengrade hindurch, die Campos aus dem Innern Brasiliens bis zum Meere vorstossen. Die Küstenregion Cearás ist niedrig und grösstentheils sandig, hat aber auch fruchtbare Strecken. Landeinwärts steigt das Terrain gegen die Berge zu langsam an. Grasfluren wechseln mit Catingas und anderen Formen des Camposwaldes; auch Sertões, welche sich noch für Viehzucht eignen, sind reichlich vorhanden. Wie die übrigen Camposprovinzen der Küste ist auch Ceará, im Vergleich zu den anderen Küstenländern Brasiliens, arm an Pflanzen- und Thierarten. Das Klima an der Meeresküste zeichnet sich durch grössere Feuchtigkeit und gemässigtere Temperatur vortheilhaft vor dem des Innern aus. Die Jahresisotherme von Fortaleza, welches unter 3° 43′ 36″ südlicher Breite liegt, ist 26,6° C., die mittlere Temperatur des wärmsten Monates 30,4° C., des kältesten 23,1° C. Die jährliche Niederschlagshöhe beträgt durchschnittlich 1491 mm; man hat aber auch schon 2500—3000 mm beobachtet. Auf den Herbst, die Monate März bis einschliesslich Mai, entfällt die grösste Regenmenge, doch weisen auch

---

[1] Vergleiche Wappäus: Das Kaiserreich Brasilien S. 1213, 1214.

[2] Nach Pompeu (O Ceará em 1887 p. 4) berechnet sich der Flächeninhalt auf 157 992 qkm, nach Anderen (l. c. p. 4 Anmerk. 2) auf 200 336 qkm, resp. 111 940 qkm (!).

Februar und Juni eine ziemliche Höhe der Niederschläge auf, indessen das Frühjahr am regenärmsten ist. Im Innern des Landes zeigt sich ein mehr kontinentales Klima; die Jahresisotherme steigt bis auf 30,8° C.; das Mittel des wärmsten Monates ist 35,2° C., des kältesten 26,6°. Auf den Hochebenen des Innern, dem Sertão, steigt die Sommertemperatur unter Tags häufig auf 37° C. und sinkt Nachts auf 19° herab. Das Klima ist nicht nur sehr heiss, sondern auch überaus trocken. Die im Januar oder März beginnende Regenzeit dauert bis Juni; eine oft vollständig regenlose Periode charakterisirt die übrigen Monate. Die Wasserläufe vertrocknen, und wenn, was von Zeit zu Zeit zu geschehen pflegt, die Regenzeit ein Jahr oder auch mehrere Jahre hindurch ganz ausbleibt, entstehen Dürren, welche Mensch und Vieh zum Auswandern zwingen oder deren Hungertod verursachen.

An Bord. Küste von Ceará. Donnerstag, den 2. August.

In der Nacht von vorgestern auf gestern hatten wir ziemlich starken Seegang. Gestern früh wurden landeinwärts die schönen Linien der 920 m hohen, aus Granit bestehenden Serra de Maranguape sichtbar. Zu dem graugrünen Hauptton der Berglehne, welchen wohl eine Carrascobekleidung erzeugte, gesellten sich an den Hängen röthliche Färbungen, durch dunkle, scharfbegrenzte Schattenpartien gehoben. Davor lagerte die greil beleuchtete Dünenbildung der öden Küste, welche auf kurze Strecken ein nicht sonderlich üppiger Waldwuchs krönte. Als traurige Staffage diente ein gestrandeter Dampfer der »Companhia brazileira«, welcher, trotzdem ihm der ortskundigste Lootse zur Verfügung gestanden, an der ihrer vielen Sandbänke und der hier häufigen Schiffbrüche wegen berüchtigten Küste verunglückte. Nach kurzer Zeit tauchte Fortaleza, die Hauptstadt der Provinz Ceará, auf gelber Düne liegend, am Horizonte auf. Im Westen bildeten in ziemlicher Entfernung Berge den Hintergrund.

Meerwärts von uns trieben sich Fischer auf Jangádas herum, den merkwürdigsten, flossartigen Fahrzeugen, die man sehen kann. Es sind dies aus Bombaceenstämmen hergestellte Flösse, wie deren schon in uralter Zeit bei den brasilianischen Küstenindianern in Gebrauch waren. Jetzt dienen diese primitiven Fahrzeuge den Indianern und Mestizen, längs der Flachküste zwischen Pará und Bahia, sowohl zu Fischereizwecken wie auch zum Personen- und Handelsverkehr.[1] Sie sind durchschnittlich mit Mast, lateinischem Segel, Steuer und einer Bank versehen. Sind die Jangádas sehr klein und ist das Segel eingezogen und die Bank sehr niedrig, so sieht man aus der Ferne überhaupt kein Fahrzeug und hat den Eindruck, dass der fahrende Mann auf dem Wasser sitzt und von den Wellen, die ihm mitunter über die Beine schlagen, direkt gehoben und gesenkt wird. Die absolute

---

[1] Ladisláo Netto: Investigações sobre a archeologia brazileira. Archivos do Museu Nacional do Rio de Janeiro VI. 314, 315. — Avé-Lallemant: Wanderungen durch die Pflanzenwelt der Tropen. 92.

Sicherheit, welche diese Art von Fahrzeugen zu bieten scheint, ist nur Täuschung; die kleinen unter ihnen belieben manchmal zu kentern, und verdanken dann die in das Wasser geschleuderten Fischer nur der Schwimmkunst ihre Rettung.

Unser Dampfer hielt auf der offenen Rhede des nur durch ein niederes Riff geschützten, hafenlosen Fortaleza, welches schneeweiss wie eine orientalische Stadt vor unseren Augen emporstieg. Vervollkommnetere Jangádas, als die vorhin beschriebenen, sollten uns an das Land bringen. Jede dieser Jangádas war für zwei Passagiere berechnet, die auf einer Bank Platz zu nehmen hatten, welche sich auf dem höchsten Punkte einer, oberhalb der Flossstämme angebrachten, schiefen Bretterebene befand. Vorn, am Ende dieses Bretterbodens, da, wo unter demselben die Stämme zum Vorschein kamen, erhob sich der Mast, rückwärts stand auf den zusammengebundenen Stämmen eine zweite Bank für die Flossmannschaft. Da unsere Jangádas, über deren niedrig gelegene Theile die Wellen spülten, bedeutend schwankten, hielten wir uns während der kurzen Fahrt an den Bänken fest. Eine energische Woge setzte die Flösse auf den Strand und ehe noch eine zweite nachfolgen konnte, hatten uns feste Arme durch die schäumende Brandung auf das Trockene hinausgetragen.

Gerade oberhalb des Strandes lag eine reizende öffentliche Anlage, in Terrassen ansteigend. Die unteren dieser Terrassen belebte ein charakteristischer Vogel der Camposregion, ein graugefiederter Strauss (Rhea macrorhyncha Sclat.), welcher hier seiner verlorenen Freiheit nachtrauerte. Die oberen Theile der Anlagen schmückten Statuen auf saftiggrüner Blätterfolie. Mongubeiras (Bombax Monguba Mart.) mit grossen, braunen, holzigen Früchten von ovaler Form, breiteten daselbst ihr dunkles Laub. Daneben standen Espinheiros (Mimosa sepiaria Benth.), im südlicheren Brasilien häufig anzutreffende Bäume. Auch fehlten nicht die hier viel verbreiteten, rothblühenden, baumförmigen Pflanzen, welche die Eingeborenen Logura oder Jasmin nennen und welche vermuthlich Bougainvillea pomacea Choisy sein werden. Kleine Bäche durchrieselten den Garten und grossblätterige Araceen deckten an einzelnen Stellen den hellen sandigen Boden.

Es war dies nicht der einzige Garten in Fortaleza. Sehr schöne Privatgärten unterbrachen die Reihen hübscher, frischgetünchter, ein- und zweistöckiger Häuser. Ornamentaler Schmuck zierte die Façaden der Wohngebäude. Wasserspeier, Drachenköpfe darstellend, ragten von den Dächern weit über die gut gehaltenen Bürgersteige in die sauberen, breiten, schnurgeraden Strassen herein und liessen uns einen Spaziergang bei Regen als wenig verlockend erscheinen. Cocospalmen, einzeln oder zu Gruppen und Hainen vereint, hoben bald da, bald dort ihre gefiederten Wedel über die Häusermasse empor. Es fehlten auch nicht einige der merkwürdigen Fächerbananen (Ravenala), und zum ersten Male sahen wir einen Säulencactus (Cereus), eine jener sonderbaren pflanzlichen Gebilde, welche sowohl für die mexikanischen Landschaften, wie für die Campos von Ceará physiognomisch sind. In den äusseren Strassen der Stadt und in den Vorstädten schlossen sich an die gepflegten Häuser und Villen malerische Palmstrohhütten an, wie wir deren am Amazonas gesehen. Den Hintergrund der Strassenperspectiven bildete das blauschimmernde Meer oder die farbenprächtige tropische Gegend.

Gegen Manáos, Pará und São Luiz zeigte Fortaleza mit seinen 30 000 Einwohnern in Beschaffenheit der Häuser und Strassen, was civilisirtes Aussehen betrifft, einen grossen Fortschritt. Die Neger, deren Menge uns in São Luiz aufgefallen war, traten hier an Zahl weit mehr zurück; stattdessen gab es viel Weisse. Auch einige braune, schlitzäugige Indianer mit vortretenden Jochbeinen, bemerkten wir auf den Strassen, während uns in der Hauptstadt Maranhãos auch kein einziger zu Gesicht gekommen, obwohl ganz in der Nähe auf der gleichen und gleichnamigen Insel noch einige Osttupí ihre Wohnsitze haben. Welchem Stamme die Indianer zugehörten, die uns in und bei Fortaleza begegneten, brachten wir nicht in Erfahrung. Die an der Küste Cearás wohnenden Indianer, sind Tupí, aber nicht mehr reiner Rasse; die landeinwärts ansässigen sind Cayriri, somit Angehörige eines Stammes, welchen man gegenwärtig in keine der acht Hauptindianergruppen Brasiliens einordnet. Es werden ausserdem für Ceará noch etwa zwölf Stämme oder Horden erwähnt, von denen ungefähr die Hälfte als Nichttupí bezeichnet ist, indessen über die Gruppenzugehörigkeit sämmtlicher auch nicht der geringste positive Aufschluss gegeben wird.[1]) Diese Indianer scheinen aber heutigen Tages theils gar nicht mehr zu existiren, theils sich nicht unvermischt erhalten zu haben.

In Fortaleza wurden wir zum ersten Mal in Brasilien an Griechenland und Nordafrika erinnert. Der Himmel war dunkelblauer als am Amazonas und die Vegetation minder üppig, die Strassen und Plätze waren öder, sandiger und sonnenverbrannter. Die Stelle der Mauritien mit ihren fächerförmigen Wedeln hatten die Cocospalmen eingenommen, welche durch ihre gefiedert zertheilten Blätter im Habitus den Dattelpalmen der Mittelmeerküste näher kommen. Auch die vielfach weissen, einstöckigen Häuser und die auf den Strassen sich bewegenden weissgekleideten Leute mit weissverhülltem Haupte, von denen viele zu Pferde oder zu Esel sassen, gemahnten an südliche Breiten der alten Welt. Endlich der Hintergrund der ganz orientalisch aussehenden, von dichtem Grün eingefassten Strasse, welche durch das nahe Bemfica führt und schnur-

---

[1]) Pompeu: O Ceará em 1887. p. 185, 262, 275, 281, 282. — Moreira Pinto: Apontamentos para o Diccionario Geographico do Brazil I 55, III 229, V 197 e, 346. — Moura: Diccionario Geographico do Brazil II 720. —

stracks auf einen kuppigen Berg zuläuft, rief uns geradezu eine Strasse Korinths mit Akrokorinth als Abschluss des Bildes in das Gedächtniss zurück.

Da inzwischen unser Dampfer sein Auslaufen vom Tag der Ankunft auf den folgenden verschoben hatte, kehrten wir schleunigst an Bord zurück, uns für einen Ausflug nach Maranguape mit Uebernachten daselbst zu rüsten. Die Rückfahrt nach dem Schiff, das heisst das Abstossen der Jangáda bei heranrollender Fluth, war noch aufregender als das Ausschiffen etliche Stunden vorher. Nachdem einige stämmige Leute das Floss mühsam in das seichte Wasser geschoben hatten, und wir durch den Gischt auf unser Fahrzeug hinübergetragen worden waren, galt es, vom Strande abzukommen. Hierin bestand die Schwierigkeit. Eine Brandungswelle nach der anderen wusch über unsere Jangáda hinweg, nur die Bänke verschonend, und mehrmals wurde letztere wieder gegen die Flachküste geschleudert, ehe es uns gelang, tieferes Fahrwasser zu gewinnen. Am aufregendsten aber war unsere dritte Jangádafahrt, diejenige vom Dampfer an das Land zurück, da wir bei derselben fast gekentert wären. Der hohe Mast unseres Flosses blieb nämlich in der Takelung des Dampfschiffes hängen, während die mächtige Dünung den Jangádakörper selbst landwärts zerrte und immer bedenklicher aus der Horizontale brachte. Erst beispringende Matrosen an Deck der Maranhão und ein kräftiger Ruck unseres Fahrzeuges befreiten uns aus dieser zum mindesten unangenehmen Lage.

Nachmittags 4 Uhr verliessen wir Fortaleza mit dem Zug nach Maranguape, einem landeinwärts, am Fusse der gleichnamigen Serra gelegenen Städtchen, welches sich eines besonders feuchten Climas erfreut.[1]) Diese 28 km lange Eisenbahnfahrt, die unsere erste in Brasilien war, flösste uns gerade keine grosse Achtung vor dem brasilianischen Bahnbetrieb ein. Mitten unterwegs, auf einer unbedeutenden Steigung, blieb unsere Lokomotive stehen. Es war ihr der Dampf ausgegangen, ein Ereigniss, welches sich nach Aussage unserer eingeborenen Mitreisenden tagtäglich wiederholt, und welches letztere mit den ironischen Worten begrüssten: »Está cansada« (Sie ist müde). Diese Bahn, deren Bau zum Theil dazu diente, der 1878 durch Dürre und Hungersnoth aus dem Innern des Landes vertriebenen Bevölkerung Arbeit zu verschaffen,[2]) brachte uns in die uns noch fremde Camposwelt hinein. Der Küstenwald, den wir zunächst zu durchqueren hatten, war ganz hübsch, aber mit der prachtvollen Hylaea durchaus nicht zu vergleichen. Ihm folgte ein die ganze übrige Gegend bedeckender Cerrado oder Carrasco, ein Buschwald, welcher, da es Winterszeit, vielfach seine Blätter abgeworfen hatte. Den überaus öden landschaftlichen Eindruck, den diese laublose Gestrüppvegetation namentlich in uns hervorrief, die wir geradewegs vom Amazonas,

---

[1]) Pompeu l. c. p. 104.
[2]) Moreira Pinto: Apontamentos para o Diccionario etc. III. 230.

aus der üppigsten Pflanzenwelt der Erde kamen, konnten die dem Gestrüpp hoch entragenden Palmen nur einigermaassen mildern. Viele Säulencacteen (Cereus) streckten ihre phantastischen Stengelglieder und Seitenäste weit in die Luft hinaus. An der ersten Eisenbahnstation wuchsen Anonaceen und Genipapeiros (Genipa americana L.). Weiter landeinwärts erschienen neben den Catolés (Cocos comosa Mart.) mit ihren mageren Kronen, die vornehmen Carnaúbas (Copernicia cerifera Mart.), mit ihren fächerförmigen Blättern und spiralig den Stamm hinauf angeordneten Stachelreihen. Es waren letztgenannte Palmen die berühmten Wachspalmen Brasiliens, welche

Carnaúbapalmen. (Nach Reclus.)

ihr Hauptvaterland in Ceará haben. Nicht genug, dass der Absud ihrer Wurzeln als Arzneimittel, ihre Stämme als Bauholz, ihre Blätter zum Dachdecken, die Fasern derselben zu Flechtwerk, Mark, Blattknospen und Früchte als Nahrungsmittel dienen, liefern sie auch noch als charakteristischstes Produkt ein aus den Blättern zu gewinnendes, vielfach zu Lichtern verwendetes Wachs. Von diesem Wachs, das sowohl in der Provinz selbst verbraucht, wie nach dem übrigen Brasilien und bis nach Europa ausgeführt wird, verschafften wir uns an einer der Stationen eine Probe in Gestalt einer kleinen, graugrünen Kerze.

An Nutzpflanzen und Kulturen bemerkten wir auf unserer Fahrt nach Maranguape, ausser obengenannten, noch Cajueiros oder westindische Nierenbäume (Anacardium occidentale L.), Mandioca- und Baumwollfelder, Kaffee- und etliche Zuckerrohrplantagen, in deren Nähe Engenhos errichtet waren. Den Hauptausfuhrartikel Cearás bildet die Baumwolle, von der in Brasilien mindestens drei Arten einheimisch sind. Mehr noch als in Ceará wird sie in den nahegelegenen Provinzen Parahyba do Norte, Pernambuco und Alagôas kultivirt, gedeiht aber so ziemlich überall im Lande. Sie ist ein Kulturgewächs, welches, neben dem Tabak, am besten die längeren Dürren übersteht. Man schätzt die brasilianiche Gesammtproduktion an Baumwolle im Durchschnitt auf jährlich ca. 40 Millionen Kilogramm; der Export erreichte im Jahre 1887 die Höhe von 23 Millionen Kilogramm.

Je näher wir den Bergen kamen, desto anziehender wurde die Gegend. Der hässliche, verdorrte Zwergwald trat mehr zurück und ein so reizendes Bild tropischer Landschaft entwickelte sich vor unseren Augen, wie wir es in Ceará nicht erwartet hatten. Einige kleine Seen mit flachen Ufern breiteten ihre spiegelglatte Wasserfläche aus; Gruppen malerischer Carnaúbapalmen, deren schlanke Stämme sich anmuthig zueinander neigten, umringten und beschatteten die stillen Gewässer; im Hintergrund bildete ein Halbkreis schöner Berge den Abschluss des künstlerisch tadellosen Bildes. Vor uns stieg die aus Granit bestehende, 780 m hohe Serra de Aratanha empor, zu unserer Rechten die prächtige Serra de Maranguape, beides Gebirge, welche sich sowohl durch ihr angenehmes Klima wie durch die Güte ihres Bodens für Kaffeekultur auszeichnen. Namentlich der auf letztgenannter Serra erzeugte Kaffee gilt als vorzüglich und hat schon seinen Weg auf den europäischen Markt gefunden.

Immer tiefer drangen wir zwischen diese beiden Serras hinein in das von ihnen halbumschlossene Thal, welches uns, von seiner tropischen Vegetation abgesehen, an die am Bodensee liegende Partie des oberen Rheinthales erinnerte. Noch galt es, einen vollständigen Hain von Wachspalmen zu passiren, dann lag am Fuss des gleichnamigen Bergzuges das durch seine Orangenkultur ausgezeichnete Städtchen Maranguape vor uns.

Obwohl Maranguape 12 000 Einwohner zählt, entbehrt es jeglichen Gasthofes. Somit fanden wir Unterkunft in einem Privathause, woselbst uns Hängematten angewiesen wurden, die für gewöhnlich Negern als Schlafstelle dienen. Die sonstige Einrichtung der Zimmer war höchst einfach und primitiv doch all das kümmerte uns wenig; bitter war nur, dass der Hausherr, nachdem wir seit 10 Uhr Morgens nichts mehr über die Lippen gebracht, uns bis Abends 9 Uhr auf eine Labung warten liess. Wir betäubten unsere knurrenden Magen durch einen Spaziergang gegen den Fuss des Berges zu, zwischen Palmstrohhütten und einer farbigen Bevölkerung hindurch. Unser Erscheinen setzte halb Maranguape in Aufregung, ein Zeichen, wie selten Ausländer und namentlich Ausländerinnen diesen Ort besuchen. Zudem waren wir überhaupt schon als reisende Damen etwas Unerhörtes, da die Brasilianerinnen der besseren Klassen fast auf orientalische Weise von der Oeffentlichkeit ausgeschlossen werden.

Die schönen Ochsen, welche uns allenthalben begegneten und die von ihren mageren Brüdern am Amazonas vortheilhaft abstachen, gemahnten uns an die immerhin bedeutende Viehzucht des Innern der Provinz. Sechs- bis zehnköpfiges Ochsengespann bekamen wir gestern und heute des Oefteren zu Gesicht. Auch an Pferden mangelte es nicht, und fast die ganze Bevölkerung war beritten. Die Viehzucht Cearás wird, ausser durch die Dürren, übrigens noch durch einen anderen, merkwürdigen Feind bedroht. Es sind dies die Unmengen von Fledermäusen, welche

Maranguape. (Nach Natur skizzirt von der Verfasserin, ausgeführt von B. Wiegandt.)

tagsüber in den Felsenhöhlen hausen und dann, bei Dunkelheit ausflatternd, durch ihre grosse Anzahl schreckliche Verwüstungen unter den Viehheerden anrichten.[1]

Eine südlich warme Sonnenuntergangsbeleuchtung auf der dünnbewachsenen Serra de Aratanha, ein rother Sonnenblick auf der Spitze der Serra de Maranguape, dies waren die letzten genussreichen Eindrücke des gestrigen Tages. Rings um uns ragten Cocospalmen auf und auch das weite Thal zwischen den beiden Gebirgszügen war palmengeschmückt.

Heute früh 5 Uhr brachen wir auf zu einem Ausfluge nach der Serra de Maranguape. Da die bestellten Pferde nicht eintrafen, setzte sich unsere kleine Gesellschaft zu Fuss in Bewegung. Blendender Mondschein erhellte den Pfad, doch bald begann es langsam zu tagen. Der Anstieg

---

[1] Ayres de Cazal: Corographia brazilica II. 199.

führte uns an Indianerhütten vorbei und zwischen blätterlosem Carrasco und hässlichen Feldern gelbblühender Baumwollstauden[1]) hindurch. Der sehr unebene, staubige Fusssteig hatte den Charakter eines Gebirgspfades in Südeuropa. Der bis oben buschbewachsene Berghang selbst war zerrissen wie die Abhänge der griechischen Berge es sind. Einzelne palmenumgebene Teiche lagen am Weg. Catolés (Cocos comosa Mart.) und andere Cocospalmen erschienen wie Riesen inmitten des Halbwaldes. Ein paar Mulatten und Indianer kamen an uns vorbei, auf dem Abstieg nach der Stadt begriffen.

Die Dämmerung dauerte über dreiviertel Stunden. Nur kurz war der Himmel mit einer dunklen Röthe übergossen, dann blasste er in gelben Tönen ab, und schon war das Firmament zum Tagesblau entfärbt, als der feurige Sonnenball machtvoll in die Höhe schoss. Wegen seiner in diesen Breiten fast senkrechten Bahn entfernte er sich in einer uns Nordländern ungewohnten Raschheit vom Horizont.

Ochsenfuhrwerk.

Die fremde Landschaft lag entschleiert vor unseren Blicken. Uns zu Füssen, nach Norden und Nordosten dehnte sich bis zum Meere die vegetationsbedeckte Ebene, in einen violetten Schimmer getaucht. Im Osten und Süden stieg die ebenfalls violettlich angehauchte Serra de Aratanha empor. Im Westen, hinter und neben uns, dachten sich die palmenbewachsenen, rosenroth erglühenden Hänge der Serra de Maranguape gegen das Thal zu ab. Der leise Anklang an griechische Bergbeleuchtungen war nicht zu verkennen, doch fehlten hier wegen der Alles überwebenden Vegetation die intensiven Farbentöne hellenischer Lande.

Gegen acht Uhr erfolgte die Rückfahrt nach Fortaleza. Wir waren inzwischen um ein lebendes Gepäckstück reicher geworden. Auf dem Wege zur Bahn nämlich hatte ich in einem Verkaufsladen, dessen Thüren weit offen standen, ein reizendes Nagethier, einen Mocó (Cavia rupestris Wied) bemerkt und gestreichelt. Eine Viertelstunde später brachten uns einige fremde Herren in echt brasilianischer Liebenswürdigkeit das Thierchen

---

[1]) Gossypium religiosum L. (?)

zum Geschenk auf die Station nach. Es ist dieses Thier ein zutrauliches, völlig schwanzloses kleines Geschöpf von circa 27 cm Länge; sein Pelz ist von der Farbe desjenigen unseres Hasen, seine Ohren sind niederig, seine Bewegungen weit lebhafter und graziöser als die unseres Gemeinen Meerschweinchens. Seine Heimath ist die steinige, felsige Serra der nordöstlichen Camposregion, woselbst es sein munteres Wesen treibt, aufwartet und, dank seiner ziemlich hoch gestellten Beine, in grossen Sprüngen über den Boden hinwegsetzt.

In Fortaleza erging es uns noch schlimmer, als in Maranguape. Während wir auf einen Tramwagen warteten, entstand über unsere, wie es scheint, etwas exotische Erscheinung, ein wahrer Volksauflauf. Polizisten suchten ihn zu zerstreuen, doch da dies vergeblich war, hiessen sie uns in ein Verkaufsmagazin eintreten, um unseren Anblick dem gaffenden Volke zu entziehen. In der Menge hatten wir einen Neger bemerkt, der an Elephantiasis Graecorum, dem echten Aussatze, litt. Es war bei ihm bis jetzt keine Gliederverstümmelung eingetreten, doch äusserte sich der Aussatz dadurch, dass die beiden Füsse und jede einzelne Zehe mit grauweissen Flecken oder Geschwüren eingefasst waren. Diese entsetzliche Krankheit, welche in Brasilien hauptsächlich die Neger befällt, aber auch die Weissen nicht verschont, kommt zwar im ganzen Lande vor, jedoch häufiger im Innern als an der Küste.

Der zum Strande hinunterfahrende Tram erlöste uns endlich aus unserem Belagerungszustande. Doch kaum hatte ich im Wagen Platz genommen, meinen provisorisch in einer Mausefalle untergebrachten Mocó auf dem Schooss, als mich der Schaffner wegen des Thieres nöthigen wollte wieder auszusteigen. Die gefährliche tropische Mittagssonne brannte unbeschreiblich glühend herab, kein Schatten weit und breit, zudem drohte die nun an Stelle der Wagenfahrt nothwendig werdende Fusswanderung uns den Dampfer versäumen zu lassen. Die Lage war kritisch. Flehende Worte erweichten endlich das Herz des brummenden Mannes, und die Condessa, als welche ich unter den Schiffsgenossen bekannt war, durfte mit ihrem Thier die Trambahn bis zum Meere hinunter benutzen.

Kurz nach Mittag lichtete die »Maranhão« die Anker und verfolgte neuerdings ihren Kurs nach Süden. Das schneeweisse Fortaleza, auch kurzweg Ceará genannt, kam durch die Vorwärtsbewegung des Schiffes scheinbar an den Fuss der Serra de Maranguape mit ihren vornehm langen Linien zu liegen und bot solcherweise ein reizend malerisches Bild. Nach und nach verschwanden die Berge, und nur eine trostlos flache und einförmige Sandküste aus grellgelben Dünen begrenzte den Horizont. Abends sandte uns ein von Strandbewohnern angezündetes Feuer und der an der Barre des Rio Jaguaribe gelegene Leuchtthurm von Aracaty die letzten Grüsse der interessanten Camposprovinz Ceará herüber.

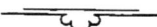

KAPITEL XI.

Vier Provinzen Nordostbrasiliens.

An Bord. Küste von Rio Grande do Norte. — Freitag, den 3. August.

Den ganzen heutigen Tag fuhren wir der Küste von Rio Grande do Norte entlang. Es ist letzteres die im Verhältniss zu den meisten übrigen Provinzen ziemlich dicht bevölkerte, drittkleinste Provinz Brasiliens. Der Prozentsatz der weissen Bevölkerung ist hier 43, somit ein höherer als in all den bisher von uns besuchten Provinzen; auf die civilisirten Indianer entfallen 5, die Neger 12, die Mischlinge 38 Procent. Die Indianer gehören, wie diejenigen Cearás, dem Stamm der Cayriri und der Gruppe der Osttupí zu.[1]

Rio Grande do Norte hat viel Aehnlichkeit mit seiner nordwestlichen Nachbarprovinz. Es ist seiner ganzen Ausdehnung nach camposbedeckt; Catingas wechseln mit Carrascos und Sertões. Das Klima ist sehr heiss und trocken, und es fehlen die zeitweisen Dürren hier ebenfalls nicht. An Culturen sind Baumwolle und Zuckerrohr die hervorragendsten, auch die Carnaúbapalme (Copernicia cerifera Mart.) wird auf weite Strecken gepflanzt. Im Innern des Landes ist die Viehzucht nennenswerth und gelangen Rinder und Pferde von da zur Ausfuhr.

Der Küstensaum der Provinz, den wir heute ununterbrochen im Auge behielten, bot gar nichts Anregendes. Er gehört noch zu jener ödesten und menschenleersten Strecke der brasilianischen Küste, welche sich von Maranhão bis zum Cap de São Roque hinzieht. Düne reiht sich an Düne in erdrückender Einförmigkeit, darüber bilden an vielen Stellen Wälder von Cocos nucifera eine langweilige, den Horizont begrenzende, wagrechte Linie.

---

[1] Die von Moura (Diccionario Geographico do Brazil I. 80, 460 e s. II. 193 e 265) für Rio Grande do Norte angeführten Groahira, Payacú u. Pannati sind Cayriri und die von ihm genannten Icó u. Potiguára (e. c. I. 445, II. 361) sind Osttupí. Siehe Martius (Ethnographie etc. I. 190 u. 348 u. ff.)

Nachdem wir gestern Abend ziemliche Dünung hatten, war das Meer über Nacht vollständig ruhig geworden. Einige Jangádas mit und ohne Segel wiegten sich auf der salzigen Fluth, einige hübsch getakelte Segelschiffe durchschnitten die weite, blaue Wasserfläche. Auf dem Strande lagen etliche Fischerhütten. Unsere Maranhão steuerte immer näher der Küste zu und fuhr endlich in den Kanal von São Roque hinein, welcher einerseits von der Flachküste, andererseits von den der Küste parallel laufenden Riffen begrenzt wird. Letztere ragten nur in einzelnen Spitzen über die Meeresoberfläche hinaus. Die Villa Touros mit ihren graubraunen Hütten und ihrer grossen, weissen Kirche, welche hübscheren Styles scheint als die meisten Gotteshäuser Brasiliens, kam unmittelbar am Strande zum Vorschein. Unabsehbarer Cocospalmenwald dehnte sich dahinter. Die Palmen, welche alle mit Stamm und Krone nach Nordwesten gebeugt dastanden, sprachen deutlich von der in diesen Regionen constant herrschenden Windrichtung. Zwei Seemeilen nördlicher hatten wir die Nordostspitze Brasiliens, das Cap Touros, passirt, von welchem an die Küste südsüdöstlich verläuft.

Früh war es sehr windig gewesen und stand das Thermometer um siebeneinhalb Uhr auf 21 ° C. Seit wir eingeschifft sind, ist, der Regenguss in Maranhão abgerechnet, kein Tropfen Regen gefallen. Zu Mittag fuhren wir zwischen dem Orte Maracajahú und dem gleichnamigen Recife hindurch, auf einer Wasserstrasse, deren Tiefe zwischen 5 und 10 Meter beträgt. Das Recife wurde gekrönt durch das Wrack eines eisernen Segelschiffes, welches hoch emporgehoben, naturwidrig unbeweglich inmitten des Wassers zu halten schien. Das diesem aufgefahrenen Schiffe gerade gegenüberliegende Maracajahú stimmte mit den grauen Strohdächern seiner regellos auf den Strand hingeworfenen Häusern gut in die Landschaft hinein. Auch hier bildete Cocospalmenwald den Hintergrund. Vor uns tauchte das den Seefahrern wohlbekannte Cap de São Roque auf, weder eine hohe noch weit vorspringende Landspitze, sondern einfach ein buschgekrönter, fächerförmig ausgebreiteter Sandhügel.

Im Meer trieben losgerissene Stücke von Algen umher, welche auf den Riffen wachsen sollen. Daneben schwammen viele Medusen, die einen mit stielartiger Bildung, wahrscheinlich irgendwelche, einen Magenstiel besitzende Saumquallen (Craspedotae), die anderen lilagefärbt, mit langem fransenähnlichem Schmucke, möglicherweise Pelagia cyanella Péron et Lessueur, die den Scheibenquallen (Discophorae) zuzählen.

Um drei ein halb Uhr Nachmittag hielten wir ausserhalb der Barre und den Klippen, die der Mündung des Rio Grande do Norte vorlagern. Natal, die 6000 Einwohner zählende Hauptstadt der Provinz, welche einige Kilometer flussaufwärts liegt, wurde hinter einer Düne in der Ferne sichtbar. Auf der Barre selbst, einem Sandsteinriffe, erhob sich das zerfallene Fort dos Reis Magos aus welchem ein Leuchtthurm emporragte. Jenseits, am gelben Strande, wuchsen vier einsame Cocospalmen, dann folgte eine breite Düne, und fern im Hintergrund ein öder Höhenzug. In Vegetationsarmuth und grellen, glühenden Farbentönen muthete uns diese Landschaft ganz afrikanisch an. Das Meer war unruhig, unsere Maranhão tanzte vor Anker, und die gewaltigen Brandungswogen brachen schäumend über das Steinriff, zwischen welchem und dem nächsten Riffe blos ein schmaler Kanal für den Schiffsverkehr übrig bleibt. Es ist dieser Kanal die einzige und zwar hauptsächlich nur für Boote benutzbare Einfahrtsstelle in den Rio Grande do Norte. Das Ausschiffen der Passagiere, welche hier an Land gehen wollten, war ungemüthlich anzusehen. Die armen Leute, Männer und Frauen, mussten an einer Strickleiter in das Boot hinunterklettern. Während sie zwischen Himmel und Wasser schwebten, wurde das kleine Fahrzeug, welches bestimmt war, sie aufzunehmen, von den mächtigen Wellen bald hoch hinauf gehoben, bald tief herabgesenkt, bald der Schiffswand unserer »Maranhão« unheimlich nahe gebracht, dann wieder fern von ihr gerissen. Endlich hatten die Matrosen mit unsäglicher Mühe alle Reisenden und Gepäckstücke im Boote geborgen. Doch hiermit war die Bedenklichkeit des Ausschiffens noch nicht überstanden. Die Fahrt zur Küste sah ebenso wenig einladend aus. Die Wogen spritzten über das schwanke Fahrzeug hinweg und in den Wellenthälern verschwand es unseren Blicken vollständig.

Noch sahen wir den wüsten, sandigen Landstrich in den wärmsten Sonnenuntergangstinten aufleuchten, dann zog unser Dampfer, nach zwei bis dreistündigem Aufenthalt, gegen Süden weiter.

Parahyba. Samstag, den 4. August.

Nachts schlingerte die Maranhão heftig, früh 6 Uhr aber lag sie ruhig und geschützt in der Mündung des Rio Parahyba, innerhalb des wogenabhaltenden Steinriffes. Wir hatten eine neue Camposprovinz erreicht, nämlich Parahyba do Norte.

Diese Provinz ist etwas grösser als die vorhergehende und auch etwas dichter bevölkert, da in ihr sieben Menschen auf den Quadratkilometer treffen und nicht fünf wie in Rio Grande do Norte. Die Mischlinge erreichen hier wieder das Uebergewicht mit 50 Procent, indessen die Weissen 38, die Neger 9, die civilisirten Indianer nur 3 Procent betragen. Letztere sind Nachkommen zweier Osttupíhorden, der Cahetè und Potiguára. Ausgenommen die Unterschiede in den Bevölkerungsverhältnissen bietet Parahyba do Norte wenig Verschiedenes von den bisher besprochenen Camposprovinzen. Catingas und Charnecas bedecken zwei Drittel seines im Ganzen welligen und theilweise bergigen Terrains. Die Hauptculturen sind die gleichen, wie in der nordwärts angrenzenden Provinz, die Viehzucht jedoch ist weniger entwickelt. Das Clima hat ebenfalls einen heissen und trockenen Charakter und verursacht von Zeit zu Zeit Dürren, welche dem landwirthschaftlichen Betriebe hinderlich sind. Die Regenzeit ist ziemlich übereinstimmend mit der von Rio Grande do Norte, sie dauert von Ende März bis zum Monat Juli.

Unser Dampfer hatte gegenüber Cabedello Anker geworfen, einem Dorfe mit grösstentheils gemauerten Häusern, welche idyllisch in einem Cocospalmenhain halb versteckt liegen. An Bord gebrachte, frische Cocosnüsse konnten nur unter grossem Kraftaufwand mittelst eines Beiles geöffnet werden;[1]) die Milch, welche sie enthielten, war zwar kühlend, mundete uns aber höchst wenig.

Eine Steamlaunch führte uns in zwei Stunden den Fluss hinauf nach Parahyba, der Hauptstadt der Provinz. Die Ufer des hier buchtartig erweiterten Flusses waren dicht bewaldet, aber lange nicht so üppig wie die der Flussläufe der Amazonasniederung. Mangroven, wie mir schien Stelzenbäume (Rhizophora Mangle L.), säumten breit den Wasserrand, dahinter erhob sich, unmittelbar daran anschliessend, ein Waldstreifen aus anderen Laubbäumen mit einzelnen Palmen untermischt. Lianen fehlten hier gänzlich. Nicht ganz halbwegs nach der mindestens 20 km von Cabedello entfernten Stadt breitete sich ein grosser Palmenwald aus. Er beschattete die Strohhütten des Oertchens Martins, Hütten, welche mit ihren steilen Satteldächern aus Palmstroh und ihren geschlossenen Wänden sich lange nicht so malerisch ausnahmen, wie die primitiven Indianerbehausungen am Amazonenstrom. Auf dem Flusse begegnete uns ein originelles Boot, welches ein grosses Palmblatt als Segel führte. Ziemlich viele Inseln theilten den Parahyba do Norte in verschiedene Arme. Waldige Höhen kamen in der Ferne in Sicht und die schneeweisse Kathedrale der Hauptstadt schaute über den Wald herüber. Unter den Mangroven, welche hier, weiter flussaufwärts, mehr im Trockenen standen und vermuthlich Avicennien waren, liefen ziemlich grosse Krabben mit graubraunem Rückenschild und scharlachrothen Füssen umher. Diese Taschenkrebse, welche ich für Goniopsis cruentatus De Haan aus der Familie der Viereckkrabben (Grapsoidea) gehalten,[2]) waren ungemein rasch in ihren Bewegungen.

---

[1]) Zur Gewinnung des noch flüssigen Sameneiweisses, der sogenannten Milch, werden die Nüsse erwachsen, aber unreif herabgenommen.

[2]) Goniopsis cruentatus sind unter allen brasilianischen Krabben die einzigen, welche in der Färbung annähernd mit den von mir gesehenen Krabben übereinstimmen. (Vergl. ihre Personalbeschreibung in United States Exploring Expedition I. 342, 343.) Doch da manche der Brachyuren Brasiliens nur nach Weingeistexemplaren beschrieben sind, welche häufig die ursprüngliche Farbe eingebüsst haben, kann es daselbst möglicherweise noch andere in den Farben passende Arten geben. Ob diese Arten aber auch in der Lebensweise auf obengenannte Krabben des Parahyba so passen würden wie G. cruentatus, ist dann eine weitere Frage.

In Parahyba, welches auf einen Hügel hinaufgebaut ist und 40 000 Einwohner zählen soll, stiegen wir endlich an das Land. Die äusseren Stadttheile oder Vorstädte bestanden aus Palmstrohhütten, welche Cocospalmen, Bananen und einzelne Brotfruchtbäume (Artocarpus) umgaben. In und vor den Hütten sassen Indianerinnen und Mestizenweiber mit Spitzenklöppeln beschäftigt. Es ist diese Spitzenindustrie besonders in Nordbrasilien ausgebildet, und in manchen Theilen des Landes sind ihre Erzeugnisse sehr gesucht. Wir erwarben ein paar Meter dieser aus Baumwollfaden, nach altportugiesischen Mustern hergestellten Spitzen und setzten dann unseren Weg weiter in die eigentliche Stadt hinein fort. Dieselbe hatte ein ziemlich reinliches Aussehen, und auch verschiedene öffentliche Gebäude, wie der Thesouro und das Gefängniss, machten einen gepflegten Eindruck. Weniger konnte man dies von einem in Kasernennähe liegenden Theater sagen, da es unvollendet gelassen worden war. Eine steile Strasse, auf welcher Kinder mit einem hellblau angestrichenen Hunde herumtollten, führte uns nach der hochgelegenen Kathedrale. Ihr Name, Nossa Senhora das Neves, passt nicht in eine äquatoriale Gegend, in welcher weit und breit von keinem Schnee zu träumen ist. Wir bestiegen einen der beiden Kirchthürme, deren geographische Lage man, mit $7°\,6'\,3'''$ südlicher Breite und $37°\,13'\,15''$ westlicher Länge v. Paris, auf das Genaueste bestimmt hat. Der Rundblick von da oben war herrlich. Rings um uns lagerte sich die Stadt, deren äusserste Theile sich in einem Cocospalmenwald verloren; dann, so weit das Auge reichte, folgte nichts als waldbedecktes Land, ein üppiger, hellgrüner, ununterbrochener Laubwald, welchem an vereinzelten Stellen Palmen und Palmengruppen entragten. Der Parahyba do Norte mit seinen Zuflüssen durchzog und durchschlängelte das wellige, höhencoupirte Waldterrain. Fern im Osten schimmerte das Meer herüber. Scheinbar hatten wir die üppigste Vegetation vor uns und doch, in der Nähe besehen, konnte sie keinen Vergleich mit der Hylaea aushalten. Ein Fortschritt an Ueppigkeit der Pflanzenwelt gegen die nördlicheren Camposprovinzen liess sich hier aber immerhin nicht ableugnen.

Aussen um die Kirchthürme herum flatterten Schwalben mit gelbbraunem Bauche, welche, nach Art des Vorkommens und der Gefiederfärbung, Hirundo erythrogastra Bodd. gewesen sein müssen. Innerhalb des Thurmes flatterte eine Unmenge kleiner Fledermäuse, von denen wir umsonst eine zu erhaschen suchten.

Unten am Ufer des Flusses bot man uns später einen jungen Jaguar zum Kaufe an. Er hatte graugrüne, wasserhelle Augen und gelbliches Fell, auf welchem man erst den Anfang einer Zeichnung bemerken konnte; Kopf und Tatzen waren noch unverhältnissmässig gross. Er wurde an einem Strick auf der Strasse geführt und liess sich ruhig streicheln und auf den Arm nehmen.

Eine abermals zweistündige Fahrt auf der Dampflancha brachte uns nach der »Maranhão« zurück. Diese heutige Flusslandschaft kam uns recht kleinlich vor nach Allem, was wir an Flüssen und Strömen im Amazonasgebiet gesehen hatten. Der Parahyba do Norte ist an seinem buchtgleichen Unterlaufe zwar ungefähr zwei Kilometer breit und fünf bis zehn Meter tief, aber was haben diese Zahlen gegen diejenigen zu bedeuten, die uns in der Amazonasgegend geläufig geworden sind. Auch durchfliesst sein westöstlicher Lauf kaum drei Längengrade, indessen andere brasilianische Flüsse endlose Strecken bewässern. Ueberhaupt ist der Mangel an grösseren Flussläufen ein Charakteristikum des nordöstlichen Brasilien zwischen dem Rio Parnahyba und dem Rio São Francisco. Der längste Fluss dieses Gebietes steht an Stromlänge hinter den meisten mittelgrossen Flüssen Europas zurück, und in kleineren Stromsystemen trocknen in der regenlosen Jahreszeit nicht nur manche Zuflüsse ein, sondern versiegt das Wasser auch stellenweise im Hauptfluss.

Recife. Montag, den 6. August.

In dreizehn Stunden, von vorgestern vier ein halb Uhr Nachmittags bis gestern fünf ein halb Uhr früh, legte unser Dampfer den Weg von Cabedello bis Recife, meist Pernambuco genannt, zurück. Mit Pernambuco befinden wir uns in einem Theile Brasiliens, welcher weniger dem Weltverkehr entrückt ist als die nördlicheren Provinzen und welcher sich auch in Bezug auf Klima theilweise von den bisher von uns besuchten Gebieten unterscheidet.

Indessen sämmtliche Küstenorte, welche wir seit Pará angelaufen haben, entweder, wie São Luiz und Fortaleza, nur von einer einzigen, oder, wie Natal und Parahyba, von gar keiner transatlantischen Dampferlinie berührt werden, wird Recife von den Dampfern nicht weniger als sieben[1]) überseeischer Linien angelaufen. Man rechnet im Jahre durchschnittlich einige Tausend ein- und auslaufende Schiffe. Der Werth des Exportes der Provinz Pernambuco nach dem Auslande betrug 1885 12 770 Contos,[2]) der Werth des Importes 20 694 Contos,[3]) und nahm Pernambuco, was den Werth dieses Waarenumsatzes betrifft, nach Rio de Janeiro, São Paulo und Bahia, die höchste Stelle unter sämmtlichen brasilianischen Provinzen ein. Aus- und Einfuhr nach, bezw. von den übrigen Provinzen belief sich im gleichen Jahre auf den Werth von 12 424 Contos,[4]) und stand Pernambuco hier wieder in vierter Reihe, in diesem Falle hinter Rio de Janeiro, Rio Grande do Sul und Amazonas zurück. Vergleicht man diese Werthe von zusammen 45 888 Contos[5])

---

[1]) Zeitweise sind es nur sechs, möglicherweise auch nur fünf.
[2]) 12 770 Contos sind ungefähr 29 115 600 Mark.
[3]) 20 694 Contos = ca. 47 182 320 Mark.
[4]) 12 424 Contos = ca. 28 326 720 Mark.
[5]) 45 888 Contos = ca. 104 624 640 Mark.

mit den Werthen des Waarenumsatzes der vier nordöstlichen Küstenprovinzen, welche alle vier zusammengenommen nur 29 397 Contos,[1]) also nicht einmal zwei Drittel obiger Summe betragen, so wird man sich über die Bedeutung Pernambucos, speziell Recifes, im brasilianischen Handel vollständig klar werden.[2])

Auch bezüglich des Klimas finden wir in Pernambuco, wie schon gesagt, einige uns neue Verhältnisse. Gemäss seiner Jahresisotherme ist das Klima im Ganzen wohl noch ein äquatoriales, doch bildet es durch seine ausgesprocheneren Jahreszeiten schon einen Uebergang zu dem subäquatorialen. In der Hauptstadt ist die mittlere Jahrestemperatur $26,2^0$ C., die Isotherme des heissesten Monats, des Februar, 28^0 C., die des kältesten, des Juli, $23,5^0$ C.; die höchste der bisher daselbst beobachteten Temperaturen war $37,3^0$ C., die niedrigste $16,3^0$. Mehr gegen das Innere der Provinz nimmt die Höhe der Jahresisotherme ab und steigt die absolute Temperaturschwankung auf 27^0. Die Niederschlagshöhe von Recife wird von derjenigen des ganzen übrigen brasilianischen Litorale fast nirgends übertroffen. Sie beträgt 2970 mm, indessen im Innern des Landes sich die Regenmenge auf nicht viel mehr als ein Drittel dieser Summe beläuft.[3]) Die Vertheilung der atmosphärischen Niederschläge ist ganz verschieden von derjenigen der nördlichen und auch von der fast aller südlicher gelegenen Provinzen. Dank der Bodengestalt und den Winden fällt in Nordbrasilien die Regenzeit hauptsächlich auf den Herbst, im Süden des Landes auf den Sommer, in Pernambuco hingegen auf den Winter. Nebenbei finden aber daselbst das ganze Jahr hindurch Niederschläge statt. Im Innern bleiben die Frühjahrs- und Sommerregen jedoch manchmal aus, und dann entstehen dort Dürren, ähnlich denen der nördlich und westlich angrenzenden Provinzen.[4])

Dass wir uns in einem anderen Klima befanden als bisher, wurde uns in den zwei Tagen unseres Aufenthaltes in Pernambuco vollständig klar. Denn während wir seit Maranhão nicht eine Spur von Regen erlebt hatten, regnete es hier, obwohl der Hauptniederschlagsmonat, der Juli, schon überstanden war, so und so oft im Tage. Zudem schien uns,

---

[1]) 29 397 Contos = ca. 67 025 160 Mark.

[2]) In neuester Zeit ist der Werth des Waarenumsatzes in Recife auf jährlich durchschnittlich 160 Millionen Mark gestiegen.

[3]) Die in den verschiedenen Werken angegebenen Zahlen variiren sehr bedeutend. So führen die neuesten einschlägigen Werke (S. Anna-Nery: Le Brésil en 1889. p. 43, 44, 58 und Morize: Esboço de uma Climatologia do Brazil, p. 22, 24, 46) obige Niederschlagshöhe und Temperaturen an. Liais (Climat etc. du Brésil 583, 592) gibt für Recife eine Niederschlagshöhe von 2,62 m und eine absolute Temperaturamplitüde von $24,3^0$ C. an, Hann (Handbuch der Klimatologie, S. 344, 350) eine Jahresisotherme von $25,7^0$ C., eine mittlere Jahresschwankung der Temperatur von $3,2^0$ und eine Niederschlagshöhe von 2752 mm, mit Vertheilung der Niederschläge überwiegend auf Herbst und Winter.

[4]) Wappäus: Kaiserreich Brasilien S. 1300.

die wir über einen Monat nahezu unter dem Aequator zugebracht hatten, die Temperatur hier öfters fast empfindlich frisch. Und doch zeigte das Thermometer den zweiten Tag Morgens 7 Uhr 21° C. und Nachmittags 1 Uhr 27° C. Nicht nur wegen Pernambuco selbst, wo wir uns vor den Regenschauern immer wieder unter Dach und Fach flüchten mussten, kam uns das, von dem des übrigen Brasilien abweichende Klima unangenehm zum Bewusstsein, sondern mehr noch wegen unserer ferneren Reiseprojekte. Wir wollten nämlich nach den wunderbaren Paulo-Affonso-Katarakten des Rio San Francisco, des drittgrössten Stromes Brasiliens, dessen ungeheure Wassermassen unweit der Mündung 84 m tief herabstürzen. Der Lokaldampfer, welcher uns von Pernambuco nach dem am unteren Strom gelegenen Penedo bringen sollte, war am Vorabend unserer Ankunft in Pernambuco ausgelaufen. So hofften wir auf dem Landweg an unser Ziel zu gelangen. Doch hier war die Bahn, welche uns die Hälfte des Weges hätte kürzen können in Folge der heftigen Niederschläge unterbrochen; an ein Zurücklegen der ganzen Strecke zu Pferde war aber bei dem jetzt überall aufgeweichten Boden, welcher das Innere des Landes fast unpassirbar macht, nach Aussage der Einheimischen, nicht zu denken. Somit trieb uns die Regenzeit zur Weiterfahrt auf unsere »Maranhão« zurück, und wollen wir nun südlicher versuchen nach den einzig schönen Wasserfällen vorzudringen.

Abgesehen von Verkehr und Klima, steht Pernambuco durch seine allgemeine Physiognomie den nordöstlichen Küstenprovinzen noch ziemlich nahe. In seinem Flächeninhalt von 128 395 qkm ist es ihnen überlegen, in Dichtigkeit der Bevölkerung, mit 9 Seelen auf den Quadratkilometer, stimmt es ganz mit Ceará überein und gehört zu den drei dichtestbevölkerten Provinzen Brasiliens. Wie fast überall im Nordosten, ist die Mischlingsrasse die überwiegende, sie beträgt 49 Prozent; die Weissen belaufen sich auf 34, die Neger auf 14, die civilisirten Indianer auf nur ein Prozent. Letztere, welche gemäss einer Gesammtbevölkerung der Provinz von 1 111 000 Seelen, somit immerhin noch 11 120 Köpfe zählen, sind, den früheren Missionen und Ansiedlungen nach zu urtheilen, Nachkommen von Osttupi, von verschiedenen Cayririhorden, verschiedenen Gèsstämmen und den möglicherweise zu den Karaiben zählenden Pimenteira.

Von der Küste ab zieht sich eine vielfach tertiäre Ebene 60—90 Kilometer weit in das Innere hinein. Dann beginnt ein bergiges Terrain, welches theilweise ebenfalls tertiär ist, sich aber auch aus Kreide und hauptsächlich aus Urgebirg aufbaut und bis zu einer Höhe von mehr als 1000 m ansteigt. Die niedrig gelegene Küstenebene, welcher es an Feuchtigkeit nicht mangelt, ist so ziemlich in ihrer ganzen Breite mit dichtem Wald bedeckt, einer erweiterten Fortsetzung des Küstenwaldes von Parahyba. An diese schliesst sich ein welliges, trockenes Land, welches eine Carrascovegetation besitzt und vorzüglich der Baumwollkultur günstig ist. Noch mehr nach Westen folgt der zur Viehzucht geeignete Sertão mit seinen dürren Campos und seinen plateauartigen Gebirgszügen.

Wie in den benachbarten nördlichen Provinzen, sind auch hier Zucker und Baumwolle die Hauptprodukte der Landwirthschaft. Daneben wird Kaffee, Tabak und Anderes kultivirt, und beginnt man auch, längs des Rio Capibaribe, der Kultur des Cacao Aufmerksamkeit zuzuwenden. Was wir an Hornvieh in der Hauptstadt und ihrer nächsten Umgebung zu sehen Gelegenheit hatten, übertraf an Schönheit noch das von Ceará, überhaupt alles Vieh, welches uns bisher in Brasilien begegnet war.

Die zwei Tage gezwungenen Aufenthalts in Pernambuco boten wenig Interessantes. Wir durchwanderten die Strassen der Stadt und bestiegen den Thurm des Arsenals, um uns über die merkwürdige Lage dieses Küstenortes zu orientiren. Pernambuco, welches ganz flach an der vereinten Mündung des Rio Capibaribe und Rio Beberibe liegt, zerfällt in verschiedene, auf Inseln und Halbinseln erbaute, durch Flussarme getrennte Stadttheile.

Zunächst gegen Meer und Hafen erhebt sich die langgestreckte Altstadt, das eigentliche Recife, östlich und südlich von der Salzfluth, westlich von dem See bespült, welchen der vereinte Beberibe und Capibaribe bilden und auf dessem stillen Wasserspiegel einzelne palmengeschmückte Zwerginseln schwimmen. Der Ausfluss dieses Sees in das Meer trennt die Altstadt von den durch drei Brücken mit ihr verbundenen Stadttheilen Santo Antonio und São José, die auf der Insel Santo Antonio liegen. Das Meer einerseits, der See und der Capibaribe auf den anderen Seiten umfliessen dieses häuser- und baumbesetzte Eiland. Westlich von Recife und Santo Antonio, jenseits des nördlicheren Capibaribearmes, auf dem Festlande ist der Stadttheil Boa Vista erbaut, mit seinem grossen, roth angestrichenen Lyceum und seinem imposanten, kuppelgekrönten Provinzial-Landtagsgebäude. Von der Altstadt nordwärts zieht sich der schmale Sandstreifen, welcher den Beberibe hindert, sich direkt in das Meer zu ergiessen und ihn zwingt, seinen Unterlauf eine Strecke weit dem Meere parallel zu richten. Am Nordende dieser Landzunge steht auf erhöhtem, halbkreisförmig in den Atlantik vorspringendem Terrain, Olinda, die einstige Hauptstadt der Provinz Pernambuco und eine der ältesten Städte Brasiliens.

Der Anblick von Recife und Santo Antonio muthet uns ganz merkwürdig an. Nirgends im ganzen Lande haben sich die Spuren der holländischen Occupation so deutlich erhalten wie hier, nirgends auch hatten sich die Holländer so gründlich festgesetzt. Es ist wie ein nach Brasilien verpflanztes Stück Holland, welches uns da entgegentritt. Schmale, hohe Häuser mit steilen Ziegeldächern lassen uns wähnen im germanischen

Norden zu sein, und lange Quais mit Baumreihen an der Wasserseite gemahnen uns an die Grachte und ihre Boompjes. Doch Königs- und Weinpalmen, Espinheiros,[1]) und riesige Säulencacteen, welche da und dort die Plätze zieren, wecken uns aus unseren nordischen Träumereien. Und je mehr wir nach Westen ziehen, fern von den engen, schmutzigen Gassen der Altstadt, durch das schon etwas elegantere Santo Antonio hindurch über den Capibaribe nach Boa Vista und den Vorstädten, desto mehr verschwinden die holländischen Reminiscenzen und das vereinigte Portugal-Brasilien tritt wieder in seine vollen Rechte. Eine azulejobekleidete[2]) Villa reiht sich an die andere, von herrlichen Gärten umgeben. Cocos- und Königspalmen, grossblättrige Ricinuspflanzen, mächtige Cereen und Brodbäume (Artocarpus) hüllen die Luxussitze der Pernambucaner in ihren wohltätigen Schatten. Frischgrüner Rasen überkleidet den Rain und an den wiesenbedeckten Flussufern erheben sich malerische Palmengruppen.

Unsere Fahrt bis vor die äussersten Vorstädte nach dem Prado, wo nur mehr Palmstrohhütten inmitten sumpfigen Landes stehen, galt einem Pferderennen. Wir wollten die elegante Welt Pernambucos in Augenschein nehmen, und überzeugten uns neuerdings, dass in Brasilien auch in den höheren Kreisen nur mehr wenig ungemischte, rein weisse Rasse vorhanden sein muss.

Heimkehrend besuchten wir am Hafen eine Thierhandlung, einen passenden Käfig für unseren kleinen, überaus munteren Mocó zu kaufen. Wir fanden daselbst als interessanteste Thiere einige Urubú rey (Cathartes papa L.), fast einen Meter grosse Geier, welche von 20° südl. Br. bis nach Mexico hinauf verbreitet sind und sich unter anderem durch ihre theilweise hellere Färbung deutlich von den so häufig zu sehenden Rabengeiern unterscheiden. Unsere zoologische Ausbeute am Strande bestand aus einigen Exemplaren der auf das Ostmeer des tropischen Amerikas beschränkten Lucina Jamaicensis Lam., und zwar aus Exemplaren der von Reeve[3]) erwähnten weissen Varietät, deren Individuen sich auch durch kleinere Gestalt von der Stammform unterscheiden.

Im Stadtviertel Santo Antonio statteten wir dem Museum einen Besuch ab. Doch bot es uns vom Amazonas Kommenden wenig Neues: eine grosse Todtenurne, Knochen enthaltend, Köcher, Federgürtel, Federnkopfputz, Pfeile verschiedener Arten, einige geschichtliche Andenken und Anderes mehr. Die ganze Sammlung steckt entschieden noch in den Kinderschuhen und kann man ihr nur ein gedeihliches Wachsthum wünschen.

---

[1]) Mimosa sepiaria Benth. — Siehe weiter oben S. 193.
[2]) Azulejo — Fliese.
[3]) Reeve: Conchologia Iconica VI Tafel II.

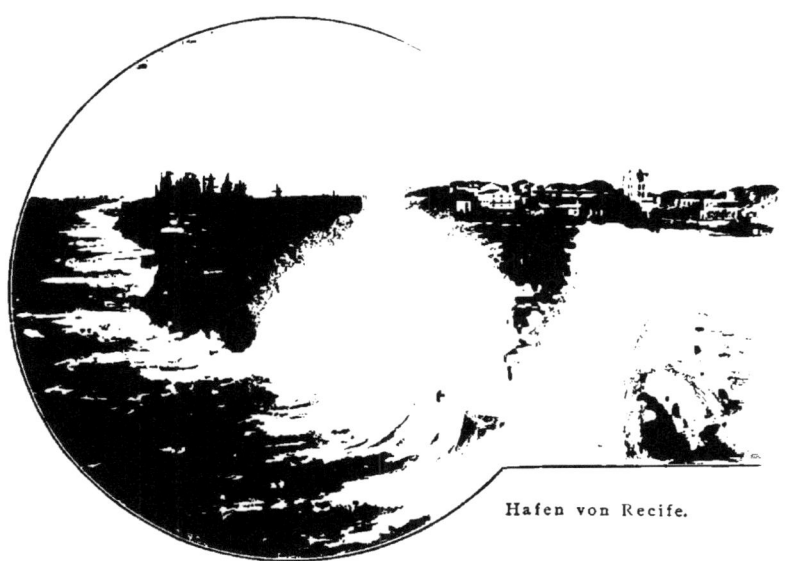

Hafen von Recife.

Mehr jedoch als alles Uebrige fesselt uns in Recife das Sandsteinriff, welches dieser Stadt von jetzt 120 000 Einwohnern einst den Namen gegeben hat.[1]) Es ist eine langgezogene, aber merkwürdig flache Felsenbank, die wie von Menschenhand gebaut erscheint und an den meisten Stellen künstlich zu einer richtigen Hafenmauer ergänzt und erhöht worden ist. An ihrem nördlichen Ende hat man ein nunmehr halbzerfallenes Fort und einen Leuchtthurm aufgesetzt. Davor gegen Norden ragt noch eine gefürchtete, flache Klippe, Tartaruga mit Namen, zeitweise aus den Fluthen heraus. Der Hafen, welchen das Riff bildet, ist klein und wird nur von brasilianischen Schiffen und kleineren ausländischen aufgesucht. Zur Zeit unserer Anwesenheit lagen daselbst unter Anderen vier brasilianische Kriegsschiffe, deren eines den in der Marine dienenden, jugendlichen Prinzen August von Sachsen-Coburg an Bord hatte. Es lag da auch ein norwegischer Kauffahrer, welcher, wie zu bemerken, nicht das erste unter norwegischer Handelsflagge segelnde Fahrzeug war, das wir in einem Hafen Brasiliens antrafen. Die ausländischen Dampfer gehen auf der Rhede vor Anker. Doch soll das Ausschiffen dort in Folge der starken Dünung so unangenehm sein, dass manche Reisende vorziehen, weiter bis Bahia zu fahren, um von dort mit einem einheimischen Dampfer zurückzukehren und dann im geschützteren Hafen aussteigen zu können. Was wir in

---

[1]) Recife = Riff.

Natal über Ausschiffungsschwierigkeiten selbst beobachtet hatten, liess uns diese Erzählung vollkommen glaubhaft erscheinen.

Unsere »Maranhão« liegt, als brasilianisches Schiff, selbstverständlich im Hafen, was uns in nächster Nähe ein unvergessliches Schauspiel verschafft. Trotzdem nämlich das Riff vielfach aufgemauert ist, gehen doch die Brandungswellen, namentlich bei Fluth, darüber hinweg und rauschen dann in mächtigen Cascaden auf der Hafenseite hinunter, so weit das Auge reicht eine einzige schäumende Wasserwand bildend. Wir können uns nicht satt sehen an diesem wunderbaren Branden, Hochaufspritzen und Herabstürzen, dessen gewaltige Musik uns in den Kojen Abends in Schlaf lullt.

An Bord. Küste von Alagôas. Dienstag, den 7. August.

Gestern um 5 Uhr Nachmittags verliess die »Maranhão« das landschaftlich vollständig reizlose Recife und steuerte südwärts weiter. Jangadas wiegten sich auf der blauen Fluth, die sie rhythmisch hob und senkte; sie hatten hier ein halbcylinderförmiges Palmstrohdach wie die Igarités auf dem Amazonas. Die ganze Nacht hindurch strömte der Regen herab und unser Dampfer schlingerte auf unangenehme Weise. Früh sechs ein halb Uhr lagen wir auf der Rhede Maceiós vor Anker. Auch hier noch rollte die »Maranhão«, da diese Rhede gegen die jetzt, den Winter über, herrschenden Südwinde nicht geschützt und in Folge dessen einer heftigen Dünung zugänglich ist. Auf der Nordostseite hingegen ziehen sich wellenbrechende Korallenriffe hin.

Das vor uns sich ausbreitende Maceió ist die Hauptstadt der kleinen Provinz Alagôas, welche zu den Küstencamposprovinzen gezählt wird, in ihrer Vegetation aber schon theilweise den Uebergang zu einer uns noch neuen Vegetationsform Brasiliens, den Küstenurwald bildet. Das Innere der Provinz ist ein ödes camposbedecktes Gneisplateau, von zahlreichen niederen Serras durchzogen und anhaltenden Trockenzeiten ausgesetzt, wie die Sertões der übrigen nordöstlichen Provinzen. Gegen die Küste zu erstreckt sich eine tertiäre, driftüberlagerte, fast horizontale Ebene, welche in Stufen von 85 bis 45 Meter Höhe abfällt. Es ist dies eine sehr fruchtbare Region, zu Culturen geeignet und mit schönen Wäldern bestanden. Die Landwirthschaft in Alagôas befasst sich hauptsächlich mit dem Anbau von Zuckerrohr, Baumwolle und Tabak, doch wird auch den Cerealien und dem Maniokstrauche Aufmerksamkeit zugewendet. Das Land ist, im Verhältniss zu den meisten anderen Provinzen, dicht bevölkert. Der Procentsatz an civilisirten Indianern ist nicht höher als in Pernambuco, doch erreicht hier die Mischlingsbevölkerung eine Höhe wie in ganz Brasilien nicht mehr; sie beträgt nämlich 60 Procent. Die Weissen bilden den vierten Theil der Einwohnerschaft, die Neger nicht einmal den achten. Im wenig bekannten, westlichen Binnenlande sollen noch wilde Indianer hausen.

Die civilisirten gehören, wie die meisten der civilisirten Indianer in den schon besprochenen Nordostprovinzen, dem Stamme der Cayriri und der Gruppe der Osttupí an. —

Den Aufenthalt unseres Dampfers in Maceió benutzten wir um an das Land zu gehen und Erkundigungen einzuziehen, ob sich von hier aus der beabsichtigte Ausflug nach den Paulo-Affonso-Wasserfällen würde unternehmen lassen. Doch auch hier scheiterte er an der Mangelhaftigkeit und Unverlässigkeit der Lokaldampferverbindungen und gleichzeitig an der noch andauernden Regenzeit. Der deutsche Viceconsul versicherte uns, dass ein Ritt über Land nach Penedo nicht nur, in Folge der täglichen, Alles durchnässenden Regengüsse in hygienischer Beziehung ein Wahnsinn, sondern auch, in Folge der brückenlosen, hochangeschwollenen Flüsse geradezu eine Unmöglichkeit sei. So kehrten wir denn, nach Bahia weiterzufahren, wieder auf unsere »Maranhão« zurück, doch nicht ohne uns vorher am Lande etwas umgesehen zu haben.

Von dem Hafenorte Jaguará unternahmen wir eine Trambahnfahrt nach Bebedouro. Zunächst führte der Weg dem Strande entlang, um dann nach Maceió einzubiegen und es zu durchqueren. Maceió, welches mit Jaguará zusammen 15 000 Einwohner zählt, besitzt einige grössere, sauber aussehende Kirchen, von denen eine auf der Aussenseite bis zum Thurmdach über und über mit Fliesen bedeckt ist. Auch einige grosse Unterrichts- und Verwaltungsgebäude wie Lyceum und Palast des Präsidenten fallen in die Augen. Ziemlich steil zieht sich die Stadt den Abhang der Tertiärebene hinauf. Viele Strassen sind über Erlaubniss schmutzig und mit halsbrecherischen Löchern versehen; die Trottoirs befinden sich in nicht minder schlechtem Zustande.

Von Maceió geht der Weg direkt landeinwärts. Zur Rechten hat man ein Hügelland oder richtiger den Absturz des aus dem Innern meerwärts sich abstufenden Flachlandes, zur Linken die Lagôa do Norte, einen sehr tiefen, fischreichen Salzwassersee, in welchem Meerschildkröten sich tummeln sollen. Das Gehänge ist, näher der Stadt, mit üppiger Waldung bedeckt, zu seinen Füssen breiten sich Gärten und gedeihen Bananen, Artocarpeen, Cocos-, Kohl- und Oelpalmen, letztere die aus Afrika eingeführten Elaeïs Guincensis L. Weiter nach Nordwesten wandelt sich das Pflanzenkleid des Abhanges in Niederwald und Buschvegetation. Bei dem grossen, von waldigen Höhen umringten See bemerkt man deutlich den Anfang des für diese Gegend so überaus charakteristischen Stufenlandes. Fast senkrecht steigt das Terrain ungefähr 40 Meter und mehr von der sandigen Küste in die Höhe, um dann tischplatteben in das Innere zu verlaufen. Auf der Lagôa schwimmen aus einem einzigen Baumstamm gefertigte Canôas, wie wir deren schon auf dem Parahyba do Norte begegnet haben. Das zwei Kilometer von Maceió entfernte Oertchen

Bebedouro, welches auf hügeligem Grunde steht, zeichnet sich mit seinen einstöckigen, buntgetünchten Häusern durch Mangel an Schönheit aus, wie alle von Weissen erbauten, brasilianischen Ortschaften. Die Bevölkerung ist, gleich der von Maceió, was Rassen betrifft, eine sehr gemischte und vertritt die ganze Farbenskala der verschiedenen Rassenkreuzungen.

In Maceió sahen wir zum ersten Male einen der im mittleren Ostbrasilien früher sehr gebräuchlichen Tragstühle; er war auf allen Seiten mit Vorhängen geschlossen und nahm sich sehr drollig aus. Wie in den übrigen Camposprovinzen fiel uns auch hier die Schönheit des Hornviehes auf. Ehe wir uns einschifften, wurde uns in einem Käfig ein Cuandú oder Stachelschwein (Cercolabes prehensilis L.) zum Kaufe angeboten, ein ziemlich grosses Thier mit langen gelb und braunen Stacheln.

Nachmittags lichtete unsere »Maranhão« wieder die Anker und bei starkem Seegang, der den leblosen Gegenständen an Bord Leben zu verleihen schien, ging es unfern der Küste nach Bahia zu.

KAPITEL XII.

Bahia.

An Bord der »Maranhão«. — Mittwoch, den 8. August.

In unserer Menagerie an Bord, lassen sich im Lauf der Tage immer wieder neue Thiere entdecken. Da ist vor Allem eine Paroaria gularis L., ein reizender, Gallo campina genannter, schwarz und weisser guyanisch-brasilianischer Fink mit ganz carminrothem Kopfe; ferner einer der wohlbekannten Japims (Cassicus persicus L.), welchen die Leute am Schiff mit dem in Pernambuco für diese Vögel gebräuchlichen Namen Checheó bezeichnen; endlich ein Conurus aeruginosus L., ein Keilschwanzsittich mit gelbbrauner Kehle, der am Amazonenstrom die Südgrenze seiner Verbreitung findet.

Auch durch eine neue Schildkröte hat sich unsere Thiersammlung vermehrt. Es ist dies eine Seeschildkröte, deren Wirbelplatten einen scharfkantigen Längskiel aufweisen, deren Oberpanzerrandschilde rückwärts eckig herausragen, deren Kopf schwarz und gelb gefleckt ist, und welche überhaupt einen ganz anderen Typus zeigt, als die von uns am Amazonas gesehenen Chelonier. Ich halte sie nach all diesen Merkmalen für eine junge Suppenschildkröte (Chelone mydas L.) somit für eine Chelonine, welche im Indischen, Stillen, wie Atlantischen Ocean vorkommt, an der brasilianischen Küste häufig ist und ihres schmackhaften Fleisches wegen gefangen wird. —

Die Witterung lässt viel zu wünschen übrig. Es regnete fast die ganze letzte Nacht hindurch, und auch den ganzen heutigen Tag, bei fast durchgängig bedecktem Himmel, setzt der Regen immer und immer wieder ein. So können wir nicht im Zweifel darüber sein, dass wir uns noch in jener Region befinden, in welcher die Niederschläge sich vorzugsweise auf Herbst und Winter vertheilen. Um zehn ein halb Uhr Vormittag zeigte das Thermometer 25,5 ° C.

Zu Mittag und auch Nachmittag liessen sich etliche Wale beobachten, welche entweder halb aus den Salzfluthen tauchten und Wassermassen hoch in die Höhe warfen, oder nur durch einen breiten Schaumfleck auf der Meeresoberfläche ihre unterseeische Anwesenheit verriethen. Ihrem Benehmen nach könnten es Pottfische (Catodon macrocephalus Lacép.) gewesen sein, riesige Zahnwale, welche hauptsächlich an den südamerikanischen Küsten und hier wieder vor Allem bei Bahia gejagt werden.[1]) Sie erscheinen nebst einigen Arten von Bartenwalen (Mysticete) in den Gewässern Brasiliens speziell im Winter, also in der jetzigen Jahreszeit. Tausende von Menschen sind mit ihrem Fang und demjenigen ihrer Brüder beschäftigt, und die Zahl der jährlich erbeuteten Walthiere soll von den durchschnittlichen 50 manchmal bis auf 90 steigen.

Nachts waren wir an der Mündung des Rio São Francisco vorbeigefahren, eines Stromes von nahezu 3000 km Länge, der in letzterer Beziehung die Donau hinter sich lässt und in Europa nur von der Wolga übertroffen wird. An seiner weit hinausgeschobenen Barre soll das Meer in riesigbreiten Brechern anstürmen und eine grosse Strecke weit hellgrün und bräunlichgrün gefärbt sein. Nach unserem Passiren der São Franciscomündung fing die Küste der Provinz Sergipe an, sich zu unserer Rechten auszubreiten.

Sergipe ist eine Provinz, mit welcher ein für uns neues Florengebiet begann, das dritte und letzte, in welches Brasilien zerfällt, ich meine den Küstenurwald. Zwar sahen wir schon in den letztbesuchtenProvinzen, dass die dürre Campos-Vegetation von der Küste mehr und mehr zurückgedrängt wird und ein Streifen schönen Waldes den Ostrand des Landes begleitet. Doch erst südlich vom São Francisco rechnet man den Anfang jener prachtvollen Küstenurwaldzone, welche durch zwanzig Breitengrade hindurch ziemlich ununterbrochen fast bis zur Südgrenze Brasiliens reicht. In Sergipe verhältnissmässig schmal beginnend und noch stellenweise von Campos durchsetzt, weitet sich diese Zone bis auf die Höhe von Rio de Janeiro bedeutend, um von da ab nach Süden zu wieder schmaler zu werden. Es ist die parallel der Küste verlaufende Randgebirgskette, die Serra do Mar, welche sowohl Ueppigkeit wie Breite des zusammenhängenden Küstenurwaldes bestimmt. Ihre dem Südostpassat entgegengestellten Hänge fangen den atlantischen Wasserdampf auf und so können sich vor und an denselben ununterbrochene, hohe, üppige, nahezu undurchdringliche Waldungen entwickeln. In dem nördlichen Theile des Küstenurwaldes erhebt sich die Serra do Mar entfernter dem Meere, lässt also

---

[1] Dass diese Walthiere Wassermassen hoch emporwerfen, scheint dagegen zu sprechen, dass es Pottfische gewesen, da letztere nur einen niederen Strahl zu werfen pflegen. Doch schleudern die Pottfische hin und wieder oft einen Wasserschwall hoch in die Lüfte, dadurch dass sie sich in das Wasser fallen lassen.

einen breiteren Raum zur Waldentwicklung übrig; von Rio de Janeiro an südlich tritt sie nahe an die Küste heran und muss sich der geschlossene Wald, ausser mit den Berghängen, mit einem schmalen Küstensaume begnügen. Während im Süden der Hauptstadt die Serra do Mar den unbestrittenen Ostrand des brasilianischen Binnenplateaus und ihr Kamm die Westgrenze des Küstenurwaldes bildet, giebt es von da nordwärts neben dem äussersten Ostrand des inneren Hochlandes noch einen westlicher gelegenen, der hier erst als der eigentliche anzusehen ist. Dieser Bodengestaltung ist es wohl zu danken, dass sich in diesem Theile Brasiliens zwar schon vielfach camposuntermischte, aber dennoch hohe Urwälder auch noch westlich der Serra do Mar, halten können.

Der Küstenurwald, den die Brasilianer kat' exochen Mato virgem[1]) nennen, entspricht im Grossen und Ganzen dem Caá-Eté der Hylaea. So sind zum Beispiel seine wesentlichen Pflanzenformen die gleichen und wird, wenigstens bis zum Wendekreis, seine vegetative Entwickelung das ganze Jahr hindurch nicht unterbrochen. Doch ist der Mato virgem noch formenreicher als der Caá-Eté; er besitzt auch mehr schöne, farbenprächtige Blüthen, und namentlich viel Farrenbäume, welch letztere im Landschaftsbild der Hylaea so viel wie gar nicht mitsprechen. Palmen wechseln unter Anderem mit Papilionaceen, Caesalpiniaceen und Myrtaceen; Lianen, manche von riesiger Grösse, schlingen sich durch das Dickicht; Epiphyten in einer Fülle, welche vielleicht einzig dasteht, bekleiden und überwuchern die Baumstämme in märchenhafter Pracht. Je nachdem der Mato virgem an Flussufern oder auf Berghängen wächst, nimmt er einen anderen Charakter an. Längs der Flüsse ist es namentlich die Grossartigkeit seines Wachsthums, welche in die Augen fällt, daneben entwickelt sich aber auch ein Reichthum der Vegetation, welcher sich nur mit dem auf der Inselwelt bei Pará vergleichen lässt. An den Hängen hingegen zeichnet sich der Küstenurwald durch die zierlichen Farnbäume, die hohen Bambusen, die Cecropien und die Menge der Epiphyten aus, welch letztere unter dem dichten, sonnenabhaltenden Laubdach der Flussthäler nicht so gut gedeihen können wie hier oben. Da wo der Urwald gelichtet wird, entsteht wie am Amazonas die Capoeira, eine von der vorhergehenden durchaus verschiedene, unschöne Waldvegetation, in welcher unter den Sträuchern die Latanen sich hervorthun. Nach geraumer Zeit jedoch wird die zausige Capoeira wieder verdrängt und erhebt sich von Neuem auf dem alten Grunde der unvergleichlich prächtige, hohe Tropenwald.

---

[1]) Mato virgem = Urwald. — Natürlich kann die Catinga und jeder andere Wald, wenn noch unberührt, ebensogut Urwald heissen. Doch wendet der Sprachgebrauch in Brasilien den Ausdruck Mato virgem speziell für den Küstenurwald an,

Gleich der Hylaea und der Camposregionen, hat auch die Küstenurwaldzone eine Fauna, welche sowohl ihr eigenthümliche Arten besitzt, als auch solche, die noch in dem einen oder dem anderen der zwei übrigen Floragebiete Brasiliens, oder auch in den beiden gefunden werden. Die Affen treten hier wieder zahlreicher auf als in den Campos. Das schauerliche Gebrüll der Mycetes tönt unheimlich durch die Waldeinsamkeit, Cebiden turnen von Baum zu Baum, Springaffen (Callithrix) begrüssen den Wanderer durch gellendes Schreien, und winzige Hapalinen zwitschern in den Zweigen. Die Woll- und Klammeraffen (Lagothrix et Ateles), Schweif- und Kurzschwanzaffen (Pithecia et Brachyurus) der Amazonasgegenden fehlen hier gänzlich, auch vermisst man die Nachtaffen (Nyctipithecus) mit ihren grossen Eulenaugen und die im Norden so beliebten Chrysothrixarten. Dafür ziehen Banden der am Amazonas nicht vorkommenden Eriodes hypoxanthus Wied durch die feuchten Urwälder.

An Raubthieren begegnen wir in diesen brasilianischen Zonen Silberlöwen und Jaguare (Felis concolor et F. onça L.), Schakalfüchse (Pseudalopex Azarae Wied), Wasch- und Rüsselbären (Procyon cancrivorus Cuv. et Nasua socialis Wied). Nagethiere beleben gleichfalls diese Urwälder; zahlreiche Eichhörnchen (Sciurus aestuans L.) knuspern auf den Aesten, Greifstachler (Cercolabes) steigen auf die Bäume, Stachelratten (Loncheres) durchwühlen den Boden, und verschiedene der uns vom Amazonas her wohlbekannten Nager, wie Paca und Aguti, durcheilen das Unterholz. Rudeln der zwei Arten von Nabelschweinen (Dicotyles torquatus et D. labiatus Cuv.), welch beide auch am Amazonas zu finden sind, brechen durch das Dickicht. Hirsche (Coassus rufus F. Cuv.),[1] äsen an entlegenen Plätzen. Tapire, diese grössten Thiere Brasiliens, suchen die Flüsse der Ostküste auf, wie sie die der Hylaea aufsuchen. Ameisenbären (Myrmecophaga) forschen nach Insekten, Gürtelthiere graben sich Höhlen in die Erde und Faulthiere (Bradypus) verstecken sich im dichtesten Laub. Endlich sind auch die Beutelratten in den Küstenwäldern vertreten und zwar durch verschiedene Arten, vom grossen Gambá (Didelphys cancrivora Gm.) an bis herunter zum Mäuseartigen Beutelthier (Didelphys murina L.).

Unter der gefiederten Welt fehlen die stolzen Königsgeier (Cathartes Papa L.), verschiedene Adler (Spizaetus mauduyti Daud. et S. tyrannus Wied) und allerhand Falkoniden nicht. Tag und Nacht rufen verschiedenartige Eulen durch den Wald. Kleine Mönchsschmuckvögel (Chiromachaeris gutturosa Desm.) jagen kurzen, reissenden Fluges durch die Büsche. Die prachtvoll kobaltblauen Halsbandcotingas (Cotinga cincta Kuhl) streichen am Boden dahin. Die tiefe, eintönige Stimme des Pavão (Pyroderus

---

[1] Entgegen anderen Quellen nennt Prinz Wied (Beiträge zur Naturgeschichte Brasiliens III 600) auch den Coassus simplicicornis Illig. als in den Küstenurwäldern vorkommend.

scutatus Shaw) erschallt aus den dunklen Waldparthien; hell und unermüdlich klingt dazwischen der Glockenton der weissgefiederten Araponga (Chasmorynchus nudicollis Vieill.). Verschiedene Baumhacker (Dendrocolaptidae) klettern pochend an den Rinden der Bäume empor. Vielerlei Colibris leuchten wie bunte Edelsteine im einförmigen Waldesgrün, in den Bergwäldern vor Allem die, wie ihr Name besagt, rubinkehligen Clytolaema rubinea Gm. Die schöngefärbten Gallos do mato (Baryphthengus ruficapillus Vieill.) hausen einzeln, höchstens paarweise, in der menschenfernsten Waldeinsamkeit. Grossschnäbelige Pfefferfresser (Rhamphastidae) ziehen in kleinen Gesellschaften, nach Nahrung suchend, umher. Bartkukuke (Bucconidae) sitzen still und träge im engen Gezweig. Kurzflügelpapageien (Chrysotis rhodocorytha Salvad.) fliegen kreischend über die Baumwipfel hinweg. Waldtauben (Columba plumbea Vieill.) klagen in den Kronen der Urwaldriesen. Hokkos (Crax et Penelope) bauen ihre Reisignester auf untere Aeste. Rallen (Aramides saracura Spix), Taucherhühnchen (Heliornis fulica Bodd.), Kahnschnäbel (Cancroma cochlearia L.) und andere Reihervögel, sowie Enten mehrerer Arten und sonstiges Wassergeflügel beleben die Waldflüsse und Waldsümpfe der brasilianischen Ostküste. Auf dem Boden des Waldes endlich laufen Steisshühner, wie der Macucú (Tinamus solitarius Vieill.), herum und lassen ihre verschiedenen Pfiffe im Dickicht weithin hören.

An Reptilien begegnen wir in der Küstenurwaldzone Wald- und Flussschildkröten (Testudo tabulata Walb., Hydraspis radiolata Mik. und Platemys spixii D. et B.). In den Flüssen halten sich ausserdem einige Arten von Alligatoren (Caiman latirostris Strauch und C. sclerops Dum.) auf. Schnellfüssige Leguane (Anolis punctatus Daud., Enyalius catenatus Wied, Uraniscodon umbra L.) und Schienenechsen (Tupinambis teguixin L., Ameiva surinamensis Laur.) huschen auf den Baumästen oder dem Boden. Aeusserst gefürchtete Grubenottern, wie die Surucucú (Lachesis mutus L.) und die Jararáca (Lachesis lanceolatus Lacép.) rascheln durch das Laub. Eine Unmenge Nattern[1]), unter denen die Boa constrictor die grösste, kriechen am Waldesgrund umher oder steigen auf die Bäume, indessen in den Gewässern der nördlicheren Gegenden Wasserriesenschlangen (Eunectes murinus L.) ihr Unwesen treiben. Die Froschlurche führen ein tausendstimmiges nächtliches Konzert auf. In den Urwaldsümpfen krächzen die Hornfrösche (Ceratophrys boiei et C. dorsata Wied) und quaken und pfeifen noch andere Glattfrösche, wie der Leptodactylus typhonius Daud. und der Leptodactylus ocellatus L. Hässliche, grosse, schwerfällig hüpfende Kröten (Bufo marinus L. et Bufo crucifer Wied)

---

[1]) Helicops carinicauda Wied, Phrynonax sulphureus Wagl., Spilotes pullatus L. Herpetodryas carinatus L. etc. etc.

rufen laut im Wasser und am Land. Und hoch oben aus den Baumkronen, wie tief aus den feuchten Gründen, tönt die metallische Stimme des Fereiro (Hyla faber Wied) und die laut knackende eines anderen Laubfrosches, des Hyla crepitans Wied.

Endlich ist der Urwald der Ostküste durch eine Unzahl Insekten und Spinnenthiere belebt. Allerhand Scarabeïden, einige gehörnte von riesiger Grösse, andere in Smaragdgrün glänzend, reizende kleine Rüsselkäfer, verschiedene Bockkäfer, metallschimmernde und merkwürdig schildartig geformte Chrysomeliden krabbeln zwischen den Pflanzen herum, indessen unter den Schnellkäfern Individuen aus der Gattung Pyrophorus, wie grünlich leuchtende Irrlichter, sich durch den nächtlichen Urwald dahinbewegen. Blaugrüne Wegwespen (Pompilidae) schwirren in Bodennähe; zahllose Ameisen sind emsig an der Arbeit. Herrliche, atlasglänzende Morpho und riesige Caligo gaukeln den Picadas entlang. Wanzen sind an die Baumrinden geklammert, Singzirpen, Feld-, Laub- und Grabheuschrecken lärmen Tag und Nacht. Hässliche Würgspinnen lauern auf Beute und grössere und kleinere Zecken werfen sich schaarenweise auf den in die Waldwildniss eindringenden Wanderer. Hier in der Küstenurwaldzone, wenn auch nicht im gleichen Maasse wie in der Hylaea, sind Thiere und Pflanzen noch auf weite Strecken die unbestrittenen Herren der Natur.

Bahia. — Donnerstag, den 9. August.

Von gestern Vormittag an war die Küste der Provinz Bahia fast immer in Sicht. Wo die Farbe ihres Terrains in blendendem Weiss aus dem Walde herausblitzte, schlossen wir auf Kreideablagerungen. Thatsächlich zeigen die geologischen Karten in diesen Regionen neben Urgestein und tertiären Gebilden auch solche aus der mesozoischen Formation, welche hier nur durch ihr jüngstes Glied repräsentirt zu sein scheint.[1]) Weiter landeinwärts finden wir auch einen Streifen von paläozoischen Bildungen, welchen nach Westen zu ein breites Gneisplateau folgt.

Die Vegetation längs der Küste ist, wie sich aus dem früher Gesagten ergiebt, ein dichter, hoher, üppiger Urwald, der an die Hylaea erinnert und herrliches Bau- und Nutzholz liefert. Sofern ihn nicht schon Culturen verdrängt haben, bedeckt er sowohl die Küstenebene, wie das sich daran schliessende Stufenland. Westlich von ihm, auf dem Plateau breiten sich die Campos, welche vielfach mit alljährlich ihr Laub verlierenden Catingas bedeckt sind, in den feuchten Niederungen auch mit

---

[1]) Hartt: Geology and Physical Geography of Brazil 554—556.

Capões, den immergrünen Waldinseln. Ganz im Nordwesten gehen die Campos in einen Sertão über, der hier wirklich die von Martius unter diesem Namen verstandene, vegetationslose Wüste repräsentirt.

Die Landwirthschaft der Provinz Bahia findet in der fruchtbaren Ostregion einen ausgezeichneten Boden, vor Allem für Zuckerrohrplantagen, daneben aber auch für die Cultur von Kaffee, Cacao, Baumwolle, Tabak und Anderem, indessen die Hochebenen des Innern sich hauptsächlich zur Viehzucht eignen. Was die wasserarmen Strecken der Provinz an landwirthschaftlicher Nutzung verweigern, ersetzen sie ihr an einigen Stellen durch Reichthum an mineralischen Produkten, vor Allem an Gold und Diamanten.

Wie sich aus der Vegetation rückschliessen lässt, hat Bahia an der Küste ein von dem des Innern ganz verschiedenes Clima. Die Jahresisotherme der im Küstengebiet liegenden Hauptstadt ist $26{,}01°$ C., die höchste der beobachteten Temperaturen $31{,}5°$, die niedrigste $21°$, somit stellt sich hier die absolute Wärmeschwankung um vieles geringer heraus als in Recife do Pernambuco. Die heissesten Monate, Dezember bis einschlüssig März, haben eine Isotherme, welche unter $28°$ zurückbleibt, die kältesten, Juni bis einschlüssig August, ein Monatsmittel von ca. $24°$. Die Niederschlagshöhe beträgt 2394 mm. Wie in den nördlicheren Provinzen Sergipe, Alagôas und Pernambuco vertheilen sich die Niederschläge auf das ganze Jahr, doch fällt die Hauptregenzeit nicht wie in Recife auf den Winter, sondern gleichwie in Nordbrasilien, auf den Herbst. Der Winter weist übrigens ebenfalls eine sehr hohe Niederschlagsziffer auf. An der Küstenstrecke, südlich der Hauptstadt, ist die Jahresisotherme niedriger, die absolute Temperatur-Amplitüde grösser, die Regenzeit mehr gegen den Sommer, die heisse Zeit gegen das Frühjahr vorgeschoben. Durch die drei erstgenannten klimatischen Verhältnisse bildet diese Küstenstrecke den Uebergang zu den noch südlicher gelegenen Provinzen. Das Innere der Provinz, die Camposregion, hat ein weit extremeres Clima. Im Sommer herrscht eine glühende Hitze, dabei verzeichnet man Temperaturunterschiede von $20°$ C., nämlich $17{,}6°-37{,}6°$ C. Im Winter ist es kühl und windig. Die Niederschläge beschränken sich so ziemlich auf drei Monate des Jahres; in der übrigen Zeit versiegen die Wasserläufe und erstirbt fast alles Leben. Auf einzelnen Strecken stellen sich regenlose Perioden von dreijähriger Dauer ein.

Dass bei dem für Handel und Wandel so ungünstigen Clima des Innern sich der Hauptreichthum Bahias, welches eine der wichtigsten Provinzen des Landes ist, vorzüglich auf die Küste beschränkt, wird als selbstverständlich erscheinen. Wir sehen denn dort den Handel auch sehr ausgebildet und ist São Salvador da Bahia, die meist kurzweg Bahia genannte Hauptstadt der Provinz, vor Allem Handelsstadt. Noch mehr als Recife do Pernambuco hat sich Bahia zu einem Ziele überseeischer Dampfer aufgeschwungen. Ungefahr 3000 in- und ausländische Schiffe laufen jährlich im Hafen von Bahia aus und ein. In Bezug auf den Werth des Waarenumsatzes sind Pernambuco und Bahia Rivalen; ein Jahr ist die eine Stadt der anderen um etwas voraus, das andere Jahr die andere. 1885 belief sich dieser Werth in Bahia auf 45 569 contos;[1] der Handel mit dem Ausland stellte sich höher, der mit den übrigen Provinzen niedriger als in Pernambuco. Der Werth des Exportes nach dem Auslande betrug 15 150 contos[2] und stand Bahia in dieser Beziehung unter sämmtlichen Provinzen in dritter Linie. Der Werth des Importes belief sich auf 20 941 contos[3], und nahm Bahia hier nach Rio de Janeiro die erste Stelle ein. Minder bedeutend war der Waarenumsatz im Inland. Dieser hatte nach den übrigen Provinzen in Bezug auf Ausfuhr den Werth von 5801 contos[4], in Bezug auf Einfuhr den Werth von nur 3677 contos[5] und kam Bahia in dieser Hinsicht unter den brasilianischen Provinzen auf den fünften, resp. siebenten Platz zu stehen. Die Gesammtausfuhr umfasst wie in Pernambuco vor Allem Colonialwaaren und unter diesen vor Allem Zucker; eingeführt werden hier wie dort in erster Linie Baumwollwaaren.

Bahia ist von den zwanzig Provinzen Brasiliens die sechstgrösste. Es hat einen Flächeninhalt von 426 427 Quadratkilometer, ist somit fast so gross wie das Königreich Schweden; da nur 4 Seelen auf den Quadratkilometer treffen, muss es als schwach bevölkert angesehen werden. Die weisse Rasse beträgt kaum ein Viertel der Gesammtbevölkerung, nämlich nur 24 Prozent; auf die civilisirten Indianer entfallen 4, auf die Mischlinge 46 Prozent. Die Neger sind, ausser in Rio de Janeiro und Espirito Santo, nirgends so zahlreich vertreten wie hier; sie belaufen sich auf volle 26 Prozent. Unter den civilisirten Indianern, welche wie die in den meisten der zuletzt besprochenen Provinzen, hauptsächlich von Cayriri und Osttupi abstammen, befinden sich auch Nachkommen von Botokuden oder Aymorés. Letztgenannter Stamm gehört der grossen Gruppe der Gès an, welche sowohl relativ hochentwickelte Stämme, wie solche, die gleich den Botokuden auf der tiefsten Stufe der Bildung stehen, in sich vereinigt. Die wilden Indianer setzen sich, sofern man die von Martius und auch von v. d. Steinen als Goyatacá aufgestellten Stämme nach Ehrenreich zu den Gès rechnet, ausschliesslich aus Gès zusammen. Dieselben werden gleichfalls durch Botokuden, ferner durch Mongoyó, Cotochó und noch einige andere Stämme vertreten. Diese sämmtlichen Wilden sitzen, im

---

[1] 45 569 contos = ca. 103 897 320 Mark.
[2] 15 150 contos = ca. 34 542 000 Mark.
[3] 20 941 contos = ca. 47 745 480 Mark.
[4] 5801 contos = ca. 13 226 280 Mark.
[5] 3677 contos = ca. 8 383 560 Mark.

Gegensatz zu denen anderer Provinzen, nicht im Innern des Landes, sondern in den Küstenurwäldern. Den Hauptstock derselben repräsentiren die Botokuden, ein durch Wildheit ausgezeichneter Stamm. Zwischen diese hineingestreut leben einige andere, kleinere Stämme und Horden, welche untereinander in Frieden verkehren, den mächtigen Botocudos aber feindlich gegenüberstehen. —

Der gestrige Nachmittag war schon etwas vorgerückt, als die Ponta Itapuazinho, eine flache, mit Cocospalmen bestandene Landzunge, in Sicht kam. Wir passirten sie, ebenso den Ort Rio Vermelho und lenkten, zwischen dem aus Gneiss bestehenden Cap S. Antonio und der Insel Itaparica hindurchsteuernd, auf einer etwa 12 Kilometer breiten[1]) Wasserstrasse in die Bahia de todos os Santos ein. Diese von niederen, spitzigen Bergen eingerahmte, 42 km lange und 52 km breite[2]) Bai, öffnet sich gegen das Meer direkt nach Süden und wird an der Südostspitze des sie umschliessenden Landes von der Stadt São Salvador da Bahia beherrscht. Es ist dies mit ihren 200000 Einwohnern die zweitgrösste Stadt Brasiliens, welche zudem mehr als 200 Jahre die Ehre genoss, die Hauptstadt des ganzen Landes zu sein. Sie zerfällt in zwei Theile, in die langgestreckten Häuserreihen unmittelbar am Ufer und in die endlosen Häuserreihen oberhalb des horizontal abschneidenden Abhanges. Letzterer ist wegen seiner Steilheit nur mit einigen wenigen Gebäuden beklebt; trennt hierdurch deutlich die untere Stadt von der oberen. Zunächst an der Einfahrt in die Bai liegt die Vorstadt Victoria mit hübschen Villen, einigen Kirchen und reichlichem Palmenschmuck. Dann folgt die eigentliche Stadt mit ihren unbeschreiblich bunten Gebäuden, ihrem grünen Hang und ihren vielen Cocospalmen. Es ist ein in den Farben sehr unruhiges, unschönes Bild, welches der Farbenharmonie südeuropäischer, heller oder weisser, von rothgelbem Grunde sich abhebender Städte vollständig entbehrt.

Bei unserer Einfahrt in die berühmte Bahia de todos os Santos sassen auf einigen Bojen grosse Vögel von langgestrecktem Wuchse, schwärzlichem Kopf und Rücken, schwärzlichen Flügeln und weisser Unterseite, welche mir Schwarzbraune Tölpel (Sula fusca Vieill.) zu sein schienen, diese an der Ostküste Amerikas, von Westindien bis Südbrasilien, vorkommenden Ruderfüssler. Kurze Zeit darauf rasselten die Anker unserer »Maranhão« in die Tiefe und verliessen wir endgiltig das gastliche Schiff, welches uns elf Tage lang zu vollster Befriedigung beherbergt hatte. Uns war es in den schönen Cabinen gut ergangen, minder gut hatten es

---

[1]) Cazal (Corographia brasilica II. 101) giebt gar eine Breite von 16,5 km, Wappäus (Das Kaiserreich Brasilien S. 1216) eine solche von nur 6—7 km an.

[2]) Diese Maasse sind nach Cazal (l. c. II. 101). In Wappäus (l. c. S. 1216) ist eine Länge von 46 km und eine Breite von 37 km angegeben. In einem dritten Werk ist eine Länge von 52 km und in einem vierten eine Länge von 66 und eine Breite von 33—53 km angeführt.

an Bord die Matrosen, überwiegend Farbige, denen als Schlafstelle einzig das Deck angewiesen war. Der Capitän, ein sehr artiger Herr, hatte sich, wie selbstverständlich, hauptsächlich in brasilianischen Kreisen bewegt. — Das starke Vorherrschen des schwarzen Elementes in Bahia wurde uns gleich bei Betreten des Landes klar vor Augen geführt. Neger waren es, die sich unseres Gepäckes bemächtigten, Neger auch welche uns in die Vorstadt Victoria hinaufgeleiteten.

Bahienser Negerin.

Daselbst haben wir in einer Art Pension Unterkunft gefunden, indessen wir zu den Mahlzeiten bis in die untere Stadt zurückwandern müssen. Für diese Unbequemlichkeit entschädigt uns die Lage unseres Hauses inmitten reizender Gärten. Unsere Hausfrau ist eine Deutsche, welche manchmal etwas zu tief in das Glas schaut. Als wir bei ihr, so gut es eben wegen Platzmangels ging, einquartirt wurden, gab es bezüglich unserer Persönlichkeiten und den Zweck unserer Reise ein noch drolligeres Missverständniss als in São Luiz, welches erst durch Vorzeigen unserer gräflichen, beziehungsweise freiherrlichen Visitenkarte gehoben wurde.

Bahia. Freitag, den 10. August.

Den Nachmittag des gestrigen Tages und den Vormittag des heutigen verwendeten wir zu einem Ausflug nach Santo Amaro, welcher, in Folge der reichlichen Winterregen hiesiger Gegenden, seinen eigentlichen

Zweck verfehlte. Um nach S. Amaro zu gelangen, mussten wir die Riesenbai Bahias von Süd nach Nord ihrer ganzen Länge nach durchqueren. Wir hatten an der Praia einen kleinen Lokaldampfer bestiegen und fuhren nun zunächst hindurch zwischen der langgedehnten Stadt einerseits und der 40 km langen Insel Itaparica mit ihren Gneisshügeln und ausgebreiteten Kreideablagerungen andererseits! Bald trat das östliche, rechte Ufer zurück, die grossartige Bai mit ihrem berühmten Reconcavo, das heisst ihrem durch Fruchtbarkeit ausgezeichneten, breiten Uferlande, weitete sich immer mehr. Nordwärts hob sich die für Bananenkultur besonders geeignete Ilha de Maré deutlich vom Festlandshintergrunde ab. Westlich davon entstieg die bergige, etwas kleinere Ilha dos Frades steil den ruhigen Fluthen. Wir steuerten durch ganz enges Fahrwasser zwischen dieser Insel und der Ilha Madre de Deos hindurch, welch letztere der Kreideformation zugehört. Von der Ilha dos Frades kamen einige aus einem Baumstamm gefertigte Canoas an unseren Dampfer herangerudert. Sie führten Segel und waren die ersten Segeleinbäume, welche wir zu Gesicht bekamen. Weniger malerisch als die lange und schmale Gestalt dieser Boote erschienen uns die in sie für die Passagiere gestellten Stühle. Die gegeneinander vorspringenden Ufer der beiden Inseln waren sehr buchtig und zerrissen, die Inseln selbst nicht hoch, aber hübsch geformt und vegetationsbedeckt. Wiesen kleideten den Boden, Häuser gruppirten sich auf den Hängen, und Cocospalmen zeichneten sich scharf vom blauen Himmel ab. Diese einzelnen hügelkrönenden Fiederpalmen[1]) auf Wiesengrund bildeten den Charakter der hiesigen Gegenden, der nicht gerade schön, aber eigenthümlich und interessant zu nennen war. Zum ersten Male überhaupt in Brasilien sahen wir Grashügel, dazwischen gab es aber auch waldbestandene Höhen, auf welchen sich Pflanze an Pflanze drängte und von denen einige in Ueppigkeit an das Amazonasgebiet erinnerten. Ein paar weisse, Garças genannte Reiher, aller Wahrscheinlichkeit nach die mit Vorliebe in Meeresnähe sich aufhaltenden Ardea candidissima Gm., standen unfern des Gestades, und schwarze Vögel mit langem, dünnem Schnabel, welche ich der Art des Vorkommens, dem Gefieder und der Schnabelgrösse nach für männliche Fregattvögel (Tachypetes aquilus L.) gehalten, sassen auf Holzstümpfen inmitten des Wassers.

Kaum hatten wir die Enge passirt und war das Fahrwasser wieder weiter geworden, als neuerdings Inseln von allen Seiten sich vorschoben. Endlich lagen auch diese hinter uns und der am äussersten Nordufer der Bai von Bahia an einen Hügel hinaufgebaute altersgraue Flecken[2]) São

---

[1]) In der hiesigen Gegend bemerkten wir ausser Cocospalmen auch Palmas reaes (Oreodoxa Willd.).

[2]) Näher (Land und Leute in der brasilianischen Provinz Bahia S. 90) bezeichnet São Francisco, entgegen den etwas älteren brasilianischen Quellen, als Stadt. Aber auch schon Wappäus

Francisco erhob sich vor unseren Blicken. An einzelnen bis zum Wasser herabgehenden Häusern vorbei, lenkten wir in den Rio Serigí ein, an dessen rechtem Ufer, ca. 20 km oberhalb der Mündung, das Städtchen Santo Amaro mit seinen 11 000 Einwohnern[1]) liegt. Den weit flussaufwärts reichenden Gezeiten folgt[2]) hier, wie an manchen Uferstrecken der Bucht selbst, eine ausgedehnte Mangrovevegetation, in welcher mir an den beiderseitigen Flussufern die Gemeinen Manglebäume (Rhizophora Mangle L.) vertreten zu sein schienen. Unter dem Wurzelgewirr des Fluthwaldes krochen Goniopsis cruentatus De Haan[3]), scheue rothfüssige Taschenkrebse, wie wir solche schon am Parahyba kennen gelernt hatten. Dazwischen trieben sich auch grünlichblaue Viereckkrabben herum, wie deren auf dem Markte von Bahia verkauft werden; da es, soviel mir bekannt, keine anderen auf gleiche Weise gefärbten Brachyuren in Brasilien giebt, müssen dieselben Uça una v. Mart.[4]) gewesen sein.

Nachdem unser Dampfer die starken Windungen des Flusses eine gute Strecke weit verfolgt hatte, stoppte er an der Einmündung des Rio Pitinga und wir setzten unsere Reise per Trambahn fort. Immer noch führte die Fahrt durch ein weites, sumpfiges, krabbenbevölkertes Mangrovengebiet, welches sich hier wohl aus Avicennien zusammensetzte, und zwar vermuthlich aus der, unter anderem auch für Bahias Umgegend genannten Avicennia nitida Jacq. An trockeneren Stellen weidete schönes Vieh. Die ganze Niederung umgab ein hübsches, mit üppiger Vegetation bedecktes Hügelland. Zum Schlusse führte die Bahn wieder längs des Rio Serigí, welcher am Rio Traripe einen östlichen Zufluss hat und auf dessen Fluthen sich Einbaumcanoas und viele grosse, cajütentragende Segelschiffe schaukelten.

Endlich war Santo Amaro erreicht, ein schmutziges Nest, von dem aber die brasilianischen Bücher alles mögliche Lobenswerthe zu erzählen wissen. Wir entdeckten als einzig Merkwürdiges, auf einem Hügel vor Einfahrt in die Stadt, eine alte, schwarzgraue Kirchenruine, welche dermaassen pflanzenüberwuchert war, dass sogar noch auf dem Kirchthurmknopf eine grosse kugelförmige Pflanze sich angesiedelt hatte. Zu weiteren

---

(Das Kaiserreich Brasilien S. 1703) nennt S. Francisco eine Stadt, und zwar zur nämlichen Zeit, in welcher die brasilianischen geographischen Werke die Bezeichnung Villa gebrauchen.

[1] Moreira Pinto: Apontamentos para o Diccionario Geographico do Brazil I. 324. — Reclus Nouvelle Géographie Universelle XIX. p. 297) hingegen erwähnt 7000, Näher (Land und Leute etc. S. 93) 16 000 Einwohner.

[2] Die Mangroven entstehen nur im Gebiet der Fluthbewegung. Siehe Schimper: Die indo-malayische Strandflora S. 32.

[3] Siehe weiter oben S. 206, Anmerk. 2.

[4] Vermuthlich identisch mit Uca cordata Linné, Smith und Herbst und nicht mit Uca una Latreille und Milne-Edwards. Siehe Transactions of the Connecticut Academy II. 13 a f. and 36. —

Nachforschungen über die gerühmten Schönheiten der Stadt fehlte uns die Zeit, da wir unverzüglich den geplanten Ritt von da in den Küstenurwald organisiren wollten. Dem zu Folge begaben wir uns um Aufschluss und Hilfe zu einem der wenigen in S. Amaro ansässigen Deutschen. Die dort erhaltene Auskunft war niederschmetternd. Zur jetzigen Jahreszeit sind, dank der bis in diesen Monat dauernden Regenperiode, noch alle Wege grundlos und ist jeder Verkehr in das Land hinein unterbrochen. Man versicherte uns, wir würden keine zwei Stunden weit kommen ohne mit unseren Pferden buchstäblich zu versinken. Und wir mussten es glauben, denn wenn schon in der Stadt Alles in Schmutz und Wasser schwamm, konnte man sich der Einsicht nicht verschliessen, dass auf ungepflasterten, schlechten Landwegen die Verkehrsunmöglichkeit thatsächlich vorhanden war. Es regnete den Nachmittag, es regnete die Nacht und es regnete wieder den folgenden Morgen, und wenn es einen Augenblick aussetzte, verkündete der stets bewölkte Himmel, dass neue Niederschläge zu erwarten seien. So mussten wir die Reittour in den Küstenurwald aufgeben und uns auf bessere Zeiten vertrösten.

Das Gasthaus, in welches man uns gewiesen hatte, war wie dasjenige in Pará gebaut. Es bestand aus einem grossen Raum, welcher durch Wände in deckenlose Zimmer untergetheilt war. Die Luft strich in Folge dessen überall durch, was nicht, wie unter dem Aequator, wohlthätig wirkte, sondern uns Wärmeverwöhnte empfindlich kühl anmuthete. An Stelle der Hängematten, welche in den nahe dem Aequator befindlichen Gegenden gebräuchlich sind, waren hier steinharte Betten getreten, wie wir deren, von hier südwärts, im mittleren und südlichen Brasilien überall finden werden. Da wir durch die Bauart der Zimmer jeden Lärm im ganzen Hause hörten und zudem der Regen durch das Dach auf uns herabträufelte, konnte man die Nachtruhe als keine ungestörte bezeichnen. Früh 5½ Uhr befanden wir uns schon auf dem Rückweg nach Bahia, denn da der Zweck unseres Kommens nach Santo Amaro verfehlt war, blieb nichts Vernünftigeres zu thun übrig, als möglichst bald gegen Süden weiterzureisen.

Auf demselben kleinen Dampfer, welcher uns hergebracht hatte, kehrten wir über den Golf wieder zur Provinzhauptstadt zurück. Die Hügel und niederen Berge aus Gneiss, Kreide und Tertiär, welche den weiten Wasserspiegel umrahmen, tönten sich malerisch in Nebel- und Regenstimmung ab. Wie in S. Amaro, spendete der Himmel auch auf der Heimfahrt reichlich sein unerwünschtes Nass. An Bord hatten wir unter anderen Schwarzen auch Minasnegerinnen[1], diese für Bahia typischen Erscheinungen. Es sind in ihrer Art schöne Frauen, gross und kräftig,

---

[1] Siehe weiter oben S. 14.

von chokoladebrauner Hautfarbe und mit je drei Querschnitten auf der Wange tätowirt, zuweilen mit ebensolchen auf den Oberarmen. Sie tragen sich nicht europäisch, wie die Negerinnen Parás, sondern sehr vortheilhaft orientalisch. Ueber einen quergestreiften glatten Kattunrock ist um die Hüfte ein buntes Kattuntuch geschlungen; ein zweites ist anmuthig um die Schultern geworfen, welche ein weisses, ausgeschnittenes Hemde nur halb verhüllt. Das Haupt umwindet turbanartig ein drittes

Canoa auf der Bahia de Todos os Santos.

Tuch, das entweder bunt oder weiss gewählt wird. Häufig auch ziert Korallen- oder Goldschmuck an Armen, Hals und in den Ohren die sammetartig schimmernde Haut.

Bei São Francisco schwammen viel Canoas auf der Bucht, und Fischer warfen ihre Netze aus. Allerhand Thiere wurden uns an Bord geliefert, Cucurís (Carcharias limbatus Müll. et Henle), eine kleinere Art von Menschenhai, welche in Bahia ein Hauptnahrungsmittel der unteren Klassen bildet; kleine Rochen[1], vielleicht jugendliche Individuen aus der Species der gemeinen Stechrochen (Trygon pastinaca L.); viel lange, schmale Stöcker (Caranguidae) mit blauschillerndem Rücken; Exemplare der Uça una v. Mart., jener hellblaugrünen, fast türkisblauen Brachyurenart mit lang-

[1] Es giebt an der brasilianischen Küste über ein Dutzend Arten von Rochen (Batoidei).

gestielten Augen, welche wir im Ufermorast des Rio Serigi bemerkt hatten und die den Menschen als Nahrung dienen; grosse Krabben mit grauem Rückenschild und blauen Beinen, welche Callinectes Danae Smith aus der Familie der Bogenkrabben (Cancroidea) gewesen sein müssen[1]); Garneelen und zwar, wie mir schien, Granaten (Palaemon), deren bis 1877 für Brasilien neun Arten bekannt waren; und endlich eine Menge von Miesmuscheln (Mytilus) und kleinen Austern, von denen beiden Brasilien mehrere Species besitzt. Aber nicht nur aus Wassertiefe geholte Thiere boten während der Ueberfahrt zoologische Studien. Auch einige der schöngefiederten Bisamenten (Cairina moschata L.), welche hier zu Lande häufig als Hausgeflügel gehalten werden, waren eingeschifft, ebenso brasilianische Hausschweine, die meistens schwarz, mitunter aber auch weiss oder grau sind, eine ziemlich dichte Behaarung haben und sich in ihrem Aussehen dem altweltlichen Wildschwein nähern.

Bahia. Samstag, den 11. August.

Die uns bleibende Zeit, von gestern Mittag, nach der Rückkehr von Santo Amaro, bis heute Nachmittag, da wir uns nach Rio de Janeiro einschiffen sollen, benutzten wir, uns etwas in Bahia umzusehen.

Die Cidade baixa oder Praia, die untere Stadt, welche unmittelbar am Wasser liegt, besteht hauptsächlich aus einer 6—7 km dem Ufer entlang laufenden Strasse, welche von etlichen Querstrassen durchschnitten wird. Hier, am Hafen, einem der schönsten Amerikas, ist der Sitz des Handels; hier drängen sich Mauth- und Postgebäude, Arsenale, Märkte und Kreditanstalten zusammen. Die Gassen sind eng und schmutzig, die Häuser viele Stockwerke hoch. Dieser Stadttheil scheint ausschliesslich von Negern bewohnt und kann man da die köstlichsten Strassenscenen beobachten. So sahen wir zwei noch selbst aus Afrika eingewanderte Minasnegerinnen, die natürlich in ihrer heimischen Sprache untereinander verkehrten, eine förmliche Theater-Vorstellung geben. Mit unnachahmlicher, affenähnlicher Mimik, mit Hin- und Hertrippeln und mit Bewegen einer jeden Muskel des Körpers, begleitete die eine dieser zwei Schwarzen ihr lebhaftes Wiedererzählen irgend eines komischen Ereignisses; die andere aber gab ihr Wohlgefallen durch das den Negerweibern eigenthümliche, gellende Lachen kund. Wir standen dabei und konnten uns nicht satt sehen an dem possenartigen Treiben dieser kindergleichen, stets wohlgemuthen Naturmenschen, an einem sorgenlos fröhlichen Gebahren, welches man umsonst bei den ernsten und in sich gekehrten Autochthonen der neuen Welt suchen würde. Von diesen letzteren sahen wir in Bahia nur ein

---

[1]) In meinen Reisenotizen steht »in Form genau wie die rothen« (= rothfüssigen); da ich jedoch für Brasilien trotz eingehender Studien weder einen rothfüssigen Callinectes mit graubraunem Rückenschild, noch einen blaufüssigen Goniopsis ausfindig machen konnte, muss obige Reisetagebuch-Notiz auf einem Irrthum beruhen.

einziges Exemplar, ein Umstand, der uns entschieden wehmüthig berührte. Es ist unleugbar ein tragisches Geschick, dass die einstigen Herren des Landes von den Eindringlingen aus Osten so vollständig zurückgedrängt worden sind und namentlich, dass sie auch der niedrigerstehenden schwarzen Race überall haben weichen müssen.

In der Cidade baixa nahmen wir ausser dem Hafen auch den Thiermarkt in Augenschein. Es gab daselbst namentlich viel Vögel, daneben aber auch Boaschlangen, eine junge Paca (Coelogenys Paca L.) und allerhand

São Salvador da Bahia.

Affen. Unter letzteren bemerkte ich grosse mit Vollbart versehene Brüllaffen (Mycetes ursinus Wied), einige der seltenen, zarten Silberäffchen (Hapale argentata Kuhl) mit ihrem schneeweissen Fell und dickpelzige, kleine Negersahuý (Midas ursulus, Hoffmgg.), welche gleich dem Silberäffchen aus der Amazonasgegend stammen. Auf einer Strasse der unteren Stadt begegnete uns ein an einer Eisenkette geführtes Bisamschwein (Dicotyles labiatus Cuv.), ein hübsches Thier mit gemischt grauen und schwärzlichen Borsten und einem, den Rücken entlang laufenden Borstenkamm, welcher an denjenigen des Sus scrofa erinnerte. Ueberhaupt war die Aehnlichkeit zwischen diesem brasilianischen wilden Schwein und unserem Wildschwein nicht zu verkennen, nur blieb ersteres gegen letzteres in der Grösse etwas zurück.

Zierlicher und anmuthiger als alle diese Thiere waren die vielen Colibris, welche die Gärten namentlich in der oberen Stadt belebten. Wie Insekten schwirrten sie um die Blüthen und wie Edelsteine funkelten sie in der Sonne. Eines dieser reizenden Geschöpfe verirrte sich, während wir abwesend waren, in unser Zimmer und wurde gefangen. Doch bis wir heimkehrten war es ihm leider geglückt sich wieder die goldene Freiheit zu verschaffen. —

Der Verkehr zwischen der unteren und oberen, auf Gneissboden ruhenden Stadt wurde früher vielfach durch Sänften mit Dach und Seitenvorhängen besorgt. Nun sind diese veralteten Beförderungsmittel auf den Aussterbeetat gesetzt und werden die Personen mittelst eines Elevators hinauf und hinunter gefahren. Oben mündet der Aufzug gerade an der Praça do Palacio, von welcher man einen entzückenden Blick auf die tief unten liegende Bai hat, die etwas an den Golf von Neapel erinnert. Die Praça, ein ungepflegter grosser Platz, wird unter Anderem vom Regierungspalast, einem verwitterten einstöckigen Baue, und dem hübschen, schneeweissen Hause der Assemblea provincial, das einen rechteckigen Thurm inmitten der Façade hat, umschlossen. Wie diese befinden sich auch die übrigen der Verwaltung, der Justiz und dem höheren Unterrichte gewidmeten Gebäude, die Klöster und Wohlthätigkeitsanstalten in der oberen Stadt, zum Theil malerisch auf verschiedene Hügel gelagert. Nördlich von der Praça do Palacio liegt stadtbeherrschend am Rande des Abhanges das grosse, unschöne Theater, davor breitet sich eine Terrasse, welche eine prächtige Aussicht auf das blaue Meer gewährt. Doch am entzückendsten ist der Rundblick von dem südlich der genannten Praça gelegenen Passeio Publico mit seinem tropischen Pflanzenschmuck aus aller Herren Länder, seinen Mauritien und Oreodoxa oleracea Mart., seinen Schrauben- und Indischen Mangobäumen (Pandanus und Mangifera indica L.) und seinen Ravenala guyanensis Benth. mit ihren grossen zweizeilig gestellten Schaufelblättern. Zwischen diesen auserlesenen Pflanzengruppen hindurch schweift das Auge zunächst über eine üppiggrüne Böschung. An letztere reiht sich ein ebenso steiler, häuserbestreuter Hang, welcher halbkreisförmig vorspringend den Hafen bildet. Dahinter schimmert noch ein Streifen Wasser, über dem sich wieder eine weit vorspringende bergige Landzunge erhebt, und nun folgte nochmals ein Stückchen Bucht über das ein dritter Höhenzug sich hinzieht. Weithinaus glänzt der atlantische Ocean und im Hafen wiegen sich unzählige Schiffe.

Südlicher noch als der Passeio Publico liegt der Campo grande, ein grosser grasbewachsener Platz, welchen die dunkelbelaubten, schirmartig gebreiteten Kronen niedriger Gameleiras (Urostigma dolarium Mq.) beschatten. Wir sind hier in der Vorstadt Victoria, die auf einem Hügelrücken gelegen, einerseits eine Fernsicht bietet auf das tief unten brausende

Weg nach dem Leuchtthurm von Santo Antonio.

Meer, anderseits einen Einblick in ein schmales, unter tropischer Vegetation begrabenes Thälchen. In verschiedenen Gärten hier sieht man neben den schon in Ceará vorkommenden Säulencacteen (Cereus), zum ersten Male Fackeldisteln (Opuntia) und zwar eine Art, welche kleinere Stengelglieder hat und höheren Wuchses ist, als die in Europa gedeihende Opuntia vulgaris.

Von da, von Victoria aus, ist es ein Spaziergang bis hinunter zum Leuchtthurm von Santo Antonio, der sich auf der äussersten Landspitze, an der Einfahrt in die Bucht, erhebt. Durch eine reizende Fülle von Palmen, Bananen und Epiphyten, durch ein Meer von Grün, von auf- und abwogender Vegetation gelangt man hinab zur Küste, wo mit dem Sandboden die Herrschaft der Echten Cocos- und der Afrikanischen Oelpalme (Cocos nucifera L. und Elaeïs guineensis L.) beginnt. Hier gedeiht wenig Unterholz. Ein paar mit Palmstroh gedeckte Lehmhütten liegen einsam am Strande, fernherüber im Sonnenglanz grüsst die schön geformte Insel Itaparica, und mächtig rollt der blaue Ocean seine weiss aufschäumende Brandung über den schimmrigen Sand.

Ein überaus lohnender Ausflug ist der nach dem Kirchdorf Rio Vermelho, welches, südöstlich von Bahia, ebenfalls an der Südküste gelegen ist. Mühsam windet sich der Tramwagen auf dem durch das Dickicht gebahnten schmalen Weg. An üppig bewachsenen Thälern, an reizenden, grün überwucherten, engen Schluchten geht es vorbei, ganze Wäldchen von Fiederpalmen erheben ihren Wedelreichthum in die Lüfte, hochgewachsene Bambusen wölben sich über die Schienenstränge, Brotbäume (Artocarpus) breiten ihr dunkles Laub, Mamoeiras (Carica papaya L.) mit ihren handförmig getheilten, grossen Blättern streben inmitten des Buschwerks empor, Musaceen drängen sich dicht aneinander, einzelne terrestrische und epiphytische Bromeliaceen bekleiden Boden und Aeste und manche Palmstämme tragen von unten bis oben einen Schmuck frischgrüner Farnkräuter. Aber nirgends sind Lianen zu bemerken, und die Ueppigkeit der Hylaea erreicht die so berühmte Pflanzenwelt Bahias noch lange nicht; es fehlen hier die natürlichen Lauben, die Blättercascaden, die undurchdringlichen Dickichte der Amazonasniederung. Auch die zwischen den Wäldchen liegenden vereinzelten Wiesen tragen nicht dazu bei, den tropischen Charakter der Gegend zu erhöhen. Und doch wird man hier an einer Stelle lebhaft an die Vegetation des unteren Amazonas erinnert. Es geschieht dies, wenn man den Rückweg von Rio Vermelho über den Dique nimmt, einen vielverzweigten Teich, in welchem Montrichardiengruppen wachsen wie an den Inselsäumen bei Pará. Aber sie setzen sich nicht aus der dortigen Montrichardiaart[1]) zusammen, sondern aus der Montrichardia linifera Schott, die übrigens für

---
[1]) Montrichardia arborescens Schott.

Der Dique mit Montrichardien im Vordergrund.

das Laienauge der erstgenannten zum Verwechseln ähnlich sieht. Hinter diesen Araceendickichten vereinigen sich um den anmuthigen Teich herum allerhand Bäume und Sträucher zu einem unvergesslich malerischen Bilde.

An Bord der »Ville de Maceió«. Montag, den 13. August.

Es sind zwei Tage her, dass wir des Nachmittags um 4 Uhr mit einem französischen Dampfer in See gegangen. Dieser Dampfer, der 10—11 Knoten läuft, gehört der Compagnie des Chargeurs réunis und entspricht uns weit mehr als das englische Dampfschiff und die brasilianischen Fahrzeuge, mit welchen wir uns bisher begnügen mussten. Auch sind die Herren, vom Kapitän bis zum Schiffsarzt herunter, von tadelloser Liebenswürdigkeit.

Als wir vom grossen Salzwassersee, Allerheiligenbai genannt, einen letzten Blick auf die Stadt warfen, wurde uns klar, dass sich dieselbe vom Meere aus gesehen am schönsten aufbaut, aber weniger, wenn man von São Salvador baiauswärts fährt, als wenn man vom Innern der Bai, von Santo Amaro kommend, gegen São Salvador zusteuert. Am Ausgang der Bai machte sich eine lebhafte Strömung bemerkbar, welche, genau wie einzelne schwächere Malströmme in Norwegen, sich durch senkrechtes Emporhüpfen kleiner, sich nach allen Richtungen kreuzender Wellenberge äusserte. Auf offenem Meer empfing uns eine todte See, der Beweis vorhergegangenen Sturmes. Die Nacht über rollte unser Dampfer nicht unbedeutend. Früh wurden zwei Walfische sichtbar, welche hohe Wasserstrahlen auswarfen und vermuthlich Finnwale (Physalus Brasiliensis Gray) gewesen sein dürften.[1] Um 7 Uhr zeigte sich unter ca. 16° südlicher Breite die hügelige Küste bei Belmonte, dann kam bis Abends kein Land mehr in Sicht. Die Temperatur war tagsüber ganz frisch; Nachmittags halb zwei Uhr hatten wir 25,5° C. Um 3 Uhr durchfuhr die »Ville de Maceió« eine Strecke, welche mit gelbbraunem, schlammartigem Plankton bedeckt war. Dasselbe zog sich weithin durch die blauen Fluthen, gleich einer in das Meer geschütteten und noch nicht mit dem Meerwasser vermischten Flüssigkeit, in welcher einzelne wie Badeschwämme aussehende, compactere Theile mit unterliefen. Farbe und Vorkommen nach könnte es monotones Oscillatorien-Plankton gewesen sein, das heisst eine massenhafte Anhäufung mikroskopischer Algen, welche als wichtiger Bestandtheil der Urnahrung gelten.[2]

---

[1] Der Physalus Brasiliensis Gray ist eine noch wenig bekannte Species (siehe Gray: Catalogue of Seals and Whales in the British Museum 161, 162). Ueberhaupt scheint über die an der brasilianischen Küste vorkommenden Bartenwale noch wenig Sicheres bekannt zu sein. (Siehe Goeldi: Os mammiferos do Brasil 112 e s. — Hartt: Geology and Physical Geography of Brazil 181 a. f.)

[2] Vergleiche Haeckel: Plankton-Studien (Jenaische Zeitschrift für Naturwissenschaften, XXV, S. 265, 266, 292; siehe auch S. 257). Vergleiche ebenfalls Hensen: Plankton-Expedition. I. 277 ff.

Später liessen sich neuerdings zwei Wale sehen; diese schienen von einem Schwertfisch (Xiphias) verfolgt zu sein.

Gegen Abend tauchten im Westen die Abrolhos auf, welche als vier steile Hügel den Fluthen entragten. Es sind die Abrolhos eine Gruppe von vier, richtiger sechs,[1]) zur Provinz Bahia gehörigen, gegenüber der Mündung des Rio Caravellas gelegenen Inseln. Sie befinden sich in einem Abstand von dreissig Seemeilen von der Küste und sind nur von den drei oder vier Menschen bewohnt, welche den Leuchtthurm zu bedienen haben. Um so zahlreicher hausen auf ihnen aber Ratten, Seevögel, Eidechsen und Würgspinnen. Sie selbst bestehen aus Granit, Kreide und basaltischem Trapp,[2]) indessen die gefürchteten Riffe, die sie von allen Seiten nah und fern umgeben, sich aus Korallen aufgebaut haben.

Einem Tage, der wie der vorhergehende nicht nur regen-, sondern auch wolkenlos war, folgte eine herrliche Mondnacht mit ruhigerer See. Letzteres wussten wir um so mehr zu schätzen, da in dieser Region zu der jetzigen Jahreszeit das stürmische Wetter vorherrschend ist.

Den heutigen Morgen kam etwas Land der Provinz Espirito Santo in Sicht. Die Küste Bahias, welcher wir durch fast acht Breitengrade hindurch entlang gefahren, war somit jetzt hinter uns geblieben. Nachmittags 2 Uhr zeigte das Thermometer 26° C. im Schatten. Ein Dampfer und später ein Segelschiff traten in unseren Gesichtskreis. Abends glänzte das Licht des Leuchtthurmes vom Cap São Thomé durch die Dunkelheit zu uns herüber. Dies sagte uns, dass wir schon die Küste der Provinz Rio de Janeiro vor uns hatten. Bei prächtigem Mondschein und mässigem Seegang suchen wir unsere Kojen auf, in gespannter Erwartung morgen die weltberühmte Bucht von Rio de Janeiro schauen zu dürfen.

---

[1]) Es sind vier grössere und zwei ganz kleine Inseln (siehe Hartt: Geology and Physical Geography of Brazil 175). — Reclus (Nouvelle Géographie Universelle XIX, 268) giebt ihre Zahl auf nur drei, Moura (Diccionario Geographico do Brazil p. 4) auf vier, Moreiro Pinto (Apontamentos para o Diccionario Geographico do Brazil I, 30) und Wappäus (Das Kaiserreich Brasilien 1224) geben ihre Zahl auf fünf an.

[2]) Hartt l. c. 176, 555, 556. — Reclus l. c. XIX, 268.

KAPITEL XIII.

Rio de Janeiro.

Das Municipio neutro oder da Corte und die Provinz Rio de Janeiro, welch beide wir demnächst betreten werden, waren Jahrhunderte lang politisch ein Ganzes. Erst 1834 wurde ersteres, nämlich die Reichshauptstadt Rio de Janeiro mit einem 1394 qkm grossen Gebiet, von der gleichnamigen Provinz losgetrennt. Letztere gehört unter die 5 kleinsten Provinzen Brasiliens und hat einen Flächeninhalt von 68 982 qkm. Sie ist weitaus die am dichtesten bevölkerte Provinz des Reiches, da sie 17 Seelen auf den Quadratkilometer zählt. Nirgends auch ist der Prozentsatz der Neger so hoch wie hier; er beläuft sich auf volle 34 Prozent, indessen die Weissen 38, die Mischlinge 26 und die civilisirten Indianer den minimalen Rest von 2 Prozent der Bevölkerung betragen. Anders stellt sich das Verhältniss der Rassen im neutralen Municipium. Hier sind die Weissen mit 55 Prozent weit überwiegend; der Prozentsatz der Neger sinkt auf 24, derjenige der Mischlinge auf 20; die civilisirten Indianer mit 0,3 Prozent sind nahezu verschwunden.

Was Municipium und Provinz an civilisirten Indianern besitzen, sind Nachkommen verschiedener Stämme aus der Gruppe der Tupí und Coroados aus der Gruppe der Goyatacá. Ihr Aufgehen in der übrigen Bevölkerung ist nur mehr eine Frage der nächsten Zeit. Wilde, d. h. unabhängige Indianer giebt es noch ganz im Nordosten der Provinz, sofern sie nicht schon über die Grenze nach Espirito Santo hinübergedrängt worden sind. Es mögen sich unter ihnen vielleicht noch einige Tupíreste befinden, hauptsächlich aber zählen sie zum Stamm der Purí, welcher gleich dem der Coroados der Gruppe der Goyatacá zugehört. In den Purí und Coroados treten wir zum ersten Male einer weiteren der acht grossen Indianergruppen Brasiliens näher, und zwar der jetzt kleinsten. Es hat sich von dieser Gruppe, welche auf ein wenig umfangreiches Gebiet an der Ostküste beschränkt ist und sich noch auf sehr niedriger Bildungsstufe befindet, nur mehr ein Bruchtheil in die Gegenwart herüber gerettet[1]).

Die Provinz Rio de Janeiro mit dem Gebiete der Reichshauptstadt ist weit überwiegend ein Gneissbergland, welchem bloss eine äusserst schmale, nur im östlichsten Theil zu grösserer Breite sich entwickelnde tertiäre und alluviale Küstenebene vorgelagert ist. Die Provinz ist auch, bis auf die Niederungen im Osten, überwiegend ein Waldland, in welches jedoch die Anlage von Kulturen schon bedeutende Lücken gerissen hat. Rio de Janeiro ist, dank seiner dichten Bevölkerung, die bestkultivirte Provinz Brasiliens, und vor der fortschreitenden Bodenkultur ziehen sich, ausser den nomadisirenden Indianern, auch grössere Thiere, wie Jaguar und Tapir, immer mehr zurück. Der Boden ist hauptsächlich zur Anlage von Kaffeeplantagen geeignet, und so ist auch der Anbau von Kaffee die Hauptkultur der Provinz geworden. In zweiter Linie steht das Zuckerrohr, welches namentlich am Unterlauf des Rio Parahyba kultivirt wird, indessen man für den Kaffee die höheren und trockeneren Lagen aussucht. Daneben vermisst man auch nicht Pflanzungen von Mandioca, Reis, Baumwolle und Anderem, doch sind dieselben wenig umfangreich. Um so ausgedehnter ist der Gartenbau, welcher das hauptsächlichste Absatzgebiet seiner Produkte in der Reichshauptstadt findet. Dass die Viehzucht sich nicht zu grosser Bedeutung aufschwingen kann, erklärt sich aus dem Mangel der für dieselbe besonders geeigneten Campos.

Rio de Janeiro rechnet man in Folge seiner Jahresisotherme von weniger als 25 ° C. nicht mehr zur äquatorialen, sondern zur subtropischen oder heissen Zone[2]). Die Reichshauptstadt, welche unter 20 ° 54' s. Br. liegt, hat eine mittlere Jahrestemperatur von 23,6 ° C. Das Monatmittel der zwei heissesten Monate, Januar und Februar, beträgt daselbst 26,0°, das Monatmittel des kältesten Monats, des Juli, 20,8 ° C., die höchste der bisher beobachteten Temperaturen ist 37,6 °, die niedrigste 10,2 ° [3]). Die Temperaturschwankungen sind hier schon weit bedeutender als in den nördlicher gelegenen Küstenstrichen, und im Sommer ist der manchmal ein-

---

[1]) Ehrenreich (Die Eintheilung und Verbreitung der Völkerstämme Brasiliens. [Petermann's Mittheilung XXXVII S. 114] und: Ueber die Botocudos der brasilianischen Provinzen Espiritu santo und Minas Geraes. [Zeitschrift für Ethnologie XIX S. 1]) bespricht die Purí aus eigener Anschauung als noch existirend. Goeldi (O estado actual dos conhecimentos sobre os Indios do Brazil etc. [A Provincia do Pará. XXI. 18. Dezembro 1896]) giebt sie als schon ausgestorben an.

[2]) Diese Eintheilung, welche sich nach den an der Sternwarte in Rio giltigen Begriffen richtet (S. Anna-Nery: Le Brésil 35 etc. und Morize: Esboço de uma Climatologia do Brazil. 6. 26.) stimmt nicht mit der Zoneneintheilung der älteren Geographie.

[3]) In der Umgegend von Rio de Janeiro wurde als höchste Temperatur 39,4 ° C., als niederste 10,4 ° C. beobachtet (s. Liais: Climats etc. du Brésil 583).

tretende rasche Wechsel der Temperatur, welcher sich innerhalb weniger Stunden vollzieht, recht empfindlich. Während somit die Temperaturdifferenzen zunehmen, nimmt die jährliche Regenmenge im Vergleich zu derjenigen der mehr nordwärts gelegenen Küsten Brasiliens ab. Die Niederschlagshöhe in Rio de Janeiro beträgt nur 1126 mm. Wir sind aus dem Gebiet der Herbst- und Winterregen in das Gebiet der Sommerregen gelangt. Uebrigens entbehren auch die anderen Jahreszeiten der Niederschläge keineswegs, ebenso wenig wie in Bahia oder in anderen schon besprochenen Küstenorten. Anders als in der Reichshauptstadt sind die klimatischen Verhältnisse im Inneren der Provinz Rio de Janeiro, in der Bergregion. Dieselben bilden schon einen Uebergang zur warmen gemässigten Zone. In Nova Friburgo z. B. erhebt sich die Jahresisotherme nicht über 17,2°, das Monatmittel des heissesten Monats nicht über 20,8°, des kältesten nicht über 14° C. Das Thermometer zeigt nie mehr als 29° und fällt bis auf 1° herab. Die Menge der jährlichen Niederschläge ist etwas grösser als an der Küste, die Regenzeit schiebt sich etwas mehr gegen das Frühjahr zu vor[1]).

Die Reichshauptstadt Rio de Janeiro mit ihren ca. 400 000 Einwohnern ist durch ihr reiches Hinterland und durch ihre Lage an einem natürlichen Hafen, dem kaum ein anderer an die Seite zu stellen sein dürfte, zu einer Handelsstadt ersten Ranges geworden. Sie überragt in Bezug auf Handel und Verkehr alle übrigen Städte Brasiliens. Von dem Werthe des Waarenumsatzes mit dem Auslande und den Provinzen unter sich, der sich im Jahre 1885—1886 für ganz Brasilien auf mindestens 530 059 contos[2]) belief, beanspruchte Rio de Janeiro für sich allein 232 905 contos[3]), also nahezu die Hälfte. Die ihm zunächst kommende Provinz São Paulo konnte nur die Ziffer von 56 386 contos[4]) aufweisen. Von dem Gesammtwaarenumsatz Rios entfielen auf den Handel mit dem Ausland 196 168 contos[5]), auf den Handel mit dem übrigen Brasilien 36 737 contos[6]). Im Handelsverkehr mit dem Auslande überwog der Import den Export um 11 230 contos[7]) im Handelsverkehr mit dem Inlande der Export den Import um 15 051 contos[8]). Wie die Hauptkultur Brasiliens der Kaffee ist, so ist auch der weitaus grösste Ausfuhrartikel der Kaffee. Der Werth des Kaffeeexportes übertrifft den Werth des nächst grössten Ausfuhrartikels, des Zuckers, um mehr als das neunfache. 1886 hat Rio allein

---

[1] S. Anna-Nery: Le Brésil en 1889 p. 35 etc. — Morize: Esboço etc. 28. 30. 32. 34.
[2]) 530 059 contos = circa 1 208 Millionen Mark.
[3]) 232 905 contos = circa 529 Millionen Mark.
[4] 56 386 contos = circa 128 Millionen Mark.
[5] 196 168 contos = circa 446 Millionen Mark.
[6]) 36 737 contos = circa 83 Millionen Mark.
[7] 11 230 contos = circa 25 Millionen Mark.
[8] 15 051 contos = circa 34 Millionen Mark.

über 214 Millionen Kilo Kaffee exportirt. Im internationalen Handelsverkehr Rios nahm 1886—1887 der Handel mit den Vereinigten Staaten von Nordamerika die erste Stelle ein, der Handel mit England die zweite, derjenige mit Deutschland die dritte. An ein- und auslaufenden Schiffen Langer Fahrt, unter denen die englischen an Zahl obenan standen, verzeichnete man 1887 im Hafen von Rio 1926[1]). An Küstenfahrern waren es 2714.

Rio de Janeiro. Dienstag, den 14. August.

Nachts hatten wir das berühmte Cabo Frio passirt, die steilabfallende Südspitze einer 394 m hohen, gleichnamigen Gneissinsel, welche dem Festlande fast unmittelbar anliegt. Von dieser wendet sich die brasilianische Küste in rechtem Winkel westwärts. Früh 7 ein halb Uhr zeigte das Thermometer 22 ° C. Schon war der Punkt erreicht, an welchem die hauptsächlich aus Gneiss und Granit bestehenden Serra do Mar mit ihren südlichsten Ausläufern bis zum Meere vortritt. Und schon um 8 Uhr wurde die jenseits der Einfahrt in die Bai von Rio gelegene Gavea sichtbar, ein ca. 900 m[2]) hoher, unvermittelt den Salzfluthen entsteigender Berg, der, nach oben ziemlich horizontal endend, durch seine Gestalt ungemein charakteristisch wirkt. Nach und nach entrollte sich die ganze, malerische Küstengebirgskette vor unseren staunenden Blicken. Es war kein linienvornehmes Gebirge, wie das der klassischen Lande, keine vegetationsentblösste und dadurch farbenprächtige Küste, wie die von Südeuropa, sondern ein Bergland nach Art der Alpen, bizarr und schroff und, die steilsten Stellen abgerechnet, bis oben mit Pflanzenwuchs überkleidet. Dahinter erhob sich, die Küstenserra hoch überragend, der ganz in blauen Duft getauchte Hauptstock der Serra do Mar. Als unser Dampfer dem Lande näher kam, löste sich die scheinbar geschlossene Küstenbergkette in einzelne Kuppen und Zacken auf, einige kegelförmig, andere nadelgleich. Namentlich die Serra do Lagarto fiel durch ihre hohen, absonderlichen Formen auf. Nun kam der berühmte Pão d'Assucar in unseren Gesichtskreis, ein 385 m hoher, überaus steiler, vereinzelt stehender Gneisskoloss, der wie ein zu Stein gewordener Riese die Einfahrt in die Bai bewacht. Anfangs konnten wir nur die Spitze bemerken, dann trat die ganze überhängende Felsmasse heraus, welche uns inmitten der Bergfülle den noch nicht sichtbaren, schmalen Eingang zur Bahia de Rio de Janeiro markirte. Hinter dem Pão d'Assucar zeichneten sich die Serra da

---

[1]) 1887 war gerade ein Jahr mit geringerem Schiffsverkehr, 1888 stieg die Anzahl der Schiffe wieder auf 2 268. (Siehe S. Anna Nery l. c. 459).

[2]) Hartt (Geology and Physical Geography etc. p. 10) giebt die Höhe zu 3000' an. Nach anderen Angaben ist die Gavea bedeutend niedriger als 3000', nach Wappäus (Das Kaiserreich Brasilien 1221) hingegen höher und giebt letzterer sie zu 1000 m an.

Carioca, die spitzige, an 1000 m hohe Tijuca, der merkwürdig gestaltete Corcovado und, als Schluss dieser Reihe von Bergen, die schon besprochene Gavea scharf und doch in der tropischen Vormittagsbeleuchtung duftig vom Westhimmel ab. Die Serras verschoben sich, die Berge änderten ihre Form, eine merkwürdiger als die andere. Wir standen nun vor der Einfahrt in die weltberühmte Bai. Die Berge theilten sich wie Coulissen und unser Dampfer fuhr zwischen zwei nahe bei einander gelegenen Klippen durch die nur 1500 m weite Wasserstrasse in die Bai hinein, aus der uns in der Ferne die Häuser der Kaiserstadt entgegenschimmerten. Zu unserer Linken stieg unmittelbar und drohend der Pão d'Assucar in die Lüfte, zu unserer Rechten erhoben sich Hügel und Berge mehr kuppiger Natur, mit Fiederpalmen dicht bestanden und mit frischgrünem Buschwerk überdeckt. Einerseits sprang eingangvertheidigend das Fort São João in die Fluthen vor, andererseits das noch wichtigere Fort Santa Cruz.

Kaum hatten wir das von Gneissfelsen und -bergen gebildete Eingangsthor passirt, als sich die Bai zu weiten und die Gebirgsumrahmung dieses einzig schönen Wasserspiegels zu entwickeln begann. Mit einer Länge von 30—36 km, einer Breite von 18—24 km, einer Oberfläche von 429 qkm und einer Tiefe, die in der Mitte 31 m erreicht, schneidet die Bai in ovaler Form tief in das bergige Land hinein. Ihre Uferlinie wird durch eine Unzahl keinerer Buchten und felsiger Landzungen malerisch gebrochen, mehr denn achtzig Inseln, manche palmengeschmückt, entsteigen ihren blauen Fluthen. An der Südwestseite baut sich, stundenweit dem Strande entlang gestreckt, seinen Einbuchtungen und Vorsprüngen folgend, Rio de Janeiro mit seinen Kirchen und Klöstern, Staatsgebäuden, Villen und Gärten auf 36 Hügeln auf und zieht sich hoch an den Hängen hinan. Um dieses Häusermeer und die ganze weite Bai schliesst sich unmittelbar ein Kranz der malerischsten Berge. Es ist die prächtige Serra do Mar, welche, an vielen Stellen bis zum Wasser vortretend, die Bai in zahllosen, malerisch gruppirten Rücken, Spitzen und Kuppen umgiebt und sich im Nordosten, in der Serra dos Orgãos mit ihren senkrecht aufgerichteten, ihrem Namen entsprechend, orgelpfeifenartigen Schichten, 2232 m gen Himmel reckt.

Weiter und weiter drang unser Dampfer auf diesem Salzwassergebirgssee vorwärts, immer neue Reize entdeckte unser schönheitstrunkenes Auge an dieser wunderbaren Rundsicht. Himmel, Meer und Berge schimmerten unter den Strahlen einer mächtigen Tropensonne in harmonischem Glanz, und unvergesslich prägte sich uns dieses zauberhafte Naturbild ein, welches auf dem ganzen Erdenrunde seines Gleichen sucht.

Langsam entrollte sich nun vor uns die Stadt, der Lage und grossartigen Umgebung nach eine echte Kaiserstadt. Mit der zu äusserst nach

Die Altstadt von Rio de Janeiro.

Süden befindlichen Vorstadt Botafogo beginnend, die an einer tief eingeschnittenen Bucht gelegen ist, setzt sich das Häusermeer über das villenreiche, in tropischer Vegetation prangende Larangeirasthal nordwärts nach dem, Cattete genannten Stadttheil fort. An dem nördlichen Ende des letzteren springt der Morro[1]) da Gloria mit der Kirche gleichen Namens in das Wasser vor; dahinter erheben sich andere, häusergekrönte, palmengeschmückte Hügel, unter denen der Morro de Santa Thereza mit seinem grossen, weissen Frauenkloster in die Augen fällt. Von der Gloriakirche weiter buchtet sich die Strandlinie wieder tief ein, eine Strecke lang durch das üppige Grün des Passeio Publico beschattet. Ehe sie neuerdings in sehr spitzem Winkel vorspringt, trägt sie das grossartige, vom Morro do Castello überragte Hospital da Misericordia. Das ausgedehnte Arsenal da Guerra nimmt die äusserste Landspitze ein. Nach dieser wendet sich die Küstenlinie scharf gen Westen und Südwesten, im Halbkreis die alten Stadttheile mit ihrem Markte, ihrem Zollamt, ihren Kais und ihren vielen Hügeln umschliessend. Nochmals zieht sich der Strand nach Norden, diesmal, um die an das Nordende der Stadt verlegten, ausgedehnten Friedhöfe zu tragen. Während das Gebirge hinter den südlichen und mittleren Stadttheilen in nächster Nähe emporragt und die Strassen zwingt, sich in langer Linie am schmalen Küstensaum zu entwickeln und an den steilen Hängen emporzuklimmen, tritt es hier vom Wasser mehr zurück und gestattet, dass flaches Land sich ausbreite; auf diesem hat der Kaiserliche Palast São Christovão mit seinem Parke Platz gefunden und hat eine Unzahl Gärten und Landhäuser sich ansiedeln können. Vor der endlos hingestreckten Stadt liegen unzählige Inseln, manche dem Lande ganz nahe, und auf der Bai schwimmt eine unabsehbare Menge verankerter Dampfer und Segelschiffe.

Angesichts der Ilha das Cobras mit ihren Palmen und Marinearsenalbauten und der winzigen Ilha dos Ratos, welche ein gothisches Zollgebäude trägt, gingen wir an das Land. Reges Leben herrschte in der unteren Stadt; Lastwagen drängte sich an Lastwagen; überall sah man Waarenlager mit Farinha oder mit Carne secca, diesem gesalzenen und an der Sonne getrockneten Rindfleisch, welches eine beliebte Nahrung der unteren Klassen bildet. In den landeinwärts sich ziehenden Strassen, von denen manche so eng sind, dass sie gar nicht oder nur in einer Richtung befahren werden dürfen, trieb sich eine bunte Menge herum. Elegante, nach neuester Mode gekleidete Herren und Damen weisser Rasse spazierten da neben lasttragenden Negern, dunkelhäutige Soldaten schlenderten nachlässig vorbei, und ein berittener Mulatte in der grünen Livrée des Kaiserhofes sprengte eilig einher. Tramwagen, hier zu Lande Bonds genannt,

---

[1]) Morro = Hügel.

durchkreuzen die Stadt nach allen Richtungen, das einzige Mittel, bei tropischer Hitze die riesigen Entfernungen zu überwinden, denn jegliche andere Wagenfahrt wird bei dem entsetzlichen Strassenpflaster zur unerträglichen Qual. Bemerkenswerth ist, dass hier wie in ganz Brasilien Weisse und Schwarze unbeanstandet gemeinsam die Bonds benutzen, wie überhaupt die im südamerikanischen Kaiserreiche übliche, gleichmässigere Behandlung der zwei Rassen im wohlthuenden Gegensatze zu den diesbezüglichen nordamerikanischen Gepflogenheiten steht.

Zahlreiche Verkaufsläden, namentlich in der Rua do Ouvidor, locken die Vorbeigehenden an. Farbenschillernde Blumen aus Kolibrifedern, Schmuckgegenstände aus metallglänzenden Käferflügeln sind in den Schaufenstern verführerisch zusammengestellt. Im Juwelierladen von Rezende funkeln die prächtigsten Diamanten, zu Diadem, Armbändern und anderem Schmuck verarbeitet. Die hohen Preise, welche wir ausgezeichnet sehen und welche höher sind als die bei uns gewohnten, erklären sich dadurch, dass die brasilianischen Diamanten vielfach zum Fassen nach Europa gesendet werden und gefasst, unter hohem Eingangszoll, in ihre Heimath zurückkehren.[1]) Ein riesiges, auf zwei Stockwerke und in zehn Rayons eingetheiltes Modewaarengeschäft, nach Art der grossen einschlägigen Geschäfte in Paris und Nordamerika, befriedigt die Modebedürfnisse der vornehmen und auch nicht vornehmen Fluminensinnen.[2]) Neben stillosen und bunt, z. B. rosenroth und hellblau, angestrichenen Gebäuden, wie die Post, erheben sich ganz geschmackvolle, wie der grossartige, caryatidengeschmückte Palacio do Commercio und das Gabinete Portuguez de Leitura. Es ist letzteres ein im spätgothischen, indisch beeinflussten Stil von Belem und Batalha in Portugal gehaltener Bau, welcher dem Auge eine Erholung bietet nach den vielen Architekturhässlichkeiten, die Rio und überhaupt ganz Brasilien aufzuweisen hat. Verschiedene kleine und grosse Plätze unterbrechen die endlosen Strassenreihen. Auf das Meer hinaus öffnet sich die Praça de Dom Pedro II. mit dem Ackerbauministerium und dem unschönen, zweistöckigen Paço da Cidade, in welchem der Kaiser manchmal Ministerrath abhält. Landeinwärts folgt der bescheiden bepflanzte Largo São Francisco de Paula mit einem Theater und die Praça da Constituição mit ihren verstaubten Anlagen, dem Denkmal Dom Pedro I. und dem wenigstens von aussen hübschen Theater São Pedro. An diesem fällt uns die Eigenthümlichkeit der romanischen Völker auf, Theater mit Heiligennamen zu belegen. Noch weiter nach Westen gelangt man auf den grössten Platz der Stadt, die Praça da Acclamação, welche westlich von dem un-

---

[1]) Noch vor wenigen Jahren wurde kein einziger Diamant in Brasilien selbst geschliffen.

[2]) Fluminense ist der Name für die Bewohner von Rio de Janeiro.

ansehnlichen Senatsgebäude und dem säulenverzierten Münzgebäude, östlich von dem figurengeschmückten, hübschen Rathhaus und dem höchst interessanten Nationalmuseum begrenzt wird. Auf diesem Platze erheben sich die reizenden Anlagen des Jardim gleichen Namens. Den hübschgehaltenen, wasserdurchzogenen Rasen beschatten Pandanaceen; Fourcroyen und Ravenalen entfalten sich dazwischen; allerhand Bromeliaceen ziehen die Aufmerksamkeit auf sich, und Bougainvilleen mit ihren prachtvoll blaurothen Hochblättern klimmen an den anderen Pflanzen empor. Inmitten der Stadt stösst man immer wieder auf häuserbesetzte und unter Tropen-

Rua São Clemente. (Nach Natur von B. Wiegandt.)

Einfahrt in die Bai von Rio de Janeiro, vom C

Gesundheitsrücksichten, wegen Malaria und des in Rio endemischen Gelbfiebers, ist das Wohnen in den unteren Stadttheilen für Fremde zu vermeiden. Und so war unsere Wahl auf das Hôtel Vista Alegre gefallen, ein auf dem höchsten Punkt des Morro de Santa Thereza gelegenes, mehr villenartiges Gasthaus, zu welchem man vom Fuss des Berges ungefähr dreiviertel Stunden hinaufzufahren hat. Der Plano inclinado, eine Drahtseilbahn von 513 m Länge, und dann ein Tramwagen, welcher steil aufwärts ging, brachten uns nach unserem Bestimmungsort, wo wir nun, wenn auch mit grossen Unterbrechungen, einige Wochen Aufenthalt nehmen sollen.

Die weite Entfernung unseres Hochsitzes von allen Eisenbahnstationen und jeglichem interessanten Punkt der Stadt ist zwar sehr unbequem, doch wird dies reichlich aufgewogen durch die Wahrscheinlichkeit, im ungesunden Rio gesund zu bleiben und ferner durch die prachtvolle Aussicht, welche wir zu jeder Stunde des Tages geniessen können. Der Blick von unseren Fenstern umfasst in der Vogelperspektive die ganze, bergeingeschlossene Bai mit ihren zahllosen Inseln und ihren vielen Ortschaften, welche ringsherum an den Ufern hingestreut sind. Um uns, in nächster Nähe unseres Hauses, herrscht uneingeschränkt eine tropische Bergnatur. Steile, vegetationsüberwucherte Hänge verlieren sich nach aufwärts und abwärts. Von Villen und Gärten gekrönte Hügel ziehen

rado aus gesehen. (Zu Seite 252 und 253.)

sich von unten zu uns herauf, und tief uns zu Füssen breitet sich die lang hingestreckte Stadt.

Ein klarer, aber nicht farbenglühender Sonnenuntergang bildete den Schluss der überwältigenden, einzigen Schönheitseindrücke des heutigen Tages. Aber noch war uns eine Ueberraschung vorbehalten. Kaum begann es zu dunkeln, blitzten wie Glühwürmchen einzelne Lichter in der Tiefe unter uns auf, dann immer mehr und mehr. Endlich schwamm Rio in einem Lichtermeer, das die Linien der Einbuchtungen malerisch zeichnete und die Höhen hinauf- und hinunterstieg. Und wie herüben, so drüben. Am jenseitigen Ufer erglänzten nun auch die Häuser und Strassen der Stadt Nictheróy in nächtlicher Beleuchtung und entzündeten sich Lichtchen auf den fernen Hügeln. War die Bucht von Rio bei Tage entzückend, so hatte sie in ihrem festlichen Lichterschmuck doch auch des Nachts einen ganz unerwarteten Reiz.

Rio de Janeiro. Mittwoch, den 15. August.

Früh suchten wir die weiter abwärts auf unserem Gneiss-Morro gelegene Kirche des Karmeliterinnenklosters von Santa Thereza auf. Letzteres ist eines der zwei einzigen Frauenklöster, welche Rio besitzt und die, da seit 1861 keine neuen Mitglieder mehr aufgenommen werden dürfen, dem baldigen Ende ihres Bestehens entgegensehen. Beim Hinabwandern hatten wir nach Süden einen herrlichen Blick auf die Hänge des Corcovado und die tief unten blauende Botafogobucht, auf dem Platz vor der Kirche aber eine Uebersicht über die ganze Bai, das gewaltige Einfahrtsthor und einen Theil der berühmten Cariócawasserleitung, welche seit 1750 in Betrieb ist. Mittelst zwei übereinandergestellter Reihen moosbewachsener Steinbögen überbrückt der Aquädukt das zwischen dem Morro de Santa Thereza und dem Morro de Santo Antonio gelegene Thal, ein malerisches Wahrzeichen von Rio de Janeiro.

Mittags 1 Uhr zeigte das Thermometer in Vista Alegre 27,5 ° C. Nachmittags unternahmen wir einen Ausflug nach Nictheróy, der am jenseitigen Ufer der Bai gelegenen Hauptstadt der Provinz Rio de Janeiro. Es ist dies eine Stadt von 30000 Einwohnern, welche, ursprünglich ein Carihi-Indianerdorf, ihre Stadtwürde kaum über 50 Jahre zurückdatirt. Ihren Aufschwung verdankt sie dem Umstande, dass, bei Lostrennung des neutralen Municipiums mit der Hauptstadt Rio de Janeiro von der gleichnamigen Provinz, sie letzterer, welche hauptstadtlos geworden war, als Regierungssitz gegeben wurde. Ein lebhafter Schiffsverkehr verbindet die beiden Schwesterstädte, doch den Schiffsverkehr mit dem Auslande hat die ältere und grössere Schwester vollständig an sich gezogen.

Von der Praça Dom Pedro II. brachte uns eine Dampffähre in direkt östlicher Richtung quer über die Bai nach der am Südende von Nictheróy gelegenen Vorstadt São Domingo. Die Wagenfahrt von hier dem Ufer entlang nach Nictheróy ist eine der reizendsten, die es giebt, denn nirgends gruppirt sich das ohnedies so prachtvolle Rio de Janeiro mit seinem Berghintergrund zu einem so entzückend vollendeten Bild, wie von dieser Strecke aus gesehen. Gerade gegenüber dem Beschauer, jenseits der hier noch engen Bai, ist die Stadt am Ufer und auf den Hügeln abwechselungsvoll gelagert und an die Steilhänge des Corcovado gelehnt. Etwas rechts, d. h. nordwestlich vom Corcovado erhebt sich sein Zwillingsberg, die Tijuca, links von ihm, als letzte Höhe nach dieser Seite, die Gavea mit ihrer dem Namen entsprechenden Marssegelform[1]). An die Tijuca rechts schliessen sich in weitem Halbkreis andere Ausläufer der Serra

---

[1] Gavea portugiesisch = Marssegel, auch Mastkorb.

do Mar und die Hauptkette der letzteren, nach der Ferne in bläulichem Duft verschwimmend. Ihnen zu Füssen glänzt der ausgedehnte Spiegel der inneren Bai. Im Vordergrunde aber, vor der Kaiserstadt, taucht Insel an Insel auf, von grünem Pflanzenteppich überwoben oder mit freundlichen Bauten besetzt.

Von Nictheróy fuhren wir nach S. Domingo zurück und nun südostwärts nach den reizenden Buchten von Icarahý und Jurujúba. Anfangs war unser Weg von Villen und schönen Gärten eingefasst. Viele Oreodoxen und andere Palmen wiegten ihre Wedel in den Lüften, hohe Bambusgräser neigten sich über die Strasse, und Sträucher, vermuthlich Bignoniaceen, erfreuten das Auge durch ihren gelben und rothen Blüthenschmuck. In der einen Einbuchtung entstiegen den Fluthen einzelne malerische hohe Felsen, bromeliaceenüberwuchert oder eine Palmengruppe tragend. In langen Wellen verrauschte das Wasser am hellen Strand. Und von jenseits der dunkelblauen Meeresfläche schaute der Pão d'Assucar mit seinen Nachbarhöhen in die friedliche Landschaft herein.

Nach diesem frischen Bilde erschien uns bei der nun folgenden Fahrt landeinwärts die Vegetation recht staubbedeckt und zum Theil auch verdorrt. Wir endeten mit Nictheróy, das fast als Vorort Rios gelten könnte, dessen äussere Strassen aber mehr den Charakter der eines Landstädtchens, als der einer Provinzhauptstadt tragen. Von hier aus brachte uns eine Dampffähre wieder nach Rio de Janeiro zurück.

Den Schluss des Tages bildete der Besuch des neben dem Landungsplatze gelegenen Mercado. Wie auf allen grösseren Märkten Brasiliens wurden auch hier lebende Thiere feilgeboten, Sahuy's (Hapalidae) und andere Affen, Rüsselbären (Nasua), Pacas, ein ganz zahmes Nabelschwein (Dicotyles) und allerhand Vögel, sogar australische Papageien. Uns interessirte natürlich mehr die einheimische Thierwelt, welche einige bisher von uns noch nicht gesehene Vogelarten von unbeschreiblicher Farbenpracht enthielt. Es gab da Käfige voll von grellblauen und türkisfarbigen Saï (Coerebidae). Unter den bald türkisblau, bald türkisgrün schillernden, entzückenden Thierchen entdeckte ich die bei Rio vorkommenden Dacnis cayana L., unter den dunkler gefiederten die ebenfalls um Rio zu findenden, kobaltblauen, schwarzflügeligen Coereba cyanea L. Ich möchte vermuthen, dass in dieser munteren, beweglichen Schaar auch einige Tanagriden nicht fehlten, wie z. B. die türkisfarbig leuchtenden Blaugrünen Schnapper (Procnias tersa L.).

Rio de Janeiro. Donnerstag, den 16. August.

Der heutige Tag war dem Corcovado gewidmet, diesem buckeligen[1]) Gneissbergrücken von 735 m Höhe, an dessen unterstem Hang wir uns

---

[1]) Corcovado (portugiesisch) = der Buckelige und ist ein zur Bezeichnung der Bergform ganz passend gewählter Name.

im Hôtel Vista Alegre befanden. Wohl führt seit 3 Jahren eine 4 km lange Zahnradbahn bis unter den Gipfel. Doch zogen wir es vor, wenigstens bis zur Station Paineiras, welche ca. auf zweidrittel Höhe liegt, hin und von dort wieder zurück zu reiten, um Gegend, Pflanzen- und Thierwelt eingehender betrachten zu können. Den Weg bis da hinauf, der fast immer im Walde bleibt, legten wir in ungefähr zwei Stunden zurück. Die Vegetation hier lässt nichts an reizender Fülle zu wünschen übrig. Neben den hohen Cocos Mikaniana Mart. und den noch weit höheren Attalea Indaya Dr. wachsen im Dickicht niedrigere Palmen, Geonoma- und Bactris-Arten[1]). Die Leguminosen und Myrtaceen, z. B. Lecythis · - gustifolia Endl., die Melastomaceen, Nyctagineen, ich nenne nur Andradeae floribunda Allem., die Laurineen und Urticineen, wie die ˙ ˙chtige Pharmacosicea vermifuga Miq., die Boragineen, Sapotaceen u .d Andere liefern die hochwachsenden Waldbäume. Das Unterholz setzt sich vorzüglich aus Samydeen, Asclepiadeen, Apocynaceen und Rubiaceen zusammen. Orchideen blühen auf den Bäumen, Aroideen und terrestrische und epiphytische Bromeliaceen sind angesiedelt, wo nur noch ein Raum freigeblieben. Auch die für die Berglehnen des Küstenurwaldes so charakteristischen Bambusdickichte fehlen nicht. Und eine Unzahl von Lianen flechten sich durch die Pflanzenfülle und verbinden die himmelanstrebenden Baumkronen mit dem bescheidenen Unterwuchse zu einem undurchdringlichen Pflanzengewebe. Während des Aufrittes bieten sich schöne Blicke hinab auf die Einbuchtungen der südwestlichen Küste und den blauen, endlosen Ocean.

In Paineiras bestiegen wir die Zahnradbahn, welche uns, schwindelerregend steil, in einem Winkel von 30 Grad binnen 25 Minuten bis unterhalb des Gipfels brachte. Schon während der Auffahrt ahnt man den bevorstehenden Genuss einer einzig schönen Rundsicht. Doch erst wenn die letzte Strecke, die zu Fuss zurückzulegen ist, überwunden, breitet sich vor den Augen des staunenden Beschauers das ganze, wunderbare Panorama.

Uns zu Füssen, nach Norden und Nordost, blaut wie ein Gebirgssee die weite Bai von Rio mit ihren Buchten, ihrer grossen, vielverzweigten Ilha do Governador und ihren zahllosen, auf den Wasserspiegel wie hingesäeten kleinen Inseln. Dahinter steigen die Bergketten der Serra do Mar an, die gezackte Serra dos Orgãos und andere Serras, eine jede mit Dutzenden von Kegeln. Im Norden verschwinden die letzten, fernsten Gebirgszüge in blauem Duft, im Nordosten aber, wie zu Stein gewordene Wellenzuge, erheben sich deutlich Bergreihen hinter Bergreihen, zehn an der Zahl. Unmittelbar und tief unter uns liegt im Osten die Botafogobucht, von der aus weit in die Salzfluthen hinaus die Landzunge vorspringt,

---

[1]) Geonoma Schottiana Mart., G. elegans Mart., Bactris vulgaris B. Rodr. etc.

welche den Steinriesen, Pão d'Assucar, trägt. In Vogelperspektive gesehen zeichnen sich die schaumbeleckten Felsen, welche die Einfahrt in die Bucht begrenzen, scharf vom umgebenden Wasser ab. Nach Süden ist, den Fuss des Corcovado bespülend, die Lagôa Rodrigo[1]) de Freitas gebreitet, ein über drei Kilometer langer See, den nur eine Sandbank vom Meere trennt. Dahinter schimmert prächtig blau der endlose Atlantik, der in weitester Ferne mit dem Himmelsgewölbe in eines zusammenzuschmelzen scheint. Im Südwesten, oberhalb des Botanischen Gartens, wird der Blick durch die zerklüfteten Felswände der Gavea begrenzt und nach Nordwesten durch den Gipfel der Tijuca, womit die Rundsicht ihr Ende erreicht. Rings um uns gehen die mit üppigstem Waldwuchs über und über bedeckten Steilhänge des Corcovado und seiner Nachbarn schwindelnd in die Tiefe, zu unterst, gegen die Stadtseite, mit einzelnen Villen besetzt. Heiss brütet über der Tropenlandschaft der zittrige, mittägliche Dunst, und wir können den Blick nicht wenden von dem wunderbaren Bilde, welches sich in seiner Herrlichkeit unvergesslich dem Gedächtniss einprägt.

Zu Fuss kehrten wir durch den dichtschattigen Wald nach Paineiras zurück. Stundenlang durchklang der eintönige Ruf der Araponga, des Glockenvogels (Chasmorhynchus nudicollis Vieill.), die urwaldartige Natur. Colaenis Julia Fabr., ziegelrothe, uns schon am Amazonas bekannt gewordene Nymphalinen, Unmengen von Ithomien, durch ihre florartigen Flügel auffallende Schmetterlinge, und andere buntfarbige Lepidopteren gaukelten über den Weg. Auch ein riesiger, grauer Caligo, sicher Caligo Eurylochus Cram., der grösste Tagfalter Brasiliens, von 16 cm Spannweite, mit graubrauner Oberseite und prachtvoll grossen Augen auf der Unterseite der Hinterflügel, kam langsam und vornehm dahergezogen. Eine kleine graue Schlange kroch quer über unseren Pfad und Ameisen, Camponotus und Atta, machten sich emsig am Boden zu schaffen. Vernonia oppositifolia Less.[2]) blühten am Wegrand. Piptadenia colubrina Benth.,[3]) eine in Südamerika ziemlich verbreitete, baumförmige Mimosee, neigte ihre feinen Fiederblättchen auf uns hernieder. Daneben stand ein dunkelbelaubtes Bäumchen, die nur in Mittelbrasilien wachsende Casearia inequalilatera Camb.[4]) Und ein Hirsegras, Ichnanthus candicans Nees var. virescens Döll.,[5]) brachte durch das blasse Grün seiner grossen, lanzettlichen Blätter eine weitere Abwechslung in die etwas eintönige Waldfarbe.

---

[1]) Auf einigen Plänen ist Rodrigo, auf anderen Rodrigues angegeben. Rodrigo dürfte die richtige Benennung sein.
[2]) Daselbst von mir gesammelt.
[3]) Daselbst von mir gesammelt.
[4]) Daselbst von mir gesammelt.
[5]) Daselbst von mir gesammelt.

In Paineiras bemerkten wir die ersten der auf den Hängen im Küstenurwald besonders reichlich wachsenden Farnbäume, von welchen für den Corcovado vier verschiedene Arten angeführt werden.[1])

Wir suchten von hier längs der Wasserleitung noch eine Strecke weit gegen Tijuca vorzudringen. Links von unserem Wege stürzte die Berglehne ungangbar jäh gegen die Südküste zu ab. Hie und da gab es aus dem Waldesdickicht, in welchem wir dahinschritten, einen Ausblick hinab auf den Strand und hinaus auf den gewaltigen atlantischen Ocean, ein entzückendes Bild. Es umgab uns hier die prachtvollste Vegetation, welche wir seit den Amazonasurwäldern gesehen und welche denselben, die hier fehlenden Baumriesen abgerechnet, an Ueppigkeit nur wenig nachstand. Einzelne Cecropien und Bäume mit rosskastanienähnlichem Laub, der Blätterform nach sicher Sapindaceen, mischten sich unter die übrigen Holzgewächse. Lianen und Bambusgräser, wie Streptochaeta spicata Schrader,[2]) bildeten ganze Lauben. Grossblätterige Aroideen, grosse und kleine Bromeliaceen schmückten Boden und Bäume. Zahllose Farnkräuter, unter welchen die für die Serra do Mar charakteristische Aneimia Mandioccana Raddi,[3]) die feine Davallia inaequalis Kunze[4]) und das Acrostichum osmundaceum Hook.,[5]) sowie andere Pflanzen bedeckten den Waldgrund mit so dichtem Teppich, dass die Erde gar nicht sichtbar wurde. Schlinggewächse und Luftwurzeln von Epiphyten woben sich zu einem Strickgeflecht zusammen. An den Steinen der Wasserleitung sprossten zarte Haarfarne (Adiantum cuneatum Langsd. et Fischer[6]) Im Vegetationsreichthum kaum sichtbar blieb die winzige, kriechende Herpestes Monnieria H. B. et Kth.,[7]) indessen Sarantha Moritziana Eichl.[8]) sich durch ihre grossen ovalen Blätter wohl bemerklich machte. Von den Hängen rieselten kleine Bäche herab, Kühlung spendend, und von Zeit zu Zeit thaten sich in der Berglehne steile, enge, kurze Waldschluchten auf, welche für den menschlichen Fuss unzugänglich blieben. Frische Bergluft strich um unsere Stirnen — es war träumerisch schön in der stillen, tropischen Gebirgswelt.

Von Paineiras legten wir den Rückweg nach unserem fluminenser Heim wieder zu Maulthier zurück. Der Ritt hinunter schien uns noch schöner als der Ritt hinauf, da wir nun die unvergleichliche Aussicht auf Rio und seine Bai, auf Berg und Meer stets vor uns hatten. —

---

[1] Cyathea arborea Smith. — Alsophila Taenitis Hook. — Alsophila paleolata Mart. — Alsophila ferox Presl.
[2] Daselbst von mir gesammelt.
[3] Daselbst von mir gesammelt.
[4] Daselbst von mir gesammelt.
[5] Daselbst von mir gesammelt.
[6] Daselbst von mir gesammelt.
[7] Daselbst von mir gesammelt.
[8] Daselbst von mir gesammelt.

Abends stellte sich ein von heftigem Sturm und fluthartigem Regen begleitetes Gewitter ein, von dessen Stärke man sich bei uns in Europa keine Vorstellung machen kann. Es war dieses Wetter um so unerwarteter, als die Gewitter, obwohl im Sommer in Rio sehr häufig, zur jetzigen Jahreszeit, im Winter, sehr selten sind, und mancher August vergeht, an welchem nicht ein einziges zu verzeichnen ist. —

Der heutige Tag endete nicht ohne grosse Enttäuschung. Unser Incognito sollte bis zum beabsichtigten Besuch bei Hof aufrecht erhalten werden. Bisher, d. h. während zwei ein halb Monaten war dasselbe auch überall tadellos gelungen, und zwar so, dass es zu allerhand komischen Verwechselungen Anlass gegeben hatte. Heute nun war eine indiscrete, kurze Notiz aus Europa, welche das Jornal do Commercio, die erste Zeitung Brasiliens veröffentlicht hatte, wenigstens für unseren Aufenthalt in Rio zum unliebsamen Verräther geworden.

Verzeichniss der während der folgenden Wochen von unserem Diener auf dem Corcovado gesammelten Thiere:

Liophis melanostigma Wagl., eine nur in Brasilien beobachtete, auf dem Boden lebende Schlange aus der Familie der Nattern, welche auf den Seiten hübsch grau gefärbt ist. 2 Exemplare.

Rhadinaea merremii Wied, eine ebenfalls auf Brasilien beschränkte Natter von nur 50 cm Länge. 2 Exemplare.

Elaps corallinus Wied var. B., die echte brasilianische Form der über das tropische Südamerika und die kleinen Antillen verbreiteten Korallenotter, einer bekannten, zinnoberrothen Giftschlange. 2 Exemplare ♂ ♀.

Megasoma Typhon Oliv., ein 7 cm langer, schwarzer Lamellicornier aus der Unterfamilie der Riesenkäfer (Dynastidae), welcher ein langes, zurückgebogenes Horn auf dem Kopf, ein zweites, vorgebogenes auf dem Halsschild sitzen hat.

Coeloscelus smaragdulus Fabr., ein kleiner, überaus glänzender smaragdgrüner Blatthornkäfer (Lamellicornia), der auf das nördliche Südamerika beschränkt zu sein scheint.

Pinotus bicuspis Germ., ein glänzend schwarzer, Brasilien eigenthümlicher Lamellicornier.

Phileurus didymus L., ein schwärzlicher Lamellicornier, der auf dem Kopfe Hörner trägt, einen zirpenden Ton hervorbringen kann und nur im nördlichen Südamerika angetroffen wird.

Pyrophora candens Germ. = »Schimmernde Feuerfliege«, ein kleiner brasilianischer Schnellkäfer (Elateridae), an dessen Halsschild sich Punkte befinden, welche Nachts intensiv leuchten. 2 Exemplare.

Rhipidocera marginata Kirb., ein in der Umgegend von Rio de Janeiro nicht seltener, grünbräunlicher Rhipidoceride mit gelbgeranderten Flügeldecken.

Lordops Gyllenhali Dalm., ein reizender kleiner, in goldgrünem Metallglanz schimmernder Käfer, der einer auf Brasilien beschränkten Curculionidengattung angehört.

Heilipus cauterius Bohem., ein kleiner dunkler Rüsselkäfer (Curculionidae), der sich auf Brasilien zu beschränken scheint.

Mallosoma zonatum Sahlbg., ein, wie es scheint, auf Brasilien beschränkter, kleiner Bockkäfer (Cerambycidae), dessen Halsschild und Flügeldecken hübsch schwarz und gelb gezeichnet sind und einen Sammet- und Atlasschimmer haben.

Mesomphalia sexpustulata Fabr., ein merkwürdiger, dunkelblaugrüner Schildkäfer (Cassididae) mit buckeligen Flügeldecken, welche sechs rothe Punkte schmücken. 2 Exemplare.

Pepsis viridisetosa Spin., eine kleine, flaschenblaugrüne, metallschimmernde Wegwespe (Pompilidae), welche sowohl in Guyana, wie in Brasilien vorkommt, aber ziemlich selten zu sein scheint.

Cryptocerus atratus (L.) Fabr., eine 12 mm lange und, wie ihr Name sagt, schwarze Knotenameise (Myrmicinae) mit merkwürdig stacheligem Kopf und Thorax, welche einer Ameisengattung zugehört, die, entgegen den Gewohnheiten und Charakteranlagen anderer Formiciden, sich durch Faulheit und Feigheit und eine einsame Lebensweise auszeichnet. Diese Ameise ist es, welche verwendet wird, die Schmerzertragungsfähigkeit der Maué-Indianerjünglinge zu prüfen.[1] ♂ 1 Exemplar.

Atta sexdens (L.) Fabr., eine dunkelrothbraune Knotenameise (Myrmicinae), mit stacheligem Kopf und Thorax, welche erst seit einiger Zeit aus Minas Geraes in Rio de Janeiro eingewandert ist und wegen ihres Kahlfressens der Bäume sehr gefürchtet wird. ♀ 15 Exemplare.

Camponotus sericeiventris (Guér.) Mayr, eine über Süd- und Mittelamerika verbreitete, schwärzliche Ameise aus der Unterfamilie Camponotinae mit grünem, seidig glänzendem Hinterleib, stacheligem Prothorax und keilförmigem Meso- und Metathorax. ♀ 5 Exemplare.

Morpho Helenor Guenée, ein schöner Riesenfalter (Morphinae) von 14 cm Spannweite und mit blauen, breit schwarz gerandeten Flügeln.

Brassolis Astyra Godt., eine nur für Brasilien genannte, grosse, dunkelbraune Brassoline, welche auf den Vorderflügeln eine bräunlich gelbe Querbinde trägt.

Brassolis Sophorae L., Raupe, gross und unbehaart; ein der Cocos nucifera L. und anderen Palmen schädliches Thier. 2 Exemplare.

Acraea Thalia L., eine kleine, eigenartig gelbbraun gefleckte und gestreifte Acraeine.

Heliconia Phyllis Fabr., eine von Brasilien bis Venezuela verbreitete, schwarze Heliconine mit breit rothgefleckten Vorder- und schmal gelbgebänderten Hinterflügeln.

Colaenis Dido L., eine grosse Nymphaline mit schwarzen, breit hellgrün gezeichneten Flügeln.

Colaenis Julia Fabr., eine roth und schwarze Nymphaline.[2]

? Temenis Laothoe Cram. (nach Münchener Bestimmung), ? Ageronia, ... (nach Londoner Bestimmung); eine gelb und braune, lang- und dunkelbeborstete Nymphalinenraupe, deren Gattung nicht einmal sicher zu bestimmen ist. 8 Exemplare.

Catagramma Hydaspes Dru., eine reizende kleine schwarze Nymphaline, deren Flügel auf der Oberseite schillernd roth und blau, auf der Unterseite charakteristisch mit gelben Strichen und blauen und weissen Pünktchen gezeichnet sind.

Didonis Biblis Fabr., eine hübsche, sammetschwarze Nymphaline mit länglichen, carminrothen Flecken am Hinterflügelsaum.

Daptonura Ilaire Godt., ein über Central- und Südamerika verbreiteter Weissling (Pierinae), und zwar ein ♀ mit weissen, fast durchwegs schwarzgerandeten Flügeln, deren hinteres Paar einen gelben Basalfleck hat.

Papilio Dardanus Fabr., ein sammetschwarzer, speziell brasilianischer Edelfalter, der auf den Vorderflügeln einen kreisrunden, grünlichgelben, auf den stark gezahnten Hinterflügeln einen grossen zinnoberrothen Flecken trägt.

Papilio Agavus Dru., ein schwarz, weiss und carminroth gezeichneter Edelfalter, welcher besonders in Südbrasilien häufig angetroffen wird.

Chrysauge dichroa Pert., ein auf Südamerika beschränkter Cyllopodide mit schwarzen, breit gelb gestreiften Flügeln.

---

[1] Siehe weiter oben S. 70.
[2] Siehe weiter oben S. 178.

Brachyglene Auriflamma Hübn., ein Cyllopodide mit schwarzen und bräunlichgelben Vorder- und ganz schwarzen Hinterflügeln.

? Attacus . . . . . Raupe, gross, gelb, den Dornen nach zu schliessen der Gattung Attacus zugehörig.

Apatelodes Firmiana Sepp., Raupe, prachtvoll, mit dichten, goldgelb glänzenden Dornen geschmückt. 3 Exemplare.

Volucella obesa Fabr. = »Fette Federfliege«, ein schöner, erzgrüner, in Brasilien sehr verbreiteter Zweiflügler. 2 Exemplare.

Dinocoris melanoleucus Westw., eine in braunschwarz und blassgelb schöngezeichnete Schildwanze (Scutati), deren Beine schwarz und roth geringelt sind.

Dysdercus annulus Fabr., eine 4 ''' lange, rothköpfige Feuerwanze (Pyrrhocorina) mit rothgerandetem Thorax, welche auf das nördliche und mittlere Südamerika beschränkt ist. 2 Exemplare.

Capsus pyrrhula IIhn., eine schwarz und rothe, in Südamerika häufige Blindwanze (Capsidae).

Fidicina . . . . . eine kleine Singzirpe (Cicadinae), welche bisher noch nicht beschrieben worden ist.

Dolomedes aerugineus Koch, eine zum Theil rostgelb, zum Theil rostbraune Wolfspinne, (Lycosidae), welche unserer, an feuchten Orten sich aufhaltenden und über Wasserflächen laufenden gerandeten Jagdspinne (Dolomedes fimbriatus Clerck) sehr nahe verwandt ist.

In Rio de Janeiro geschenkt erhalten und bei Rio gesammelt:

Herpetodryas carinatus L., eine schlanke, bis über meterlange, schnell dahinschiessende, Grüne Cipó[1]) genannte Natternbaumschlange, welche oft auf Bäumen ruht, in der Umgegend Rios gemein ist und, wie ihr Name sagt, sich durch ihre grüne Färbung auszeichnet. 2 Exemplare.

In Rio geschenkt erhalten ohne Angabe des Fundortes:

Morpho Anaxibia Esp., ein grosser brasilianischer Tagfalter von 16 cm Spannweite dessen azurblaue Oberseite Atlasschimmer hat.

Dysdaemonia Boreas Cram., ein ziemlich einfarbig braungrauer Saturnide des tropischen Amerika.

---

[1]) Vergleiche das weiter oben S. 55 Anmerkung 2 Gesagte.

KAPITEL XIV.

Minas Geraes.

Die nächsten Tage sind dem Besuch der Provinz Minas Geraes gewidmet. Diese Provinz, welche an sich allein die Grösse Deutschlands übertrifft, ist eine der wenigen Provinzen Brasiliens, die nicht bis an die Küste reichen. Sie hat einen Flächeninhalt von 574 855 qkm, erstreckt sich durch neun Breitengrade hindurch und entfällt ganz auf das grosse brasilianische Binnenplateau, welches sich hier zu einer Höhe von 400 bis 900 m erhebt. Den Hauptcharakter der Vegetation bilden die Campos mit ihren verschiedenen Waldformen, den Catingas, Capões und Carrascos. Im Norden und Nordosten fehlt auch der Sertão nicht, der jeglichen Pflanzenwuchses entbehrt. Daneben aber dringt der Küstenurwald, wenn auch in abgeschwächter Ueppigkeit, von Osten her in den Thälern ziemlich weit in das Innere der Provinz vor. Eine dritte Vegetationsform, die man jedoch füglich zu derjenigen der Campos rechnen darf, ist in diesem Hauptgebirgsland Brasiliens die alpine; sie erstreckt sich von 1100 m an aufwärts.

An Verschiedenartigkeit der Bodenkultur ist Minas Geraes reich. Neben den gewöhnlichen Kulturen, dem Kaffee, Tabak, Zuckerrohr und der Baumwolle, wird in ausgedehnter Weise der Anbau von Mais betrieben und in geringerer der von europäischen Cerealien, Gemüsearten und Weinreben. Die Viehzucht ist, Dank der vielen Campos, sehr entwickelt, namentlich die Zucht von Rind- und Borstenvieh. Die Milchwirthschaft produzirt hauptsächlich fette Käse, welche unter dem Namen Queijos de Minas in grossen Mengen exportirt werden.

Charakteristischer als die Vegetation ist für Minas Geraes der Reichthum an Metallen und Edelsteinen, dem es auch seinen Namen verdankt[1]). Von zahllosen Gebirgszügen durchzogen, birgt es in seinem Schoosse Mineralschätze, wie sich solche in gleicher Fülle auf der Erde nirgends mehr

---

[1]) Minas geraes = allgemeine Minen.

vorfinden. Die mögliche Ausbeute an Eisen wird bei Ouro-Preto allein, in einem Umkreis von 10 km, auf 100 Millionen Tonnen im Werthe von à 132 Milreis geschätzt. Das bisher, im Verlauf von fast 200 Jahren, in der ganzen Provinz produzirte Gold berechnet sich auf 658 228 kg im Werth von mehr als anderthalb Milliarden Mark, indessen Gesammtbrasilien in ungefähr der gleichen Zeit 1 037 050 kg im Werth von 2 893 369 500 Mark produzirt hat. Die Bergwerke von Minas sind noch lange nicht erschöpft, jedoch hat aus verschiedenen Ursachen in den letzten Jahren die Goldgewinnung sehr abgenommen und sind manche Gruben verlassen. Auch die Erzeugung von Eisen lässt sehr viel zu wünschen übrig, obwohl sie sich zu heben beginnt. An Diamanten liefert Minas Geraes sechs Zehntel des Werthes der gesammten Diamantenproduktion Brasiliens. Das diamantführende Gestein, welches hauptsächlich im Bassin von Diamantina ausgebeutet wird, besitzt eine grosse Ausdehnung. Im Jahre 1887 wurden in der ganzen Provinz 5673 Gramm Diamanten gewonnen. Doch ist in Folge der südafrikanischen Konkurrenz, die Produktion gegen früher bedeutend zurückgegangen und kann sie sich überhaupt nur durch die unerreichte Schönheit des brasilianischen Diamanten noch über Wasser halten.

Die Provinz Minas hat eine Bevölkerung von mehr als 3 Millionen, so dass 5 Seelen auf den Quadratkilometer treffen. Die Weissen sind mit 40 pCt. die an Zahl überwiegende Rasse. Ihnen zunächst stehen die Mischlinge, welche 39 pCt. betragen, dann folgen die Neger mit 23 pCt. und endlich die civilisirten Indianer mit nur einem Procent[1]). Diese civilisirten Indianer gehören den Coroados und Purí, Stämmen aus der Gruppe der Goayatacá, den Cayapó, Monochó, Machacali, Copochó, Panhamé und Botocudos, Stämmen aus der Gruppe der Gès, und endlich den Malali an, welche in der neueren Gruppeneintheilung zu den nicht oder noch nicht klassifizirbaren Stämmen gerechnet werden. Tausende von wilden Indianern hausen im östlichen Theile der Provinz. Es sind dies weit überwiegend Botokuden, in allerhand, manchmal unter sich feindliche Horden gespalten. Ausser diesen Botokuden gibt es in Minas an wilden Indianern noch solche aus all den übrigen, gelegentlich der civilisirten Rothhäute oben schon genannten Stämmen und solche aus den zur Gès-Gruppe gehörigen Stämmen der Macuní und Chicriabá, und dem zur Gruppe der Goyatacá zählenden Stamme der Coropó. Die meisten dieser kleineren Stämme sind übrigens schon bedenklich zusammengeschmolzen, wenn nicht gar als selbstständiger Stamm verschwunden.

Das Klima von Minas Geraes ist je nach den verschiedenen Landestheilen sehr verschiedenen Charakters. In der niedriggelegenen Urwald-

---
[1]) Diese etwas zu hoch gegriffenen Zahlen sind auf Rechnung der in Levasseur: Le Brésil p. 50 nicht angeführten Brüche zu setzen.

region des Ostens herrscht eine subtropische Temperatur; auf den centralen und westlichen Hochplateaux finden wir einen klimatischen Uebergang von der subtropischen zur warmen gemässigten Zone[1]. Die Jahresisotherme der Provinzhauptstadt Ouro-Preto, welche unter dem 20° s. Br. und 1145 m hoch liegt, ist 19° C. Diese Region des Landes hat eine Isothere von ca. 24—25° C., eine Isochimene von ca. 15°. Das Klima ist ein kontinentales. Im Sommer steigert sich die Hitze oft zu einer sengenden; im Winter sinkt das Thermometer bis unter Null, Schnee und Reif kommen nicht allzu selten, Fröste jedoch nur sehr ausnahmsweise vor. Die niederste der beobachteten Temperaturen ist in Ouro-Preto — 3,5°, in dem südlicheren und etwas höheren Barbacena — 6° C. In Queluz, welches zwischen beiden letztgenannten Städten liegt und dieselbe Jahresisotherme hat wie Ouro-Preto, beträgt das Temperaturmaximum 32,4° C., das Minimum + 1°. Die interdiurnen Temperaturschwankungen müssen, meiner kurzen Erfahrung nach zu schliessen, in diesen hohen Camposregionen ebenfalls ziemlich bedeutend sein; die mir zu Gebote stehenden Quellen enthalten hierüber keine näheren Angaben. Je nach den einzelnen Orten ist die jährliche Niederschlagshöhe sehr wechselnd; während sie in Itabirá do Campo nur 1303 mm beträgt, steigt sie in dem unfernen Congo-Soco auf 2939 mm. Die Hauptregenzeit ist der Sommer, im Winter ist die Regenmenge sehr gering, ja in Itabirá do Campo sogar Null. Gewöhnlich bilden heftige Gewitter die Form der sommerlichen Niederschläge.

Rio de Janeiro—Lafayette. Freitag, den 17. August.

Heute früh um fünf Uhr verliessen wir Rio de Janeiro, um uns nach Ouro-Preto, der Hauptstadt von Minas Geraes, zu begeben. Dahin zu gelangen, müssen wir anderthalb Tage lang die Staatsbahn Dom Pedro II.[2] benutzen. Es ist dies die wichtigste Eisenbahn Brasiliens, deren erste Strecke im Jahre 1858 dem Betrieb übergeben wurde und von welcher jetzt an 800 km fertig gestellt sind. Im verflossenen Jahre wurden auf ihr über vier ein halb Millionen Reisende und fast 400 000 Tonnen Waaren befördert. Die Nettoeinnahme betrug nahezu zehn ein halb Millionen Milreis und berechneten sich die Ausgaben auf 64 pCt. der Einnahmen.[3] Nachdem wir an brasilianischen Bahnen bisher nur die Bahn Fortaleza-Maranguape kennen gelernt hatten, auf welcher die Beförderung eine äusserst mangelhafte ist, waren wir heute sehr angenehm überrascht, einem auf der Höhe der Zeit stehenden Betrieb zu begegnen. Anfangs,

---

[1] Siehe weiter oben S. 239. Anmerk. 2.
[2] Diese Bahn führt seit der Republik den Namen Ferro-via (Estrada de ferro) central.
[3] Santa-Anna Nery: Le Brésil en 1889, p. 407 et s.

bis Belem, fuhren wir sehr rasch, nämlich über 66 km die Stunde, von da an durchschnittlich gegen 40 km. Da nirgends Schranken an der Bahn angebracht sind, werden auf dem Zuge ziemlich häufig Pfeifsignale gegeben, um sein Herannahen anzumelden. Die Stationen werden auf dem Perron nicht ausgerufen, doch geht der Schaffner zwischen einer Station und der anderen jedesmal durch die Waggons, den Namen der folgenden Station nennend. Die Waggons sind nicht in Coupés getheilt, sondern bestehen wie diejenigen in anderen amerikanischen Staaten aus einem einzigen Raum. Rechts und links in denselben sind Querbänke angebracht, welche in der Mitte die Cirkulation gestatten. Für Nachtfahrten ist nicht vorgesorgt, da es deren nicht giebt; wenn die Strecken zu gross sind, um in einem Tage zurückgelegt zu werden, bleibt der Zug Abends in einer Station liegen und nimmt erst am nächsten Morgen seine Fahrt wieder auf. Die Lokomotiven haben vorn einen breiten Pflug zum Wegräumen von Hindernissen, eine Einrichtung, welche sich in diesen halbcivilisirten Ländern jedenfalls als nützlich erweist.

Die erste Strecke Weges von Rio ab, welche sich ziemlich in der Ebene hält, legten wir noch bei Dunkelheit zurück. Es dämmerte und war schliesslich taghell, als unser Zug in nordwestlicher Richtung die Serra do Mar überschritt. Diese Strecke durch das Gebirge mit ihren Tunnels bis zu 2237 m Länge, ihren Stützmauern, gewaltigen Dämmen und tiefen Einschnitten gilt für eine der ausgezeichnetsten Bahnbauten der Welt. Hohe Berge thürmen sich zu beiden Seiten der Bahn, waldbedeckte enge Thäler ohne Thalsohle durchziehen rechter und linker Hand die gebirgige Gegend. Nach Passiren des höchsten Punktes, bei 460 m absoluter Höhe, senkt sich der Bahnkörper zum Thal des Rio Parahyba hinunter und erreicht den Fluss bei Barra do Pirahý.

Der Rio Parahyba, welcher zwischen den beiden Gneissgebirgsketten, der Serra do Mar und der Serra da Mantiqueira, in nordöstlicher Richtung und parallel der Küste fliesst, hat eine Lauflänge von 1060 km. Da der Fluss in einer Höhe von 1500 m entspringt, bedingt dies ein im Verhältniss zu dem des Amazonas sehr bedeutendes Gefäll. Bei Barra do Pirahý ist der Rio Parahyba schon ziemlich breit, doch noch lange nicht schiffbar. Sein Bett ist daselbst ganz übersät mit rundgewaschenen, schwärzlichen Felsen.

Nun verfolgt die Bahn zwei Stunden lang, bis Entre Rios, den Lauf des Flusses abwärts. Hellgrüne Zuckerrohrfelder breiten sich an seinen Ufern. Wir sahen die ersten Kaffeeplantagen, die hier sehr zahlreich auftreten und uns sehr hässlich erschienen, namentlich wenn die Bäumchen ganz steif in Reihen gezogen waren. Von Strecke zu Strecke erhoben sich weisse, einstöckige, fast quadratische Gebäude inmitten der Kaffeefazendas. Auch fehlten nicht einige Engenhos centraes, das heisst auf Aktien gegründete, grosse Zuckerfabriken, bestimmt, durch rationelleren Betrieb mit ihrer Waare auf dem ausländischen Markte die Konkurrenz leichter überwinden zu können.

Zwischen den kultivirten Ländereien dehnten sich grosse Waldungen echt tropischen Charakters, welche sicher noch manche Parzelle Küstenurwaldes in sich schliessen. Höhere Bäume mit schirmförmigen Kronen, von welchen die Lianen und Luftwurzeln wie Tauwerk herabhingen, ragten oberhalb der durchschnittlichen Waldlinie in die Lüfte. Wunderbare Schlingpflanzencascaden und Laubdraperien verhüllten das Waldinnere dem forschenden Blick. Es war entzückend, von der hochgelegenen Bahn aus in dieses wellige Meer von Grün hinabzuschauen. Unschön nahm sich dieser Wald blos in der Ferne aus, weil da die reizenden Einzelheiten verschwanden und nur der Eindruck einer unruhigen und zausigen Waldlinie übrig blieb. Letztere entstand durch die vielen, aus dem Dickicht gen Himmel aufragenden Bäume, welche bis hoch hinauf astfrei waren. In dem Landschaftsbilde fehlten die hässlichen, steifen Cecropien nicht. Aber auch einzelne Palmen schmückten die Gegend, Anfangs solche mit reicher, dann nur mehr solche mit magerer Blätterkrone. Es werden Steincocospalmen gewesen sein, sowohl die kurzstämmige Attalea humilis Mart., wie die hochgewachsene Attalea Indaya Dr. Da wo kein Wald den Boden deckte, wuchsen an einzelnen Stellen überaus üppige Bambusdickichte.

Wir verliessen nun den Parahyba und fuhren Anfangs in direkt nördlicher Richtung längs des goldführenden Rio Parahybuna aufwärts. Es ist dies ein echter Gebirgsfluss, der, schäumend und Stromschnellen bildend, zu Thale eilt. Die Bahn tritt aus der Provinz Rio de Janeiro in die Provinz Minas Geraes über. Wir erreichten Juiz-de-fôra, eine im Aufblühen begriffene, 700 m hoch gelegene Stadt von bald 15000 Einwohnern. Sie trägt, wie so viele brasilianische Städte, zwei Namen, nämlich ausser dem obengenannten, auch den indianischen Parahybuna. Vor Allem ist sie ein Stapelplatz für landwirthschaftliche Produkte, sie entbehrt aber auch keineswegs der Industrie. Eine grosse, vornehme Gartenanlage mit den verschiedensten Palmen und einem von Schwänen besetzten Teich verräth einen eleganten Landsitz. Die anstossende deutsche Kolonie unterscheidet sich von portugiesisch-brasilianischen Niederlassungen weniger durch den Stil ihrer Häuser, als durch die ziemlich verschiedene Kleidung ihrer Bewohner.

Weiter ging es, immer den Rio Parahybuna entlang. Bromeliaceen in Blüthe sassen auf verschiedenen Waldbäumen, und gelbrothblühende Schlinggewächse rankten sich in die Höhe. Wir erkannten letztere als Kapuzinerkresse, deren Brasilien zwei Arten besitzt, Tropaeolum Brasiliense Casar. und T. Warmingianum Rohrb. Einzelne blattlose, über und über mit ganz mennigrothen Blüthen bedeckte Bäume, sicher irgendwelche Erythrina, hoben sich durch ihre auffallende Färbung vom Grün des Waldes ab. Ziemlich viele Fourcroya, Agaveen mit riesigen Blüthenschäften, wuchsen auf den Hängen. Kulturen von Tabak, Mais und Mandioca wechselten mit Pflanzungen von Orangenbäumen. Goldroth glühten die Früchte im dunklen Laub, nicht blassgelb und blassgrün wie am Amazonas. Sie werden folglich eine andere und hoffentlich dem Europäer zuträglichere Sorte sein; denn die Orangen der Amazonasgegend sind das für den Fremden allergefährlichste Obst und darf man sich durch ihren ganz besonders anziehenden Geruch zum Genusse nicht bethören lassen.

Die Gegend war fortwährend bergig. Wir stiegen auf wunderbaren Bauten, auf Terrassen und Kurven die Serra do Espinhaço hinan. Es ist letztere ein von der Serra da Mantiqueira nach Norden sich abzweigender Gebirgszug, der durch einen grossen Theil von Minas streicht, in seinen Unterabtheilungen verschiedene andere Namen führt und unzählige kleine Serras nach Osten und Westen aussendet. Dieses in seinen höchsten Punkten bis gegen 2000 m ansteigende Gebirgssystem bildet die Wasserscheide zwischen dem Quellengebiete des Paraná, dem des Rio Doce nebst anderen Parallelflüssen und dem des mächtigen Rio São Francisco, welcher nicht wie die eben genannten östlich fliessenden Rios ziemlich direkt, sondern erst mittelst eines grossen Bogens den Atlantischen Ocean erreicht. Die Serra do Espinhaço, die in ihren höheren Partien aus vermuthlich[1]) silurischem oder noch älterem Sedimentgestein besteht, ist durch ihren Gold- und Diamantenreichthum weltberühmt geworden.

Die Landschaft begann mehr den Camposcharakter anzunehmen. Termitenbauten bis zu 3 m Höhe, unregelmässige, konische Hügel aus rother, weisser oder gelber Erde, waren unregelmässig über die Grasfluren zerstreut und boten einen sehr eigenthümlichen Anblick. Sie werden unter den verschiedenen Termitenarten Brasiliens den hauptsächlich hügelbauenden Termes cumulans Koll. oder den ihnen nächststehenden Termes similis Hag. zuzuschreiben sein. Einzelne Cereen ragten wie gegliederte Säulen phantastisch in die Lüfte. Viele Roças[2]) waren zu bemerken und viele Strecken, welche man abgeholzt hatte, um Viehweiden zu gewinnen. Hingegen hatte man da, wo der Boden durch den Kaffee erschöpft war, wieder Capoeiras[3]) zugelassen. Die Berghänge waren zum Theil ganz kahl, zum Theil mit Farnkraut oder Gras bedeckt. Das Gras hatte, durch Frost und Schnee verbrannt, eine gelbe Färbung. Der Schnee soll hier im Winter, Juni und Juli, oft fusshoch liegen, und dieses Jahr

---

[1]) Orville A. Derby: Os picos altos do Brazil 18.
[2]) Siehe weiter oben S. 39.
[3]) Siehe weiter oben S. 37.

soll das Thermometer in ersterem Monate einige Grade unter Null gezeigt haben. Jetzt, im Spätwinter, ist es auch noch nicht sonderlich warm, und hatte es z. B. heute gegen Mittag nicht mehr als 20° C. Mit dem nächsten Monat rechnet man den Frühjahrsanfang.

Es zeigten sich die ersten Araucarien (Araucaria brasiliana A. Rich. Lamb.). Die jungen Pflanzen erinnerten etwas an unsere jungen Fichten; die ausgewachsenen Exemplare hatten horizontale Aeste, welche bis auf das mit einem kugelförmigen Nadelbüschel besetzte Astende vollständig kahl waren. Je höher wir die Serra hinanklommen, um so häufiger traten diese Schuppentannen auf, welche, im nördlichen Theil ihres Verbreitungsgebietes auf die Höhenregionen beschränkt, vom achtzehnten bis dreissigsten Grad südlicher Breite angetroffen werden. Sie sind nicht nur eine der wenigen Coniferenspezies Brasiliens, sondern auch eine der wenigen waldbildenden Baumarten des Landes.

Die Campos äusserten sich hier durch waldlose Abhänge und durch Gestrüppvegetation. Letztere wies in der hiesigen Berggegend viel jugendliche Jatobá oder Heuschreckenbäume (Hymenea L.) auf mit spärlichen Blättern, von denen, aus der Ferne gesehen, einzelne roth zu sein schienen.[1]) Zahlreiche und schöne Rinder und Schweine, in geringeren Mengen auch Pferde und Maulthiere weideten auf den Berglehnen. Die Fazendas de gado,[2]) deren Wohngebäude denjenigen der Kaffeeplantagen gleichen, lagen immer vereinzelt, und oft war weit und breit kein anderes Haus zu sehen. Manche der Fazendas dieses Landstriches besitzen zwölf- bis fünfzehnhundert Stück Rinder. Es wird ausgezeichnetes Zug- und Schlachtvieh gezogen, indessen das Milchvieh zu wünschen übrig lässt. Manches Stück geht, in Folge ungenügender Wartung, durch Krankheit zu Grunde, mitunter aber auch hausen klimatische Einflüsse und die blutsaugenden Fledermäuse verwüstend unter den Heerden.[3]) Die Pferde- und Maulthierzucht ist gleichfalls weit verbreitet und namentlich letztere als wichtig anzusehen, da der Waarentransport grösstentheils auf Maulthierrücken besorgt wird.

Unser Zug fuhr in Barbacena ein, einer Stadt von ca. 6000 Einwohnern, von denen manche recht wohlhabend sein sollen. Die Stadt, welche, wie man vermuthet, die höchstgelegene des ganzen Kaiserreichs ist, besitzt einige Wohlthätigkeitsanstalten und ziemlich viele Fabriken. Seit Rio de Janeiro hatten wir nun 379 km zurückgelegt und waren 1135 m gestiegen. Wir befanden uns jetzt in der alpinen Region,

---

[1] Es dürften letztere vielleicht reifende Früchte gewesen sein.

[2] Viehzuchttreibende Güter.

[3] Siehe Tschudi: Reisen durch Südamerika I, 283, und Tschudi: Die brasilianische Provinz Minas Geraes (Ergänzungsheft No. 9 zu Petermann's Geographischen Mittheilungen S. 23).

worauf, ausser der Höhe über dem Meere, auch die früher besprochene[1] niedere Temperatur von Barbacena hinweist. Einige Stationen vor Erreichung dieser hochgelegenen Stadt hatten wir nach Westen die Wasserscheide überschritten und waren in das Quellengebiet des Paraná eingetreten.

Nachdem uns an Camposwaldvegetation bisher nur der Carrasco, der Gestrüppwald begegnet war, begannen hinter Ressaquinha Catingas mit ihm und mit Campos cerrados zu wechseln. Diese Catingas erwiesen sich als unschöne, mittelhohe, aus dicht zusammengedrängten Bäumen und Sträuchern bestehende Waldungen. Die Bäume waren dünnstämmig und mager; wenig Bromeliaceen sassen auf ihren Aesten, fast gar keine Lianen schlangen sich an ihnen hinauf. Dieser niedrige Wald sah sehr unordentlich und zerzaust aus, und war streckenweise unbelaubt, das heisst, hatte noch sein winterliches Gepräge. Die ganze Gegend zeigte einen hügeligen, bergigen Charakter und machte den Eindruck, überaus öde und menschenleer zu sein. Speziell diese höheren Bergregionen, in denen man sich gar nicht mehr in tropischen Breiten wähnt, entbehren der menschlichen Ansiedlungen. Im Uebrigen erscheint Minas Geraes ziemlich bewohnt, da sich daselbst viel kleiner Grundbesitz entwickelt hat. Die weisse Bevölkerung, welche durch grössere Thätigkeit und reelleren Charakter vortheilhaft von der weissen Bevölkerung der übrigen Provinzen absticht[2]), überwiegt gegen die Andersfarbigen namentlich dadurch immer mehr, dass die freigewordenen Neger beginnen wegzuziehen.

Die auf unserem heutigen Wege gelegenen Ortschaften mit weissgetünchten Häusern waren nüchtern, hässlich und genau wie die im übrigen Brasilien bisher von uns gesehenen. Die hier und da eingestreuten Hütten mit Lehmwänden und Strohdach versöhnten hinwieder das Auge durch ihren malerischen Anstrich. Neben dieser Art von Wohngebäuden giebt es in den hiesigen Hochlanden auch Hütten, welche Wände blos aus Stroh haben. Man begreift nicht, wie das doch eher kalte Klima den armen Leuten erlaubt, in denselben auszuharren. Uebrigens scheinen die Mineiros[3]) gegen niedere Temperaturen im Ganzen unempfindlich zu sein, denn auch in den gemauerten Häusern wird die Kälte oft fühlbar, und doch findet man weder Oefen noch Kamine.

Ehe wir unser heutiges Nachtquartier erreichten, zog sich die Bahn wieder mehr thalwärts. Wir hatten den von Westen her in rechtem Winkel auf die Serra do Espinhaço stossenden Espigão geral dos Vertentes[4])

---

[1]) Siehe S. 260.
[2]) Tschudi: Die brasilianische etc. (Ergänzungsheft etc. S. 20 und 21).
[3]) Mineiros = Bewohner der Provinz Minas Geraes.
[4]) Espigão geral dos Vertentes = Hauptgrat der Wasserscheiden, gemeinschaftlicher Name einer Reihe verschiedener kurzer Bergketten.

hinter uns gelassen und waren in das Quellengebiet des Rio São Francisco gelangt. Die Araucarien blieben zurück und es erschien wieder eine Cocospalme (Cocos flexuosa Mart.), uns zu erinnern, dass wir uns wirklich im Süden befanden. Auf die nahen, grünen Höhen warf die scheidende Sonne ihren letzten Schein. Um fünf ein viertel Uhr waren wir in Lafayette, der Station für das wegen seiner Baumwollfabrikate bekannte Städtchen Queluz. Wir sind genöthigt in Lafayette, einem Neste in baumloser, öder Berggegend zu übernachten, denn unser Zug geht erst nächsten Morgen weiter. Hier beginnt die schmalspurige Bahn und müssen alle Waaren umgeladen werden.

Die sämmtlichen Passagiere des Zuges wurden in dem einzigen kleinen Gasthaus, das von einem Italiener gehalten wird, eingepfercht. Die Temperatur war für uns durch die Aequatorialgegenden Verwöhnte nicht sonderlich hoch. Nachdem wir Nachmittag, unterwegs, nur $17°$ C. gemessen, ergaben die Messungen Abends 9 Uhr wieder $18°$ C.

Lafayette — Ouro-Preto. Samstag, den 18. August.

Nach ungefähr zwölf Stunden, um fünf ein halb Uhr früh, setzte sich unser Zug wieder in Bewegung. Den Charakter einer bergigen Hochebene behielt die Gegend auch ferner bei. Viele Catingas, in denen etliche Farrenbäume zu bemerken waren, wechselten namentlich mit Strecken, welche, wie mir schien, Saumfarne (Pteris aquilina L.) bedeckten. Um sieben einhalb Uhr zeigte das Thermometer noch nicht mehr als $13,5°$ C.; es war die niedrigste Temperatur, die wir bisher in Brasilien erlebt. Wieder stieg die Bahn höher und höher in die Berge hinauf und schliesslich bei 1362 m nach Nordosten über die Serra de Ouro Branco hinweg, über ein ödes, baumloses, nur grasbewachsenes Gebirge von kuppigen Formen. Thäler ohne Thalsohle, in welche man aus der Vogelperspektive hineinsah, thaten sich zu Dutzenden rechts und links vom Bahnkörper auf. Einzelne Schluchten bargen Waldstreifen im Grunde. Die tiefen Rinnen, welche das Wasser in die durch keinen Wald geschützte Erde der Gehänge gerissen, zeichneten scharfe Schattenlinien in die sonnenüberfluthete Bergwelt. Weit schweifte der Blick über die ausgedehnte Gebirgslandschaft, man wähnte auf dem höchsten Kamm zu fahren und die ganze Gegend zu beherrschen, in welcher Gipfel hinter Gipfel aufragte. Die Bahn war hier nicht wie unsere Bergbahnen in einer durch Dämme und Einschnitte gleichmässig gehaltenen Steigung geführt, sondern bequemte sich dem Terrain an, indem sie in stetem Wechsel bergauf und bergab ging. Da wo der Zug nach stundenlanger Fahrt auf den Höhen endlich wieder thalwärts lenkte, begannen neuerdings die Catingas mit ihren zausigen Bäumen und der Carrasco, der Halbwald, die reinen Campos zu unterbrechen. Etliche Palmitos do campo (Cocos flexuosa Mart.) und Schuppentannen (Araucaria brasiliana A. Rich. Lamb.), die wie jeglicher Baum- oder auch nur Strauchwuchs auf der Höhe ganz fehlten, traten wieder auf. Wir passirten die Topasminen von Boa-Vista, wo gelbe und rosa Topase in Nestern gewonnen werden, und langten um zehn einhalb Uhr Vormittags in Ouro-Preto an, dem Ziele unseres Ausfluges nach Minas Geraes.

Ouro-Preto ist eine Stadt, welche in Folge des Erschöpftseins der daselbst befindlichen Goldminen, von den früheren 20 000 Einwohnern auf zwölf oder zehntausend heruntergegangen ist. Es ist eine echte Bergstadt,

Ouro-Preto mit dem Itacolumý.

in einem engen Hochthal der Serra do Espinhaço gelegen, zwischen dem Südostabhang des Morro da Villa Rica und dem Nordwestabfall des Itacolumýgebirges. Das ganze Thal besitzt keine einzige horizontale Ebene, es ist durchwegs hügelig und in nächster Nähe von einem Kranz hoher Berge umgeben. So hat sich auch die Stadt auf die verschiedenen Hügel ausgebreitet und ist an den Berglehnen hinaufgewachsen. Doch die Stadt kümmerte uns heute wenig; wir wollten noch heute den Itacolumý besteigen, einen der höchsten Berge der Serra do Espinhaço. Derselbe erhebt sich bis zu 1756 m und besteht aus Sedimentgebilden; Erruptivgesteine, wie sie die Serra de Mantiqueira aufweist, fehlen ihm gänzlich. Auch sein Name ist, wie es die meisten geographischen Namen Brasiliens sind, der Tupísprache entnommen und bedeutet »Stein mit dem Sohn«. Zu dieser eigenthümlichen Benennung gab den Indianern die oberste Felsenbildung des Berges Veranlassung, die auch von Ouro-Preto aus deutlich sichtbar wird. Neben einem gewaltigen überhängenden Felshorn, einem Itá, d. h. Stein, zeichnet sich ein zweites, kleineres, ein Curunim, d. h. Kleiner oder Junge, scharf vom Himmel ab.

Schon um 12 Uhr, anderthalb Stunden nach unserer Ankunft, standen die Pferde zum Bergritt vor unserem Gasthaus bereit, und fort ging es nun raschen Tempos in Gottes freie Natur hinaus. Noch hatten wir einige schlecht gepflasterte Stadtstrassen zu überwinden, dann aber genossen wir mit vollen Zügen das Gefühl ungebundener Freiheit in einer herrlichen, menschenfernen Gebirgswelt. Zunächst führte der Weg steil hinab in eine Schlucht, wo der Rio Funil, der mit Recht oder Unrecht die Würde, einer der Quellflüsse des Rio Doce zu sein, geniesst[1]), in mehreren vegetationsumgebenen Wasserfällen tief unten rauschte. Dann ging es stundenlang steil bergauf und immer bergauf, an Schluchten vorbei, an camposbedeckten Lehnen entlang. Anfangs begegneten wir viel Carrasco, niederen Buschwäldchen, in welchen besonders die für die Anden und die ausgedehnten Grasfluren Amerikas charakteristischen Synanthereensträucher, die Baccharis, und zwar in mehreren Arten vertreten waren. Da bemerkte man die dichtbeblätterte, reich verzweigte Baccharis tarchonanthoides DC., die Baccharis retusa DC. mit ihren kleinen, stark gezahnten Blättchen, die glanzblättrige Baccharis truncata Gard. und die bis Peru

---

[1] Darüber, welche als die Quellflüsse des Rio Doce zu betrachten seien, gehen die Meinungen weit auseinander. In Ouro-Preto selbst nimmt man den dortigen Wasserlauf als den Quellfluss an (siehe auch Archivos do Museu Nacional de Rio de Janeiro III 11 e 18). Moura (Diccionario Geographico do Brazil I 334) führt diese Ansicht als veraltet (!) an und sagt, dass, wenn der entfernteste Punkt von der Mündung als Quelle zu betrachten sei, dann müsse man den östlich von Barbacena entspringenden Rio Chopotó als Quellfluss ansehen. Wappäus endlich (Kaiserreich Brasilien 1262) erwähnt als eigentlichen Quellfluss den westlich vom Chopotó seinen Ursprung nehmenden Rio Piranga.

verbreitete Baccharis platypoda DC. Zu diesen gesellten sich die Matayba marginata Radlk. mit ihren feinen Blättchen, verschiedene strauchförmige Melastomaceen, wie die Marcetia taxifolia DC. und Marcetia cinerea Triana, welche man aus der Ferne für Nadelhölzer halten könnte, und ferner Lippia microcephala Cham., eine in den Berggegenden Minas häufige, kleinblättrige Verbenacee. Nach diesen kleinen Zwergwaldbeständen folgten grosse Strecken baum- und strauchloser, nur von Termitenhügeln unterbrochener Grasfluren. Sie waren z. Theil dicht mit Farnen bedeckt, welche ich für eine Pterisart gehalten und welche auf halber oder dreiviertel Höhe des Berges Gabelfarnen (Mertensia Willd.) das Feld räumten. Zwischen dem kurzen Steppengrase blühten allerhand weisse, gelbe, rothe und violette Blumen, Mitracarpus frigidus var. Humboldtianus Schumann, verschiedene Arten von Vernonien, unter anderen die Vernonia scorpioides Pers. var. tomentosa Mart., auch das den Gnaphalien nahe verwandte Achyrocline saturoides var. vargasiana DC. mit seinen gelben, atlasglänzenden Blüthenköpfchen und das den Helichrysen sehr nahe stehende Stenocline chioneae DC. mit schneeweissen Blüthenköpfen und dicht weissbefilzter Blattunterseite. An den wenigen feuchteren Stellen strebte die zarte Xyris plantaginea Mart. in die Höhe, ein auf Minas beschränktes, gelbblühendes Degenkraut. Unfern davon gediehen ziemlich viel weissblühende Eriocaulaceen, und zwar Paepalanthus planifolius Kcke. Vereinzelt standen die merkwürdigen Baccharis genistelloides Pers. var. trimera Baker mit ihren geflügelten Stengeln und vertheilten, weissen Blüthenköpfchen. Auf sonnigen, trockenen Plätzen wuchsen einzelne rothblühende Barbacenien und verschiedene Arten von Vellosien[1]), diese für die Camposregion Brasiliens charakteristischen Liliaceenbäume.

Höher als die erste Strecke reiner Grasfluren, da wo auf weniger steilem Hang sich etwas Wasser sammeln konnte, fanden wir einige Capões[2]), in der Mitte meistens höhere, nur Laubbäume aufweisende, deutlich abgegrenzte Waldinseln. Sie bestanden aus strauch- und baumförmigen Myrtaceen, auch aus Lorbeergewächsen (Laurineae) mit grossen, glatten, glänzenden Blättern und verschiedenen anderen Pflanzen. Man sagte uns, dass das Vieh in ihnen Schutz vor Gewittern suche, und doch sollen sich da grosse Schlangen aufhalten. Wir ritten auch durch ein Stück Catinga und sahen bei dieser Gelegenheit zum ersten Male diese häufigste Form des Camposwaldes in nächster Nähe. So nahe besehen, erschien sie uns hübscher als aus der Ferne. Die Bäume standen dicht; sie trugen Bromeliaceen in den Astwinkeln, und einzelne Schlingpflanzen kletterten an ihren

---

[1]) In meinen Reisenotizen stehen als daselbst gesehene (nicht gesammelte) Species die Vellosia compacta Mart. und die Vellosia carunculata Mart., doch scheint mir dieses »Gesehen haben« nur eine Vermuthung, die sehr der Bestätigung bedarf.

[2]) Vergleiche weiter oben S. 185.

Zweigen hinauf. Doch von der Hylaea und dem Küstenurwald unterschied sich diese Waldvegetation durch das Fehlen jeglichen Baumes von nennenswerther Höhe oder grösserem Stammesumfange, jeglicher schönen dichten Baumkrone in ausgeprägter Schirmform und jeglichen lauben- und cascadenbildenden Lianenreichthums. Die Pflanzen waren alle klein und mager und wirkten durch ihre grosse Mannigfaltigkeit im Gesammtbilde unruhig. Palmen und Schuppentannen vermissten wir in diesen alpinen Regionen vollständig. Nachdem wir die Catingaparcelle passirt hatten, bot sich uns der Anblick einer reizenden, bromeliaceenbesetzten Felsgruppe. Zwischen und über dieser erhoben sich Bäume, auf welchen Ananasgewächse mit langem, rothem Blüthenstande sassen. In weiter Entfernung von einander folgten sich zwei elende, strohgedeckte, offene Flechtwerkhütten. Es waren dies die einzigen Spuren zeitweiliger Anwesenheit von Menschen auf diesen Höhen, und sie standen leer. Kaum ein lebendes Wesen störte die Bergeinsamkeit, nur der eintönige Ruf des João de Barro (Furnarius albigularis Spix[1]) klang durch die Stille, · ein einzelner schwarzer Sperlingsvogel[2]) huschte am Boden dahin, und ein paar Truthahngeier (Oenops aura L.) spähten vergebens nach Beute aus. Und doch sollen diese Campos viel Rüsselbären, Gürtelthiere und Ameisenbären, namentlich Tamanduá mirim (Tamandua bivittata Desm.) beherbergen.

Endlich war der Weg zu steil geworden und wir mussten absitzen. Die Pferde unter der Aufsicht des Führers zurücklassend, versuchten wir ohne Führer die höchste Kuppe zu erklimmen. Das öde, camposbedeckte, sanft ansteigende Plateau mit seinem bescheidenen Wasserlaufe, seinen Felsplatten und Felsblöcken und seinen spärlichen, zerstreuten Kräutern blieb hinter uns, auch bald der grasbewachsene untere Theil des letzten, steilen Anstieges. Wir waren bis zu einem Waldgürtel gelangt, welcher die mit Campos überkleidete Spitze und Schneide das Itacolumý halskrausenartig umgiebt. Viel Bromeliaceen schmückten die Bäume dieses Niederwaldes, am Boden wuchsen grossblättrige Aroideen, schöne Farnbäume standen im Dickicht, feine Bambusgräser suchten zum Lichte emporzustreben, und Baumstämme, die mit ganz flachen weissen, und andere,

---

[1]) Es wird wohl diese Species von Furnarius gewesen sein, da diese speziell für Minas Geraes genannt ist (Spix: Avium species novae I 76. Wied: Beiträge zur Naturgeschichte Brasiliens III 671 und ff.), und ist diese Species, entgegen der Angabe des Catalogue of the Birds in the British Museum XV 11 a. f., zweifelsohne identisch mit dem Furnarius rufus Burm., welchen Burmeister (Systematische Uebersicht der Thiere Brasiliens III 3) am Itacolumý beobachtet hat.

[2]) Das rasche Vorbeihuschen des Vogels gestattete nicht viel mehr als das Beobachten der Gefiederfarbe und so war eine sichere Bestimmung unmöglich. Seinem Gehen am Boden nach, wäre ich geneigt, ihn für den auf den Campos wohnenden Aphobus chopi Vieill., aus der Familie der Icteriden, zu halten, wenn nicht sein einsames Vorkommen dagegen sprechen würde.

die mit zinnobcrröthen Lichenen überzogen waren und wie weiss bezw. roth angestrichen aussahen, leuchteten aus dem Grün heraus. Es dürften diese auffallenden Lichenen Scheibenflechten (Lecidea), und zwar speziell die rothen[1]) die Lecidea piperis Spreng. gewesen sein.

Wir vertieften uns in diesen Bergwald, doch bald sollten wir inne werden, dass er ohne Picada und ohne Buschmesserhilfe eben so undurchdringlich ist, wie der hohe Urwald der Niederungen. Verschiedene schmale Fusspfade führten in den Waldgürtel hinein, doch alle endeten als Sackgasse im Dickicht. Auf sechs verschiedenen Wegen versuchten wir vorzudringen, durch die Lianen, welche unsere Füsse umstrickten, uns durchzuwinden, doch jedesmal standen wir schliesslich vor einer dichten Pflanzenwand, welche keinen Durchlass mehr bot, und unseren Terçado hatten wir zu Hause gelassen. Es war unmöglich, ohne Führer sich zurecht zu finden, sogar auf dem kurzen Rückwege konnten wir den Pfad, den wir heraufgekommen, aus den anderen Pfaden, mit denen er sich kreuzte, nicht mehr herauserkennen. Der Tag ging zur Neige, zu neuen Versuchen blieb keine Zeit übrig; und so mussten wir mit schwerem Herzen auf das Erreichen der höchsten Kuppe verzichten, welche, wie ein verzaubertes Schloss von undurchdringbarem Waldring umgeben, all unseren Bemühungen spottete. Doch da ungefähr sechs Siebentel des Berges erstiegen waren, konnten wir uns zufrieden geben. Schöner und schöner hatte sich während des Aufstieges die Aussicht gestaltet. Anfangs genossen wir den Rückblick auf das hochliegende, zwischen Bergen eingebettete Ouro-Preto, dann öffnete sich der Blick gegen Norden, gegen den nördlichen Theil des Quellengebietes des Rio Doce. Unzählige Hügel- und Bergketten tauchten hintereinander auf, von denen sich die letzten in unabsehbarer Ferne verloren. Diese zahllos an- und hintereinander gereihten, langgestreckten Gebirgszüge mit ihren pyramidalen und kegelförmigen Gipfeln nahmen sich aus wie Riesenwellen eines versteinerten Meeres. Im Nordwesten und Norden stieg die gewaltige Steinwand des Hauptkammes der Serra do Espinhaço massig empor, sich in der Serra do Caraça bis zu 1955 m erhebend. Davor waren einige niedrigere, ebenfalls steil abstürzende Bergzüge gelagert. Als wir auf das obere Camposplateau gelangt waren, wurde gegen Osten, in einer Einsattelung des Itacolumy' wie in einem Rahmen, ein zweites, welliges Bergmeer sichtbar, die Wasserscheide zwischen Rio Doce und Rio Itabapuana. Da wir den Gipfel nicht erreichen konnten, blieb uns die Aussicht nach Süden, nach der Serra da Mantiqueira versperrt. Aber trotz dieser Lücke im Gesammtbild, war die vor uns ausgebreitete Gebirgslandschaft ungemein grossartig und übertraf weit die von uns gehegten Erwartungen. Wir empfanden, dass wir auf einem der höchsten Punkte des

---
[1]) Vermuthlich ist diese Lichenenart die nämliche, welch auch Prinz Wied (Reise nach Brasilien I S. 50) beobachtet hat.

Landes standen und mit dem Blick die ganze Gegend weit beherrschten. Was sich uns darbot, war eine ganz eigenartige Gebirgsscenerie, unähnlich der, welche die Gipfel unserer Hochalpen bieten. Die Abwechslung von Spitzen, Kuppen, langgezogenen Rücken und senkrechten Abstürzen, mit einem Worte, die Mannigfaltigkeit der Bergformen fehlte, statt dessen ergingen sich die Gebirgszüge in ununterbrochenen, gleichmässig wellenförmig auf- und absteigenden Linien und wirkten gerade durch diese Einförmigkeit, aber auch Einheitlichkeit, eigenthümlich mächtig auf den Beschauer. Satt rothbraun war die nachmittägliche Beleuchtung der Gehänge, in welche sich die Schatten scharf und dunkel einzeichneten. Als die Sonne zur Rüste ging, erglühten, wie es unsere Berge beim Alpenglühen thun, die Bergkuppen prächtig roth, soweit es die grüngelbe Farbe der alle Höhen überkleidenden Campos gestattete. Und hinter Ouro-Preto flammte der Wolkenhimmel in grossartiger Lichtwirkung feurig purpurn auf.

Die Temperatur auf Bergeshöhe war angenehm kühl, wir maassen 18° C. Den Rückweg, welchen die Anderen zu Pferde zurücklegten, wanderte ich, Botanisirens halber, zu Fuss. Dies gab auch Gelegenheit zum genaueren Besehen der vielen Termitenkolonien, welche eine ebene Stelle der Bergabdachung bevölkerten. Manche ihrer Bauten waren bewohnt und von frischerer, dunklerer Farbe, andere halbzerfallen, weisslich, wie von verwittertem, gänzlich ausgedörrtem Thon, und, so viel mir schien, schon längst verlassen. Sämmtliche zeichneten sich durch ausserordentliche Härte des Baumateriales aus. Der eine bewohnte Hügel, den ich näher untersuchte, war von aussen glatt und im Innern von einer Unzahl cylinderischer Gänge nach allen Richtungen unregelmässig durchzogen. Die Termiten selbst, welche sich theils am Ende der Gänge, theils an einer kleinen zerstörten Stelle der Aussenwand ihres Baues aufhielten, wimmelten nach Art der Ameisen, wenn sie sich auch nicht in so vielköpfigen Schaaren zusammen fanden, wie jene es zu thun pflegen. Sie waren, dem Augenmaasse nach, etwas grösser als unsere Waldameisen (Formica rufa), gelblich bis weisslich und so durchsichtig, dass der dunkle Darm durch die blassen Hinterleibswände durchschimmerte. Diese interessanten Thiere hatten einen dicken, wie geschwollen aussehenden Kopf und Hinterleib. Einige waren runder, andere etwas gestreckter, der Gestalt nach zu schliessen, erstere Arbeiter, letztere Soldaten. Da die Termiten für gewöhnlich nicht an der Aussenseite des Baues arbeiten, war ihr heutiges Hin- und Herlaufen auf einer Stelle des Kegelmantels sicher sowohl einer in Angriff genommenen Vergrösserung des Hügels, wie dem Ausbessern der von mir mittelst eines Stockes verletzten Oberfläche des Nestes zuzuschreiben. Vermuthlich gehörten diese Termiten der weitverbreiteten Species Termes cumulans Koll. an, doch ist nicht ausgeschlossen, dass neben ihnen auch andere Arten den Bau bewohnten, da öfters mehrere Species in einem Hügel beisammen getroffen werden.

Während des Abstieges begegnete uns das erste menschliche Wesen und auch das einzige, welches diese weite Bergeinöde zu begehen schien. Es war wohl ein Hirt, denn tiefer unten stiessen wir auf Vieh, welches zu einer am Fusse des Berges gelegenen, bescheidenen Fazenda gehörte. Den Rain daselbst schmückte die Tibouchina semidecandra Cogn., eine prachtvolle, 1—2 m hohe Melastomacee mit sammtigen Blättern und grossen violetten Blüthen.

Die Dunkelheit war schon vollständig hereingebrochen, als wir unser Gasthaus wieder erreichten. Den Rest des Abends, bei 17° C. in den Zimmern, verbrachten wir eher ungemüthlich, weil frierend. Dies hinderte uns aber nicht, mit Befriedigung an unsere heutige Gebirgstour zurückzudenken, insofern, als sie uns einen Einblick in manches Charakteristische der Camposflora und ebenso einen Begriff der orographischen Physiognomie des Landes verschafft hatte. Weniger entzückt waren wir von der Entdeckung, dass wir aus den Capões und Carrascos von den dort an den Blättern in Menge sich aufhaltenden Carapatos, d. h. Zecken, etliche mit nach Hause gebracht hatten. Unter den mindestens 18 Arten von Zecken, welche Brasilien beherbergt, gehörten die von uns wider Willen gesammelten zu einer der drei Species[1]), die unseren Ixodes ricinus L. in Farbe ähnlich und in Grösse nur wenig überlegen sind.

Verzeichniss der von mir auf dem Itacolumý gesammelten Pflanzen:

An Malpighiaceen:

Byrsonima mit schönem, eiförmig zugespitztem, kupferfarbigem Blatt, der Byrsonima cuprea Gr. nahestehend und vielleicht eine nov. spec., da sie mit keiner der bisher bekannten Arten vollständig übereinstimmt.

An Sapindaceen:

Matayba marginata form. 1 genuina Radlk., ein wahrscheinlich der Provinz Minas Geraes eigenthümlicher Strauch mit paarig gefiederten Blättern.

An Melastomaceen:

Microlicia fulva Cham., ein niedriger, purpurblühender, auf den Campos von Minas weitverbreiteter Strauch.

Lavoisiera compta DC., ein sowohl in Mittel- wie in Südamerika vorkommender, kleiner Strauch mit imbricirt stehenden Blättchen.

Tibouchina semidecandra Cogn., ein Strauch, der weit nach Südbrasilien hinunter geht.

Comolia violacea Triana, ein kleinblätteriges Kraut, welches, wie es scheint, auf die Camposregion von Minas beschränkt ist.

Marcetia taxifolia DC., ein auf den Campos von Minas vielfach anzutreffender Strauch.

---

[1]) Amblyomma rotundatum Koch. Ixodes flavidus Koch. Ixodes humanus Koch.

Marcetia cinerea Triana, ein graugrüner Strauch mit weichfilzigen Blättern, der nur für die Campos von Minas angeführt ist.

Miconia macrophylla Triana var. serrulata Cogn., eine besonders grossblätterige, baumförmige Melastonaceenspecies, welche, von Guyana angefangen, bis in die Provinz Rio de Janeiro hinein gefunden wird, deren Vorkommen in Minas Geraes aber bisher nicht festgestellt war.

An Lythraceen:

Diplusodon serpyllifolius DC., ein kleinblätteriger Strauch, welcher auf die Campos von Minas beschränkt zu sein scheint.

An Rubiaceen:

Psychotria trichoclada Muell. Arg., ein kaum meterhoher, rothblühender Strauch, der nur für die Umgegend von Ouro-Preto angeführt wird.

Borreria verticillata G. F. W. Meyer, ein in Brasilien vom Amazonas bis St. Catharina verbreiteter, auch in Afrika vorkommender Strauch mit lanzettförmigen Blättern.

Mitracarpus frigidus var. Humboldtianus Schumann, ein Kraut Mittelbrasiliens, mit für eine Rubiacee merkwürdig gestellten Blüthenköpfchen.

An Compositen:

Vanillosmopsis erythropappa Schultz-Bip., ein 3 bis 4 m hoher Baum, welcher durch die graue Färbung der Unterseite seiner Blätter auffällt und dessen Standorte sich auf Bahia Minas, Rio de Janeiro und São Paulo vertheilen.

Vernonia . . . ., eine sehr schmalblätterige, rothblühende Vernonie, wahrscheinlich Vernonia desertorum Mart. var. longipes Baker, möglicherweise aber auch eine nov. spec.

Vernonia scorpioides Pers. var. tomentosa Mart. (in sched.),[1] welche sich durch ihre befilzten Blätter scharf von der Vernonia scorpioides des brasilianischen Küstenwaldes unterscheidet.

Eupatorium serratum Spreng., var. alpestris Baker (Gesägter Wasserdosten), ein auf die mittleren Provinzen Brasiliens beschränkter Halbstrauch.

Baccharis genistelloides Pers. var. trimera Baker, ein meterhoher, immergrüner Halbstrauch, der auch im Westen von Südamerika vorkommt.

Baccharis tarchonanthoides DC., ein Carrasco do campo genannter Strauch, welcher namentlich auf den Bergcampos Ostbrasiliens wächst.

Baccharis retusa DC., ein hauptsächlich auf den Campos von Minas verbreiteter Strauch.

Baccharis truncata Gardn., ein bis jetzt nur in Minas gefundener Strauch mit kleinen, glänzenden, stark gezähnten Blättchen.

Baccharis platypoda DC., ein auf den Bergcampos von Minas weit verbreiteter Strauch.

Achyrocline saturoides var. vargasiana DC., ein Kraut der trockenen und bergigen Regionen Südamerikas.

Stenocline Chioneae DC., ein für die Berggegenden Minas' charakteristisches Kraut.

An Myrsineen:

Myrsine leuconera Mart., ein niedriger Baum der Capões von Minas, der auch in Bahia und Santa Catharina vorkommt.

An Solanaceen:

Solanum subscandens Vell., ein Nachtschatten mit stachelbewehrtem, merkwürdig klebrigem Blatt, der bisher nicht in Minas beobachtet worden war.[2]

---

[1] Die von Martius aus der Stammform als var. tomentosa ausgeschiedene Vernonia scorpioides Pers. ist sicher synonym mit der in Flora brasiliensis VI$_3$, S. 101 als Synonym der Stammform angegebenen und noch nicht als var. ausgeschiedenen Vernonia flavescens Lessing.

[2] Siehe Martius: Flora brasiliensis X, p. 91. — Ein Irrthum über die Species der von mir gesammelten Pflanze ist ausgeschlossen, da ihr Blatt ganz mit einem aus Rio de Janeiro stammenden, im Herbarium von Kew befindlichen Blatt von S. subscandens übereinstimmt.

An Verbenaceen:
Lippia microcephala Cham., ein für die gebirgigen Gegenden Minas' charakteristischer, 1 bis 2 m hoher Strauch.
An Urticaceen:
Urostigma . . . ., wahrscheinlich; jedenfalls Artocarpee.
An Xyrideen:
Xyris plantaginea Mart., ein Camposkraut der Provinz Minas.
An Eriocaulaceen:
Paepalanthus planifolius Kcke., ein auf verschiedenen Bergen von Minas vorkommendes Kraut mit zusammengesetzten, wolligen Blüthenköpfchen.
An Gleicheniaceen:
Mertensia rigida Kunze, ein in Südamerika weit verbreiteter Gabelfarn.

Ouro-Preto. Sonntag, den 19. August.

Nachdem wir gestern Abend noch 17° C. in den Zimmern gehabt hatten, war die Temperatur bis heute früh auf 14° C. gefallen. Im Freien zeigte das Thermometer 7 Uhr Morgens gar nur 5,5° C., so dass ich meinen Pelz hervorholte. In der Sonne wurde es später zwar bald warm, im Schatten aber blieb es kühl. Wir lernten das Winterklima der Gebirgsregionen im tropischen Brasilien kennen.

Der heutige Vormittag war der Bergstadt Ouro-Preto gewidmet. Es galt Hügel auf und Hügel ab zu klettern, auf zum Theil schlecht gepflasterten Strassen und zwischen malerisch gruppirten, gartenumgebenen Häusern. Einzelne Araucarien, etliche Bananen und namentlich Jabuticabas (Myrciaria cauliflora Berg), dicht und dunkelbelaubte, kugelrunde Bäume mit kirschenähnlichen, essbaren Früchten, die am Stamm wachsen, zogen unsere Aufmerksamkeit auf sich. Die gepflegt aussehenden öffentlichen Gebäude, die in besserem Stande sind als die entsprechenden Bauten aller bisher von uns besuchten Provinzhauptstädte Brasiliens, nehmen hervorragende Lagen ein, so das Gefängniss, das Provinziallandtagsgebäude und der Palast des Gouverneurs. Auch die Kirchen, deren es ziemlich viele giebt, ragen hochgelegen, manche hügelkrönend, die Privathäuser beherrschend hervor. Wir besuchten nur die Jgreja de São Francisco und dies des Gottesdienstes halber, wurden aber für den mühsamen, steilen Weg hinauf und durch die wundervolle Aussicht vollauf entschädigt. Die Kirche liegt schon fast ausserhalb der Stadt, ziemlich hoch am Bergeshang. Das in eine Schlucht eingebettete Ouro-Preto mit seinen unregelmässigen Häuserreihen lagert sich zu Füssen, gegenüber steigt der mächtige Itacolumý mit seinem namengebenden Felskoloss in die Höhe.

Wie in allen küstenfernen brasilianischen Städten sahen wir auf den Strassen wenig Neger. Und Indianer, von denen wir seit Bahia keinen mehr zu Gesicht bekommen haben, vermissten wir hier so vollständig, als wenn sie, die Autochthonen, niemals in diesen Gegenden existirt hätten. Als charakteristische Strassentypen fielen uns Kettensträflinge auf; sie hatten dem Bein entlang Eisenstangen, um den Knöchel herum Eisenreife und waren mit Reinigen der Wege beschäftigt. Die Soldaten, die man in unseren Ländern nicht in einem Athem mit Sträflingen nennen dürfte, von denen aber in Brasilien manche ihnen nicht allzufern stehen, machten hier, in Ouro-Preto, einen sehr günstigen Eindruck. Auch ihre Kaserne war, wenigstens von aussen, tadellos. An eigenthümlichen Fuhrwerken begegneten uns wenig beladene Heuwagen, welche von sechs Paar Ochsen gezogen wurden und mit ihren speichenlosen, eisenbeschlagenen Rädern, einen ohrenzerreissenden Lärm hervorbrachten.

Unser Hauptinteresse in Ouro-Preto konzentrirte sich auf die Bergbauschule, einen Einblick in den Mineralreichthum von Minas Geraes und überhaupt Brasiliens zu gewinnen. Diese im Jahre 1875 gegründete Schule, deren Lehrplan 1885 neu geregelt wurde, dient zur Heranbildung von Bergbauingenieuren und gewährt unentgeltlichen Unterricht. Sie steht unter der Leitung eines französischen Gelehrten, Herrn Gorceix, der auch unser liebenswürdiger Führer durch die geologische, paläontologische und mineralogische Sammlung der Anstalt wurde und mir die nachfolgend genannten Doubletten von Gesteinen und Mineralien schenkte. Unter den Petrefakten waren namentlich solche aus der Kreideformation reichlich vertreten, welch letztere, so viel bis jetzt bekannt, in Brasilien einen ziemlich bedeutenden Theil der Gebilde aus nacharcholithischer Zeit für sich in Anspruch nimmt. Daneben sind aber auch Versteinerungen aus anderen Formationen zu nennen, wie solche aus der Silur- und der Quartärzeit. Unter ersteren fiel mir der vollständige Mangel an Trilobiten auf, die doch im Silur von Böhmen und Nordamerika eine so grosse Rolle spielen[1]). Aus der Mineraliensammlung will ich nur nennen, im Gestein sitzende Diamanten, in Gestein eingesprengtes, an einigen Stücken gar nicht zu Tage tretendes Gold, verschiedene Eisenerze, Chrysoberylle, Andalusite, eine Anzahl Topase, viel Turmaline und endlich Aquamarine. Die Eisenerze waren Proben derjenigen, welche in der Serra do Espinhaço und zwar in ungewöhnlichen Mengen, vorkommen, und in der Umgegend von Ouro-Preto sehr leicht zu gewinnen sind, da sie meist zu Tage liegen.

---

[1]) Nachträgliche Studien erklärten mir diesen Mangel. Die silurische Fauna Brasiliens ist noch wenig durchforscht und ergab bisher nur wenige fragmentarische und nicht unumstösslich sichere Trilobiteureste; im Devon hingegen sind Trilobiten reichlich gefunden worden. Siehe Orville-Derby: Contribuções para a Geologia da Região do Baixo Amazonas (Archivos do Museu Nacional do Rio de Janeiro II. 93. 94.) Clarke: As Trilobitas do Grez de Ereré e Maccurú 1—58 (Extrahido dos Archivos do Museu etc. IX.) — Rathburn: On the Devonian Trilobites and Mollusks of Ereré. (Annals of the Lyceum of Natural History of New-York XI. p. 110 a. f.) Hartt: A Geologia do Pará (Boletim do Museu Paraense de Historia Natural e Ethnographia I. 266).

Der Reichthum an Eisen ist in manchen Gegenden von Minas so ausserordentlich, dass man mit Stücken erster Güte Strassen pflastert und Mauern aufführt[1]). Diesem bedeutenden Eisenreichthum steht in dieser Provinz eine grosse Armuth an Kupfer gegenüber.

Man zeigte uns in der Bergbauschule auch die noch etwas primitive Weise, in welcher das Gold ausgewaschen wird. Das in einem Pochwerk zu Staub zermalmte, goldführende Gestein wird nebst etwas Wasser in flachen Holzschüsseln, den Sichertrögen oder Batéas, mit den Händen so lange hin und her geschüttelt, bis das immer wieder erneute Wasser alle obenauf schwimmenden leichteren Bestandtheile abgeschwemmt hat und nur mehr die schwereren, als ein kleiner, fast nur aus Goldtheilchen bestehender Bodensatz übrig bleiben. Auf diese Weise, mittelst Batéas, geschieht auch das Auswaschen des Goldes aus dem Sande der Gewässer von Ouro-Preto selbst.

Leider mangelte uns die Zeit zu einem Besuche der Goldminen, da die in Ouro-Preto nicht mehr in Betrieb, und die nächsten, in welchen das kostbare Metall noch gewonnen wird, anderthalb Stunden von der Stadt entfernt sind.

Verzeichniss der von mir auf dem Itacolumý gesammelten und der in der Bergbauschule erhaltenen Gesteinsarten und Mineralien:

Itacolumit, ein körnig schieferiger, manchmal biegsamer, gelber Quarzit, der als vermuthlich cambrisch oder präcambrisch gilt und in seiner typischen Form zum mindesten in den Provinzen Minas, Goyaz und Bahia weit verbreitet ist. Er gehört in Minas zu den Hauptlagerstätten des Goldes und ist, sofern seine jüngeren Schichten noch künftighin als echter Itacolumit zu betrachten sind, auch diamantführend.[2]) In seiner Eigenschaft als Faktor für den Vegetationscharakter nimmt der Itacolumit im Vergleich zu anderem Gestein eine sehr ungünstige Stellung ein; die Campos von Minas Geraes, dessen Unterlage er bildet, haben einen äusserst ärmlichen Pflanzenwuchs, welcher nicht einmal für die Viehzucht sonderlich nutzbar gemacht werden kann. Fundort des erhaltenen Stückes: Cachoeira de Juru-mirim. Südliches Minas Geraes.

Thonschiefer. Fundort: Itacolumý.

Meteoreisen. Fundort: Bahia.

Gold in Quarz. Fundort: Mine des Coronel Domiciano de Sá. Minas Geraes.

Magnetkies mit Kupferkies. Fundort: Morro Velho. Minas Geraes.

Eisenkies (Pyrit), goldführend. Fundort: Cinobá. Minas Geraes.

Fahlerz mit Pyrit in goldführendem Granatglimmerschiefer. Fundort: Passagem bei Ouro-Preto.

Quarz, gemeiner, farblos. Fundort: Itacolumý und sonstige Umgegend von Ouro Preto.

Quarz, gefärbt. Fundort: Itacolumý.

---

[1]) Siehe Santa-Anna Nery: Le Brésil en 1889 p. 79.

[2]) Nach Orville A. Derby: Geologia do Diamante p. 3 c. s. (Da Revista de Engenharia IV. No. 6) und nach verschiedenen brieflichen Mittheilungen von Professor O. A. Derby aus den Jahren 1895 und 1896.

Quarz, Bergkrystall. Fundort: Minas Geraes.
Quarz, Amethyst. Fundort: Rio Grande do Sul.
Achat. Fundort: Rio Grande do Sul.
Zirkon (Hyazinth), in grossen, wasserklaren Krystallen, deren Habitus bedingt wird durch eine vorherrschend ditetragonale Pyramide.[1]) Fundort: Rio Matipó, Nebenfluss des Rio Doce.
Eisenglanz (Hämatit). Fundort: Umgegend von Ouro-Preto.
Eisenglanz (Hämatit), körnig. Fundort: Itabirá, Minas Geraes.
Martit (Pseudomorphose von Rotheisenerz nach Magneteisenerz), in prachtvollen Oktaedern. Fundort: Boa Vista bei Ouro-Preto.
Brauneisenerz (Limonit), traubig. Fundort: Umgegend von Marianna, Minas Geraes.
Magneteisenerz (Magnetit) in Pulver mit Pyrolusit (Braunstein). Fundort: Tulgo Jacutinga, Gandaréla, Minas Geraes.
Chrysoberyll (Cymophan), grünlichgelb. Fundort: Arassuahy (Calháo), Minas Geraes.
Ytterspath (Xenotim). Fundort: Diamantina.
Monazit. Ohne Fundortangabe.
Andalusit, zweifarbig. Fundort: Arassuahy (Calháo), Minas Geraes.
Topas, gelb. Fundort: Boa Vista bei Ouro-Preto.
Disthen (Cyanit), grauweiss, blättrig, strahlig. Fundort: Itacolumý.
Turmalin. Fundort: Arassuahy (Calháo), Minas-Geraes.
Granat, in goldführendem Gneisglimmerschiefer. Fundort: Pari, Minas Geraes.
Chromglimmer (Fuchsit). Fundort: Ouro-Preto.

Rio de Janeiro. Montag, den 20. August.

Gestern Nachmittag um 3 Uhr traten wir auf demselben Wege, auf welchem wir gekommen, mittelst Eisenbahn die Rückreise nach Rio de Janeiro an. Durch eine flussdurchrauschte, enge Bergschlucht, welche oft gerade nur Platz für die Bahn und das schäumende Gewässer bot und deren fast senkrechte Wände von kurzer, dichter Vegetation vollständig überwuchert waren, stiegen wir zunächst die westliche Serra hinauf. Die folgende Fahrt auf dem Gebirgskamm, die eine Aussicht bietet, würdig derjenigen eines Berggipfels, schien uns noch entzückender als den Tag vorher. Es mochte daran die Spätnachmittagsbeleuchtung schuld sein, welche die in ganzen Reihen hintereinander gelagerten Bergketten in satten Farben und kräftiger Schattenwirkung deutlich auseinander hielt. Nachdem die Sonne schon unter dem Horizont verschwunden, leuchteten die Berge noch lange im Abendroth nach, bis endlich der fast taghelle Mondschein den Sieg davontrug und die öde Gebirgsgegend in seine Lichtfluthen tauchte. Es war empfindlich kalt. Auch die Leute an den Stationen schienen dies zu finden, denn einer trug eine Mütze aus dichthaarigem Biberfell, ein anderer eine aus Affenhaar, und Manche

---

[1]) Ueber die krystallographischen Verhältnisse dieser Zirkonkrystalle, welche einen ganz neuen Typus repräsentiren, wird von Dr. Grünling in Groth: Zeitschrift für Krystallographie und Mineralogie, eine Notiz erscheinen.

hatten eine Manta über die Schultern gelegt. Es fiel uns auf, dass in diesen Gegenden die Männer vielfach hohe Stiefel tragen. Die Vorliebe für diese Art Fussbekleidung erklärt sich dadurch, dass das Reiten, welches man am Amazonas nahezu nicht kennt, hier ein sehr gebräuchliches Beförderungsmittel ist.

In der Ferne lohte eine brennende Catinga gegen den Nachthimmel empor. Dieses Niederbrennen des Camposwaldes geschieht zum Roden und Düngen, und wird namentlich im September in ausgedehntem Maasse betrieben.

Abends sieben ein halb Uhr wurden wir in Lafayette ausparkirt, und wieder genau nach zwölf Stunden, heute Morgen, einparkirt. Als

Kaffeefazenda.

wir gestern Abend den Platz vor dem Gasthaus betraten, standen daselbst nebeneinander, unbeweglich wie Statuen, zwei Seriemas (Dicholophus cristatus Ill.), graue Schlangenstörche, mit einem Schopfe, ähnlich dem, den die Pfauen haben. Diese vollkommen zahmen Thiere liessen sich streicheln, wobei sie so wenig aus ihrer versteinerten Ruhe zu bringen waren, als befänden sie sich in hypnotischem Schlafe.

Heute früh, eine Stunde vor Abfahrt, lag die ganze Gegend in Nebel gehüllt, und das Thermometer zeigte 9° C. Nachts musste die Temperatur noch niedriger gewesen sein, denn als wir weiterfuhren, bemerkten wir einige reifangehauchte Strecken. Beim Verlassen des Hochlandes von Minas fiel uns der Unterschied zwischen den Catingas und den weit üppigeren Wäldern der Küstenzone besonders deutlich in die Augen. An letzteren war nur das Vorhandensein von Cecropien auszusetzen, diesen hässlichen Faulthierbäumen, welche in den Catingas ganz fehlen. Bei der Station Barão de Cotegipe bemerkten wir unmittelbar an der Bahn eine grosse Kaffeefazenda, in deren geräumigem Hof der Kaffee auf dem Boden in rechteckigem Felde zum Trocknen ausgebreitet lag. Hier und weiter abwärts waren alle Hänge kaffeebepflanzt, indessen dem Zuckerrohr die tieferen Lagen vorbehalten blieben. Auch auf den Zuckerplantagen war jetzt Erntezeit; wir sahen die süsse Last auf ochsenbespannten Wagen vom Felde hereinbringen.

Die Schlussfahrt über die Serra do Commercio und den Hauptkamm der Serra do Mar bildete einen Glanzpunkt der gesammten Eisenbahnroute. Prachtvoll war der Blick hinab in die Bergwelt unter uns und hinüber auf das sich nah und fern hochaufthürmende Gebirge. Es muthete uns an, als ob wir in der Heimath wären, da der Mondschein wohl die Bergformen, welche denen unserer Alpen ähnlich, aber nicht die Einzelheiten des vom europäischalpinen so verschiedenen Vegetationscharakters zu unterscheiden gestattete. Die Bahn führte hoch oben an steilem Hang entlang und senkte sich dann endlich in das in tropischer Ueppigkeit prangende Thal von Rio de Janeiro hinab.

Um acht Uhr konnten wir unseren Zug verlassen. Er war bis zur Unerträglichkeit überfüllt, jede Armlehne zum Sitzen, jeder Gangraum zum Stehen benutzt gewesen. Man erwartet nämlich dieser Tage die Ankunft des Kaisers Dom Pedro II., der nach lebensgefährlicher Krankheit in seine Heimath zurückkehren soll, und da strömt Alles von weither der Hauptstadt zu, ihn gelegentlich seines Einzuges zu begrüssen.

KAPITEL XV.

Rio de Janeiro.

Rio de Janeiro. Dienstag, den 21. August.

Nun befinden wir uns wieder auf einige Tage in der Hauptstadt, wollen noch mit dem Bezirk Cantagallo einen der bedeutendsten Kaffeedistrikte der Provinz Rio de Janeiro besuchen und dann unsere zweite grosse Tour in die brasilianische Wildniss antreten. Diesmal gilt es, den bei Bahia durch die Regenzeit vereitelten Besuch des Küstenurwaldes in etwas südlicheren Breiten nachzuholen. —

Heute Vormittag mussten das Herbarium und die aus Ouro-Preto mitgebrachten geologischen und mineralogischen Schätze in Ordnung gebracht werden.

Nachmittag fuhren wir per Bond, d. h. Trambahn, nach dem Jardim zoologico,[1] uns noch genauer in der brasilianischen Thierwelt umzusehen. Der Jardim zoologico ist aber dermaassen weit ausserhalb der Stadt, dass die Fahrt den Character eines Ausfluges trug. Wir passierten zum ersten Male die im Nordwesten von Rio gelegene, mit Gärten und Landhäusern besetzte Ebene und gelangten bis zum Fuss der sie begrenzenden Bergkette, ja bis zwischen die Berge hinein. Wie wir vermuthet, fanden wir im zoologischen Garten fast nur einheimische Thiere. Neben diesen gab es aber auch als Seltenheit, was uns unwillkürlich komisch vorkam, unseren Kolkraben und unsere gemeine Hausgans. Auf die bekannteren oder von uns im Lande selbst schon gesehenen brasilianischen Säugethiere, wie Lagothrix cana[2] und andere Affen, Silberlöwen,[3] verschiedene Varietäten von Jaguaren, Wasserschweine,[4] Pacas,[5] Cutiás,[6] Rothspiesshirsche[7] und

---

[1] Zoologischer Garten.
[2] Siehe weiter oben S. 114 und 151.
[3] Siehe S. 220.
[4] Siehe S. 171.
[5] Siehe S. 115.
[6] Siehe S. 51.
[7] Siehe S. 182.

Tapire, verwendeten wir unsere Aufmerksamkeit natürlich weniger als auf einige, die man seltener zu Gesicht bekommt. Da war ein Gato do Matto (Felis macroura Wied), eine in Nord- wie in Südbrasilien heimische Pantherkatze, in Gestalt und ungefähr in Grösse unserer Hauskatze, jedoch dem Jaguar ähnlich gefleckt, und ein Cachorro do Matto (Chrysocyon jubatus Desm.), ein an unseren Fuchs erinnernder, camposbewohnender Wolf. In zwei Käfigen nebeneinander befanden sich der wohlbekannte Coatí do bando (Nasua socialis Wied) und seine röthlich dunkelbraune Varietät, der Coatí ruivo (N. socialis Wied var. rufa Pelzeln), welche jedoch so wenig brüderlich gesinnt waren, dass sie bei jeder Begegnung durch die Eisenstäbe hindurch sich ärgerlich anzischten. Die Preás (Cavia aperea Erxl.), diese Meerschweinchen, welche von Manchen für die Stammart unserer Gemeinen Meerschweinchen gehalten werden, kamen nicht aus ihrem Versteck heraus. Dafür sahen wir die zwei Arten brasilianischer Schweine, das bräunlichgraue Bisamschwein (Dicotyles labiatus Cuv.) und das dunklere, schwärzliche Pekari (Dicotyles torquatus Cuv.), beides Thiere, welche in Rudeln bis zu 100 Stück die brasilianischen Wälder durchstreifen.

Die Vogelwelt war reichlich vertreten. Neben dem Urubú-rei (Cathartes papa L.) war da der Uraçú (Thrasaetus harpya L.), einer der gewaltigsten Raubvögel Südamerikas, mit ausdrucksvollem, fast dem der Eulen ähnlichem Gesicht und einer grossen, grauen Holle, welche er beim Schauen aufrichtete. Unter den Papageien befanden sich ausser den gewöhnlicheren Arten der seltene, ganz kobaltblaue, einen Meter lange, prachtvolle Hyacyntharára (Anodorhynchus hyacinthinus Lath.) und der, gleich diesem, nicht nach Südbrasilien herunterreichende, himmelblau und hochgelbe Araraúna (Ara ararauna L.). Zahlreich gab es Hokkohühner, wie z. B. verschiedene Mutúms (Crax), Jacupébas (Penelope jacucaca Spix),[1] graubraun gesprenkelte Jacús (wohl Ortalis albiventris Wagl.) und ausserdem Jacutíngas (Pipile jacutinga Spix) mit wundervoll blauer Kehle. Ferner waren Inhambús (Tinaminae) und die auf den Norden von Südamerika beschränkten Jacamís oder Trompetervögel (Psophia) vorhanden. Schliesslich fanden wir auch Schildkröten, Boas und einige Teius (Tupinambis teguixin L.), graubräunliche, dreiste und selbstbewusste Eidechsen, welche einen fast dreieckigen, dicken Kopf haben, nahezu

---

[1] An Ort und Stelle notirte ich nach einer dortigen Aufschrift »Jacupéba = Penelope superciliosa«. Nun ist P. superciliosa Cuv. gleich P. jacucaca Spix und nicht gleich P. jacupeba Spix Catalogue of Birds in the British Museum XXII, 494, 501). Da Spix aber den Namen Jacupéba wohl nicht gegeben hat, ohne Rücksicht auf den Vulgärnamen, ist anzunehmen, dass, obwohl die zwei Arten in der Färbung sehr verschieden sind, sie doch beide den gleichen Vulgärnamen tragen. Ebenso ist hinwieder anzunehmen, dass P. superciliosa Cuv. die zwei Vulgärnamen Jacucáca und Jacupéba trägt, vermuthlich je nach dem Ort seines Vorkommens.

einen Meter lang werden und von Westindien an bis nach Uruguay hinunter verbreitet sind.

Rio de Janeiro. Mittwoch, den 22. August.

Um fünf Uhr früh begaben wir uns nach dem Hafen hinunter und zu Boot hinaus in die Bai. Für heute war die Ankunft des Kaiserpaares avisirt, und auch wir wollten uns dieses Ankommen, welches besonders festlich begangen werden sollte, aus der Ferne betrachten. Brasilien feierte die Rückkehr des Monarchen, der, wieder zum Leben genesen, zum ersten Male heimathlichen Boden betrat, seit das Gesetz über die Emanzipation der Sklaven verkündet worden war. Merkwürdigerweise stritten sich die Zeitungen in Bahia noch vor zwölf Tagen, ob der Kaiser gesundheitshalber nach Brasilien zurückkehren würde oder nicht — und dies zu einer Zeit, als derselbe schon zwischen Europa und Amerika auf dem Meere schwamm. Offenbar war eine politische Partei seiner Heimkunft nicht wohlgesinnt, vermuthlich aus republikanischer Tendenz, denn antimonarchische Ideen und Wünsche sind hier leider weit verbreitet. Der Einfluss der Vereinigten Staaten von Nordamerika ist mächtig, und wo man hinhorcht, kann man die Ansicht aussprechen hören, dass es zu keinem »terceiro reinado«[1]) kommen werde. Nach der Regierung Dom Pedro I. und Dom Pedro II. meint man die Monarchie stürzen zu können. Und so wird die dereinstige Thronbesteigung der Princeza Imperial allgemein angezweifelt. Jedoch glaubt Niemand an eine Revolution, so lange der bejahrte und in Folge Ueberarbeitetseins schwer leidende Kaiser die Augen nicht geschlossen.

Bei prächtigem, dann allmählich verbleichendem Mondschein ruderten wir hinaus in die Bahia. Eine auch fast nach unseren Begriffen winterliche Stimmung lag über der halb in Nebel gehüllten Stadt, aus welcher die weisse, vornehm geschwungene Kuppel der Igreja da Candelaria in geheimnissvoller Zwielichtbeleuchtung aufragte. Jenseits der östlichen Berge stieg der dunkelrothe Sonnenball strahlenlos hinter dunstiger Luft empor. Magisch waren die Lichtwirkungen in der herrlichen Bai, an der wir täglich neue Reize entdeckten. Von allen Hügeln stiegen Raketen in die Höhe, denn hier zu Lande werden die frohen Ereignisse auch am hellen Tage durch Verknallen von Feuerwerkskörpern gefeiert. Von den Schiffen und der Festung fielen Freudenschüsse, und auf den Pão d'Assucar hatten die Schüler der Escola militar[2]) mit Lebensgefahr eine Riesenfahne hinaufgeschleppt, auf welcher in grossen Buchstaben das Wort: Salve! stand.

Endlich wurde der französische Dampfer, welcher das Kaiserpaar an Bord hatte, in der Hafeneinfahrt sichtbar. Allerhand Boote und Dampf-

---
[1]) Dritte Regierung.
[2]) Militärschule.

schiffe fuhren entgegen. Es war ein sehr feierlicher Moment, der auch uns Fremde ergriff. Nach 10 Uhr kamen die Majestäten in ihrer Yacht angedampft und stiegen an der Marinearsenaltreppe an das Land. Erneuter Kanonendonner und Jubelrufe durchbrausten die Luft. Alle Schiffe in der Bai hatten Flaggengala gehisst und auf drei englischen Kriegsfahrzeugen waren die Matrosen in den Wanten aufgeentert und standen zum Salut auf den Raaen. Die ganze Wasserfläche war wie übersät mit Booten aller Art. Wir ruderten an das Ufer und drängten uns durch die Menge, von dem Fenster eines Hotels die Vorüberfahrt des Kaiserpaares anzusehen. Das Militär war ausgerückt. Die Strassen hatten alle geschmacklosen Festschmuck angelegt und eine geputzte Menge wogte auf und nieder. Vor und hinter dem kaiserlichen Wagen, der sich durch Einfachheit auszeichnete, ritt eine Escorte. Das Volk drängte dicht an den Wagen heran, welcher wegen der Menschenmenge nur im Schritt vorwärts kommen konnte. Es war rührend, das aufrichtige Interesse der Leute an ihrem Kaiser und überhaupt wohlthuend das prunklos Bürgerliche und Ungekünstelte dieses Einzuges zu sehen. Es war nicht der unnahbare Herrscher, welcher zu seinen Unterthanen, sondern der Landesvater, der zu seinen Kindern heimkehrte. Der Kaiser, abgemagert und gealtert seit ich ihn vor einem Jahr zuletzt gesehen, nickte freundlich nach allen Seiten. Ihm zur Rechten sass die Kaiserin, ihm gegenüber die Kronprinzessin, welche ihren Eltern zu Schiff entgegengefahren war. In einiger Entfernung hinter dem Wagen folgte eine Schaar weissgekleideter Mädchen. Zunächst begab sich die kaiserliche Familie in die Capella Imperial, ihr Dankgebet zu verrichten, dann erst in den Palast. Das Wetter war schön und heiss, der Feststimmung angemessen. —

Rio de Janeiro. Freitag, den 24. August.

Gestern früh 6 Uhr traten wir unsere Fahrt nach Cantagallo an, einem an der Nordgrenze der Provinz Rio de Janeiro gelegenen Städtchen. Wir fuhren zunächst per Dampfer quer über die Bucht nach Nietheróy. Mondschein, Nebelstimmung, welche an Wintermorgen hier häufig, und Sonnenaufgang waren ähnlich wie tags zuvor. Anfangs mussten wir uns zwischen einer Anzahl verankerter Schiffe hindurchwinden. Als wir freieres Fahrwasser gewonnen hatten, umspielten Delphine unseren Dampfer. Es waren dies die für die Bucht von Rio de Janeiro charakteristischen Sotalia brasiliensis Ed. van Beneden, blaugrau und salmfarbige Zahnwale, welche sich durch die Art ihres Auftauchens von allen anderen Denticeten unterscheiden[1]). Später sprangen kleine Fische auf, doch Scheibenquallen, (Discomedusae), wie wir deren vorgestern gesehen und die vermuthlich Dactylometra lactea Agass. gewesen sind, kamen uns gestern nicht zu Gesicht.

---

[1]) Göldi: Biologische Miscellen aus Brasilien (Spengel: Zoologische Jahrbücher III 134, 135). — Goeldi: Os Mammiferos do Brasil 118, 119.

Nachdem der Dampfer die Hälfte seines Weges über die Bai zurückgelegt hatte, vertiefte er sich in eine ganze Welt von vegetationsbedeckten Inseln und Halbinseln. In Nictheróy bestiegen wir den Eisenbahnzug, welcher uns in sechs Stunden nach Cantagallo bringen sollte. Die ersten 26 Kilometer etwa führte die Bahn über eine vollständig flache Strecke. Es ging zwischen Orangengärten hindurch, über sandigen, dünenartigen Alluvialboden und über eine grosse Wiese, auf der Pferde weideten und ein zahmer Nhandú oder Pampasstrauss (Rhea americana L.) seine Laufbeine übte. Weiter ging es durch eine Sumpflandschaft, welche nur ca. 36 cm über Springfluthhöhe liegt und auf welcher Papierstauden (Papyrus) wuchsen, die in ihrem Habitus der egyptischen Papyruspflanze sehr ähnlich sahen. Endlich fuhren wir durch Roça und allerhand Gestrüpp, in welchem einige Fourcroya gigantea Vent. ihre Blüthenstengel in die Höhe reckten und ein Baum mit ganz goldgelben Blättern unsere Aufmerksamkeit auf sich zog. Bis oben bewachsene Gneissbergreihen begleiteten uns rechts und links in der Ferne, nach und nach rückten sie näher und strebten höher empor, endlich, nach 74 km, verschwand die ebene Thalsohle ganz und die Bahn begann nach Fell'schem System die Serra da Boa Vista zu ersteigen. Es ist eine prächtige Bergbahn, die schönste der bisher in Brasilien von uns gesehenen. Der Zug windet sich förmlich durch das Gebirge aufwärts. Schwindelnd steigen die Hänge an, schwindelnd verlieren sie sich in die Tiefe; unten rauscht eng eingeschlossen der Bergstrom, tost über Felsen in zahllosen Fällen hinab. Nirgends wird der Boden sichtbar, alles ist in einem Meer von Grün begraben, über und über mit üppigem Tropenwald bekleidet. Aus der welligen Baumkronendecke, auf welche man hinabblickt, lösen sich die graziösen Formen der Farrenbäume[1]) heraus, welche weit zierlicher sind als die steifwedeligen, hier ganz vereinzelt im Dickicht stehenden Fiederpalmen. Viele Mamoeiras (Carica papaya L.), mit ihren regelmässig gestellten, handförmig getheilten, grossen Blättern, lassen sich in der Pflanzenfülle unterscheiden. Auch viele Faulthierbäume (Cecropia), welche durch ihre mehr fingerig gelappten Blätter von den meisten der von uns am Amazonas gesehenen vortheilhaft abstechen, fallen im übrigen Grün durch ihre weisse Blattunterseite auf. Hier und da erheben sich am Abhang mit rosenrothen Blüthen übersäte Bäume, vermuthlich irgendwelche Lecythis. Zahlreiche Bambusaceen sind Bürger dieser Pflanzenrepublik. Lianen, wohl Stechwinden (Smilax), deren es mehrere Arten in der Provinz Rio de Janeiro giebt, schlingen sich, stützesuchend, um die anderen Gewächse. Farnkräuter sind an den Baumstämmen bis hoch hinauf angesiedelt, andere am Waldesgrund dicht aneinandergereiht. Auf den Aesten sitzen allerhand Bromeliaceen, unter

---
[1]) Es kommen in diesen Wäldern wahrscheinlich verschiedene Arten von Cyatheen, Hemithelien und Alsophilen vor.

denen der Greisenbart (Tillandsia usneoides L.) seine fadenförmigen, silberweissen Stengel als meterlanges Geflecht herabhängen lässt. Es fehlen hier auch nicht die Schlingpflanzendraperien, die Laubvorhänge, welche denen der Hylaea an phantastischer Gestaltung und Ueppigkeit kaum nachgeben; der hiesigen Waldlandschaft fehlt nur die Grossartigkeit des Baumwuchses, wie sie die Amazonasniederung aufweist. Der ganze Fuss des Gebirges ist bis ziemlich weit nach aufwärts in diesen dichten Tropenwald gehüllt. Wo dieser aufhört, sind die Berge, welche so steil und hoch und nah in die Höhe ragen, dass man aus den Waggonfenstern kaum mehr den Himmel erblicken kann, noch mit Gesträuch bewachsen. Und wo die Kuppen, Kämme und Spitzen sich zu senkrechten Wänden gestalten, klammern sich in die Felsritzen noch rosettenförmige Ananasgewächse ein, welche, nur in vergrössertem Maassstabe, sich da ausnehmen, wie in unseren Alpen der Hauswurz. Herrliche Schluchten öffnen sich in der Bergwand, malerisch mit Vegetation bedeckt, die sich über den herabrieselnden Bächen von beiden Seiten zusammenwölbt. Durch die Kurven, welche die Bahn beschreibt, wechselt die Szenerie fortwährend. Bald hat man einen Blick zwischen zwei nahen Bergwänden hindurch auf ferne Gipfel, bald ragt von allen Seiten das Gebirg in nächster Nähe empor, so dass man nicht begreift, wie und wo der Zug hindurchfahren kann. Diese Bergwelt, welche durch die Vereinigung von Gebirg und Tropenvegetation so besonders berückend wirkt, ist fast gänzlich unbewohnt. Auch Thiere sahen wir nur wenig. Ein paar taubengrosse Vögel mit weissem Körper, Chasmorhynchus nudicollis Vieill., wechselten von einem Baumwipfel zum anderen. Unten im Flusse sonnte sich auf einem Felsen eine grosse Eidechse (Tupinambis teguixin L. [?]). Einzelne Stücke Vieh standen auf dem Bahnkörper, und unser Zug musste mehrmals bremsen und warten, bis die scheugewordenen und vor der Lokomotive dahinrasenden Rinder glücklich die Bahn geräumt.

Endlich war, nach 20 km Steigen bei 1086 m der Höhepunkt der Bahn überschritten. Der Zug enteilte dem engen Gebirgspass, der romantischen grossartigen Bergwelt und rollte bergab nach dem weiten Kesselthale von Nova Friburgo.

Mit dem Flecken Nova Friburgo hatten wir die älteste der vom brasilianischen Staat aus fremden Elementen gegründeten Kolonien erreicht. Bis zum Jahre 1820 waren grösstentheils nur einzelne Einwanderer, namentlich aus dem Mutterlande, aus Portugal, auf brasilianischem Boden erschienen. Nun aber unternahm es die Regierung auf ihre Kosten zum ersten Male nichtportugiesische Kolonisten zu berufen, und zwar ungefähr 2000 französische Schweizer. Diese Kolonisten kamen unter sehr günstigen Bedingungen, ebenso diejenigen deutscher Nationalität, welche etliche Jahre später in Rio Grande do Sul angesiedelt wurden. Diesen vom Staat angeregten Kolonien folgten solche, welche Privatunternehmungen ihren Ursprung verdankten. Dann kam eine Zeit, in der die Einwanderung vollständig stockte, bis sie in den vierziger Jahren sich wieder zu heben begann. Nun entstanden in Mittel- und Südbrasilien von Privatleuten gegründete deutsche Kolonien, welche aber auch von der Regierung unterstützt wurden. Manche dieser Ansiedlungen haben geblüht und blühen noch heute, manche sind wieder von der Bildfläche verschwunden. Sehr schädlich auf die Kolonisation wirkten die in den fünfziger Jahren von einigen Fazendabesitzern in S. Paulo eingeführten Parceria- oder Halbpartverträge, durch welche die eingewanderten Arbeiter bei ungünstigen Verhältnissen ihr ganzes Leben lang in sklavischer Abhängigkeit von ihren Arbeitgebern blieben. Auch die Wahl ungesunder Gegenden für Anlage von Kolonien, wodurch die Reihen der Einwanderer decimirt wurden, brachte die Ansiedlungsbestrebungen in Misskredit. Doch, sieht man von diesen und einzelnen anderen Missgriffen ab, welche sowohl Privaten, wie der Regierung zur Last zu legen sind, so lässt sich sagen, dass im Grossen und Ganzen die in Brasilien Eingewanderten bei vernünftiger Lebensweise und einigem Fleisse ihr mindestens bescheidenes Fortkommen haben. Die besser Gestellten können sogar jährlich einige tausend Mark zurücklegen und es giebt einzelne Kolonisten, welche bis zu 30 000 und 40 000 Mark Jahreseinkommen aufweisen. Freilich, solch riesige Reichthümer wie in den Vereinigten Staaten von Nordamerika werden wohl kaum erworben werden, hierzu ist vor Allem die Industrie noch zu wenig entwickelt, dafür aber sind die Verhältnisse auch weit solidere. Nachdem bis 1872 die Einwanderung durchschnittlich nur 10 000 Seelen jährlich betrug, hat sich dieselbe in neuester Zeit ungemein emporgeschwungen, und verwendet nun auch wieder der Staat grosse Summen auf die Kolonisation. Im Jahre 1880 zählte man schon fast 30 000 Einwanderer, von Bahia an südwärts gerechnet, und 1887 bis zu 54 990. Jetzt, nach Aufhebung der Sklaverei, ist ein noch grösserer Zuzug an Ausländern zu erwarten, da die Nachfrage nach Arbeitskräften zunehmen wird[1]). Die Einwanderer bestehen überwiegend aus Italienern, ihnen zunächst an Zahl kommen im Durchschnitt die Portugiesen, an diese reihen sich die Spanier und die Deutschen[2]). Letztere erhalten sich nirgends sonst im Ausland mehrere Generationen hindurch so unvermischt wie gerade in Brasilien. Der Hauptstrom der Einwandernden geht, des günstigeren Klimas halber, nach den südlichen Provinzen, und ist die Einwanderung daselbst manchmal so massenhaft, dass die Regierung sie kaum zu bewältigen vermag[3]). Den Süden suchen

---

[1]) 1888 ist die Einwanderung auf mehr denn 131 000 Köpfe gestiegen und die letztbekannte Ziffer, die von 1893, führt 84 143 Einwanderer an.

[2]) Ein Jahr wiegen die Spanier vor, ein anderes Jahr die Deutschen.

[3]) Siehe auch Globus LX S. 124.

hauptsächlich Deutsche und Italiener, die nördlicheren Gegenden namentlich Portugiesen auf.

Was speziell die Kolonie Nova Friburgo betrifft, ist zu berichten, dass sie ihren Charakter als solche, wenigstens in der ursprünglichen Form, nahezu ganz verloren hat. Die Schweizer sind fast alle gestorben oder weggezogen und an ihre Stelle sind Brasilianer und Deutsche getreten. Die Anwesenheit von letzteren verrieth sich uns auf den ersten Blick durch die Bauart der Häuser. Indessen die brasilianischen Wohnungen hier, wie durchgängig, Aufziehefenster haben, haben die deutschen, die in der alten Heimath gebräuchlichen zweiflügeligen Fenster. Solch deutsche Bauart zeigte sich gleichfalls mehr oder minder in all den auf Nova Friburgo folgenden Ortschaften. Dass auch unser Eisenbahnschaffner ein Deutscher war, durfte uns nach diesen Beweisen des Vorhandenseins deutscher Elemente nicht sonderlich Wunder nehmen.

Von Nova Friburgo, welches am Nordfuss der Serra da Boa Vista und östlich der Morros Queimados gelegen ist, zog sich die Bahn bis Cantagallo fortwährend zwischen eng zusammengerückten, mässigen Bergen und zwischen Hügeln hindurch. Unmittelbar hinter Nova Friburgo erhoben sich einige Schuppentannen (Araucaria brasiliana), dann begannen Zuckerrohrfelder und mit Kaffeeplantagen bedeckte Höhen. Letztere verdarben durch ihre steifen, regelmässigen Anpflanzungen das allenfalls Malerische der Gegend. In Cantagallo, einem uninteressanten Städtchen von ca. 3000 Einwohnern, welches Goldwäschereien seine Entstehung verdankt, trafen wir Nachmittag 1½ Uhr ein. Bis 2¼ Uhr hatten wir die nöthigen Maulthiere aufgetrieben, um nach der Fazenda de Santa Anna, einer grossen, dem Barão de Cantagallo gehörenden Kaffeeplantage zu reiten.

Unser Weg führte zwischen Berglehnen hindurch. Er war grösstentheils schattenlos und die Sonne brannte unbarmherzig auf uns herab. Neben dem Wege wuchsen charakteristische Capoeirasträucher, gut über 3 m hohe Lantana camara L., mit ihren grell gelb und rothen Blüthen. Eine grosse, dickbehaarte Würgspinne zog sich vor den Tritten unserer Reitthiere zurück. Ihrem Vorkommen am Boden und an trockener, waldloser Stelle nach zu schliessen könnte es eine Theraphosa Blondii Latr. gewesen sein, sofern eine solche jemals zu so früher Nachmittagsstunde ihren Bau verlässt. Eine Unmenge graubrauner Eidechsen, etwas grösser und dicker als unsere Lacerta agilis, vermuthlich Halsbandkielschwänze (Tropidurus torquatus Wied), huschten über unseren Pfad oder sonnten sich an der steilen Felswand, unter welcher wir vorbeiritten. Einer dieser Erdleguane fiel hinter mir auf mein Maulthier herab, welches ob dieses unerwarteten Gastes erschreckt zusammenzuckte.

Endlich vertiefte sich unser Weg in eine wundervoll üppige Waldparzelle mit seltsam schlingpflanzenbehangenen Bäumen, rothblühenden epiphytischen Bromeliaceen und einem Baumriesen, dessen Stamm gleichsam ein Halsband von Aroideenblättern trug. Nachdem der Wald hinter uns lag, passirten wir den Sattel des Gebirges. Es that sich da ein überraschender Blick auf, hinab in ein Thal mit kaffeebepflanzten Hügeln, hinter welchen sich in der Ferne Bergreihen übereinander aufbauten. Schwarze Anús (Crotophaga ani L.) und Tijuca nigra Less., grosse, dunkle, nicht allzu häufige Fruchtvögel (Cotingidae) mit gelbgestreiften Flügeln, strichen zwischen den einzelnen Büschen hin und her. Wir lenkten in das Thal hinunter, woselbst es sumpfig war, und erreichten nach anderthalbstündigem Ritt, hinter dem nächsten Hügel, die Fazenda des Barão de Cantagallo.

Der Gutsbesitzer, ein schlichter alter Herr, dem wir vollständig unangesagt in das Haus kamen, empfing uns trotzdem sehr freundlich, als er hörte, dass wir Ausländer seien und eine Kaffeeplantage kennen zu lernen wünschten. Er war einer jener Fazendeiros, welche der Regierung ob der Sklavenemanzipation grollten. Speziell für die Kaffeeplantagenbesitzer wäre nämlich die Fortdauer der Sklaverei vielleicht von Nutzen gewesen, dieselbe hatte man aber, wie die Verhältnisse lagen, nicht mehr aufrecht zu erhalten vermocht. Schon vor mehr als hundert Jahren war zum ersten Mal die Frage der Emanzipation der schwarzen Sklaven angeregt worden und seither hatte sie nicht geruht. Nachdem ungefähr drei Jahrhunderte hindurch Negersklaven in Brasilien eingeführt worden waren, und zwar in solchen Mengen, dass 1818 über die Hälfte der Bevölkerung aus Sklaven bestand, war 1831 jede weitere Einfuhr verboten worden. Dies hinderte jedoch nicht, dass der Sklavenhandel heimlich bis 1856 fortgesetzt wurde. In den sechziger Jahren fasste man die Frage der Abolição, der Abschaffung der Sklaverei, welche der Kaiser auf jegliche vernünftige Art zu fördern suchte, ernstlicher ins Auge.[1]) 1871 that die Regierung den ersten Schritt in dieser Richtung, indem sie das Gesetz, dass von nun an alle von Sklavinnen geborenen Kinder frei sein sollten, trotz starker Opposition, durchbrachte. Diesem Gesetz folgte 1885 ein zweites, welches allen Negern, die das sechzigste Lebensjahr überschritten hatten, die Freiheit zusicherte. Die zwei nördlichen Provinzen Amazonas und Ceará hatten inzwischen schon 1884 ihre sämmtlichen Sklaven freigegeben, und auch im Süden, in São Paulo, regte sich die abolitionistische Bewegung mächtig. In einigen anderen Provinzen aber, namentlich in Minas Geraes und Rio de Janeiro, machte sich ein heftiger Widerstand gegen jede Beschleunigung der Emanzipation geltend. Uebrigens herrschte im Grossen und Ganzen unter den Sklavenbesitzern selbst doch schon eine solche Stimmung, dass Viele ihren Negern die

---

[1]) Siehe z. B. Silva Netto: Estudos sobre a Emancipação dos Esclavos no Brazil. p. 5. 28. e s.

Freiheit schenkten,¹) wie dies das Staatsoberhaupt mit den seinen schon viele Jahre früher gethan. Als Beispiel nenne ich hier nur den reichsten Fazendeiro der Comarca de Cantagallo, den Conde de Nova Friburgo, welcher 1993 Sklaven besessen hatte. Endlich in diesem Jahre, 1888, war die Strömung zu Gunsten der Abolição so angewachsen, dass sie sich nicht mehr eindämmen liess, und so kam es denn im verflossenen Mai zur fast einstimmigen Annahme des Gesetzes, welches sämmtliche noch vorhandene Sklaven emanzipirte. Es mögen deren zwischen 600 000 und 700 000 gewesen sein, indessen sie im Jahre 1871 noch 1 800 000 betragen hatten.

Dass einzelne brasilianische Staatsbürger durch das neue Gesetz geschädigt wurden, dass für die Gutsbesitzer das Ersetzen der Sklaven durch freie Arbeiter nicht leicht gewesen ist, soll nicht geläugnet werden. Andererseits aber lässt sich auch nicht in Abrede stellen, dass der partiellen Krisis ein voraussichtlich grossartiger finanzieller Aufschwung gegenüberstehen wird. In den letzten siebzehn Jahren hat die Anzahl der Sklaven, wie wir vorhin sahen, um zwei Drittel abgenommen und nichtsdestoweniger ist z. B. die Kaffeeernte auf das Dreifache gestiegen.²) So ist jetzt bei zu erwartender grösserer Einwanderung und der, nach schon gemachter Erfahrung in den Nordprovinzen, weit günstigeren freien Arbeit, eine weitere Steigerung der landwirthschaftlichen Produktion sicher anzunehmen.³) Ueberdies sucht die Regierung den allenfalls in Verlegenheit gerathenen Fazendeiros durch Gründung einer Agrarkreditkasse helfend unter die Arme zu greifen. Auch hat das Verlassen der Fazendas durch die freigewordenen Schwarzen nicht die gefürchteten Dimensionen angenommen. Die meisten Emanzipirten sind geblieben, namentlich da wo sie als Sklaven gut behandelt wurden. Und so hat auch der Barão de Cantagallo, der es nicht über sich vermocht hatte, gleich anderen Gutsbesitzern die Sklaven vor der Emanzipation frei zu lassen, trotzdem seine 400—500 Neger sämmtlich als freie Arbeiter behalten, was letzteres immerhin einen günstigen Rückschluss auf den Charakter des alten Herrn gestattet. Diese Neger erhalten keinen Tagelohn, aber eine Besoldung, welche je nach Gattung der Arbeit sich bis auf 20 $ 000 r.⁴) monatlich beläuft.

Die Fazenda de Santa Anna ist ein sehr grosses Landgut, dessen Hauptkultur der Kaffee bildet. Zu den ausgedehnten Kaffeeplantagen gesellen sich noch Zuckerrohr-, Mandioca- und Maisfelder. Daneben wird Viehzucht getrieben. In den riesigen Ställen sind Rinder, Pferde,

---

[1] Levasseur: L'émancipation des esclaves. (Levasseur: Le Brésil 35 et s.) — Siehe auch Amazonas d'Almeida: O Elemento servil e sua Extincção (Revista Amazonica I. 43). Mossé: Dom Pedro II. 227 e s. 292 e s.
[2] S. Anna Nery: Le Brésil en 1889. p. 209 et s. 265. 345. 356.
[3] Es hat sich dies auch bewahrheitet. Siehe Mossé: Dom Pedro II. 251. 252.
[4] 20 milreis = ca. 45 Mk.

Maulthiere, Schafe, Ziegen und auch ungefähr 400 Zucht- und Mastschweine untergebracht, welch letztere alle auf der Fazenda selbst aufgebraucht werden. Ausserdem befindet sich hier ein aus Indien eingeführtes Zebuochsenpaar. Die Milchwirthschaft beschäftigt sich mit Herstellung von Butter und Käse, von denen letztgenannter unter dem Namen Minaskäse in den Handel gelangt. An Geflügel sind Hühner und Tauben vorhanden. Die Schweinemast geschieht durch Mais, indessen dem Hornvieh das Maisstroh überlassen wird. Mais ist auch vielfach die Nahrung der Leute. Gemüse- und Obstgärten vervollständigen die Vielseitigkeit der Kulturen. Es giebt Beete mit Monatserdbeeren, ferner Aepfel- und sonstige Obstbäume. Der Schönheitssinn wird durch blumengeschmückte Gartenanlagen befriedigt, in denen eine Iriartea ihre eigenthümlichen Wedel hin und her wiegt. Das in Hufeisenform gebaute, zweistöckige, weitläufige Haus enthält ausser den Wohnräumen auch eine Badestube, eine Apotheke und ein Spital, welches in eine Abtheilung für Männer und eine für Frauen zerfällt. Für Bäder ist nicht nur im Haus gesorgt, im Freien ist ein grosses Schwimmbassin mit Bergwasser angelegt, sammt und sonders wohlthätige Einrichtungen in einem Lande, in welchem so Manches noch in den Kinderschuhen steckt.

Als wir unseren Rundgang durch die Wirthschaftsräume antraten, waren weder die Zuckerwalzenpresse noch die Maschinen zur Cachaçabereitung[1]) in Thätigkeit, auch die Mandiocapresse und die Maisentkörnungsmaschine arbeiteten nicht. Dagegen war gerade die Kaffeeernte in vollem Gang und befanden sich die dazu gehörigen Maschinen in vollem Betrieb. Da dies zu sehen der Zweck unseres Besuches gewesen, konnten wir uns vollständig zufrieden geben. Die Kaffeefrüchte werden zunächst in Körben von den Sträuchern abgesammelt und in ein grosses, ziemlich tiefes, cementirtes Wasserbecken geworfen, in welchem sich durch das verschiedene Gewicht der Maduro von dem Secco scheidet. Unter Maduro versteht man die noch grünen oder rothen Kaffeekirschen, unter Secco die schon bräunlichen, vertrockneten. Im Wasser schwimmt der Secco oben auf, der Maduro fällt zu Boden und wird nach zwei Cylindern hinausgeschwemmt, welche die Bohnen, deren jede Beere zwei enthält, der fleischigen Hülle entkleiden. Diese Umhüllung, die ungefähr 40 pCt. des Gesammtgewichtes der Beere beträgt, fällt direkt herab, die Bohnen hingegen, welche sehr hell sind, werden erst weiter geschoben und gleiten dann zu Boden. Von da bringt man sie auf die offene Steintenne, das heisst den gepflasterten Hofraum, welchen das Haus nach drei Seiten umschliesst. Hier bleiben sie acht Tage hindurch, täglich mehrere Male umgeschaufelt, zum Trocknen ausgebreitet und werden schliesslich in Mühlen von der Pergamenthaut

---

[1]) Siehe weiter oben S. 52.

befreit und vollends gereinigt. Anders ist die Behandlung des Secco. Derselbe wird zuerst auf die Tenne, den Terreiro, gelegt und da sechs Tage gelassen, dann von einer Maschine in einen Raum hinaufgehoben, in welchem eine Putzmühle die allenfalls unter ihm befindlichen fremden Bestandtheile, wie Steine und Holztheilchen entfernt. Hierauf wird der Secco in eine Maschine gebracht, welche die Fruchthülle ablöst und ausscheidet, und neuerdings in eine Mühle, durch welche die pergamentartige Haut gebrochen und weggeblasen wird. Endlich fallen die Bohnen, durch Siebe nach ihrer Grösse sortirt, zu Boden und sind nun zum Verpacken fertig. Man füllt sie zum Versenden in Säcke, von denen die mit besserer Qualität, mit Maduro 8 $ 000 r.[1]), die mit Secco 6 $ 000 r.[2]) werth sind.

Wie wir schon früher sahen, ist die Hauptkultur Brasiliens der Kaffee; sie bildet den Reichthum des Landes. Im Jahre 1886—1887[3]) betrug die Produktion an Kaffee über 400 Millionen kg, somit mehr als die Hälfte der Kaffeeproduktion der ganzen Welt. Exportirt wurden dasselbe Jahr 364 Millionen kg im Werth von ungefähr 360 Millionen Mark. Eine weitere Steigerung der Produktion und des Exportes ist sicher zu erwarten[4]), wenn nicht die seit zwanzig Jahren auftretende, durch einen Fadenwurm verursachte Kaffeestrauchkrankheit[5]) grössere Dimensionen annimmt. Die Hauptregion der Kaffeekultur sind die Provinzen Espirito Santo, Rio de Janeiro und São Paulo, und in Rio de Janeiro wieder namentlich die Municipien von Nova Friburgo und Cantagallo, welch letzterem Distrikt speciell unser Besuch gegolten.

Nachdem wir uns über die Art und Weise, wie die Kaffeebohnen geerntet und behandelt werden, unterrichtet hatten, wurden wir vom Fazendeiro in seinem einfachen Heim zu Tisch gebeten. Das ganze Mahl, vom Fleisch und Gemüse angefangen bis herunter zum Obst, bestand ausschliesslich aus Produkten der Fazenda und wurde durch anregende, auf portugiesisch geführte Gespräche gewürzt. Um sechs ein Viertel Uhr sassen wir wieder im Sattel. Die Nacht war schon hereingebrochen, was unseren Heimritt nicht erleichterte. Namentlich auf der zurückzulegenden Strecke Waldes war es so dunkel, dass wir absolut nichts unterscheiden konnten und uns den Reitthieren, die übrigens sicher ihren Weg fanden, vollständig überlassen mussten. Die Vögel, welche uns am Nachmittag begrüsst

---

[1] 8 milreis = ca. 18,4 Mk.
[2] 6 milreis = ca. 13,6 Mk.
[3] Das Erntejahr wird vom 1. Juli bis zum 30. Juni gerechnet.
[4] Im Jahre 1895 war eine Ernte im Werth von mindestens 650 Millionen Mark zu erwarten.
[5] Göldi: Biologische Miscellen aus Brasilien VII, der Kaffeenematode Brasiliens Meloidogyne exigua G.' (Spengel: Zoologische Jahrbücher IV S. 262 u. ff.) — Göldi: Relatorio sobre a molestia do cafeeiro p. 15 e s. (Archivos do Museu Nacional do Rio de Janeiro VIII.' — Dieser wurzelzerstörende Nematode gehört in die Familie der Anguillulidae. Siehe Göldi: Relatorio etc. 66 e s.

hatten, waren schlafen gegangen, statt dessen liess scheues Nachtgeflügel seinen unheimlichen Ruf ertönen. Froschlurche, Cicaden und Saltatorien waren munter geworden und erfüllten die Lüfte mit vieltausendstimmigem Concert. Bläulich phosphorescirende Feuerfliegen (Pyrophora) blitzten wie Irrlichter zwischen den Waldbäumen auf. Nach angenehmem Ritt in der Kühle des Abends, welch letzterer aber nicht wirklich kühl war, sondern nur im Vergleich zur Nachmittagshitze, langten wir wohlbehalten in Cantagallo an. Hier im Gasthaus erwarteten uns andere Thiere minder erwünschter Art. Ueberall nämlich, auf den Treppen, den Gängen und in den Zimmern, liefen grosse Blattiden herum und die fleckigen Böden verriethen, wie viele ihrer schon zertreten waren. Endlich gelang es mir, eines dieser überaus behenden Insekten zu erhaschen. Was ich gefangen, war ein Amerikanischer Kakerlak (Periplaneta americana Fabr.), eine jener Blattiden, welche gut grösser sind als unsere Gemeinen Küchenschaben (Periplaneta orientalis) und sich aus ihrer ursprünglichen Heimath, Amerika, mit der Zeit auch nach den übrigen Welttheilen verbreitet haben.

Heute früh bestiegen wir in Cantagallo wieder den Eisenbahnzug, nach Rio de Janeiro zurückzukehren. Wir fuhren ganz nah an einer Kaffeeplantage vorbei, auf welcher gerade geerntet wurde. Negerinnen sammelten die Beeren in flache, runde Körbe, ähnlich denen, die wir in allen Indianerhütten am Amazonas gesehen. Von diesen wurden die Beeren in grössere, tiefe Körbe zusammengeschüttet. Mit Ochsen bespannte Karren, welche speichenlose Räder hatten, brachten Kaffeesäcke an die Bahn. Die Ochsen waren paarweise mit den gewaltigen, von je einem Ring durchbohrten Hörnern aneinander befestigt. Sie zogen den Wagen auf primitive Weise durch ein Mittelding von Stirn- und Nackenjoch, das unmittelbar hinter dem Gehörn aufruhte und durch das die Zugkraft wenigst möglich ausgenützt wurde. Wie alle Ochsen, die man in Mittelbrasilien sieht, waren es Prachtthiere, gross und von vortrefflichem Schlag.

Bei herrlich duftiger Beleuchtung und einer Temperatur von $25°$ C. passirten wir heute Mittag die Serra. An den Stationen im Tiefland standen fast überall Maulthiere und gesattelte Pferde, welche auf ihren Reiter warteten; es ist dies ein Zeichen, wie viel hier zu Lande geritten wird. In Nictheróy benützten wir wieder das Dampfschiff und waren gegen 4 Uhr Nachmittag in Rio de Janeiro zurück.

Abends brach ein von Sturm und Regen begleitetes Gewitter los, welches aber, wie solches in den Tropen meist der Fall zu sein pflegt, die Luft nicht sonderlich abkühlte. Unter dem Aequator, am Amazonas, war uns die Temperatur nach überstandenem Gewitter jedesmal sogar noch unerträglicher erschienen als vorher, da dann Alles von heisser Feuchtigkeit förmlich dampfte.

KAPITEL XVI.

Espirito Santo.

An Bord der »Maria Pia«. Samstag, den 25. August.

Auf dem Dampfer »Maria Pia« der »Companhia Espirito - Santo Campos« verliessen wir zu Drei heute früh Rio de Janeiro, um der Küste entlang nach Victoria, der Hauptstadt der Provinz Espirito Santo, zu fahren. Unser einziger Diener blieb in Rio zurück, da die bevorstehende Reise für ihn zu beschwerlich gewesen wäre. Wir nahmen den Kurs Anfangs in östlicher, dann nordöstlicher Richtung und hatten, um nach unserem Ziele zu gelangen, einen Theil des vor 2 Wochen von Bahia nach Rio schon zurückgelegten Weges neuerdings zu fahren. Letzteres liess sich nicht vermeiden, denn erstens lief unser damaliges Schiff Victoria nicht an und zweitens dachten wir damals noch gar nicht an unser jetziges Reiseprojekt. Dieses war erst in Rio de Janeiro gereift und verfolgte den Zweck, sowohl den Küstenurwald, wie die in demselben hausenden Botokuden zu besuchen. Für den nicht zu Stande gekommenen Ritt von Santo Amaro aus und die am Rio Negro vereitelte Fahrt zu den Crichaná sollte der jetzige Ausflug einen Ersatz bieten. —

Vormittags waren wir der Südküste entlang gesteuert und waren vom Anblick ihrer Bergketten gefesselt gewesen. Nachmittags hatte uns der an der hiesigen Küste zu dieser Jahreszeit häufige Nebel jegliche Aussicht benommen. Unsere »Maria Pia« schlingerte stark, da sie kleiner ist als die Bodenseedampfer und wir nicht nur Dünung hatten, sondern auch die vom nahen Lande reflektirten Wellen fühlbar wurden. Manche der Passagiere konnten sich nicht auf ihren Füssen halten und einer derselben, den es zu Boden geschleudert hatte, kroch auf allen Vieren zu seinem Sitz zurück.

Morgen schon sollen wir die Küste von Espirito Santo sehen.

Diese Provinz, welche die zweitkleinste Brasiliens ist, umfasst immerhin noch 44 839 qkm[1]) und hat somit ungefähr die Grösse der Schweiz. Sie liegt zwischen 18° 5' und 21° 18' südlicher Breite und besitzt eine Küstenentwicklung von 428 km. Ihre Ausdehnung von Ost nach Westen ist gering. Espirito Santo ist das Küstenland für das vom Meere vollständig abgeschnittene Minas Geraes, doch die mangelhaften Verkehrswege lassen es als solches noch nicht zur Geltung kommen. Die ganze Provinz entfällt auf die Küstenurwaldzone und hat keine Campos irgendwelcher Art. Die schönsten Theile des brasilianischen Küstenurwaldes befinden sich innerhalb seiner Grenzen, und zwar namentlich im Süden und Norden, indessen die mittleren Strecken dieser üppigsten Waldvegetation entbehren. Der Charakter des Landes ist überwiegend ein gebirgiger. Er ist es hauptsächlich gegen das Innere zu, wo sich von Süd nach Norden, längs der ganzen Westgrenze, die Serra do Mar hinzieht, welch letztere auf dem nördlichen Theil dieser Strecke den Namen Serra dos Aymorés führt. Im Osten, an der Küste und den Ufern der grösseren Flüsse, namentlich von 20° s. Br. an nordwärts, dehnen sich grosse Ebenen. Mehr im Süden sendet die Randgebirgskette ihre Ausläufer bis fast an die Küste vor.

Ueber das Klima von Espirito Santo sind noch wenig Beobachtungen gemacht oder veröffentlicht worden. Es gilt im Ganzen als heiss, feucht und ungesund an den Küsten und in den Stromniederungen, angenehm und gesund im Innern und in den höheren Lagen. Die vermuthete Jahresisotherme, wohl diejenige der Küstenstriche,[2]) ist 24° C. Am Rio Doce steigt in der heissen Jahreszeit die Hitze häufig auf 35° C. Santa Izabel, welches der bergigen Region des Innern angehört, hat eine Jahresisotherme von 22,6° C.; in Santa Leopoldina, das eine ähnliche Lage aufweist, sinkt das Thermometer nie unter 15° C.[3]). An der Küste sind das ganze Jahr hindurch Niederschläge zu verzeichnen, doch regnet es weit mehr im Sommer als im Winter. Die trockensten Monate sind, überall in der Provinz, Juni, Juli und August.

In landwirthschaftlicher Beziehung ist Espirito Santo noch sehr zurück, denn erst wenige Strecken seines überaus fruchtbaren Bodens sind angebaut. An Kulturen begegnen wir vor Allem derjenigen des Kaffee-

---

[1]) Wie unsicher die diesbezüglichen Angaben sind, beweist z. B., dass ein brasilianischer Autor (Silva Coutinho: Breve Noticia descriptiva subre a Provincia do Espirito Santo, p. 2) 39 000 qkm als Flächeninhalt angiebt, ein zweiter (Carvalho Daemon: Provincia do Espirito Santo p. 472) hingegen 79 000 qkm.

[2]) Es ist in den Quellen nicht gesagt, ob es sich hier um die Jahresisotherme der Küstenstriche handelt, doch ist dies nach Vergleich mit den Jahresisothermen benachbarter Küstenstriche so anzunehmen.

[3]) Das in Sellin (das Kaiserreich Brasilien II 94) für Espirito Santo angeführte Temperaturminimum von 0°, dürfte sehr anzuzweifeln sein.

baumes, für welche sich die Terrainbeschaffenheit ganz besonders eignet und welche auch immer mehr an Umfang zunimmt. Daneben werden Zuckerrohr, Baumwolle, Mandioca, Mais, allerhand Knollengewächse und andere Nutzpflanzen kultivirt. Von Viehzucht kann in diesem ausschliesslichen Waldland verhältnissmässig wenig die Rede sein, dafür aber werden die Wälder auf Bau-, Nutz- und Werkhölzer ausgebeutet, unter welchen das bekannte Palisander zu nennen ist.

Die geringe Entwicklung der an und für sich so reichen Provinz ist dem schlechten Zustande und der weitaus ungenügenden Zahl der Verkehrswege zuzuschreiben, wodurch die Produkte gar nicht, oder nur mit Schwierigkeiten aus dem Innern an die Küste und zum Export gelangen können. In Folge dessen hat auch der Handel noch wenig Aufschwung genommen. Der Werth des Waarenumsatzes der ganzen Provinz belief sich im Jahre 1885—1886 auf nur ca. 6 400 000 Mark. Von dieser Summe entfiel der weitaus grössere Theil auf den Import aus den anderen Provinzen, indessen der Werth des Handelsverkehrs mit dem Auslande nur etwas über ein Drittel der Gesammtsumme betrug.

Espirito Santo ist schwach bevölkert. Es zählt nur 121 562 Einwohner, so dass auf den Quadratkilometer nicht mehr als 3 Seelen treffen. Die Weissen sind nicht stark vertreten, sie betragen blos 32 pCt. der Bevölkerung, auch die Mestizen mit 33 pCt. sind im Vergleich zu denjenigen der meisten anderen Provinzen nicht sehr zahlreich. Die Neger hingegen mit 27 pCt., bleiben an relativer Zahl blos hinter denen von Rio de Janeiro zurück. Bemerkenswerth ist auch die verhältnissmässig hohe Ziffer an civilisirten Indianern; sie wird nur von derjenigen der Amazonasprovinzen und derjenigen Mato Grossos übertroffen. Die 8 pCt. der Bevölkerung, welche diese Indianer für sich in Anspruch nehmen, vertheilen sich auf drei Völkergruppen, auf die Goyatacá, die Gês und die Tupí[1]). An wilden Indianern besitzt Espirito Santo noch eine ziemliche Menge. Sie hausen uneingeschränkt in den zum Theil noch vollständig unerforschten Urwäldern des Westens und des Nordens, indessen die Weissen und sonstigen Civilisirten nur die Küsten inne haben und langsam an den Flussläufen in die endlose Waldwildniss vordringen. Die Wilden gehören zweierlei Gruppen an. Wir finden da Cotochó, Botocudos und Andere aus der Gruppe der Gês, Purí aus der Gruppe der Goyatacá. Die Botocudos sitzen im Westen und Norden, die Purí mehr im Südwesten. Von all diesen Stämmen sind die Botocudos der weitaus bedeutendste Stamm und auch derjenige, welcher uns am meisten interessirt, da speziell ihm unser Besuch bei den Indianern von Espirito Santo gilt.

---

[1]) Die Tupí müssen, ausser aus dem Stamme der Tupinambá, aus dem der Tupiniquin und allenfalls dem der Papanazes sein. Siehe Martius: Zur Ethnographie Amerikas, zumal Brasiliens 172. 174. 191. 302. — Moura: Diccionario Geographico do Brazil I 463.

Die Botocudos, welche früher unter dem Namen Aymorés bekannt waren und sich selber Buru nennen, belaufen sich auf etwa 7000 Köpfe und zerfallen in verschiedene Horden. Diese Horden tragen verschiedene Namen und leben zum Theil in bitterer Feindschaft untereinander. Sie haben ausgedehnte Wohnsitze. Nördlich findet man sie bis gegen Ilheos in der Provinz Bahia hinauf verbreitet, im Westen bis nach Minas Geraes hinein soweit sich die Ausläufer des Küstenurwaldes erstrecken, nämlich fast bis zur Serra do Espinhaço, im Süden, in Espirito Santo, mindestens bis zum Rio Doce, und im Osten auf einzelnen Strecken fast bis zur Küste vor. Früher wurden sie südlich noch am Rio Preto unter 22° südl. Breite angetroffen und brasilianische Gelehrte erwähnen auch welche für die Provinzen Paraná und S. Catharina.[1]) Am Rio Doce haben die Botokuden noch die Wohnsitze inne, in welchen man ihnen vor Jahrhunderten zuerst begegnet ist. Sie stehen der Urrasse, dem prähistorischen Menschen Brasiliens zum mindesten sehr nahe.[2]) Ihr Schädeltypus ist ein niedriger; ihre Schädelkapazität ist gering und reiht sich derjenigen der Australier und Neukaledonier an. Die Männer sind durchschnittlich ächte prognathe Dolichocephalen von einem Breitenindex von 73,75 [3]), indessen die Weiber mit einem Breitenindex von 75,36 zu den Mesocephalen rechnen.[4]) Die Stirne der Botokuden ist schmal, niedrig und

---

[1]) Siehe Guia da Exposição brazileira p. 18. 41. e s. Peixoto: Novos estudos craniologicos sobre os botocudos. (Archivos do Museu do Rio de Janeiro VI. 233. 235 und Ladislao Netto: Investigações sobre a archeologia brazileira. (Archivos etc. VI. 415. 504. 505.) — Martius (Zur Ethnographie etc.) und Ehrenreich [die Eintheilung und Verbreitung der Völkerstämme Brasiliens. [Petermann's Geographische Mittheilungen XXXVII. S. 116]) erwähnen daselbst keine. Im Ganzen scheint über diese südlichen Botokuden noch wenig Sicheres festgestellt, so viel aber ist zu ersehen, dass die brasilianischen Gelehrten den Begriff »Botokuden« weiter ausdehnen als die deutschen und zwar vermuthlich nur, weil die betreffenden Wilden der Südprovinzen, gleich den allgemein als Botokuden anerkannten Wilden, Lippenpflöcke tragen.

[2]) Quatrefages: L'homme fossile de Lagoa-Santa et ses descendants actuels (Comptes rendus de l'Académie des Sciences XCIII. p. 882 et s). — Ehrenreich [l. c. 115 und: Ueber die Botocudos der brasilianischen Provinzen Espirtu Santo und Minas Geraes [Zeitschrift für Ethnologie XIX. S. 79]) sagt, dass die Lagoa-Santa-Schädel in der Form mit den botokudischen identisch seien und hält sie, entgegen Quatrefages, nicht für diluvial.

[3]) Mittel der 19 in Archivos etc. (I. 55. e s. VI. 212 e s.), Hartt (Geology and Physical Geography of Brazil p. 586), Rey (Etude anthropologique sur les Botocudos p. 24. e s.), Virchow (Crania Ethnica americana. und Verhandlungen der Berliner Gesellschaft für Anthropologie etc. Jahrgang 1875 S. 161 und ff.) angeführten Breitenindexen von Männerschädeln. Bis auf 2 sind diese Schädel sämmtlich dolichocephal; der niederste Breitenindex beträgt 70,8, der höchste 79.3. — Ehrenreich (Ueber die Botocudos etc. S. 67) hat aus 9 in Berlin befindlichen Schädeln einen durchschnittlichen Breitenindex von 74.5 erhalten.

[4]) Mittel der 9 in Archivos etc. (I. 57 e s. VI. 233 e s.). Rey (l. c. 37. e s.) und Verhandlungen etc. (1875 S. 161 und ff.) angeführten Breitenindexen von Weiberschädeln. Drei dieser Schädel sind dolichocaphel. Der niederste Breitenindex ist 71.02, der höchste 70.86. —

nach hinten fliehend, das Gesicht breit und flach, die Nasenwurzel tiefliegend; die Nase hat meist einen eingebogenen, manchmal einen gekrummten oder geraden Rücken; die Augen sind klein und schwarzbraun, die Augenspalte ist schief, mitunter auch horizontal, der Mund gross, die Lippen sind ziemlich dick, die Jochbeine vortretend, die Haare straff und fast durchgängig schwarz, der Bartwuchs ist mangelhaft, die Färbung der Haut eine sehr verschiedene. Man trifft sowohl gelbbraune, wie röthlich- oder bronzebraune Individuen, doch herrscht erstgenannte Färbung vor; jedenfalls sind die Botokuden heller als die Tupí und gehören überhaupt zu den Indianern mit heller Hautfarbe. Sie sind von mittlerer Grösse, haben einen kurzen Hals, breite, horizontale Schultern und auffallend kleine Extremitäten.[1])

In den Lippen tragen die Botokuden oder Aymorés Holzscheiben, was ihnen von Seiten der Portugiesen den Spottnamen Botocudos, von Botoque, eigentlich richtiger Batoque = Spund, eingetragen hat. Sie theilen diese Sitte mit verschiedenen anderen Indianerstämmen, doch kommt dieselbe immer mehr und mehr ab. Hauptsächlich die Weiber sind es, welche sich noch mit den Lippenpflöcken verunstalten, indessen die Männer sich jetzt begnügen, Holzscheiben, von denen die grössten 9 cm Durchmesser haben, in die Ohrläppchen einzufügen. Obwohl die Botoques aus einem Chorisienholze geschnitten werden, welches ein fast geringeres Gewicht hat als Kork, so reisst den alten Leuten doch meistens die übermässig gedehnte Unterlippe. Ausser diesem fraglichen Schmuck haben die Weiber Hals- und Armbänder aus Fruchtkernen und Thierzähnen, die Männer bei kriegerischen Unternehmungen Rindendiademe. Die Häuptlinge trugen früher ein paar Federn auf dem Kopf, doch auch dies nur ausnahmsweise. Die Botokuden malen sich mit blauer, rother und schwarzer Farbe. Im Walde gehen sie vollständig unbekleidet. Die wenigen Halbzivilisirten bedecken sich nothdürftig, so lange sie auf den Fazendas arbeiten. Die Botokuden stehen auf einer sehr tiefen, vielleicht der tiefsten Stufe der Entwickelung. Sie leben noch in der Steinzeit und

---

Ehrenreich Ueber etc. S. 67, hat aus 4 in Berlin befindlichen Schädeln einen durchschnittlichen Breitenindex von 78,4 erhalten. — 12 weitere Botokudenschädel von einem mittleren Breitenindex von 74,49 (Archivos etc. VI. 243) und ein von Virchow (Verhandlungen der Berliner etc. 1874 S. 202, 1875 S. 161) erwähnter Schädel von 72,4 sind hier nicht in Betracht gezogen worden, sowohl weil sie nicht nach Geschlechtern geschieden, wie weil sie z. Th. nicht von reiner Rasse sind.

[1] Lacerda filho e Peixoto: Contribuções para o estudo anthropologico das raças indigenas do Brazil (Archivos do Museu Nacional do Rio de Janeiro I. p. 49 e s.) — Lacerda: Craneos de Maraca (Archivos etc. IV. p. 40 e s.) — Peixoto: Novos etc. (Archivos etc. VI. 212, 218, 229, 246, e s.; Rey: Etudes etc. 70, 71. — Mello Moraes: Revista da Exposição anthropologica brazileira p. 2. 94. — Neuwied: Reise nach Brasilien II. 3 und ff. — Hartt: Geology etc. 570 a. f. — Ehrenreich: Ueber etc. 14 ff.

kennen weder den Gebrauch von Canoas[1]), noch im Durchschnitt den Gebrauch von Töpferwaaren, auch Hängematten und vielfach auch Hütten sind ihnen fremd. Ihre Gefässe sind Stücke von Bambushalmen und Fruchtschalen des Calebassenbaumes (Crescentia Cujete L.), des Flaschenkürbisses (Lagenaria vulgaris Ser.) und der Sapucaia (Lecythis Pisonis Camb.). Kochtöpfe findet man höchst selten bei ihnen und diese wenigen sind sehr primitiv hergestellt. Das Wasser wärmen sie meist mangelhaft in Bambusrohr, in jungen, noch ungetheilten Palmblättern, oder indem sie Kieselsteine in der Feuergluth erhitzen und in das wasserhaltende Gefäss hineinwerfen. Ausser obengenannten Hausgeräthen besitzen sie Steinbeile und Messer aus Bambus, jetzt manchmal auch Aexte und Messer aus Eisen, welche ihnen durch den Verkehr mit den Weissen zugebracht werden. Ferner haben sie Sprachrohre aus Armadillschweif und Bambusflöten, welche mit der Nase geblasen werden. Körbe, Mörserkeulen und Holzgefässe sind selten in ihrem Besitz. Zum Transport ihrer wenigen Habseligkeiten auf den Wanderzügen benutzen sie ein weitmaschiges Netz aus Pflanzenfasern, Cacaiu genannt, welches die Weiber mittelst eines über die Stirn gehenden Bandes aus Baumbast auf dem Rücken tragen und auf dem oft noch ein Kind sitzt. Ihre Waffen bestehen aus Bogen und Pfeilen, selten aus Keulen. Die Pfeile sind niemals vergiftet und haben immer nur Spitzen aus Material, welches das Pflanzenreich liefert. Die Keulen sind klein und werden aus sehr hartem Holz gefertigt. Die Botokuden nähren sich von den Ergebnissen der Jagd, von Säugethieren, Vögeln, Alligatoren, Eidechsen, Schlangen, Fischen, welche grösstentheils geschossen werden, und allerhand Insekten. Auch Vogeleier, Honig und verschiedene Waldesfrüchte dienen ihnen als Speise. Die Zubereitung der Mahlzeiten geschieht ohne Kochutensilien, da sie, wie wir sahen, durchschnittlich keine haben; das Fleisch, unter dem das der Affen ihnen das liebste ist, essen sie halb roh. Sie besitzen keine eigentlichen Hütten, sondern begnügen sich auf ihren steten Wanderungen mit flüchtig gebauten, niederen Nachtquartieren aus Aesten, Zweigen und Blättern. Nur wenn sie etwas länger an einer Stelle zu bleiben beabsichtigen, geben sie diesen primitivsten Ranchos durch etliche Pfähle mehr Dauerhaftigkeit. Ihr Lager besteht aus Baststücken, welche auf die Erde gebreitet werden.

Die Botokuden gehören moralisch und geistig zu den niedersten Rassen. Sie huldigen zeitweise noch der früher unter ihnen allgemein verbreiteten Anthropophagie[2]); es ist der im Krieg erschlagene Feind, welcher verzehrt wird, sei es aus Rachsucht, sei es weil er ihnen gerade gelegene Nahrung bietet. Von Charakter sind sie faul, diebisch, gefrässig und sehr

---
[1]) Siehe Ladisláo Netto: Investigações etc. (Archivos etc. VI. 414). — Martius (Zur Ethnographie I. 324) spricht hingegen von Kähnen, wenn auch von äusserst unvollkommenen.
[2]) Rey: Étude anthropologique sur les Botocudos p. 79. — Hartt: Geology etc. 600.

reizbar, aber dabei gutmüthig, und wenn man freundlich mit ihnen ist, kann man eine gleiche Behandlung von ihnen erwarten. Vielweiberei ist noch unter ihnen anzutreffen, doch herrscht jetzt meistens Monogamie vor; so leicht wie sie die Ehe schliessen, lösen sie dieselbe wieder. Die Todten begraben sie bei oder auf den Lagerplätzen, welche dann verlassen werden. Ihre Sprache, die zu den agglutinirenden gehört und dialektische Verschiedenheiten aufweist, ist gering entwickelt; sie hat viel Zungen- und Gaumenlaute, verhältnissmässig weniger Lippenlaute. Die Zahlen gehen bei einzelnen Horden nur bis zwei, bei anderen bis fünf, doch können die Botokuden mittelst Finger und Zehen bis zum Begriff zwanzig vorrücken. Die Religion dieses Indianerstammes ist höchst einfach und schliesst keinerlei Art von Kultus in sich; so fehlen auch die Pagés[1]) der Tupívölker. Es ist fraglich, ob die Botokuden an ein höheres, gutes Wesen glauben; der Glaube an böse Geister ist jedoch vorhanden.

Die Horde, welche wir aufsuchen wollen, ist diejenige, welche am Rio Doce, an der Grenze von Espirito Santo und Minas Geraes sitzt und zu der Hordengruppe der Nak-nanuk gerechnet wird. Sie soll zwar schon zum Theil eine Kreuzung mit der weissen Rasse erfahren, aber dessenungeachtet den botokudischen Typus noch deutlich bewahrt haben. Auch die gekreuzten Nak-nanuks sind noch ausgesprochene Dolichocephale mit ausgesprochener Prognathie.

An Bord. Sonntag, den 26. August.

Heute früh 10 Uhr lag unser Dampfer unter 20° 50′ s. Br. vor der Mündung des Itapémirim[2]). Seit wir die Mündung des Itabapuana passirt hatten, waren wir längs der Küste von Espirito Santo gefahren, welche 30—40 km landeinwärts verschiedene Gebirgszüge bis Victoria begleiten. Der Rio Itapémirim ist ein ganz ansehnlicher Küstenfluss, an dessen Südufer sich ungefähr 3 km oberhalb seines Ausflusses in das Meer die Villa gleichen Namens erhebt. An der Mündung selbst liegt der winzige Ort Barra, welcher nur aus einer Kirche und ein paar Häusern besteht, nichtsdestoweniger aber eine Bibliothek mit deutscher Zeitung und deutschen Zeitschriften besitzt. Es dürfte dies wohl darin seine Erklärung finden, dass in der nahen Colonie Rio Novo, für welche der Itapémirim die Ausfuhrstrasse ist, auch Deutsche angesiedelt sind. Schön gruppirt sich das Gneissgebirge hinter dem dichtbewaldeten Flussufer. Es sind zum Theil phantastisch geformte Bergketten, welche in der Serra de Itapémirim bis zu 1400 m ansteigen und aus welchen, in der Serra do Pico, der bei Cachoeiro gelegene Itacolumý[3]) sich wie ein Riesenfinger gen Himmel emporreckt.

---

[1]) Siehe weiter oben S. 70.
[2]) Itapémirim ist ein Tupíwort, welches »Kleiner Steinweg« bedeutet.
[3]) Itacolumý ist ein öfter sich wiederholender Bergname.

Mündung des Itapémirim.
Nach Natur skizirt von der Verfasserin, ausgeführt von H. Wiegandt.

Die Barre des Itapémirim ist schlimm und erlaubt nur Schiffen von geringem Tiefgang die Einfahrt in den Fluss, welcher 70 km vor seiner Mündung schiffbar wird. Wir fuhren in einer Lancha an das Land, durch heftige Brandung und zwischen einer Reihe rundgewaschener, mövenbesetzter Klippen hindurch. Einige Segelboote und Canoas schwammen auf dem schmalen Flussspiegel. Nach zwei Stunden, welche wir unter anderem dazu benutzten, die Bibliothek von Barra zu inspiziren, setzte unser Dampfer seine Küstenfahrt nordwärts fort. Nach weiteren zwei Stunden, in denen wir immer angesichts des Landes geblieben waren, steuerte die »Maria Pia« in eine kleine Bucht an der Mündung des Rio Guaraparý hinein. Die gleichnamige Villa, welche einer Tupinambámission ihren Ursprung verdankt und noch viele indianische Einwohner zählt, liegt theilweise hinter Uferfelsen versteckt in hübscher Gebirgslandschaft. Zwischen verschiedenen Klippen hindurch gelangten wir bis vor die durch ihr ungesundes Klima bekannte Ortschaft, deren Hafen aber einer der besten dieser Küste ist und Schiffen von 5 m Tiefgang einzulaufen gestattet. Gegenüber von Guaraparý sind am Strande der stillen, kleinen Bucht die strohgedeckten, rothen Lehmhütten des Dorfes Muquissaba hingelagert. Bäume beschatten die bescheidenen Behausungen, dahinter dehnen sich langgestreckte vegetationsbekleidete Hügel aus Gneiss und tertiärem Thon, und um die Bucht herum schliesst sich in einem Bogen das hier nahe an die Küste vorgeschobene Gebirge mit seinen ganz alpinen Formen. In Guaraparý, welches gesalzene Fische, etwas Baumwolle, Bauholz und viel Balsam ausführt, war unseres Bleibens nicht lange; und so mussten wir die malerische Berglandschaft unseren Blicken bald wieder entschwinden sehen.

Zur Rechten ein Gürtel flacher Klippen, zur Linken die nahe Küste, welcher 30 km landeinwärts die schöne Serra de Guaraparý entlang läuft, so steuerten wir nordwärts der Stadt Victoria zu. Gegen Abend öffnete sich im Westen die Bucht von Victoria oder Espirito Santo[1]), welche, am Eingang einige Seemeilen breit, sich drei Seemeilen weit in das Land hineinzieht. Diese Bucht ist wohl die bedeutendste der ganzen Provinz, aber nicht die für die Schiffe beste. Sie bietet in ihrem äusseren Theile gegen den Seegang wenig Schutz, und die Einfahrt, speziell in den Kanal von Victoria, ist eine schwierige, auch können nur Schiffe von höchstens 3,5 m Tiefgang einlaufen.[2]) Auf der südöstlichsten Spitze des

---

[1]) Sogar brasilianische Quellen nennen die Bucht, die einen so, die anderen so. Siehe Carvalho Daemon: Provincia do Espirito Santo 474; Silva Coutinho: Breves Noticias sobre a Provincia do Espirito Santo 3; Ayres de Cazal: Corographia brasilica II 58 e s.

[2]) Brasilianische Quellen hingegen (Carvalho Daemon: Provincia etc. 474 und Silva Coutinho: Breves etc. 3) schildern die Bucht als eine der besten der Welt, als gut geschützt und auch bei Ebbe genügend tief.

Landes, welches die Bucht umschliesst, erhebt sich, eingangbeherrschend, der Monte Moreno, ein 210 m hoher, konischer Gneisshügel. Diesem folgt nach Westen ein 80 m niedrigerer, steiler Hügel, der zu oberst das dem Felsen förmlich entwachsene alte Kloster Nossa Senhora da Penha trägt. Westlich von letzterer Höhe springt die Küstenlinie tief ein, die Einbuchtung von Villa Velha bilden. Hier wie in der äusseren Bucht, welche grosse und kleine Inseln schmücken, misst das Wasser an den tiefsten Stellen nur 5 m. Zwischen der Ilha do Boi und der Südküste der Bucht ist die Einfahrt in den nach Victoria führenden Kanal, welcher sich genau in westlicher Richtung landeinwärts zieht. Das Land tritt nun zu beiden Seiten vor, zur Linken das Festland, zur Rechten die Ilha do Espirito Santo[1]) und die Wasserstrasse wird auf ca. 180 m eingeengt. Klippen und bromeliaceenbewachsene steile Gneissinseln gefährden das Fahrwasser. An der Südseite entsteigt der Pão d' Assucar etwa 130—140 m hoch, senkrecht den Fluthen, und das Wasser erreicht hier eine bedeutende Tiefe. Dann erweitert sich der Kanal wieder und bildet nun den ausgezeichneten und geräumigen Hafen von Victoria, welcher 6—10 m tief ist und brackisches Wasser hat. Am Nordufer des Hafens baut sich die auf der Ilha do Espirito Santo gelegene Stadt den Hügel hinan auf, nicht nur von Süden, sondern auch von Westen fluthenumspült. Westlich von Victoria nämlich zieht nordwärts im rechten Winkel zu dem Einfahrtskanal eine, Lameirão genannte Lagune, welche verschiedene Flüsse, unter denen als bedeutendsten den Rio Santa Maria aufnimmt.

Es war dunkel geworden bis unser Dampfer sich durch die lange und enge Einfahrt durchgewunden und vor Victoria Anker geworfen hatte. Somit waren wir verurtheilt, die Nacht noch an Bord zuzubringen, obwohl uns vom Lande hunderte von Lichtern aus den Häusern einladend entgegenblitzten.

Victoria — Fazenda am Mangarahý. Montag, den 27. August.

Früh gingen wir an's Land und wurden im Hause des reichen Kaufherrn Peschier gastlich aufgenommen. Hier galt es zunächst, unser überflüssiges Gepäck zurückzulassen und uns für die Reise in den Küstenurwald und zu den Botokuden möglichst einfach und praktisch auszurüsten. Die Reisekleider europäischen Schnittes wurden hier in Verwahrung gegeben und es wurde eine Kleidung angelegt, passend sowohl zum Reiten, wie zum Fusswandern im Waldesdickicht. Kleiderwechsel gab es keinen, um das Gepäck nicht unnütz zu beschweren; doch sparten wir nicht an warmen Hüllen, uns vor Regen und Nachtkühle zu schützen. Bis 11$^1/_2$ Uhr waren unsere zwei Zelte, unsere drei höchst einfachen Feldbetten, unser kleines Kochgeschirr, allerhand Conserven, zwei Laternen und ein Vorrath

---

[1]) Auch diese Insel trägt verschiedene Namen. Macedo (Corographia do Brasil 133) nennt sie Ilha do Espirito Santo, Carvalho Daemon (Provincia etc. 479) Ilha da Victoria.

an Kerzen in der uns bestimmten Canoa untergebracht. Auch hatten wir uns, vielleicht auf längere Zeit zum letzten Male, durch ein tüchtiges Frühstück gestärkt. Und nun schifften wir uns ein und zogen in die Wildniss hinaus, ohne Sicherheit, unser Ziel wirklich zu erreichen. Unsere Canoa war ein ächter, riesig langer Einbaum aus Amarelloholz[1]) und hatte sechs Bänke. Diese Bänke waren aber nicht für uns bestimmt, sondern für die Canoabemannung. Letztere setzte sich zusammen aus vier ruderführenden Leuten, nämlich zwei Negern, einem Indianer und einem Weissen, und aus dem Steuermann, ebenfalls einem Neger, welcher stehend mit einem Handruder das Fahrzeug lenkte. Uns war in der Mitte der

Muquissaba.
Nach Natur skizzirt von der Verfasserin, ausgeführt von B. Wiegandt.

Canoa ein langer, bankloser Platz reservirt, über welchem sich eine Cuberta, ein Halbcylinder aus Palmstroh wölbte, bestimmt, die Sonnenstrahlen abzuhalten. Auf das Flurholz hatte man uns eine Strohmatte und eine Matraze gelegt und hier mussten wir nun den ganzen langen Tag auf orientalische Weise am Boden kauern, den Rücken nothdürftig durch unser Handgepäck gestützt.

Die Fahrt ging anfangs in nördlicher Richtung den Lameirão aufwärts und dann, nach 18 km, an seinem Nordende in den Rio Santa Maria hinein. Dieser Fluss, welcher eine Länge von etwas über 100 km haben mag,

---

[1]) Vermuthlich das Holz der Sucupira amarella (Ferreirea spectabilis Allem.` eines Riesenbaumes Mittelbrasiliens (Martius: Flora brasiliensis XV 1 S. 311 und das Kaiserreich Brasilien, auf der Weltausstellung von 1876 in Philadelphia S. 50). Siehe auch Costa Rubim: Vocabulario brasileiro 69, und Martius: Beiträge zur Ethnographie und Sprachenkunde Amerikas II S. 405. 406. — Es wird zwar in Flora brasiliensis (XIII 2 S. 73—74) als Páo amarello speziell das Holz der auf die obere Amazonasgegend beschränkte Vochysia obscura Warm. genannt.

ist 54 km hindurch für Kähne, man sagt auch für kleine Dampfer, schiffbar. Die ersten zwei Stunden unserer Fahrt wurde gerudert, dann die Canoa mit langen Stangen vorwärts gestossen. Die Ufer des Lameirão waren grösstentheils mit Mangrovegebüsch eingefasst, das sich hier wohl, wie anderwärts in Brasilien, aus Avicennien und Laguncularien zusammensetzte. An den paar Uferfelsen, die den Mangrovewaldgürtel unterbrachen, waren zahllose Austern angeheftet, welche Ostrea spreta d'Orb. gewesen sein dürften. Wenigstens passt letztgenannte Austernspecies am besten auf die Beschreibung, welche der Naturforscher Hartt[1]) von den hier vorkommenden, den Einwohnern Victorias als Nahrungsmittel dienenden Ostreen gibt.

Hinter dem mangrovenumsäumten Ufer wurden in einiger Entfernung die schönsten Berge sichtbar, der Frade Leopoldo und vor Allem, nach Nordosten, der Mestre Alvaro. Letzterer, eine elegant gezeichnete Gneisspyramide mit drei gleich hohen Spitzen von 980 m, entragt der Ebene einsam und majestätisch. Wer einmal diesen bedeutendsten Küstenberg der Provinz gesehen, dem wird seine charakteristische, fast klassische Form schwerlich mehr aus dem Gedächtniss entschwinden.

Zu Mittag hatte bei heftigem Gegenwind die Luft 26° C. und das Wasser 22,6° C gehabt. Flache Mangroveinseln theilten nun unsere seichter werdende Wasserstrasse, in welche Enten einfielen, indessen Möven nach Beute herabstiessen und Eisvögel versteckt am Ufer fischten. Bem-te-ví, wohl Pitangus lictor Licht., flogen über den Rio Santa Maria hin und her. Im Ufergebüsch strichen die wundervoll scharlachroth und schwarz befiederten Tijé-pyranga (Ramphocoelus brasilius L.), die zu den schönsten Vögeln Brasiliens gehören. Von Zeit zu Zeit kam eine Canoa, ein Einbaum wie unserer, lautlos den Fluss herabgeschwommen. Er war entweder mit dunkelhäutigen Frauen und Kindern besetzt oder mit Fazendeiros, welche Kaffeesäcke zur Küste brachten. Wie eine Erscheinung zogen diese malerischen, von Indianern, häufiger noch von Negern geruderten Canoas an uns vorbei, in der nächsten Flusswindung bald wieder unseren Blicken entschwindend. Der Mangrovewaldgürtel war nun zurückgeblieben, und das beiderseitige Ufer begleiteten dichtes Buschwerk und niedere Bäume, über welche nur selten ein höherer Baum emporschaute.

welche wohl identisch ist mit dem als Schiffsbauholz dienenden Páo amarello des Silva Aranjo (Diccionario topographico etc. do Alto Amazonas p. 20), doch dürfte der Páo amarello des Amazonasgebietes aller Wahrscheinlichkeit nach einem anderen Baume zugehören als das Amarelloholz Mittelbrasiliens. Der Name Amarello bei Bauholz begegnet uns nur noch in Louro amarello = Cordia alliodora Cham. (Vergl. das Kaiserreich Bras. auf der Weltausstellung etc. S. 51, u. S. Anna Nery: Le Brésil en 1889 p. 285). Der Louro amarello ist für unseren Fall wohl nicht ausgeschlossen, doch ist von ihm nicht wie von Ferreira spectabilis eine besondere Dicke des Stammes erwähnt. (Siehe Flora brasiliensis VIII. 1. S. 4).

[1]) Hartt, Geology and Physical Geography of Brazil p. 73.

Der Rio Santa Maria mit dem Mestre Alvaro. Nach Natur skizzirt von der Verfasserin, ausgeführt von E. Beninger.

Keine Lianen, keine Epiphyten schmückten diesen Waldsaum, der uns weder hübsch, noch üppig anmuthete. Wir vermissten die phantastischen Vegetationsbilder der Amazonasufer und erinnerten uns, dass wir hier in derjenigen schmalen Region des Küstenwaldes von Espirito Santo waren, welche nur mageren, capoeiraähnlichen Pflanzenwuchs besitzt. In dem an Breite immer mehr abnehmenden Fluss drängten sich Schilfrohre dicht aneinander, und Pflanzen mit fleischigen, fast runden Blättern, sicher Eichhornien oder Pontederien, ragten in Mengen über den Wasserspiegel heraus. Bald an dieser, bald an jener Stelle des Rio Santa Maria bot sich uns ein schönes Landschaftsbild in Folge bewaldeter Hügel oder Berge, welche den Horizont abschlossen. So war es namentlich bei der kleinen Ansiedlung Porto de Pedra, von wo aus sich der Mestre Alvaro äusserst malerisch aufbaute. Einige Kilometer weiter aufwärts wurden in der Ferne einige Häuser des Kirchdorfes São José do Queimado hoch oben auf einem grasbedeckten Hügel sichtbar.

Die Fazendas der hiesigen Gegend, auf welchen vielfach Pferde- und Rindviehzucht getrieben wird, blieben mehr oder minder hinter den Bäumen des Ufers versteckt. Eine Zeit lang ritt einer der Fazendeiros, von zwei Negerknaben zu Pferde begleitet, auf einem Passgänger den Fluss entlang aufwärts, sich immer in gleicher Höhe mit unserer Canoa haltend. Bald kam der kleine Reitertrupp ganz nahe an das Ufer heran, bald verschwand derselbe wieder hinter dem Ufergebüsch. Wir wussten nicht recht, was das bedeuten solle, bis der weissbärtige Fazendeiro an einer passenden Stelle in den Fluss sprengte und uns anrief, ob wir von Rio de Janeiro kämen. Er wünschte blos zu erfahren ob sein Kaiser gut und glücklich aus der Fremde heimgekehrt. Nachdem ihm befriedigende Nachricht geworden, jagte er über seine Besitzungen von dannen und war bald unserem Gesichtskreise entrückt. Diese spontane Aeusserung von Loyalität in weltferner Gegend hinterliess uns, in Gedanken an den hochverdienten Monarchen, einen entschieden wohlthuenden Eindruck.

Ein als Socó bezeichneter grauer Reiher, wohl Nycticorax violaceus L., flog auf, und ein grau, weiss und schwarzer Vogel, den unsere Leute Soldado nannten, trippelte am Uferrand dahin. Ich vermuthe, dass letzterwähntes Thier, welches mir ungefähr wie eine grosse Bachstelze erschien, ein Regenpfeifer war und zwar vielleicht der Ochthodromus wilsoni Ord.[1]). Nachdem wir noch verschiedene Flusswindungen mit Leichtigkeit überwunden, da der Rio Santa Maria kein starkes Gefäll hat, fuhren wir endlich durch den auf beiden Ufern ausgebreiteten Ort Queimado selbst hindurch. Angelegt wurde dort nicht, denn wir strebten unaufhaltsam vorwärts dem uns bezeichneten Nachtquartiere zu.

---

[1]) Spix beschreibt in seinem Werke: Avium species novae, II, 77, nur einen jungen Vogel; Wilson (American Ornithology IX, Tafel 73, No. 5) bildet ein erwachsenes Exemplar ab.

Den ganzen Nachmittag hatte keine Sonne geschienen, wodurch die Temperatur behaglich gewesen war. Abends 5¼ Uhr zeigte das Thermometer 24.5° C.; schon Nachmittags war es ganz windstill geworden. Zu unserer Rechten erhob sich ein Hügel mit Kokospalmen bestanden, welche nur wenige und gebogene Wedel trugen. Es waren die ersten Palmen, die wir auf unserer heutigen Flussfahrt sahen. Unsere Canoabemannung bezeichnete sie als Cocos de Quarto, doch da Palmen unter dieser Benennung nirgends erwähnt sind, dürften darunter wohl Cocos de Quaresma (Cocos flexuosa Mart.) zu verstehen sein, nicht nur der Namensähnlichkeit wegen, sondern auch da dieselben dem Habitus und der Art des Vorkommens nach, am meisten mit diesen Palmen übereinstimmen. Das Ufer schmückte ziemlich viel Pfeilgras (Gynerium parvifolium Nees ab Esenbeck), und dahinter standen einige Bäume, mit der bartflechtenähnlichen, grauen Tillandsia usneoides L. dicht behängt.

Wir fuhren still unseres Weges, als uns wieder eine Canoa entgegenkam. Die beiderseitigen Bootsleute riefen sich an, und nun wurde uns zufällig kund, dass der andere Kahn die für unseren morgigen Ritt bestimmten Sättel an Bord führte, um sie nach Queimado zu bringen. Ebenso waren, wie wir durch die fremde Canoabemannung erfuhren, unsere Pferde dahin unterwegs. In Victoria aber hatte man uns gesagt, dass die Reitthiere uns auf einer Fazenda,[1]) nahe dem Einfluss des von Südwesten dem Rio Santa Maria zuströmenden, eine gute Strecke oberhalb Queimado einmündenden Rio Mangarahý erwarten würden. Somit wären wir ohne diese zufällige Begegnung ganz beruhigt zu Canoa dahin weitergefahren, indessen Sättel und Pferde, welche in der Dunkelheit sehr leicht unbemerkt an uns hätten vorbeipassieren können, vergebens in dem flussabwärts gelegenen Queimado auf uns würden gewartet haben. Es war ein Missverständniss, welches, wenn nicht so bald gelöst, trefflich dazu geeignet gewesen wäre, uns einen ganzen Reisetag zu kosten. Nun blieb nichts anderes zu thun übrig, als auf dem Fluss an demjenigen Punkte, an welchem die Pferde nothwendig vorbeikommen mussten, zu passen, um dieselben abzufangen. Es war schon Nacht geworden. Beide Canoas wurden am Ufer festgebunden und die Ruderknechte zündeten auf dem Lande ein tüchtiges Feuer an, sich das Nachtmahl zu bereiten. Wir blieben im Kahn und kochten daselbst unseren bescheidenen Abendimbiss, der zugleich auch unser Mittagessen war. Von Zeit zu Zeit warfen wir einen Blick hinaus auf die malerischen Gestalten, welche sich um die prasselnden Flammen gruppirten. Nach stundenlangem Warten traf

---

[1] Unsere Leute nannten diesen Punkt Mangarahý; nach der Spezialkarte in Silva Coutinho Breve Noticia descriptiva sobre a Provincia do Espirito Santo) heisst derselbe, bezw. die Fazenda, jedoch José Claudio de Freitas« und ist Mangarahý ein Dorf, welches am Rio Mangarahý weiter aufwärts und ganz ausserhalb der von uns befolgten Route liegt.

endlich der Pferde- bezw. Maulthiertrupp ein, von Herren geritten, die aus dem Innern kamen und unsere Thiere noch weiter benutzen wollten, um nach Queimado zu gelangen. Wir verständigten uns mit ihnen über diesen Punkt und über die rechtzeitige Rücksendung unserer Reitgelegenheit nach der Fazenda an der Mündung des Mangarahý. Abends 9 Uhr setzten wir bei Stockfinsterniss unseren Weg zu Canoa fort. Matt brannte unsere kleine Laterne unter der Cuberta, die ruhige Bewegung des Bootes wirkte einschläfernd, und der Platz, auf dem wir unter Tags unbequem gehockt, schien uns jetzt eine herrliche Schlafstelle.

Gegen 11 Uhr Nachts erreichten wir endlich die oben besprochene kleine Fazenda, an deren Besitzer wir ein Empfehlungsschreiben hatten. Erst galt es, in der undurchdringlichen Dunkelheit die lehmige Uferböschung hinaufzuklettern, bei Gefahr in den Fluss hinunterzurutschen, dann, bis zum Wohnhaus fortzutappen, wo Alles schon in tiefem Schlafe lag. Ohne ein Wort des Unwillens nahmen uns die freundlichen Brasilianer auf, räumten die Wohnzimmer und die bis zu diesem Augenblick belegten Betten, und setzten sich für die übrige Nacht in einem kleinen, bettenlosen Raum zusammen. Wir zwei Damen theilten ein hartes Lager und froren gehörig. Da die Zimmer nach echt brasilianischer Art keine Decke und keine bis hinauf reichenden Wände hatten, strich die kühle Nachtluft ungehindert durch das ganze Haus. Unser Gepäck mit den warmen Hüllen aber hatten wir wegen des bei Finsterniss schwierigen Transportes in der Canoa zurücklassen müssen.

Fazenda am Mangarahý — Santa Thereza. Dienstag, den 28. August.

Kaum begann es zu tagen, als wir aufstanden, ungeduldig uns über die Lage unseres Nachtquartiers zu orientiren. Wir befanden uns in einer mässigen Berggegend, unser gastliches Haus stand unfern des Flusses auf hohem Ufer, alle Höhen ringsum waren baumbewachsen. Die Natur bot hier keinen Reiz.

Um $6^{1}/_{2}$ Uhr sassen wir im Sattel, zum Ritt nach Porto do Cachoeiro, dem Flusshafen für die Kolonie Leopoldina. Unser Pfad zog sich durch die Serra do Mangarahý, meistens längs des rechten Ufers des Rio Santa Maria, in nordwestlicher Richtung aufwärts. Der Fluss war hier weit mehr von hübscher, sogar üppiger Vegetation umsäumt als an seinem Unterlaufe. Die Landschaft hatte keinen grossartigen Charakter; pflanzenbedeckte Höhen begleiteten beiderseits unseren schmalen Reitweg. Der bescheidene Baumwuchs der Abhänge war mit Indaya (Attalea Indaya Dr.) untermischt, Steinkokospalmen mit wahrhaftigen Riesenwedeln. Ein Genipapeiro (Genipa americana L.), eine baumförmige Rubiacee, welche den Indianern ein blauschwarzes Färbemittel liefert, zog unsere Aufmerksamkeit auf sich. Gelb- und rothblühende Lantanen (Lantana camara L.),[1] die uns hoch zu Reitthier noch überragten, erhoben sich am Wege. Zwischen

---
[1] Daselbst in mein Herbarium gesammelt.

dem Gesträuch emporgekletterte Bougainvillea spectabilis Willd.[1]) warfen ihre prächtigen, tiefrothen Hüllblätter wie einen Purpurmantel über das Grün der Stützpflanzen. An waldlosen Stellen hatten die mit Recht gefürchteten Termiten über meterhohe, gelbliche Kegelbauten aufgeführt. Einzelne Fazendas klebten oben an den Berglehnen, einzelne Cafezaes[2]) zogen sich an dem Gehänge herunter. Die Kaffeebäumchen prangten in schneeweissem Blüthenschmuck oder im Roth der Kirschen, welche unter dem dunklen Laub hervorleuchteten. Ueber und über blüthenbedeckte Orangenbäume sandten uns ihren Duft aus der Ferne zu. Anús (Crotophaga ani L.), diese glänzend blauschwarzen Kukusvögel mit langem, fächerförmigem Schwanze, wechselten von einem Baum zum anderen. Canarios (Sycalis flaveola L.), die Männchen mit gelberem, die Weibchen mit mehr bräunlich und grünlich untermischtem Gefieder, strichen am Boden umher. Viele braungrau und gelb gefiederte Bem-te-ví, der Art des Vorkommens nach wohl Pitangus sulphuratus L., suchten emsig nach Nahrung. Im Gebüsch sass ein wundervoller Vogel, mit langem, schwarzem Schnabel, goldgrün schillernden Flügeln und ebensolchem Rücken, rothbraunem Bauche und theilweise blauschimmernder Brust. Es schien mir zweifellos eine Galbula rufoviridis Cab. zu sein, die mich besonders deshalb interessirte, da sie der erste Repräsentant der nur auf Südamerika beschränkten, farbenprächtigen Glanzvogelfamilie war, welcher mir zu Gesicht kam.

Im Hintergrunde war bald da, bald dort eine Serra zu bemerken. Ein paar Mal mussten wir durch Flüsse und kleinere Wasserläufe reiten, denn Brücken waren hier ein unbekannter Luxus. Mich hatte bei Zutheilung der Reitthiere ein Passgänger getroffen, und fand ich mich mit seinen Bewegungen angenehm zurecht. Unerträglich hingegen war der Sattel. Ich vertauschte ihn zwar Nachmittags gegen einen besseren, doch den qualvollen Muskelschmerz, welchen er mir verursachte, werde ich sicher noch Tage lang empfinden.

Nach guten zwei Stunden langten wir in Porto do Cachoeiro an, welches sich fast nach Art eines Tyroler Dorfes an den Abhängen gruppirt. Diese Villa ist der Sitz des Municipiums do Cachoeiro de Santa Leopoldina. 52 km von Victoria entfernt, liegt sie an der untersten Stromschnelle des Rio Santa Maria. Bis hierher kann der Fluss, welcher zwar erst etliche Stunden weiter abwärts, von der Mündung des Rio Mangarahy an, etwas bedeutender wird, mit Kähnen befahren werden; zur Zeit hohen Wasserstandes sind sogar schon Dampfschiffe auf seinen Fluthen geschwommen. Mit Porto do Cachoeiro haben wir die einstige Kolonie Santa Leopoldina erreicht. Es war dies eine 1855 von der Regierung gegründete Kolonie, auf deren früherem Territorium jetzt über 11 000

---
[1] Daselbst in mein Herbarium gesammelt.
[2] Cafezaes = Kaffeepflanzungen.

Seelen[1]) angesiedelt sind. Diese Bevölkerung besteht aus Tyrolern, Deutschen, Schweizern, Holländern, Belgiern, Franzosen, Italienern, Polen und Lusobrasilianern.[2]) Nachdem die ersten Kolonisten mit manchen Schwierigkeiten zu kämpfen hatten, scheinen die meisten Leute dort jetzt wenigstens ein bescheidenes, Manche auch ein ganz behagliches Auskommen zu haben. Es finden, von der Provinzialregierung unterstützt, fortwährend Zuwanderungen statt. Im verflossenen Jahre, 1887, wurden in der Exkolonie Santa Leopoldina etliche hundert Landantheile vermessen, welche theils Neueingewanderten, theils Söhnen früherer Kolonisten, theils Lusobrasilianern und theils solchen einstigen Kolonisten zugewiesen wurden, deren Landparzelle für die inzwischen zahlreicher gewordene Familie nicht mehr genügte.

In Porto do Cachoeiro stiegen wir bei einem deutschen Kaufmann und seiner Gattin ab, welche beide uns mit äusserster Liebenswürdigkeit aufnahmen und uns am heutigen Tage unsere Reise nicht mehr fortsetzen lassen wollten. Doch da wir Eile hatten, konnten wir das gastliche Anerbieten nicht annehmen. Von dem als vortrefflich bekannten Klima von Santa Leopoldina bekamen wir in Cachoeiro keinen sonderlich guten Begriff. Nachmittags 1 Uhr zeigte das Thermometer 27° C., und trotz Mangels an Sonne und trotz Gewitterregens war die Hitze an diesem Nachmittage drückend.

Endlich, nach langem Drängen, kam es um viereinhalb Uhr zum Aufbruch nach Santa Thereza. Unser freundlicher Hausherr liess es sich nicht wehren, als Führer uns dahin zu begleiten. Wir hatten einen Ritt von sechseinhalb Stunden vor uns, von welchen fünf, dank unseres späten Aufbruches, auf die Nacht entfallen mussten. Bald blieb der über Felsen schäumende Fluss und die zwischen Berglehnen eingeengte Ortschaft tief unten hinter uns zurück. Unser Saumpfad führte Anfangs ziemlich steil in das Gebirg hinauf. Fiederpalmen, zahllose schwarzbraune, somit schon vertrocknete Beeren tragende Kaffeebäumchen und hunderterlei andere Bäume wuchsen zu beiden Seiten. Von der Höhe aus hatten wir noch einen schönen Rückblick hinunter auf den gebirgigen Thalabschluss. Dann ging es auf Drittelhöhe einem steilen Hang entlang, dem gegenüber ein ebenso steiler Hang abstürzte. · Beide Gehänge begegneten sich unter einem spitzen Winkel und liessen zwischen sich keine flache Thalsohle zur Entwickelung gelangen. Die Vegetation wurde immer üppiger, Farnbäume, von denen Brasilien Arten aus dreierlei Gattungen, namentlich viele aus der Gattung Alsophila besitzt, wiegten ihre zarten, graziösen Wedel in Menge neben dem Weg. Man wähnte sich um viele Jahrtausende zurückversetzt

---
[1] Rechnet man den, Santa Cruz genannten Theil nicht zur einstigen Kolonie Santa Leopoldina, wie dies von Einigen geschieht, so vermindert sich die Seelenzahl um ca. 1400.
[2] Siehe weiter oben S. 61 Anmerk. 1.

und wähnte eine Landschaft aus der Steinkohlenzeit vor sich zu haben. Die riesigen Blätter der Indayapalmen (Attalea Indaya Dr.?[1]) ragten aus der Pflanzenfülle heraus. Tacoára- d. h. Bambusdickichte[2]) deckten die Hänge. Grosse, wie Taue gedrehte Lianenstämme, vielleicht Stämme von Aristolochien, wanden sich nach aufwärts. Wir waren hier in einem richtigen Mato virgem[3]), dem echten Küstenurwalde, der sich von der Hylaea durch Reichthum an Baumfarnen und Bambusgräsern unterscheidet. Denn obwohl dort, wenigstens im Caa-Eté, weder Cyatheaceen noch Bambusaceen fehlen, sprechen sie doch, weil weniger arten- und individuenreich, im Landschaftsbilde nicht mit. Dahingegen sind im hiesigen Urwald die einzigschönen Lianenlauben und phantastischen Pflanzenbehänge, die in der Hylaea das Auge entzücken, meistentheils gar nicht, und wenn überhaupt, dann nur in viel bescheidnerem Maasse vorhanden.

Weiter ging es durch den Mato virgem und immer weiter. Bald wölbten sich die Bambusen über uns zu einem Dach zusammen, bald that sich seitwärts eine kleine, vegetationsüberwucherte Schlucht auf, bald ging es zu unserer Rechten tief hinunter in ein Chaos von Grün. Aus dem Pflanzengewirr stiegen majestätisch einige gigantische, bis hoch hinauf astfreie Laubbäume empor. Rothblühende Bromeliaceen sassen in den Astwinkeln. Tarroähnliche Aroideen mit solch riesigen Blättern, wie wir deren in dieser Pflanzenfamilie noch niemals gesehen, vermuthlich irgendwelche Caladien, hoben sich aus dem Dickicht heraus. Hoch oben auf einer Baumkrone gruppirte sich ungemein graziös ein feinverzweigter, rosenroth blühender Kletterstrauch, sicherlich eine der in diesen Himmelsstrichen so zahlreichen Bignoniaceen.

Zu unserer Linken am Bergeshang war ein einsames Häuschen zu sehen. Der Bewohner desselben, ein Brasilianer, soll einst sehr hart gegen seine Sklaven gewesen sein, soll sie einsperren und peinigen haben lassen. Dem Volksglauben nach hatte ihm, ob seiner Thaten, seine Mutter geflucht und war der Unselige in Folge dessen gänzlich herabgekommen und überdies von der Elephantiasis Graecorum, dem echten Aussatze, befallen worden.

---

[1]) Ob es sich hier um Attalea Indaya Dr. oder Attalea humilis Mart. handelt, kann ich nach meinen Reisenotizen nicht mehr sicher eruiren, da ich in denselben nur den Vulgärnamen und als Habitus »Riesenwedel« verzeichnet habe. Den Vulgärnamen Indaya scheinen aber sowohl A. Indaya, wie A. hum. zu führen (Als Ndaya-assú = grosse Indaya erwähnt Wied, Reise nach Brasilien I. 271, die A. Ind., und ich habe am 31. August den Namen Indaya für die stammlose Attalea, also die A. hum. angeführt), und Wedel von 5 m Länge, wie sie die A. hum. besitzt, können im Dickicht immerhin riesig erscheinen. Vermuthlich aber waren die hiesigen Indaja doch die A. Indaya Dr., welche Blätter bis zu 10 m Länge entwickelt.

[2]) Vielleicht Nastus barbatus Ruprecht, die einzige Bambusacee, welche in Martii Flora brasiliensis II. 3. p. 163 und ff.) für diese Gegenden erwähnt ist.

[3]) Siehe weiter oben S. 219.

Unser schmaler Saumpfad, der uns nur gestattete, Einer hinter dem Andern zu reiten, war manchmal unbeschreiblich schlecht. Der Boden war tief aufgeweicht und wir mussten ganze Moräste passiren. Hier lernten wir zum ersten Male die berüchtigten Pilões kennen, welche den Reisenden wahre Qualen von Anstrengung und Ermüdung bereiten. Es sind diese Pilões quer über den Weg gehende, ackerfurchenartige Bildungen, von welchen die höheren Theile aus abgerundeten Stufen, aus Querwällen von hartem Lehm, die tieferen aus bodenlosen Schmutzrinnen bestehen. Diese Art Erdleitern werden von den Maulthierzügen, den Tropas, selbst hergestellt. Ein jedes der Saumthiere nämlich hält genau die Fährten des vorhergehenden ein und solcherweise treten sich in dem zur Regenzeit erweichten Boden binnen Kurzem die tiefsten Löcher. Zwischen den Löchern bleiben selbstverständlich Erhöhungen stehen, glitschige Querwälle, welche von keiner folgenden Tropa wieder zusammengestampft werden, da sie für die Füsse der Thiere keinen Halt bieten. Und so treffen die Maulthierhufe jahraus jahrein nur immer die Rinnen, und die Rinnen werden immer tiefer und die runden Stufen immer höher. Es ist ein Zustand ohne Aussicht auf Besserung.

Unsere armen Pferde kletterten, stolperten, rutschten über diese Pilões hinweg, so dass wir jeden Augenblick dachten, Ross und Reiter müssten stürzen. An ein rasches Vorwärtskommen war auf diesen Strecken gar nicht zu denken; man konnte nur froh sein, wenn sie überhaupt ohne Unfall überstanden waren.

Wir hatten ausserdem eine in Brasilien ungewohnte Menge von Brücken und Brückchen zu passiren, von denen sich manche in gutem, manche in schlechtem Zustand befanden. An einigen Stellen waren die Brücken eingestürzt und wir mussten neben ihnen den Bach oder Fluss durchreiten. Es geschieht in den meisten Gegenden Brasiliens für Brückenbauten so viel wie gar nichts. An eine Reparatur der verhältnissmässig wenigen Brücken, welche überhaupt vorhanden, denkt Niemand, und so werden dieselben, wenn auch schon lebensgefährlich, so lange benutzt, bis sie zusammenbrechen. Dann gehen die Tropas wieder, wie früher, durch eine Furt, bis auch diese durch die an beiden Enden entstehenden Atoleiros oder bodenlosen Pfützen unbrauchbar wird und man zum Neubau einer Brücke schreiten muss.

So lange wir Tageslicht hatten, liessen sich all die primitiven Wegzustände noch ertragen. Aber von 6 Uhr an war es stockfinstere Nacht. Und nun fühlten sich Mensch und Thier noch viel unsicherer, als es natürlich ebenso wie bisher über Pilões und geländerlose Brücken hinweg, durch Furten hindurch und an Abgründen entlang ging. Unser vorausreitender Führer hatte eine kleine Laterne angezündet und an seinem Steigbügel befestigt. Der matte Schimmer derselben zeigte uns jetzt nothdurftig den einzuschlagenden Pfad. Trotz dieser bescheidenen Beleuchtung war der Führer auf eine grosse, hohe Holzbrücke gerathen, welche nur Anfang und Ende hatte, in deren Mitte aber ein schwarzes Nichts uns entgegengähnte. Ein Schritt weiter — und unser Hausherr von Porto do Cachoeiro wäre in den Fluss hinabgestürzt. Nun galt es, in der Dunkelheit die Furt suchen. Der Fluss war tief und breit, das Wasser klatschte um unsere Thiere und spritzte hoch an uns herauf.

Doch diese einzelnen Momente störten uns nicht die Romantik des einsamen Nachtrittes durch den Urwald. Kaum war die Dunkelheit angebrochen, begann wie auf einen Schlag das tausendstimmige Urwaldkonzert, welches wir seit dem Amazonas nicht mehr gehört hatten.

> In dem Urwald tönt der Ruf der Nacht,
> Grillen zirpen, heulend brüllt der Affe,
> Hammerschmied und Klöppler sind erwacht,
> Klagend schreckt der Frosch aus tiefem Schlafe.
>
> Ein Konzert wie Geisterspuk wird laut
> Und begleitet mich auf meinen Wegen[1]

Allerhand Froschlurche strengten ihre Singwerkzeuge an. Da war es ein knackender Laubfrosch, wohl Hyla marmorata Laur., der sich weithin hören liess,[2] dort ein grunzender Batrachier, vermuthlich der Gemeine Hornfrosch (Ceratophrys dorsata Wied), welcher sich bemühte, zu sekundiren.[3] In dem Bruch der Thalniederung waren es andere Anuren, die ein lautes Frage- und Antwortspiel aufführten. Alle seine Brüder aber übertönte der Ferreiro (Hyla faber Wied), dessen Stimme, taktgemäss und metallisch wie der Schlag eines Klempners, unermüdlich durch den hohen Urwald klang. Dieser Laubfrosch pflegt die Nachtstunden hindurch den, Ferrador genannten Glockenvogel (Chasmorynchus nudicollis Vieill.) abzulösen, welcher mit fast gleichklingendem, zum Verwechseln ähnlichem Rufe von früh bis Abends den Urwald belebt.

Den Froschlurchchor unterstützte das Zirpen unzähliger Grillen. Nachtvögel kreischten auf, und sonstige Thierstimmen fielen vereinzelt oder zu mehreren in die allgemeine Urwaldsymphonie verstärkend ein. Nachdem die ersten Nachtstunden vorüber waren, wurde es etwas ruhiger

---

[1] Kaiser Maximilian von Mexico: Aus meinem Leben, VII, S. 275.

[2] Von diesem Frosch, der sowohl bei Rio de Janeiro, wie in Surinam, also wohl auch in den Wäldern von Espirito Santo vorkommt, werden speziell die Knacklaute erwähnt (Burmeister: Erläuterungen zur Fauna Brasiliens, S. 95). — Die übrigen Hylidenstimmen, welche von Burmeister angeführt werden und an der Ostküste zu hören sind (l. c. 108, 113), sind, seiner Beschreibung nach, knackernde.

[3] Wied Beiträge zur Naturgeschichte von Brasilien, I, 589) hat diesen Frosch häufig in den Wäldern der Ostküste gehört.

Brücke in der Provinz Espirito Santo.

im Walde, manche Sänger verstummten, andere aber begannen erst mit ihren Stimmbänderübungen. Die aus dem Riesenkonzerte noch übrig gebliebenen Musikanten wurden in der sonstigen Stille nur um so vernehmbarer. Unmittelbar am Wege klagte eine Stimme wie diejenige eines weinenden, hilfesuchenden Kindes. Auch das war der Laut eines Froschlurches,[1]) der im Begriffe stand, uns irrthümlicher Weise zu menschlichem Rühren zu bewegen. Neben uns im Gesträuch schrie ein aus dem Schlafe geschrecktes Waldthier auf. Ein Nager, wohl ein Goldhase, floh vor uns in das Dickicht, ein Hirsch brach durch das Buschwerk und ein unsichtbares Wesen raschelte zu unserer Linken in der Vegetationsdecke des Waldbodens. Ein kleiner Frosch aber setzte in verzweifelt grossen Sprüngen über unsere schmale Picada.

Die Eindrücke, welche bei einem solch einsamen Ritt in finsterer Nacht, in fremdem Lande und menschenferner Urwaldwildniss auf das Gemüth einstürmen, sind ganz eigenthümlicher Art. Man sieht nichts, denn das spähende Auge kann das Dunkel nicht durchdringen, welches ringsum die ganze Natur verhüllt. Zugleich hört man hunderterlei Stimmen und klagende Töne, merkwürdige Laute, welche an das gespannt lauschende Ohr schlagen, oft ohne dass man ihren Ursprung weiss oder sich ihre Bedeutung zu erklären vermag. Mehr als einmal meint man, es müsse eine der schwarzen Waldwände, welche den Weg zu beiden Seiten einschliessen, sich aufthun und irgend eine fremde, unheimliche Gestalt heraustreten. Oder man meint, es gelte, einem jammernden Mitbruder beizuspringen, im nahen Gebüsch müsse ein zu Tod Verwundeter liegen — aber wie in der undurchdringlichen Finsterniss ihn finden, wie ihm helfen? — Und dann sind es schliesslich nur harmlose kleine Geschöpfe gewesen, die vor dem späten Wanderer das Weite gesucht, oder unbekannte Thierstimmen, die den noch Unerfahrenen geäfft haben.

Doch auch gegen diese Eindrücke stumpften wir uns schliesslich ab. Endlos schien sich unser Weg zu dehnen, Mensch und Thier wandelten, schon halb schlafend, in schläfrigem Tempo weiter. Das Trabreiten hatte längst aufgehört. Von Zeit zu Zeit rieselte ein feiner Regen auf uns herab und feuchte Dünste stiegen aus den Urwaldsümpfen auf. Um

---

[1]) Es handelte sich hier um einen der von den Indianern Cutagoá oder einen der Inigoá genannten Froschlurche. (Siehe Wappäus: Das Kaiserreich Brasilien, 1354; Canstatt: Brasilien, Land und Leute, 67; Näher: Land und Leute in der brasilianischen Provinz Bahia, 150.) Unter dem Vulgärnamen Gutacá führt Spix (Animalia nova sive species novae Testudinum et Ranarum, p. 29, 42, et 43) Rana palmipes Spix und Phyllomedusa bicolor Bodd. an, doch ist nicht zu ergründen, ob diese zwei Froschlurcharten im Küstenurwald vorkommen. Inigoá werden einige Bufonidenspecies genannt. Ob der in Espirito Santo häufige Bufo crucifer Wied hier in Betracht kommen kann, war mir nicht möglich festzustellen; überhaupt ist es nicht zu eruiren, welche Bufonidenarten unter Inigoá verstanden werden.

7 Uhr hatten wir die erste und letzte, die einzige Rast gehalten. Es war in einer von einem Sachsen gehaltenen Venda gewesen, welche inmitten der Berge gelegen ist. Später waren wir an verschiedenen, dem Walde abgerungenen, polnischen Ansiedlungen und solchen von Einwanderern anderer Nationalität vorbeigekommen. Gatter, ganz so wie deren bei uns im Gebirge gebräuchlich sind, bezeichneten den Eingang und Ausgang eines jeden einzelnen Landgutes. Sie versperrten uns den Weg, ein Umstand, der uns nicht wenig auf unserem Marsche aufhielt, da das Oeffnen derselben vom Pferde aus geraume Zeit in Anspruch nahm. Nachdem diese Schwierigkeiten überwunden waren, führte unser Saumpfad wieder durch lange Strecken Urwaldes, der sich hoch über uns zusammenschloss und von dem wir nur einzelne Riesenbäume unterscheiden konnten, welche gespenstisch gen Himmel ragten.

Endlich, gegen 11 Uhr erreichten wir das grösstentheils von Italienern bewohnte Dorf Santa Thereza. Da wir aus Irrthum erst einen Tag später erwartet waren, hatte sich die belgische Kaufmannsfamilie, welche uns gastlich aufnehmen sollte, schon zur Ruhe begeben. Wie unsere gestrigen, hatten wir auch unsere heutigen Wirthe erst durch Klopfen aus tiefstem Schlafe zu wecken, ehe uns aufgethan wurde und wir unsere Zimmer angewiesen erhielten. Von unseren Packthieren war weit und breit nichts zu sehen, und so mussten wir uns schmutzbedeckt wie wir gingen und standen, auf unsere Maisstrohsäcke werfen. Doch ein erquickender Schlaf nach acht bis neunstündigem Ritt liess uns bald diese kleine Unannehmlichkeit vergessen.

Santa Thereza—Petropolis. Mittwoch, den 29. August.

Da des Morgens die Packthiere noch nicht eingetroffen waren und wir nicht einmal einen Kamm bei uns hatten, liess die Morgentoilette ebensoviel zu wünschen übrig, wie die Toilette des vorhergehenden Abends. Auch war an ein Weiterreiten nicht zu denken, da wir uns doch erst überzeugen mussten, ob unser Gepäck überhaupt eintreffen würde. So hiess es: geduldig, oder ungeduldig warten.

Wir benutzten die aufgedrungene Rast, uns in Santa Thereza umzuschen. Es war dies bald geschehen. Die Ortschaft, welche zu dem, Timbuhy genannten Theile der ehemaligen Kolonie S. Leopoldina gehört, liegt zwischen mittelhohen, eng zusammengerückten Bergen, nahe dem Flüsschen Timbuhy. Sie besteht nur aus einigen unschönen, gemauerten Häusern, und einer kleinen Kirche, welcher jedoch der Priester fehlt. Die Häuser haben graue Dächer und erinnern, Fenster und Thüren abgerechnet, etwas an Tyroler Bauernhäuser, so dass man sich fast in einem Dorfe Tyrols wähnen könnte. In dem nach italienischer Art freistehenden Glockenthurm wird die Glocke nicht durch Anschlagen, sondern wie bei uns durch Anziehen mittelst eines Seiles geläutet.

Mehr als das uninteressante Dorf interessirte mich ein Gambá, d. h. eine Beutelratte, welche sich verflossene Nacht zur Freude unseres Hausherrn in einer Falle gefangen hatte. Das Thier, ein Hühnerdieb nach Art der Marder, war, den Schweif abgerechnet, nach Augenmass mindestens 45 cm lang, hatte kurze Beine, eine Kopfform, welche an die eines jungen Schweines erinnerte, ein Gesicht, gezeichnet ähnlich dem eines Dachses, und ein langes, keineswegs dichtes Haar, welches weiss und schwarz in grossen Flecken gemischt erschien. Allem nach hielt ich dasselbe für eine alte, noch mit dem Winterkleid angethane Didelphys marsupialis L. var. typica Oldf. Thom.

Erst im Laufe des Vormittags langten unsere drei Packthiere an. Eines derselben hatte sich Nachts im Urwald verirrt, und wir konnten von Glück sagen, dass es nicht sammt unserer betreffenden Gepäckstücke auf immer verloren gegangen war. So hatten wir durch diesen Unfall nur einen halben Reisetag eingebüsst.

In Santa Thereza stellte sich mittlerweile unsere endgiltige Karawane zusammen. Herr Meier aus Porto do Cachoeiro, der uns bis hierher begleitet hatte, kehrte von hier nach Hause zurück und wir erhielten als Führer einen echten Tropeiro. Unter Tropeiro versteht man den berittenen Anführer einer Tropa, eines Maulthiertrupps, welcher im Innern des Landes den Waarenverkehr besorgt. Die Tropeiros sind ehrliche, verlässliche Leute, sie müssen es sein, denn ausserdem würden ihnen die oft kostbaren Ladungen nicht anvertraut werden. Ihnen entsprechen ungefähr in Ländern spanischer Zunge die Arrieros, in Griechenland die Agogiaten. Jeder Tropeiro hat etliche gedungene, ebenfalls berittene Knechte, welche die Aufsicht über die einzelnen Abtheilungen des Trupps führen; er selbst ist nur der Leiter des Ganzen. Die meist kräftigen und wohlgepflegten Maulthiere gehören ihm, sie sind das Kapital, mit dem er arbeitet. Sehr zweckmässige Packsättel, Cangalhas genannt, erleichtern den Thieren das Tragen ihrer Ladung. Letztere richtig zu vertheilen und dem bei den schlechten Verkehrswegen leicht möglichen Rutschen derselben vorzubeugen, ist die Kunst eines guten Tropeiros.

Die Tropeiros sollen meistens Mischlinge sein, welchen indianisches Blut in den Adern fliesst. Unser Führer ist jedoch ein Wälschtyroler Namens Ferrari, ein ehemaliger Kaiserjäger, der, als ich ihn fragte, ob er sich in Brasilien habe naturalisiren lassen,[1] stolz erwiderte: »Austriaco

---

[1] Seither, d. h. seit dem Regierungsdecret vom 15. Dezember 1890. »werden alle Ausländer, welche am 15. November 1889 in Brasilien wohnten, für brasilianische Staatsbürger angesehen, ausgenommen, wenn sie innerhalb sechs Monaten nach der Veröffentlichung dieses Decretes vor der Municipalkammer das Gegentheil erklären.« — Da Ferrari, in Folge seines Wanderberufes, vielleicht keine Kenntniss dieses Decretes erlangt, und, wenn auch, schwerlich Zeit gehabt haben dürfte, die nöthige Erklärung abzugeben, wird er wohl inzwischen zwangsweise naturalisirt worden sein.

sono nato, Austriaco voglio morrire.«[1]) Unsere zwei Packthierknechte sind gleichfalls Wälschtyroler oder Italiener, verkehren aber unter sich und mit dem Tropeiro sonderbarer Weise auf portugiesisch. Interpellirt, warum sie, sämmtlich Italiener, sich unter einander einer fremden Sprache bedienten, meinten sie, dies käme ganz von selbst, wenn man diese fremde Sprache immer um sich herum sprechen höre. Dieses leichte Aufgeben der Muttersprache findet, meinen Beobachtungen nach, übrigens nur statt bei Einwanderern, deren Sprache derjenigen des neuen Landes nahe steht. So adaptiren sich die nicht portugiesischen Romanen in Brasilien mit grösster Leichtigkeit dem Portugiesischen, indessen z. B. die eingewanderten Deutschen unter sich den Gebrauch ihrer Sprache zeitlebens beibehalten.[2]) Umgekehrt sind es in den Vereinigten Staaten von Nordamerika die deutschen Eingewanderten, welche sich in ganz deutschen Kreisen manchmal des ihrer Sprache nahverwandten Englischen bedienen, indessen die der englischen Rasse fernerstehenden Nationalitäten sich von diesem Aufgeben der eigenen Sprache reiner erhalten.

Nicht nur zu sprachlichen, auch zu sozialen Studien gaben uns unsere berittenen Maulthierknechte Veranlassung. Unter ihnen befindet sich einer, dessen Gewissen seit etlichen Monaten durch einen Mord belastet ist. Damals, als die Unthat geschah, musste der Mörder auf einige Zeit die Gegend meiden. Er ist nun unbehelligt zurückgekehrt und stillschweigend wieder in seinen Kreis aufgenommen worden; der Arm der Gerechtigkeit hat ihn nicht erreicht. Derlei Vorkommnisse sollen hier nichts Ungewöhnliches sein. In diesen schwachbevölkerten Gegenden, in welchen viele Tagereisen weit kein Beamter anzutreffen ist, geniessen die Leute keinen staatlichen Schutz und müssen, auf eigene Kräfte angewiesen, trachten, so gut es geht, sich allein durchzuhelfen. Entspinnt sich somit zwischen zwei Leuten irgendein feindliches Verhältniss, so sucht ein jeder von ihnen den Gegner möglichst rasch aus dem Wege zu räumen, um nicht selbst aus dem Wege geräumt zu werden. Eine solche That gilt in Brasilien als von der Nothwehr aufgedrungen und wird demgemäss beurtheilt. Von Raubmorden hört man in diesen uncivilisirten Landstrichen hingegen nichts. Und so kann der Fremde, der den Feindseligkeiten der Kolonisten unter sich ferne steht, hier mit voller Sicherheit reisen, sicherer vielleicht, als auf manchen Strecken des civilisirten Europa. —

Kurze Zeit nach Mittag sassen wir auf, Santa Thereza zu verlassen und in viereinhalbstündigem Ritt das Haus eines Tyroler Ansiedlers zu erreichen. Dasselbe gehört zu dem, Petropolis genannten Theil der Ex-

---

[1] »Als Oesterreicher bin ich geboren, als Oesterreicher will ich sterben.«

[2] In den deutschen Kolonien erhält sich die Sprache sogar durch Generationen hindurch.

kolonie Santa Leopoldina, zu einer Gruppe von Ansiedlungen, welche sich stundenlang in einem nicht sonderlich breiten Thale hinzieht. Unser Reitweg führte bald bergauf, bald bergab, bald wieder eben dahin; niemals war er sonderlich steil. Kurze Urwaldparthien wechselten mit Roças, mit gerodeten Waldstrecken und Kaffeeplantagen, auf denen die Bäumchen in Blüthe standen. Zu beiden Seiten erhoben sich waldige Höhen, und auch vor uns schien das Thal durch Waldberge abgeschlossen. Von Zeit zu Zeit ritten wir an der Hütte eines Kolonisten vorbei. Die hiesigen Ansiedler waren meist Polen. Ihr strohgelbes Haar, ihre blasse Hautfarbe, ihre vorstehenden Jochbeine und seelenvollen, hellen Augen zeigten unverkennbar den nordslavischen Typus. Unterwegs hatten wir die Freude, einem engeren Landsmann zu begegnen, einem Niederbayern, welcher ebenfalls Kolonist in der hiesigen Gegend ist.

Im Urwalde standen riesenhohe Bäume. Unter anderen lernten wir da den Páo d'alho oder Knoblauchbaum (Gallesia Gorazema Moq.) kennen, einen, wie sein Name andeutet, durch intensiven Knoblauchgeruch sich bemerkbar machenden Urwaldriesen. Bougainvilleen überkleideten mit ihren blaurothen Hüllblättern niederere Baumkronen. Starkgedrehte Cipóstämme, derselben Pflanzenart zugehörig wie die gestern von uns beobachteten,[1]) und kletternde Bauhinien mit bandförmigem, gewelltem Stamm, wie wir deren zuerst bei Pará gesehen, stiegen vom Boden zu dem hohen Kronengewölbe des Urwaldes empor. Weiter oben an dem Berghange gediehen Palmitos (Euterpe edulis Mart.), Kohlpalmen, welche sich mit schlechterem Terrain begnügen und von denen sowohl Früchte, wie Blätter Verwendung finden. Zwei Araras, deren Geschrei man schon lange im Walde gehört, flogen über unsere Köpfe hinweg. Am Waldrand aber strich unter dem Gebüsch ein wunderbar hellblau schillernder, wie Edelgestein glänzender Vogel, wohl ein Halsbandcotinga (Cotinga cincta Kuhl), einer der farbenprächtigsten Vögel Brasiliens.

Als wir einem waldigen Abhang entlang ritten, entstand urplötzlich ein mächtiges Dröhnen und Krachen hoch oben zu unserer Linken. Wir wussten nicht, was das zu bedeuten habe, und horchten erwartungsvoll auf. Ein Theil des ober uns gelegenen Waldes schien sich losgebrochen zu haben und abgerutscht zu sein, und nun stürzten die zu Tode getroffenen Waldriesen, Alles mit sich fortreissend, unter donnerähnlichem Getöse zu Thal. Ein blatt- und astloser Riesenstamm ragte im Gleiten noch senkrecht empor, gerieth dann ins Wanken, legte sich nach abwärts und wurde kopfüber mit all dem in Aufruhr gerathenen Pflanzenchaos in die Tiefe geschleudert. Es war ein überwältigend grossartiges Schauspiel.

---

[1]) Siehe weiter oben S. 314.

Kaum etliche Minuten vorher hatten wir die nun unter Vegetationstrümmern begrabene Stelle passirt.

Nachträglich sagte man uns, dass der Anblick, den wir gehabt, die Folge des Rodens gewesen sei. Ganze Baumreihen waren im Urwald angehauen, aber blos die oberste Reihe zum Schluss gänzlich umgehauen worden, und diese letzte nun hatte die übrigen mit sich zu Fall gebracht.

Bald nachdem wir diese Pflanzenlawine hatten zu Thal gehen sehen, langten wir an unserem heutigen Ziele an. Es war auf unserer bisherigen Reise durch Espirito Santo das erste Mal, dass wir noch bei Tageshelle unser Nachtquartier erreichten. Auf dem Wege hierher war ein zweiter Führer zu uns gestossen, ein Brandenburger, welcher mit seinen Eltern als siebenjähriger Knabe die deutsche Heimath mit Brasilien vertauscht hatte. Er ist Kolonist hier in der Nähe, dabei grosser Jäger, und hat, wie er sagt, sein annehmbares, wenn auch keineswegs reichliches Auskommen.

Das uns in einem einsamen, ernsten Waldthal als Unterkunft angewiesene Haus ist ein ganz einzelnstehendes, entfernt von jeder anderen Ansiedelung. Der Hausherr ist ein Deutschtyroler, seine Frau eine Niederbayerin; beide stammen aus einfachen bäuerlichen Kreisen.

In diesem ärmlichen Heim, das uns aber unsere freundlichen Hausleute zu einem gemüthlichen gestalten, bereiteten wir heute Abend mit den mitgebrachten Vorräthen unsere Mahlzeit selbst. Dann mussten wir unsere Mäntel, Decken und alle entbehrlichen Kleidungsstücke zum Trocknen aufhängen. Auf dem Ritt hierher nämlich hatten wir ein Gewitter zu überstehen, und fast die ganzen viereinhalb Stunden war ein heftiger Regen auf uns niedergegangen. Schliesslich gelang es mir noch, zu botanisiren, und brachte ich von der Wiese vor dem Hause Dipteracanthus Schauerianus N. ab E., wahrscheinlich var. nanus, hübsche kleine Acanthaceen, zur Bereicherung meines Herbariums mit zurück.

Für die Nacht ist uns ein geräumiges Zimmer angewiesen, das keine Decke hat, dessen Thürstock die Thür fehlt, und dem statt der Fenster Holzläden eingefügt sind. Die Lagerstätten bestehen nicht wie diejenigen in Santa Thereza aus Maisstrohsäcken, sondern aus echt Tyroler oder oberbayerischen Bauernfederbetten.

Petropolis — Fazenda des Senhor Barboza. — Donnerstag, den 30. August.

Die Nacht über schlug der Regen auf das Dach, in dessen Gebälk wir von unserem Lager aus hinaufsehen konnten. Noch bei völliger Finsterniss wurde mit dem Aufbruch begonnen, denn ein langer Tagesmarsch lag vor uns. Unsere Hausleute hatten Ueberraschungen für uns bereit. Der Mann schenkte uns ein schönes Otternfell, welches ich seiner geringen Grösse und seiner satten, graubraunen Farbe nach für das Fell einer Lutra solitaria Natt. halte.[1]) Die Frau war die ganze Nacht aufgeblieben, für ihre Landsleute echt bayerische Speisen zu backen, Kücheln und Hasenöhreln, von denen wir, soviel noch immer möglich, auf das Pferd mitnehmen mussten.

Kurz nach 6 Uhr sassen wir auf und nahmen herzlichen Abschied von unseren biederen Wirthen. An der Spitze unseres Reitertrupps befand sich der Brandenburger Karl Frank, welcher, wie man solches hier häufig sehen kann, die Sporen an den blossen Füssen angeschnallt hatte. Den Nachtrab bildete Ferrari, das Gewehr quer über den Sattelknopf gelegt. Wir ritten einzeln hintereinander, da der Weg zu einer anderen Reitweise zu schmal war. Die Packthiere mit den Knechten brachen unabhängig von uns auf. Wir pflegen sie den halben, auch den ganzen Tag nicht zu sehen und können meist erst Abends zu unserem Gepäck gelangen, was wegen Unterbringung der unterwegs gesammelten Objekte nicht immer bequem ist.

Von unserem Nachtquartier weg, sassen wir sechs Stunden ununterbrochen im Sattel. Der Nebel, welcher des Morgens auf dem Thal gelegen, wich der höhersteigenden Sonne, und nur dem Umstande, dass wir heute grösstentheils durch Urwald ritten, hatten wir die Erträglichkeit des schönen Wetters zu danken. Der dichte Pflanzenschutz neben und über uns liess absolut keinen Sonnenstrahl auf uns durchdringen, und so befanden wir uns, die kurzen Strecken Roça abgerechnet, den ganzen Tag im denkbar tiefsten Schatten. Stunden- und stundenlang zogen wir an den undurchdringlichen Urwaldwänden vorüber, die sich rechts und links von uns hindehnten. Auch uns zu Häupten schloss sich eine Pflanzendecke, durch welche das Auge nicht aufwärts dringen konnte. So sahen wir nur das Nächstliegende, Nächsthängende; einige Fuss seitwärts in den Wald oder senkrecht nach oben war jedweder weitere Blick durch einen grünen Laubschleier gehemmt. Nur an den Waldrändern und den künstlichen Lichtungen konnten wir eine Uebersicht über die Vegetation gewinnen. Hier war das Sprüchwort: »man sieht vor lauter Bäumen den Wald nicht«, buchstäblich erfüllt.

---

[1]) Da an diesem präparirten Fell Nase, Schweif etc. fehlen, ist die Bestimmung der Art erschwert, doch Vergleiche mit dem Fell der Lutra brasiliensis Ray und dem der Lutra solitaria Natt. im Wiener Naturhistorischen Museum weisen unbedingt darauf hin, dass es das Fell einer L. solitaria ist. Insofern als bisher angenommen wurde, dass L. solitaria nur in Süd- und Centralbrasilien vorkomme, obwohl in Pelzeln (Brasilische Säugethiere S. 53), zwar nur mit Fragezeichen, ein Exemplar aus Bahia angeführt wird, liesse sich denken, dass das von mir in Petropolis erhaltene Fell ein importirtes gewesen sei, doch besonders wahrscheinlich ist letzteres nicht.

Allerhand Baumriesen und sonstige pflanzliche Merkwürdigkeiten begegneten uns im heutigen Mato virgem. Da war ein Balsamo mit Balsamgeruch im angehauenen Holze,[1]) dort ein Barrigudo (Chorizia crispillora H. B. K.), eine Bombacee, deren heller Stamm über und über mit kleinen konischen Holzstacheln übersät und gegen die Basis zu wie ein Fass aufgetrieben ist.[2]) Es folgten verschiedene riesige Páo d'alhos (Gallezia Gorazema Moq.), mit ihren bis hoch hinauf astlosen Stämmen, ihrem hellgrünen Laub und ihren verhältnissmässig kleinen Blättern. Ein gefällter Kamerad, der am Wege lag, erfüllte die Luft weithin mit seinem unerträglichen Knoblauchduft.[3]) Auch ein Zwiebelbaum, wohl seines Geruches wegen so genannt oder weil sein Stamm gegen die Wurzeln zu zwiebelähnlich aussieht,[4]) stand unfern im Dickicht. An einer Stelle ritten wir unter einigen, eine Gruppe bildenden Sapucaias (Lecythis Pisonis Camb.) hindurch. Ihre kerzengeraden, weit hinauf astfreien Stämme, trugen das helle Laubdach, wie Säulen das Gewölbe einer Kirche. Am Boden lagen Dutzende der holzigen, büchsenähnlichen Riesenfrüchte dieser gigantischen Bäume, Früchte, welche sich dem Asteinlauf gegenüber durch einen von selbst abfallenden Deckel öffnen und ein Gewicht besitzen, dass sie, aus ihrem luftigen Hochsitz herabkommend, wohl einen Menschen erschlagen könnten. Unter den bescheideneren Bäumen, denjenigen, welche die mittlere Etage im Urwald bilden, fehlte nicht die Jaboticaba (Myrciaria Jabuticaba Berg) mit ihren kugeligen Laubmassen. Im Dickicht fielen Mamoeiras (Carica papaya L.) auf durch ihre astlosen Stämme und ihre am Gipfel zusammengedrängten, handförmigen, regelmässig gestellten Blätter. Etliche Baumfarne, von denen einer eine bedeutende Höhe erreichte, breiteten ihre graziösen Wedel über das Unterholz. An einer Stelle hatten sich viel Yripalmen (Astrocaryum Ayri Mart.) zusammengedrängt, an einer anderen ziemlich viel Palmitos (Euterpe edulis Mart.), deren Kronen blätterarm waren. Zwischen den Waldriesen wucherten und erstickten sich gegenseitig, im Kampf um Luft und Licht, zahllose andere Pflanzen von einem Artenreichthum, der dem Auge keinen Ruhepunkt gewährte. Lianen um-

[1]) Nach den von mir mitgebrachten Stammtheilen, gehört dieser Balsambaum in keine der balsamspendenden Gattungen Humirium, Protium, Myroxylon und Copaifera. Anatomisch würde er am ehesten auf Simaruba amara Aubl. stimmen. Doch auch für diesen Baum fehlen ihm einige wichtige Merkmale.

[2]) Die ebenfalls Barrigudo genannte Cavanillesia arborea Schumann = Pourretia tuberculata Mart. kann unser Barrigudo nicht gewesen sein, da sie nicht stachelbewehrt ist und ihre Ausbauchung weiter oben, in der Mitte der Stammhöhe liegt.

[3]) Die anatomische Untersuchung der von mir mitgebrachten Holzproben ergab, dass diese Bäume zweifellos Gallezia Gorazema Moq. waren.

[4]) Was den Geruch betrifft, könnte es Crataeva tapia L. gewesen sein; ob auch der Gestalt des Stammes nach Crataeva tapia auf diesen Zwiebelbaum passt, ist aus der Literatur nicht zu ersehen.

spannten und umwoben die Bäume. Ein Cipó, dessen Stamm sich rosenkranzähnlich in ganz regelmässigen Abständen zu kugeligen Anschwellungen erweiterte, sicher irgend eine Micania, zog sich durch die Laubfülle; Schlingpflanzen mit gedrehtem Stamm stiegen nach aufwärts in das Blätterdach des Urwaldes, und eine Bauhinia, Jabutí-mutá-mutá, hatte ihren merkwürdig flachen, starkgewellten Stamm mindestens ein halb Dutzend Male nebeneinander hinauf und hinab geschlungen und gehangen. Die Lianen- und Luftwurzeldraperie des Urwaldes war dermaassen ineinandergesponnen, dass, als das störrische Maulthier meiner Reisegefährtin einen Sprung in das Dickicht wagte, sie wie das Thier, aus der sie augenblicklich einschnürenden Pflanzenumstrickung, erst durch die hilfreichen Buschmesser der zwei Führer wieder befreit werden konnten.

Auch an farbenprächtigen Blüthen fehlte es heute nicht im Urwald, und es berührte uns eigenthümlich, manche unserer Gartenpflanzen hier in wildem Zustande wiederzufinden. Die rosablühende Begonia angularis Raddi,[1]) gedieh am Rand der Picada, Rittersterne (Amaryllis L.), von denen die meisten nur eine Blüthe trugen,[2]) leuchteten feurig roth im Dunkel des Waldes auf. Die Pavonia multiflora A. Juss.),[3]) eine strauchförmige Malvacee, unterbrach mit ihren ebenfalls rothen Blüthen das ewige Grün der Pflanzenwände. Bignonien rangen im allgemeinen Streben nach pflanzenwürdigem Dasein um ihre Existenz, und Greisenbärte (Tillandsia usneoides L.) hingen ihr silberweisses Geflecht von den Baumästen herab.

Eine Arapanga (Chasmorynchus nudicollis Vieill.), einer jener schneeweissen, scheuen Vögel, welche die höchsten Aeste der Riesenbäume aufsuchen und den Urwald mit ihren Glockentönen erfüllen, liess sich vor uns auf den Weg herab, floh aber erschreckt vor den Hufen der Maulthiere. Hübsche Pfefferfresser mit ganz gelbem Leib und schwärzlichen Flügeln, vermuthlich Andigena bailloni Vieill.,[4]) wetzten ihre charakteristischen Riesenschnäbel am dichten Geäst. An einer lichteren Stelle zogen einige der grossen, grünflügeligen Araras (Ara chloroptera G. R. Gr.) kreischend über uns hinweg. Später ritten wir durch Capoeiravegetation an einem hohen Strauch vorbei, welcher von oben bis unten mit grünen, orangestirnigen Periquitos (Conurus aureus Gm.) besetzt war, welche rastlos durcheinander kletterten.

---

[1]) Daselbst in mein Herbarium gesammelt.
[2]) Welche Species es war, ist nicht zu ergründen, da es mehrere ein- bis zweiblüthige, rothblühende Species in diesen Theilen Brasiliens giebt.
[3]) Daselbst in mein Herbarium gesammelt.
[4]) Die Schattirung des Gelbs der gesehenen Tukane habe ich in meinen Reisenotizen nicht genauer angegeben. Gelben Leib, aber heller schattirt als A. bailloni, haben auch die in den Küstenwäldern gemeinen Pteroglossus wiedi Sturm, doch da ich keine rothe Bauchbinde notirt habe, dürfte letztgenannte Species in diesem Falle wohl ausgeschlossen sein, ich müsste denn in Folge des Dickichts, die rothe Bauchbinde nicht bemerkt haben.

Unser Saumpfad war über alle Beschreibung schlecht. Wieder hatten wir viel Pilões, solch lehmige, wie durch einen Pflug gerissene Erdtreppen zu passiren, in deren Löcher unsere Thiere tief einsanken. Dann ging es wieder so steil bergauf und bergab, dass wir uns bald an die Mähne unserer Mulas klammern, bald nach dem Schweifriemen zurücklangen mussten, um nicht aus dem Sattel zu gleiten. Von Zeit zu Zeit führte unser Weg an Ansiedelungen vorbei, welche ganz vereinzelt auf einer Rodung inmitten des Waldes lagen und von Anús (Crotophaga ani L.)

Tillandsia usneoides.

heimgesucht waren. Wir fanden hier mit Ausnahme eines Preussen, nur Brasilianer als Kolonisten. Mit jedem Reisetag landeinwärts nahmen die bebauten und bewohnten Strecken sichtlicher ab, und immer mehr trat der jungfräuliche Wald in seine noch unbestrittenen Rechte. Man konnte deutlich ersehen, wie von der Küste her die Kultur Schritt für Schritt in die Urwaldwildniss vordrang.

Wir berührten die Ufer eines von Süd nach Nord dem Rio Doce zuströmenden Flusses, der den Namen Santa Maria trägt, wie der Flusslauf, welchen wir von Victoria aus zu Canoa aufwärts verfolgt hatten. Die urwaldbedeckten Ufer des Flusses, welche streckenweise die eines Waldsees vortäuschten, waren anmuthig, aber an Ueppigkeit nicht zu ververgleichen mit den Seeufern in der Amazonasniederung. Ueberhaupt blieb die Vegetationsfülle des hiesigen Mato virgem hinter derjenigen der Hylaea zurück. Namentlich fehlte die strebepfeilerartige, überwältigende Entwicklung der Bombaceenstämme und -wurzeln; Tafelwurzelbildungen waren nur in bescheidener Weise vertreten. Terrestrische und epiphytische Bromeliaceen, einige mit rothem Blüthenstand, schmückten das Waldinnere. Riesige lanzettliche und herzförmige Araceenblätter, wohl Blätter von Anthurien und Caladien, überkleideten den Boden. Bambusgräser standen zu Dickichten zusammen. Ueber die Wipfel einiger Bäume hatten Schlinggewächse ihren farbigen Blüthenmantel geworfen.

Unser Weg führte nun über einen Berg, welchem noch höhere, uns als Serra da Desgraça bezeichnete Berge zur Linken blieben. Von unserem erhöhten Standpunkt aus, hatten wir einen schönen Blick hinab in ein weites, urwaldbedecktes, vom Rio Doce durchströmtes Thal. In der Mitte des Thales erhob sich ein konischer Hügel, jenseits wurde dasselbe von einem bewaldeten Höhenzug begrenzt.

Den ersten kurzen Aufenthalt nach sechsstündigem Ritt nahmen wir bei einer von Wälschtyrolern bewohnten Hütte, wo uns die sympathischen Laute der italienischen Sprache fast wie Heimathklänge begrüssten. Doch erst nach einer weiteren halben Stunde Reitens wurde Mittagsrast gehalten, und zwar waren es wieder Südtyroler, welche uns gastlich aufnahmen. Wir theilten ihr nationales Mahl, Risotto und Polenta, welche uns weit besser mundeten als die meist mangelhaften brasilianischen Gerichte. Es war hier eine grössere Ansiedlung mit Mais-, Zuckerrohr- und Kaffeeplantagen und schönem, grossem Hornvieh. Dass der zu kultivirende Boden noch erweitert werden sollte, bewies uns ein zu Rodungszwecken angezündeter naher Waldstreifen, welcher prasselnd und knisternd in sich zusammenstürzte.

Da wir hier einige frische Maulthiere eintauschen mussten, wurde unser Aufenthalt wider Willen auf etliche Stunden ausgedehnt. Obwohl es schon im Schatten 29,5 ° C. hatte, — es war Nachmittags 2 Uhr —, benutzte ich nichtsdestoweniger die aufgezwungene Pause, um auf dem sonnigen Wiesenhang nach Schmetterlingen zu jagen. Da gab es solche, welche ganz roth zu sein schienen und wohl der in Brasilien durch mehrere Arten vertretenen Gattung Dione zugehört haben dürften. Daneben flatterten intensiv blau schillernde Theclen, vielleicht Thecla Gabriela Cram. Und dort gaukelten zwischen den farbenprächtigeren Brüdern Danainen mit florartig durchsichtigen und solche mit braungelb, schwarz und weiss schmal gestreiften und gefleckten Flügeln. Doch all diese gelang es mir nicht, mit dem Netz zu erhaschen. Mein Jagdergebniss war eine Callicore Clymene Cram., eine kleine Nymphaline, deren Flügel oberseits auf schwarzem Grund eine goldgrüne Binde führen, indessen die Unterseite zum Theil prachtvoll roth, zum Theil weiss mit schwarzen Streifen merkwürdig gezeichnet ist. Ferner erjagte ich einige der durch ihr buntes Kleid ausgezeichneten Catagramma Hydaspes Dru.[1]) und eine Eurema Albula Cram. var. Sinoë Godt., eine kleine Pierine, die, bis auf den Saum und die Vorderflügelspitzen, welche schwarz sind, ein durchaus weisses Gewand trägt.

Von den in dieser Gegend häufigen Tapiren (Tapirus americanus L.) bekamen wir bisher leider keine zu Gesicht, doch waren in den verschiedenen Kolonistenhäusern Felle zu sehen, von denen wir ihres Umfanges und ihrer Steifheit wegen, leider keine mitnehmen konnten. Speziell hier, in der Nähe der Wälschtyroler Ansiedlung, in welcher wir Mittag machten, waren schon siebzehn dieser grössten Landthiere Brasiliens erlegt worden. Man jagt sie ihres schmackhaften Fleisches, namentlich aber ihres geschätzten Leders wegen, welch letzteres allerlei Verwendungen findet.

Erst am Spätnachmittag war der Maulthiertausch beendet und konnten wir unseren Ritt wieder aufnehmen. Bis zum nächstmöglichen Nachtquartier, der Fazenda des Brasilianers Senhor Fortunato Barboza de Menezes, lagen noch drei Stunden Weges vor uns. Der Saumpfad führte meistens durch Urwald, welchen nur selten Rodungen unterbrachen. Auf letzteren erhoben sich fast nirgends Häuser, die hier übrigens richtiger als Lehmhütten zu bezeichnen wären. Wir vermutheten deshalb in diesen Rodungen solche, welche die Ansiedler, oft fern von ihren Wohnplätzen, zur Prüfung der Güte des Waldbodens anzulegen pflegen.

Wieder wechselten Araras über unseren Weg. Eine Schaar grüner Periquitos (wohl Brotogerys tirica Gm.) zog mit wildem Geschrei vorbei, auf Suche nach dem Platz, wo sie aufbaumen konnte. Aus dem Waldesdickicht schlug das Girren einer Taube[2]) und das laute Brummen eines

---

[1]) Siehe weiter oben S. 256.
[2]) Es könnte die Stimme der von Prinz Wied in den Wäldern Mittelbrasiliens oft gehörten Columba rufina Temm. gewesen sein. Siehe Wied: Beiträge zur Naturgeschichte Brasiliens, IV, 455.

Mutums (Crax carunculata Temm.) an unser Ohr. Noch andere Vögel waren hörbar und sichtbar. Namentlich die Araponga liess ihren metallisch klingenden Ruf unermüdlich durch die Waldeinsamkeit ertönen, das Nahen der Dunkelheit verkündend. Viel Yrípalmen (Astrocaryum Ayri Mart.) standen zerstreut im Dickicht. Eine Copaiveira (Copaifera trapezifolia Hayne), ein Urwaldriese mit hellem Stamm und hellem Laub, ragte beherrschend über seine Umgebung heraus. Lianengewinde hingen aus der Höhe herunter. Hoch oben auf der schirmförmig gebreiteten Krone eines dunkelbelaubten Baumes lag, gleich einer Riesenmütze, ein ganz hellgrüner, vielverzweigter Busch mit zart gefiederten Blättern breit hingegossen. In der Kraut- und Halbstrauchvegetation des Urwaldes leuchteten durch Farbenpracht schön rothe, als giftig geltende Blumen (Erythrina ??)[1] hervor. Die gleiche Waldregion schmückten der Blüthe unseres Immergrüns (Vinca minor) ähnliche, nur etwas grössere lila Blüthen, welche ich für diejenigen einer Vincaspecies gehalten hätte, wenn in Brasilien schon irgendwo lilablühende gefunden worden wären.[2] Inmitten des Waldgestrüpps überraschten uns ein paar Termitenhügel aus Lehm, die wohl den Haufenbildenden Termiten (Termes cumulans Koll.) zuzuschreiben waren, da diese weitverbreitete Art auch in Wäldern anzutreffen sein soll.

Nach und nach war die Nacht herabgesunken und hatte Alles in ihre schwarzen Fittiche gehüllt. Wie auf einen Zauberschlag begann nun die nächtliche Thiersymphonie des Urwaldes, jenes Tongemälde, dessen seelenergreifende Mächtigkeit sich in Worten nicht wiedergeben lässt. Es setzten Vögel, Cicaden, Grillen ein und die Schmiedenden Laubfrösche (Hyla faber Wied), deren Glockenstimmen durch die hehre Baumhalle läuteten.

Doch bald wurden unsere Sinne von der Poesie der Urwaldmelodien unbarmherzig in die Prosa einer unerquicklichen Lage zurückgerufen. Wir hatten nicht, wie zwei Tage vorher, eine Laterne bei uns, welche uns den Weg wenigstens nothdürftig hätte erkennen lassen können. Unsere Beleuchtungsapparate lagen zu tiefst in einem Sack verpackt und, momentan unerreichbar, einem der Tragthiere aufgeschnürt. Auf unserer Picada aber war es so finster, dass man nicht einmal den Kopf seines eigenen Maulthieres, geschweige denn den Boden unterscheiden konnte. Als Richtschnur diente nur die weisse Kopfbedeckung des jeweiligen Vordermannes, welche im allgemeinen Schwarz wie ein etwas lichterer Punkt er-

---

[1] Wied (Reise nach Brasilien, I, 44) erwähnt im Küstenwald niedrig wachsende, rothblühende Erythrina, indessen in Martii Flora brasiliensis, XV 1. S. 172 ff. für Brasilien überhaupt keine kraut- und halbstrauchartigen Erythrinaarten angeführt sind. Die Erythrina enthalten, E. Corallodendron L. etwa ausgenommen, auch keine giftigen Stoffe.

[2] Jedenfalls scheinen es Apocyneen gewesen zu sein, vielleicht Amblianthera leptophylla Müll. Arg., doch ist dies eine Kletterpflanze der Catingawälder.

schien. Und der vorderste Reiter heftete sein Auge krampfhaft auf den nicht ganz so tiefschwarzen Streifen, als welchen der Saumpfad sich aus dem Waldesdunkel herausahnen liess. So ging es in der undurchdringlichen Finsterniss manchmal steil hinab in die Tiefe, ohne dass man nur wusste wohin. Doch unsere Maulthiere waren wunderbar, was die Sicherheit des Trittes betraf. Wir ritten durch den keineswegs seichten Rio Santa Joanna, einen Parallelfluss des Vormittags gesehenen Rio Santa Maria. Dann vertieften wir uns neuerdings in die Urwaldnacht. Hierbei gerieth ein Bügel in Verlust, welcher jedoch mittelst Zündholzbeleuchtung mühsam gesucht und endlich wieder gefunden wurde.

Inzwischen hatte unser Führer Frank uns verlassen und war nach der Fazenda vorausgeeilt, Quartier zu machen. Der Fazendeiro soll nämlich ein schwer zu behandelnder Herr sein, und wenn man nicht sehr unterthänig um Aufnahme bittet, läuft man Gefahr, im Walde übernachten zu müssen. Es galt nun, ihn auf eine Einquartierung von sieben Personen, Führer und Knechte mit eingerechnet, und von zehn Maulthieren vorzubereiten und für dieselbe günstig zu stimmen.

Wir Uebrigen setzten auf Gerathewohl den unbekannten Weg im stockfinsteren Walde fort. Plötzlich, auf einer lichteren Stelle, verloren wir die Richtung und geriethen in einen Sumpf. Unsere Thiere schnaubten aus Angst und, wie festgewurzelt, stemmten sie ihre Beine mit eiserner Gewalt, gegen jeden Versuch sie vorwärts zu treiben. Diese instinktive Weigerung war begreiflich, jeder weitere Schritt konnte uns Verderben bringen. Es folgten einige peinliche Minuten der Rathlosigkeit und des Angenageltseins an der Stelle. Da endlich fand einer der abgesessenen Packthierknechte die Spuren des im Sumpfgras verloren gegangenen Weges, und im rechten Winkel zur fälschlich eingeschlagenen Richtung verliessen wir die gefahrdrohende Niederung. Wir hatten einen der ungemüthlichsten Momente unserer ganzen bisherigen Reise glücklich überstanden.

Nochmals führte unser Pfad durch eine pechschwarze Urwaldstrecke, dann lag die Fazenda des Senhor Barboza einladend vor unseren Blicken.

Wir fanden daselbst eine wohlhabende, kinderreiche Familie mit Dienerschaft und im ganzen Hause einen weit vornehmeren Anstrich als in all den Ansiedlerhäusern, in welchen wir bisher über Nacht untergekommen waren. Daraus erwuchs für uns der Nachtheil, dass wir, statt nach neuneinhalbstündigem Ritt uns ausruhen und ruhig unsere Reisenotizen schreiben zu können, uns zu dem Fazendeiro und seiner Frau in den Salon setzen und portugiesische Conversation führen mussten. Es war dies etwas bitter. Doch erfuhren wir durch diese Conversation Manches über die Lebensverhältnisse eines solchen Ansiedlers, der auf viele Stunden im Umkreis keinen Nachbarn hat. Von diesem verlorenen Posten im Urwald war der nächste Priester vier Tagereisen weit entfernt, und ebenso weit, wenn nicht weiter, war es bis zum nächsten Arzt. Man erzählt, dass Senhor Fortunato Barboza seine Kinder erst taufen lässt, wenn sie im Stande sind, selbst zum Priester zu reiten. Nicht nur dies, man erzählt sogar, dass er der Vereinfachung wegen mit dem Spendenlassen des Sakramentes wartet, bis zwei oder drei seiner Sprösslinge zu einem gemeinsamen Taufritt herangewachsen sind. Auf meine Frage, was bei der Unerreichbarkeit des Arztes zu geschehen pflegt, wenn eines der Kinder erkrankt, gab mir die Mutter die lakonische Antwort: »Sie werden nicht krank.« Die Senhora selbst hatte seit fünf Jahren die Fazenda mit keinem Schritt mehr verlassen.

In einem kleinen, höchst einfachen Raume wurden uns zwei Damen echt brasilianische, steinharte Betten als Lagerstätte angewiesen. Es war uns letzteres für unsre reitmüden Glieder gerade nicht angenehm. Unangenehmer aber noch waren uns die Schaaren von Barattas (Blattidae)[1]), welche in dem winzigen Zimmer kreuz und quer liefen und vor welchen wir unser kostbares Gepäck nicht zu retten wussten.

Fazenda des Senhor Barboza—Rio Doce. Freitag, den 31. August.
Da einige unserer Maulthiere beschlagen werden mussten, konnte erst um 8 Uhr aufgebrochen werden. Wir besichtigten inzwischen die Ansiedlung nach Möglichkeit. Die Hauptkultur war der Kaffee, daneben wurde Mais und Zuckerrohr gepflanzt und Viehzucht getrieben. Auch hatte man hier eine kleine Cacaopflanzung gewagt, wodurch uns der seit Pará entbehrte Anblick dunkellaubiger Chocoladebäume wurde. Im geräumigen Hof trieben sich Hühner und Hunde herum, Maschinen kreischten und ein naher Orangenhain sandte uns köstlichen Duft herüber. Es war keine armselige Ansiedlung, wie wir deren die letzten Tage so viele gesehen, sondern eine regelrechte, grosse Fazenda.

In der Nähe des Hauses interessirten mich einige Riesenfourcroyen (Fourcroya gigantea Vent.), mit 6—7 m hohen Blüthenschäften. Es sind dies Agaveen, welche in der Provinz Espirito an 900 m hoch hinaufgehen und von welchen wir auch auf unserem gestrigen Tagesmarsche eine bemerkt hatten.

Unser heutiger Ritt dauerte mit einer einzigen halbstündigen Unterbrechung von 8 Uhr früh bis fünf ein halb Uhr Abends. Wir legten in dieser Zeit den Rest der 158,5 km zurück, welche die Entfernung von Cachoeiro bis Tatú am Rio Doce beträgt. Die ganze Strecke zu überwinden, brauchten wir, auf dreieinhalb Tage vertheilt, 28 ein halb Stunden. Es war dies immerhin eine ganz annehmbare kavalleristische Leistung.

---
[1]) Vergleiche das weiter oben S. 155 und 293 Gesagte.

namentlich wenn man den schlechten Zustand der Wege und das vom ersten Moment an nöthige, unaufhörliche und sehr ermüdende Antreiben der Maulthiere in Anschlag bringt.

Unser Saumpfad führte uns heute ununterbrochen durch Urwald; den ganzen, langen Tag bekamen wir keine einzige menschliche Behausung zu sehen. Es war eine vollständige, endlose Waldeinsamkeit, die uns umgab und die nur des Vormittags durch das Begegnen zweier Tropas gestört wurde. Vor letzteren mussten wir wegen Platzmangels von der engen Picada seitwärts in das Dickicht flüchten. Nachdem diese Tropas vorüber, umgab uns neuerdings die Majestät der menschenfernen, noch unentweihten Natur. Der zu reitende Weg war, mehr und anhaltender noch als derjenige der letzten Tage, genau wie ein in den Wald getriebener Stollen, wie ein durch das Dickicht geführter Gang. Rechts und links schlossen undurchdringliche Pflanzenwände den kaum einige Fuss breiten freien Raum ein. Zu Häupten spannte sich eine horizontale, ebenso undurchdringliche Pflanzendecke, bis zu welcher, aus hundert und mehr Fuss Höhe, mittelst des Buschmessers nach unten zugestutzte Luftwurzeln wie Stricke und Saiten durch das Dickicht herabhingen. Manchmal rückten die Waldwände so nahe zusammen, dass unsere einzeln gehenden Thiere kaum durchgelangen konnten, und manchmal war der Aushau nach oben, die Walddecke so niedrig, dass wir lange Strecken bis auf den Sattel hinabgebückt reiten mussten. Und trotzdem blieb bald der Hut, bald ein anderer Bekleidungsgegenstand an einem Ast oder einer Liane hängen, bald stiessen uns unsere unlenksamen Reitthiere Schulter, Kopf oder Knie mit Allgewalt an einen vorstehenden Baum.

Des Morgens ging unsere Picada über bergiges Terrain und that sich uns in einer Lichtung ein Ausblick auf nach einem nahen Berge. Auf der malerischen Gebirgslandschaft lag der Zauber lautloser Ruhe. Etwas später hörten wir die sonderbare Stimme einer Serracura, d. h. einer Ralle, welche, der Gegend nach zu schliessen, in der wir uns befanden und dem anhaltenden Rufen zur Morgenzeit nach, ein Aramides chiricote Vieill. gewesen sein könnte. Schmetterlinge gaukelten in Menge über unseren Weg. Meistens waren es dieselben Arten, die wir gestern beobachtet hatten, es fehlten heute nur die Thecla und Catagramma. An ihre Stelle waren Apatura Laurentia Godt. getreten, Nymphalinen mit schwarzen Flügeln, die eine intensiv blaue Längsbinde schmückt. Unter diesen lautlosen Fliegern befanden sich auch braune Megaluren, Schmetterlinge, welche, wie ihr Name andeutet, lange Schwänze haben[1]). Ferner gab es noch an Lepidopteren gelbe, ebenfalls langgeschwänzte, sicher Papilio Thyastes Dru. oder die im Fluge schwer von ihnen zu unterscheidenden Papilio Lycophron Hübn.

---

[1]. Megalura Chiron Fabr. oder Megalura Themistocles Fabr.

Mittags 12 Uhr hielten wir eine halbstündige Rast, am Ribeirão da Lage auf dem Waldboden lagernd. Unter Papageiengeschrei wurde der auf dem Sattel mitgenommene Imbiss verzehrt. Ein durch Cachaça unschädlich gemachter Trunk aus dem Flüsschen vervollständigte unser überaus frugales Mahl. Dann ging es mit erneuten Kräften unserem Ziele zu.

In dem heute, namentlich dem Nachmittags durchquerten Urwald vermissten wir die in der Bergregion so häufigen Farnbäume; auch wuchsen am Boden fast keine Farnkräuter. Dieses, sowie der Charakter des aus Dickichten grossblättriger Heliconien und aus niedrigen Palmen und Buschwerk bestehenden Unterholzes, welches an das der Hylaea erinnerte, sagte uns, dass wir in die Urwälder des Rio Docethales eingetreten waren. Die niedrigen Palmen mit zweispaltigen Blättern schienen mir Geonomaarten[1]) zu sein; die übrigen waren Indáyas (Attalea humilis Mart.), welche, fast stammlos, sich schon vom Boden aus in Riesenwedel theilen. An hohen Palmen gab es viel Patióba (Cocos botryophora Mart.) zu verzeichnen. Neben Bäumen, wie wir deren schon in den letzten Tagen sahen, nämlich gigantischen Páo d'alhos (Galezia Gorazema Moq.) und Barrigudos (Chorizia crispiflora H. B. K.) mit sehr markirter Stammausbauchung und einem gerade über der Erde noch sichtbar werdenden Hervorbrechen dicker, walzenförmiger Wurzeln, zeigten sich einige uns bisher unbekannte Arten von Waldriesen. Da erhob sich ein Sangue de drago oder Drachenblutbaum (Croton)[2]), eine, worauf der Name hindeutet, rothen Saft spendende Euphorbiacee mit Tafelwurzeln, ähnlich denen der Ceiba Samaúma. Dort bemerkten wir einen imposanten Jacarandá, der nach Aussage unserer Führer kostbares, rothes, gemasertes Holz besitzt, somit ein Machaerium firmum Benth. gewesen sein muss. Noch mehr gegen die Flussniederung zu standen einige Gamelleiras (Urostigma dolarium Miq. [?]), Ficeen, welche sich durch ihre mächtige Bretterwurzelformation sehr merkwürdig ausnahmen.[3]) An Bäumen geringerer Grösse oder bescheidenerer Stammesentwickelung wuchsen in dieser Pflanzenrepublik etliche Cecropien und Araçás (Psidium L.), letztere, Myrtaceen mit glatter rother Rinde;[4])

---

[1]) Das Vorkommen von Carludoviceen mit zweispaltigen Wedeln ist für hier übrigens auch nicht ausgeschlossen.

[2]) Sowohl Croton Urucurana Baill., wie der diesem sehr ähnliche Croton salutaris Casaretto werden Sangue de drago genannt und sind Beide Bäume, welche ihren Standort in Mittelbrasilien haben, so dass sich nicht mit Sicherheit sagen lässt, welche dieser beiden Species es gewesen sein mag.

[3]) Martius beschreibt in seinen Tabulae physiognomicae p. LXX derlei Wurzeln von der Pharmacosycea grandaeva Miq. und bildet sie daselbst Tafel XVI ab. — Sollten die uns als Gamelleiras bezeichneten Bäume etwa obige Ficeenspecies gewesen sein und nicht U. dolarium?

[4]) Von den verschiedenen Psidiumarten, welche den Namen Araçá tragen, dürfte für hier etwa Psidium coriaceum Mart. in Betracht kommen.

auch fehlten nicht über und über mit gelben, fingerhutförmigen Blüthen bedeckte Trompetenbäume (Tecoma speciosa D C.),[1] welche ihre Blätter noch nicht entwickelt hatten. Vom grünen Waldesgrund hoben sich rothe und lila Blumen und blaublühende Dipteracanthus Schauerianus N. ab E.[2] lieblich ab. Allerhand Aroideen und unzählige Ananas sativus und rothblühende terrestrische Bromeliaceen überkleideten den Boden. Bromeliaceen, und zwar auffallend grosse, sassen auch auf den Bäumen, und hoch oben auf einem Aste meinte ich die rothen Blüthen einiger Orchideen zu unterscheiden. Lianen aller Arten, mit Stämmen von Bindfaden- bis zu Schiffstaudicke, wucherten in die Höhe; eine schlang sich um die andere, eine an einen Baum geklammerte musste noch eine zweite und dritte stützen. Mehrmals ritten wir durch einen wahren Palmenhain und erfreuten uns an dem märchenhaft schönen, gedämpften Lichte, welches die auf das dichte, hellgrüne Blätterdach fallenden Sonnenstrahlen in dem sonnengeschützten Waldraum darunter erzeugten. Tauben, vielleicht Columba plumbea Vieill., welche man häufig in hohen, feuchten Urwäldern hört, girrten aus dem Dickicht. Cancãos (Ibicter americanus Bodd.),[3] grosse, dunkle Raubvögel, lockten sich in den höchsten Baumwipfeln. An Hokkohühnern liessen einige Mutums (Crax carunculata Temm.) ihre Stimme hören und stiess ein Jacú[4] gegen Abend seinen kurzen Ruf aus. Dazwischen hallten die regelmässigen Glockentöne der Araponga, des Schmiedevogels, einen Theil des Tages durch die Wildniss. Und aus der Ferne traf unser Ohr das wilde Geheul eines Brüllaffen (Mycetes ursinus Wied),[5] welches an das Aufbrüllen eines Löwen oder Tigers gemahnte. Es war dies von den zahlreichen Thierlauten im Urwalde weitaus der mächtigste

---

[1] Es ist zwar nirgends erwähnt, dass Tecoma speciosa vor der Blattentwickelung blüht, doch ist dies von den anderen gelbblühenden Tecomaspecies dieser Regionen ebenso wenig gesagt, und ist ersterer Umstand somit kein Hinderniss, anzunehmen, dass die von uns gesehenen Tecomen T. speciosa waren.

[2] Daselbst in mein Herbarium gesammelt; es ist die Stammform.

[3] Unter dem Vulgärnamen Caucams = pakakang = ganga = rancanca = gakão ist nur der Ibicter americanus Bodd. = I. formosus Lath. verzeichnet, der im Küstenurwald vorkommt (siehe Pelzeln: Uebersicht der Geier und Falken [Verhandlungen der zoologisch-botanischen Gesellschaft in Wien, XII, S. 176]; Pelzeln: Zur Ornithologie Brasiliens, S. 2; Wied: Beiträge zur Naturgeschichte Brasiliens, III, S. 153, 158, 161; Spix: Avium species novae, I, 11). — Goeldi (As Aves do Brazil, I. 49) verzeichnet unter dem etwas anders lautenden Vulgärnamen Cauã den Crubutinga brasiliensis Pelz. = U. zonura Shaw.

[4] Es kommen in den Urwäldern dieser Gegenden an Jacús sowohl Jacupémba (Penelope superciliaris Illig.) wie Jacutinga (Pipile jacutinga Spix) und vielleicht auch Jacupébas (Penelope jacucaca Spix) vor.

[5] Pelzeln (Brasilische Säugethiere 3, 4) und Burmeister (Systematische Uebersicht der Thiere Brasiliens, I, 22) halten den Mycetes ursinus Wied für identisch mit dem Mycetes fuscus Geoffr.; Schlegel (Muséum d'Histoire naturelle des Pays-Bas, VII, Simiae, p. 154 et s.) und Goeldi (Os Mammiferos do Brazil, p. 36) trennen sie als zwei Arten.

und zugleich der ungemüthlichste. Von Thieren, die sich uns nicht durch ihre Stimme bemerkbar machten, wurden uns für die hiesigen Waldstrecken viel Pacas, Ameisenbären, Armadille und andere genannt.

So ritten wir dahin, stunden- und stundenlang, auf alle merkwürdigen Pflanzen achtend, auf alle fremdartigen Laute horchend. Schliesslich aber ermüdete dieses ewige Einerlei, dieses endlose Pflanzenlabyrinth ohne freien Ausblick, diese erdrückende Nähe einer regellos durcheinander gewobenen Vegetation. Wie die Urwaldpflanzen, die nach aufwärts streben, so sehnten auch wir uns nach Luft und Licht.

Um den Weg zu kürzen, wählte unser Führer gegen Abend eine seitwärts verlaufende Picada. Nach einstündigem Ritt standen wir aber vor einem Verhau, vor den wild übereinandergethürmten Opfern einer Roça, welche zu passiren ein Ding der Unmöglichkeit war. Die ganze Strecke zurück und auf der Hauptpicada weiter zu reiten, dazu war der

Stimmsack eines Mycetes ursinus Wied. (Natürliche Grösse.)
(Von der Verfasserin aus Espirito Santo mitgebracht).

Tag zu weit vorgerückt; wie schon einige Male, hätte uns unfehlbar die rasch hereinbrechende Nacht im dichten Walde überrascht. So entschieden wir nach kurzer Berathung, uns selbst einen Weg durch die Waldwildniss zu bahnen. Wir sassen ab. Frank ging voraus, mit seinem Terçado wuchtige Hiebe nach rechts und nach links austheilend, Lianen, Buschwerk und kleinere Bäume unbarmherzig niedermähend. Wir folgten ihm in gebückter Stellung durch den niedrigen Aushau und zogen unsere Thiere am Zügel nach. Dieses eigenhändige Führen der Reitthiere im hohen Walde gemahnte mich an Bilder rosseführender Walküren, nur mögen wir etwas weniger poetisch und malerisch ausgesehen haben als die mythologischen Schildjungfrauen. Auf unserem improvisirten Wege störten wir Saúbas (Atta sexdens [L.] Fabr.) und andere Ameisen aus ihrer bisher von Menschen unbehelligten Ruhe auf. Zum Schlusse machte ich noch die unerwünschte nähere Bekanntschaft eines Baumes, welcher milchigen Saft hat und dessen Stamm mit Stachelgruppen, gleichwie mit Seeigeln, ganz übersäet ist. Ich lehnte mich ohne weiteres Besichtigen ahnungslos an den Stamm, und die Stacheln drangen mir schmerzhaft in den Rücken. Natürlich wollte ich den Namen des Baumes wissen, und Frank sagte, er werde Aï Diabo[1]) genannt, weil die Leute, denen es erginge wie mir, ihn mit diesem Rufe zu begrüssen pflegten. Dies begriff ich wohl.

Endlich hatten wir den Rand des Urwaldes erreicht, in dem es heute bei theilweise bedecktem Himmel eher kühl gewesen — und das Ziel unserer Reise, der Rio Doce, lag vor unseren erwartungsvollen Blicken.

---

[1]) Aï Diabo = Ach, der Teufel! — Dieser Baum ist aller Wahrscheinlichkeit nach irgend eine Euphorbiacee.

KAPITEL XVII.

Rio Doce.

Mutum. Samstag, den 1. September.

Der Rio Doce, an dessen Ufer wir nun hausen, ist einer der bedeutenderen Flüsse Mittelbrasiliens. Die Länge seines Laufes beträgt ca. 750 km und sein Stromgebiet umfasst ca. 97 500 qkm. Seine Quellen, in deren Nähe wir erst vor vierzehn Tagen gewesen, liegen am Ostabhange der Serra do Espinhaço, in der Provinz Minas Geraes. Die Richtung seines Laufes ist anfangs eine nordöstliche, dann eine südöstliche und von der Grenze von Espirito Santo an, woselbst er die Serra do Mar durchbricht, eine überwiegend östliche. In seinem Oberlaufe ist der Fluss durch Stromschnellen, Wasserfälle und Riffe für die Schifffahrt nahezu unbrauchbar. Erst ungefähr 220 km von der Mündung beginnt seine Schiffbarkeit. Er wird aber auch hier nur von Canoas befahren, nachdem die Versuche, regelmässig Dampfer gehen zu lassen, aus diesem und jenem Grunde bisher immer kläglich gescheitert sind. Der letzte diesbezügliche Versuch fand im Jahre 1879 statt, in welchem einige Monate lang ein kleiner Dampfer die fahrbare Strecke in durchschnittlich 18 Stunden zurücklegte. Der Waarenverkehr auf dem Rio Doce ist gering und mühsam. Flussaufwärts wird Salz verfrachtet, flussabwärts Kaffee, Tabak und Speck. Der Salzimport beträgt jährlich durchschnittlich 20 000 Säcke, der Kaffeeexport 381 000 kg.[1]

Der Unterlauf des Rio Doce, der an Breite zwischen 300 und 500 m wechselt, bewegt sich in einer sumpf- und seenerfüllten, malariaberüchtigten Niederung. Das Klima daselbst ist warm und sehr feucht. Regen fällt das ganze Jahr hindurch, doch mehr von Oktober bis April, indessen die übrigen Monate zur Trockenzeit rechnen. Die Enchente, während welcher der Fluss um mindestens 6 m steigt und von Dezember an seine Ufer

---

[1] Summe des exportirten Kaffees des Jahres 1888 nach Silva Coutinho: Navegação do Rio Doce.

mehr oder minder lange überfluthet, beginnt im Oktober und dauert durchschnittlich bis zum März.[1])

Grosse Strecken vom linken Ufer des Rio Doce landeinwärts sind vollständig unbekannt und noch nie von eines weissen Mannes Fuss betreten worden. Ungefähr schon eine Tagereise weit von der Mündung ist das ganze Land nördlich des Flusses im unbestrittenen Besitz der wilden Botokuden. Diese Besitzverhältnisse finden wir ununterbrochen den Fluss hinauf bis weit in die Provinz Minas hinein, bis zur Einmündung des Rio Sassuhy-grande, zwei Längengrade von der Küste entfernt. Anders ist es am Südufer, woselbst einzelne Ansiedlungen von Nichtindianern und einzelne Militärposten den Autochthonen den Grund und Boden streitig zu machen beginnen.

Als wir gestern, aus dem Urwald herausreitend, zum ersten Male den Rio Doce erblickten, konnten wir uns einer Art von Enttäuschung nicht erwehren. Dank der Vazantezeit war der Fluss nur ein unansehnliches Wasser, welches kaum die in seinem Bett liegenden, rundgewaschenen Felsen überspühlte. Wir ritten auf seinem erhöhten Ufer eine kurze Strecke aufwärts bis zur Faktorei Tatú, wo wir Unterkunft zu finden hofften. Es wurde uns zwar kein Nachtquartier in dem einzigen möblirten Hause angewiesen, doch durften wir in einem vollständig leeren, noch unvollendeten Gebäude in der Nähe campiren. Unser bescheidener Lehmpalast hatte an Stelle von Fenstern nur Holzläden und allerhand Luftlöcher, durch welche das Tageslicht einströmen konnte. Auch gab es in demselben nicht die Spur von Zimmereinrichtung, keinen Fussboden ausser der gestampften Erde, keine Zimmerdecken, keine durchgehenden Wände und zum Theil auch keine Thüren. Führer und Maulthierknechte richteten sich ihr Nachtlager auf dem Boden, Sättel und Gepäckstücke als Kopfkissen benutzend. Wir schlugen unsere Feldbetten auf, zündeten die von uns mitgebrachten Kerzen an und kochten unser Nachtmahl, welches heute auch unser Mittagessen vorstellte. Mit unseren Leuten theilten wir ein Gericht schwarzer Bohnen (Phaseolus derasus) und lernten auf diese Weise die berühmten Feijões pretos, eines der Hauptnahrungsmittel der brasilianischen Bevölkerung kennen. Als wir nach hereingebrochener Nacht aus dem Rio Doce für unseren Haushalt Wasser brauchten, weigerte sich Frank in sichtlicher Angst, solches zu holen. Er schützte die Gefahr vor, in den Fluss zu fallen; ich vermuthe, er fürchtete in der Dunkelheit das Opfer irgendeiner Vendetta zu werden.

Unsere Maulthiere blieben wie jede Nacht unangebunden im Freien und durften sich selbst Trank und Futter suchen. Behandlung und Verpflegung dieser Thiere war die ganze Zeit über höchst einfach gewesen.

---

[1]) Siehe auch Hartt: Geology and Physical Geography of Brazil 98.

Abends, wenn wir in das Quartier kamen, wurden sie kurzweg irgendwo angehängt und ihnen der Sattelgurt gelockert. Erst eine halbe Stunde später nahmen die Knechte Zaum und Sattel ab und liessen die Thiere frei. Den folgenden Morgen, eine Stunde etwa vor dem Abreiten, wurden sie mittelst des Geräusches, welches der in einem Sieb geschüttelte Futtermais verursachte, wieder herbeigelockt und eingefangen. Die Zeit, während welcher sie ihre Köpfe in den vorgebundenen Maulsack vertieften, benutzten die Leute, sie nothdürftig zu säubern und ihnen den Sattel wieder aufzulegen.

Heute fiel letzteres weg, da unsere Reittour vorläufig beendet war.

Früh 8 Uhr des heutigen Tages zeigte das Thermometer 26,5° C. Bis 9 Uhr endlich gelang es uns, einer Canoa zur Fahrt flussabwärts habhaft zu werden. Es war ein kleiner Einbaum, in welchem wir auf dem Flurholz sitzen mussten. Der Fährmann indessen stand achter und steuerte mittelst eines Ruders, das er fortwährend drehte, durch die wirbelnden Strömungen und zwischen den Klippen hindurch. Der Fluss war hier schmal; Gneissfelsen, welche in seinem Bette lagen, störten seinen ruhigen Lauf. Hügelige, waldbedeckte Ufer begleiteten uns zu beiden Seiten. Sie bestanden aus alluvialen Ablagerungen, die Hügel weiter landeinwärts hingegen aus Gneiss. Eine halbe Stunde später landeten wir am steilen rechten Ufer bei dem Aldeamento Mutum.

Es ist Mutum eine jener von der Regierung gegründeten Niederlassungen, welche den Zweck haben, die Indianer der Civilisation zuzuführen. Aus den wilden Horden werden einzelne Individuen gewonnen und in einer Art winziger Dörfer vereinigt. Diese Ortschaften stehen unter der Leitung eines weltlichen Direktors, welchem ein Missionär, ein Dolmetscher, mitunter einige weisse Handwerker und zum Schutze einige Soldaten beigegeben sind. Dies ist der nominelle Bestand des Personals. In Wirklichkeit fehlt, bei dem grossen Priestermangel Brasiliens, der Missionär jedoch meistens, da er gewöhnlich schon einige Jahre nach der Gründung die Mission ihrem Schicksal überlassen muss. Den wenigen Soldaten, durchschnittlich Neger oder Mestizen, liegt dann der Unterricht der Indianer ob. Wie derselbe ausfallen muss, lässt sich leicht vorstellen. Die Direktoren und ihre Hilfsarbeiter sind in diesen menschenleeren Wildnissen jeglicher Kontrolle enthoben, und so werden die von der Regierung für die Aldeamentos jährlich gespendeten Summen nicht immer ihrer ursprünglichen Bestimmung zugewendet. Auch der Zweck, durch diese Aldeamentos einen Kern zu schaffen, um welchen sich nach und nach die noch wilden Elemente auf dem Wege der Civilisation herumkrystallisiren können, wird in nur sehr geringem Maasse erreicht. Mag auch der eine oder andere im Walde schweifende Wilde von der Niederlassung seiner halbcivilisirten Brüder angezogen und zum Aufgeben seines unstäten Lebens bewogen werden, so ist es anderseits auch nicht unerhört, dass ein schon aldeisirter Indianer wieder in die ungebundene Freiheit seiner früheren Urwaldexistenz zurückkehrt[1]). Die wenigen jetzigen, sämmtlich unter weltlicher Leitung stehenden Aldeamentos sind nur der ungenügende und deshalb traurige Ersatz für die einstigen vielen blühenden Jesuitenmissionen, welche in der Provinz Espirito Santo allein tausenden und tausenden von Indianern den Segen des Christenthums und der Civilisation zugänglich gemacht hatten[2]).

Mutum, das Aldeamento, in welchem wir persönliche Erfahrungen über solche staatliche Missionsversuche sammeln sollten, ist in keinem günstigeren Zustand als die anderen Aldeamentos, von denen wir gehört oder über die wir gelesen haben. Das Personal setzt sich hier zusammen aus einem Gouverneur oder Director portugiesischer Abkunft, welcher augenblicklich abwesend ist, aus einem fusskranken, weissen Dolmetscher, welcher als Knabe einige Jahre bei den Botokuden gelebt hat und ihre Sprache gut zu beherrschen scheint, aus zwei oder drei Soldaten, welche theils Neger, theils Mulatten sind, und aus einem Zimmermann, der seit Jahren den hiesigen halbcivilisirten Botokuden ein Haus bauen soll, aber trotz der jährlich dafür einlaufenden etlichen tausend Milreis noch nicht mehr als das Dach und einen Theil des Fachwerks vollendet hat. Missionär ist keiner vorhanden; die nächste Kapelle befindet sich eine gute Strecke flussaufwärts in Guandú, der nächste Priester in Queimado, welches wir auf unserer Reise, vor fünf Tagen, passirt haben. Und so bleiben die hiesigen Leute, gleich den anderen Anwohnern des Rio Doce, oft ein oder zwei Jahre ohne jeglichen geistlichen Zuspruch. Es sind dies Zustände in der Seelsorge, wie wir sie ähnlich am Amazonas getroffen, wo Kinder jahrelang nicht getauft, Paare jahrelang nicht getraut werden, und viele Sterbende ohne die Tröstungen ihrer heiligen Religion hinübergehen müssen. Die katholische Kirche in Brasilien ist arm und ganz auf den Staat angewiesen, welcher auf die religiösen Bedürfnisse seiner Unterthanen keine grossen Summen verwendet. Dies erklärt das ärmliche Aussehen vieler Gotteshäuser und, da der den Priestern ausgeworfene Gehalt meist zu gering ist um davon leben zu können, auch den empfindlichen Mangel an Geistlichen[3]). —

---

[1]) Gleiches, wie wir erzählen hörten, erzählen auch Martius (Spix und Martius: Reise in Brasilien I, 378), Wied (Reise nach Brasilien II, 49), Tschudi (Reisen durch Südamerika II, 286) und Ehrenreich (Ueber die Botocudos der brasilianischen Provinzen Espiritu santo und Minas Geraes [Zeitschrift für Ethnologie XIX, 36]).

[2]) Wappäus: Kaiserreich Brasilien 1714. 1715. — Siehe auch Spix und Martius: Reise etc. III, 927 u. ff., Wied l. c. II, 60. Halfeld und von Tschudi: Minas Geraes (Petermann's Geographische Mittheilungen. Ergänzungsheft IX, S. 19). Ehrenreich: Die Eintheilung und Verbreitung der Völkerstämme Brasiliens nach dem gegenwärtigen Stand unserer Kenntnisse. (Petermann's Mittheilungen XXXVII, 81. 82).

[3]) Siehe hierüber auch Canstatt: Brasilien. Land und Leute, S. 188.

Die Weissen und Neger Mutums wohnen in dem einzig vorhandenen kleinen Haus, welches aus nur zwei Räumen besteht und auf dem rechten Ufer, etwa fünf Meter oberhalb des Flussspiegels gelegen ist. In diesem Hause, das richtiger als Hütte zu bezeichnen wäre, fanden der begleitende Cavalier und die Führer Unterkunft. Wir zwei Damen schlugen unser Zelt unmittelbar vor dem Hause auf.

Nach einem echt brasilianischen, aus Farinha und Veadobraten[1]) bestehenden Frühstück, setzten wir in einer Canoa nach dem linken Ufer über. Dieses gehört zum Gebiet der wilden Botokuden und daselbst müssen auch die hiesigen aldeisirten ihre Tage verbringen. Von letzteren

---

[1]) In dieser Gegend sollen ein oder zwei Arten von Veados (Hirsche) ziemlich häufig sein, Coassus rufus F. Cuv. und vielleicht Blastocerus paludosus Desm., letzterer der grösste der brasilianischen Hirsche.

Unser Lager am Rio Doce.
Nach einer daselbst aufgenommenen Photographie skizzirt von E. Perninger.

fanden wir über zwanzig Männer, Weiber und Kinder, in ihrer unvollendeten, wandlosen Hütte. Der mongoloide Typus war an den meisten von ihnen unverkennbar. Alle hatten mehr oder minder vortretende Jochbeine, grossen Mund, mässig dicke Lippen und rabenschwarzes, schlichtes Haar. Die überwiegende Anzahl wies einen eingebogenen Nasenrücken auf, mehrere hatten auffallend schiefstehende Lidspalten. Die Hautfarbe war je nach den Individuen sehr verschieden, einige hatten sie gelblich, die anderen braun, doch herrschte im Ganzen die helle Färbung vor. Der Bartwuchs der Männer beschränkte sich auf einen Haaranflug an den Mundwinkeln und unter dem Kinn. Im Anklang an die Sitte der wilden Botokuden, das Haupthaar calottenförmig zuzuschneiden, trugen einige Weiber ihre Haare mittelalterlich ringsum rund abgeschnitten. Es nahm sich dies aus wie eine dicke Pelzmütze und war eine Haartracht gleich derjenigen der Yosemitithal-Indianerinnen in Californien. Einige der jüngeren Mädchen hatten das Haar ganz civilisirt mit einem Kamm aufgenommen. Unter erstgenannten Weibern, die in ihrem Aeussern noch mehr an die Zeit der Urwüchsigkeit erinnerten, war eine, welche die Augen auffallend weit auseinandergestellt und einen zum Erschrecken bösen und wilden Ausdruck hatte. Den bekannten Nationalschmuck, die hässlichen Lippenpflöcke, trug kein einziger mehr dieser Botokuden; wohl aber hatten einige der Männer riesige Löcher in den Ohrläppchen, bestimmt, an festlichen Tagen breite Holzscheiben aufzunehmen. Bei den Wanderungen durch die Wälder sollen diese weit herabreichenden Läppchen, wegen der Gefahr des Hängenbleibens, über das Oberohr herumgelegt werden. Bis auf zwei waren sämmtliche Botokuden ganz bekleidet, und zwar durchschnittlich in geblümtem Kattun, doch sagte man uns, dass, wenn sie in ihre Urwälder zurückkehren, sie alsobald die ihnen lästigen Kleider von sich werfen. Ein auffallend grosser und magerer alter

Botokudin.
Nach einer selbstaufgenommenen Photographie.

Mann, welcher des Augenlichtes beraubt war, hatte seine ganze Körperbedeckung auf einen kurzen Schurz beschränkt. Er gab uns überhaupt von allen in Mutum befindlichen Botokuden am unverfälschtesten einen Begriff der Sitten seiner wilden Stammesgenossen; ja, man konnte ihn als vollständig wild betrachten und nur durch sein Gebrechen gezwungen, im Aldeamento zu leben. So führte er nach Art der wilden Botokuden ein

Alter Botokude.
Nach einer selbstaufgenommenen Photographie.

scheideloses, demjenigen der Metzger ähnliches Messer an einer Lederschnur um den Hals gehängt und auf dem nackten Rücken baumelnd. Es sind solche stets scharf gehaltenen Schneideinstrumente der grösste Schatz dieser im Walde streifenden, der Civilisation noch fremd gebliebenen Wilden. Unser Alter hatte auch im Bereiten der Speisen die Gewohnheiten seiner wilden Zeit beibehalten; er benutzte dazu weder Wasser noch Kochtopf, sondern briet den Fisch, um welchen es sich gerade handelte, indem er denselben mit den Fingern eine Zeit lang über das Feuer hielt und dann halbroh verzehrte — man wäre versucht, zu sagen »frass«. Auch war der alte Mann allein noch im Besitz eines echten Cacaiu[1]) oder Botokudenrucksackes, in welchem er all seine Habseligkeiten geborgen hatte und den er mir schmutzstarrend gegen eine kleine Geldsumme überliess. Die Weiber besassen roh gearbeitete Spindeln[2]), welche aus einem oben eingekerbten, dünnen, unregelmässig zugeschnitzelten Stöckchen bestanden und einem konischen Wirtel, vermuthlich der Deckel einer Lecythisfrucht, in welchen ersteres lose hineingesteckt war. Solche Spindeln dienen den Botokudinnen zum primitiven Spinnen von Baumwolle. Ferner fanden wir bei diesen Weibern Capangas,[3]) d. h. flache, engmaschige Taschen aus Baumwollfaden, welche zum Aufbewahren von allerhand Gegenständen benutzt werden, weiss, gelb und rothlila, auch weiss, gelb und grünblau gestreift sind und in der Form den von den Indianern Michoacáns und des Columbiarivers gefertigten Taschen gleichen. An weiteren Gegenständen hatten diese Botokuden längliche kleine Baumwollbeutel[4]) mit einem Endstück aus Bambusrohr und kleine ovale unbemalte Cuiás[5]) aus Crescentiafruchtschalen, von anderer Form als diejenigen der Amazonasindianer. Die im Aldeamento vorhandenen Pfeile[6]) beschränkten sich auf solche, welche für die Jagd auf Tapire, Rehe, Jaguare, überhaupt das grössere Wild, bestimmt sind. Sie haben 1,5 m Länge und einen Schaft aus dem obersten Internodium eines Gyneriumhalmes, eine 30 cm lange Spitze aus dem scharf zugeschnittenen Spahn eines Bambusrohres und eine Fiederung aus zwei nichthalbirten, einander gegenüberstehenden, dunkelbraun und röthlich gebänderten Schwungfedern der Mutumhenne (Crax carunculata Temm.). Sowohl Federn, wie Spitze sind mittelst Lianenrinde fest an den Schaft gebunden. Die elliptische Spitze, welche im Feuer gehärtet, an den Rändern scharf zugeschabt und vorn spitz wie eine Nadel zugeschnitten wird, bringt durch ihre nach innen concave, einen starken Blutverlust verursachende Form sehr gefährliche Wunden bei. Die nämliche Pfeilart dient den wilden Botokuden auch als Kriegspfeil[7]). Ausserdem besitzen letztere noch andere Arten von Pfeilen, nämlich erstens ungefähr 1,5 m lange Widerhakenpfeile[8]) und zweitens Vogeljagdpfeile[9]), welche gleichfalls eine Länge von anderthalb Meter erreichen. Die erstgenannten werden, gleich denen

---

[1]) Siehe rückwärts Tafel IV No. 2.
[2]) Siehe rückwärts Tafel IV No. 7.
[3]) Siehe Tafel IV No. 6.
[4]) Siehe Tafel IV No. 1.
[5]) Siehe Tafel IV No. 5.
[6]) Siehe Tafel IV No. 11.
[7]) Siehe Tafel IV No. 10.
[8]) Siehe Tafel IV No. 9.
[9]) Siehe Tafel IV No. 8.

mit Spitze aus Bambusmesser, zum Krieg und zur Jagd auf höhere Thiere verwendet und haben eine Spitze aus Ayripalmenholz, welche auf der einen Seite sieben stumpfe Widerhaken trägt. Die zweitgenannten sind mit einer stumpfen, aus einem Stämmchen oder einem Ast verfertigten Spitze versehen, an der sich gegen vorne quirlförmig gestellte, kurz abgeschnittene Zweige befinden[1]). Diese letzterwähnten Pfeile dienen ausser zum Erlegen von Vögeln auch zum Erlegen anderer kleiner Thiere und bringen weniger Riss- als Quetschwunden bei.

Als wir die unfertige, nach allen Seiten offene Hütte der Botokuden betraten, lungerten die meisten dieser Halbwilden beschäftigungslos herum. Einige Weiber spannen mit obenbeschriebenen, primitiven Spindeln, andere verzehrten Maisbrei, welcher an einem offenen, auf dem Hüttenboden angezündeten Feuer bereitet worden war. Diese Nahrung deutete, entgegen der Mahlzeit des alten Botokuden, schon auf eine gewisse Kultur hin, auf Feldbau, welchen ihnen beizubringen, die Regierung sich bemüht. Eine Mühle neben dem Hause, welche ebenfalls für sie gebaut worden war, stand jedoch unbenutzt still; sie fand keine Verwendung oder war schon unbrauchbar geworden. Jedenfalls ist die Anpflanzung von Mais ein Fortschritt gegenüber der Art und Weise, in welcher die noch wild gebliebenen Genossen dieser Botokudenhorde ihr Nahrungsbedürfniss zu befriedigen pflegen. Jahraus, jahrein ziehen sie im Urwald umher, den reifwerdenden Waldfrüchten nach. Wegen dieser endlosen Wanderzüge besitzen sie selbstverständlich so viel wie keine Hütten, wie sie denn im Allgemeinen auf der tiefsten Stufe der Gesittung stehen. Auch kennen sie, wie man uns nebst anderem über sie im Aldeamento erzählte, keine eigentlichen ehelichen Bande, sondern leben in Kommunismus. Es bleibt immer gefährlich, mit ihnen zusammenzutreffen, da man nie vor einem unvorhergesehenen Ausbruch ihrer Wildheit sicher ist. So wurde vor nicht allzuviel Jahren in der Nähe Mutums ein brasilianischer Kolonist durch sie getödtet und aufgefressen[2]).

Die Horde, von welcher hier die Rede ist und zu der, wie schon gesagt, die halbcivilisirten Botokuden des Aldeamentos Mutum zählen, gehört den Nak-nanuks zu. Letztere sind eine Hordengruppe, welche bis zum 17° s. Br. hinauf zerstreut lebt. Die einzelnen kleinen Gemeinschaften stehen unter Häuptlingen, denen aber nicht viel Macht zuerkannt

---

[1]) Pfeile dieser drei Arten, ebenso wie einen roh gearbeiteten Bogen (siehe rückwärts Tafel IV No. 12), erhielten wir einige Wochen später durch die Güte des Herrn von Schlözer, welcher dieselben ein Jahr früher ebenfalls in Mutum von einer Horde wilder Botokuden eingetauscht hatte. Die an diesen Pfeilen angebrachten Schwungfedern stammen, ihrer schwarzen Färbung und ihrem dunkelblauen Metallglanz nach, von Pipile jacutinga Spix.

[2]) Steains: An Exploration of the Rio Doce and its Northern Tributaries (Proceedings of the Royal Geographical Society X, 67).

wird. Auch die alc'eisirten Botokuden Mutums besitzen einen solchen Anführer. Er hat keinen besonders mongoloiden Typus und trägt europäische Kleidung, doch sein Halsband aus Fruchtkernen und die Riesenlöcher in seinen Ohrläppchen, bestimmt, zeitweise die bekannten Holzscheiben aufzunehmen, gemahnen uns an seine Abstammung. Die hiesigen, halbcivilisirten Botokuden sollen alle Christen sein; wie es aber bei dem Mangel jedweder religiösen Anregung um ihr Christenthum stehen mag, will ich dahingestellt sein lassen. Einige unter ihnen sprechen etwas Portugiesisch oder verstehen es wenigstens. Ihrer eigenen Sprache, in der uns namentlich die Hauchlaute auffielen, lauschten wir mit Interesse. Sie ist von derjenigen der Tupí und derjenigen der benachbarten Goyatacá vollständig verschieden. Das Ende eines jeden Satzes wird langgezogen, erhält dadurch einen singenden Tonfall und lautet wie eine Frage.

Häuptling der Botokuden von Mutum.
Nach einer selbstaufgenommenen Photographie.

Unser Wunsch, die Leute zu photographiren, stiess auf grosse Schwierigkeiten. Sie benahmen sich in diesem Punkte ebenso abwehrend wie sich die meisten nordamerikanischen Indianer und namentlich Indianerinnen zu benehmen pflegen. Einzeln liessen sich schliesslich einige Männer aufnehmen, Weiber jedoch keine. Letztere gelang es uns nur in einer grossen gemischten[1]) Gruppe zu verewigen.

Die Botokuden sahen sämmtlich wohl und kräftig aus, eine fieberkranke junge Mutter ausgenommen. Den leidenden, voraussichtlich in Lungenschwindsucht ausartenden Zustand dieses jungen Weibes schrieben unsere weissen Brasilianer dem Flussbade zu, welches sie unmittelbar nach der Geburt ihres Kindes genommen hatte. Uebrigens sind solche im Verein mit dem Neugeborenen genommenen Fluss- oder Seebäder nicht nur bei den Botokudinnen, sondern auch bei anderen Indianerweibern im Gebrauch[2]).

---

[1]) Auf dieser Aufnahme sind die Männer, welche sämmtlich in die Peripherie der Gruppe zu stehen kamen, so undeutlich ausgefallen, dass sich dieselben autotypisch nicht wiedergeben liessen.

[2]) Rey: Les Botocudos. 73. — Mello Moraes: Revista da Exposição Anthropologica brazileira. 54. 105. — Barboza Rodrigues: Pacificação dos Crichanás 158. — Wallace: Travels on

Botokuden. Nach einer selbstaufgenommenen Photographie.

Wegen unseres bescheidenen Mittagessens kehrten wir nach dem rechten Ufer zurück. Zum ersten Male sollten wir Papageienbraten verkosten. Er stammte von zwei Kamutangas (Chrysotis rhodocorytha Salvad.) prachtvollen, grossen Kurzflügelpapageien, welche wir diesen Morgen, von einem der schwarzen Soldaten frisch erlegt, nach dem Aldeamento bringen sahen. Diese grasgrünen Papageien haben einen scharlachrothen Vorderkopf, gelbe Zügel, schön himmelblaue Backen und himmelblaues Kinn. Das Verbreitungsgebiet dieser Psittacidenart ist auf die Gegenden von Espirito Santo bis Rio de Janeiro beschränkt; sehr selten werden Individuen derselben nach Europa verbracht. Das Fleisch der uns zubereiteten Thiere war schwärzlich, sehr zäh und schmeckte wie das irgend eines anderen Wildgeflügels.

Gegen Abend fanden sich die Botokuden des Aldeamentos auf unserem Lagerplatze ein, zündeten vor unserem Zelte ein Feuer an und begannen bei einbrechender Dunkelheit ihren nationalen Tanz. Anfangs tanzten nur Weiber, von denen eine jede die ausgestreckten Arme auf die Schulter der Nachbarin rechts und links legte, sodass eine geschlossene Kette, ein Ring entstand. Die Arme hatten sie durcheinandergeschlungen. So in Kette formirt tanzten sie, etwas zur Seite geneigt, sich langsam halb auf die Fussspitzen hebend und langsam nach links fortbewegend. Ein rythmischer, aus wenig Tönen bestehender, nasaler Gesang begleitete den Tanz. Der Text des Gesanges setzt sich zusammen aus den Worten »kälänī ahá«, und wie man uns erklärte, aus der Erzählung der Tagesereignisse. Heute befasste sich die Improvisation z. B. damit, dass sie zum Tanzen gekommen seien, Kaffee erhalten würden, und so weiter. Später betheiligten sich auch Männer an dem Ringtanz, reihten sich aber so in den Kreis ein, dass sie alle nebeneinander zu stehen kamen. Die Männer hatten etwas andere Tanzbewegungen als die Weiber. Sie stellten das rechte Bein immer zurück und das linke vor, dabei hingen sie in der rechten Hüfte, welche bewegt wurde, indessen das entsprechende Bein ziemlich unbeweglich blieb. Auf jede Bewegung der rechten Hüfte antwortete ein leichtes Vorwärtsdrücken des linken Knies, das ohnedies schon etwas gebogen gehalten wurde. Die Fusssohlen, welche sich niemals ganz vom Boden entfernten, wurden zur Hälfte gehoben und auf diese Weise eine Vorwärtsbewegung, genauer ein Vorwärtsschieben, ermöglicht. Dasselbe fand ausnahmslos in linker Richtung statt. Bald sang der Eine aus der Reihe der Tanzenden vor, bald der Andere, bald mit höherer, bald mit tieferer Stimme. Einer der Männer bellte wie ein Hund und grunzte wie ein Schwein; es mag dies das Vortragen von Jagderinnerungen gewesen sein. Die Leute

---

the Amazonas and Rio Negro 496. — Siehe auch Martius: Beiträge zur Ethnographie etc. I. 599. Spix und Martius: Reise in Brasilien I. 381. und Kupfer: Die Cayapóindianer in der Provinz Matto-Grosso (Zeitschrift der Gesellschaft für Erdkunde zu Berlin. V. 1870. S. 244).

tanzten äusserst eifrig und stundenlang ohne Unterbrechung. Auch Kinder nahmen an diesem einförmigen Vergnügen theil. Das eigenartige Schauspiel erinnerte manchmal etwas an die religiösen Uebungen, namentlich den Gesang der heulenden Derwische, unterschied sich jedoch von letzteren durch das Ruhighalten des Oberkörpers, überhaupt das Nichtschütteln der ganzen Gestalt. Während die einen Botokuden sich am Tanze betheiligten, kauerten die Anderen am Boden herum. Auch der fast unbekleidete blinde Greis hatte sich eingefunden und hockte auf der Erde, mit so gekrümmtem Rücken, dass ihm die Knie fast bis zum Kinn reichten. Kinder trieben sich zwischen den einzelnen Gruppen umher, und eines derselben, ein kleiner Junge, untersuchte in diebischer Absicht die fremden Taschen. Zu den Männern, welche wir Nachmittags am jenseitigen Ufer gesehen, stiessen Abends noch andere, von der Arbeit Heimkehrende. Unter diesen glich einer, ein älterer, dem blau bemalten Indianer, welchen wir am 12. Juli an den Ufern des Solimões gesehen; und von den Jungen erinnerten einige an die peruanischen Matrosen indianischen Stammes, die auf unserer Amazonasthalfahrt an Bord der »Pará« in Dienst gestanden hatten. Der interessanteste von sämmtlichen Botokuden war aber unstreitig ein junger Bursche, welcher zwar, da im Aldeamento befindlich, momentan Kleider trug, uns jedoch sonst den Typus eines Wilden repräsentirte, wie man ihn nicht unverfälschter finden kann. Er hatte bis jetzt, eine kurze Zeit abgerechnet, wild bei seinen wilden Gefährten im Walde gelebt. Erst vor einigen Tagen war er im Aldeamento erschienen und nur, wie man vermuthete, um seine daselbst befindliche Schwester zu bereden, mit ihm wieder in den Wald und zum freien, ungebundenen Leben zurückzukehren. Ungeordnet hingen ihm die pechschwarzen, rundgeschnittenen Haare bis über die Augen herein, und als der Dolmetscher mit ihm sprach, schüttelte er seine dichte Mähne, dass dieselbe ihn auf allen Seiten wirr umflatterte, und stiess als Antwort wilde, unarticulirte Laute aus. Auf gleiche Weise erwiderte er einen an ihn ergangenen Ruf eines Kameraden. Seine Bewegungen waren schroff, ungestüm und unberechenbar. Plötzlich sprang er wie von Wuth erfasst auf, stürzte mit einem gewaltigen Satz, laut aufbrüllend, zur Thür der Hütte hinaus, bei welcher Gelegenheit meine soeben eintretende Reisegefährtin fast zu Boden geflogen wäre, und war in der Finsterniss verschwunden. Durch ihn weiss man, dass ungefähr 300 wilde Botokuden im Anzug nach Mutum begriffen sind und erwartet sie sogar schon morgen. Da diese zwanglosen Menschen jedoch gerade so gut erst in ein paar Wochen eintreffen und wir nur den morgigen Tag dem Warten opfern können, war der junge Wilde mittelst eines Versprechens auf Cachaça überredet worden, seine Hordengenossen morgen aufzusuchen und womöglich nach dem Aldeamento heranzuführen.

Um 9 Uhr Abends wurden die Botokuden, welche nicht auf dem rechten Flussufer übernachten dürfen, nach ihrer jenseitigen Station hinübergeschafft. Hiermit endete ein Schauspiel, das an Charakteristischem für das Leben der Indianer nichts zu wünschen übrig liess. Und unvergesslich werden uns diese in finsterer Nacht um die Feuer tanzenden und kauernden fremdartigen Gestalten und Gruppen sein, die auf urwaldumgebener, einsamer Stätte durch ihre wilden Laute und monotonen Gesänge das Rauschen des Flusses zu übertönen vermochten.

Mutum. Sonntag, den 2. September.

Nachdem gestern Abend die Gesänge der Botokuden verklungen waren und wir uns im Zelte schlafen legen wollten, schlug innerhalb desselben ein auffallend lautes Gezirpe an unser Ohr. Ich forschte dem Sänger nach und entdeckte einen Conocephalus irroratus Burm., eine wie es scheint, auf Brasilien beschränkte, in der Farbe sehr unansehnliche Laubheuschrecke von ca. 4 cm Länge. In schnödem Undank für das Schlummerlied, welches sie uns gesungen, blies ich ihr das Lebenslicht aus und fügte sie meiner entomologischen Sammlung ein.

Nun endlich hofften wir auf ungestörte Nachtruhe. Doch dem war nicht so. Schweine grunzten um unser Zelt herum, aufgeregt durch den ungewohnten Gegenstand, der auf ihrem Tummelplatze aufgerichtet war. Auch schlugen Hunde an, und gegen Morgen wurde die ganze übrige Hausthierwelt rebellisch. Hühner gackerten, Schafe blökten, Ziegen meckerten und unsere Maulthiere galoppirten vorbei, über die Zeltstricke setzend, so dass wir jeden Augenblick erwarteten, durch einen verfehlten Sprung unser Zelt umgerissen zu sehen. Die Kleidungsstücke, welche wir im Zelte aufgehängt hatten, waren des Morgens so feucht, als wenn sie aus dem Wasser gezogen wären. Es erklärte sich uns dies, als wir gewahr wurden, dass draussen der Nebel bis in das Thal herunter lag. Um sechs ein halb Uhr hatte es im Zelte nur 21,5 ° C., bis Nachmittag sollte die Temperatur in demselben jedoch bis auf 35 ° C. steigen.

Vormittags fuhren wir zu Canoa flussaufwärts nach einer Insel, dort auf Rehe (Coassus rufus) oder Tapire zu passen, doch es zeigten sich keine und wir mussten unverrichteter Dinge heimfahren. Auch von den Wasserschweinen (Hydrochoerus Capybara Erxl.), deren es hier in Menge geben soll, kam uns keines zu Gesicht, obwohl ihre frischen Spuren auf der Insel überall zu bemerken waren. Stattdessen sahen wir am Waldrande deutlich eine hübsche braungraurothe Taube, welche eine Leptopila reichenbachi Pelz. gewesen sein könnte. Anús (Crotophaga ani L.), diese schwarzen Cuculiden, die hier so häufig sind wie bei uns die Raben, belebten in Menge die waldlosen Stellen. In weitem Kreise um unser Zelt schwirrte früh und Abends ein kleiner, dunkler Kolibri mit spitzigen Flügeln und etwas erhobenem, während des stets horizontalen Fluges ewig zitterndem Schwänzchen. Dieses reizende kleine Thier, welches ich im ersten Augenblick für ein Insekt gehalten hatte, schien mir eine der im Küstenurwald häufigen Hylocharis cyanea Vieill. zu sein.

Auf der Wiese, die sich vom Hause zum Flussufer hinabzieht, spielten im Sonnenschein zahlreiche Catagramma Hydaspes Dru. und andere Schmetterlinge. Ich fing eine Sais Rosalia Cram., und zwar ein Exemplar der von Bates am oberen Amazonas gefundenen Varietät 2 mit sammtschwarzer Vorderflügelspitze. Ferner erbeutete ich einen Aganisthos Odius Fabr., eine ziemlich grosse, von Brasilien bis Florida vorkommende Nymphaline mit dunkel- und hellbraunsammtiger Flügeloberseite und braunlila Unterseite. Die Pflanzenwelt war an dieser Stelle nicht sehr mannigfaltig. So sammelte ich nur Ageratum conyzoides L., eine einjährige, krautförmige, roth oder weiss blühende Composite, und Pterocaulon virgatum DC., ein weit über Südamerika verbreitetes, hübsches Kraut mit dünnfilzigen Blättern.

Botokudenmädchen.
Nach einer selbstaufgenommenen Photographie.

Aber nicht blos zoologischen und botanischen Studien war dieser Morgen gewidmet. Die Beschränkung unseres Gepäckes auf das Allernothwendigste veranlasste mich auch, an den Fluss zu gehen und, wie es einst die phäakische Königstochter Nausikaa gethan, dem Waschen obzuliegen.

Schon in aller Frühe waren die Botokuden vom jenseitigen Ufer wieder herübergekommen und hatten sich vor unserem Zelte gelagert. Sie brannten daselbst ihren Kaffee. Es geschah dies in einem grossen Metallkessel, in welchen sie, kurz bevor der Kaffee fertig gebrannt war, Zucker warfen, um letzteren mitzubrennen. Dieses Verfahren, durch welches der Kaffee besonders gut wird, wendeten auch die hiesigen nichtindianischen Brasilianer an. Nach Beendigung des Brennens wurden die Bohnen in die Sonne gelegt, damit der Zucker noch besser in sie eindringe.

Zu Mittag bereitete uns die Direktorsköchin neuerdings Veado- und Papageienbraten; doch so gut uns ersterer mundete, so wenig konnten wir auch heute dem zweiten irgend einen Geschmack abgewinnen.

Im Laufe des Tages trafen noch mehr Botokuden ein, unter anderen ein sehr unschöner, mit auffallend reichem Haarwuchs zu beiden Seiten des Kopfes. Unser junger Wilder, welcher seine Kameraden aus dem Walde holen sollte, hatte bis 10 Uhr Vormittag einen Cachaçarausch auszuschlafen gehabt, war dann in einer Canoa fortgefahren und bis jetzt nicht mehr erschienen.

Gegen Abend fuhren auch wir zu Einbaum längs des mit Pfeilgras (Gynerium parviflorum Nees ab Esenbeck) besetzten Ufers, und zwar etwa eine halbe Stunde weit flussabwärts. Wir wollten die nun wieder verlassene Hütte aufsuchen, welche sich die Botokuden Mutunis am rechten Flussufer erbauten, nachdem sie vor 6 Jahren aus dem damals ziemlich blühenden Aldeamento auf der anderen Seite des Rio Doce, von ihren wilden Stammesgenossen vertrieben worden waren. Die Wände dieser Hütte bestanden aus parallel, unregelmässig und in Zwischenräumen nebeneinander in die Erde gesteckten Aesten; horizontal darüber gelegte Rindenstückchen bildeten das ebenfalls nicht geschlossene Dach. Luft und Licht war von oben und von den Seiten der Zutritt gestattet. Die im Innern befindlichen Lagerstätten oder Sitze und wagrechten Gestelle zum Darauflegen von Gegenständen, setzten sich ebenfalls nur aus parallel angeordneten Aestchen zusammen. Wir fanden in dieser Baracke aus Stangengerüst einen Cacaiu, ein paar flaschenartige Gefässe aus Früchten der Lagenaria vulgaris Ser.[1]) und etwas Salz, welches sorgfältig in einem Beutel aus zusammengedrehten Blättern verwahrt war.

Den Schluss des Tages verbrachten wir in der gegenwärtig am linken Flussufer wiedererstandenen Niederlassung der aldeisirten Botokuden von Mutum. Diese halbcivilisirten Indianer, welche sich vor dem vorhin erwähnten Ueberfall, im Jahre 1882, auf ca. 150 Köpfe belaufen haben mögen, sind jetzt auf etwa vierzig reducirt. Wir erhandelten von ihnen Pfeile, Capangas, Spindeln und Fruchtschalengefässe, wobei wir für jeden Gegenstand genau die nämliche Geldsumme erlegen mussten. Es war uns dies ein Zeichen, dass die Leute keinen richtigen Begriff vom Werth des Geldes haben. In ihrem Wesen zeigten sie sich, wie alle bisher von uns gesehenen brasilianischen Indianer, gemessen, vornehm zurückhaltend und ernst bis zur Melancholie.

Sehr enttäuscht suchten wir diesen Abend unser Zelt auf. Der junge Wilde, ausgesandt, seine Genossen zu holen, war nicht zurückgekehrt und die wilden Botokuden waren nicht erschienen.

So müssen wir auf diese höchst interessante Begegnung verzichten, denn morgen ist der letzte Termin zum Antreten unserer Rückreise, wollen

---

[1]) Siehe rückwärts Tafel IV No. 3 und 4.

wir nicht das den Hafen von Victoria nur selten anlaufende Schiff zur Heimfahrt nach Rio versäumen. Ein Versäumen des Dampfers, zum Zweck noch ferner auf die Botokuden zu warten, ist aber deshalb nicht angezeigt, da das Eintreffen der Wilden vollständig unberechenbar ist, ebenso in den nächsten Tagen wie überhaupt gar nicht stattfinden kann. An diesen Verhältnissen merkt man, dass man es mit freien, von keinem Gesetz unterjochten, keinem fremden Willen gebeugten Wilden zu thun hat, dass man Zuständen gegenübersteht, für welche uns in der Regelmässigkeit des kulturellen Staatslebens jedes Verständniss verloren gegangen ist. —

Mutum—Hütte Soarez. Montag, den 3. September.

Botokudenmädchen.
Nach einer selbstaufgenommenen Photographie.

Das für die Nacht erwartete Gewitter, welches drohte, uns im Zelte bis auf die Haut zu durchnässen, zog mit einem leichten Regenschauer gnädig vorüber. Um dreieinhalb Uhr wurde es munter in unserem Lager. Doch bis der Kaffee gekocht, das Geschirr abgespült, das Zelt abgebrochen, die Feldbetten zusammengeschlagen und Alles transportfähig verpackt war, verging geraume Zeit. So zeigte die Uhr schon Sechs, als wir in einer Canoa, in der Richtung flussaufwärts, von Mutum abfuhren. Vor unserer Abreise erschien noch der Botokudenhäuptling vom jenseitigen Ufer, uns etliche weitere Jagdpfeile zum Kauf anzubieten. Das Landschaftsbild Mutums mit seinen ziemlich hohen, steilen, waldbedeckten Flussufern, seinen waldigen Inseln und seinen bescheidenen Höhenzügen auf der Nordseite des Rio Doce, blieb hinter uns. Es war keine durch Schönheit fesselnde Gegend, auch fehlte die zauberhafte Pflanzenüppigkeit der Amazonasniederung.

Unzählige, wie röthliches Metall glänzende, an Kupfer erinnernde Felsen, mit scharfen Kanten und glatter Oberfläche lagen auf unserem Wege nach Tatú im Flussbett zerstreut. Von dem Anblick dieser merkwürdigen Klippen, welche Riesenkrystallen glichen, wurde unsere Aufmerksamkeit durch ein plötzlich aus dem Walde des linken Ufers tönendes

Affengeschrei abgelenkt. Die Affen, welche Sauá (Callithrix personata Geoffr.), das heisst, auf den Küstenwald nördlich von Rio de Janeiro beschränkte Springaffen waren, bellten, zischten und schrieen; und einer der kleinen gelbbraunen Gesellen, der Färbung nach wohl ein Weibchen, kletterte behende an einem Baumstamm in die Höhe.

In Tatú angelangt, hörten wir, dass wir mittelst einer Canoareise von drei Tagen den Rio Doce hinunterschiffen und an der Mündung einen kleinen Küstendampfer treffen könnten, der uns noch rechtzeitig nach Victoria bringen würde. Die Abwechselung der uns unbekannten Flussfahrt, an Stelle der schon bekannten Reittour nach der Hauptstadt von Espirito Santo, war anlockend. So entschlossen wir uns rasch, Zelte und sonstiges noch etwa entbehrliches Gepäck mit unseren bisherigen Führern auf dem Landweg nach Victoria zurückzusenden und uns mit den Feldbetten und einem Theil des Proviantes in der Canoa eines thalwärts reisenden Fazendeiros einzuschiffen. Zur Vervollständigung der Lebensmittel wurde uns aus der Faktorei Tatú ein Vorrath von Weissbrod, welches steinhart und etliche Wochen alt war, mitgegeben. Da es natürlich in solch schwachbevölkerten Gegenden auf Tagereisen weit keine Bäckereien gibt, hilft man sich, eines der Hauptnahrungsmittel betreffend, auf diese mangelhafte Weise.

Um 11 Uhr befanden wir uns neuerdings auf dem Weg nach Mutum, welches bald wieder erreicht wurde. Dahin war inzwischen auch unser junger Wilder zurückgekehrt, der am Rio São João gewesen, ohne die gesuchten Hordengenossen zu finden. Wer weiss, ob er sie überhaupt gesucht hatte und nicht statt dessen dem Vergnügen des Fischens nachgegangen war. Die Wilden sind unverlässlich und oft lügnerisch.

In Mutum stellte sich unsere Schiffsmannschaft endgiltig zusammen. Sie besteht aus einem Steuermann und drei ruderführenden Leuten; ersterer ist ein Weisser, unter letzteren befindet sich einer der schwarzen Soldaten des Aldeamentos, die zwei übrigen Ruderer sind Botokuden. Diese stammen, der eine aus Mutum, der andere aus der östlich gegen das Meer zu gelegenen Lagunenregion von Riacho. Letztgenannter zeichnet sich durch braune Hautfarbe und einen auffallend breiten Mund aus.

Kurz nach Mittag traten wir unsere Weiterreise von Mutum an. Lautlos glitt die Canoa den Rio Doce hinunter, von der Strömung mitgeführt, so dass unsere Leute wenig nachzuhelfen hatten. Trotzdem war unserem botokudischen Burschen aus dem Aldeamento, gemäss der charakteristischen Trägheit seines Stammes, die Arbeit noch zu beschwerlich und musste man ihn fortwährend zum Rudern ermuntern. Obwohl nicht mehr im Walde geboren, gilt er doch noch als Bugre; demnach versteht man hier zu Lande unter dieser Bezeichnung sowohl einen wilden, wie einen halbcivilisirten Indianer.[1]) Das ganze Wesen unseres Bugres trägt übrigens noch etwas von dem eines Wilden an sich. Auch ersparen ihm seine weissen und schwarzen Schiffsgenossen nicht die Neckerei, dass er, nach Art seiner wilden Kameraden, Alligatoren und grosse Kröten zu verzehren pflege.

Auf unserer stillen Thalfahrt wurden wir häufig von Papageiengeschrei begrüsst, welches aus dem Wald zu beiden Seiten tönte. Daneben liess ein Jahó (Crypturus noctivagus Wied), ein hier häufig vorkommendes Steisshuhn, seinen lauten, melancholischen Ruf im Dickicht erschallen. Wir zogen an einer Niederlassung halbcivilisirter Botokuden vorüber, dann an einem ziemlich blattlosen Baume, welchen über und über Ara nobilis L. besetzt hatten. Es sind dies grüne, mittelgrosse Papageien mit auffallend langen Steuerfedern. Die nun zu passirende Mündung des unbedeutenden Rio São João, welcher von Norden zufliesst, war nur durch niederes Gebüsch bezeichnet. Eine Canoa, in der sich als einziger Insasse ein Botokude befand, kam uns entgegen. Der halbwilde Indianer hatte nur ein Beinkleid an und trug die Haare, nach Art der Wilden oder wenig civilisirten Botokuden, rings um den Kopf gleichmässig zugeschnitten und vom Scheitel nach allen Seiten gleichmässig herabfallend. Diese unbeschreiblich üppigen, schwarzen, rundgeschnittenen Haare erinnerten mich, wie alle derlei bisher von mir gesehenen botokudischen Haartrachten, lebhaft an eine Pelzmütze.

Zu Mittag hatte der Rio Doce 25° C. gehabt; die Luft maass zwei Stunden später 27° C. Unter unserem Toldo aus Palmstroh war es angenehm kühl, da ein Luftzug durchstrich, doch bequem war es daselbst nicht. Wir sassen auf dem mit einer Palmstrohmatte bedeckten Flurholz der Canoa. Eine Matratze, wie wir deren von Victoria ab hatten, giebt es nicht in dieser Wildniss. Und so wurden unsere Glieder gehörig steif, ein Zustand, der sich die nächsten Tage noch steigern dürfte.

Die Flussufer waren so ziemlich ununterbrochen mit Urwald bestanden, dem die Palmen fast ganz fehlten und in dem man von Zeit zu Zeit kleine Lehmhütten bemerkte. Allmählich wurde die bisher keineswegs hervorragende Vegetation schöner, hylaeaartiger; es zeigten sich überhängende Sträucher und schlingpflanzen- und epiphytenüberwucherte, phantastische Baumgestalten. Eine Rauchsäule stieg aus dem linksseitigen Urwald auf, aus dem Gebiete der wilden Botokuden. Da waren sie nun, die sehnlichst erwarteten Wilden — aber was nützte uns dies jetzt! Erstens schien es fraglich, ob wir uns durch den dichten Wald mit dem

---

[1]) Siehe auch Halfeld und v. Tschudi: Minas Geraes (Petermann's Geographische Mittheilungen, Ergänzungsheft IX S. 17. Anmerk. 1.) und Ehrenreich: Ueber die Botokudos der brasilianischen Provinzen Espiritu santo und Minas Geraes (Zeitschrift für Ethnologie XIX, S. 5, 7, 13).

Buschmesser einen Weg bis zu ihnen würden bahnen können. Zweitens durften wir, weil sie auf einen Verkehr mit uns unvorbereitet waren, nicht im Dickicht gegen sie vordringen und plötzlich vor ihnen erscheinen. Ein wohlgezielter Pfeil wäre vermuthlich die Antwort auf unseren ungebetenen Besuch gewesen, — so mussten wir schweren Herzens weiterfahren, mit sehnsüchtigem Blick den Rauch betrachtend, der ihren Lagerplatz verrieth.

Nun folgte die Mündung des Rio Santa Joanna, den wir vor wenig Tagen bei finsterer Nacht durchritten hatten. Auf seiner weit in den Rio Doce herein gelagerten Barre rakten wir mit unserer Canoa an den Grund. Der Blick von hier flussaufwärts war reizend. Langgestreckte, waldüberkleidete Höhenzüge, die vermuthlich aus Gneiss bestanden, bauten sich, hübsch grau abgetönt, in der Ferne hintereinander auf; im Vordergrunde entstiegen den Fluthen die waldigen Flussufer und malerische, unter Wald begrabene Inseln. So mancher Baum stand jetzt seines Blätterschmuckes beraubt, namentlich Figueiraarten (Ficeae) harrten der Neubelaubung. Sie müssen sich noch einen Monat gedulden; dann, im Oktober, wenn die Regenzeit beginnt, werden sie wieder alle in frischem Grün erstehen.

Im nach und nach breiter werdenden Flusse lagerten viele Inseln. Einige Araras flogen kreischend über unsere Köpfe hinweg. Wir passirten die Mündung des Rio Santa Maria, welcher gleich dem Santa Joanna direkt aus Süden zufliesst.

Zwischen dem mitreisenden Fazendeiro Senhor Milagre und uns entspann sich ein interessantes Gespräch über das Verhältniss der Ansiedler zu den wilden Botokuden. Der alte Herr beklagte sich bitter darüber, dass die Regierung auf Seite der Wilden stehe. Es sei den Weissen streng verboten, die Botokuden anzugreifen, letztere aber dürften, was mir nicht sehr glaubwürdig schien, unbehelligt die Ansiedlungen überfallen und die Ansiedler niedermetzeln. Seiner Ansicht nach sollte es erlaubt sein, die Botokuden zusammenzuschiessen, wie die Thiere im Wald. Diese Aeusserungen, als die eines der angesehensten Fazendeiros hiesiger Gegend, dienten mir als Gradmesser für die landläufigen Ansichten und die allgemeine Stimmung gegen die allerdings gefährlichen Wilden.[1]) Theilen konnte ich jedoch Senhor Milagres Anschauungen nicht. Bedenkt man, welchen grausamen, erbarmungslosen Vernichtungskrieg gerade die Regierung einst gegen die verhältnissmässig schutzlosen Botokuden geführt, wie man sich sogar nicht scheute, sie durch scharlach- und blatterninficirte Kleidungsstücke aus dem Weg zu räumen, so lassen sich die jetzigen philanthropischen Bestimmungen zu Gunsten der einstigen Herren des Landes, als ein Akt der Gerechtigkeit nur mit Freude und Genugthuung

---

[1]) Ehrenreich (Ueber die etc., Zeitschrift etc. XIX, S. 5) weiss sogar zu berichten, dass darüber discutirt wurde, ob man die Wilden nicht mittelst vergifteten Branntweines vertilgen solle.

begrüssen. Zudem darf man nicht vergessen, dass die freundliche oder feindliche Gestaltung des Verhältnisses zu den Wilden mehr oder minder in den Händen der Weissen liegt, und dass, wenn die an und für sich gutmüthigen Naturmenschen nun zu fürchten sind, sich dies die Ansiedler nur selbst zuzuschreiben haben[1]) und die Regierung nicht unbedingt verpflichtet ist, die durch das Benehmen der Weissen hervorgerufenen Feindseligkeiten an den Botokuden zu rächen.

Es dunkelte schon, als wir die Barre des Rio das Pancas erreichten, eines von Norden einmündenden Zuflusses, an dessen Oberlauf sich eine grössere Niederlassung wilder Botokuden befindet. Gegenüber der Barra liegt die Hütte des Negers Soarez, bei welchem wir Unterkunft für die Nacht suchen sollten. Der Rio Doce hat jedoch jetzt einen so niedrigen Wasserstand, dass wir eine halbe Stunde lang vergebens zu landen versuchten. Endlich blieb uns nichts zu thun übrig, als an einer Sandbank anzulegen und von da in eine kleinere Canoa umzusteigen, welche uns glücklich an das Ufer brachte. Letzteres Fahrzeug war halb mit Wasser gefüllt und hatte keine Bänke, so dass wir auf dem schmalen Schiffsrand sitzen mussten, jeden Moment gewärtig, das Gleichgewicht zu verlieren und rücklings in den Fluss zu schlagen. Inzwischen war es vollständig finster geworden und stolperten wir zwischen Baumwollstauden den unbekannten Pfad zur Hütte hinauf. Letztere, die nur von ihrem schwarzen Besitzer bewohnt wird, stellte sich als äusserst elend heraus. Es war ein thüren- und fensterloses Machwerk, aus durchlöcherten Lehm- und Lattenwänden und einem leichten Strohdach bestehend. Wind und Wetter und sogar die Hauskatze hatten durch die Wände ungehinderten Zugang. Wir kochten unseren Abendimbiss, schlugen die Feldbetten auf und legten uns zur Ruhe. Unermüdlich erklang die metallische Stimme des Ferreiro (Hyla faber Wied) in der nächtlichen Stille.

Der Regen troff durch das Palmstrohdach auf uns herab, und wir hörten jede Bewegung in der ganzen Hütte. Des Schlafens war in dieser Nacht nicht viel.

Hütte Soarez — Linhares. Dienstag, den 4. September.

Der Abschied von unserem primitiven Nachtquartier mit seinen zwei einzigen, einrichtungslosen, engen Räumen fiel uns diesen Morgen nicht schwer. Um sechs dreiviertel Uhr fand die Abfahrt thalwärts statt. Ziemlich viel Nebel lag auf dem Flusse und in Folge dessen war die Landschaft bei Sonnenaufgang in eine hübsche, stimmungsvolle Beleuchtung getaucht.

---

[1]) Siehe hierüber auch Halfeld und von Tschudi: Minas Geraes (Petermann's Geograph. Mittheil. Ergänzungsheft IX, S. 19). — Wied: Reise nach Brasilien II, 16 und 63. — Ehrenreich: Ueber die etc. (Zeitschrift etc. XIX, 4). — Barboza Rodrigues: Rio Jauapery. Pacificação dos Crichanás, 126 e s. — Schanz: Das heutige Brasilien, 205. — Ueber die Gutmüthigkeit speziell der Botokuden, siehe Hartt: Geology and Geography etc. 602.

> Auf weiten, stillen, silberblauen Fluthen
> Mein Canoe gegen Norden[1]) lautlos zieht,
> Durch Baumeshallen dringen Morgengluthen,
> Die frische, dunkle Nacht vom Urwald flieht.
>
> Die leichten Silbernebel rings sich heben,
> Rings funkelt im smaragd'nem Grün der Thau.
> Und rings im Dickicht regt sich Morgenleben,
> Geweckt von leichten Brisen sanft und lau.[2]).

Dank dem, dass dies Jahr mehr Regen fällt als sonst, ist die Nebelentwicklung, die uns noch reichlich genug vorkömt, eine geringere. Gewöhnlich soll sich zu dieser Jahreszeit der Nebel auf dem Rio Doce bis in den Vormittag hinein so dicht ballen, dass man keine hundert Schritt weit sehen kann.

Den ganzen Morgen tönten Vogelstimmen aus dem Uferwalde an unser aufmerksam lauschendes Ohr; erst gegen Mittag wurde es stiller in der befiederten Sängerwelt. Kleine Papageien zogen mit ohrenzerreissendem Geschrei über den Fluss. Ein Pavão (Pyroderus scutatus Shaw) kollerte im Waldesdickicht, ein Jahó (Crypturus noctivagus Wied) liess seinen pfeifenden Ruf laut werden. Madenfresser (Crotophaga) trieben sich in Menge am Waldesrande herum. Viel Schwalben, vielleicht die an den Waldflüssen Mittelbrasiliens häufigen Tachycineta albiventris Bodd., flogen nahe über dem Wasser dahin. Auf einem unmittelbar am Ufer befindlichen Baume sass, deutlich sichtbar, ein Rhamphastos dicolorus L., ein rothbrüstiger und rothbauchiger Tukan mit schwarzer Oberseite und fast 10 cm langem, mächtigem Schnabel. Ebenfalls auf diesem Baume bemerkten wir eine Taube mit roth, grau und braun gemischtem Gefieder, wohl wieder eine der im Küstenwald gemeinen Leptopila reichenbachi Pelz. Von den vielen Wasserschweinen und Tapiren, welche die Ufer des Rio Doce bewohnen, kam uns aber kein Stück zu Gesicht.

Der Urwald, der den Fluss zu beiden Seiten ununterbrochen begleitet, prangte nicht in einförmigem Grün. Eine unbeschreibliche Farbenpracht, der Bote des kommenden Frühlings, erhöhte seine sonstigen Reize. In gelber Blüthe stehende Trompetenbäume (Tecoma speciosa DC.) wechselten mit braunrothblühenden, schlanken Bäumen, vielleicht irgendwelchen Machaerien[3]). Ein strauchförmiges Windengewächs (Convolvulacee) im Schmuck seiner rosa Blumenkronen stimmte hübsch zum Grau der Tillandsia usne-

---

[1]) Unsere Canoa hatte die Richtung gegen Osten.

[2]) Aus »Guten Morgen! im Urwald« (Kaiser Maximilian von Mexico: Aus meinem Leben VII, 269).

[3]) Möglicherweise auch waren, was ich aus der Ferne für Blüthen hielt, junge Blätter und diese Bäume die von Wied (Reise nach Brasilien I, 347) zu dieser Jahreszeit am Jequitinhonha erwähnten, Tapicurú genannten Bignonien.

oides L., welche in hunderten von Exemplaren ihr Stengelgeflecht an die Bäume geheftet hatte. Die Hüllblätter der Bougainvillea spectabilis Willd., einer Liane, welche wir am Rio Doce überall antrafen, woben bald da, bald dort ein blaurothes, dichtes Gewebe über die Wipfel baum- und strauchförmiger Pflanzen. Ein weissblühender Strauch, vermuthlich eine Bignonie, hob sich aus dem Dickicht heraus. Cecropien reckten ihre Aeste wagrecht hinein in die tausendfaltig gewundenen Linien der Urwaldbelaubung. Und dem Ufer entlang entwickelten sich an den überhängenden Sträuchern und Bäumen solche Schlingpflanzen-Gehänge, solch phantastische Laubdraperien, wie wir deren am Amazonas gesehen und welche, in ihrer märchenhaften Ueppigkeit zu beschreiben, die Sprache sich als zu arm erweist. Die Waldwand that sich auf und es wurde eine Indianerhütte sichtbar, welche fast nur aus einem Dach bestand. In der Hütte bemerkten wir eine wohlgenährte Botokudin mit überaus reichem rabenschwarzem Haar. Nicht lange nachher wurde unser auffallend prognather Botokude aus der Riachogegend gelandet, sicherlich weil er von hier am nächsten nach Hause hatte. So blieb uns an Indianern nur mehr unser Bugre aus Mutum. Wir lenkten unsere Canoa gegen das wegen der Wilden gemiedene Nordufer, wo etwa zwanzig bis dreissig kleine, magere, unschöne Fiederpalmen beisammen standen. Bisher hatten wir am Rio Doce noch niemals so viele Palmen auf einen kleinen Raum zusammengedrängt gesehen.

Um 9 Uhr Vormittag legte unsere Canoa am Südufer bei der einem Preussen gehörigen Fazenda de Santo Antonio an. Seit fünf Tagen stiessen wir in der Urwaldwildniss zum ersten Male wieder auf eine richtige Fazenda und hiermit auf mehr Civilisation. Für civilisirtere Verhältnisse war unsere äussere Erscheinung inzwischen aber fast unmöglich geworden. Denn in Folge der nun neuntägigen Reit- und Canoatour durch den Urwald, bei welcher wir Wind und Wetter ausgesetzt waren, alle grobe Arbeit selbst verrichten mussten und dabei kein Kleid zum Wechseln hatten, spielten unsere Anzüge dermaassen in allen Farben, dass man uns, unter eine Stadtbevölkerung versetzt, wohl einer milden Gabe für würdig hätte erachten können. Sogar die an unseren Gewändern, in Ermangelung von anderem Material, mit Zuckerschnaps vorgenommenen Putzversuche blieben ziemlich erfolglos.

In der Fazenda fanden wir aber, trotz unseres wenig empfehlenswerthen Aussehens, bei unseren deutschen Landsleuten gastliche Aufnahme. Ausser dem Preussen lebten daselbst noch dessen Schwester und der Mann derselben, ein Hamburger. Das Haus trug den Stempel der Sauberkeit und muthete uns in Allem heimathlich an. Die sorgsame Hausfrau bereitete uns ein wohlschmeckendes Mahl, in welchem als landesübliche Gerichte ein Pacabraten und die Wurzelknollen der Inhamé eine Rolle spielten.

Unter letzterer Pflanze versteht man die Geflügelte Yamswurzel (Dioscorea alata L.), welche als schmackhaftes Nahrungsmittel in Brasilien häufig kultivirt wird. Ueber die Pacas (Coelogenys Paca L.), deren Fleisch wir schon am Amazonas zu kosten bekamen[1]), ist zu sagen, dass sie über ganz Brasilien verbreitete, hauptsächlich nächtliche Nagethiere sind, welche mit Vorliebe in feuchten Wäldern und an Flussufern hausen und sich durch rasches Laufen und geschicktes Schwimmen auszeichnen.

Unsere naturwissenschaftlichen Kenntnisse wurden hier nicht nur indirekt durch die Kost, sondern auch durch Anderes bereichert. Der Ansiedler schenkte uns zwei Oberschnauzen von Sägefischen (Pristis). Hierbei erfuhren wir, dass letztere zahlreich und bis zu einer Grösse von 1,5 m[2]) im Rio Doce vorkommen und dass ihr Fleisch geniessbar ist, jedoch dem der anderen hiesigen Flussfische an Güte nachsteht. Da die zwei uns gegebenen Oberschnauzen in der Zahnstellung verschieden sind, müssen sie, sofern die Stellung der Zähne überhaupt einen Rückschluss auf die Species erlaubt[3]), zwei verschiedenen Arten von Sägefischen angehören. Und zwar würde die kleinere Schnauze, weil mit den Maassen derjenigen von Pristis pectinatus Lath. übereinstimmend, dieser Species zuzuschreiben sein, indessen die grössere von einem Pristis perrottetti Müll. et Henle stammen dürfte, welch letztere Art überdies speziell auch als süsswasserbewohnend genannt wird[4]).

An lebenden Thieren sahen wir hier einen braunen Rollaffen mit hübsch angewachsenem Kopfhaar, welches sich wie eine Stutzerfrisur ausnahm. Dieser lebhafte kleine Affe, der auf einem Gerüst vor dem Hause angebunden war und aus dem hiesigen Urwald stammte, schien mir ein Cebus variegatus Geoffr. zu sein. Er benahm sich sehr launenhaft, schrie und kreischte bei der geringsten Veranlassung und war ebenso unsympathisch, wie die sanftmüthigen Lagothrix der Amazonasniederung sympathisch sind.

Die Menschentypen auf der Fazenda, die verschiedenen farbigen Arbeiter, beanspruchten unser Interesse nicht sonderlich. Statt dessen wäre uns in südlicher Richtung, vier Stunden von Santo Antonio, ein ethnographisch

---

[1]) Siehe weiter oben S. 115.
[2]) Bei dieser Grössenangabe ist die Schnauze nicht mitgerechnet.
[3]) Günther (Catalogue of the Fishes in the British Museum VIII 436 a. ff.) scheint anzunehmen, dass sich durch die Zahnstellung etwa höchstens Pristis pectinatus von P. antiquorum Lath. und P. perrottetti unterscheiden lasse, und Costa (Fauna del Regno di Napoli III Pesci p. 5) sagt, dass die Entfernung der Zähne von einander sehr variabel ist und nicht unbedingt zur Artbestimmung dienen kann.
[4]) Siehe Müller und Henle: Systematische Beschreibung der Plagiostomen S. 108. — P. perrottetti kommt ausserdem in den tropischen Meeren vor. P. pectinatus ist zwar nirgends als im süssen Wasser lebend verzeichnet, doch wenn überhaupt eine Species Pristis im süssen Wasser vorgefunden wird, ist das Vorkommen auch einer zweiten Species nicht ausgeschlossen.

höchst interessanter Anblick geboten gewesen. Dort giebt es auf einer Ansiedlung arbeitende Botokuden, welche von der Civilisation noch wenig berührt sind. Sie tragen, nach alter Sitte, die bisher von uns vergebens gesuchten Lippenpflöcke, ihre Kleidung ist eine sehr mangelhafte, und die Weiber transportiren ihre Kinder auf dem Rücken, indem sie dieselben in eine Bastschlinge setzen. Die Nothwendigkeit, wegen des Auslaufens des Dampfers pünktlich an Ort und Stelle zu sein, hinderte uns, einen Seitenausflug zu diesen Wilden zu unternehmen, wie sie uns gehindert hatte, länger in Mutum

Botokudinnen.

zu bleiben. Wir hatten nur Zeit, uns auf der Fazenda von S. Antonio selbst umzusehen. Diese Fazenda besitzt Kaffee- und Zuckerrohrplantagen und einen grossen Orangenhain, dessen Früchte an das Vieh verfüttert werden. Hauptsächlich nahmen wir dort die Zuckerfabrikation in Augenschein, welche durch ihre primitive Weise von der bisher von uns gesehenen etwas abstach. Der mittelst zweier Walzen gekelterte Zuckersaft wird in mehreren Pfannen eingekocht und hierauf in Krystallisirgefässe, d. h. Holztröge, geleitet, welche am Boden durch Zuckerrohrstückchen verschlossene Löcher haben. In diesen Trögen wird der Zuckersaft mittelst einer Lehmschicht beschwert, um durch Druck von oben die Melasse aus dem Syrup herauszupressen. Nach einer Reihe von Tagen werden die Löcher geöffnet, die nun ausgeschiedene Melasse fliesst durch dieselben ab und wird zu

Cachaça oder Zuckerbranntwein verarbeitet. Der in den Trögen zurückgebliebene Rohzucker scheidet sich in zwei Sorten; der zu oberst liegende ist fein und weiss, der tiefer unten befindliche von brauner Farbe. —

Es war fast 11 Uhr geworden, als wir unsere unterbrochene Canoafahrt wieder aufnahmen. Um diese Zeit maass die Luft 27,5 ° C., das Wasser des Rio Doce 25,5 ° C. Der uns zu beiden Seiten begleitende, undurchdringliche Urwald nahm einen etwas anderen Charakter an und wurde immer schöner. Kein einziger kahler Baum störte den Eindruck des vollendetsten Grünens und Blühens, und man bestätigte uns, dass hier, im Gegensatz zu dem was wir mehr flussaufwärts bemerkt, die Bäume sich niemals ihres Laubes entkleiden. Oberhalb der dichten Waldwand des nordwestlichen Ufers schaute der Morro da Terra alta herüber, in Form einiger bizarrer, waldiger Kegel. Tukane schrieen im Dickicht. Die hier verhältnissmässig seltenen Palmen traten endlich wieder in einigen Exemplaren auf. Es waren Jeribá (Cocos Martiana Dr. et Glaz.), welche durch ihren hohen, dünnen Stamm und ihren steifen Habitus in die Augen fielen. Den breiter gewordenen Fluss schmückten viel bewaldete Inseln. Wir steuerten in einen reizenden Flussarm hinein, der uns vollständig in den traumhaft schönen Märchenzauber der Paranás des unteren Amazonas zurückversetzte. Es war das Urbild eines Igarapés. Palmenuntermischte, reichste Vegetation trat bis an den Uferrand vor, lianenbehangene Bäume neigten sich von beiden Seiten malerisch über das Wasser herein. Wir hätten diese entzückende Landschaft mit unseren Blicken festbannen wollen, aber schon glitt die Canoa, von den Fluthen getragen, weiter und weiter von dannen.

Die Ausdrücke Paraná und Igarapé, über welche wir uns mit unserer Canoabemannung verständigen wollten, waren ihr fremd. Es sind Tupíworte, deren Verständniss und Gebrauch wir in der ganzen Amazonasgegend fanden, wo noch jetzt viele Tupívölker sitzen, indessen letztere an der hiesigen Küste schon verschwunden sind. Nur manche geographische Namen und, wie zu vermuthen, die Todtenurnen, welche am mittleren und unteren Flusslauf gefunden werden und die man nicht den Botokuden zuschreiben kann, sprechen hier noch von ihrer einstigen Anwesenheit.

Weiter glitt unsere Canoa. Eine Sapucaia (Lecythis Pisonis Camb.) breitete ihr riesiges, frischgrünes Blätterdach schirmartig aus; gegenüber legte ebenso schirmartig eine Gamelleira (Urostigma dolarium Miq.) ihre von mageren Aesten getragene Riesenkrone über die Vegetationswand heraus. Unten am Wasser nickten viel Pfeilgrashalme (Gynerium) von staunenswerther Grösse. Die für die hiesigen Wälder berühmten Jacarandá aber, die das geschätzte Palisander liefernden Bäume, als welche man verschiedene Arten von Dalbergien und Machaerien bezeichnet, sind in Folge ausgedehnten Schlagens an den Ufern des Rio Doce nur mehr selten zu sehen und müssen nun schon weiter waldeinwärts gesucht werden. Dort kommen sie noch in grossen Mengen vor; doch die Schwierigkeiten des Transportes, welche, gegen früher, zu Land und zu Wasser zugenommen, haben den einst unübertroffenen Export an Jacarandaholz aus den Rio Docegegenden nahezu lahm gelegt. —

Zum ersten Male nun zeigte sich eine Ansiedlung auf dem linken Flussufer. Es erschien uns dies wie eine Annäherung an civilisirtere Gegenden; denn so lange wir bisher den Rio Doce heruntergefahren, hatte keine Hütte die Anwesenheit irgendeiner und sei es auch nur der primitivsten Kultur auf der Nordseite des Flusses verrathen. Es war das unbestrittene Gebiet der wilden Botokuden, dem wir entlang gerudert waren und auf welchem bisher, dank dieser Wilden, keine nichtindianische Niederlassung sich hat halten können. Wie lange noch — dann wird auch hier der fleissige Kolonist vordringen und die Autochthonen verdrängen, welche ruhelos in ihren Wäldern herumirren, vergeblich eine Stelle suchend, wo sie ungestört ihr müdes Haupt zur Ruhe legen können. —

Wir fuhren neuerdings in einen Flussarm hinein. Die Ilha das Palmas blieb zu unserer Rechten. Links von uns war das Nordufer mit dem Ausfluss der nahen Lagôa das Palmas. Hier wuchsen neben den uns schon bekannten, hohen Jeribá (Cocos Martiana Miq.), die weit niedrigeren Burípalmen (Diplothemium caudescens Mart.). Brüllaffen (Mycetes ursinus Wied), welche hier sowohl Barbados, wie Bugí genannt werden, brüllten laut im Walde. Ein mittelgrosser Alligator lag im Wasser, etwas weiter abwärts ein zweiter auf dem Trockenen. Später sahen wir ein drittes dieser unsympathischen, boshaften Thiere, welche gar keine Scheu vor uns verriethen. Ein wundervoll in roth und blauem Gefieder schimmerndes Ararapaar (Arara chloroptera G. R. Gr.) zog schweren Fluges vorüber. Aus dem Urwald liess sich wieder das Kollern des Pavão (Pyroderus scutatus Shaw) vernehmen.

Der Rio Doce, welcher sich gerade in der Vasantezeit befindet, da er erst im Oktober mit den häufigeren Regen wieder zu steigen beginnt, war so nieder, dass wir sogar mit unserer kiellosen Canoa fortwährend auffuhren. Wir begriffen in Folge dessen nicht den Wunsch der flussanwohnenden Bevölkerung eine Dampfschiffsverbindung zu erhalten. Ein Dampfboot könnte jedenfalls nur zur Zeit der Enchente, also nur einige Monate des Jahres, den Verkehr vermitteln. Bei den bisherigen Versuchen scheinen sich auch thatsächlich die Fahrten auf diese kurze Zeit beschränkt zu haben. Trotzdem halten die Leute an ihrem Wahne von der Möglichkeit eines permanenten Dampferverkehrs zähe fest[1]). Auch unser Mitreisender, Senhor Milagre, welcher eine grosse Kaffeefazenda in Guandú de Baixo besitzt,

---

[1]) Ein solch ununterbrochener Verkehr wäre höchstens durch riesige und unaufhörliche Baggerarbeit zu erreichen, zu welcher sich schwerlich das nöthige Kapital finden dürfte.

trat lebhaft für die gewünschte Dampfschifffahrt ein; zugleich liess er sich in herben Worten über den Mangel an Fürsorge der Regierung, die Verkehrsentwicklung auf dem Rio Doce betreffend, aus. Ebenso, wie wegen der Dampferfrage, erhitzen sich die hiesigen Ansiedler die Köpfe wegen des Baues einer Eisenbahn zum Rio Doce, und zwar in solchem Maasse, dass sie den abenteuerlichsten Gerüchten Gehör schenken. So wurden wir zwei Damen auf unserem Ritt durch Espirito Santo für verkleidete Ingenieure gehalten, welche gekommen, das Terrain in Augenschein zu nehmen und die Verhältnisse zu studiren. Denn, dass Damen nur aus Interesse für Land und Leute eine so beschwerliche Reise unternehmen könnten, schien ihnen geradezu unerhört. Letzteres lässt sich aber durch ihr Gewohntsein an das, jeder höheren geistigen Regung baare, orientalische Dämmerleben der brasilianischen Frauen schliesslich wohl erklären. —

Nachmittags zündeten unsere Ruderer auf einer Sandunterlage ein Feuer auf dem Flurholz der Canoa an und brieten in Schweineschmalz Bananen für sich und uns. Später landeten wir am Norduferi bei lusobrasilianischen Ansiedlern, welche eine von Ochsen in Bewegung gesetzte Zuckermühle aus hölzernen Vertikalwalzen, somit eine älterer Konstruktion, besassen. Nach kurzem Aufenthalte setzten wir unsere Reise thalwärts fort. Wir passirten die Mündung eines kleinen Schwarzwasserflusses, der von Norden aus der nahen, berühmt schönen Lagôa de Juparanã-mirim herunterkam. Es war dieses Flüsschen eine wunderhübsche, schmale, waldumschlossene Wasserstrasse nach Art der Igarapés. Schon nahte der Abend, und es wurde für tropische Verhältnisse ganz kühl. Wir sahen noch bei Tageslicht aus der Ferne den auf einer Anhöhe gelegenen Flecken Linhares, doch erst um 7 Uhr, als es schon finstere Nacht war, langten wir daselbst an. So fand der zweite Tag unserer interessanten Canoareise seinen Abschluss. Heute hatten wir 86 km zurückgelegt, gestern, von Tatú ab, 63.

Linhares — Regencia. Mittwoch, den 5. September.

In Linhares waren wir bei brasilianischen Kaufleuten untergebracht, in einem Hause, welches zwar auch den einfachsten Begriffen von Comfort keineswegs entsprach, aber sich immerhin weit besser anliess, als all die letzten Nachtquartiere. Da die Anzahl Betten nicht genügte, schlug ich mein Feldbett auf, welches, wie schon früher gesagt, blos aus einem über ein hohes Metallgestell gespannten Segeltuche besteht.

Das Interessanteste im ganzen Hause war uns eine Indianerin. Sie trug die glänzend schwarzen Haare aus der Stirne gekämmt und hatte in Folge dessen, wie die meisten ihrer Stammesgenossinnen, an denen wir solche Haartracht sahen, einen auffallend mongolischen Typus. Da wir ganz in die Familie aufgenommen waren und zu deren Mahlzeiten zugezogen wurden, konnten wir nicht frei über unsere Zeit verfügen. Dies hinderte uns auch am Besuche der etwa 5 km entfernten Lagôa de

Juparanã, eines der grössten Seen Brasiliens. Die Lagôa, welche auf eine Länge von ca. 32 km und eine Breite von ca. 6—9 km geschätzt wird[1]), ist tief, waldumschlossen und in Tertiärhügel eingebettet. Sie besitzt nicht nur einen grossen Reichthum an Fischen und Flussmuscheln (Unio), sondern auch mindestens zwei Arten von Schildkröten. Unmittelbar oberhalb Linhares mündet der Rio Juparanã, ihr Ausfluss, welcher eine enge, tiefe und gewundene Waldschlucht durchfliesst und ganz den poetischen Charakter der Igarapés trägt.

Linhares, in welchem wir am Morgen spazieren gingen, ist eine aus einer ehemaligen Botokudenniederlassung entstandene, elende kleine Villa. Sie besteht nur aus einigen Dutzend hässlichen, ziegelgedeckten Häusern und malerischen Lehmhütten mit Strohdach. Die Häuser, welche sämmtlich einstöckig sind, umgeben auf drei Seiten einen riesigen, öden Grasplatz. Wir fanden auf diesem und in der Nähe desselben als bescheidenen Wiesenschmuck eine kleine rosablühende Papilionacee, das Desmodium adscendens DC. Zu letzterem gesellte sich mit ihren Purpurblüthen die Vernonia scorpioides var. subrepanda[2]) Pers., eine strauchförmige Composite, von welcher wir eine andere Varietät in der Camposgegend kennen gelernt hatten. Als dritte blühende Pflanze sammelte ich in mein Herbarium den Sibirischen Löwenschwanz (Leonurus sibiricus L.), ein in Brasilien eingeführter und verwilderter Lippenblüter.

An das Ufer des Rio Doce vortretend, orientirten wir uns über die Lage von Linhares. Dieser Ort liegt auf einem circa 20—25 m hohen rothen Lehmufer, einem Ausläufer der grossen Tertiärebene, welche sich nördlich des Flusses ausdehnt. Vom äussersten, in den Rio Doce vorspringenden Punkt aus geniesst man einen hübschen Blick flussauf- und flussabwärts. Unter Wald förmlich begrabene, alluviale Ufer schliessen den Fluss ein, dessen Spiegel übersät ist von waldbedeckten, flachen Inseln. Wir meinten uns an den unteren Amazonas zurückversetzt. Nur der Botokudenknabe, welcher am Wasserrande lungerte, erinnerte uns, dass wir hunderte und hunderte von Meilen vom König der Ströme entfernt waren. Der Anblick dieses Knaben brachte uns ebenfalls in Erinnerung, wie nah von hier, nämlich gleich hinter dem Westufer der Lagôa de Juparanã, das Gebiet der wilden Botokuden, die Terra incognita der Weissen beginnt. Der braune Junge hatte denselben Haarreichthum wie unser botokudischer Ruderer; auch er ging, gleich den meisten jungen Indianern, in der glühendsten Sonne baarhaupt, vielleicht, weil seine natürliche Pelzmütze ihn genügend vor ihren Strahlen schützte.

[1]) Die Längen- und Breitenmaasse des Sees sind fast in jedem Werk verschieden angegeben.

[2]) Die in Flora brasiliensis VI 2 S. 101 als Synonym von Vernonia scorpioides Pers. angegebene V. subrepanda Pers., wäre wohl als var. subrepanda von der Stammform V. scorpioides auszuscheiden.

Im Laufe des Vormittags verliessen wir das wegen seiner bösartigen Malaria als äusserst ungesund verschrieene Linhares. Wir hatten heute, wollten wir Regencia, auch Barra do Rio Doce genannt, erreichen, noch 48—50 km zu Canoa zurückzulegen. Anfangs steuerten wir dem linken Ufer entlang. Der Urwald hier, am untersten Flusslaufe, zeigte einen viel grösseren Palmenreichthum als derjenige weiter flussaufwärts. Da nun der Wald am schönsten wirkt, wo Palmen und Laubbäume gemischt stehen, war die hiesige Waldlandschaft weit anziehender, als die, welche wir die letzten Tage gesehen. Verschiedene Cocospalmen, Cocos Martiana Dr. et Glaz. mit dichtstehenden Wedeln, und Patí (Cocos botryophora Mart.[1]) mit dünnerem Stamme als erstgenannte, strebten graziös in die Lüfte. Ueber das Wasser herein neigten sich weissstämmige Palmitos (Euterpe edulis Mart.), Palmen, deren Blattknospen den bekannten Palmkohl liefern. Viel Faulthierbäume (Cecropia), welche, wie alle hier am Rio Doce, keine weissfilzige Blattunterseite hatten und sich hierdurch wesentlich von den anderswo von uns gesehenen Cecropiaarten unterschieden, machten sich unter den zahlreichen anderen Laubbäumen bemerkbar. Hohes Pfeilgras (Gynerium parvifolium Nees ab Esenbeck) säumte das Ufer, und Schlinggewächse rankten sich von Ast zu Ast und bildeten phantastische Lauben. Viel Terras cahidas, d. h. in Folge Unterwaschung eingestürzte Uferterrains, schufen malerische Bilder. Halbertrunkene Bäume lagen im Wasser, manche noch laubgeschmückt, manche nur mehr dürre Aeste von sich streckend. Diese gestürzten Waldriesen, welche oft noch durch Lianenstricke festgehalten wurden, hatten eine ganze Welt von Cipós und Epiphyten mit sich in das Verderben gerissen.

Beutelnester von Troupialen, deren wir seit dem Amazonas keine mehr gesehen hatten, hingen an den über das Wasser herausragenden Astenden einzelner Bäume. Es gelang uns, einiger habhaft zu werden. Sie waren bei 14 cm Breite nur 30 cm lang, somit bedeutend kleiner als die der Cassicus persicus L., welche wir auf der Ilha das Onças gesammelt hatten und welche bei einer Breite von 18 cm mindestens 55 cm an Länge maassen. Auch hatten sie den Eingang weiter oben angebracht und waren von anderem, feinerem, dunklerem Material als jene. Sie bestanden nämlich nicht aus langen, steifen und geraden grasartigen Blättern, wie der Hauptsache nach die erstgesammelten Nester, sondern zum grössten Theil aus Stengeln und Blättern der Tillandsia usneoides L.

Ein prachtvoll dunkelstahlblauer Madenfresser, ein Anú coroya (Crotophaga major Gm.), strich schweren Fluges dahin. Einige Rhamphocoelus brasilius L., entzückende, schwarz und rothe Tanagriden, belebten die Fluss-

---
[1] Hier wurde die Cocos botryophora von den Eingebornen Patí genannt, Karl Frank hatte sie uns mit dem Namen Patioba bezeichnet. Siehe weiter oben S. 335. — Auch in Flora brasiliensis III 2 p. 409 sind diese beiden Vulgärnamen für C. botryphora angeführt.

ufer. Viel Bem-te-ví, der Art des Vorkommens nach Pitangus lictor Licht., flogen am Waldrand hin und her. Im Wasser lag, durch das Geäste eines gefallenen Baumes gehalten, eine todte Capivara, d. h. ein Wasserschwein, das einzige solche Thier, welches wir in dieser an derlei Nagern so reichen Gegend zu Gesicht bekamen.

Zu Mittag hatte die Luft $31,5\,^{\circ}$ C, das Wasser $26,6\,^{\circ}$ C. Nachmittags kamen wieder, wie gestern, Krokodile zum Vorschein. Zuerst zeigte sich ein mittelgrosser Alligator, welchen ich seiner grauen Farbe nach für ein jugendliches Exemplar des Caiman latirostris Daud. hielt, der 2–3 m lang wird, die Flüsse Ostbrasiliens, namentlich deren stilleres Wasser belebt und nicht gefürchtet ist. Das Thier lag gestreckter Länge auf einem über dem Wasser befindlichen, abgestorbenen Baumstamm und sah so grau und staubig aus wie seine Unterlage. Wir ruderten gegen dasselbe zu. Platsch — liess sich das Ungethüm in den Fluss fallen, vor uns zu fliehen, und verschwand in den Fluthen. Kurz darauf erschien am entgegengesetzten Ufer, ebenfalls auf einem Baumstamm ruhend, ein zweites, welches durch unsere Nähe jedoch nicht aus seinem süssen Schlummer gestört wurde. Sein Schwanz war der Quere nach dunkel gestreift, eine Zeichnung, welche mehr oder minder den beiden die Flüsse der Ostküste bewohnenden mittelgrossen Alligatoren, dem Caiman latirostris Daud., wie dem Caiman sclerops Schneid., in jüngeren Jahren eigen ist. Nicht lange darauf bemerkten wir einen dritten Alligator; dieser lag im Wasser und streckte nur seine hässliche Schnauze aus den trüben Fluthen heraus.

Der Fluss war hier, dem Augenmaasse nach, so breit wie der Rhein weit unterhalb Köln. Doch machte er nicht den Eindruck überwältigender Grösse, da seine Wassermasse sehr zu wünschen übrig liess. Sandbänke und allerhand Untiefen erfüllten das Flussbett. Wir steuerten kreuz und quer, um uns im tieferen Fahrwasser durchzuwinden. Trotzdem schurrte unsere Canoa fortwährend über Grund, und des öfteren fuhren wir auf. Unsere Leute mussten in das Wasser springen, die Canoa zu erleichtern und zu schieben oder uns, in geeignetem Fahrwasser, mittelst Buschmessers den Weg unter irgend einem überhängenden Strauch hindurch zu bahnen. Sass die Canoa richtig fest, so wurde sie meistens nur mit Aufbietung aller Kräfte wieder abgebracht. Angstvoll sahen wir die Stunden schwinden, befürchtend, durch diese wiederholten Aufenthalte unser Ziel nicht rechtzeitig zu erreichen. Zugleich aber drängten sich uns mit erneuter Wucht alle Zweifel auf, bezüglich der Möglichkeit einer Dampfschifffahrt bei so geringer Tiefe des Flusses.

Auf einer der Sandinseln spazierte ein Regenpfeifer, welcher uns als Soldado bezeichnet wurde. Er hatte weisse Unterseite, dunklen Rücken, eine schwarze, kravattenartige Binde um den Hals und zinnoberrothe Beine.

Nach Färbung, Zeichnung und Art des Vorkommens hielt ich diesen Vogel für einen Hoploxypterus cayanus Lath. Im Walde schrie ein Mutum (Crax carunculata Temm.), der Wald selbst aber war still. Man hört den Urwald selten rauschen; meistens ruht er in tiefem Schweigen, nur die Thiere in ihm sind laut.

Wieder zeigte sich uns ein grosser Alligator, diesmal, seiner gelbgrauen Farbe nach, zweifellos ein noch nicht ausgewachsener Caiman sclerops Schneid.[1]). Er lag in der Sonne auf einem etwas schief über den Rio Doce hereinragenden Baumstamm. Wir fuhren ganz nahe zu ihm hin, er schielte uns an, wendete sich etwas nach uns, bewegte langsam seinen schuppigen Schwanz und glitt erst in den Fluss, um davonzuschwimmen, nachdem wir ihn durch Schreien und Ruderschläge in das Wasser all zu sehr belästigt hatten. Noch nie hätte ich einem Thiere so gerne eine Kugel in den Leib gejagt wie dieser, so namenlos frech uns anschielenden Panzerechse.

Kleine und grosse, rosettenförmige Bromeliaceen sassen auf den am Wasserrande stehenden Bäumen. Viele andere, langstielige Epiphyten, wie mir schien, Philodendren, hingen aus dem Laubdickicht des Waldes herab. Eine kleine Insel war, nach Art mancher Eilande des Amazonas, ausschliesslich mit Cecropien bestanden und von einem Canagürtel umschlossen. Ungefähr eine Stunde vor der Mündung hörte das Insellabyrinth auf, ebenso der schöne, üppige Wald. Der nun vollständig insellose Fluss schien über 2 km breit zu sein. Was ihn zu beiden Seiten begleitete, war wohl noch Urwald, aber ein unschöner, aus niederen, mit wenig Lianen geschmückten Bäumen zusammengesetzter. Von Südosten her hörte man schon das gewaltige Rauschen des Meeres; die Aussicht auf den Ocean war aber noch durch einen grünlichen Vegetationssaum benommen. Es zeigten sich die ersten Aningães, das heisst die in Mittelbrasilien für die Sumpfvegetation der Meeresnähe charakteristischen Wäldchen von Montrichardia linifera Schott. Das Kreuzen der verschiedenen Strömungen wurde deutlich fühlbar; das Wasser hüpfte in spitzen kleinen Wellen gleichsam senkrecht empor.

Wir landeten am rechten Ufer bei Regencia, einem Dorfe, welches nur aus etlichen, durchwegs strohgedeckten Hütten besteht. Die eine der Hütten ist ganz aus Stroh, die meisten haben Lehmwände, nur ein paar sind gemauert. Wir verabschiedeten unsere Canoa, welche der junge Bo-

---

[1]) Der Caiman sclerops Schneid. ist der einzige brasilianische Alligator, welcher vorwiegend als gelb oder gelblich beschrieben wird, und zwar ist dies seine Jugendfärbung. Siehe Gray: Catalogue of the Tortoises. Crocodiles and Amphisbaenians II p. 26. — The Annals and Magazine of Natural Hist. X 329. — Transactions of the Zoological Society of London VI 165. — Boulenger: Catalogue of the Chelonians. Rhynchocephalians and Crocodiles in the British Museum 295.

tokude nach Mutum zurückführen muss; zu dieser Strecke, zu welcher wir flussabwärts drei Tage brauchten, benöthigt er flussaufwärts drei Wochen. Ein leeres Häuschen des Agenten der Dampfschifffahrtsgesellschaft wurde uns als Unterkunft angewiesen. Es ist einstöckig, fast gar nicht eingerichtet und lässt den Wind nach allen Richtungen durchblasen. Cocos nucifera L., Palmen, welche das ganze Jahr über Früchte tragen, rauschen in der Nachbarschaft, und stehen hier überall beschattend zwischen den einzelnen Hütten. Ihr Vorkommen würde uns die Nähe des Meeresstrandes verrathen haben, wenn wir nicht ohnediess hinter der Barre die weisse Brandung hätten aufschäumen sehen.

Zum Abendessen mussten wir uns in das vom Agenten bewohnte Haus begeben. Wir fanden im Hofe daselbst einen Affen, welcher der nämlichen Species angehörte, wie derjenige in der Fazenda de Santo Antonio; es war somit einen Cebus variegatus Geoffr., der sich jedoch etwas manierlicher benahm, als sein Bruder in der deutschen Ansiedelung. Im Hause erhielten wir eine Anzahl von Eumolpus fulgidus Oliv. geschenkt, prachtvolle, goldgrünglänzende brasilianische Blattkäfer (Chrysomelidae).

Der Agent, ein sehr gefälliger und gebildeter junger Mann mit zahlreicher Familie, setzte uns Maté vor. Es ist dies ein Thee, welcher aus den Blättern der Ilex paraguariensis St. Hil. und mehreren anderen Ilicineenarten gewonnen wird, und der uns fast wie chinesischer Thee mundete. Man bereitet ihn, indem man die Blätter, welche denen unserer Stechpalme an Grösse wenig nachstehen, auf einen Teller legt, mit Zucker bestreut und mit glühenden Kohlen bedeckt; sind die Blätter erwärmt, so werden sie in heisses Wasser geschüttet und letzteres nach einiger Zeit als trinkbare Flüssigkeit abgegossen. In den Provinzen Minas Geraes, Matto Grosso, Paraná, Santa Catharina und Rio Grande do Sul beutet man die Wälder nach den zu Maté verwendbaren Ilicineenblättern aus. Paraná beansprucht für sich allein dreiviertel der ganzen Matéproduktion Brasiliens. Der Export an Maté, welcher sich hauptsächlich nach Chili und Argentinien erstreckt, belief sich im Jahre 1886—1887 auf mehr denn 20 Millionen Kilogramm im Werthe von etwa 9—10 Millionen Mark[1]).

Regencia — An Bord des »Rio São João«. Donnerstag, den 6. September.

In unser heutiges Nachtquartier stiegen Hühner zum Fenster gemüthlich aus und ein und eine Henne legte ein Ei in ein daselbst befindliches Waschbecken. Da der fällige Dampfer, welcher uns nach

---

[1] S. Anna Nery. Le Brésil en 1889 p. 256. 257. — Levasseur. Le Brésil p. 66. — Siehe auch Liais: Climats, Géologie, Faune et Géographie botanique du Brésil 563 etc. und Martius: Flora brasiliensis XI 1. p. 62 u. ff. 75—76.

Victoria bringen sollte, des Morgens noch nicht eingetroffen war, unternahmen wir eine Recognoscirung in Dorf und Umgegend. Wir fanden im Orte weder Kirche noch Kapelle, aber eine Schule, eine in solch entlegener Gegend grosse Seltenheit. Man trifft nämlich in solchen Gegenden mitunter wohl ein Schulgebäude, es fehlt aber dann manchmal noch die Hauptsache, der Lehrer.

Unter den Bewohnern in Regencia gab es einzelne Indianer, doch fehlten auch Neger nicht. Mit einem der letzteren, einem mindestens sechsjärigen Knaben, ereignete sich eine drollige Scene. Als ich, das Schmetterlingsnetz in der Hand auf der Strasse stehend, den Jungen, um seinen Typus zu studiren, schärfer ins Auge fasste, packte ihn ein solch panischer Schrecken, dass er auf der Stelle umkehrte und wie ein gehetztes Wild davonlief, schreiend und von Zeit zu Zeit angstvoll umblickend, zu sehen, ob er der vermeintlichen Gefahr schon entronnen sei. So sah ich den kleinen schwarzen Kerl athemlos dahinjagen, bis ihn das Ende der Strasse meinen Blicken entzogen hatte. Der ganze Auftritt war wohl verursacht durch meinen Insektenfangapparat, welcher dem Negerjungen als räthselhaftes Mordinstrument erschienen sein muss.

Die Gegend um Regencia war flach und öde, eine trostlose Sandwüste mit niederem Gebüsch und etlichen Cocospalmen bestanden. Im Sande wuchsen Zinnia multiflora L., aus Mexiko eingewanderte oder eingeführte und verwilderte Compositen. Auf dem nämlichen Terrain gedieh der, wie sein Name verräth, ursprünglich aus der gleichen Heimath stammende Mexikanische Stachelmohn (Argemone mexicana L.), mit seinen grossen, schönen Blüthen und seinen stachelbewehrten Blättern, die einzige in Brasilien vorkommende Papaveracee. Den Sandboden bedeckten ferner Turnera odorata Rich., gelbblühende Sträucher mit gezahnten Blättern. Die Vegetation der kleinen Wassertümpel bestand aus Limnanthemum Humboldtianum var. parvifolium Gris., einer weissblühenden Gentianacee. An sumpfigen Stellen fanden wir die Jussiaea octonervia Lam., eine krautartige, bis in das südliche Nordamerika hinauf verbreitete Onagracee. Und mehr gegen den Meeresstrand zu nickte uns die hübsche Vinca rosea L. entgegen, die einzige Sinngrünart, welche bisher in Brasilien gefunden worden ist[1]).

Um 1 Uhr Nachmittag steuerte endlich der erwartete Raddampfer in den Rio Doce herein, ein elendes kleines Schiff, weit kleiner als sämmtliche auf dem Bodensee fahrende Passagierdampfer. Auf diesem gingen wir an Bord, um schon eine halbe Stunde später den Rio Doce zu verlassen. Derselbe fliesst in südlicher Richtung in das Meer und hat gegenwärtig zwei Mündungen, eine südlichere von 1,5 m und eine nördlichere

---

[1]) Sämmtliche hier genannte Pflanzen sammelte ich in mein Herbarium.

von 2,6 m Tiefe[1]). Dem unmittelbar bevorstehenden Passiren der berüchtigten Barre sahen wir mit einigem Bangen entgegen. Es ist diese Barre eine der schlimmsten der ganzen Ostküste Brasiliens. Oft können die Schiffe wochen-, ja monatelang weder in den Fluss ein-, noch aus dem Fluss auslaufen. Grösseren Schiffen ist das Einlaufen nur bei Hochfluth, vereint mit Südwind gut möglich. Für kleine Dampfer bleibt das Auslaufen bei Gegenwind immerhin sehr bedenklich. So sind schon viele Schiffe beim Versuch, die Barre zu passiren, verloren gegangen[2]). Von brasilianischer Seite will man die Gefährlichkeit der Barre nicht recht zugestehen. Unsere persönlichen Erfahrungen überzeugten uns jedoch, dass die nichtbrasilianischen Berichte über diese Gefährlichkeit nur zu wohl begründet sind. Unser armes, kleines Dampfschiff musste mitten durch eine haushoch kochende und wirbelnde Brandung hindurch. Es rollte und stampfte, ächzte und krachte auf unbeschreibliche Weise. Bald bäumte sich sein Bug hoch empor, bald drehte sich eines der Räder über unseren Köpfen in der Luft, bald meinte man, der Kiel müsse im Wellenthal aus Wassermangel auflaufen, im nächsten Augenblick erwartete man zu kentern, dermaassen legte sich das Schiff auf die Seite, endlich hatte es den Anschein, als ob das arme zerbrechliche Ding über diesem tollen Herumgeworfenwerden aus allen Fugen gehen müsse. Im wilden Toben und Tosen der aufgeregten Elemente verhallte die Donnerstimme des Kapitäns meist ungehört. Wie wahnsinnig rannten die Matrosen umher, helfend einzugreifen wo es Noth that, und Einer, den es zu Boden gerissen, jammerte laut, dass die Ausfahrt heute sehr schlimm sei. Wir sassen auf Deck und klammerten uns mit allen Kräften an, um nicht über Bord zu gehen. Dies dauerte einige bange Minuten, während welcher hochaufspritzender Gischt uns ringsum einhüllte. Dann hatte sich unser kleines, tapferes Schiff über die Barre hinweggekämpft und schwamm stolz und siegesbewusst auf der ziemlich ruhigen See. Das soeben Erlebte war der Scheidegruss des Rio Doce gewesen. —

[1]) Silva Coutinho: Navegação do Rio Doce.
[2]) Ehrenreich. Land und Leute am Rio Doce (Verhandlungen der Gesellschaft für Erdkunde zu Berlin XIII S. 96). Hartt: Geology and Physical Geography of Brazil p. 102. 104.

KAPITEL XVIII.

Küste von Espirito Santo.

Hafen von S. Cruz. Freitag, den 7. September.

Auf unserer gestrigen Seefahrt bugsirten wir ein Schiff, welches aus den Urwäldern des Rio Doce stammendes Jacarandá an Bord führte. Gelegentlich dieser Ladung wurde uns, entgegen anderen Angaben[1]) versichert, dass nebst dem Kaffee das Jacarandaholz der Hauptausfuhrartikel des Rio Doce sei.

Die Seefahrt bot, vor Allem anfangs, landschaftlich wenig. Wir steuerten einer ganz flachen, dichtbewaldeten Küste, der sumpf- und seendurchzogenen, menschenleeren Niederung entlang, welche sich zwischen der Mündung des Rio Doce und des Rio Santa Cruz erstreckt. Diese Küste ist von grossen Meerschildkröten besucht, welche wohl aus den verschiedenen, am Ostgestade Brasiliens vorkommenden Arten stammen dürften. Die häufigste unter diesen scheint in der hiesigen Gegend die Kauana (Thalassochelys caretta L.) zu sein[2]), eine Schildkröte, welche bis zu 1,25 m lang wird und von der sowohl Fleisch, wie Eier als Nahrung dienen.

Nachdem wir einige Stunden gefahren, zeigten sich hinter der waldigen Küstenlinie etliche Berggipfel. Gegen Abend näherten wir uns Santa Cruz, einer aus einem Missionsdorf entstandenen Villa, deren Einwohnerschaft noch heute vielfach aus Indianern besteht. Dieser kleine Flecken, welcher ziemlich flach am Strande liegt, setzt sich nur aus wenigen, gemauerten und getünchten Häusern zusammen. Unmittelbar hinter diesen steigt eine unbedeutende, waldbedeckte Höhe an, durch welche sich der Rio Santa Cruz in ziemlich tiefer Waldschlucht herauswindet. Fernes Gebirge sieht man im Hintergrunde der Flussufer aufragen.

---

[1]) Siehe weiter oben S. 366.
[2]) Hartt: Geology and Physical Geography etc. 107 and f.

Unser kleiner Küstendampfer passirte die Barre, welche nur Schiffen von geringem Tiefgang das Einfahren gestattet, und ging innerhalb derselben vor Anker. Hier ist ein geschützter Ankerplatz von 9—10 m Tiefe, auf dem jedoch das Strömen von Ebbe und Fluth noch sehr deutlich fühlbar wird. Der Rio Santa Cruz, in welchem wir nun liegen, ist ein unbedeutender Küstenfluss von ganz kurzem Lauf, der erst knapp vor seiner Mündung durch das Zusammenfliessen des Rio Piraque-assú und Piraque-mirím entsteht.

Der Abend schloss mit andauerndem Regen. Wir blieben an Bord unseres kleinen »Rio São João«, auf welchem wir zwei Damen die einzige Separatkabine inne haben. Sonst giebt es nur noch den bescheidenen Speisesaal, an dessen Wänden sich rings die Kojen für die Herren befinden. Ausser auf einem türkischen Dampfer traf ich noch auf keinem anderem solch urwüchsige Zustände. Auch der Umstand, dass zwei Schweine die steten, geduldeten Besucher des Esssalons sind, spricht von der Gemüthlichkeit, die an Bord herrscht.

Die ganze Nacht lagen wir ruhig vor Santa Cruz, ebenso den ganzen heutigen Tag, und auch die nächste Nacht werden wir noch hier liegen. Wir haben nämlich Kaffee zu laden. Da aber heute ein politischer Feiertag, der Jahrestag der Unabhängigkeitserklärung Brasiliens, zu begehen war, wurde tagsüber nicht gearbeitet. Es ist dies ein von uns bitter empfundener Zeitverlust, eine entschiedene Geduldsprobe.

Unseren aufgezwungenen Aufenthalt in Santa Cruz wenigstens nützlich auszufüllen, gingen wir schon früh Morgens an das Land, am Strand Salzwassermollusken und sonstige Meeresbewohner zu suchen. Der nämlichen Beschäftigung lagen wir auch Nachmittags ob. An Schnecken (Gastropoda) erbeuteten wir den Murex (Haustellum) Senegalensis Lam. var. Brasiliensis Sow.; die zierliche Oliva (Olivella) parvula Mart., die Columbella (Pygmaea) mercatoria L. und die Natica (Mamma) mammillaris Lam., welch letztere drei auch in Westindien vorkommen; ferner den Conus (Leptoconus) emarginatus Rv., der, ebenso wie hier, auch im Stillen Ocean gefunden wird; den drolligen, ziemlich seltenen Pileopsis (Capulus) intortus Meusch, die in Unmengen und in allen Farben und Zeichnungen vertretene Neritina (Vitta) virginea L., das Pachypoma imbricatum Gm., letztere drei nördlich mindestens bis Westindien reichende Arten; weiter die hübsche Fissurella patagonica Orb. und die Bulla striata Brug., letztere eine Blasenschnecke, welche auch für das Mittelmeer angegeben ist und gleich den übrigen Arten ihrer Gattung Brackwasser und Flussmündungen liebt. An Muschelthieren (Lamellibranchiata) sammelten wir den Tagelus gibbus Spgl., der an den Küsten des Atlantik weit verbreitet und für die Barren amerikanischer Flüsse charakteristisch ist; die purpurrosa Tellina (Peronaeoderma) punicea Born., welche auch an der Westküste Südamerikas vorkommt; die mit soeben genannter Plattmuschel in Fundort und so ziemlich in Farbe übereinstimmende Strigilla carnaria L.; das Cardium (Trachycardium) muricatum L., welches sowohl bei Rio, wie bei den Antillen gefunden wird; und endlich die gewöhnlich an Mangrovewurzeln anzutreffende Ostrea rhizophora Gld. Zwischen den Mollusken liefen grosse Krabben (Brachyura) und lagen Bruchstücke von jungen Einsiedlerkrebsen (Pagurus), von kalkigen Serpulidenröhren und von Seeigeln aus der Familie der Echinometriden[1]). Auch Sternkorallen (Astraeacea) fehlten nicht, und zwar waren sie vertreten durch die interessante, zwischen Cabo Frio und Pernambuco häufige Favia conferta Verill, welche zu einer Gattung gehört, die, im Verein mit vier anderen Madreporariengattungen und mit Milleporen, die Korallenriffe der brasilianischen Küste hauptsächlich aufbaut[2]). Uebrigens nicht nur unsere zoologische Sammlung, auch unser Herbarium fand hier seine Bereicherung. Im feuchten Ufersande waren drei Arten von Florideen angeschwemmt, der in allen Meeren verbreitete hornartige Gallerttang (Gelidium corneum Huds.), die purpurfarbige, auch im Mittelmeer häufige Gracilaria confervoides L. und das Nitophyllum laceratum Gm., ein reizendes, weinrothes Prachtblatt. Landwärts, an trockenen Stellen des Strandes, wuchs das Stenotaphrum glabrum Trinius, ein längs der ganzen brasilianischen Küste verbreitetes Süssgras, und eine der Vellosia graminea Pohl nahestehende, wahrscheinlich neue Species von Vellosia.

Dem morgendlichen Strandspaziergang folgte ein Besuch der Kirche Nossa Senhora da Penha, eine heilige Messe zu hören. Wir trafen im vollsten Sinne des Wortes eine Nothkirche, denn das Gotteshaus bestand nur aus einem elenden Zimmer mit einem ärmlichen, hässlichen Altar. Der celebrirende Priester, den wir später aufsuchten, war ein Italiener, wie es deren unter der Geistlichkeit Brasiliens so manche giebt. Wir sprachen lange mit ihm in seiner Muttersprache, ohne dass er dessen gewahr wurde. Er, der dieselbe wohl nie mehr zu hören Gelegenheit hat, beantwortete unsere Fragen eine geraume Zeit hindurch auf portugiesisch, was uns ein neuer Beweis war, wie rasch sich die eingewanderten nichtportugiesischen Romanen in die Landessprache einleben[3]). Durch ihn und andere freundliche Bewohner von S. Cruz erhielten wir eine Anzahl Conchylien geschenkt, die von uns angelegte Sammlung zu ergänzen.

---

[1]) Diese Seeigelbruchstücke, welche ich mitgebracht, gehören möglicherweise der Gattung Strongilocentrotus, wahrscheinlicher aber der, erstgenannter nahestehenden Gattung Echinometra an, und zwar der Species Echinometra subangularis Desml. — Dies würde auch stimmen mit dem, was ich später gleichen Ortes, an lebenden Seeigeln zu beobachten glaubte.

[2]) Vergleiche Verril: Notes on the Radiata etc. (Transactions of the Connecticut Academy of Arts and Sciences I p. 355 and f.).

[3]) Vergleiche das weiter oben S. 322 Gesagte.

Um zehn ein halb Uhr unternahmen wir einen vierstündigen Ritt, welcher zuerst dem Strand entlang nach Süden und dann landeinwärts nach Westen führte. Am Meeresufer waren Indianerweiber mit dem Fange Langgehörnter Langusten beschäftigt, deren Brasilien zwei Arten besitzt, Panulirus echinatus Smith und Panulirus argus White. Auch grosse dunkle Seeigel, wohl Echinometra subangularis Desml., welche an der brasilianischen Küste gemein sind, waren der Sammelgegenstand dieser Weiber. Durch die Ebbe blossgelegte, merkwürdig verwitterte Felsen erhoben sich aus dem Ufersande. Der Pflanzenwuchs war hier ein mittelmässiger. Die Restinga, d. h. die auf sandiger Fläche wachsende Flora, welche sich zwischen Sandstrandvegetation und Urwald ausbreitet, charakterisirte sich durch Säulencacteen (Cereus), Fackeldisteln (Opuntia) von über Mannshöhe und grosse terrestrische, von den Einheimischen Gravatá genannte Bromelien. Mehr landeinwärts entragten ein paar höhere Bäume und einzelne Fiederpalmen dem struppigen Strandwald; sie bewiesen uns, dass hier schon ein Uebergang zu einer anderen Flora stattfand. Von den Bäumen waren einige über und über mit Greisenbart (Tillandsia usneoides L.) behangen, auf anderen sassen grosse rosettenförmige Bromeliaceen und sonstige, rothblühende Epiphyten. Sträucher mit lila Blüthen, aller Wahrscheinlichkeit nach Bignoniaceen, erfreuten das Auge. Den Boden bedeckten kleine lila Blümchen, vermuthlich Melastomaceen, und hübsche, röthlichgelbe, wie mir schien, dem Sedum ähnliche Blumen. Letztere waren wohl Blüthen von Crassulaceen, und zwar möglicherweise der Gattung Tillaea (?)[1]). Hier im Strandwald gab es nur einzelne Roças und Capoeiras, gegen das Innere des Landes nahmen sie an Häufigkeit bedeutend zu. Ein paar Sitios, Lehmhütten mit Zuckermühlen, welche gerade nicht arbeiteten, unterbrachen das Waldland. Nun folgte eine Strecke höheren Waldes mit Palmen und Schlinggewächsen, welch letztere im Strandwald mehr zurücktraten oder ganz fehlten. Zwischen hier und dem unfernen Urwald breitete sich ein von Wasserpflanzen überwuchertes, sumpfiges Terrain, über welches Piossocas (Parra jaçana L.) dahinzogen. Seit dem Amazonas hatten wir diese hübschen Spornflügler nicht mehr gesehen. Scharlachrothe Tanagriden (Rhamphocoelus brasilius L.) flogen im Gebüsch umher und Anu coroya (Crotophaga mayor Gm.) liessen ihr schönes, dunkelblaues Gefieder im Sonnenlichte schimmern. Viel Schmetterlinge freuten sich des schönen Tages. Da gab es Heliconius Phyllis Fabr., welche durch ihre schmalen Flügel auffielen, ganz rothe mit breiten Flügeln, vielleicht Megalura Peleus Sulz. und grosse breite schwarze, weiss und blauroth gezeichnete, wohl Papilio Ascanius Cram.

---

[1]) Bisher sind Tillaea nur in Südbrasilien gefunden worden, deshalb ist es fraglich, ob dies Tillaea waren.

Endlich erreichten wir das Ziel unseres Ausfluges, einen Sitio, in hübscher, erhöhter Lage. Der uns erschlossene Rundblick war sehr anziehend durch das Gepräge von Einsamkeit, welches auf der Landschaft ruhte. Die unmittelbare Umgebung des bescheidenen Landgutes hatte fast das Ansehen einer Gebirgswiese. Kleine rosablühende Papilionaceen, das Desmodium adscendens DC., und weit verbreitete Malvaceen, die Rautenblättrige Sammetpappel (Sida rhombifolia L.), schmückten die Grasflur.[1] Theils mit höherem Wald, theils mit Gestrüpp bekleidete Strecken, welch letztere der Gegend einen öden Charakter verliehen, dehnten sich nach allen Seiten. Im Westen begrenzten Berge, unter denen der 630 m hohe Monte Camello gewesen sein dürfte, den fernen Horizont.

Den Rückweg nahmen wir zunächst über einen, den Sumpf durchquerenden Damm, neben welchem sich eine baumförmige Bignoniacee mit schönen, grossen, weissen Blüthen zu ungefähr 3—4 m Höhe erhob. Dann führte unser Ritt durch Gestrüppland, welches in Folge seiner menschenleeren Ursprünglichkeit des Reizes nicht entbehrte. Es waren lorbeer- und weidenartige Gesträuche, die den wenig fruchtbaren Boden überdeckten. Zum Schluss, ganz nahe der Küste, gelangten wir an einer höheren Waldpartie vorbei, die wir jedoch erst nach Tisch und zu Fuss aufsuchen wollten. Wir fanden in ihr unvermuthet einen träumerischen Tropenwald mit ganz entzückenden Einzelheiten. Ein durchfliessender Bach erweiterte sich an mehreren Stellen zu kleinen Wassertümpeln, welche wie tiefgrüne Smaragde in der umgebenden Vegetationsfülle eingebettet lagen. Ueberall schlossen sich emporrankende Lianen oberhalb des Gewässers zu malerischen Lauben zusammen, hohe Farrenkräuter, z. B. mehrere Fuss lange Polypodium fraxinifolium Jacq. und Polypodium phyllitides L.[2] nickten über den Wasserrand herein, und weitgebreitete, dichte Baumkronen hüllten das ganze Waldinnere in geheimnissvolles Dunkel. Eine Unzahl kleiner Bromeliaceen, die zierlichen Catopsis nutans Bak.[3], sassen gleich Ampeln hoch oben auf den Aesten. Grosse Gravatás (Bromelia) mit wundervoll rothen Deckblättern wuchsen am Waldboden. Und wie dichte Schleier wallten Schlinggewächse von den Baumwipfeln bis zur Erde herab. Allerhand Schmetterlinge schwebten zwischen den durcheinander gewobenen Pflanzen, doch nur ein Heliconius Phyllis Fabr. wurde die Beute unseres Netzes.

Mehr gegen den Strand zu wuchsen hier, wie in Barra do Rio Doce, das rosablühende Sinngrün (Vinca rosea L.) und die Jussiaea octonervia

---

[1] Beide in mein Herbarium gesammelt; ersteres sicher auf dieser Wiese, die Sida hingegen möglicherweise nicht gerade an dieser Stelle, jedoch in dieser Gegend.

[2] Beide in mein Herbarium gesammelt.

[3] In mein Herbarium gesammelt.

Lam.[1]). Auch die uns schon von Linhares her bekannte Vernonia scorpioides var. subrepanda Pers.[2]) fehlte nicht in der hiesigen Küstenvegetation. Zum ersten Male hingegen fanden wir das Blechnum serrulatum Rich., einen in den Tropen weitverbreiteten Farn, das therapeutisch zur Verwendung kommende Wahre Brechveilchen (Jonidium Ipecacuanha Vent.) und die Kalanchoë Brasiliensis Camb., ein gelbblühendes, wie es scheint, auf Mittelbrasilien beschränktes Kraut[3]). Als weiterer Erfolg unseres heutigen Botanisirens endlich ist Miconia hirtella var. ovata Cogn.[4]) zu verzeichnen, eine Melastomacee, welche bisher nur für die Provinz Goyaz erwähnt gewesen war[5]).

Die Witterung muss heute eine wechselnde genannt werden. Regen und Sonnenschein lösten einander mehrmals ab. Die Luft, wenn bewegt, war kühl, sonst theilweise drückend heiss.

Abends spielte Musik und wurde zu Ehren des grossen politischen Feiertages ein Feuerwerk abgebrannt. In einem Orte, der Rasenflächen und Grasstreifen an Stelle von Plätzen und Strassen besitzt, und dessen Häuser und Hütten nur Palmstrohdächer und anstatt Fensterscheiben meist nur Holzläden haben, muthete diese Feier, des Constrastes halber, sonderbar an. —

Unser Kapitän, ein Brasilianer, der sich durch Strenge und Tüchtigkeit im Dienst auszeichnet, ist für uns von erdrückender Liebenswürdigkeit. Und die wenigen gebildeteren Einwohner von S. Cruz, welche uns wohl kaum dem Namen nach kennen, wetteifern mit ihm in Zuvorkommenheit. So hatten wir z. B. für die Benutzung des einen der zu unserem heutigen Ritt benöthigten Pferde gar nichts zu bezahlen. Uebrigens scheint solches in entlegeneren Theilen Brasiliens öfters der Brauch zu sein; auch die Reitthiere, welche uns von Porto do Cachoeiro nach Santa Thereza trugen, kosteten uns keinen Heller.

Verzeichniss der in S. Cruz geschenkt erhaltenen[6]) Gastropoda, Lamellibranchiata und Anthozoa:

Fusus multicarinatus Orb., eine an der Küste Brasiliens häufige Spindelschnecke.

Oliva (Olivella) mutica Say, eine nordwärts bis Nordcarolina verbreitete Olivenschnecke.

Cerithium atratum Born., ein, nach Orbigny, in der Bucht von Rio de Janeiro sehr häufiger Cerithiide.

Astralium latispinum Phl., eine von Reeve für Westindien angegebene Kreiselschnecke.

---

[1]) Diese beiden Pflanzen in mein Herbarium gesammelt.
[2]) In mein Herbarium gesammelt. Bezüglich der var. subrepanda siehe weiter oben S. 368 Anmerk. 2.
[3]) Diese drei Pflanzen in mein Herbarium gesammelt.
[4]) In mein Herbarium gesammelt.
[5]) Siehe Martius: Flora brasiliensis XIV 4 p. 424.
[6]) Siehe weiter oben S. 377.

Omphalius viridulus Gm., eine weiss und roth gezeichnete Trochine.

Patelloidea subrugosa Orb.(?), eine im Hafen von Rio de Janeiro ziemlich häufige Napfschnecke.

Mactra Portoricensis Sh., eine sowohl bei den Antillen, wie an der brasilianischen Küste vorkommende Trogmuschel.

Tellina (Tellinella) lineata Turt., ein von Brasilien bis Florida verbreiteter, mitunter rosenrother Tellinide.

Tellina (Acropagia) fausta Pultn., eine für Westindien verzeichnete Sonnenmuschel.

Iphigenia Brasiliensis Lam., eine an der Küste Brasiliens, wie im Antillenmeer vorkommende Donacine.

Amphidesma obliquum Wood, eine in ziemlich tiefem Wasser lebende, brasilianische Scrobiculariine.

Amphidesma recticulatum Sow., eines der bekanntesten Amphidesmen, welches von Brasilien bis Westindien verbreitet ist.

Cryptogramma Brasiliana Gm., eine Venusmuschel der brasilianischen Küste.

Chione (Omphaloclathrum) crenulata Ch., eine in Brasilien, wie in Westindien vorkommende Venusmuschel.

Pectunculus (Axinaea) tellinaeformis Rv., eine Kammmuschel der brasilianischen Küste.

Arca umbonata Lam., eine Archenmuschel, welche an der brasilianischen Küste südlich bis Santos geht.

Barbatia Helblingii Ch., ein cosmopolitischer Arcide.

Anomalocardia trapezia Ds., eine Archenmuschel, als deren Heimath Westindien verzeichnet ist.

Plicatula depressa Lam., eine von den Antillen bis nach Patagonien verbreitete Faltenmuschel.

Gorgonide (Rindenkoralle), gelbbraun, zu zerstört und zu fragmentarisch, um die Art und sogar um die Gattung zu bestimmen.

Victoria. Samstag, den 8. September.

Um fünf ein halb Uhr früh, vor Tagesanbruch, lichtete unser »Rio São João« die Anker zur Fahrt nach Victoria. Wir legten dieselbe bei vollständig glatter See in 4 Stunden zurück. Wunderbar spiegelten sich bei Sonnenaufgang die Wolken im Wasser, wunderbar war das hellgrüne Aufleuchten der in nebeligen Schimmer getauchten, waldigen Küste. Aus der Tertiärebene, welche sich von Santa Cruz längs des Meeres südwärts zieht, stiegen verschiedene, einzelnstehende Hügel auf. Endlich kam die charateristische Pyramide des Mestre Alvaro in Sicht und winkte uns Nossa Senhora da Penha entgegen, welches durch seine Lage an die Schlösser Pena bei Cintra und Neuschwanstein erinnert. Kurz darauf hatten wir den Kanal von Victoria passirt und konnten unseren kleinen Dampfer verlassen, auf welchem der einzige Passagier ausser uns Senhor Milagre aus Guandú gewesen war. —

Nach fast vierzehntägiger Abwesenheit sind wir nun wieder in Victoria im gastlichen Hause des Herrn Pecher eingezogen. Wir müssen hier, zur Weiterfahrt nach Rio, auf einen von Norden kommenden Küstendampfer warten. Da derselbe schon fällig ist, dachten wir, ihn hier vorzufinden.

Jetzt, da er noch nicht eingetroffen, gilt es, sich die Zeit bis zur Abreise auf nützliche oder angenehme Weise zu vertreiben.

Den heutigen Nachmittag füllte ein vierstündiger Ritt nach Carapina aus, nach den Ruinen eines Jesuitenklosters. Anfangs führte unser Weg der Bucht entlang, hoch über dem Meere, dann nördlich der Stadt in das Hügelland hinein. Einzelne Fazendas lagen am Wege. Ausser dem Herrenhaus hatten sie eine Anzahl Negerwohnstätten. Es waren dies Hütten aus Lehm und Stroh, welche alle in einer Reihe standen und sich von aussen wie Ställe ausnahmen. Eine besondere Fürsorge der Fazendeiros für ihre bisherigen Sklaven sprach nicht aus diesen elenden Gebäuden. Den Kanal Maria-assú[1]), welcher die Insel Espirito Santo nach Norden vom Festland abtrennt und in westöstlicher Richtung das Nordende der Lagune Lameirão mit der Bahia do Espirito Santo verbindet, passirten wir auf einer Holzbrücke. Eine wenig fruchtbare, nur mit Gestrüppvegetation bekleidete Ebene dehnte sich vor unseren Blicken. Riesige Piteiras (Fourcroya) reckten ihre mächtigen Blüthenschäfte empor. Das magere Gesträuch trug als einzigen Schmuck viele der kleinen niedlichen Catopsis nutans Bak. Piossocas (Parra jaçana L.) strichen über die menschenleere Gegend hin, riesengrosse, gelb und schwarze Edelfalter (Papilio)[2]) gaukelten in der Sonne, Heuschrecken lärmten, und Cikaden zirpten so laut, dass man den fernen Pfiff einer Lokomotive deutlich zu hören meinte. Heiss brütete der Tropennachmittag auf der ziemlich schattenlosen Landschaft. Mehrmals ritten wir längere Strecken auf wasserbedecktem Terrain, denn auch hier ist die Gegend theilweise eine sumpfige Niederung. Endlich hatten wir mittelst eines Anstieges von etwa 16 m den auf der Tertiärebene gelegenen erhöhten Punkt erreicht, auf welchem sich die Klosterruinen erheben. Eine prachtvolle Aussicht erschloss sich unseren Blicken. Im Nordwesten lagerte majestätisch der allbeherrschende Monte Mestre Alvaro, von unten bis oben urwaldbedeckt. Etwas ferner und mehr gegen Westen zeichneten sich die Höhenzüge des Morro da Serra in hübschen Formen dunkel gegen den leuchtenden Tropenhimmel ab. Uns zu Füssen, zwischen den Ruinen und dem fernen Morro, war weithin eine reizende, grösstentheils waldige Ebene hingestreckt. Die malerischen Linien der lichtübergossenen Baumwipfel zogen sich leichtgewellt, eine hinter der anderen, über den weiten Plan; inmitten des satten Grüns der herrlich schattirten Bäume ruhte eine goldgelb schimmernde Wiese. Nach

---

[1]) Auf der grossen Karte in Silva Coutinho (Breve Noticia descriptiva sobre a Provincia do Espirito Santo) heisst diese Wasserstrasse Canal de Maria-assú, in Carvalho Daemon (Provincia do Espirito Santo 479) Rio da Passagem, in Reclus (Nouvelle Géographie Universelle XIX p. 295 und Karte p. 296) Kanal von Maruypé.

[2]) Es dürften der Gestalt, Grösse und Farbe nach vielleicht Papilio Phaeton Luc. oder Papilio Scamander Boisd. gewesen sein.

Der Morro da Serra von Carapina aus.
Nach Natur skizzirt von der Verfasserin, ausgeführt von B. Wiegandt.

Süden zu lag das Hügelland, welches wir soeben durchritten, und im Südosten winkten die Höhen der Bucht von Victoria mit dem felsenentwachsenen Kloster Nossa Senhora da Penha. Im Osten endlich blaute das Meer, die Rundsicht zu einem harmonischen Ganzen abschliessend.

In raschem Tempo, wie wir gekommen, kehrten wir auch wieder nach Hause zurück. Mein Pferd, ein Passgänger, hielt in seiner Weise Schritt mit den anderen trabenden und galoppirenden Reitthieren, was eine höchst unangenehme, stossende Bewegung ergab. Erst bei vollständiger Dunkelheit zogen wir neuerdings in Victoria ein.

Victoria. Sonntag, den 9. September.

Victoria, eine Stadt, welche an 20 000 Einwohner zählen soll und zwölf Kirchen und Kapellen besitzt, hat augenblicklich nur einen einzigen Priester. Folglich wurde heute in der ganzen Stadt nur eine einzige heilige Messe gelesen, und sogar diese war nur sehr schwach besucht. Solche Zustände sprechen deutlich von dem Priestermangel Brasiliens und dem Darniederliegen des religiösen Geistes im grossen Kaiserreiche. Die Kirche, in welcher der Gottesdienst stattfand, hatte weder Bänke noch Stühle und war sehr unschön.

Nachmittags wurde uns die Gelegenheit, mit einer brasilianischen, durchschnittlich nur portugiesisch sprechenden Familie einen Ausflug nach Nossa Senhora da Penha zu unternehmen. Unter den Ausflüglern befand sich auch eine Braut von sechzehn Jahren und ein junges Mädchen von neunzehn, welches nach hiesigen Begriffen schon fast ein altes Mädchen war. Die Heirathen werden hier ungemein früh geschlossen, wenn die Mädchen kaum den Kinderschuhen entwachsen sind. Die jungen Damen zeichnen sich durch übermässige Befangenheit aus, und ein näheres Sichkennenlernen der Brautleute ist bei den hier herrschenden Sitten nahezu ein Ding der Unmöglichkeit. Die in unserer Gesellschaft befindliche Braut durfte ihren Verlobten nur alle Sonntage sehen und doch sollte sie ihm schon in wenig Monaten für das ganze Leben angehören.

Ein Boot brachte uns 12 km weit durch den Kanal von Victoria meerwärts nach Villa Velha, welches auch Espirito Santo genannt wird. Es ist dies eine Ansiedlung, die aus dem Jahre 1535 stammt, später geraume Zeit Hauptstadt von Espirito Santo war und nun zu einem unbedeutenden Fischerdorf zurückgegangen ist. Wind, Wellen und Fluth, welch letztere bei Victoria 2,05 m Höhe erreicht, liessen sich so stark an, dass unsere Fahrt zwischen den zahlreichen Klippen hindurch etwas schwierig und ungemüthlich wurde. Schliesslich konnten die Bootsleute nicht mehr gegen die Kraft der Elemente ankämpfen; wir mussten hinter einer vorspringenden Halbinsel Schutz suchen und in einer anderen Bucht, als beabsichtigt, an das Land gehen. Bei diesem improvisirten Ausschiffen zeigte sich wieder der ganz ungestählte, zwischen Apathie und Aengstlichkeit hin und herschwankende Charakter der brasilianischen Frauen.

In Villa Velha fielen uns in einem Garten niedere Bäume auf, welche mennigrothe Blätter trugen. Wenn, wie dies der Fall zu sein scheint, sich die Poinsettia pulcherrima Willd. in günstiger Lage zu 3 m Höhe und darüber zu entwickeln und einen mehr baumförmigen Charakter anzunehmen vermag, so könnten diese merkwürdigen Bäumchen erstgenannte Euphorbiacee mit ihren prächtig gefärbten Hochblättern gewesen sein.

Von Villa Velha aus erklommen wir auf landschaftlich schönem, von üppiger Vegetation beschattetem Wege den 130 m hohen Hügel, welcher Nossa Senhora da Penha, das nun verlassene Felsenkloster, trägt. Dieses Kloster verdankt indirekt seine Entstehung dem spanischen Mönche Pedro Palacios, welcher 1558 in das Land kam, den Indianern das Christenthum zu predigen. Die von ihm auf der Spitze des Felsens errichtete Einsiedelei wurde nämlich fünfzehn Jahre nach seinem 1575 erfolgten Tode den Franziskanern übergeben. Diese wandelten die Einsiedelei in eine grössere Kapelle und 1637 in eine Kirche um und bauten nebenan das ebenerwähnte Kloster, welches im Laufe der Zeiten verschiedene Erweiterungen erfuhr[1]).

Wir betraten das Gotteshaus, welches klein und in Folge seines zopfigen Styles unschön ist. Der Charakter einer berühmten Wallfahrtskirche, zu welcher sie schon seit lange geworden, prägte sich in der Unzahl der an den Wänden hängenden Ex votos aus. Schöner als das Werk aus Menschenhänden, dünkte uns hier oben die Natur. Die Aussicht war über alle Beschreibung prachtvoll, sie erinnerte an die gestrige, war jedoch umfassender. Der Vordergrund löste sich in Dutzende und aber Dutzende von Bergen und Hügeln auf. Im Norden stieg in seiner ganzen, imponirenden Grösse der Mestre Alvaro empor, im Nordwesten der Morro da Serra, daran schlossen sich westlich mit einigen hohen, steilen Gipfeln die Serra do Mangarahý und die Serra da Malha bei Porto do Cachoeiro, hinter diesen lagerten noch fernere Bergketten. Im Süden breitete sich die Serra de Guaraparý, im Osten das brandende Meer, und über das Ganze fluthete die Sonne ihr verklärendes Licht. Der Blick in das Land hinein war in Folge der unzähligen Berggipfel und gewellten Bergrücken wie der Blick in eine in wilder Bewegung plötzlich erstarrte See.

Auf dem Rückweg von Nossa Senhora da Penha besuchten wir einen Landsitz jenseits von Villa Velha, welcher uns eine malerische Aussicht auf das hügelkrönende Felsenkloster bot. Da der Wind, der schon unsere Herfahrt von Victoria gestört hatte, noch stets in Zunahme begriffen war,

---

[1]) Carvalho Daemon: Provincia do Espirito Santo p. 72. 89. 93 e s. 113. 119.

wurde zur Heimfahrt an Stelle des Ruderbootes eine Lancha benutzt. Doch auch diese unterlag der ziemlich heftigen Wellenbewegung. Die Nacht war inzwischen angebrochen, und als wir endlich Victoria erreichten ruhte Mondscheinzauber auf seinen malerischen Häusergruppen.

Victoria. Dienstag, den 11. September.

Der gestrige und halbe heutige Tag verging mit fernerem Warten auf den noch immer nicht eingetroffenen Dampfer. Zugleich waren wir auch anderweitig an die Scholle gefesselt. Wir befanden uns zu Gast und konnten somit nicht nach Belieben Pferde und Boote verlangen. Da es aber zu weiteren Fusstouren zu heiss war, hiess es, meist ruhig zu Hause bleiben und zu suchen, der Sehnsucht nach dem erlösenden Schiff möglichst Herr zu werden. Nur früh Morgens oder am Spätnachmittag durften wir einen kleinen Spaziergang wagen. Obwohl uns die stark mit indianischen Elementen durchsetzten Einwohner dieser verkehrsentrückten Stadt gewöhnlich wie ein Weltwunder anstaunten, liessen wir uns nicht irre machen, die Strassen nach allen Richtungen zu durchstreifen. Die Stadt, welche an der Südwestecke der Ilha do Espirito Santo, einer Gneiss-Insel von 25—30 km Umfang, gelegen ist, baut sich anmuthig das hügelige Terrain hinan. Die Häuser sind zum Theil verfallen, die auf- und absteigenden Strassen sind eng und verwahrlost, das Pflaster ist schlecht. Um so reizender aber sind die Ausblicke aus den Strassen auf die Bucht und den Lameirão und auf die in der Ferne blauenden Gebirgszüge. Auch die unmittelbare Umgebung der Stadt ist durch ihren alpinen Charakter anziehend. Steile, glatte Hänge, von kurzem, felsenunterbrochenem Gras bedeckt, senken sich zum Wasser hinunter und steigen hinter den Häusern bis zu etwa 300 m empor. Bald da, bald dort hat man ein natürlich eingerahmtes Bild der sich in mehreren Ketten hintereinander lagernden Berge mit ihrem seegleichen Vordergrund.

Auf dem Rückweg von einer unserer Streifereien wurden wir, wie das in Brasilien Sitte ist, von einer uns ganz fremden Frau eingeladen, in ihr Haus zu treten. Die Einrichtung des Empfangszimmers bestand aus steif längs der Wand aufgestellten Rohrstühlen, wie solches fast überall hier zu Lande der Brauch ist. Wir wurden jedoch nicht, wie dies sonst hier der Fall zu sein pflegt, mit dem landesüblichen Kaffee gelabt, sondern mit Bier. Auch versprach man uns eine nach Rio zu adressirende Sendung einheimischer Vögel. Ob diese je eintreffen wird?[1]) Die Brasilianer sind rasch im Versprechen, unverlässlich im Halten. Es mag sein, dass es sich bei ihnen in solchen Fällen meistens nur um Höflichkeitsphrasen handelt und wir Deutsche, die Anderes gewohnt sind, ihre Worte zu buchstäblich nehmen.

---

[1]) Thatsächlich erhielten wir dieselbe nicht, sei es, dass wir schon nach Europa abgereist waren, sei es, dass die Sendung überhaupt unterblieb.

Uebrigens gingen wir, was unser Sammeln zoologischer Gegenstände betrifft, hier doch nicht ganz leer aus. Wir erhielten geschenkt: einen Xenodon neuwiedii Günth., eine auf Südbrasilien beschränkte Natter; eine Rhadinaea merremii Wied[1]), eine brasilianische Glattnatter, welche Cobra d'agua genannt wird; einen Thamnodynastes nattereri Mik., eine jener kleinen, gewandten und zierlichen Schlangen aus der Familie der Nachtbaumschlangen (Dipsadidae), welche zwar ungiftig, aber bissig sind und, worauf ihr Name hindeutet, auf Bäumen leben und Nachts der Jagd obliegen; endlich einen Pentaceros reticulatus Linck, einen schönen Seestern, welcher im atlantischen Ocean weit verbreitet ist.

Die Hitze, welche wir die letzten Tage zu ertragen hatten, schien uns arg. Gestern mass das Thermometer zu Mittag $27,5\,°$ C. im Zimmer und ebensoviel im Freien, heute bei bedecktem Himmel und drückender Luft $26,5\,°$ C. im Zimmer und $28\,°$ C. im Freien.

Als wir heute Morgen, also an einem Werktag, den Gottesdienst besuchten, war ausser uns und einem kleinen Mädchen schlechterdings Niemand in der Kirche. Diese geringe Anzahl Kirchenbesucher stand in grellem Gegensatz zu derjenigen Anzahl, welche man, auch an Wochentagen, im katholischen Deutschland stets beobachten kann.

Ausser dieser einen Kirche, die uns architektonisch nichts weniger als begeisterte, sahen wir keine andere, überhaupt keines der öffentlichen Gebäude Victorias an. Denn so wunderbar in Brasilien durchschnittlich die Landschaft ist, so selten fesseln die Werke aus Menschenhand durch irgendwelche Schönheit. Auch die im Regierungspalast, dem ehemaligen Jesuitenkollegium befindliche Capella de S. Thiago, jetzt Capella Nacional genannt, unterliegt wohl dieser allgemeinen Regel. Interessant ist letzterwähnte Kapelle sicher nur dadurch, dass sie Jahrhunderte lang die sterblichen Reste des berühmten Padre José de Anchieta innerhalb ihrer Mauern barg. Diesem Jesuitenpater, welchen man mit Recht als Apostel Brasiliens bezeichnet, verdankt das Land grossentheils seine Christianisirung. Namentlich die Provinz Espirito Santo wurde zum Schauplatz der Missionsthätigkeit dieses hervorragenden Mannes. Und so hat derselbe auch in dieser Provinz, in der damaligen Aldeia Yryrityba[2]), dem späteren Benevente und jetzigen Anchieta, 1597 seinen segensreichen Lebenslauf vollendet. Uebrigens ist Padre Anchieta nicht nur als Missionär bekannt geworden, er war auch der Erste, welcher ein Wörterbuch und eine Grammatik des Tupi zusammenstellte, einer Sprache, die hauptsächlich zur Katechese der Indianer verwendet wurde.

---

[1]) Siehe weiter oben S. 255.

[2]) Von den verschiedenen für diese Aldeia angeführten Namen, wie Yryrityba, Iritiba, Rerityba, Reritigba und Retigba, dürfte Yryrityba der richtige Name sein, nach Yryri = Auster und tyba = Ort, wo es etwas in grosser Menge giebt. Siehe Gonçalvez Dias: Diccionario da Lingua Tupy p. 177. 191. —

Um Belehrendes in Victoria zu sehen, brauchen wir übrigens gar nicht einmal ausser Hauses zu gehen. Das Haus, welches wir bewohnen und welches eine günstige Lage unmittelbar am Hafen hat, ist eine der grössten Kaffeefirmen hier zu Lande. Den ganzen Parterreraum des Hauses nimmt das Magazin ein, in welchem der Kaffee aufgestapelt ist. Daselbst werden die verschiedenen Sorten gemischt, wobei aber eine Mischung von alten und neuen Bohnen ausgeschlossen ist, da dies dem Kaffee einen schlechten Geschmack verleiht. Was das Mischen der verschiedenen Sorten betrifft, richtet man sich nach der Nachfrage der einzelnen Importländer, von denen jedes eine andere Mischung verlangt. Gerade jetzt, zur Zeit unserer Anwesenheit, sind Neger emsig beschäftigt die schon gemischten Bohnen in Säcke zu füllen, die Säcke hierauf zu wiegen und, wenn im Gewicht richtig befunden, zu schliessen und auf dem Kopf nach dem Schiff zu tragen, welches vor dem Hause vor Anker liegt. Die Arbeit geht den Schwarzen so rasch und wohlgemuth von der Hand, dass es eine Freude ist, ihnen zuzusehen. In ununterbrochener Reihe bewegen sich die kaffeesackschleppenden Leute vom Haus zum Schiff. Innerhalb zweier Tage, gestern und heute, haben sie 2000 Säcke verladen, welche einen Werth von etwa 100 000 Mark repräsentiren. Hier an der Küste stellt sich somit der Werth des einzelnen Sackes bedeutend höher, als z. B. auf der Fazenda des Barão de Cantagallo[1]), wo die Kosten des theueren Landtransportes noch nicht dazu geschlagen und die Säcke sicher auch geringeren Umfanges sind[2]). Im vergangenen Jahre, welches eine schlechte Kaffeeernte zu verzeichnen hatte, erzielte der Kaffee nach Aussage des hiesigen Geschäftsführers der Firma Pecher, einen weit höheren Preis als im laufenden, dessen Kaffeeernte eine gute genannt werden muss. Die bedeutenden Preisschwankungen im Kaffeehandel sind fast ausschliesslich den Börsenspekulationen zuzuschreiben. Auf der Waarenbörse selbst entscheidet die Farbe des Kaffees am meisten über die Höhe des Preises. Der brasilianische Kaffee, dessen Hauptabsatzgebiet die Vereinigten Staaten von Nordamerika sind, ist, dank der wenig sorgfältigen Behandlung, die man ihm zum Theil noch angedeihen lässt, in seinen geringen Sorten der schlechteste, deshalb aber auch der billigste sämmtlicher Kaffees. Der Kaffeeexport aus der Provinz Espirito Santo hat sich in der ersten Hälfte dieses Jahres auf 5,8 Millionen kg im Werth von 2,3 Millionen Milreis[3]) belaufen.

An Bord des »Mayrink«. Donnerstag, den 13. September.

Vorgestern Nachmittag war mit dreitägiger Verspätung endlich der erwartete Dampfer »Mayrink« eingetroffen und konnten wir um 4 Uhr Nachmittag auf ihm die Rückreise nach Rio de Janeiro antreten. Er stellte

---

[1]) Siehe weiter oben S. 292.
[2]) Siehe Tschudi: Reisen durch Südamerika III. 120.
[3]) 2,3 Millionen Milreis = ca. 5,258 Millionen Mark.

sich als mittelgrosser brasilianischer Küstenfahrer heraus, welcher wohl mehr Bequemlichkeiten bietet, als der winzige »Rio São João«, aber lang nicht so viele als die prächtige »Maranhão«.

Ehe wir den Hafen von Victoria verliessen, hatten wir vom Deck aus noch Gelegenheit zu einigen zoologischen Beobachtungen. Um das Schiff herum schwamm ein höchst eigenthümlicher, ganz langer und dünner, lanzett- oder nadelförmiger Fisch mit langem, schmalem Kopf, welch letzterer noch spitzer oder, besser gesagt, schmaler war als der übrige Körper. Es schien mir dieses Thier kein Hemirhamphus zu sein, sondern ein Individium aus der, der Gattung Hemirhamphus nahestehenden[1]) Gattung Nadel- oder Hornhecht (Belone), welche durch mindestens drei Arten (Belone truncata Les., B. hians C. et V. und B. raphidoma Ranz.) an der brasilianischen Küste vertreten ist[2]). Nicht so absonderlich als dieser Fisch es war, aber ebenfalls sehr interessant, waren eine Menge Medusen (Hydromedusae), welche das Hafenwasser bevölkerten. Sie hatten fast die Grösse der Cyanea capillata Esch., und besassen einen ganz milchweissen, nahezu kugelförmigen Schirm, unter welchem ein noch milchweisseres Kreuz sich durchzeichnete. Den Schirmrand schmückte ein Kranz brauner, kurzer Fransen, unter welchem ein zweiter Kranz langer, zausiger, weisser Fransen zum Vorschein kam; erstere werden vielleicht Randlappen, letztere wohl die Mundarme gewesen sein. Wahrscheinlich hatten wir eine Species Crambessa vor uns, und es liess sich eine Aehnlichkeit speciell mit Crambessa Tagi Haeck. nicht läugnen, doch ist letztgenannte Scheibenqualle bisher nur im Brackwasser der Tejomündung beobachtet worden. —

Die Küste unmittelbar südlich von Victoria entwickelte sich hübsch und gebirgig. Dann verflachte sie sich zu einer sumpfigen Niederung, wie deren auch nordlich der Stadt vorhanden sind; diese Niederungen stempeln die Gegend zu einer feuchtheissen, von bösartiger Malaria heimgesuchten. Die bald einfallende Dunkelheit entzog das weitere Land unseren Blicken. Nachts lief unser Dampfer Anchieta an, eine aus einer Indianeransiedlung des Padre Anchieta entstandene Stadt, welche im Besitz eines guten Hafens ist. Noch bis zum vorigen Jahre war sie Villa und trug als solche den Namen Benevente. Nicht lange nachdem wir diese Stadt von 8000 Einwohnern angelaufen hatten, Nachts 3 Uhr, hielten wir weit draussen im Meere vor dem Dorfe Piuma, das ursprünglich eine Aldeia von Puríindianern war. Durch laute Signale mit der Dampfpfeife, welche

---

[1] Arten aus beiden Gattungen tragen den gemeinsamen Vulgärnamen »Nadel« (aguja, aiguille etc.). Siehe Cuvier et Valenciennes: Histoire naturelle des Poissons XVIII 430. 435. XIX 19.

[2] Brasilien besitzt auch eine im Süsswasser lebende Beloneart, die Belone taeniata Günth. (siehe Günther: Catalogue of the Fishes in the British Museum VI 256).

gerade nicht zur Nachtruhe der Passagiere beitrugen, wurde dieser Küstenort von unserer Anwesenheit verständigt. Kurz nach Piuma erreichten wir die uns schon bekannte Mündung des Itapémirim, woselbst wir bis 10 Uhr Vormittags liegen blieben. Es wurden schier endlos Kaffeesäcke geladen, so dass wir schliesslich Alles in Allem deren 3—4000 an Bord haben. Unsere Ladung besteht ausserdem aus 1—2000 Säcken Mandiocamehl, aus Cucurbitaceenfrüchten und einer Anzahl theilweise schon keimender Cocosnüsse. Während die Waaren aus den angelegten Booten in den Schiffsraum herübergehoben wurden, bot man uns einen vom Lande her gebrachten, fast ganz grünen, kurzschwänzigen Papagei, der am Kopf etwas blau befiedert war, zum Kaufe an. Gestalt und Farbe nach hielt ich diesen Papagei für einen noch nicht ganz ausgefarbten Grossen Maitáca (Pionias maximiliani Kuhl), welcher aber das Roth der Stirne schon verloren hat. Wir besitzen bereits an Bord zwei der in den hiesigen Küstenwäldern gemeinen Periquitos verdadeiros (Brotogerys tirica Gm.), reizende Schmalschnabelsittiche mit theilweise schön dunkelblauen Deckfedern und Schwingen. Ausserdem besteht die Menagerie aus einem sehr hübsch singenden Sabiá, also einem derjenigen Vögel, welche in Brasilien unsere Nachtigall vertreten, und zwar scheint mir dieser Sabiá, seinem gelblich- und röthlichbraun gemischten Gefieder nach, eine Spottdrossel des Campo geral (Mimus saturninus Licht.) zu sein. Ferner befindet sich in einem der Käfige eine Araponga (Chasmorynchus nudicollis Vieill.), die uns lebhaft die Stunden unseres Rittes durch den Urwald in das Gedächtniss zurückruft, in welchen die Glockentöne ihrer Genossen ununterbrochen an unser Ohr schlugen. Als letzten Vogel der Schiffsmenagerie endlich bemerkten wir einen, welcher der Araponga gleicht wie ein Ei dem anderen, schneeweiss und von derselben Gestalt und Grösse ist wie jene, nur statt der spangrünen Kehle eine entschieden graue besitzt. Da diese Art Chasmorynchus jedoch von keinem Ornithologen erwähnt wird, muss es wohl, will man nicht eine neue Species annehmen, ein Chasmorynchus nudicollis Vieill. sein, der noch nicht vollständig das frühe Jugendkleid abgelegt hat. —

Südlich von Itapémirim konnte man die Gegend anfangs noch schön nennen; einzelne Serras stiegen hinter der waldigen Küste auf. Später war der westliche Horizont nur mehr von einem schmalen Waldstreifen begrenzt; wir steuerten dem flachen, seen- und sumpferfüllten Landstrich entlang, welcher sich nördlich und südlich der Parahybamündung ausbreitet und einer sehr recenten Formation angehört. Es ist dies eine Gegend, die sich ausgezeichnet zur Reiskultur eignet und deren Boden zu letzterer auch in ausgiebiger Weise benutzt wird.

Zu Mittag hatten wir bei frischer Brise 25,5 ° C. gehabt. Abends, nachdem die Sonne als feuriger Ball hinter einem Nebelschleier zur Rüste gegangen war, schien die Temperatur eher zu steigen. Man hatte tagsüber nicht gemeint, auf dem gewaltigen atlantischen Ocean zu schwimmen; das Meer war von der Farbe und dem Aussehen des Bodensees gewesen. Als es dunkel geworden, flocht das Mondlicht einen wie von Diamanten funkelnden breiten Streifen in die sanft bewegte Fluth. Nachts um 2 Uhr passirte unser Dampfer das Cabo Frio. Als wir heute früh, kurz nach 6 Uhr, auf Deck kamen, lag die felsige und fast unbewohnte Südküste von Rio de Janeiro nahe vor uns und um 10 Uhr liefen wir nach dreiwöchentlicher Abwesenheit wieder in den Hafen der Landeshauptstadt ein.

KAPITEL XIX.

Rio de Janeiro.

Rio de Janeiro. Freitag, den 14. September.

Nun haben wir wieder für einige Tage unseren Hochsitz in Santa Thereza bezogen und unternehmen von da Ausflüge hinunter nach den interessanten Stadttheilen von Rio de Janeiro. Der Ausdruck »Ausflüge« ist keine Hyperbel, denn jede Fahrt nach der unteren Stadt und zurück kostet uns in Folge der grossen Entfernungen anderthalb Stunden; wenn wir also zweimal des Tages von unserem Hügel zu den Geschäftsstrassen herabsteigen, beziehungsweise fahren, gehen täglich volle drei Stunden nur für die nöthige Lokomotion verloren.

Unser Incognito, welches auf der Reise in Espirito Santo bis zur Rückkehr nach Victoria vollständig gelungen war, lässt sich aus dem früher[1]) angegebenen Grund hier nicht mehr aufrecht erhalten. So beeilten wir uns denn, noch gestern Nachmittag nach dem über eine Stunde entfernten Paço de São Christovão zu fahren, der vermeintlich dort befindlichen Kronprinzessin unsere Aufwartung zu machen. Doch die lange Fahrt war vergebens, die Kaisertochter hatte nach Rückkehr ihrer Eltern aus Europa wieder ihr eigenes Palais bezogen.

Der Paço de São Christovão, auch Quinta Imperial da Boa Vista genannt, ist weit entfernt vom Centrum der Stadt, an dem Nordwestende der letzteren gelegen. Er befindet sich in einem Villen- und Gartenviertel, zu welchem ziemlich unbelebte, zum Theil mauereingefasste Strassen führen. An einer dieser sich lang hinziehenden Strassenmauern lasen wir mehrfach »Löwenbräu« angeschrieben, was uns, weniger vom Gesichtspunkt der Mässigkeitsvereine aus betrachtet, denn als Zeichen der weiten Verbreitung heimischer Industrie, angenehm berührte. Die Kaiserliche Residenz selbst ist nicht so sehr ein Stadtpalast, als ein parkumgebenes Schloss auf etwas erhöhtem Terrain. Die der Stadt zugewendete, nicht üble Haupt-

---

[1]) Siehe weiter oben S. 255.

façade schaut gegen Osten und wird durch eine Allee erreicht. Süd- und Westfront blicken nach den schönen Tijúcabergen, welche hinter einer palmengeschmückten Ebene in nächster Nähe aufragen. Eine hübsche, französische Gartenanlage baut sich aus tiefer gelegenem Grunde gegen die Südseite des Palastes herauf. Der äussere Schlossgarten entspricht englischem Geschmack. Schattige Fuss- und Fahrwege ziehen sich zwischen prächtigen Baumgruppen, zwischen Fieder- und Fächerpalmen hindurch. Brückenüberspannte Kanäle und Seen, auf welchen rothe Seerosen (Nymphea rubra) schwimmen, unterbrechen das üppige Grün, und einzelne mit dichten Bosquets bedeckte Inseln sind über die Wasserspiegel zerstreut.

Palast von São Christovão.

In einem abgelegeneren Theil des Parkes hat eine bescheidene Menagerie Platz gefunden, welche einheimische, wie ausländische Thiere in trautem Verein beherbergt.

Die starke Bewölkung des gestrigen Tages, welche die Temperatur zu einer drückend heissen gestaltete, verschaffte uns während der Heimkehr von São Christovão und dem Aufstieg nach unserem Morro mit seiner gegendbeherrschenden Aussicht, den bezauberndsten Sonnenuntergang, den wir bisher in Brasilien gesehen. Die scheidende Sonne warf durch eine Wolkenspalte hindurch ihre verklärenden Strahlen auf die vor unseren Blicken hingebreitete Landschaft. Sämmtliche Berge der weltberühmten Bucht von Rio, angefangen von der nahen Tijúca bis hinüber zu den fernsten Höhenzügen jenseits des Wassers, waren in rosigen Duft getaucht, welcher sich zu immer glühenderem Roth steigerte, um dann allmählich in lila und violett zu verblassen. Eine unterhalb der rothglühenden Gebirgsketten in tiefblauen Schatten gehüllte Hügelreihe erhöhte nur noch den Reiz dieser unbeschreiblichen, wirklich feenhaften Abendbeleuchtung.

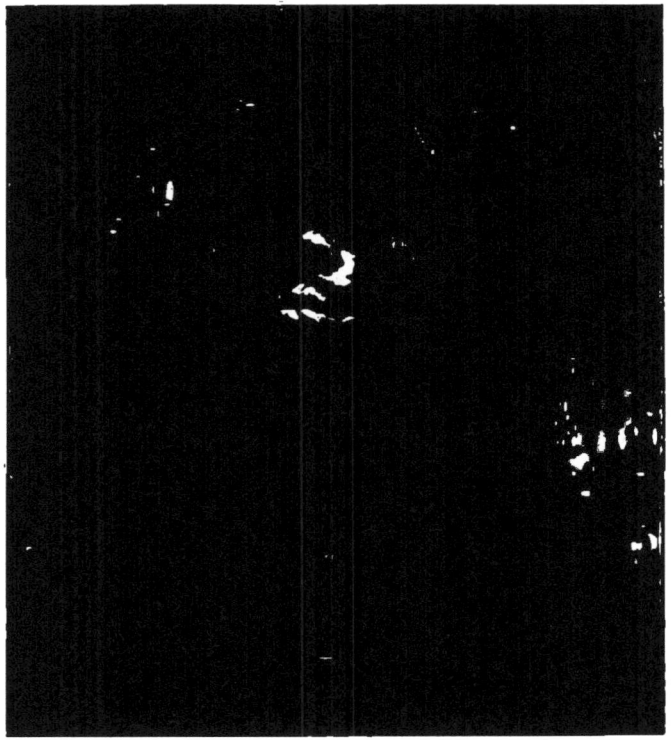

Von Jivaro mumificirter Indianerkopf.

Der heutige Vormittag war ausschliesslich dem Besuche des Museu Nacional gewidmet. In der ethnographischen Abtheilung daselbst fanden wir unter Anderem Gegenstände aus Patagonien, Chili, Bolivien, Peru und Ecuador. Aus letzterem Lande besitzt das Museum einen jener Menschenköpfe, welche die Jivaro, durch Entfernung der Knochen, auf Faustgrösse reduciren und dann mittelst künstlicher Trocknung mumificiren. Von Peru sind vorhanden: ein prachtvoller Goldschmuck eines Inca, der sich durch Einfachheit in der Ausführung auszeichnet, grosse Graburnen, Leichen in kauernder Stellung, an denen noch die Haut erhalten ist, und endlich das Modell einer alten Stadt, deren Bauart vollständig an die bei den Puebloindianern Neumexikos noch heute übliche Bauart erinnert. Die Häuser einer solchen Stadt bestanden aus aufeinandergesetzten, würfelförmigen Räumen, von denen die oberen kleiner waren als die unteren und nur auf Söllerleitern erreicht werden konnten. In der Sammlung nichtbrasilianischer indianischer Objekte bemerkten wir ausserdem sehr fratzenhafte Götzen aus Thon und Capangas und Cacaius[1]), wie wir solche bei den Botokuden am Rio Doce gefunden hatten. Die brasilianischen Indianer sind gewerblich vertreten durch Erzeugnisse sowohl der wilden, wie der civilisirten Stämme. Man bekam in grossen Zügen einen Ueberblick über die Verbreitung der einzelnen Gegenstände. Der Federschmuck, welcher den Botokuden nahezu fehlt, ist namentlich bei den Indianerstämmen des Amazonasgebietes im Gebrauch. Aehnliches ist zu sagen von den Blaserohren, deren ursprüngliche Verbreitung sogar auf das Solimõesgebiet, Rio Negro mitinbegriffen, beschränkt zu sein scheint[2]). Köcher kommen an der Ostküste gar nicht vor, und solche, welche zur Verwahrung der langen, mit Bogen zu verschiessenden Pfeile dienen, sind überhaupt nicht häufig vorhanden. Ein im Museum befindlicher, von den Uaupé stammender konischer Köcher stimmt mit den Köchern der Uariquena oder Aricuna, welche Martius dem ethnographischen Museum in München einverleibt hat, auffallend überein. Ebenso stimmt derselbe mit den Köchern der Banibá und Cobeu, welche die ethnographische Sammlung in Wien besitzt. Es ist dies um so bemerkenswerther, als diese gleichen Köcher somit vier Indianerstämmen angehören, welche jetzt in viererlei Völkergruppen eingeordnet werden, und die Köcher also nicht zu den für die einzelnen grossen Indianergruppen charakteristischen Geräthen zählen können. Diese Köcher bestehen aus der Quere nach geflochtenen Palmblättern, die äusserlich, der Länge nach, von Blättern gleicher Art belegt sind. Letztere werden am unteren Ende durch eine pechüberstrichene Umschnürung aus Pflanzenfasern festgehalten, am oberen Ende durch Pflanzenfaserschnüre, welche mit Thierhaaren umwunden sind. Den obern Rand, die Oeffnung, umschliesst ein Streifen aus einer schwarzen Wurzelborke, welche mittelst Schnürchen fest angenäht ist. Noch seltener als Köcher trifft man bei den Indianern Brasiliens Schilde an, und dürfte sich der Gebrauch solcher Schutzwaffen, welche fast immer aus Thierhaut und nur manchmal aus Stroh verfertigt werden, auf wenig Stämme im oberen Amazonasthale beschränken. Um so zahlreicher sind im Museum die Pfeile vertreten. Es ist hier inter-

---

[1] Siehe weiter oben S. 299 und 346.
[2] Ausserhalb Brasilien sind Blaserohre bei Indianerstämmen der an Nord- und Nordwestbrasilien angrenzenden Länder zu finden.

essant, zu bemerken, dass unter den verschiedenen Formen von Pfeilspitzen, diejenigen aus Bambusmesser am verbreitetsten sind und sich bei den verschiedensten Indianergruppen wiederfinden. Es sind jene Pfeilspitzen, welche zum Krieg und zur Jagd auf grössere Thiere dienen. Auch die gezahnten Holzspitzen geniessen eine ziemliche Verbreitung und sind in allerhand Variationen vorhanden, grösser und kleiner, mit einseitiger und mit zweiseitiger Zahnung. An die Waffen reihen sich als Kriegstrophäen einige der höchst interessanten, durch die Mundurucú mumificirten Parintintinköpfe[1]). Mandiocapressen, wie wir deren am Amazonas sahen, hat das Museum von verschiedenerlei Stämmen, ebenso klingende Stäbe, mit welchen die Tuschauás den Takt der Tänze angeben. An Halsketten aus Zähnen und Früchten, sowie an Perlstickereien, welche bei den Eingeborenen durch den Verkehr mit Europäern allgemein Eingang gefunden haben, ist die ethnographische Sammlung Rios sehr reich. Cuiás und Körbe zeigen eine weitverbreitete Industrie; Strohhüte bringen uns die bekannte Thätigkeit der civilisirteren Amazonasindianer in Erinnerung. An Pfeifen zum Rauchen ist namentlich eine sehr lange bemerkenswerth, welche am oberen Ende vier auseinanderlaufende Mundstücke hat. Handruder mit länglichem und solche mit kreisrundem Ruderblatt, letzere vom Amazonas stammend, ferner Ubás, d. h. Canoas aus Baumrinde, und etliche Canoamodelle repräsentiren die Flussschifffahrt der brasilianischen Indianer. Modelle von Hütten dienen dazu die primitive Wohnungsweise verschiedener Stämme anschaulich zu machen. Unter den botokudischen Gegenständen interessirten uns speziell die von uns an Ort und Stelle vergeblich gesuchten Botoques oder Lippenpflöcke und ferner ein grasumschnürtes Bündel Pfeilspitzen, sowie in Gras gewickeltes Salz, was beides wir in ungefähr gleicher Art in Mutum am Rio Doce gesehen hatten.

Statuen von Indianern in Lebensgrösse und vollem Schmuck, ebenso lebensgrosse Porträts von Eingeborenen vervollständigen das ethnographische Bild der Ureinwohner Brasiliens, welches das Museum zu geben bestimmt ist. Unter den Porträts sind namentlich solche von Botokuden vertreten. Wir fanden die photographische Reproduktion unserer Bekannten, der Nak-nanuk von Mutum. Doch da sie in höchst mangelhafter Kleidung und mit Holzscheiben in den Ohrläppchen wiedergegeben sind, müssen sie zur Zeit der Aufnahme entweder noch in wilderem Zustand gewesen sein als jetzt, oder sich zum Photographiren absichtlich so zurecht gemacht haben.

An die ethnographische schliesst sich die anthropologische Sammlung, welche ganze Skelette, namentlich aber viele Schädel enthält. Unter

---

[1]) Siehe weiter oben S. 79.

den Skeletten sind solche von Turiuárasindianern, unter den Schädeln besonders viele von Botokuden vorhanden. Künstlich deformirte Schädel, wie sich deren auch bei einzelnen brasilianischen Indianerstämmen vorfinden[1]), besitzt das Museum aber nur von Araucanern und von bolivianischen und peruanischen Indianern. An prähistorischen, in Brasilien gefundenen Schädeln, weist die anthropologische Sammlung vor Allem den berühmten Schädel von Lagoa Santa auf, dessen fossiler Charakter früher als sicher angenommen, in neuerer Zeit jedoch als zum mindesten sehr zweifelhaft angesehen wird. Ferner besitzt die Sammlung Schädel aus den Sambaquís von Santa Catharina, Paraná, und São Paulo. Diese Sambaquís, den Kjokkenmöddinger Dänemarks entsprechende, aus Conchylienschalen, Knochenresten und mitunter Topfscherben von Menschenhand aufgebaute Trümmerhaufen[2]) sind übrigens nicht auf den Süden Brasiliens beschränkt. Zwar ist ihr Vorkommen daselbst häufiger als im Norden, doch finden sie sich der ganzen Küste entlang bis zur Mündung des Amazonas und noch tagereisenweit an den Ufern des Riesenstromes hinauf. Speziell die den südbrasilianischen Sambaquís entstammenden Schädel zeigen einen sehr niedrigstehenden Typus, welcher bei den meisten demjenigen der Botokudenschädel, bei den übrigen demjenigen der Schädel der Pampeos und Araukaner nahe kommt. Diese Sambaquíschädel sind vorwiegend dolichocephal und mesocephal und namentlich sehr prognath[3]). Neben ihnen und den oben genannten Schädeln von Botokuden, fällt einer einem Guaraný zugehöriger durch seine weit edleren Formen in die Augen.

Anreihend an die anthropologischen Ergebnisse der Sambaquíforschungen finden wir im Museum auch die kulturgeschichtlichen Resultate der letzteren, nämlich Steinwerkzeuge und keramische Gegenstände. Die Steingeräthe des Museums sind übrigens nicht alle den Sambaquís entnommen, sie stammen auch aus anderen Fundorten. Und sie sind nicht

---

[1]) A. B. Meyer: Ueber künstlich deformirte Schädel S. 7, und Martius: Beiträge zur Ethnographie etc. I. 438 und ff.

[2]) Die Bezeichnung Sambaquí kommt auch den natürlichen Muschelanhäufungen zu. — Neuestes über Sambaquí siehe in Globus LXIX S. 338 u. ff. Hermann Meyer: Muschelberge Sambakí, und Urnenfelder bei Laguna (Brasilien).

[3]) Siehe die Masse in Lacerda: O homem dos sambaquís (Archivos do Museu do Rio de Janeiro VI 186 e s.). — Lacerda: Nota sobre os craneos dos sambaquis de Santos (Boletim da Commissão Geographica e Geologica do Estado de S. Paulo No. 9. p. 90 e 91.) — Virchow: Crania ethnica americana S. 31 und Zeitschrift für Ethnologie IV S. 189. VI. S. 6 u. ff. — Siehe auch Peixoto: Novos estudos craniologicos sobre os Botocudos (Archivos etc. VI 241. 253). — Die zwei von Virchow beschriebenen, in Berlin befindlichen Schädel sind brachycephal, resp. nahezu brachycephal, unter den von Lacerda beschriebenen 17 Schädeln ist es nur ein einziger.

alle präcolumbisch, d. h. prähistorisch[1]), denn manches Stück haben brasilianische Indianerstämme der Gegenwart geliefert, welche ebensogut noch in der Steinzeit leben, wie einstens die Sambaquímenschen in dieser ältesten Kulturperiode gelebt haben. Da giebt es namentlich viel Steinbeile in verschiedenen Formen und aus verschiedenem Material, Dioritmesser, welche an die im alten Mexiko zu den Menschenopfern gebrauchten Messer aus Obsidian erinnern, Mörser und Mörserkeulen, Steinscheiben, Pfeilspitzen, zoomorphe Amulette und Anderes, endlich Tembetás oder Lippensteine, das heisst steinerne Lippenzierrathe, wie solche schon der prähistorische Mensch Brasiliens getragen und wie solche viele Stämme, namentlich Centralbrasiliens, noch gegenwärtig benutzen, um sich zu schmücken[2]).

An keramischen Gegenständen lieferten die künstlichen Sambaquís fast nur Gefässtrümmer oder Gefässe sehr grober Arbeit. Neben diesen Töpferwaaren, die als Typus der südbrasilianischen, präcolumbischen Keramik gelten und eine niedere Kulturstufe verrathen, fallen die meisten derjenigen, welche am Amazonas gefunden worden sind, durch ihre grössere Formvollendung und namentlich durch ihre reiche Ornamentik in die Augen. Sie stammen aus Höhlen und aus künstlichen Erdhügeln, welch letzteren man eine ähnliche Entstehungsursache zuschreibt wie den Vliebergen Hollands[3]). Diese Gegenstände zerfallen hauptsächlich in Igaçabas[4]) oder Wasserkrüge, in Todtenurnen, Teller und Schüsseln. Einige sind bemalt, andere graviert, die meisten in Relief gearbeitet. Zoomorphe und anthropomorphe Motive herrschen an ihnen vor. Sie zeigen unläugbare Anklänge an die alte Keramik Uruguays, Argentiniens, Boliviens, Perus, Venezuelas, Centralamerikas, Mexicos und einiger Theile der Vereinigten Staaten von Nordamerika, und manche derselben werden zu den schönsten Erzeugnissen südamerikanischer Töpferkunst gerechnet. Welchem Volke

---

[1]) Für Brasilien ist präcolumbisch und prähistorisch gleichbedeutend, da dasselbe nicht, wie andere amerikanische Länder, eine über die Entdeckung Amerikas zurückreichende Geschichte hat.

[2]) Ueber die brasilianischen Geräthe der Steinzeit, siehe Netto: Investigações sobre a archeologia brazileira (Archivos do Museu do Rio de Janeiro VI 478 e s.) Wiener: Estudos sobre os sambaquís do Sul do Brazil (Archivos etc. I 13 e s.) Hartt: Descripção dos objectos de pedra de origem indigena conservados no Museu Nacional (Archivos etc. I 45 e s.) F. Penna: Breve noticia sobre os sambaquís do Pará (Archivos etc. I p. 92). F. Penna: Apontamentos sobre os Ceramios do Pará (Archivos etc. II. 53. 54). Netto: Apontamento sobre os Tembetás da collecção archeologica do Museu Nacional (Archivos etc. II. 105 e s.) Löfgren: Os sambaquis de S. Paulo (Boletim da Commissão Geogr. e Geol. do Est. de S. Paulo No. 9 p. 26 e s).

[3]) F. Penna: Apontamentos sobre os Ceramios etc. (Archivos etc. II 61).

[4]) Igaçaba bedeutet ein henkelloses, für Flüssigkeiten bestimmtes, grosses Thongefäss. Es wird dieses Wort fälschlicherweise öfters zur Bezeichnung von Todtenurnen angewendet.

oder welchen Völkern diese keramischen Objekte, die eine ziemlich hohe Kultur bezeugen, zuzuschreiben seien, war man viele Jahre hindurch im Zweifel. Allerhand Hypothesen wurden über diese Frage in die Welt gesetzt;[1]) erst den neuesten Forschungen und Entdeckungen blieb es vorbehalten, mehr Licht in die Angelegenheit zu bringen. Jetzt ist man dahin gelangt, als Verfertiger dieser kunstvollen Töpferwaaren fast mit Sicherheit die Nu-Aruak zu betrachten. Da aber, je nach dem Fundort, die Gegenstände etwas verschiedenen Charakter tragen, wird vermuthet, dass verschiedene Stämme der Nu-Aruakgruppe sich in die Ehre der Fabrikation theilen. An solchen Stämmen sind vorläufig zu nennen die auf der Insel Marajó nun ausgestorbenen Aruan[2]) und die noch am Nordufer des Amazonas sitzenden Aruaquí[3]).

Neben der anthropologischen und prähistorischen Abtheilung hat im Museum die paläontologische ihren Platz erhalten. Hier finden sich Fucoiditen aus dem brasilianischen Silur, verschiedene Petrefacten aus dem Devon des Amazonasthales, ebensolche aus der Steinkohlenzeit, welch letztere nach den bisherigen Forschungen nur in Südbrasilien Kohlenflötze führt. Das mesolithische Zeitalter ist in Brasilien sehr einseitig vertreten. Die Triasablagerungen sind noch fraglich, oder zum mindesten wenig durchforscht und der Jura fehlt, wenigstens in Ostbrasilien, ganz[4]); um so grössere Verbreitung hat die Kreide, von welcher zahlreiche Versteinerungen im Museum aufgestellt sind. Aus der Tertiärzeit endlich machen sich nur etliche eocäne Fossilien bemerkbar. Mehr als alles Uebrige fesselte uns jedoch in der paläontologischen Sammlung das Stereosternum tumidum Cope, welches das Museum in einem Exemplar besitzt, dem der Kopf fehlt, das aber ausserdem sehr deutlich erhalten ist. Dieses Stereosternum, in welchem wir ein eidechsenähnliches Thier vor uns haben, gehört der Fauna der Steinkohlen- oder der Dyasformation an. Es ist bisher nur in wenig Exemplaren und einzig in der Provinz São Paulo gefunden worden. Ihm zunächst steht der Mesosaurus tenuidens Gervais aus Südafrika, mit welchem es wahrscheinlich zu einer Gattung zu vereinen ist. Der Direktor der paläontologischen Abtheilung des Museums, Professor Orville A. Derby,

---

[1]) Derby: Os povos antigos do Amazonas (Revista anthropologica brazileira p. 131) und Andere.

[2]) Ladisláo Netto: Discurso inaugural da exposiçao anthropologica (Revista anthrop. braz. p. 78). — Pinto de Lima Guedes: Relatorio sobre uma missão ethnographica aos rios Maracá e Anauerá-Pucú (Boletim do Museu Paraense II 55. 58. 59).

[3]) Goeldi: O estado actual dos conhecimentos sobre os indios do Brazil, especialmente sobre os Indios da foz do Amazonas no passado e no presente (A Provincia do Pará XXI 19 de Dezembro 1896).

[4]) Die von Cope „Proceedings of the American Philosophical Society at Philadelphia XXIII p. 1 u. 2" erwähnten jurassischen Fische Ostbrasiliens dürften sich als zur Kreide gehörig herausstellen.

an den wir durch einen deutschen Paläontologen empfohlen waren und der uns auf zuvorkommende Weise durch die Sammlung geleitete, versprach, in Anbetracht des von uns bekundeten Interesses, uns ein in São Paulo befindliches Exemplar dieses seltenen Sauriers gelegentlich nach Europa nachzusenden[1]).

Die mineralogische Sammlung des Museums, welche wir nun betraten, kann in brasilianischen Mineralien gegen die Sammlung der Bergbauschule in Ouro-Preto nicht aufkommen. Wir bemerkten vorzüglich Diamanten, diamantführenden Detritus, Gold, grosse Topase, bei Rio de Janeiro gefundene Berylle und anderes mehr.

Die botanische Abtheilung des Museums gab uns in ihren getrockneten Pflanzen und Pflanzentheilen manchen Aufschluss über das auf den Campos, im Urwald oder am Meeresufer bisher Geschene. Ich erwähne nur die hauptsächlich in den Tropen vorkommenden Loranthaceen oder Mistelgewächse, an denen Brasilien weit über hundert Arten besitzt, ferner riesige Palmblätter, Farnkräuter, Algen und Lichenen.

In der zoologischen Sammlung endlich suchten wir ebenfalls manche der hier zu Lande vorkommenden Thiere auf, die wir entweder selbst beobachtet, oder von welchen wir gehört hatten. Die an Arten armen

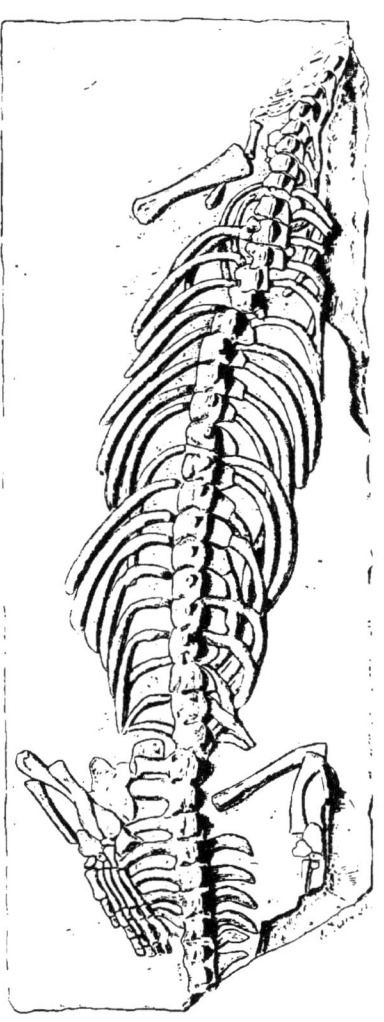

Stereosternum tumidum.
($^2/_3$ nat. Grösse).

Das von Professor Derby der Verfasserin geschenkte Exemplar.

[1]) Dieses Exemplar (siehe Abbildung nebenan), welches aus Itapetinga stammt, ist eingetroffen und bildet jetzt eine der Zierden der paläontologischen Staatssammlung in München.

Säugethiere Brasiliens, unter welch letzteren die Ovinen und Equiden vollkommen fehlen, sind im Ganzen ziemlich erschöpfend vorhanden. So sind auch die merkwürdigen Peixe bois oder Fischochsen, diese pflanzenfressenden Seesäugethiere, welche in den Seen und Flüssen Nordbrasiliens durch zwei Arten (Manatus americanus Desm. und Manatus inunguis Natt.) vertreten sind[1]), wenigstens in einer Species hier zur Aufstellung gelangt. Hingegen ist gerade die für Brasilien charakteristische Familie der Echimyidae oder Schrotmäuse[2]) im Museum nur sehr mangelhaft repräsentirt. Der überaus grosse Vogelreichthum Brasiliens, der sich in mindestens 1680 Arten dokumentirt, hat keine nur annähernd vollständige Vertretung gefunden. Zum Beispiel an Raubvögeln ist Brasilien besonders reich, doch besitzt das Museum kaum mehr als die Hälfte der etwa 92 brasilianischen Arten. Ein ähnliches Verhältniss findet gegenüber den 76 Arten von Papageien statt, welche sich innerhalb der brasilianischen Grenze aufhalten. An Kolibris, in denen Brasilien, was Reichthum betrifft, von den westlichen Nachbarländern überflügelt wird, hat die zoologische Sammlung etwa 76 Brasilien bewohnende Species aufgestellt.

Von der ornithologischen Abtheilung, welche uns zu Studien auf die Dauer vieler Wochen veranlassen könnte, wenden wir uns zu den reichlich vertretenen Reptilien. Hier fallen uns vor Allem riesige Meerschildkröten auf, welche die von uns im Amazonasgebiet gesehenen Podocnemis expansa Schw. um das Dreifache an Grösse übertreffen müssen. Unter den nun folgenden Amphibien erregen wegen ihres gewaltigen Umfanges die Agas (Bufo marinus L.) unsere besondere Aufmerksamkeit. Es sind dies in Brasilien gemeine Kröten, welche eine Länge von 23 cm erreichen und somit zu den grössten aller Froschlurche gehören[3]). In der ichthyologischen Abtheilung, die eine ziemliche Ausdehnung hat, ist es namentlich der 2 m lange, die Gewässer bei Pará bevölkernde Zitteraal (Gymnotus electricus L.), welcher uns interessirt. Er gehört einer, der neotropischen Region eigenthümlichen Familie an. Die entomologische Sammlung des Museums endlich besitzt eine prachtvolle Zusammenstellung von Lepidopteren. Aber auch andere Insekten sind vertreten, was bei dem ausserordentlichen Reichthum, namentlich Artenreichthum Brasiliens an Kerbthieren ganz selbstverständlich ist. —

Die Nachmittagsstunden des heutigen Tages, der regnerisch und erfrischend kühl war, benutzten wir zu Streifereien in der Stadt. Da war zunächst der Passeio Publico zu besehen, der älteste öffentliche Garten

---

[1] Goeldi: Os mammiferos do Brasil. 119 e s. — Pelzeln: Brasilische Säugethiere. 89 u. ff.

[2] A. B. Meyer in seiner Uebersetzung von Wallace (Die geographische Verbreitung der Thiere I 174. II 27. 26.) giebt den Echimyidae auf deutsch den Namen Schrotmäuse.

[3] Nach einigen Quellen ist der Ochsenfrosch (Rana catesbiana Shaw) der grösste sämmtlicher Froschlurche, nach anderen der Bufo marinus L.

von Rio de Janeiro. Artocarpus, Latanien und Ravenalen beschatten seine Wege, Araucarien und Pandanaceen stehen im Dickicht, und Bäche, die sich zu kleinen Seen erweitern, durchziehen malerisch das üppige Grün. Ein prachtvoller, himmelblau und hochgelber Arara (Ara ararauna L.) sitzt auf einem Ast, muntere Cutiás (Dasyprocta) springen unter den Büschen hindurch, und grünschnäbelige Rallen, die unter den verschiedenen grünschnäbeligen Ralliden etwa Limnopardalus nigricans Vieill. sein könnten, laufen scheu am Boden umher. Gegen das Meer zu schliesst den Garten eine Marmorterrasse ab. Die Wellen verrauschen leise an deren Fuss, und ein sinnbestrickender Blick bietet sich von ihr auf die in Licht getauchte Bai und namentlich auf die grossartige felsenbewachte Einfahrt.

Von dem Passeio, welcher schon über hundert Jahre besteht, fuhren wir längs der Praia de Santa Luzia nach dem Necroterio, der Morgue. Dieselbe ist durch ihren gothischen Styl bemerkenswerth und interessirte uns besonders wegen der in ihrem Garten stehenden Kinder der australischen Flora, nämlich etlicher Keulenbäume (Casuarinaceae). Der erneute Besuch des Vogelmarktes und einiger Verkaufsläden beschloss das inhaltsreiche Tagesprogramm.

Der Erfolg der Ladenbesuche war das Einkaufen von Federblumen und von verschiedenen ethnographischen Gegenständen. Das Verfertigen der wirklich künstlerischen Blumen aus Kolibrifedern, welches durch Nichtindianer geschieht, ist wohl auf eine bei den Indianern Brasiliens seit Jahrhunderten eingebürgerte Federnindustrie zurückzuführen. Doch haben die brasilianischen Indianer in dieser Kunstfertigkeit nie eine solche Vollkommenheit erreicht, wie die mexikanischen, welche durch Aneinanderfügung verschiedenfarbiger Federn ganze Bilder herzustellen verstehen. Ausser Federblumen erwarben wir einen kranzartigen Kopfputz aus Ararafedern[1], welcher jedenfalls von Indianern des Rio Negrogebietes stammt, und zwar nach Angabe der Verkäufer, von den Crichana. Ferner wurde gekauft: ein Halsschmuck aus Affenzähnen, von Indianern, welche am Alto Purús hausen; ein Kamm[2] mit Zähnen aus Inajápalmholz und kunstvoller Fadenumwicklung, welcher aus dem Amazonasgebiet herrührt, woselbst an kammbenutzenden Stämmen bekannt sind, die Uaupé, die Tecuna, die am Japurá sesshaften Jurí, die am Xingú und Araguaya befindlichen, wie die drei vorgenannten zu den nicht klassifizirbaren Stämmen gehörigen Karaya, die zur Panogruppe gezählten Caripuná des Madeira und endlich die am oberen Xingú anzutreffenden Bakaïri aus der Gruppe der Karaiben; ein Köcher[3] aus dem Gebiete des Amazonas, entsprechend dem im Museum befindlichen,

---

[1] Siehe rückwärts Tafel III No. 5.
[2] Siehe Tafel III No. 3.
[3] Siehe rückwärts Tafel II No. 6.

Indianisches Basthemd aus dem Amazonasgebiet. (ca. 1/7 nat. Grösse.)
Im Besitz der Verfasserin.

welcher den Uaupé zugeschrieben wird; eine Keule[1]) aus hartem Holz, eine der häufigsten Kriegswaffen der brasilianischen Indianer, und zwar eine aus dem Amazonasgebiet stammende, 1,28 m lange und auf beiden Seiten gekielte Keule von gestreckter Form; endlich eine Art Klapperstab[2]) bestimmt, den Tuchauás zum Leiten der Tänze zu dienen. Dieser Stab ist aus hartem Holz und aus einem Stück gefertigt, gegen oben zu an einer Stelle erweitert und hohl; in letzterwähnter Höhlung sind durch Erhitzen und vorübergehendes Ausdehnen des Holzes Kieselsteine eingefügt worden, welche beim Bewegen des Stockes den gewünschten Lärm hervorzubringen haben.

Aus Brasilien nach München zurückgekehrt liess ich mir aus derselben Handlung noch folgende ethnographische Gegenstände zusenden:

a) Eine grosse, bauchige Panella (Topf, Gefäss) mit weiter Oeffnung; auf weissem Grunde durch dunkelbraune, strichförmige Zeichnung ornamentirt. Dieselbe soll von den Tecuna der Provinz Matto Grosso stammen, was jedenfalls eine theilweise irrige Angabe ist. Die Panella muss, da die Tecuna nur im Gebiet des oberen Solimões und in Nordostperú angetroffen werden, entweder von den Tecuna oder aus Matto Grosso stammen; beides ist nicht vereinbar. Da nun aber die Tecuna als keine ungeschickten Töpfer gelten, steht der Annahme, dass sie die Verfertiger dieser Panella sind, nichts im Wege, und wird wohl die Bezeichnung »Matto Grosso« die falsche sein.

b) Ein langes, enges Basthemd, im Schnitt der Tipoias der Moxoindianer von Bolivien, mit Schlitzen für Kopf und Arme; braungelb mit braunen und schwarzen Punkten, Strichen und dreieckigen Flächen bemalt oder bedruckt. Es soll von den Ipurina am Alto Purús eingetauscht worden sein, was mir jedoch fraglich erscheint, da Ehrenreich in seinem eingehenden Bericht über diesen Stamm[3]) kein derartiges Kleidungsstück anführt. Martius erwähnt solche Basthemden von den Tecuna, von den Caripuná im oberen Madeiragebiet und von den Miranha, welche zwischen Içá und Japurá wohnen und diese Hemden in den Handel bringen. Das ethnographische Museum in Wien schliesslich besitzt ein solches Hemd von den Jivaro aus Ecuador, welches genau mit dem von mir erworbenen übereinstimmt.

Rio de Janeiro. Samstag, den 15. September.

Heute begaben wir uns schon frühzeitig auf den Weg, den im Südwesten der Stadt gelegenen botanischen Garten aufzusuchen. Wir gelangten vom Largo da Lapa ab in Stadttheile, welche uns bisher unbekannt geblieben waren. An dem ehemaligen Karmeliterkloster, welches keine Fenster auf die Strasse hat, an der hochgelegenen achteckigen Igreja da Gloria do Outeiro, einer der beliebtesten Kirchen Rios, an dem unansehnlichen Auswärtigen Amt und verschiedenen villen- und palastartigen

---

[1]) Siehe Tafel II No. 7.
[2]) Siehe Tafel II No. 9.
[3]) Ehrenreich: Beiträge zur Völkerkunde Brasiliens (Veröffentlichungen aus dem Museum für Völkerkunde zu Berlin II S. 58 u. ff.).

Privatgebäuden vorbei, fuhren wir immer südwärts bis zur Praia de Botafogo. Hier bot sich uns wieder ein neues, reizendes Bild der von Hügeln und Bergen umrahmten blauen Fluthen der Bai von Rio. Die an der Praia beginnende und nach Westen verlaufende Rua dos Voluntarios, der wir nun folgten, versetzte uns ganz nach Portugal. Der Strasse entlang ziehen sich nämlich gartenumgebene Villen, deren Aussenmauern mit ziemlich bunten Azulejos überkleidet sind. Die Farbenwirkung dieser Fliesen ist eine kalte, aber die Häuser machen durch dieselben wenigstens den Eindruck, sauber zu sein. An Stelle der sonst im Lande gebräuchlichen Aufziehefenster sind zweiflügelige Fenster angebracht, welche von weissen Ornamenten eingefasst werden.

Die Gavea.

Je weiter wir nach Westen kamen, desto hübscher wurde unser Weg. Zur Rechten erhob sich der steile, fast überhängende Corcovado, zur Linken stiegen zwei grüne Anhöhen, der Morro de São João und der Morro da Saudade, oder Sehnsuchtshügel in die Höhe. Nachdem die letzten Häuser der Stadt hinter uns geblieben waren, lief unsere Strasse dem Nordufer der blauschimmernden Lagôa Rodrigo de Freitas entlang. Uns gegenüber, nach Westen schlossen die Steilhänge der Gavea und anderer Berge den Horizont ab. Sie sind alle dicht mit Vegetation überwachsen und wirken um so imposanter, da keine Vorberge ihren Fuss umlagern. Endlich, nach etwa einer Stunde Fahrt und Zurücklegung von mindestens zehn oder elf Kilometer, hatten wir den berühmten Jardim Botanico erreicht. Eine grossartige Allee himmelanstrebender Königspalmen (Oreodoxa oleracea Mart.)¹) führte uns mitten hinein in diesen wunderbaren Garten, der, selbst in den Tropen gelegen, herrliche Pflanzen auch anderer tropischer Länder mühelos auf seinen Gründen vereinigt. Unzählige klein- und grossblättrige Bambusaceen drängen sich zu graziösen Dickichten zusammen. Ich nenne von diesen hier nur die durch ihre feinen, lichtgrauen Blätter auffallende Guadua pallescens Doell²), welche ihren Standort in Rios Umgegend hat. Mangueiras (Mangifera indica L.), diese in Brasilien vielfach verbreiteten indischen Bäume mit ihrem dunklen Laub

Bambusgruppen im botanischen Garten.

und ihren knorrigen Stämmen, bilden einen schattigen Lustgang. Einzelne Palmen und malerische Palmengruppen, aus den verschiedensten Arten zusammengesetzt, erheben sich auf den Rasenplätzen. Mehrere Pandanusspecies, von denen eine, besonders deutlich auf Luftwurzeln reitende, gerade die einzige war, welche Früchte trug, recken ihre lineal-

¹) Diese Palmen tragen auf Deutsch den Namen »Westindische Kohlpalmen«, doch da der Regent, spätere König Dom João von Portugal, die erste in Brasilien eingeführte eigenhändig gepflanzt hat, werden sie in Brasilien allgemein Palmeiras reaes, d. h. Königspalmen genannt. (Siehe Barbosa Rodrigues: Hortus fluminensis p. XXV.) Es ist letzteres ein sonst für die Oreodoxa regia Humb. Bonpl. et Kth. gebräuchlicher Name.

²) In mein Herbarium gesammelt.

lanzettlichen, spiralig gestellten Blätter steif in die Lüfte hinaus. Die gefiederten Wedel der Cycadeen breiten sich nach allen Seiten. Und in den Teichen, welche in träumerischer Ruhe unter überhängendem Laubgewinde verborgen liegen, führen langblättrige Pontederiaceen ihr stilles Dasein.

Die Umgebung des ausgedehnten Botanischen Gartens, der nahe, von tropischer Vegetation bekleidete Berghintergrund, stimmen zum Ganzen, und so ist durch Kunst und Natur ein harmonisches Vegetationsbild geschaffen, wie man es reizender nicht sobald mehr finden wird.

Auf dem Rückweg vom Jardim Botanico besuchten wir im Botafogostadttheil das Hospicio Dom Pedro II., die mustergiltige Irrenanstalt. Sie ist an der Praia da Saudade, dem Sehnsuchtsstrande gelegen, ein eigenthümliches Zusammentreffen, denn wohl manche ihrer unglücklichen Insassen mögen sich in Sehnsucht verzehren nach der vielleicht auf immer verlorenen Freiheit. Ein schönes Treppenhaus und weite, luftige Gänge vermitteln den Verkehr im Innern der Anstalt. Die Wohnräume sind hoch und gut ventilirt, haben grosse Thüren und grosse Fenster. Auch die Zimmer, welche die Tobsüchtigen aufnehmen, sind gross und schön. Ueberall ist Parkett gelegt, und sogar das nöthige Gitterwerk entspricht dem Schönheitssinn. Neben den vielen Privatzimmern für Kranke erster und zweiter Klasse giebt es allgemeine Schlafsäle mit sehr reinlichen Betten. Grosse Speisesäle, eine schöne Küche, Speisekammer, Apotheke, Kirche, ein grosser Raum, in welchem die von Irren verfertigten Arbeiten aufbewahrt werden, ein umfangreicher Garten und im Hof ein Platz für diejenigen Kranken, welche Wunsch nach Bewegung haben, tragen den übrigen Bedürfnissen der Anstalt Rechnung. Sauber und wohlgepflegt wie die Räume, sehen auch die Kranken aus. Das Hospicio birgt in seinen Mauern über 300 dieser Aermsten unter den Armen, von denen diejenigen dritter Klasse unentgeltlich aufgenommen werden. Zur Zeit unseres Besuches war die Mehrzahl der Irren ruhig, nur einige wenige sprachen und lärmten; die meisten wurden uns als unheilbar bezeichnet. Die Pflege der Kranken ist Schwestern des heiligen Vincenz von Paul anvertraut, eine Einrichtung, die mich doppelt interessirte, da man bei uns manche Vorurtheile gegen die Verwendung solcher in Irrenhäusern hegt. Hier geht es vortrefflich, und durften wir unter Führung der Oberin in der Männerabtheilung sogar diejenige der unruhigen Kranken betreten. Auf meine vorher gemachte Einwendung, ob dies wohl auch anginge, entgegnete die Oberin, dass, wenn eine Barmherzige Schwester begleite, niemals etwas zu besorgen sei. Und wirklich: vor der Hoheit des geistlichen Gewandes traten alle Irren ehrfurchtsvoll zurück und manche liessen sich sogar zu einem Grusse herbei. Die meisten Schwestern sind Französinnen, doch fehlt unter ihnen auch eine Deutsche nicht, wie unter den Patienten sich gleichfalls einige Landsleute von uns befinden. Mit wahrhafter Befriedigung verliessen wir diese Musteranstalt, welche Alles hinter sich lässt, was wir an ähnlichen Anstalten in Deutschland gesehen. —

Der Nachmittag führte uns an das entgegengesetzte Ende von Rio nach dem Paço de São Christovão, um den Majestäten aufzuwarten. Jeden Samstag begeben sich Kaiser und Kaiserin von Petropolis in die Stadt, woselbst von fünf bis sieben Uhr Audienzen ertheilt werden, zu denen ein Jeder Zutritt hat, der Vornehme, wie der Mann aus dem Volke. Hierauf arbeitet der Kaiser bis tief in die Nacht hinein mit den Ministern, jede einzelne Angelegenheit aufmerksam prüfend und besprechend. Dies ist die Tageseintheilung zur Zeit der Kammersitzungen. Zu anderen Zeiten findet der Ministerrath unter Vorsitz des Kaisers von 10 Uhr Morgens an statt.

Wir betraten zum ersten Male den Palast. In demselben stehen keine Posten, nur braune und schwarze Lakaien in grüner Livrée bewegen sich auf Treppen und Gängen herum. Durch eine ganze Flucht von ziemlich dunkel gehaltenen Salons, welche eine für brasilianische Verhältnisse hübsche Einrichtung mit gediegenen Stoffen zeigen, gelangten wir schliesslich zu den Majestäten. Der Empfang war einfach und herzlich wie immer.

Die allgemein verehrte Kaiserin ist zwar nicht majestätisch in ihrem Aeusseren, da sie klein von Gestalt, sie entbehrt jedoch keineswegs einer auf Seelenadel gegründeten Vornehmheit und gewinnt alle Herzen durch ihre wahrhaft rührende Güte und Wohlthätigkeit. Der Kaiser, ein auffallend grosser Mann von imponirender Haltung, schönen, vornehmen Zügen und einem unbeschreiblichen Ausdruck von Wohlwollen in den blauen Augen, ist eine wahrhaft fürstlich hoheitsvolle Erscheinung, sowohl ehrfurchtgebietend, wie vertrauenerweckend. Sein liebenswürdiges, leutseliges Wesen und seine stets anregende Unterhaltung haben etwas ungemein Fesselndes. Sein nimmer ermüdendes Interesse für das Wohl seines Volkes äussert sich bei jeder Gelegenheit und verdient die vollste Hochachtung. Mag der Kaiser in seiner langen Regierungszeit auch manchen politischen Fehler begangen haben — solche werden wohl keinem Herrscher erspart bleiben — so viel steht fest, dass, dank seiner geschickten und weisen Politik, Brasilien, welches bis zu seinem Regierungsantritt durch Revolutionen und Bürgerkriege zerrüttet und in seiner Existenz bedroht war, nun seit 40 Jahren die nothwendige innere Ruhe geniesst, und diese Zeit als eine Zeit allgemeinen Fortschrittes und grossen finanziellen Aufschwunges bezeichnet werden kann. Allen Bedürfnissen seines Landes bringt der Kaiser reges Verständniss und warme Theilnahme entgegen. Doch in richtiger Erkenntniss der Sachlage, gilt seine Hauptfürsorge der Hebung des öffentlichen Unterrichtes und der Verbreitung allgemeiner Bildung. Zu Gunsten der Gründung von Schulen, aber auch zu Gunsten des Baues von Landstrassen und der Unterstützung der Einwanderung, wies der hochherzige Monarch sowohl den ihm vorgeschlagenen Bau eines wahrlich nicht überflüssigen neuen kaiserlichen Palastes, wie die ihm zugedachte Errichtung eines Monumentes zurück. Der Kaiser ist äusserst vielseitig und seit seiner frühesten Jugend rastlos thätig, sogar auf Kosten des Schlafes und der nöthigen Ruhe nach den Mahlzeiten. Sowohl Musik, wie bildende Kunst und Literatur sind in den Kreis seiner Interessen gezogen. Seine besondere Vorliebe gilt aber den Wissenschaften und unter diesen vor allem den Naturwissenschaften und der Philologie. Von ersteren pflegt er namentlich die Astronomie; so befindet sich auf dem Dach seines Palastes eine eigene Sternwarte, in welcher er seinen diesbezüglichen Studien obliegt. Was die Philologie betrifft, ist zu sagen, dass der hohe Herr nicht weniger als vierzehn Sprachen beherrscht, und zwar z. B. das Hebräische in einer Weise, dass er die schwierigste einschlägige Litteratur in das Lateinische zu übertragen im Stande ist[1]); drei weitere Sprachen sind ihm geläufig genug, um aus denselben übersetzen zu können. Mit Männern der Wissenschaft zu verkehren, ist Dom Pedro Genuss und Bedürfniss, und er hat die grössten europäischen Gelehrten durch seine gründlichen wissenschaftlichen Kenntnisse in Erstaunen gesetzt. Zu jenen Kreisen, da, wo der Adel des Geistes herrscht, fühlt sich der Kaiser am meisten hingezogen, und da ebenfalls ist es, wo er in seiner Persönlichkeit am meisten zur Geltung gelangt. Man hat den hohen Herrn in Europa, namentlich in Hofkreisen, vielfach nicht verstanden. Das ist begreiflich. Um ihn in seinem Wesen zu erfassen, das unter halbrepublikanischen Verhältnissen und fern von all den ceremoniellen Gepflogenheiten europäischer Fürstenhöfe unter sich, herangereift ist, muss man ihn im eigenen Lande gesehen haben. Er ist ebenso einfach, natürlich und jeder Förmlichkeit abhold, wie die andern Brasilianer, von denen man nach Belieben das Urtheil hören kann, dass es ihnen in Europa zu eng sei und sie dort die gewohnte Freiheit vermissen. Das Leben am brasilianischen Kaiserhof ist bescheiden und patriarchalisch. Auf die Ausstattung des Hofes und für Repräsentationszwecke wird wenig aufgewendet. Die in Folge kaiserlicher Uneigennützigkeit unbedeutende Civilliste findet ihre Verausgabung grösstentheils in Unterstützungen an Arme und an junge aufstrebende Talente, denn unbegrenzter Wohlthätigkeitssinn ist ein Hauptcharakterzug nicht nur der Kaiserin, sondern auch des Kaisers. So bildet der Besuch von Spitälern und Wohlthätigkeitsanstalten eine stehende Rubrik in der Tageseintheilung des Herrscherpaares. Der Kaiser besichtigt ausserdem Schulen, Kasernen, Arsenale und wissenschaftliche

---

[1]) Siehe über die einen Chacham (= Rabbiner) beschämenden hebräischen Sprachkenntnisse des Kaisers in »Th. von Bayer«: Reiseeindrücke und Skizzen aus Russland« S. 501.

Institute, und wohnt hier, wie er es auch in Europa zu thun pflegt, den Sitzungen gelehrter Gesellschaften bei. In Allem weiss er eingehend Bescheid, und er hat uns schon ein ganzes Programm aufgestellt von interessanten Einrichtungen, die wir während unseres Aufenthaltes in Rio de Janeiro noch unbedingt sehen müssen.

Aeusserst befriedigt von der uns gewordenen Aufnahme, verliessen wir den Paço de São Christovão, um uns nach dem Palacio Isabel, dem Palais der Kronprinzessin, zu begeben. Kühler Wind und grösstentheils bedeckter Himmel drückten die Temperatur herab und begünstigten solcherweise unsere heutigen, langen Fahrten. Der Palacio Isabel ist nämlich etwa eine Stunde vom elterlichen Palaste nach Süden zu gelegen, in der vornehmen, zwischen grünen Hügeln eingebetteten Vorstadt Larangeiras. Die von einem hübschen Garten umgebene kronprinzessliche Residenz ist nur zweistöckig und sieht dem Aeusseren nach eher einer eleganten Villa, als einem Palais gleich. Ueber das Innere derselben zu urtheilen ist uns verwehrt, da wir die Kronprinzessin nicht zu Hause trafen.

Rio de Janeiro. Sonntag, den 16. September.

Endlich ist das Wetter neuerdings schön geworden. Dabei war es heute nicht übermässig heiss und zeigte das Thermometer früh 7 Uhr nur $18,5\,^{\circ}$ C. Die Sonne empfanden wir tagsüber trotzdem als stechend.

Nach der in der Kirche des nahen Karmeliterinnenklosters gehörten Sonntagsmesse stiegen wir bei herrlich klarer Aussicht zur unteren Stadt hinab. Wir wollten im Convento da Ajuda, einem Kloster von Franziskanerinnen, die Gruft der weiblichen Mitglieder der Kaiserfamilie sehen, wurden aber nicht eingelassen. Merkwürdiger Weise haben die brasilianischen Braganças keine gemeinsame Gruft, sondern sind die Kaiserin Leopoldine und die Prinzessinnen hier, die Prinzen im Convento de S. Antonio zur Ruhe bestattet.

Von dem Ajudakloster, in welchem einige alte Nonnen absterben, hatten wir nur eine kurze Strecke Weges zu der am Ufer gelegenen Santa Casa da Misericordia. Es ist dies das Allgemeine Krankenhaus, eine Riesen- und Musteranstalt wie das Hospicio Dom Pedro II. Die nämliche grosse Reinlichkeit und gute Ventilation, welche wir dort gefunden, fanden wir auch hier. Das Treppenhaus ist schön. Der Boden der hohen, luftigen Gänge ist mit Parkett belegt; die Wände sind weit hinauf mit Fliesen bedeckt, was sehr zur Sauberkeit beiträgt. Gegenüber der Thüren der grossen Krankensäle öffnen sich, zur besseren Lüftung, von den Gängen hohe Balkonthüren auf den Hof. Für je ein Paar Säle, welche ineinandergehen, ist an einer Schmalwand ein Altar angebracht, und abwechselnd wird in den verschiedenen Saalcomplexen Gottesdienst gehalten. Die Separatzimmer erster Klasse sind gefällig eingerichtet und sind sauber; man bezahlt für sie täglich 3 $ 000 r.[1]). In den Zimmern zweiter Klasse, welche nicht, wie diejenigen erster, nur für eine Person berechnet sind, sondern mehrere Kranke aufnehmen, stellt sich die Verpflegung ein Bedeutendes billiger. Der grosse Empfangssaal, der Sitzungssaal, der Operationssaal mit seinem Oberlicht und seinen kreisförmig aufgestellten Bänken, die Apotheke, die Küche lassen sämmtlich nichts zu wünschen übrig. Alles ist nach den neuesten Prinzipien der Wissenschaft ausgestattet. Männer und Frauen haben je ein eigenes Ordinationszimmer. In einer Nebenabtheilung der Apotheke werden täglich den unbemittelten Besuchern der ambulatorischen Klinik unentgeltlich Arzneien verabreicht. Gestern allein hatten sich 530 solcher Petenten eingefunden. Momentan sind über 1000 Kranke in der Anstalt anwesend, doch fasst das Haus etliche Hundert mehr. Die chirurgische Abtheilung befindet sich im ersten Stocke, unterhalb diejenige für innere Medizin. In ein paar Säle sind die meisten Kranken germanischer Rasse zusammengelegt, Deutsche, Engländer, Norweger und Schweden. Auch Russen und Griechen werden hier hereingebracht, und eine Schwester aus Schlesien, welche, mit Ausnahme des Griechischen, all der Sprachen dieser Leute mächtig ist, hat hier zu schalten und zu walten. Die Italiener, Spanier und sonstigen Romanen sind unter die Brasilianer vertheilt, da sie leichter als die Anderen sich in der Landessprache verständigen können. Für die zwei Araber, welche wir im Spital vorfanden, ist wohl Niemand genügend Sprachkundiger vorhanden. Ueber fünfzig Schwestern des heiligen Vincenz von Paul besorgen den Krankendienst. Wie im Irrenhause, sind die meisten derselben französischer Abkunft, doch befinden sich unter ihnen auch einige Brasilianerinnen. Letztere sollen sich, trotz der den brasilianischen Mädchen und Frauen gewöhnlich innewohnenden Indolenz und Energielosigkeit, ganz gut zu diesem entsagungsvollen Berufe eignen. Eine Unzahl Aerzte hat die Behandlung der Kranken. Im Direktor der Anstalt, dem Professor Ferreira de Santos, welcher so gefällig war, uns überallhin zu begleiten, lernten wir einen äusserst gebildeten Herrn mit feinen Umgangsformen kennen. Von dem aus Privatmitteln gegründeten und unterhaltenen Riesenetablissement konnten wir den günstigsten Eindruck mit nach Hause nehmen. Denn in Bezug auf solche Einrichtungen ist Brasilien weiter voraus, als in manchen anderen, und steht sogar vollständig auf der Höhe der Zeit.

Ehe wir das Krankenhaus verliessen, theilte man uns mit, dass heute erst ein Gelbfieberkranker dahin gebracht worden war. Nach Konstatirung seines Leidens hatte man ihn dann, wie dies stets zu geschehen pflegt, auf die andere Seite der Bai nach dem Gelbfieberspital geschafft. Das

---

[1] Circa 6.8 Mark.

Gelbe Fieber ist in Rio endemisch geworden, nachdem es daselbst von 1850 an etliche Jahre hintereinander epidemisch gehaust hatte. Damals, im ersten Jahre seines Auftretens, erkrankten nicht weniger als 120 000 Menschen, von denen mindestens 4000 starben. Im Durchschnitt rechnet man jährlich auf 350 Einwohner einen Todesfall an Gelbfieber. —

Heute Nachmittag erhielt ich den Besuch der Princeza Imperial, der Kronprinzessin, welche ich fünfzehn Jahre lang nicht mehr gesehen hatte. Sie ist eine sehr sympathische, liebenswürdige Erscheinung, von grösster Einfachheit und Natürlichkeit. Begabt und hellen Kopfes, fehlt es ihr nicht an logischem Urtheil. Sie hat nicht nur eine tüchtige Erziehung genossen, sondern auch eine Bildung, welche weit über diejenige ihrer brasilianischen Mitschwestern und auch vieler ihrer europäischen Standesgenossinnen emporragt. Obwohl sie keineswegs auf übertriebene Weise fromm ist, ist sie es in den Augen ihrer, vielfach der Freimauerei huldigenden Landsleute doch zu sehr. Und dies allein wird wohl die Ursache des Mangels an Popularität sein, an welchem sie leidet, denn ausserdem müsste sie durch ihre anziehende Persönlichkeit alle Herzen gewinnen.

Den heutigen Tag beschlossen ein erneuter Abstieg nach der unteren Stadt mit Besichtigung weiterer Einzelheiten und endlich die nöthigen Vorbereitungen zu der für morgen geplanten Uebersiedelung nach Petropolis.

Auch mit einem vermuthlich aus Espirito Santo mitgebrachten Uebelstand musste noch abgerechnet werden. Nämlich auch uns hatte, trotz aller Sorgfalt, schliesslich das Schicksal so vieler in Südamerika Reisender ereilt und waren wir von Bichos do pé, d. h. Sandflöhen (Rhynchoprion penetrans L.), heimgesucht worden. Wann dies geschehen, wussten wir nicht, wir entdeckten die Anwesenheit dieser Parasiten erst jetzt, doch gerade zum richtigen Zeitpunkt, um die Thiere mit Leichtigkeit entfernen zu können.

Diese gefürchteten Insekten, welche Dipteren sind und in die Familie der Flöhe (Pulicidae) gehören, leben nur auf trockenem, sandigem, staubigem Terrain. Die Weibchen unter denselben bohren sich zur Entwicklung ihrer Eier in den Körper verschiedener Vögel und Säugethiere und auch in den Körper, namentlich unter die Fuss- und Fingernägel des Menschen ein. Das Einbohren des Sandflohes wird vom Wirthe oft gar nicht empfunden, erst später machen ihn leichtes Jucken und ein dunkler Punkt in der Haut auf die Gegenwart des unerwünschten Gastes aufmerksam. Mittelst einer Nadel kann man einige Tage nach dem Einnisten das ursprünglich nur 1 mm lange, später bis zu 5 mm im Durchmesser anschwellende Thier unschwer herausziehen, aber nicht, ohne dass im Körper eine kleine, übrigens rasch vernarbende Caverne zurückbleibt. Wird jedoch der lästige Bicho nicht oder nur unvollkommen entfernt und die Stelle, an welcher er sitzt oder sass durch irgend einen Umstand gereizt, so entzündet sich dieselbe, es entstehen bösartige Eiterungen, manchmal wird das ergriffene Glied brandig und muss amputirt werden, und vereinzelt nimmt der Krankheitsprozess einen letalen Ausgang.

KAPITEL XX.

Petropolis.

Rio de Janeiro—Petropolis. Montag, den 17. September.

Früh 6 Uhr, bei anbrechendem Tage, verliessen wir Santa Thereza, um uns eine Stunde später an der Prainha nach Mauá einzuschiffen. Zum ersten Male sollten wir die herrliche Bai von Rio de Janeiro in südnördlicher Richtung ihrer ganzen Länge nach befahren. Rauschend durchfurchte unser Dampfer die inselbesäte Wasserfläche. Bald rechts, bald links tauchten pflanzenbedeckte Gneiss-Eilande auf, von denen das eine oder das andere, nebst der nicht sonderlich üppigen Vegetation auch Wohngebäude trug. Zwischen hinein entragten viel niedere, verwitterte Klippen den schimmernden Fluthen. Der Kurs führte uns an der Ostseite der Ilha do Governador entlang. Es ist diese Insel die weitaus grösste der ganzen Bucht. Sie hat von Ost nach West eine Länge von circa 13 km, ist stark eingebuchtet und etwas hügelig. Zum Theil besteht sie aus Gneiss, zum Theil vermuthlich aus tertiärem Thon. Ein paar Ortschaften, aus unschönen Häusern zusammengesetzt, beleben ihre Ufer. Es finden sich auf ihr auch etliche Sambaquis vor, und hat man daselbst schon verschiedene prähistorische Gegenstände ausgegraben. Wie es scheint, wird diese Insel von verheerenden Ameisen besonders heimgesucht.

Wunderbar entwickelten und verschoben sich während unserer Fahrt die Bergreihen, welche die Bai von allen Seiten einschliessen. Fern im Westen glänzten zwei mächtige, sonnenbeschienene Höhen in hellem Grün. Nach Süden gruppirten sich malerisch Tijúca, Gavea und Corcovado. Und gerade vor uns, im Norden, stiegen die Gneiss- und Granitmauern der Serra da Estrella und der Serra dos Orgãos einige tausend Meter massig empor. Ihnen zu Füssen lagerten niedrigere Gebirgszüge, welche sich vierfach hinter einander aufbauten und durch verschiedene warme, satte Töne deutlich von einander geschieden waren. Immer sichtbarer lösten sich aus der übrigen Felsmasse die buchstäblich orgelpfeifenartig gereihten Nadeln des berühmten Orgelgebirges heraus, vor Allem der Dedo de Deos, die spitzeste unter den Spitzen. Und je näher wir kamen, desto grösser und seltsamer erschienen sie unseren staunenden Blicken.

In ungefähr einer Stunde hatten wir den Weg über die Bai zurückgelegt. Das Wasser derselben, welches geringeren Salzgehalt hat als das offene Meer, ist hier an ihrem oberen Ende etwas brackisch und von Austern und zahlreichen Fischen bevölkert. Die Tiefe des Wassers, die nach den Ufern zu sich bis auf einen Meter reduzirt, war bei Mauá, in Folge der Ebbe, gerade so unbedeutend, dass die Landung etliche Schwierigkeiten bot. Die Fluthhöhe der Bai von Rio beträgt ungefähr einen Meter. Die Dauer des Gezeitenwechsels daselbst ist, in Folge der zeitweiligen Stauung des Wassers an dem engen Buchteingang, oft eine sehr unregelmässige.

In Mauá bestiegen wir den Eisenbahnzug, welcher uns zunächst über eine häuser- und menschenleere, zum Theil sumpfige Ebene führte. Weite Strecken waren mit Papyrus bedeckt, andere dazwischen mit dichtem Gebüsch und niederem, dichtem Wald. Wir kamen dem Gebirge, der Serra do Mar, immer näher. Mit Raiz da Serra hatten wir, wie der Name der Station besagt, den Fuss der Berge erreicht. Wir waren hier auf drei Seiten von steilen Hängen umgeben. Namentlich der im Osten wuchtig emporstrebende Morro do Frade, dessen Form an diejenige des Wetterhorns im Berner Oberlande erinnert, fesselte uns durch seine schöne Erscheinung. Hier begann die Zahnradbahn und das Emporschieben unseres Waggons durch eine Lokomotive. Steil ging es bergan, rechts und links war das Gebirge eng zusammengerückt. Vegetationsüberwucherte Schluchten thaten sich auf und wurden auf luftigen Brücken überschritten. Waldbekleidete Lehnen verloren sich thalwärts. Nirgends kam der Waldboden zum Vorschein, denn der üppige Pflanzenwuchs hat von jeder Erdkrume Besitz genommen. Aber auch dies genügt der rastlos erzeugenden Tropenflora nicht, die Stämme und Aeste der Bäume müssen eine ganze Last von Epiphyten tragen. Höher und höher stieg die Bahn und gestattete einen entzückenden Rückblick hinunter auf die bergumrahmte Bai von Rio mit ihrer Kaiserstadt, welche gerade von hellem Sonnenlichte überfluthet war. Bei 835 m Höhe hatten wir mit Alto da Serra den höchsten Punkt der Bahn erreicht, und nun ging es wieder 185 m hinunter, zwischen deutschen Ansiedlungen hindurch nach Petropolis. Der hübsche, volle Klang der auf unserer Lokomotive angebrachten Glocke kündete der Umgegend die Ankunft des Zuges.

Hier, wie auf einigen anderen Bahnen Brasiliens, ist die nordamerikanische Sitte der Lokomotivglocken eingeführt. Dass die Wirkung des Glockenklanges auf das Ohr eine angenehmere ist, als die des bei uns üblichen schrillen Pfeifens, wird Niemand leugnen. Und doch berührt es

Bahn nach Petropolis.

Anfangs befremdend, wenn man jene hehren Töne, welche in Europa der Ankündigung frommer und feierlicher Handlungen vorbehalten sind, gleichsam entweiht findet im Dienste des prosaischen modernen Verkehrswesens.

Also, unter weithin schallendem Glockenklange, fuhren wir in den Bahnhof von Petropolis ein.

Petropolis ist eine Stadt, die mit ihrem Municipium,[1]) eine Bevölkerung von ungefähr 12 000 Seelen hat.[2]) Sie liegt in einem engen, von Waldbergen umschlossenen Hochthale und zieht sich von diesem aus noch in die nach allen Richtungen abzweigenden, schluchtartigen Seitenthäler hinein. Hier befinden sich hauptsächlich die Kolonistenhäuschen, im Centrum hingegen das kaiserliche Schloss, die Villen der Fremden und der reichen Fluminenser, die eleganten Hotels und die verschiedenen Verkaufsläden. Die Stadt, welche der im Jahre 1845 hier gegründeten deutschen Kolonie ihre Entstehung verdankt, hat einen vornehmen und ganz europäischen Anstrich. Ueberall, auf der Strasse und in den Läden, hört man deutsch sprechen. Die meisten Lohnkutscher sind Deutsche, unsere Wirthin ist eine Deutsche, der katholische und der evangelische Pfarrer sind Deutsche. Sobald man einem blondhaarigen Menschen begegnet, kann man ihn getrost mit dem heimathlichen »Guten Tag« anreden. Fragt man aber die schon in Brasilien geborenen Deutschen, aus welchem Theile der alten Heimath ihre Eltern eingewandert sind, wissen dies die meisten nicht. So rasch gehen bei diesen Leuten die Familienüberlieferungen verloren, so wenig sorgen die Eingewanderten dafür, dass unter ihren Nachkommen sich auch nur das dürftigste Wissen über ihr Abstammungsland erhalte. —

Wir haben das villenartige Hotel Inglez bezogen. Im Garten vor unseren Fenstern ist Alles in Blüthe, und buntschillernde Colibris, unter welchen ich Chrysolampis moschitus L. mit ihrer topasglänzenden Kehle und rubinroth funkelndem Köpfchen zu unterscheiden vermeine,[3]) fliegen von Blume zu Blume. Wir haben Musse, den eigenartigen Flug dieser reizenden Thierchen zu beobachten. Er bewegt sich immer in geraden Linien. Senkrecht lassen sich die Colibris aus der Höhe zu den Blüthen herab, schwirrend erhalten sie sich vor denselben in Schwebe, während ihr langes Züngchen nach Insekten in die Blumenkrone taucht, und senkrecht steigen sie nach genossenem Mahle wieder empor, um dann in genau horizontalem Fluge sich zwischen den Büschen zu verlieren.

---

[1]) Municipio bedeutet in Brasilien nicht Stadtverwaltung, sondern Distrikt.

[2]) Ueber die Einwohnerzahl des Städtchens Petropolis selbst ist nichts Sicheres zu erfahren. Nach einer Angabe zählt es 6000, nach einer anderen 8600, nach einer dritten ca. 10 000 Einwohner.

[3]) Castelnau giebt ihn für die Serra dos Orgãos an. Andere Autoren meinen, er komme nicht oder nur höchst selten so weit südlich vor.

Da der Hauptzweck unseres hiesigen Aufenthaltes ist, die brasilianischen Majestäten zu sehen, lenkten wir unsere Schritte heute vor Allem nach der Quinta Imperial, dem kaiserlichen Schlosse. Dasselbe ist in einem sehr hübschen, gut gepflegten Garten gelegen, der, theils im französischen, theils im englischen Style gehalten, nebst Palmen und brasilianischen Schuppentannen, namentlich einen Reichthum an baumhohen Bambusgräsern aufweist.

Der Empfang bei Hofe war neuerdings sehr herzlich. Die Einfachheit und Gemüthlichkeit, die uns schon in Rio so angenehm berührt hatten,

Kaiserliches Schloss in Petropolis.

fanden wir hier wieder. Auch Privatleute werden ohne die geringsten Schwierigkeiten gleich vorgelassen, und man verkehrt mit den Majestäten so ungezwungen und natürlich, wie mit Seinesgleichen. Es zeigt sich hier keine Spur der ceremoniellen, steifen Höflichkeit, die an verschiedenen europäischen Höfen Sitte ist. Die Individualität braucht nicht, wie in den alten Kulturländern, in konventionellen Formen unterzugehen[1]), man darf vor Allem Mensch sein, Mensch unter Menschen. Und so darf man auch frei seine Meinung äussern, um so mehr, als der Kaiser gern auf Diskussionen eingeht und die der seinen entgegengesetzte Ansicht vollauf

---

[1]) Aehnliche Eindrücke über den gesellschaftlichen Verkehr in Brasilien haben auch Andere in sich aufgenommen. Ich nenne nur Esche: Aus dem Wunderlande der Palmen. S. 101 und namentlich S. 102.

achtet. Der allen Brasilianern gemeinsame Charakterzug, dass man schon beim erstmaligen Sehen sich so zwanglos zu einander verhält, als habe man sich sein ganzes Leben gekannt, hat auch an den Thüren des Kaiserpalastes nicht Halt gemacht. Merkwürdiger Weise will es andererseits die einst von Portugal überkommene Hofsitte, dass die Majestäten unter sich, ohne ihren Hofstaat, die Mahlzeiten einnehmen, und dass bei Ausfahrten mit seinen Herren der Kaiser allein im Fond sitzt, indessen die Kavaliere den Platz ihm gegenüber inne haben. —

Nachmittags fuhren wir in einem bequemen Wagen auf der ausgezeichneten, nach Minas Geraes führenden Kunststrasse nordwärts bis Corréas. Diese Strasse ist eine rühmliche Ausnahme in dem an guten Verkehrswegen so armen Brasilien. Wir hatten eine Stunde Fahrt zwischen hohen, steilen Bergen, welche das enge Thal des Piabanha begleiten. Die Vegetation ist hier ziemlich dürftig. Palmen giebt es nur vereinzelt; es sind dies verschiedene Arten von Fiederpalmen, hohe, niedere, buschige und magere. Ein paar wahrhaft himmelanstrebende, schlanke unter ihnen dürften vielleicht Exemplare der für die Provinz Rio de Janeiro genannten[1]) Cocos botryophora Mart. gewesen sein. Als häufigerer Baum tritt hier, dem etwas kühleren Klima gemäss, die brasilianische Schuppentanne (Araucaria brasiliana A. Rich. Lamb.) einzeln und in kleinen Beständen an den Berglehnen auf. Unter diesen Coniferen, welche etwas an Legföhren erinnern, deren Krone einem hohen Stamm aufgesetzt worden ist, befanden sich einige schöne Exemplare. Die Flussniederung zierten viel hochgewachsene, sehr hübsch in weisser Blüthe stehende Stechäpfel (Datura suaveolens Humb. et Bonpl.)[2]). Ein paar der in Brasilien verwilderten Wollmispeln (Eriobotrya japonica Thb.)[3]) standen am Wege. Und aus einem nebenanliegenden Garten dufteten mehrere auffallend hohe Heliotropsträucher (Heliotropum peruvianum L.) und leuchteten uns die rothen Blüthen eines baumhoch gewachsenen Camelienstrauches (Camellia japonica L.) entgegen. Unmittelbar bei Petropolis waren wir an einer Reihe deutscher Ansiedelungen vorbeigefahren und hatten dann keine Ortschaft mehr getroffen bis Cascatinha. Hier, inmitten einer hübschen Baumgruppirung, schäumt der noch ziemlich wasserarme Piabanha über sanftgeneigte, glattgewaschene Felswände herunter. Auf der nun folgenden Wegstrecke begegneten wir einer grossen Viehheerde, die von Norden kam,

---

[1]) In Martius: Tabulae physiognomicae LXXI ist die Cocos botryophora für die Provinz Rio de Janeiro erwähnt, in Martius: Flora brasiliensis III$_2$ p. 409 ihr Vorkommen daselbst bezweifelt.

[2]) In mein Herbarium gesammelt.

[3]) Siehe hierüber das Kaiserreich Brasilien auf der Weltausstellung in Philadelphia. S. 62. In Flora brasiliensis ist die E. japonica nicht erwähnt, obwohl andere in Brasilien eingeführte und dort verwilderte Pflanzen daselbst erwähnt werden.

vermuthlich aus dem campos- und heerdenreichen Minas Geraes. Die sie begleitenden Tropeiros hatten leichte, hübsche Sättel aus gepresstem Leder. Ich konnte nicht bemerken, ob sie auch die unter den Tropeiros üblichen kleinen Peitschen mit theilweise versilbertem Stock führten. In Corréas, dem Orte, in welchem wir umkehrten, um nach Petropolis zurückzufahren, fiel uns eine von Schlinggewächsen vollständig überwucherte Figueira (Urostigma) auf. Die Urostigmen sind von Lianen und Epiphyten immer besonders bevorzugte Bäume, indessen z. B. die wohlbekannten Cecropien keinen anderen Pflanzen als Stützpunkte dienen.

Abends neuneinhalb Uhr zeigte das Thermometer hier in Petropolis 20° C. Die Luft hier ist, im Vergleich zu der drückenden in Rio, rein und frisch. Die Intensität der Sonnenstrahlung ist gross und der Temperaturunterschied zwischen Sonne und Schatten, wie in unseren Bergen, sehr bemerkbar. Seinem gesunden Klima, in der Nähe des ungesunden Klimas von Rio, verdankt Petropolis seinen Aufschwung. Während z. B. in der Hauptstadt das Gelbe Fieber wüthet, dringt es niemals in diese Höhen hinauf. Viele Geschäftsleute haben es gesundheitshalber vorgezogen, mit ihren Familien hier ihren ständigen Wohnsitz zu nehmen und nur zu den Bureaustunden täglich nach Rio hinunterzufahren. Es ist dies kein geringer Entschluss, da die Betreffenden somit Tag für Tag über vier Stunden unterwegs zubringen müssen.

Petropolis. Dienstag, den 18. September.

Früh 7 Uhr hatte es 20° C. Mein Aneroidbarometer, welches, so lange wir uns in den Tropenniederungen bewegten, unveränderlich zwischen Schönwetter und Trocken gestanden hatte, ist hier in Folge der bedeutenderen absoluten Höhe auf Veränderlich gefallen.

Den heutigen Morgen, den ersten freien seit Victoria, benutzte ich, die in Espirito Santo gesammelten Pflanzen zu revidiren und umzulegen. Da das durch einige sehr saftige Pflanzen besonders feucht gewordene Papier nicht rechtzeitig mit trockenem hatte vertauscht werden können, war mindestens der dritte Theil meines Herbariums verdorben und musste entfernt werden. Es ist dies ein empfindlicher Verlust, auch in pflanzengeographischer Beziehung, weil die Objekte begreiflicherweise noch nicht bestimmt waren und vielleicht neue Standorte hätten festgestellt werden können. Uebrigens nicht nur das Herbarium, unsere entomologische Sammlung ist ebenfalls schon arg geschädigt worden. Ein in Rio des Morgens zum Trocknen geöffnetes Kästchen mit Insekten war bis zum Abend, vermuthlich von Ameisen, vollständig ausgefressen, sodass uns nunmehr die leeren Nadeln entgegenstarrten.

Heute Mittag fuhren wir mit den Majestäten nach der grossen Baumwollwaarenfabrik in Cascatinha. Diese Fabrik ist eine auf Aktien gegründete, welche, Dank der gnädigen Bewilligung des Kaisers bezüglich

Wasserkraftbenutzung[1]), in letzterer Zeit einen grossen Aufschwung genommen hat. Sie zerfällt in Spinnerei, Färberei und Weberei, hat die neuesten Maschinen eingeführt und besitzt auch einen zur Ausbesserung von Maschinentheilen reservirten Raum. Der Kaiser bekundete gelegentlich unseres Besuches dieses Etablissements sogar für alle Einzelheiten grosses Interesse und führte uns selbst durch alle Räumlichkeiten, überall mit Sachkenntniss erklärend. Besonders schien ihm an unserer Besichtigung der Arbeiterhäuser gelegen, in welchen er es sich nicht nehmen liess, ebenfalls den Führer zu machen. Die Wohnungen in diesen von den Aktionären erbauten Häusern sind ganz ordentlich. Die Fabrik beschäftigt über 1000 Arbeiter aus den verschiedensten Nationen. Wir fanden unter denselben eine Chinesin, welche ich anfänglich für eine Indianerin hielt. Es ist dies ein unbefangenes Zeugniss für die so vielfach angezweifelte Rassenverwandtschaft zwischen den Mongolen und den amerikanischen Völkern. Diese Chinesin ist das einzige Individuum gelber Rasse, welchem wir in Brasilien bisher begegnet sind. Man hat die Einführung von chinesischen Arbeitern in grösserem Maassstab zwar schon öfters angeregt, dieselbe ist, sicher zum Wohle des Landes, bisher jedoch nicht gelungen.

Nachmittags fiel Nebel ein, der sich später in leichten Regen auflöste. Abends 6 Uhr stand das Thermometer auf gut 19° C. Nach eingetretener Dunkelheit fing ich im Hotelgarten einen Bufo marinus L., eine jener grossen Kröten, deren Triller und schnarchendes Gebell die Stille der hiesigen Nächte unterbricht. Diese Kröten spritzen einen in den Halsdrüsen enthaltenen giftigen Saft aus, der, kleineren Thieren eingeimpft, eine herzlähmende Wirkung ausübt[2]).

Petropolis. Mittwoch, den 19. September.

Um 11 Uhr Vormittags war die Temperatur heute 20,5° C.

Des Morgens hatte ich noch genügend Arbeit mit meinem beschädigten Herbarium. Mittags besuchte ich die heute eingetroffene Kronprinzessin, welche diesmal im Schlosse ihrer Eltern abgestiegen ist. Kaiser und Kaiserin fanden sich ebenfalls im Salon der Princeza Imperial ein und so verbrachten wir einige sehr gemüthliche Augenblicke. Es ist herzerfreuend, zu beobachten, mit welch rührender Liebe Vater und Tochter einander zugethan sind. Der Kaiser ist nicht nur Vater, er ist auch väterlicher Freund des einzig ihm verbliebenen Kindes, und ein anregender geistiger Verkehr erhöht die Innigkeit des Verhältnisses. Das Urtheil eines in Brasilien lebenden Deutschen, dass der Kaiser »vor Allem ein guter Mensch« sei[3]), möchte ich mit Einfügung der Worte »und

---

[1]) Siehe Relatorio da Directoria da Companhia Petropolitana, em Julho 1886 p. 5.

[2]) Lacerda: Algumas experiencias con o veneno do Bufo ictericus Spix. (Archivos do Museum Nacional do Rio de Janeiro III p. 34 e. s.).

[3]) Koseritz: Bilder aus Brasilien S. 132.

edler« vollauf bestätigen, aber auch für die Kaiserin edle Güte als Haupteigenschaft in Anspruch nehmen. —

Nachmittags führten wir einen Ritt aus nach den Wasserfällen des Itamaratý, eines Flüsschens, welches einen südnördlichen Lauf hat. Der Weg zieht sich hübsch zwischen eng aneinander gerückten Bergen hindurch und gewährt einen schönen Blick tief hinunter in das Itamaratýthal. Nach Erreichung der Thalsohle, um welche sich malerisches Gebirge thürmt, sassen wir ab und wanderten zu Fuss aufwärts nach den Fällen. Das Flüsschen stürzt in zwei Absätzen zu Thal. Ueber die obere, minder hohe und breite Felswand schäumt das Wasser fächerförmig und ziemlich rasch herab, sammelt sich dann auf einer wagrechten Felsplatte in ein grosses, seichtes Bassin und wirbelt schliesslich über eine mächtige, glattgewaschene Felsenwand in die Tiefe hinunter, wo im Flussbett riesige Steinblöcke übereinander geworfen liegen. Oberhalb des obersten Falles tändelt der Itamaratý auf felseingeengtem Grund in leichtem Gefälle dem Abgrund zu. Schlingpflanzenbehangene, epiphytengeschmückte Bäume neigen sich von beiden Seiten malerisch über das Wasser herein. Die Vegetation, welche sich in der Umgegend von Petropolis im Ganzen nicht durch Ueppigkeit auszeichnet, hat hier eine reiche Entfaltung gefunden. Pflanze drängt sich an Pflanze. Palmen und Baumfarne breiten graziös ihre Wedel über das Unterholz. Cuphea ingrata Cham. et Schl., zierliche, in Brasilien auf die südlichen Gegenden beschränkte Halbsträucher, sind in der Vegetationsfülle bemerkbar, ebenso Diodia polymorpha Cham. et Schl., var. anthospermoides Schumann, auffallend kleinblättrige strauchförmige Rubiaceen[1]). Rothblühende Büsche stimmen vortrefflich zu Cecropia adenopus Mart. mit ihrer weissbefilzten Blattunterseite. Eine Figueira (Urostigma), eine dem in Minas und Goyaz wachsenden Urostigma subtriplinervium Miq. nächststehende Art[2]), hat sich inmitten dieser Pflanzenrepublik angesiedelt. Eine Synantheree, die Baccharis genistelloides Pers. var. trimera Baker[3]), erinnert an die charakteristische Vegetation der Bergcampos von Minas. Marantaceen[4]) und Canna polyclada Wawra[5]) ragen aus dem Dickicht auf. Yamswurzeln (Dioscorea)[6]) winden sich von Zweig zu Zweig. Tillandsia usneoides L. wallen wie graue Schleier von den Baumästen herab, und grosse, rothblühende, terrestrische Bromeliaceen, sicher die in der Serra dos Orgãos häufige Bilbergia pyra-

---

[1]) Beide in mein Herbarium gesammelt.
[2]) Die von mir mitgebrachte Blattprobe stimmt mit keiner der in Martius: Flora brasiliensis IV 1 p. 90 u. ff. angeführten Species vollständig überein.
[3]) In mein Herbarium gesammelt.
[4]) In mein Herbarium gesammelt; nicht näher bestimmbar.
[5]) In mein Herbarium gesammelt; so viel wie sicher C. polyclada Wawra.
[6]) In mein Herbarium gesammelt; Species nicht bestimmbar.

midalis Lindl., gedeihen neben Araceen mit grossen Blättern und neben zungenförmig schmalblättrigen, welche wohl Anthurien sein dürften.

Indessen während unseres Rittes zu und von dem Itamaraty dichter Nebel schwer auf den Berghängen ruhte, flimmerten, gerade als wir vor dem Falle standen, Sonnenstrahlen über die tosenden Wasser hinweg. —

Gegen Abend holten mich Kaiserin und Kronprinzessin in unserem Hotel in Petropolis ab, mir die kronprinzessliche Villa zu zeigen. Im Garten daselbst liess ein Sabiá (Mimus lividus Licht.?), eine jener viel gerühmten brasilianischen Nachtigallen, ihr Lied aus den Büschen ertönen. Es stehen dort deutsche Eichen friedlich neben brasilianischen Schuppentannen; und Francisceen, welche an ein und demselben Strauch weisse und lila Blüthen tragen[1]), gereichen den gärtnerischen Anlagen zur Zierde. Das Haus ist elegant, im Gegensatz zu den meisten brasilianischen Häusern, und der Salon geschmackvoll, modern und nach europäischen Bequemlichkeitsbegriffen eingerichtet. Als nach einiger Zeit auch der Kaiser erschien, entspann sich ein Gespräch über die deutsche klassische Literatur. Es zeigte sich hierbei, dass der hohe Herr an derselben grosse Freude hat und, bei erstaunlichem Gedächtniss, in derselben weit besser bewandert ist, als ich.

Auf der Ueberfahrt nach Europa im Jahre 1889 und im darauf folgenden Sommer unternahm der Kaiser eine gelungene Uebersetzung von Schiller's Glocke in das Portugiesische.

Petropolis. Donnerstag, den 20. September.

Als ich mich heute Mittag bei der Kaiserin einfand, waren die Majestäten so gnädig, mir das Innere des Schlosses zu zeigen. Die erst unter dem jetzigen Kaiser gebaute Quinta imperial hat fast durchgängig grosse schöne Räume, welche aber, nach brasilianischem Geschmack, wenig eingerichtet sind. Im Erdgeschosse befinden sich das Zimmer des dienstthuenden Kammerherrn, das ziemlich kleine und schmucklose Speisezimmer, das Billardzimmer, der Salon der Kaiserin, in welchem man sich Abends versammelt, und der sehr einfache Empfangssalon, in dem die Möbel, gewöhnliche Rohrstühle, echt brasilianisch in Hufeisenform aufgestellt sind. Im ersten Stock betritt man zunächst das Arbeitszimmer des Kaisers, welches ganz das Gepräge einer Gelehrtenstube hat. Auf einem grossen Arbeitstisch liegen zahllose Bücher und Broschüren in buntem Durcheinander, am Fenster steht ein Schreibtisch. Hier vertieft sich der Kaiser, der täglich um 6 Uhr aufsteht, in seine ernsten, wissenschaftlichen Studien. Der einzige Schmuck des Zimmers sind zwei von seinen Töchtern, der Kronprinzessin und der verstorbenen Herzogin zu

---

[1]) Die Provinz Rio de Janeiro besitzt mehrere Arten von Franciscea mit gemischt weissen und andersfarbigen Blüthen.

Sachsen, gemalte Blumenbilder. Nun folgen das Ankleidezimmer, der Raum für den Kammerdiener und das Schlafzimmer der Majestäten. Auch in letzterem befindet sich ein grosser Tisch, auf welchem Bücher liegen. Daselbst liest der Kaiser seiner Gemahlin, jeden Nachmittag um 3 Uhr, anderthalb Stunden lang italienisch vor. An diesen Raum schliesst sich ein grosser Salon, der ebenso leer ist wie alle vorhergehenden Zimmer und dessen Einrichtung sich auf Stühle beschränkt, welche längs der Wände herumgestellt sind. Die in diesem Stockwerk noch vorhandenen Wohnräume sind den zwei in Brasilien aufgewachsenen Söhnen der frühverstorbenen Tochter zugewiesen. Das ganze Schloss ist die Einfachheit selbst, wie ja auch seine hohen Besitzer sich durch wohlthuende Einfachheit in ihrem Wesen auszeichnen. Die wahre Grösse besteht nicht in Prunk, sondern in Edelmuth des Herzens, und diesen findet man hier in reichem Maass. —

Nachmittags fuhren wir nach Südwesten, das Thal des Rio Quitandinha aufwärts. Nebel und Regen schmälerten den Genuss der Gegend, doch entschädigte uns hier, für die verhüllte Berglandschaft, wenigstens eine üppigere Vegetation. Das Ziel unserer Wagenfahrt war die Käserei des Franzosen Buisson. Hier wird Rahmkäse bereitet, ein Verfahren, das wir des Näheren besahen. Die zu Käsemasse geronnene Süssmilch füllt man in durchlöcherte Formen oder Behälter, welche auf einer rinnendurchzogenen Platte aufgestellt werden. Hier hat die sich ausscheidende Molke abzulaufen. Den Formen entnommen, werden die Käsemassen in einen kellerartigen Raum gebracht, in welchem sie reifen müssen. Nach zwei Monaten ist dieser Prozess vollendet und kann der Käse in den Handel kommen. Wie uns Herr Buisson versicherte, liegt bei dem hiesigen tropischen Klima die Hauptschwierigkeit der Käsebereitung im Erzielen der nöthigen kühlen Temperatur des Käsekellers.

Ausser der Käserei besitzt Herr Buisson auch einen hübschen Garten mit ausgedehnter Orchideenkultur. Um einen reizenden kleinen, dunklen Weiher sprosst und schlingt sich üppige tropische Vegetation, von schmalen Fusspfaden durchschlängelt. An den Aesten der überhängenden Bäume sind da und dort Orchideen angebracht, namentlich aus den hiesigen Wäldern stammende Miltonien, mit weissen und gelben, schöngezeichneten Blüthen.[1] Ein ziemlich grosser, grünglänzender Colibri mit überwiegend weisser Unterseite, einer der in dem südlichen Theil der Provinz Rio de Janeiro sehr häufigen Leucochloris albicollis Vieill., flüchtete sich in das Gezweige eines blühenden Busches. Im Hause des

---

[1] Es dürften wohl Miltonia spectabilis Lindl. und M. Clowesii Lindl. gewesen sein. s. Reichenbach: Xenia Orchidacea I 129, 130.

Franzosen wurde uns ein winziger Affe gezeigt, welchen ich, seinem Löwenköpfchen und seinem dunkelbraunen, gelbgezeichneten Pelz nach, für eine Hapale chrysopyga Natt. aus São Paulo gehalten. —

Heute war zu Mittag die Temperatur etwas höher, Abends etwas niedriger als die letzten Tage. Mittags zeigte das Thermometer 22° C., um 8 Uhr Abends 18° C.

Petropolis. Freitag, den 21. September.

In kühlerer Morgenstunde stiegen wir hinter der Eisenbahnstation in das Gebirge hinauf. Wie auf einer Reliefkarte lag das Land vor uns, Berg an Berg, Hügel an Hügel. Nirgends war in den strahlenförmig auslaufenden Thälern eine breitere Thalsohle zu bemerken. Die Leute, denen wir hier begegneten, waren fast ausschliesslich Deutsche.

Mittags begaben wir uns, wie jeden Tag, zu den Majestäten und trafen den Kaiser in das Studium der arabischen Sprache vertieft, welche er fliessend vorlesen kann.

Der Nachmittag wurde von uns zu einem Ritt nach dem Aussichtspunkt Alto do Imperador benutzt. Anfangs führte der Weg durch das enge, waldige Thal des Quitandinha, welches wir schon gestern besucht hatten. Hier mussten wir die Colonietheile Rhenania, d. h. Rheinthal, durchreiten, einige der 22 Quartiere, in welche die Colonie Petropolis ursprünglich eingetheilt wurde. Da diese Quarterões grösstentheils den Namen der Gegenden tragen, aus denen die Colonisten eingewandert sind, werden hier wohl Rheinländer und deren Nachkommen angesiedelt sein. Nachdem die gestern besichtigte Käserei hinter uns geblieben war, ging unser Pfad steiler aufwärts und dann westlich vom Hauptweg, durch den Wald. Der Pfad war so schmal, der Wald so dicht und das Geäst so tief herabhängend, dass wir manchmal kaum durchkommen konnten und, wie in den Urwäldern von Espirito Santo, ganze Strecken weit bis zum Sattel heruntergebückt reiten mussten. Endlich war die Kammhöhe der Serra da Estrella erreicht und öffnete sich uns ein wunderbarer Blick nach Süden hinab auf die Bai von Rio de Janeiro. Wir standen auf dem Alto do Imperador, einem kaum 16☐m grossen, baumlosen Platz, der sich inmitten des Waldes an Bergesrand befindet. Fast senkrecht stürzt der Abhang von hier bis in das Thal hinab, welches sich wellig und waldbedeckt bis zur Bai hin erstreckt. Einzelne waldige Höhenzüge und mit Urwald bekleidete Kuppen entragen dem wasserumschliessenden Flachland. Jenseits der Bai, uns gerade gegenüber nach Süden, thut sich die felsbewachte Baieinfahrt auf. Davor liegt, im Duft der Ferne verschwimmend, die helle, weitgedehnte Kaiserstadt mit ihrem wohlbekannten Kranz von Bergen. In das blaue Wasser der Bai ist die Ilha do Gobernador wie auf einer Landkarte eingezeichnet. Wir standen am Rand des Abgrundes und schauten hinunter in das endlose Meer von Wipfeln und hinüber nach dem schimmernden Ocean. Aus der Tiefe herauf rauschte der Urwald mächtig wie Wogenprall an der Küste.

Der Wald auf Bergeshöhe bestand überwiegend aus mittelhohem Laubholz, dem einzelne Palmen und Baumfarne beigemischt waren. Den Boden deckten namentlich viel Farnkräuter, unter denen die steifen Mertensien besonders in die Augen fielen.

Auf dem Rückweg besuchten wir die zwei Miniaturseen von Quitandinha. Der eine derselben liegt zu Füssen eines hohen Waldberges und ist ganz waldumgeben. Es fehlt an seinen Ufern die Ueppigkeit der Tropen, doch ist er reizend in seiner einsamen, ernsten Stimmung, in seiner Aehnlichkeit mit den Gebirgsseen bei uns zu Lande. Ein der Mitte des Wassers entragender Baumstumpf, auf welchem, wie eine Vase, eine riesige Bromeliacee ruht, und da und dort ein fluthenumspültes Gebüsch in Ufersnähe, erhöhen noch seinen poetischen Zauber. Der zweite See liegt in frischgrünen Matten eingebettet, welche nach allen Seiten bergan steigen und sich in waldigen Hängen verlieren.

Durch das Gasteiner Thal kehrten wir heim. Auch hier sind viele deutsche Ansiedler, und kleben rechts und links am Abhang die Häuschen Derer, welche in der Ferne ihr Glück gesucht und auch zum Theil gefunden haben. —

Abends 8 Uhr betrug heute die Temperatur 21° C.

KAPITEL XXI.

Rio de Janeiro und Serra dos Orgãos.

Rio de Janeiro. Samstag, den 22. September.

Heute früh, sieben ein halb Uhr, fuhren wir mittelst Eisenbahn und Dampfschiff nach Rio de Janeiro zurück. Das Wetter war prachtvoll, die Fernsicht entzückend. Wunderbar berührte uns, gelegentlich der Thalfahrt, der Moment, in welchem sich der Blick auf die Bai erschliesst und vom Bahnkörper der waldbekleidete Südabhang der Serra da Estrella etwa 7—800 m fast senkrecht in der Richtung gegen das Meer zu abstürzt. Zwei Stunden, nachdem wir Petropolis verlassen, befanden wir uns wieder in der Hauptstadt.

Der übrige heutige Morgen wurde einem erneuten Besuch des Museums und ausserdem der brasilianischen Kunst gewidmet. Der Kaiser wünschte, dass wir einen Einblick erhielten in die Leistungen einheimischer Künstler und dieser wurde uns in der Academia das Bellas Artes. Man kann gerade nicht sagen, dass die brasilianische Malerei und Bildhauerei Hinreissendes bietet, doch gehört ihr Studium zu dem von Land und Leuten und war uns von diesem Standpunkt aus interessant. An Skulpturen fielen uns diejenigen von Bernardelli auf, einem Brasilianer italienischer Abkunft. Sein einheimisches Sujet, eine lebensgrosse Indianerin, ist ziemlich gelungen, und in seiner Gruppe »Christus und die Ehebrecherin« ist letztere wirklich schön zu nennen, während die Gestalt Christi etwas zu wünschen übrig lässt. An Bildern sind vor Allem zu nennen, diejenigen der beiden Akademieprofessoren Pedro Americo de Figueiredo und Victor dos Mereilles. Ersterer, sicher der bedeutendere von beiden Künstlern, ist hauptsächlich durch hübsche, einzelne Frauengestalten vertreten, letzterer unter anderem durch die grosse Seeschlacht von Riachuelo und durch eine tropische, in Sonnengluth getauchte Landschaft. Minder gelungen sind die Werke des Genre- und Historienmalers Amoêda, ferner die ebenfalls von Brasilianern verfertigten Bilder der einzigschönen Bai von Rio de Janeiro. Unter all diesen Malereien fesselte uns besonders ein Porträt Dom Pedros II. als zehnjähriger Knabe. Die hübsche, anmuthige, intelligente Physiognomie des Kindes, das damals schon seit einem Lustrum Kaiser war, versprach, was später der Mann gehalten. Es kann nie genug bewundert werden, dass dieser hohe Herr, in einer solchen Stellung elternlos aufgewachsen und noch überdies in einer politisch höchst erregten Zeit, die bis in seine nächste Umgebung fühlbar wurde, auch in seiner Jugend stets der Pflicht und Vernunft unterthan geblieben ist. Früh schon entwickelte sich in ihm ein ernster, nach allem Grossen und Edlen strebender Geist und ein Wissensdrang und Fleiss, welchen man, statt zu ermuntern, eher dämpfen musste. Diese seltenen Charakteranlagen, dieser brennende Wunsch, sich mit allen Kräften des ihm werdenden und dann gewordenen Berufes würdig zu zeigen, haben verhindert, dass Macht und Stellung dem jungen Herrscher den Kopf verwirrten, haben vermocht, dass er der Wahrheit den Weg zu seinem Ohr stets offen hielt. Und so hat Dom Pedro, der mit 14 Jahren die Zügel der Regierung ergriff, glücklich alle Schwierigkeiten überwunden, die in den Verhältnissen seiner Jugend gelegen waren. —

Nachmittags folgten wir einer Einladung des Professors Ferreira de Santos, das von der Regierung in's Leben gerufene und nach dem System Pasteur eingerichtete Institut zur Wuthschutzimpfung zu besuchen. Der tüchtige Gelehrte hat in Paris bei Pasteur studirt und trachtet nun, in seiner Heimath die gemachten Studien zu verwerthen. Im Hof des Institutes fanden wir eine ganze Reihe von Kaninchen, denen die Hirnschale geöffnet und das Toxin zwischen die Rückenmarkshäute eingespritzt worden war. Die Wirkung des Giftes äussert sich in einer fortschreitenden Paralyse, von welcher wir die verschiedenen Stadien an den verschiedenen Kaninchen beobachten konnten. Da die Incubationsdauer sieben Tage beträgt, sind die Thiere die erste Woche nach der Injektion noch munter und bei Fresslust. Hierauf tritt eine halbe und nach ungefähr weiteren sechs Tagen eine ganze Lähmung ein. Das Athmen geht nur mehr mühsam vor sich und die armen Thiere haben bald ausgelitten. Aus den todten Kaninchen wird das Rückenmark herausgenommen und in einem sterilisirten Gläschen aufgehängt. Je mehr dieses Rückenmark trocknet, desto mehr schwächt sich die Wirkung des in ihm enthaltenen Wuthgiftes ab, bis, bei gänzlicher Vertrocknung, die Virulenz vollständig erlischt. Ein minimales, mit sterilisirter Bouillon angefeuchtetes und zerriebenes Stückchen der wuthvirushaltigen Marksubstanz, welche in einem auf $24°$ C. erwärmten Raume trocknen muss, dient nun dazu, den Patienten mittelst subcutaner Injectionen zu impfen. Die Einspritzungen werden rechts und links unterhalb der Rippen vorgenommen und längere Zeit hindurch täglich fortgesetzt, jeden folgenden Tag mit stärkerem Impfstoff. Ferreira de

Santos hat schon zahlreiche Immunisirungsversuche mit Erfolg gemacht und führt genau Journal über die gewonnenen Resultate.

Ausser den Apparaten zur Wuthschutzimpfung hat das Institut noch allerhand andere. Ich erwähne nur einen Apparat, um mikroskopische Präparate bei Magnesialicht zu photographiren, und ferner Kulturen verschiedener pathogener Bakterien, z. B. solcher von Tuberkel- und Milzbrandbacillen. All dies trägt dazu bei, zu beweisen, wie die medizinischen Institute Brasiliens sich ganz auf Höhe der Zeit befinden. Die Anstalt des Direktors Ferreiro ist geräumig und reinlich und hinterlässt einen ebenso günstigen Eindruck wie die Misericordia und das Hospicio Dom Pedro II.

Den ganzen Tag war die Luft drückend heiss, und die Temperatur im Zimmer stieg bis auf 27 ^{0} C. Abends brach eines der in dieser Jahreszeit höchst seltenen Gewitter los.

Rio de Janeiro. Sonntag, den 23. September.

Heute hielt der Kaiser eine Parade über die ganze Garnison von Rio de Janeiro ab. Da wir von Seiten der Majestäten aufgefordert waren, diesem militärischen Schauspiele beizuwohnen, mussten wir uns schon früh bei denselben im Paço de São Christovão einfinden. Der Kaiser trug heute Marschallsuniform, welche ihm, wie er freimüthig äusserte, nicht im Entferntesten so sympathisch ist, wie die von ihm mit Vorliebe getragene Admiralsuniform. Er hat kein sonderliches Interesse für die Armee, ein desto grösseres aber für die Marine. Dem Offizierkorps der Kriegsmarine strömen alle gebildeteren Leute zu, indessen der Dienst im Landheer von den Söhnen besserer Familien im Ganzen gemieden wird. Doch sollen sich in letzter Zeit die diesbezüglichen Verhältnisse etwas günstiger gestaltet haben.

Der Friedenspräsenzstand der brasilianischen Armee ist 15 000 Mann. Dieselbe besteht weit überwiegend aus Mischlingen. Sie rekrutirt sich aus Freiwilligen, wenn aber deren Zahl nicht genügt, werden diensttaugliche Individuen gepresst, wie es einst in England für die Kriegsmarine geschah. Zwar wurde vor dreizehn Jahren ein Conscriptionsgesetz erlassen, doch liess sich dasselbe in Folge räumlicher Schwierigkeiten und theilweisen Mangels der zu statistischen Angaben nöthigen Behörden, vielfach nicht praktisch verwerthen. So sind die Zustände ziemlich geblieben, wie sie waren und wird noch so manches Gesindel in die Uniform gesteckt. Bezeichnend für das geringe Ansehen, in welchem die Armee steht, ist z. B. die Erzählung, welche man uns vor etlichen Monaten in Pará zum Besten gab. Es wurde nämlich behauptet, dass gelegentlich des Krieges mit Paraguay, wegen Truppenmangels, die Sträflinge von Fernando de Noronha in das Heer eingereiht worden seien. Hinzugefügt wurde jedoch, dass es nicht mehr dazu gekommen sei, sie gegen den Feind zu senden.

Ausser dieser regulären Armee giebt es in Brasilien noch eine Nationalgarde, welche aber selten oder nie zu Uebungen einberufen wird. Dieses Einberufen hängt vom Willen und Eifer des einzelnen Cadrekommandanten ab. Die Nationalgarde untersteht für gewöhnlich dem Ministerium der Justiz und erst im Mobilmachungsfall dem Kriegsministerium.

Einen grossen Theil der aus nur wenig Regimentern bestehenden regulären Armee sollten wir nun heute sehen. Im offenen, sechsspännigen, aber höchst einfachen Wagen fuhren die Majestäten, die Kronprinzessin und ich nach dem Campo de São Christovão, wo der Vorbeimarsch stattzufinden hatte. Graf Eu, der kaiserliche Schwiegersohn, befehligte die Parade. Zuerst marschirte die Infanterie vorbei, sie marschirte, ohne Schritt und Richtung zu halten. Die ihr folgende Artillerie machte einen weit besseren Eindruck. Den Schluss bildete die ganz leidlich berittene Kavallerie, unter der wir Ulanen mit grellrother Kopfbedeckung bemerkten. Das Vorbeidefiliren auch dieser Truppe geschah in unmilitärischer Haltung; ein Pferd war voraus, eines zurück, ein drittes der Quere. Am tadellosesten lösten ihre Aufgabe die ziemlich zahlreichen Schüler der Militärbildungsanstalt von Praia Vermelha. Die verschiedenen Waffengattungen sind sämmtlich schwarzblau uniformirt, nur die Musik der Infanterieregimenter trägt graue Uniform. Die Kavalleriemusik ist lediglich auf Schimmel beritten.

Viele Zuschauer hatten sich zu diesem militärischen Schauspiel eingefunden. Keine Polizei war sichtbar, und die Leute umgaben von allen Seiten den kaiserlichen Wagen und drängten sich dermaassen an denselben heran, dass sie momentan die freie Aussicht auf die Truppen benahmen. Es äusserte sich auch hier wieder das patriarchalisch gemüthliche Verhältniss zwischen Kaiser und Volk, wie es sich vor einem Monat, gelegentlich der Rückkehr des Kaiserpaares aus Europa geäussert hatte.

Vom Paradeplatz ging es nach dem Quartel de Artilharia, der Artilleriekaserne. Hier wurde in einer Kapelle mit auffallend niedriger Decke eine heilige Messe gelesen. An Stelle von Kniebänken hatten wir auf den Boden gelegte Kissen, zu deren Benutzung man etwas gymnastisch geschult sein musste. Rechts und links vom Altar standen einige Herren der Offiziersschule; hübsche und angemessene Militärmusik begleitete die religiöse Handlung. Nach der heiligen Messe, aber noch in der Kapelle, küssten Offiziere, der Feldpater und der Geistliche, welcher celebrirt hatte, portugiesischer Hofsitte gemäss, dem Kaiser die Hand. Auf Wunsch Seiner Majestät, welcher selbst die Führung übernahm, folgte ein Rundgang durch die Kaserne, weil wir auch eine solche in Brasilien gesehen haben sollten. Die Räume sind gut und luftig, gut auch die Lager der Soldaten. Der Speisesaal ist gross und reinlich, ebenso die Küche. Die Menage der Mannschaft ist besser als die bei uns übliche.

Nach Besichtigung der Kaserne erfolgte die Rückkehr in den Palast von S. Christovão, woselbst ich zum Gabelfrühstück, welches die kaiserliche Familie vereinte, geladen war. Während desselben wurde das Militärwesen Brasiliens besprochen. Nach demselben sollte mir der ganze Palast gezeigt werden.

Im ersten Stock des Paço befinden sich ausser dem eher niedrigen und ziemlich einfachen Speisesaal, die nicht sonderlich grossen, aber hübschen Empfangsräume, welche Marmorbüsten, Statuen aus Marmor und verschiedene grosse Familienporträts schmücken. Zu ihnen gehört ein Thronsaal mit Thron und Baldachin aus grünem Sammt. Ferner befinden sich hier die gemüthlich eingerichteten Wohnzimmer der Kaiserin; die Wände dieser Gemächer sind mit unzähligen Bildchen behangen, unter denen ich Photographien meiner Mutter, einer Jugendfreundin der hohen Frau, entdeckte. Das gleiche Stockwerk enthält in zwei grossen Sälen die Bibliothek und die Mineraliensammlung der Kaiserin Leopoldine, der gelehrten Mutter Dom Pedros II. Auch Vieles, was der regierende Kaiser gesammelt, hat hier Platz gefunden, so eine ganze Reihe russischer, namentlich wissenschaftlicher Werke, unter welchen ich nur das Горной Журналъ und den Русскій Лѣтописъ nennen will. Dom Pedro beherrscht nämlich auch die äusserst schwierige Sprache des grossen ostslavischen Volksstammes. An naturwissenschaftlichen Schätzen sind noch manche zoologische, paläontologische und ethnographische Gegenstände, letztere namentlich indianischen Ursprunges, zu erwähnen.

Im zweiten Stock befinden sich das grosse Schlafgemach der Majestäten und etliche Zimmer des Kaisers, welche trotz ihrer Einfachheit weit eleganter sind, als diejenigen der Quinta in Petropolis. Hier ist auch der Saal, in welchem der Kaiser jeden Samstag an einer der Schmalseiten eines grossen Tisches dem Ministerrath präsidirt. Nahe diesem Raum ist die sehr umfangreiche Privatbibliothek des Kaisers in drei wohlangefüllten Sälen aufgestellt. Hier fühlt sich der hohe Herr in seinem Element, denn hier findet sein wissensdurstiger, vielseitig thätiger Geist die nöthige Befriedigung, und Bücher sind seine besten Freunde. Portugiesische, spanische, französische Werke und solche in anderen, ihm geläufigen Sprachen reihen sich aneinander. Auch sind kostbare Schriften über das Tupí vorhanden, dieser indianischen Sprache, welche zur Zeit der Entdeckung Brasiliens an der ganzen Küste und weit in das Innere des Landes hinein verbreitet war, und jetzt noch, im Verein mit dem fast identischen Guaraní, unter allen indianischen Sprachen Südamerikas die verbreitetste ist. Namentlich im Amazonasthal wird sie von vielen wilden und civilisirten Indianern und auch von Weissen gesprochen. Nicht nur eine Menge Tupíworte sind im Laufe der Zeiten in das brasilianische Portugiesisch eingedrungen, auch die Satzbildung des letzteren hat durch das Tupí einen

Einfluss erlitten. Der Kaiser bringt dieser wichtigsten Sprache der Autochthonen seines Landes ein berechtigtes Interesse entgegen und dringt auf die Errichtung von Lehrstühlen für dieselbe[1]).

Ausser Bücher sind in der kaiserlichen Bibliothek Berge von Journalen und Zeitungen aufgehäuft. Ferner befinden sich da die Tagebücher, welche der Kaiser während seiner Reisen geschrieben, die Gedichte, welche er verfasst und die Uebersetzungen aus dem Hebräischen, welche seiner Feder entflossen. Auch die Bleistiftskizzen, die er auf seinen Fahrten in die weite Welt gezeichnet hat, sind hier aufbewahrt. An den Wänden hängen Porträts berühmter Männer der Gegenwart und vom Kaiser eigenhändig gemalte Bildnisse grosser Staatsmänner aus allen Zeiten. Auch eine von ihm, nach einem Kupferstich, in Oelfarbe ausgeführte Scene aus der französischen Revolution ist in Anbetracht ihres Figurenreichthums keine geringe Leistung für einen Dilettanten. Rechnet man zu diesen literarischen, wissenschaftlichen und künstlerischen Erzeugnissen des Kaisers noch seine echt brasilianische Vorliebe für Musik, die sich mit feinem Verständniss für das Reich der Töne paart[2]) und ihn sogar zu einzelnen Kompositionen in Rossini'schem Geist veranlasst hat, so wird man einen annähernden Begriff erhalten von den reichen, mannigfaltigen Veranlagungen dieses hohen Herrn. Zu betonen ist hier, dass die soeben erwähnte, vielseitige Thätigkeit des Kaisers gewissenhaft auf die Mussestunden beschränkt wird, und der Monarch, in vollster Pflichttreue, vor Allem und mit Eifer den Regierungsgeschäften obliegt.

Der Kaiser, welcher mich mit grösster Liebenswürdigkeit selbst durch alle Räume erklärend geleitete, beschloss unsere Wanderung mit dem Besuch der Palastkirche. Dieselbe ist aus weissem Stucco und ziemlich gross, aber nichts weniger als schön.

Nachmittags durfte ich mit den Majestäten gemeinsam nach Petropolis zurückkehren. An der Praia in Rio wartete viel Volk, welches dem vorbeigehenden menschenfreundlichen Herrscherpaar mit sichtlicher Anhänglichkeit und warmer Verehrung die Hände küsste. Es nahm uns das kaiserliche Ruderboot auf, ein grosses, reichverziertes Fahrzeug mit geräumiger Kajüte. Die etwa zwanzig Matrosen waren geschmacklos grün gekleidet und trugen mit Silberborten benähte Kopfbedeckungen aus Zeug, in Form

---

[1]) In dem meiner Rückkehr aus Brasilien folgenden Jahr 1889, schrieb der Kaiser einen interessanten Aufsatz über das Tupí, welcher dem Artikel »Brésil« der »Grande Encyclopédie« sollte einverleibt werden. Er sandte mir denselben, den Wunsch anfügend, dass ich deutsche Linguisten veranlassen möchte, sich mit dieser Sprache zu befassen.

[2]) Der Kaiser war der erste Protektor des bekannten brasilianischen Opernkomponisten Gomes (Mossé: Dom Pedro II., p. 374) und scheint auf Wagner's Genie schon aufmerksam gewesen zu sein, als dasselbe noch gar keine sonderliche Anerkennung gefunden hatte. (Julien: Richard Wagner, sa vie et ses oeuvres. p. 114. 115.)

von abgestutzten preussischen Grenadiermützen. Einige Ruderschläge brachten uns an Bord der eleganten kaiserlichen Yacht, welche in angenehmem Widerspruch steht mit der sonstigen altmodischen und fast ärmlichen Ausstattung des in seinen Mitteln sehr beschränkten Hofes. Dem hübschen weissen Anstrich und den vergoldeten Verzierungen aussenbords entspricht im Innern des Schiffes die bis in die Einzelheiten schöne, vornehme und geschmackvoll moderne Möblirung. Die Ueberfahrt nach Mauá fand unter gemüthlichem Plaudern mit der Kaiserin statt, indessen der Kaiser sich in Zeitungen vertiefte, Wort für Wort die letzten Kammerverhandlungen zu lesen. In Mauá bestiegen wir den kaiserlichen Separatzug, dessen von den Majestäten benutzter Waggon sich durch grosse Einfachheit auszeichnete. Er bestand aus einem einzigen, mit dunklen Ledermöbeln ausgestatteten Raum, in welchem man sich nicht einmal den Luxus eines Tisches erlaubt hatte.

Um drei ein halb Uhr waren wir wieder in Petropolis angelangt.

Petropolis. Montag, den 24. September.

Gestern, nach unserer Ankunft, erstiegen wir einen Aussichtspunkt, der uns besonders klar vor Augen führte, wie schwer es hält, über Petropolis einen Ueberblick zu gewinnen. Die Stadt ist in lauter einzelne, durch Höhenzüge eingeengte Theile zergliedert. Man kann buchstäblich sagen, dass eine jede der äusseren Strassen von der nächsten durch einen Höhenzug getrennt ist.

Abends stellte sich Regen ein. —

Den heutigen Vormittag benutzten wir zum Besuche desjenigen Quartiers der deutschen Kolonie, welches den Namen Palatinato trägt. Die Ansiedlerhäuschen daselbst sind nett, sauber und in Gärten gelegen. Sie machen den Eindruck, sehr heimlich zu sein. In einem derselben fanden wir eine schon in Brasilien geborene Frau, deren Eltern aus dem Hundsrück eingewandert waren. In einem anderen Häuschen wussten die Leute nicht mehr, woher ihre Eltern gekommen, doch verrieth uns ihr echt pfälzischer Dialekt das vergessene Abstammungsland. In einem dritten Hause wohnte eine sechzigjährige Frau, welche im Alter von zwölf Jahren ihre Heimath, Weissstadt bei Alzey, mit Brasilien vertauscht hatte. Sie sprach stark Dialekt und war eine echte Pfälzerin, heiter, witzig, wortreich. Ihre drei Brüder zählten ebenfalls zu den Kolonisten und konnten ganz wohlhabend genannt werden. Sie selbst wünschte sich dahin zurück, wo ihre Wiege gestanden, doch fehlten ihr die Mittel zur weiten Reise.

Der übrige Theil des heutigen Tages verging mit Besuchsaustausch zwischen der kaiserlichen Familie und mir. Der Kaiser hatte die Güte, mir heute auf besonderen Wunsch einige seiner, selbstverständlich auf portugiesisch geschriebenen Gedichte vorzulesen. Unter denselben befanden sich namentlich solche, welche die reinste, selbstloseste Liebe zu

Vaterland und Familie athmeten, und ferner fliessende, anerkannt ausgezeichnete[1]) Uebersetzungen aus verschiedenen fremden Sprachen. Sein Vortrag war einfach, natürlich, tiefempfunden und in Folge dessen auch zu Herzen sprechend. Zum Schluss las der hohe Herr auch Einiges auf französisch, deutsch und italienisch, was ihm keinerlei Schwierigkeiten zu bereiten schien.

Die Temperatur, welche heute Nachmittag 3 Uhr 25° C. war, fiel Abends auf 19° C. herab.

Petropolis—Therezopolis. Dienstag, den 25. September.

Früh sechs ein halb Uhr zeigte das Thermometer 18° C. Um 7 Uhr vollzog sich unser endgiltiger Aufbruch von Petropolis, wohin wir erst in acht Tagen, und da nur mehr auf einige Stunden, zurückkehren sollen. Ein bequemer Wagen brachte uns durch den Kolonietheil Westphalia auf schon bekannter Strasse bis nach Corréas und auf noch unbekannter bis Santo Antonio. Zum ersten Male bei tadellos schönem Wetter befuhren wir diese prachtvolle Verkehrsader nach Minas Geraes und konnten die anziehende Gebirgsgegend ungestört bewundern. In Santo Antonio bestiegen wir die bestellten Pferde, um über die Berge nach Therezopolis zu reiten. Seit unserer Diagonaltour durch Espirito Santo war uns nicht mehr der Genuss geworden, im Sattel zu reisen. So ging es nun frisch und fröhlich dahin durch die stille Hochlandsnatur, im Gefühl wiedererlangter Freiheit nach all dem städtischen Zwang der letzten Wochen.

Bisher, zu Wagen, hatten wir die nördliche Richtung eingehalten, jetzt führte unser Weg ost- und südostwärts weiter. Wir ritten Anfangs durch eine vollständig baumlose Berggegend, in welcher viele Sitios, d. h. kleine landwirthschaftliche Anwesen und auch etliche Lehmhütten zerstreut umherlagen. Neger und Lusobrasilianer waren gerade überall beschäftigt Batatas (Ipomoea Batatas Lam.) zu pflanzen und türkischen Weizen auszusäen. Letzteres geschah, sofern ich richtig gesehen, mittelst Dippelstockes. Wir hielten geradewegs auf den Gebirgsrücken zu, welcher das Thal des Rio Piabanha von dem Thal des Rio Paquequer pequeno scheidet und sich vor uns zu einzelnen grossen Kuppen erhob. Mehrmals mussten wir Wasserläufe durchreiten. Anfangs ging es sanft, dann steiler bergauf. Die Menschen waren hinter uns zurück geblieben und wir befanden uns in trauter Bergeseinsamkeit. An einem über Felsen rauschenden Gebirgsbach hielten wir in stillem Hochthale Mittagsrast. Die Sonne brannte heiss und wir suchten Schutz unter einer Figueira (Urostigma [organense Miq.?]). Hohe Gabelfarne (Mertensia) deckten die Hänge weithin; vor uns rechts und links starrten bromeliaceenbewachsene Felszacken in die Höhe. Nun ging der Weg noch steiler aufwärts, zwischen den Felsen hindurch

---

[1] Mossé: Dom Pedro II. 347.

über den hohen Sattel. Beim Aufstieg hatten wir einen schönen Ruckblick hinüber und hinab auf die Berge im Nordwesten, welche als ferne, zu einzelnen Spitzen emporgerichtete Kette hingelagert waren. Uns zu Füssen bis hinüber zu ihnen dehnte sich sehr coupirtes Terrain, ein niederes Bergland. Mühsam arbeiteten sich unsere Pferde die steile, waldbedeckte Lehne empor und auf dem halbzugewachsenen, tiefeingeschnittenen Saumpfad weiter. Ein gestürzter Baumstamm lag auf solche Weise über dem Weg, dass wir für einen Augenblick absitzen mussten und kaum die reiterlosen Thiere mit den Damensätteln darunter wegschlüpfen konnten. Immer wilder und zausiger wurde die Capoeira, welche wir zu durchqueren hatten, immer dichter und unbescheidener hingen von beiden Seiten Büsche und Bäume in den wohl seit Wochen von keinem Reiter mehr benutzten Durchhau herein. Wir mussten uns bis auf den Sattel herabgebückt halten, um unter dem Gezweige durchzukommen. Plötzlich beeinträchtigte das Tiefüberhängen eines Bambusgebüsches die freie Bahn noch mehr, und ehe ich, die an der Spitze ritt, es nur denken konnte, war mein Pferd unter mir durch und ich, abgestreift, Kopf voraus nach rückwärts auf den Boden gelangt. Eine schmerzhafte Prellung des Rückgrates war die Folge des Sturzes. (So meinten wir. Thatsächlich aber hatte ich mir, wie sich einige Monate später herausstellte, eine Rippe gebrochen). Um sich nicht der Gefahr eines zweiten solchen Unfalles auszusetzen, verfolgte nun die ganze Karawane den weiteren Weg zu Fuss, solange er noch unter so niedrigem Buschwerk hindurchführte. Dann sassen wieder Alle auf. Wir ritten durch einen wahrhaftigen Blumenhain, und es berührte uns eigenthümlich aus unseren Gärten wohlbekannte Pflanzen hier ungehegt und ungepflegt gedeihen zu sehen. Hohe, gelbblühende Malvaceen, Abutilon Bedfordianum St. Hil. et Naud. var. concolor K. Sch. wuchsen neben Rosenblättrigen Himbeersträuchern (Rubus rosaefolius Smith var. coronarius DC.) mit ihren reizenden weissen Blüthen, welche gefüllten Röschen zum Verwechseln glichen. Rothblühende Fuchsien (Fuchsia integrifolia Camb. var. mollis Dingler n. var.[1]), Begonien in Blüthenschmuck, Lantanen mit rothgelben und mit lila Blüthen (Lantana mixta L.(?) und Lantana lilacina Desf.), Eriope macrostachya Mart., ein tiefblaublühender Strauch, die Salvia altissima Pohl, eine strauchförmige Salbei mit rothen Blumenkronen[2]), und endlich terrestrische Orchideen, nämlich Stenorrhynchus orchioides L. C. Rich., deren rosa Blüthenstand kühn nach aufwärts strebte, schufen ein un-

---

[1]) Diese von mir mitgebrachte Fuchsia stellte sich als eine nov. var. der Fuchsia integrifolia Camb. heraus. Ihre jungen Triebe sind dicht weichhaarig, und wurde sie von Professor Dr. Dingler var. mollis benannt.

[2]) Diese Salviaspecies ist in der Flora brasiliensis nur für Minas und Goyaz verzeichnet. Das von mir in der Serra dos Orgãos gefundene Exemplar, zeigt, verglichen mit den aus obigen Standorten stammenden Exemplaren, Standortsmodifikationen.

gemein farbenreiches Bild. Daneben fehlten nicht die im südlichen Mittelbrasilien weitverbreitete Cuphea ingrata Cham. et Schl., die jetzt nicht in Blüthe stehende Miconia Eichlerii Cogn.[1]), das ungemein zierliche Trichomanes pixidiferum L.[2]) und unzählige andere Sträucher, Halbsträucher und Kräuter. Einer grünen Mauer gleich begleitete uns rechts und links der undurchdringliche Buschwald, aus dem nur wenig hohe Bäume aufragten und dem die Epiphyten fast vollständig fehlten.

Wir ritten ganz nah an die Felsköpfe hin. Nebelschleier zogen uns entgegen und hüllten uns urplötzlich von allen Seiten ein. Fernblick, wie Vordergrund gingen in dem wallenden, wogenden Nebelmeer unter; sogar die näheren Bäume verbargen sich hinter einem grauen Flor, welcher sie zu räthselhaften Gestalten verzerrte. Wir erreichten die waldbedeckte Schneide, von der die Aussicht nach vor- und nach rückwärts herrlich sein muss. Im feuchten, rieselnden Nebel führte der Saumpfad nun steil bergab und unsere Pferde rutschten mit geschlossenen Hinterfüssen über die nassen Felsplatten hinunter. Doch war der Weg im Ganzen ungleich besser, als es die Picadas der Rio-Docewälder waren, denn hier fehlten die berüchtigten Pilões. Weiter thalwärts entritten wir der Nebelregion und sahen uns in ein waldiges Hochthal versetzt. Zu unserer Rechten blieben hoch oben die fast senkrecht aufsteigenden, nackten Felsen der Serra. Der Wald nahm einen anderen Charakter an. Es zeigten sich ein paar Araucarien und eine einzelne Palme, baumartige Gewächse, welche wir höher oben ganz vermisst hatten. Aroideen und epiphytische Bromeliaceen stellten sich erst hier wieder ein. Noch mehr thalwärts umfing uns endlich der richtige, üppige Küstenurwald mit seinen von Tillandsia usneoides geschmückten, schirmartig gebreiteten Baumkronen, seinem malerischen, laubenbildenden Lianenbehang, seinem Ueberreichthum an grünenden, sprossenden und rankenden Pflanzen. Es war zwar Altbekanntes, doch immer wieder Gerngeschautes, da man sich nie satt sehen kann an dieser märchenhaften, unerreicht dastehenden Vegetationsfülle.

Wieder fiel dichter Nebel ein, der sich diesmal bald in Regen auflöste. Unser schmaler Pfad hatte sich unterdessen in einen breiteren Weg verwandelt und hatte in rechtem Winkel auf das weite, ebene Thal des Rio Paquequer pequeno gemündet. Die Waldberge, welche zu beiden Seiten der Thalsohle aufsteigen, waren sichtbar, die etwas ferneren Zinken des berühmten Orgelgebirges blieben jedoch in Wolken gehüllt. Hier gab es keine Lehmhütten, dafür einzelne, besser aussehende Häuschen längs der breiten, guten Strasse, welche das nordsüdlich verlaufende Thal

---

[1]) All die obengenannten Pflanzen, mit Ausnahme der Begonien und der gelbrothblühenden Lantana, in mein Herbarium gesammelt.

[2]) In mein Herbarium gesammelt, doch da die Standortsbezeichnung verloren gegangen, ist es nur eine Vermuthung, dass dieser Hautfarn hier gefunden.

der Länge nach durchzieht. Wir legten auf dieser Strasse die letzte halbe Stunde unserer Tagereise in munterem Galopp zurück und erreichten nach sechseinhalbstündigem Ritt unser heutiges Nachtquartier, Therezopolis.

Therezopolis ist nur ein kleiner, aus wenigen Häusern bestehender Ort, eine Art Sommerfrische für die Fluminenser. Es liegt etwa 800 m hoch über dem Meere und, wie Petropolis, auf der Nordabdachung der Serra do Mar. Seine Jahresisotherme wird um ungefähr 4° hinter derjenigen von Rio de Janeiro zurückbleiben. Heute Abend 6 Uhr zeigte das Thermometer 17° im Thal. Unter Tags, in etwas höheren Regionen, war es einige Male so kühl gewesen, dass wir gern nach unseren Mänteln gegriffen hatten.

Wir haben in einem sauberen, kleinen Gasthaus Unterkunft gefunden. Der Ort ist noch wie ausgestorben, da ebensowenig wie für Petropolis die Besuchssaison begonnen hat. Wirklich ist auch die Luft draussen und in den Zimmern empfindlich feucht und ungemüthlich. Ein Macucú (Tinamus solitarius Vieill.), ein Steisshuhn mit überwiegend röthlich-braunem

Die Serra dos Orgãos von Therezopolis aus.

Gefieder, das die dichten Wälder Mittel- und Süd-Brasiliens bewohnt, bildete den Hauptbestandtheil unserer heutigen Abendmahlzeit.

Therezopolis—Piedade. Mittwoch, den 26. September.

Früh 8 Uhr war die Temperatur wie Abends vorher 17° C. Nebel und Regen hinderten uns an zeitigem Aufbruch, da wir zu dem landschaftlich berühmt schönen Ritt hinab nach Bananal besseres Wetter abwarten wollten. Thatsächlich hellte es sich später etwas auf und aus dem Nebel tauchten unfern von uns die riesigen, vermuthlich aus Gneiss bestehenden[1]) Orgelpfeifen der Serra dos Orgãos auf. Diese bizarren Gebilde, welche dadurch entstanden, dass von dem fast senkrecht geschichteten Gestein die weicheren Schichten zerstört worden und nur die härteren stehen geblieben sind[2]), erreichen in dem Dedo de Deos den Culminationspunkt ihrer Absonderlichkeit. Letztgenannter Bergspitze, welche thatsächlich wie ein riesengrosser Steinfinger gegen Himmel ragt, wüsste ich keine ähnliche Bergform an die Seite zu stellen. Rechts von ihr starren zwei weitere, Garrafão genannte Zinken empor, welche mit ersterer zusammen beiderseits von Waldbergen malerisch eingerahmt werden. Das merkwürdige Bild festzuhalten entwarf ich davon eine flüchtige Skizze in mein Zeichenbuch.

Es war inzwischen zehneinhalb Uhr geworden, und nun durften wir nicht länger mehr zögern, aufzusitzen. Unser Weg, eine breite zum Theil gepflasterte Strasse, führte südwärts dahin, anfangs auf der langsam ansteigenden, weiten Thalsohle, welche mit Gestrüpp und magerem Wald bedeckt war. Dann ging es zwischen enger zusammengerückten Berghängen hindurch. Bei etwa 100 m oberhalb Therezopolis überschritten wir in einer tiefen Einsattelung der Serra dos Orgãos die Wasserscheide zwischen dem Flussgebiet des Rio Parahyba und den nach der Bucht von Rio abfliessenden Gewässern. Als wir um die Ecke bogen wurde uns ein überraschender Blick auf die unerwartet und in unmittelbarer Nähe vor uns aufsteigenden Nadeln und Zacken des Orgelgebirges. Nur hatte sich von hier, also von Süden aus, gesehen, ihre Reihenfolge verschoben. Der unerklimmbare Dedo de Deos lag nun rechts und der Garrafão links; in Therezopolis, nordöstlich der Gebirgskette, war es umgekehrt gewesen. Das ganze, entzückende Bild zeigte sich uns wie eine Vision. Im nächsten Augenblicke schon zog ein Nebelschleier darüber hin, bald dichter, bald dünner. Manchmal schien derselbe zerreissen zu wollen, dann schloss er sich wieder fester zu, und die grauen Massen ballten sich und wogten auf und nieder. Wir warteten zu Pferde über eine halbe Stunde wie angewurzelt, hoffend, dass sich der Nebel zertheilen und uns nochmals der Anblick

---

[1]) Derby: Os picos altos do Brazil p. 7.
[2]) Hartt: Geology and Physical Geography of Brazil 16.

dieses einzigen Hochgebirges werden würde. Zu unseren Füssen, tief unten, breitete sich die von Höhenzügen, wie von versteinerten Wellen durchzogene Ebene, und an sie anschliessend die blaue Bucht von Rio mit ihrem bergigen Hintergrund. Im Süden und Südosten lagerten die Serra do Lagarto, die Serra das Lavras und andere Bergketten. Auch über der in Sonnenlicht schimmernden Meeresbucht hing, einem halbaufgezogenen Theatervorhang gleich, drohend eine Nebelwand herab. Diese senkte sich dann ebenfalls, Alles verhüllend, und auch der letzte freie Ausblick nach Südosten verschwand bald in dem trüben Wolkenmeere.

Nach vergeblichem Warten auf Klarerwerden der Aussicht setzten wir unseren Ritt bergab fort. Der Weg, welcher sich der Südabdachung der Serra dos Orgãos entlang thalwärts zog, war einem mit üppigster Waldvegetation überkleideten, steilen Hange abgerungen. Da grünte und blühte Alles in wildem Durcheinander. Steife Cecropien standen neben leichtgeneigten Palmen, graziöse Baumfarne, wohl Hemitelien und Alsophilen, breiteten ihre Wedel, Bromeliaceen hafteten in den Astwinkeln der Bäume, und Lianen woben sich von Zweig zu Zweig und wallten in dichten Draperien herab. Ein edelsteinfunkelnder Colibri flog auf, eine Araponga liess ihre Glockentöne fern im Wald erschallen, rothbauchige Tukane (Rhamphastus dicolorus L.) fielen in einen Laubbaum ein und Periquitos (Brotogerys) wechselten kreischend, paarweise, über unsere Köpfe hinweg. Gestern hatten wir riesige Kröten (Bufo marinus L.) begegnet, heute kamen uns keine dergleichen Froschlurche in den Weg.

Es öffneten sich Schluchten in der Bergwand, üppig überwuchert und überhangen von tropischer Vegetationsfülle. Tief unten schäumte und toste ein ungebändigtes Gebirgswasser.

An der Fazenda da Barreira machten wir Halt, die dortige Pflanzung von Chinarindenbäumen der Species Cinchona calysaia Wedd.[1]) in Augenschein zu nehmen. Diese Chinapflanzung ist eine der wenigen, welche Brasilien besitzt, und obwohl sich das Land zu Kulturen in grösserem Maassstabe eignen würde, haben solche, wegen Schwierigkeit des Bezuges junger Stämmchen, bisher keinen Eingang gefunden. Die Cinchonen der Fazenda da Barreira sind auf einer Böschung in langen Reihen gepflanzt. Die im Habitus nicht schönen Sträucher haben länglich ovale Blätter mit röthlich schimmernder Unterseite und einen rispigen Fruchtstand mit rostrothen Fruchtstielen und Kapseln. Aus der Ferne gesehen hat die ganze Pflanzung eine durchwegs röthliche Färbung. Leider mangelte uns die Zeit, das in einer Seitenschlucht, etwas abseits von unserem Weg gelegene Wirthschaftsgebäude zu besuchen und uns

---

[1]) Die Species wurde im Münchner Staatsherbar nach einem aus dieser Pflanzung stammenden Exemplar festgestellt.

mit der Verarbeitung der Chinarinde bekannt zu machen. So konnten wir auch nicht erfahren, in welcher Form diese kostbare Rinde, die eine wahre Wohlthäterin der Menschheit ist, von hier aus in den Handel gebracht wird.

Wieder sassen wir im Sattel und weiter ging es den Berg hinunter. Das Reiten wie das Gehen waren mir heute zur Qual. In Folge des gestrigen Sturzes schmerzten mich alle heftigeren Bewegungen und solche konnten begreiflicherweise nicht vermieden werden. Hie und da begegnete uns eine Tropa oder ein einzelner Reiter. Von Strecke zu Strecke lagen Ranchos am Wege, grosse, nach mehreren Seiten offene Schuppen, bestimmt, den Tropas als Unterkunft zu dienen. Immer mehr zog sich unsere Strasse zu Thal. Ober uns hing die Nebelwand unbeweglich, erbarmungslos all die herrlichen Bergspitzen tief herab verhüllend. Die frische Luft, welche wir oben in der Höhe genossen hatten, machte einer drückenden Hitze Platz. Es mehrten sich die Ansiedlungen und das Terrain wurde immer ebener. Nach fünfstündigem Ritt hatten wir um drei einhalb Uhr Bananal, ein Dorf am Fuss der Serra dos Orgãos, erreicht.

Hier bestiegen wir den mit vier Maulthieren bespannten, federnlosen Postwagen, der nach allen Seiten offen war und nur ein von Eisenstangen getragenes, loses Wachstuchdach hatte. Eine kleine eiserne Leiter vermittelte das Hineinklettern in dieses wirklich lumpige Gefährt, in welchem wir acht Sitze fanden, vier in der Mitte, zwei auf dem Bock und zwei rückwärts. Zum Glück waren wir, ausser etwa zwölf in einem Käfig eingesperrter Vögel, die einzigen Reisenden und hatten zu drei somit vollauf Platz. Die Maulthiere zogen an und nun sausten wir dahin auf löchererfüllter Strasse, über Stock und Stein, durch Wasserlachen und über morsche Brücken. Wir mussten uns bei jedem Stosse wie Affen an die Stangen klammern, um nicht hinauszufliegen, und mehr als einmal drohte der alte Marterkasten aus den Fugen zu gehen. Ein Marterkasten war der Wagen am meisten für mich, denn jedes Strassenloch, aus welchem wir emporgeschleudert wurden — und deren gab es viele — presste mir, in Folge der Erschütterung meines geschädigten Thoraxes, einen unterdrückten Schmerzensschrei aus. So ging es in wilder Fahrt durch die flache, sumpfige, dicht mit Gestrüppvegetation überdeckte Niederung. Hie und da tauchten ein paar Häuser am Wege auf, und einzelne Bananen- und Orangenbaumpflanzungen unterbrachen die kulturlose Oede. Mitten in die Gestrüppwildniss hinein war ein Collegio de Meninas gebaut, eine Erziehungsanstalt für Mädchen.

In dem Städtchen Magé hatte die Post kurzen Aufenthalt. Hier sahen wir zum ersten Male einen Troly, einen der im Innern Brasiliens gebräuchlichen niederen Wagen. Diese ebenfalls primitiven Fuhrwerke

Südhang der Serra dos Orgãos.

haben keine Federn, aber statt dessen der Länge nach über den zwei
Räderpaaren federnde, dünne, elastische Bretter, auf welchen der Quere
nach zwei kistenartige Sitze angebracht sind. Der vordere derselben ist
dem Kutscher bestimmt, der rückwärtige den Reisenden, welche hier nur
zwei an der Zahl sein dürfen. Hinter dem letztgenannten Sitz befindet
sich noch ein flacher Platz, um etwaiges Gepäck aufzunehmen.

Während wir diesen landesüblichen Wagen betrachteten, empfahl
sich einer unserer befiederten Reisegefährten nach dem anderen. Durch
die Erschütterungen der vorhergegangenen Fahrt hatte sich an dem Käfig
ein Spalt geöffnet und den Gefangenen den Weg zur Freiheit gebahnt.
Der spätere Empfänger der vielleicht bestellten Sendung mag über den
entvölkerten Vogelbauer etwas enttäuscht gewesen sein.

Hinter Magé, einem ziemlich bedeutenden Ort, der schon über drei-
hundert Jahre alt ist, begegnete uns einer der wenigen civilisirten Indianer, welche die Provinz Rio de Janeiro noch bewohnen; und in verschiedenen, an der Strasse liegenden Anwesen bemerkten wir einzelne
indianische Frauen. Diese wehmutherregenden Reste der einst in dem
Lande herrschenden Rasse waren wohl Nachkommen der grossen Tupí-
nation, welche zur Zeit der Entdeckung die hiesige Küstenstrecke inne
hatte.

Um 6 Uhr, bei einbrechender Dunkelheit, langten wir in Piedade an.
Es ist dies ein am nordöstlichen Ufer der Bai von Rio gelegenes Dorf,
das eine für brasilianische Begriffe sehr alte Kirche besitzen soll. Wir
fanden Unterkunft in einem sehr minderen, nur von Leuten niederen
Standes besuchten Wirthshaus, in welchem wir vorzogen, unseren Abendimbiss selbst zu bereiten. In unser Zimmer, dessen Fensterscheiben zer-
brochen waren, verirrte sich Nachts ein kleines, bläulich leuchtendes
Insekt, wohl eine der vielen Lampyrinen[1]), deren Brasilien über hundert
Arten zählt.

Piedade—Rio de Janeiro. Donnerstag, den 27. September.

Von Piedade, welches sich durch einen in seinen Tiefenverhältnissen
günstigen Hafen auszeichnet, bekamen wir nicht viel zu sehen. Denn
schon um 6 Uhr früh, bei beginnendem Tage, lief der kleine Dampfer
aus, der uns über die ganze Länge der Bai nach Rio bringen sollte.
Dieses bescheidene Beförderungsmittel hatte ganz den Charakter eines
Marktschiffes. Es war ausschliesslich mit Negerweibern und deren Kinder
besetzt, welche Früchte und Gemüse aus den umliegenden Ortschaften
nach der Hauptstadt zum Verkauf brachten. Wir fuhren zunächst an

---

[1]) Sollten die Lampyrinen Brasiliens röthlich leuchten, worüber ich keine Erfahrungen
gesammelt habe, so kann der leuchtende Käfer nur ein Pyrophorus gewesen sein. Der Gestalt nach zu entscheiden, welcher Familie der Coleopter zugehörte, war in Folge der im
Zimmer herrschenden Dunkelheit nicht möglich.

einigen Klippen und einem winzigen, palmenbesetzten Eiland vorbei. Dann folgte das Anlaufen von Paquetá, einer aus Gneiss und Alluvium aufgebauten Insel, wohl die zweitgrösste der ganzen Bucht. Ihr Charakter ist dem der Ilha do Governador sehr ähnlich. Sie ist ziemlich flach, sehr schmal, etwa 3 km lang und gilt als fruchtbar und viel besucht. Statt ihres gerühmten Garten- und Villenschmuckes bemerkten wir nur unschöne Häuser und einzelne Fiederpalmen.

Der heutige Tag hatte sich trübe angelassen und das Orgelgebirge war nur theilweise sichtbar gewesen. Nun, während der Fahrt, wurde das ganze herrliche Panorama durch Nebel und Regen verhüllt. Die Temperatur hingegen war angenehm; um 7 Uhr zeigte das Thermometer 22,5 $^{\circ}$ C.

Es war erst acht einhalb Uhr als wir wieder in Rio de Janeiro eintrafen. Wir benutzten den Morgen zum Besuch der unglaublich unschönen, Capella Imperial genannten Kathedrale und des grossen Marinearsenals. Am Eingang des letzteren bewunderten wir den riesigen Eisenmeteoriten von Bendegó in der Provinz Bahia, einen der grössten Meteoriten, die je auf die Erde gefallen. Derselbe hat eine Länge von 2,15 m, eine Breite von 1,50 m, eine Höhe von 60 cm und ein Gewicht von 5360 kg. Er wurde schon im Jahre 1784 entdeckt. Aber erst vor wenig Monaten schleppte man ihn unter unsäglichen Transportschwierigkeiten aus dem weglosen Innern zur nächsten Eisenbahnstation, um ihn von da nach der Küste und nach Rio zu verbringen. Nun ruht dieser berühmte Meteorit nach mehr denn halbjähriger Reise seit Juni im Arsenal, gewärtig, im Museu Nacional seine endgiltige Aufstellung zu finden.

Unser Besuch des Marinearsenals geschah auf besonderen Wunsch des Kaisers, welchem daran gelegen war, dass wir möglichst viele der wirklich hervorragenden staatlichen Etablissements seines Landes kennen lernten. Das Marinearsenal von Rio, das bedeutendste der fünf Arsenale, welche Brasilien besitzt, ist ungeheuer ausgedehnt und bildet eine kleine Stadt für sich. Es beschäftigt zweitausend und einige hundert Arbeiter, ausschliesslich Brasilianer bis auf einen Stamm englischer Ingenieure und Maschinisten. Von den verschiedenen, in grossen Hallen untergebrachten Werkstätten nenne ich nur die Schreinerei, die Giesserei, die Feilerei, die Bohrwerkstätte, das Hammerwerk, in welchem die Panzerplatten geschmiedet, das Walzwerk, in welchem sie dünn gewalzt werden und die Abtheilung, in der aus Krupp'schem Eisen grosse Maschinentheile zur Herstellung gelangen. Daran schliessen sich ausgedehnte Räume zum Aufbewahren von Segeln und Eisentheilen, das Administrationsgebäude mit seinen Maschinen-, z. B. Schiffsschraubenmodellen und das Marinemuseum mit den Seeschlachtenbildern und den zierlichen Schiffsmodellen. Auf der Werft wird gerade ein Kreuzer erster Klasse von 4500 Tonnen-Deplacement, der Almirante Tamandaré, gebaut. Der Bau des Schiffes ist schon weit vorgeschritten, doch fehlen, um nur einiges zu nennen, noch sämmtliche Deckbalken und auch sämmtliche Deckstützen. Von der Werft brachte uns das Admiralsboot nach der aus Gneiss bestehenden Ilha das Cobras, wo sich zwei grosse Trockendocks befinden. Zwischen diesen beiden erhebt sich das Maschinenhaus mit den Dampfpumpen zum Trockenlegen der Bassins. In dem einen, von uns nicht näher besichtigten Dock liegt, wie mir scheint, ein Panzerkanonenboot, deren Brasilien eine ziemliche Anzahl besitzt. In dem anderen ist der Monitor Solimões trocken gestellt worden, ein Fahrzeug mit zwei Drehthürmen, von denen jeder mit zwei Vorderladergeschützen armirt ist. Diese Geschütze werden zum Laden tief gesenkt, und soll, Dank einem Apparat, ein einziger Mann das Laden besorgen können. Die Länge des Solimões beträgt 73 m, die Breite 17 m, das Deplacement 3700 Tonnen, die Panzerdicke an der Wasserlinie 305 mm, die Dicke des Deckpanzers 75 mm[1]). Die Kajüten, die wir besuchten, sind eng und liegen, dem Charakter des Monitors entsprechend, fast unter Wasser.[2]) —

Der heutige Nachmittag wurde zunächst ausgefüllt durch das Besehen des Aeusseren einiger öffentlicher Gebäude, wie des Musikconservatoriums, des Thesouros und des Polytechnikums, welch letzteres in seinem Lehrpersonal manches zu wünschen übrig lassen soll. Diesem folgte der Besuch des Gabinete Portuguez de Leitura, einer Bibliothek, die vor 50 Jahren von einer portugiesischen Gesellschaft gegründet worden ist. Die Innenräume dieses vielleicht schönsten Gebäudes von Rio entsprechen so ziemlich der von uns schon früher bewunderten Aussenseite. Sie sind in maurisch-gothischem Styl gehalten und erinnern theilweise an den Alcázar von Sevilla. Der durch zwei Stockwerke reichende Bibliotheksaal enthält Bücher in allerhand Sprachen; so fehlen auch deutsche und russische, namentlich geschichtliche Werke nicht.

Der Rest des Tages galt dem Besuch der Kirchhöfe an der Praia de São Christovão, dem äussersten Nordende der Stadt. Da wir schon vielfach gesehen, wie die Fluminenser leben und wohnen, wollten wir nun auch sehen, wie ihre letzten Ruhestätten beschaffen sind. Unser Weg dahin führte zum Theil längs des Canals do Mangue, einer Anlage, welche ihren ursprünglichen Zweck, das sumpfige Terrain zu entwässern und einen Bootsverkehr zu ermöglichen, nie erfüllt hat. Dieses verfehlte Unternehmen, das dem Staat Millionen gekostet, schien, gleich anderen Bauanlagen Rios, die Klagen zu rechtfertigen, welche uns schon in den Nordprovinzen zu Ohren gekommen waren. Die Leute dort äusserten nämlich ihre Unzufriedenheit darüber, dass mit dem Steuerertrag der

---

[1]) Brommy-Littrow: die Marine 277 u. 583.

[2]) Der Monitor Solimões hat dreieinhalb Jahre später, Mai 1892, in den südbrasilianischen Gewässern Schiffbruch gelitten.

einzelnen Provinzen unverhältnissmässig viel für die Hauptstadt geschähe und den Provinzen selbst sehr wenig von den von ihnen geleisteten Abgaben zu Gute käme. Thatsächlich auch verschlingen die Ausgaben für die Verschönerung und die nützlichen Einrichtungen Rios nicht weniger als 3 Procent sämmtlicher Staatseinnahmen. In Anbetracht dieser Verhältnisse richten sich nun die dringenden Wünsche der Provinzbewohner nach einer grösseren Decentralisation in der Verwaltung des Kaiserreichs, einer grösseren Autonomie der einzelnen Provinzen.

Am Mangue-Kanal fiel uns ein eigenthümlich angelegtes Gebäude mit vergitterten Fenstern auf. Es ist dies das Asylo da Mendicidade, das Armenhaus, welches sich eines starken Zuspruches erfreuen soll.

Endlich war die Praia erreicht, der Strand, von dem aus sich entzückende Rückblicke boten auf die südlichen und westlichen Stadttheile mit ihrem malerischen Berghintergrund. Der Kirchhöfe an der hiesigen Praia sind es drei. Zwei gehören Bruderschaften an, der dritte Cemiterio ist ein allgemeiner. Er führt den Namen São Francisco Xavier und gilt als der grösste der Stadt. Die Gräber der Armen entbehren der sichtbaren Mauerung. Die Ruhestätten der wohlhabenden Leute hingegen sind grosse, weisse, aus dem Grund heraufgemauerte Steinparallelepipede. Diese Steinkästen tragen entweder nur eine Inschrift oder auch ein Denkmal. Um die einzelnen Gräber herum schmiegen sich rothblättrige Pflanzen, die ausgezeichnet zum Weiss der Steine stimmen. Cypressenartige Bäumchen heben durch ihr dunkles, ernstes Grün die schönen, blendendweissen Marmormonumente. In die Friedhöfe herein schauen all die wohlbekannten Bergspitzen Rios, um diesen stillen Ort der Vergänglichkeit eine landschaftliche Umrahmung zaubernd, die auf der ganzen Welt ihresgleichen sucht.

Als wir den Heimweg von den Gottesäckern einschlugen, begegneten uns mehrere Leichenzüge. Die Pferde der Todtenwagen waren, vermuthlich der grossen Entfernungen halber, in Trab versetzt; hinterher fuhren die Leidtragenden. Die Brasilianer wollen wohl dem Tode den Charakter des Düsteren benehmen, wenigstens malen sie ihre Särge in den buntesten Farben. So sahen wir den Sarg eines Kindes rosa, denjenigen eines Erwachsenen lila angestrichen. In Pará sind den Kindern, je nach dem Alter, heller oder dunkler blaue, den unvermählten Erwachsenen rothe Särge bestimmt. Letzteres mag auch für hier gelten, doch hatten wir nicht Gelegenheit, uns davon zu überzeugen. —

Unsere heutigen Fahrten waren häufig von Regen begleitet. Abends 8 Uhr zeigte das Thermometer ca. 22° C. —

Rio de Janeiro. Freitag, den 28. September.

Am heutigen Tag sollten wir einer interessanten Ceremonie beiwohnen, der Ueberreichung der Goldenen Rose an die Kronprinzessin.

Diese Auszeichnung war vom Papste der liebenswürdigen Fürstin verliehen worden für die unter ihrer Regentschaft, am 13. Mai dieses Jahres, erfolgte endgiltige Abschaffung der Sklaverei. Aus letztgenanntem Akte wird von der abolitionistischen Partei für die Princeza Imperial durch Broschüren und auf andere Weise möglichst Kapital geschlagen. Behauptet man ja sogar, wenn auch irriger Weise,[1]) dass die Annahme des Emancipationsgesetzes nur beschleunigt worden sei, damit dieselbe noch in die Zeit der Regentschaft falle und hierdurch der Mangel an Popularität der Thronfolgerin gehoben werde. So soll es gleichsam die letzte Karte gewesen sein, welche das Ministerium auszuspielen hatte, um der Kaisertochter die Nachfolge zu retten; denn schon mächtig lecken die Wogen der republikanischen Strömung an dem Throne der Braganças empor.

Die von uns gestern besuchte Capella Imperial war ausersehen als Schauplatz der verdienten Ehrung der Kronprinzessin. Es hängt diese Kapelle, oder richtiger Kirche, mit dem Paço da Cidade zusammen, einem alten Palaste, welcher einst der damals noch königlichen Familie als Residenz gedient, bis der Paço de São Christovão bezogen werden konnte. Dieser alte Palast ist nicht nur im Vergleich zum neueren alt, sondern auch für sich allein betrachtet. Es ist ein hässlicher, herabgekommener Bau, der nur mehr zu den seltenen, grossen Empfängen bei Hof und hie und da einmal zu Regierungsgeschäften benutzt wird. Denselben in richtigem Stand zu erhalten, dazu fehlen, bei unbedeutender Civilliste und Mangel jeglichen kaiserlichen Privatvermögens, vollständig die Mittel. Die Säle, welche der Palast enthält, sind niedrig und nicht sonderlich gross. Ihren Hauptschmuck bilden Gemälde mit historisch interessanten Stoffen, wie die Prokurationsheirath der regierenden Kaiserin, die Krönung des Kaisers Dom Pedro I. und verschiedene Episoden aus der portugiesischen Geschichte. Unter den Empfangssälen befindet sich auch der Thronsaal, in welchem an den »dias de grande gala«,[2]) wie zum Beispiel dem Jahrestag der Unabhängigkeitserklärung, die Defiliercour statthat. Dem Throne für den Kaiser ist ein kleinerer und tiefer gelegener für die Kaiserin beigegeben. In diesem offenbart sich, wie in Anderem, dass die Stellung des Kaisers mehr diejenige des Präsidenten einer Republik, als diejenige des Herrschers einer Monarchie ist. An die Empfangssäle stösst das

---

[1]) Die Geschichte der Emancipation liefert den deutlichen Beweis, dass die Bewegung zu Gunsten der Sklavenbefreiung schon einen solchen Umfang angenommen hatte, dass sie absolut sich nicht mehr aufhalten liess, also keineswegs einer künstlichen Beschleunigung bedurfte. Siehe das weiter oben S. 290 Gesagte. siehe auch Mossé: Dom Pedro II., 228 e s. Levasseur: L'émancipation des esclaves (Levasseur: Le Brésil p. 36) und Leclerc: Lettres du Brésil 191 et s.

[2]) Tage grosser Gala.

Zimmer, in welchem der Kaiser gelegentlich seiner Anwesenheit im Stadtpalast mit den Ministern arbeitet.[1] —

In der kaiserlichen Tribüne der Capella Imperial hatten wir uns nun heute um 11 Uhr einzufinden, der oben erwähnten Ceremonie beizuwohnen. Die gleiche Tribüne benutzten die fünf in Brasilien anwesenden Enkel des Kaiserpaares, die drei Söhne der Princeza Imperial und die zwei Söhne der verstorbenen Herzogin zu Sachsen. Das Schiff der Kirche war angefüllt mit Herren in Uniformen und vielen geputzten Damen. Um 11³/₄ Uhr erschien der Kaiser, seine hohe Gemahlin am Arme führend; ihnen folgte die Kronprinzessin mit dem Grafen Eu. Indessen Dom Pedro rechts vom Altare auf damastüberzogenem Thronsessel Platz nahm, war für die Kaiserin, ähnlich der schon im Thronsaal beobachteten Sitte, daneben nur ein einfacher Stuhl bereit gestellt. Gleiche Sitze erhielten nebenan die Tochter und der Schwiegersohn des Herrscherpaares. Zunächst dem Altare befand sich der Bischof von Rio de Janeiro. Das Amt, welchem wir nach Angabe, mit Ausnahme des Theiles Sanktus-Wandlung, stehend oder sitzend anwohnten, wurde vom päpstlichen Nuntius Spolverini celebrirt. Musik von Mozart und Bussmeyer, unter Direktion des letztgenannten Componisten, begleitete die heilige Handlung. Nach der letzteren folgte eine lange Rede des Bischofs von Pará, Macedo, eines hervorragenden, um die Katechese der Indianer wohlverdienten Kirchenfürsten. Noch wurden einige Gebete angefügt. Dann, nachdem die lateinische Botschaft des Papstes verlesen worden war, trat die in weisse Seide gekleidete Kronprinzessin, begleitet von ihrem Gemahl, an die Stufen des Altars vor und empfing knieend aus den Händen des Nuntius die durch eine goldene Vase gehaltene Goldene Rose. Neuerdings folgten Gebete und Ceremonien, bis ungefähr um 2 Uhr der Zug in gleicher Ordnung, wie beim Kommen, die Kirche wieder verliess.

An die religiöse Feier schloss sich eine grosse Versammlung in den Sälen des Palastes. Den Hofstaaten und der Geistlichkeit sollte hierdurch Gelegenheit gegeben werden, die Princeza Imperial zu beglückwünschen. Hierbei lernte ich die Bischöfe von Pará, Olinda und São Paulo kennen, welche, um dem seltenen Feste beizuwohnen, die weite Reise nach Rio nicht gescheut hatten. Der Empfang bei Hof war sehr etiquettelos. Alles lief kunterbunt durcheinander und die Herren und Damen des Hofes schleppten ihre Kinder in die Empfangssäle mit herein. Zum Schluss des Festes fand der Vorbeimarsch der Truppen statt, welchen wir von einem Balkon des Palastes aus sahen. An der Tête ritt eine Abtheilung

---

[1] In diesem Palaste war ein Jahr später die kaiserliche Familie, gelegentlich der Revolution gefangen gehalten, und von hier aus wurde sie auf das Schiff gebracht, um dem traurigen Loose des Exils entgegenzugehen.

Ulanen; dieser folgten Infanterie, Artillerie und das Marinebataillon; die Queue bildete eine weitere Abtheilung Ulanen. Die Truppen waren in Gala und hinterliessen uns diesmal einen günstigeren Eindruck, als kürzlich bei Anlass der grossen Parade.

Während sich all dieses in den Sälen und vor der Front des Stadtpalastes abspielte, wurde an einem Seitenthor desselben ein Posten arretirt. Es war dies charakteristisch für die Elemente, aus welchen sich das brasilianische Heer zusammensetzt.

Um 3 Uhr verliessen wir den Paço da Cidade, nicht, ohne vorher die kaiserlichen Galawagen in Augenschein genommen zu haben, in welchen der Nuntius und seine Begleitung geholt worden waren. Die Wagen, mit gelbem Seidenstoff ausgeschlagen, fielen durch ihre reiche Ausstattung auf. Die Kutscher, welche dreispitzige Hüte, und die Jockeys, welche Kappen trugen, hatten eine schwarzgrüne, mit Goldtressen reichbesetzte Livree. Dieselbe stach vortheilhaft von der Alltagslivrirung ab. Ueberhaupt waren von all dem, was wir von der eigentlichen Montirung des Hofes bisher gesehen hatten, diese Galaequipagen und ihr Zubehör das Erste, welches einem kaiserlichen Hofhalt angemessen genannt werden konnte. Hiermit soll aber kein Tadel ausgesprochen sein. Im Gegentheil, es ist nur aller Achtung werth, dass, wenn die kaiserlichen Mittel ohnedies beschränkt sind, für die hohe Stellung nur zu beschränkt, sie nicht noch vorzugsweise in Prunk aufgehen, sondern weit überwiegend zur Milderung menschlichen Elendes und zu gemeinnützigen Zwecken verwendet werden. —

Für den späteren Nachmittag war ich geladen, die Sammlungen im Paço do Duque de Saxe zu besichtigen. Dieser Palast, welcher in palmengeschmücktem Garten gegen die Tijuca zu gelegen ist, gehört dem Prinzen August, Herzog zu Sachsen, dem verwittweten Schwiegersohn des Kaisers, und wird von seinen zwei ältesten Söhnen bewohnt. Die jungen Herren, von denen der eine in Ouro-Preto technische Studien mit Auszeichnung getrieben hat und der andere in der brasilianischen Marine dient, geleiteten uns durch alle sehenswerthen Räume ihres Wohnsitzes. Diese sind zum Theil nach brasilianischer, zum Theil nach europäischer Sitte eingerichtet. Neben grossen, hohen Empfangssälen mit Familienbildern ist eine werthvolle mineralogische Sammlung aufgestellt. Es finden sich hier die seltensten und geschätztesten brasilianischen Mineralien in vortrefflichen Exemplaren. Ich nenne vor Allem die Diamanten, Proben eines in Brasilien weitverbreiteten Minerals, welches hauptsächlich in der Provinz Minas Geraes, ferner in Bahia, Goyaz, Matto Grosso, São Paulo, Paraná und noch in anderen Provinzen gefunden wird. Es kommt vielfach in Flussbetten vor, und seine jährliche Ausbeute beträgt etwa 8 kg im Werth von ungefähr 900 000 Mark. An sonstigen Mineralien dieser reichen Sammlung will ich nur noch erwähnen Gold in Oktaëdern, Dodekaëdern und anderen Krystallformen, brasilianische Malachite und im Gestein sitzende brasilianische Smaragde.

Nicht nur eine Mineraliensammlung hat der junge Prinz angelegt. Neben dieser haben auch allerhand Petrefakten Platz gefunden, z. B. gute Stücke aus der Kreideformation und ausgezeichnet erhaltene Coleopteren und Fische aus der älteren Tertiärzeit. Kästen mit entomologischen Schätzen tragen dem überaus grossen Insektenreichthum Brasiliens Rechnung; eine wahrhaft kostbare Münzensammlung enthält Objekte aus aller Herren Länder. Unter all den neapolitanischen, französischen, bayerischen, holländischen, schwedischen und sonstigen Gold- und Silbermünzen erregten natürlich die brasilianischen unsere besondere Aufmerksamkeit. In den Wohnräumen des zweiten Stockes endlich sind die verschiedensten Kunst- und Kunstindustrie - Gegenstände zusammengetragen, Altes und Neues, Bilder, Reliefs, Metallkästchen, peruanische Keramik, Venetianer Gläser und, was uns vor Allem interessirte, altbrasilianische Stühle aus schwarzem Holz und gepresstem Leder, welche unter portugiesischer Herrschaft vor zweihundert Jahren gefertigt worden sind.

KAPITEL XXII.

São Paulo.

Rio de Janeiro — São Paulo. Samstag, den 29. September.

Heute früh 6 Uhr verliessen wir Rio de Janeiro, um unseren letzten weiteren Ausflug in Brasilien zu unternehmen. Derselbe ist nach São Paulo gerichtet, einer Provinz, welche zu den grösseren des Landes zählt. São Paulo hat einen Flächeninhalt von 290 876 qkm und übertrifft somit an Umfang um etwas das Königreich Italien. Es erstreckt sich vom 20° bis zum 25° s. Br. und greift weit in das Innere des Landes hinein. Nach einem schmalen, niederen Küstenstreifen erhebt sich das Terrain steil als Serra do Mar, welche der Küste ziemlich parallel verläuft und bis zu ungefähr 1000 m ansteigt. Dem steilen Anstieg der Serra auf der Südostseite giebt es keinen entsprechenden Abfall, jenseits des Gebirgskammes, nach Nordwesten. Hier geht das Gebirge mit kaum bemerkbarer Abdachung in das grosse, wellige Binnenplateau über, welches, von mässigen Bergketten durchzogen, das ganze Innere der Provinz einnimmt. Unter diesen Gebirgszügen ist weitaus der bedeutendste die der Serra do Mar parallel laufende Serra da Mantiqueira, welche eine Strecke weit die Grenze gegen die Provinz Minas Geraes bildet.

Da sich in São Paulo die Serra do Mar, das Randgebirge der brasilianischen Hochebene, weit gegen die Küste vorschiebt, ist der Küstenurwald auf ein enges Gebiet im Südosten der Provinz beschränkt. Das Binnenplateau wird von Campos bedeckt, welche gegen Paraná zu immer mehr den Charakter reiner Grasfluren annehmen. Der Wald in der Camposregion entwickelt sich, wie in den Campos der anderen Provinzen, am üppigsten längs der Flussläufe, welche er als schmaler Saum begleitet. Ausser dieser Flussuferwälder giebt es im Camposgebiet von São Paulo sehr ausgesprochene Capões, ferner, namentlich in der Serra da Mantiqueira, Bergwälder und, vom 23° 40' s. Br. an südwärts, Wäldungen von Araucaria brasiliana A. Rich. Lamb.

Die Bodenkultur der Provinz ist, dank ihrer äquatorferneren Lage, eine sehr mannigfaltige. Während sich die nördlichen und mittleren Theile von São Paulo noch vorzüglich zum Anbau des Kaffeebaumes und des Zuckerrohres eignen, bieten die südlichen Striche die Möglichkeit, Pflanzen der gemässigten Zone zu cultiviren, wie z. B. Weizen, Weinreben und europäische Obstbäume. Daneben wird auch Tabak, Baumwolle, chinesischer Thee und Anderes angebaut und auf den Campos die Viehzucht in grossem Maassstab getrieben. Die Hauptproduktion der Provinz bleibt immerhin der Kaffee, für welchen die Bodenbeschaffenheit

Araucarienwald in São Paulo (nach Reclus).

im ganzen übrigen Brasilien nicht so günstig ist wie hier. Diese Produktion betrug im Jahre 1884 auf 1885 130 Millionen kg und war innerhalb der vorhergehenden elf Jahre um mehr als das Dreifache gestiegen. São Paulo besitzt im Hafen von Santos einen Kaffee-Exporthafen ersten Ranges, der nur hinter dem von Rio de Janeiro zurücksteht. Von dem Gesammtwaarenumsatz der Provinz, welcher sich im Jahre 1885—1886 auf den Werth von 56 376 contos[1] belief, entfiel weitaus der grösste Theil auf landwirthschaftliche Erzeugnisse. Rio de Janeiro ausgenommen, hat in keiner Provinz Brasiliens der Werth des Exportes nach dem Ausland

---

[1] 56 376 contos = circa 128,5 Millionen Mark.

eine solche Höhe erreicht wie in São Paulo. Derselbe betrug 1885-1886 35 889 contos[1]), indessen sich der Import aus dem Auslande auf nur 12 498 contos[2]) belief. Die Ein- und Ausfuhr von resp. nach den übrigen Provinzen des Reiches, namentlich letztere, war nicht sonderlich bedeutend. Der Schiffsverkehr in Santos ist ein reger und steht nur wenig hinter dem der zwei nördlichen Häfen, Pernambuco und Bahia, zurück. Verschiedene überseeische Dampferlinien laufen den Hafen von Santos an, und deutsche Schiffe vor Allem sind es, welche den Kaffeeexport von da nach Europa vermitteln.

Nicht nur in Bezug auf Handel und Landwirthschaft nimmt São Paulo einen hohen Rang unter den brasilianischen Provinzen ein, auch sein Reichthum an Mineralien, hauptsächlich an Eisen, ist bemerkenswerth. Das Eisen zeichnet sich durch hervorragende Güte aus und wird bis jetzt namentlich in Ipanéma in fachmännischer Weise gewonnen.

Das Klima der Provinz São Paulo ist je nach der Lage des betreffenden Landstriches ein sehr verschiedenes. Am Litorale finden wir noch den Charakter der heissen Zone, mit vorherrschendem Sommer- und Herbstregen. Die Jahresisotherme ist daselbst 21,3° C., das absolute Maximum der Temperatur 36° C., das Minimum 3,5°. Die höchste der für da verzeichneten, jährlichen Niederschlagsmengen beträgt über 2500 mm. Am Südostabhang der Serra do Mar steigert sich die Menge der Niederschläge noch um ein beträchtliches. In Cubatão berechnet man deren Höhe auf 3613 mm, in Alto da Serra bis auf 4030 mm. Hitze und Feuchtigkeit stempeln das Klima der Küste zu einem ungesunden, Malaria und Gelbfieber sind da heimisch. Ersteigt man das Hochplateau, so ändern sich die Verhältnisse bedeutend. Das Klima, welches hier den Uebergang von dem der tropischen zu dem der warmen gemässigten Zone bildet, ist im Ganzen mild, angenehm, gesund und auch für Europäer zuträglich. Die 740 m über dem Meere gelegene Hauptstadt São Paulo, deren Klima man als subkontinentales bezeichnen kann, hat eine Jahresisotherme von 19,7° C. Die höchste der daselbst beobachteten Temperaturen ist 34,8°, die niederste — 1° C. Frosttage sind jedoch äusserst selten, und es vergehen Winter, ohne dass ein einziger Frost zu verzeichnen ist. Wie die jährliche Amplitüde der Temperaturschwankungen im Vergleich zu derjenigen der nördlichen Provinzen zunimmt, so auch die tägliche. Die Regenmenge beträgt im Jahr durchschnittlich 1500 mm und verteilt sich, wie an der Küste, vorwiegend auf Sommer und Herbst. Morgennebel treten häufig auf. West- und nordwärts von São Paulo, mehr gegen das Innere der Provinz zu, wird die mittlere Jahrestemperatur wieder etwas höher, erreicht aber keineswegs diejenige des Litorale. Die absoluten Maxima der Tempe-

---

[1] 35 889 contos = circa 82 Millionen Mark.
[2] 12 498 contos = circa 28,5 Millionen Mark.

ratur übertreffen zum Theil diejenigen der Küste und von São Paulo, zum Theil bleiben sie hinter denselben zurück. Die absoluten Minima hingegen sind sämmtlich niedriger als die des Litorale und halten sich so ziemlich auf gleicher Stufe mit denen der Provinzhauptstadt. S. José do Rio Pardo und Tatuhý besitzen unter allen meteorologischen Stationen der Provinz das extremste Klima. In Tatuhý z. B. ist die höchste der bisher beobachteten Temperaturen $42,5^0$, die niederste — $1,8^0$; in São José beträgt über die Hälfte des Jahres das Mittel der interdiurnen Temperaturschwankungen $16-20^0$. Den tiefsten Thermometerstand, nämlich — 5^0, hat die im Nordosten von São Paulo gelegene Stadt Cunha zu verzeichnen. Die Höhe der Niederschlagsmenge nimmt landeinwärts der Provinz-Hauptstadt durchschnittlich ab, doch ist in der trockenen Jahreszeit die Dürre dort nicht so anhaltend, wie in den weiter nördlich gelegenen benachbarten Provinzen des Innern. Es herrschen die Sommer- und Frühjahrsregen vor, wie auf dem Hochland von Minas Geraes.

In Anbetracht der günstigen klimatischen Verhältnisse sollte man meinen, dass São Paulo dicht bevölkert wäre. Dem ist aber nicht so. Es wird in Bevölkerungsdichtigkeit von acht anderen Provinzen übertroffen und kann nicht mehr als 4 Seelen pro Quadratkilometer aufweisen. Wie in allen südlichen Provinzen des Reiches herrscht hier die weisse Rasse weit vor; sie beläuft sich auf 67,7 Prozent und wird immer mehr überhand nehmen. Die Verschiebung der Rassenverhältnisse, wie sie hier stattfindet, hält nicht Schritt mit derjenigen in anderen Landestheilen, sondern eilt derselben weit voraus, da der Strom der weissen Einwanderer sich vorwiegend hieher ergiesst. Von den 54 990 Immigranten, welche Brasilien im Jahre 1887 zählte, entfielen auf São Paulo allein 34 710[1]). Nach den Lusobrasilianern dürften, unter den Weissen der Provinz, die Italiener die zahlreichsten sein. Deutsche mag man immerhin an 20 000 rechnen. Dank dem grossen Prozentsatz an kräftiger, fleissiger und unternehmender weisser Bevölkerung ist die Provinz in jeder Beziehung im Aufblühen begriffen. Die Mischrasse, welche in der grösseren Hälfte des Reiches die Mehrheit der Einwohnerschaft bildete, ist hier auf 13,5 Prozent reduzirt; sie besteht vielfach aus Nachkommen von Portugiesen und Carijóindianern. Die Neger betragen ein Zehntel der 1 306 000 Köpfe zählenden Gesammtbevölkerung São Paulos. Die civilisirten Indianer endlich belaufen sich auf 8,4 Prozent, was, verglichen mit den Verhältnissen in den meisten anderen Provinzen, eher viel zu nennen ist[2]). Diese civilisirten Autochthonen stammen so-

---

[1]) Aehnlich blieb das Verhältniss im folgenden Jahre. Da trafen von 131 745 Einwanderern allein auf São Paulo 92 000.

[2]) Die Prozentverhältnisse der Rassen in der Provinz São Paulo sind diejenigen des Jahres 1886, indessen für die anderen Provinzen die Verhältnisse des Jahres 1872 angeführt sind, siehe Levasseur: Le Brésil p. 50 et 51.

wohl von den Goyanás ab, welche möglicherweise zu der Völkergruppe der Gês gehören, als von den Purí aus der Gruppe der Goyatacá und von den Carijó, Tamoyo und Tupiniquim, die alle drei zu dem weitverbreiteten Tupívolke zu rechnen sind. Im Westen von São Paulo, auf einem ganz unbekannten Gebiet, welches ein volles Drittel der Provinz einnimmt, hausen die wilden Indianer. Sie sind im Grossen und Ganzen der Gruppe der Gês zuzuzählen und gehen unter der allgemeinen Benennung Bugres[1]. Es finden sich unter ihnen Stammesnamen wie Camé, Tactayás und Voturões vor. Nach Cazal[2] zerfallen sie in vier Stämme[3], welche sich durch verschiedene Sitten unterscheiden lassen. Die einen z. B. durchbohren die Unterlippe, die anderen malen sich das Gesicht, die dritten scheeren das Kopfhaar kranzförmig. Sie leben noch in der Steinzeit, pflegen aber, im Gegensatz zu den meisten der Botokuden, ihrer im Osten Brasiliens wohnenden Gruppengenossen, Töpferwaaren herzustellen, Hütten zu bauen und Pflanzungen anzulegen. Da ihre Wildheit den Verkehr mit ihnen erschwert, und die von ihnen durchstreiften Gebiete von Weissen nicht betreten werden, sind übrigens alle Nachrichten über sie mit Vorsicht aufzunehmen. Für den Norden der Provinz werden Cayapóindianer genannt. Doch insofern sie ihre Wohnsitze jenseits der Grenzen von São Paulo haben und nur vorübergehend diesseits erscheinen, kann man sie, streng genommen, nicht zu den Indianern dieser Provinz rechnen.

Von den an Zahl noch immerhin beachtenswerthen Ureinwohnern des Landes sollten wir auf unserer heutigen Eisenbahnfahrt nach São Paulo nur wenige zu Gesicht bekommen. Der Indianer ist an den von uns zurückgelegten grossen Bahnstrecken der Provinzen São Paulo und Minas Geraes nahezu verschwunden. Es war auch nicht das Begegnen von Autochthonen, welches uns bewog, die fast dreizehnstündige Fahrt zu unternehmen, es war der Wunsch, den Charakter der südlicheren Campos Brasiliens kennen zu lernen.

Die erste Strecke des Weges, nämlich die von Rio über die Serra do Mar nach Barra do Pirahy im Parahybathal, war uns durch den Ausflug nach Ouro-Preto schon bekannt. Von Barra do Pirahy ab geht die Bahn flussabwärts nach Minas Geraes, flussaufwärts nach São Paulo. Eine entsetzliche Bahnhofsrestauration stellte hier heute, wie das erste Mal, grosse Zumuthungen an unsere noch nicht brasilianisch gebildeten Mägen. Unter allen Speisen konnte nur das geröstete Mandiocamehl unsere vollste Anerkennung erringen.

---

[1] Martius: Beiträge zur Ethnographie etc. I. 185. 301.

[2] Cazal: Corographia Brazilica I. 183.

[3] Da in Cazal die heutige Provinz Paraná noch zur Provinz São Paulo gezählt wird, kommt sicher ein Theil der Stämme, die er für S. Paulo anführt, der Provinz Paraná zu.

Ungefähr die ersten sechzig Kilometer von Barra do Pirahy ab, war die Gegend nicht sonderlich schön. Grösstentheils abgeholzte Hügel starrten trostlos rechts und links der Bahn empor. Die steifen Kaffeeplantagen, welche viele von ihnen bekleideten, boten vom malerischen Standpunkte aus keinen Ersatz für den gefallenen Wald. Wir befanden uns wieder in einem richtigen Kaffeedistrikt: Kaffeebäumchen an den Hängen, Kaffeebäumchen im Thal, dazwischen Fazendas, in deren Hofraum die Bohnen zum Trocknen ausgebreitet lagen. Die Bahn verfolgte den Lauf des Parahyba, der hier breit war und von wenig Gefäll. Stellenweise lagerten hübsche, waldbestandene Inseln inmitten des Flusses. Bis 10 Uhr war die Temperatur auf 22° C. gestiegen. Zu dieser Zeit hatten wir die Station Divisa erreicht, in deren Nähe eine italienische Kolonie gegründet worden ist, welche in blühendem Zustande sein soll. Während wir zur Linken von der Nordabdachung der Serra do Mar begleitet wurden, hatten wir zur Rechten die ihr parallel laufende Serra da Mantiqueira, welche hier in mächtigen Massen an die Bahn herantritt. Diese Serra ist durchschnittlich durch Gneiss und Granit charakterisirt und besteht in ihren höchsten Spitzen aus Eruptivgestein. Ungefähr östlich von Divisa steigt sie mauergleich bis zu 1000 und 1300 m empor. Westlich davon, beim Städtchen Rezende, beginnt ihr interessantester Theil, der 90 km lang ist und sich, mehr oder minder nahe der Bahn, bis nach dem Städtchen Lorena hinzieht. Gleich zu Anfang dieser Strecke erhebt sich im Itatiaya die Serra bis zu 3000 m. Der gewaltige Itatiaya, als dessen vorwiegendes Gestein der Nephelin-Syenit betrachtet wird, ist nicht nur der höchste Berg Brasiliens, sondern, die Anden ausgenommen, auch der höchste Berg von ganz Südamerika. Er hat hier, auf seiner Südseite, da das Parahybathal 4—500 m über dem Meere liegt, eine relative Höhe von 2500—2600 m. — Bei 2200 m über dem Meeresspiegel bildet er ein welliges Plateau, von dem aus noch einzelne Spitzen aufragen[1]).

Als wir in seiner unmittelbaren Nähe vorbeifuhren, waren diese Gipfel, unter denen die zackigen, unersteigbaren Agulhas negras die höchsten sind, leider in dichten Nebel gehüllt. Doch rangen sich später einige der Serraspitzen aus dem Wolkenschleier los und standen in ganzer Pracht und Majestät vor uns.

In Campo Bello bemerkten wir auf dem Bahnsteig die mitleiderregende Gestalt eines Aussätzigen, welchen die Krankheit nicht nur des Augenlichtes beraubt, sondern welchem sie auch schon den linken Fuss zu einem Klumpen verstümmelt hatte, indessen am rechten erst die Zehen ergriffen waren. Bei Salto passirte unser Zug die Grenze zwischen

---

[1]) Orville A. Derby: Os picos altos do Brazil p. 9 e s. — Orville A. Derby: On nepheline-rocks in Brazil (Quarterly Journal of the Geological Society 1887 p. 457).

Rio de Janeiro und São Paulo und hatte bald den Flecken Queluz erreicht. Letzterer ist ein grösserer, zu beiden Seiten des Parahyba gelegener Ort, in welchem einige Keulenbäume (Casuarinaceae), somit verpflanzte Kinder der australischen Flora, unsere Aufmerksamkeit erregten. Die nähere Umgebung des Bahnkörpers fuhr fort, unschön zu sein, in Folge abgeholzter, zum Theil mit Campos, z. Th. mit Kaffeeplantagen bedeckter Hügel. Fourcroyen, Bananen und namentlich viel Cecropien wechselten mit einander ab. In Cruzeiro wurde uns der in hiesiger Gegend seltene Anblick einiger Indianerinnen. Die hügelige, von einzelnen kegelförmigen Termitenbauten geschmückte Camposgegend, welche wir nun durchfuhren, machte nach Cachoeira ebenen Campos Platz. Es waren mit Niederwald und Buschwald bedeckte Strecken, welche Campos cerrados unterbrachen. Auf den Grasfluren sah man weidendes Vieh. Im Norden, nur durch einen Höhenzug von den Campos getrennt, war die Serra da Mantiqueira hingelagert, welche sich hier, in der Serra de Tembé, zu fast 2000 m erhebt. Im Süden begrenzte den Horizont eine nur mässig hohe Bergkette.

Gegen 1 Uhr Nachmittags fuhr unser Zug in Lorena ein, einer Stadt von ca. 11 000 Einwohnern. Hier bewunderten wir von der Bahn aus die hübscheste Kirche, die uns in Brasilien bisher zu Gesicht gekommen. Sie war gothisch, aus weissem Stein erbaut, ziemlich reich ornamentirt, namentlich an der Façade, und zum Theil schwach vergoldet. Zwei mit blauem Schiefer gedeckte Spitzthürme, deren Vorsprünge ebenfalls durch Vergoldungen einen wärmeren Ton erhielten, vollendeten den feinen, geschmackvollen Bau.

Schon vor Lorena hatten wir die unmittelbare Nähe des Parahyba verlassen und waren in die Region der Campos Geraes eingetreten. Mit letzterem Namen sind, ihrer grossen Ausdehnung wegen, die hiesigen Grasfluren belegt worden. Es entragen ihnen einzelne, scharf abgegrenzte Capoës[1]), in welchen wir niedere Faulthierbäume (Cecropia) und strauchförmige Pflanzen unterscheiden konnten. Ausserhalb dieser Waldinseln waren vereinzelt stehende Palmen (Acrocomia sclerocarpa Mart.?) über die ebene Rasenfläche zerstreut. Später verschwand die Ebene und es traten neuerdings Cochilhas, d. h. baumlose Campos mit leichter Hügelbildung auf. Den hiesigen höheren Camposwald schienen keine epiphytischen Bromeliaceen zu schmücken, wohl aber durchzogen Schlingpflanzen sein Geäste, und zierliche Farnbäume, vermuthlich Alsophilen, erhöhten seinen Reiz. Nach Guaratinguetá zeigten sich zum ersten Male einige grössere, ganz strauchfreie Grasstrecken, somit Campos veros; diesen folgten Kaffeeplantagen. In der Station Apparecida standen einige Trolys[2]), von denen einer, nach

---
[1]) Siehe weiter oben S. 185 und 269.
[2]) Siehe weiter oben S. 442.

Art der Vetturiniwagen in Neapel, mit Menschen überladen war. Nun durchfuhren wir wieder ebene Campos. Ueber dieser weiten, gesträuch- und baumbesäeten Ebene, welche sich, von zwei Seiten bergkettenbegrenzt, stundenlang hinzog, ruhte eine ganz eigene, malerische Stimmung. Warm und duftschimmernd lag der Sonnenschein auf dem ausgedehnten Plan, und kräftig hoben Schatten das dunkler gefärbte Buschwerk vom lichteren Rasengrunde ab. Während wir uns, gelegentlich der Fahrt durch die Campos von Minas Geraes, vielfach auf Bergrücken fortbewegten und auf andere Gebirgszüge hinüber- oder in Schluchten hinunterblickten, befanden wir uns heute immer im Thal, bald näher, bald ferner von Bergketten eingeschlossen.

Bäume und Sträucher traten nun zurück und nur schlanke Palmen, welche einzeln standen, wie die Bäume in den englischen Parks, wiegten ihre Blätterkronen über das schier endlose Grasland. Daran schloss sich neuerdings Campo vero, der, flach wie eine Tischplatte, über die ganze Ebene hinüberreichte und einen merkwürdigen Zauber der Weite, des Unendlichen auf das freischweifende Auge ausübte. Da der Vegetationsteppich zum Theil aus büschelförmig wachsendem grünem und röthlichem Gras, aus ächtem Savannengras[1]), bestand, waren diese Campos als Campos agrestes[2]) zu bezeichnen. Später störten wieder einige von niederem Gebüsch gebildete kreisrunde Capões den Charakter der reinen Grasflur.

Nach der Stadt Jacarehý, deren dem Tupí entnommener Name Alligatorenwasser bedeutet, trat der Zug neuerdings in eine Cochilharegion ein. Wir berührten den hier noch ziemlich breiten Parahyba, der an dieser Stelle wenig Gefäll hat und dessen Ufer streckenweise ein schmaler Waldstreifen einsäumt. Solche Flussuferwälder sind typisch nicht nur für die Campos Brasiliens, sondern ebenso für die ausserdem baum- und schattenlosen Prärieen des amerikanischen Nordens. Von Osten trat jetzt die Serra do Quebra-Cangalho nahe an die Bahn heran. Es ist dies ein unschöner, mühselig zu übersteigender Gebirgszug, welcher seine merkwürdige Benennung Quebra-Cangalho, d. h. Packsattelbrecher, davon herleitet, dass die Maulthiertreiber, wenn sie seine Höhen passirt haben, meist genöthigt sind, ihre Sättel auszubessern[3]).

Wir verliessen endgiltig den Parahyba, in dessen Thal, zwischen der Serra do Mar und Serra da Mantiqueira, das Vorkommen von Süsswassertertiär festgestellt worden ist[4]). Noch eine kurze Zeit befanden wir uns im Parahybaflussgebiet, dann überschritten wir die uns quer vorgelagerte Serra de Itapety,

---

[1]) Hier kommen wohl zunächst Hirsegräser (Panicene) in Betracht.
[2]) Siehe weiter oben S. 184.
[3]) Siehe Moura: Diccionario Geographico do Brazil II 375.
[4]) Orville A. Derby: On nepheline-rocks etc. (Quarterly Journal etc. p. 472).

die Wasserscheide nach dem Rio Tieté. Die Serra ist ein vollständig reizloses, mit Gestrüpp und Niederwald bestandenes Hügelland. Auf seiner Südseite wachsen viele Saumfarne (Pteris) und starren Termitenhügel in die Höhe. Wir querten den Tieté, einen der Hauptzuflüsse des Rio Paraná. Er entspringt in der Serra do Mar, hat eine Länge von ca. 900 km und ist wegen seines dunkelbraunen Wassers und seiner zahlreichen Cachoeiras bekannt. Vor der Stadt Mogy das Cruzes fuhren wir wieder über Campos agrestes, welche, an den feuchten Stellen, mit deutlich convexen Capões besetzt waren. Nach Mogý folgten Campo vero, Capões und zusammenhängender Camposwald in stetem Wechsel. Auf den trockenen Höhen zeigten sich die ersten Schuppentannen (Araucaria brasiliana A. Rich. Lam.). Sie waren nur vereinzelt, da die waldbildende Eigenschaft dieser Coniferen erst weiter südlich zur Geltung kommen kann. Das Terrain wurde welliger. Die Nacht brach an und zahllose leuchtende Käfer, so viel, wie ich noch niemals gesehen, flogen in allen Richtungen durch das nächtliche Dunkel. Es war, wie wenn es Funken regnete, wie wenn tausende von Irrlichtern uns umtanzten.

Um 6 Uhr 40 Minuten, bei frischer Temperatur, langten wir in der Stadt São Paulo, am Ziel unserer heutigen Reise an. Seit Rio de Janeiro waren 497 km zurückgelegt worden. Unsere in Ceará begonnenen Studien über die verschiedenen Camposformen hatten eine weitere Ergänzung erfahren, und wir konnten mit Befriedigung auf unsere lange Fahrt durch die unabsehbaren Grasfluren Südbrasiliens zurückblicken.

São Paulo. Sonntag, den 30. September.

São Paulo, die Hauptstadt der gleichnamigen Provinz, ist im Jahre 1554 aus einem indianischen Dorfe entstanden und im Jahre 1711 in die Zahl der Städte eingereiht worden. Es liegt auf der Hochebene von Piratininga, auf etwas erhöhtem Terrain, ca. 6 km südlich vom Rio Tieté. Seine südliche Breite von 23° 36' sagt uns, dass es schon, wenn auch knapp, aus der tropischen Zone hinausfällt. Es zählt etwa 50 000 Einwohner, von denen fast die Hälfte aus Italienern bestehen soll. Aber auch Deutsche sind in ziemlicher Anzahl vorhanden. Wir lasen unter den verschiedenen Aufschriften sowohl »Padaria toscana«,[1] wie »Deutsche Schule«. Auch fehlt es nicht an einer deutschen Apotheke, an deutschen Conditoreien und grossen deutschen Geschäftslokalen. Da die nach Brasilien Einwandernden ihre Schritte vornehmlich hieher lenken, hat man in der Stadt ein Hospedaria gegründet, in welcher 4000 Neueingetroffene eine Woche hindurch unentgeltlich Unterkunft und Verpflegung finden können und man sich um ihr weiteres Fortkommen bemüht.[2] Wohl der grösseren Menge von daselbst lebenden Europäern

---

[1] Toskanische Bäckerei.
[2] S. Anna Nery: Le Brésil en 1889 p. 497.

ist es zu danken, dass São Paulo einen eleganteren und reinlicheren Stempel trägt, als die meisten übrigen Städte Brasiliens. Auch das Strassenpflaster ist für brasilianische Verhältnisse bewundernswerth gut. Einige hübsche öffentliche Gebäude und einige auf europäischem Fuss eingerichtete, elegante Verkaufsläden erhöhen den angenehmen Eindruck, welchen die Stadt hervorruft. Nur die Kirchen lassen, wie fast überall im Kaiserreich, an Schönheit sehr zu wünschen übrig.

Da die verschiedenen Sammlungen, welche wir besehen wollten, geschlossen waren, blieb uns nur der Besuch der öffentlichen Anlagen übrig. Dieselben sind ganz hübsch, aber nicht sonderlich interessant für Solche, welche, wie wir, aus den Tropen kommen. Weder die Pandanaceen, noch die verschiedenen Arten von Palmen und Araucarien lenkten hier unsere Blicke auf sich, wohl aber prachtvolle, purpurroth blühende Heliconien, welche sicherlich Heliconia metallica Planch. et Lind. aus Neu-Granada gewesen sind. Die Besteigung des Aussichtsthurmes lohnte sich durch den guten Ueberblick über Stadt und Umgegend, den wir hierdurch gewannen. Um die keineswegs grosse Stadt breitet sich ringsum die weithingedehnte, wellige Hochebene, camposbedeckt, von schmalen Waldstreifen durchzogen, mit brasilianischen Schuppentannen spärlich besät. Nach Norden und Nordwesten schliessen die Serra da Cantareira und die schöngeformte, 1100 m hohe Serra de Jaraguá den Horizont in der Ferne ab. Die erstgenannte Serra, ein mehr massiges Gebirge, die zweite, ein isolirterer Berg, gehören beide zu dem, Serra da Mantiqueira genannten Gebirgssystem.[1]

Nachmittags fuhren wir nach der Fazenda des Herrn Dietrichssohn, die dortige Theeplantage zu besuchen. Unser Weg führte durch die reinste Camposgegend. Wir hatten vier Pferde vorgespannt und zwei Kutscher auf dem Bocke sitzend. So ging es über die weite Grasebene dahin, über Stock und Stein, oft in sausendem Galopp. Es erinnerte diese Fahrt an das Reisen in der russischen Steppe; auch hier, wie dort, war der primitive Weg sehr breit und vielgeleisig. Die Flora, die uns umgab, zeigte sehr charakteristische Züge. Die lang hingestreckte Fläche war zum Theil mit büschelförmig wachsenden Gramineen, echten Savannengräsern bedeckt. Unter diesen überwog die in São Paulo überaus häufige, hellschimmernde Aristida pallens Cavanilles,[2] welche den Namen Barba de Bode, d. h. Bocksbart, trägt und als gutes Schaffutter gilt. Unzählige Ananas (Ananas sativus Schult. var. bracteatus Lindl.) mit hohen Blüthenschäften wuchsen über die Grasfluren zerstreut. Sida macrodon DC., reizende kleine Malvaceen mit ganz rosenrothen Blüthen, und nicht nördlicher als São Paulo vorkommende Kreuzblumen, die rosa-

---
[1] Orville A Derby: A Denominação »Serra da Mantiqueira« p. 3.
[2] In mein Herbarium gesammelt.

blühende Polygala galioides Poir. var. molluginifolia St. Hill.,[1]) stimmten gut zum Grau des Savannengrases. Längs der Strasse, noch ehe wir die eigentlichen Campos betraten, war hohes Gebüsch gestanden mit blumenblätterreichen, weissen Blüthen, ähnlich kleinen Astern, sicher Rubus rosaefolius Smith var. coronarius DC. Jetzt, auf den Campos selbst, gab es ebenfalls einen weissblühenden Strauch, der jedoch vermuthlich der artenreichen Familie der Bignoniaceen angehörte.[2]) Zu ihm gesellten sich grosse lila Blüthen an einem ca. 1—1,5 m hohen Stengel, wohl Tibouchinen, deren bei São Paulo ziemlich viele Species vorkommen.

Wir fuhren quer über die schier endlose, wellige Hochebene, auf deren Grassteppe sich einzelne Baumreihen als schmale, dunkle Streifen abzeichneten. Heiss strahlte die Sonne auf dieses, durch seinen weiten Horizont grossartige Landschaftsbild herab, welches ferne Höhenzüge malerisch begrenzten. Weidendes Vieh belebte die sonst öde Gegend und Geierfalken trieben sich in der Nähe herum. Einer derselben sass gemächlich auf einer liegenden Kuh, welche durch diesen seltsamen Gast durchaus nicht gestört zu sein schien. Nach ihrem Vorkommen in baumarmer Camposregion,[3]) namentlich aber nach ihrem vertraulichen Gebahren dem Hornvieh gegenüber, vermuthete ich diese Raubvögel Ibycter chimachima Vieill. zu sein, von welchen berichtet wird, dass sie den Thieren auf der Weide die Insekten abzulesen pflegen.

Noch mussten wir durch eine Strecke Camposwald fahren, dann war die Fazenda erreicht, die grösste Theefazenda in der Nähe von São Paulo. Sie beschränkt sich übrigens nicht ausschliesslich auf die Kultur des chinesischen Thees, sondern hat auch Kaffeeplantagen. Die Theekultur Brasiliens, welche sich 1830 in blühendem Zustand befand, wird jetzt nur mehr in den Provinzen São Paulo und Minas und nur in kleinem Umfang betrieben. Die Theeplantagen bestehen aus Feldern mit geneigter Fläche, auf welchen die Theesträucher (Camellia Thea Link) in langen Reihen gesetzt sind. Von diesen Sträuchern, auffallend kleinen Pflanzen, werden die jüngsten und zartesten Blättchen als beste Theesorte gepflückt. Die älteren und grösseren Blätter liefern einen minderen und folglich auch billigeren Thee, den sogenannten Chá de familia. Der Theestrauch wächst ungemein langsam, wird aber ausserdem von Zeit zu Zeit, des bequemeren Pflückens halber, wieder zugeschnitten. Das Sammeln der Blätter geht das ganze Jahr hindurch fort. Die gepflückten Blättchen werden in grosse,

---

[1]) Beide in mein Herbarium gesammelt.

[2]) Sollte es Sparattosperma lithontripticum Mart. gewesen sein?

[3]) Ibycter chimachima Vieill. wird zwar auch ausserhalb der Campos angetroffen, doch am häufigsten auf baumarmen, ebenen Camposgefilden. Siehe Burmeister: Systematische Uebersicht der Thiere Brasiliens II 37. — Wied: Beiträge zur Naturgeschichte von Brasilien III S. 168. — Goeldi: As Aves do Brazil I 47.

gemauerte Mulden gebracht, unter welchen sich Oefen befinden. Jede Mulde besitzt ihren eigenen Ofen. In diesen Mulden werden die Blättchen über Feuer getrocknet, ein Verfahren, welches gerade soviel Zeit in Anspruch nimmt, dass man die Mulde per Tag viermal frisch füllen kann. Der chinesische Thee Brasiliens wird im ganzen Lande abgesetzt, ist aber kaum im Stande, an Güte mit dem aus Asien kommenden Thee zu konkurriren.

Bei schwüler Luft traten wir die Heimfahrt an. Auf dem Hinweg wie auf dem Rückweg führte uns die löcherreiche Strasse in der Nähe der Stadt am Kirchhof vorbei. Die Gräber waren hier genau so heraufgemauert wie auf den Cemiterios von Rio de Janeiro. Wir sahen einen Leichenzug, der die sterbliche Hülle eines Kindes zur letzten Ruhe geleitete. Dieselbe lag in offenem, von Kindern getragenen Sarg und war mit rothem und weissem Papier geschmacklos phantastisch aufgeputzt. Der Tod eines Kindes hat hier nichts Trauriges; der kleine Liebling ist ja ein »anjinho«, ein Engelchen geworden.

São Paulo. Montag, den 1. Oktober.

Zwischen 4 und 5 Uhr Morgens entlud sich ein heftiges Gewitter. Um 7 Uhr traten wir auf dem Schienenwege den Ausflug nach Santos an die Küste hinunter an. Zunächst war die Bahn südöstlich über das grosse Gneisstafelland geführt, welches hier, in der Nähe der Provinz-Hauptstadt, zum Theil von Süsswassertertiär überlagert ist. Zahlreiche Orangenbäume, Wollmispeln (Eriobotrya japonica Thb.) und, wie in Südtyrol, in Lauben gezogene Weinreben bildeten die unmittelbare, pflanzliche Umgebung der Stadt. Dann ging es in die Camposgefilde hinaus über Campo vero, Campo cerrado und durch Niederwald verschiedenen Charakters. Weithin wogte das graue Savannengras mit seinem reizenden Blumenflor; zwischen den Grasbüscheln starrten die steifen Blätter der Echten Ananas empor, und weidendes Vieh stand und lag über die ebenen Fluren zerstreut. Wieder packte uns der eigene Reiz der Oede und Einsamkeit dieser brasilianischen Steppenlandschaft. Wir fuhren unfern von Ypiranga vorbei, dieser geschichtlich berühmten Stelle, auf welcher der Prinzregent Dom Pedro am 7. September 1822 mit dem Rufe: »Independencia ou morte«[1]) die Unabhängigkeit Brasiliens vom portugiesischen Mutterlande erklärte. Die Bahn folgte mehr oder minder dem Laufe des unbedeutenden Rio Tamanduatehý, dessen aus dem Tupí stammender Name Ameisenbärwasser bedeutet. Die Gegend wurde immer hügeliger und waldiger, und nach einer guten Stunde hatten wir mit dem 800 m hoch gelegenen Alto da Serra den Südostrand des grossen brasilianischen Binnenplateaus erreicht. Von hier, wo wir uns schon inmitten der Serra

---

[1]) Unabhängigkeit oder Tod.

do Mar befanden, ging der Zug an einem Drahtseil zwischen waldbedeckten Hängen steil gegen die Küste zu hinab. Es eröffnete sich ein schöner Blick auf die Berge gegen Süden zu. Der hiesige Küstenurwald war wohl üppig im Verhältniss zu den Camposwäldern der Hochebene, konnte aber keinen Vergleich aushalten mit den Waldungen der Serra do Mar in der Umgegend von Rio de Janeiro. Es fehlten namentlich die zauberhaft schönen Schlingpflanzendraperien, welche dort die höheren Holzgewächse umkleiden und untereinander zu einer einzigen phantastischen Laubmasse verbinden. Doch entbehrten die hiesigen Waldgehänge der Farbenpracht nicht. Da glühten auf grünem Grunde die Purpurblüthen der Heliconien, dort machten sich im Dickicht viel gelbblühende Bignoniaceen (Tecoma aurea D C.), bemerkbar, und wieder eine Strecke weiter entzückten das Auge Bäume in lila Blüthenschmuck, vielleicht Jacaranda paulistana Manso.

Wie die Vegetation, so konnte auch die Landschaft, durch welche diese Bergbahn führte, es an Schönheit mit keiner der Landschaften der Gebirgsbahnen um Rio aufnehmen. Eine Stunde etwa dauerte die Hinabfahrt an den Steilhängen der Serra do Mar, welche hier die engere Bezeichnung Serra do Cubatão trägt. Dann lief der Zug auf capoeirabedeckter Ebene östlich gegen Santos zu. Sumpfiger und sumpfiger wurde die Niederung. Die Sumpfvegetation bestand zum Theil aus Mangrovewäldern, welche hier eine ganz ähnliche Zusammensetzung zeigten, wie an anderen Punkten der brasilianischen Küste. Am meisten landeinwärts wuchsen Laguncularien, diesen folgten Avicennien und dem Meere zunächst erhoben sich gemeine Manglebäume.[1])

Wir passirten den Rio Cubatão und den nur flussbreiten, Rio São Vicente genannten Meeresarm und waren gegen halb elf Uhr in Santos, einer Stadt von ca. 15 000 Einwohnern. Sie liegt ungefähr 6—12 km vom Gebirg entfernt, auf der Insel Enguá-Guaçú, welche nur durch zwei ganz schmale Meeresarme, die Barra grande und den schon genannten Rio São Vicente, vom Festland abgetrennt wird. Da Santos auf schlammigem Grunde steht, der sich kaum 2 m über den Meeresspiegel erhebt, bedarf es wohl nicht der Versicherung, dass sein Klima ein höchst ungesundes ist. Das Gelbfieber hält daselbst alljährlich mehr oder minder reiche Ernte und hat von da aus seinen Weg sogar schon auf das Hochplateau hinauf gefunden, 150 km landeinwärts und bis auf eine Höhe von 660 m[2]).

Für Diejenigen, welche nicht zu den Kaffeebaronen zählen, ist in Santos nicht viel zu sehen. Und so flüchteten wir bald aus der heissen,

---

[1]) Schimper: Die indomalayische Strandflora. S. 65 u. 66.

[2]) Letzteres trug sich im Jahr und 2 Jahre nach unserer Anwesenheit in São Paulo zu. Siehe Loefgren: Dados climatologicos do anno 1889 p. 4 und Dados etc. do anno 1890 p. 6. 11 e 15. (Boletim da Commissão Geographica e Geologica de São Paulo.)

schmutzigen Stadt hinaus an den Meeresstrand. Eine Trambahn oder wie die Brasilianer dieses Beförderungsmittel nennen, ein Bond, brachte uns auf höchst uninteressanter Strecke nach dem gewünschten Ziel. Es war dies der winzige Ort Barra, welcher die äusserste Südostspitze der Ilha Engua-Guaçú einnimmt, indessen Santos selbst am Nordostufer genannter Insel, dem Festland gegenüber, gelegen ist. In Barra nahmen wir einen Troly und fuhren dem Meer entlang gegen Westen nach São Vicente, der dritten auf der Insel befindlichen Ortschaft. Vor uns erhob sich, von nahen Waldbergen günstig eingerahmt, die schöngeformte, in blauen Duft getauchte Serra de José Menino. Hinter uns, im Südosten, liessen wir den weit in die Fluthen vorspringenden Morro da Barra zurück, ein kegelförmiges, unschönes Vorgebirg, welches der benachbarten Ilha Guahibá oder Santo Amaro angehört. Von Süden rollten die langen, blauen Oceanwellen durch die Bahia de Santos heran und verrauschten auf dem sandigen Strand. Einige steile, kleine Waldinseln, welche auch Palmen trugen, entragten dem wogenden Meer.

Wir sammelten an Bewohnern der Salzfluth nur Callista purpurata Lam.[1]) Muscheln, welche der atlantischen Küste Südamerikas entlang bis nach Patagonien hinunter vorkommen, Mytilus elongatus Ch., eine brasilianische Miesmuschel, welche gegessen wird, und ferner Schellenseepocken (Balanus tintinnabulum L.), Rankenfüsser, die in allen wärmeren Meeren sehr gemein sind.

An São Vicente, einem Flecken, welcher schon dreieinhalb Jahrhunderte alt ist, fanden wir nicht den geringsten alterthümlichen Charakter. Dafür besitzt er eine Errungenschaft der neuesten Zeit, einen Skating-Rink. Für Zeitvertreib sorgen dort ausserdem Hahnenkämpfe, deren Kampfplatz wir in Augenschein nahmen. Es war dies in Brasilien der einzige von dessen Existenz wir Kunde erhielten. Doch sollen Hahnenkämpfe im Lande sehr beliebt sein. Ein von Deutschen bewohntes Haus erwies sich für uns als dritte Merkwürdigkeit des sterbenslangweiligen Oertchens.

Unser Troly, der in seinen Bewegungen nicht gerade sanft gewesen war, wurde hier verabschiedet, und wir kehrten mittelst Dampftrambahn auf anderem Wege nach Santos zurück. Es ging in raschestem Tempo durch einen krabbenbevölkerten Mangrovewald nach einer Schlächterei, in welcher zahllose Urubús (Catharistes atratus Bartram) mit Auflesen der Abfälle beschäftigt waren. Einige Waggons mit frischgeschlachtetem Fleisch wurden dem Zuge angehängt und die 9 km lange Fahrt nach Santos fortgesetzt. Landschaftlich war sie reizend. Sie führte den steilen Kuppen und Spitzen und den Schlünden der malerischen Küstengebirgskette ent-

---

[1]) Paetel (Catalog der Conchyliensammlung III 73) theilt diese Venusmuschel nicht der Gattung Callista, sondern der Gattung Dione zu, die er, entgegen Adams und Chenu, von Callista als selbstständige Gattung abtrennt.

lang. Ebenso schön ist das Landschaftsbild von Santos selbst, welch letzteres am Fuss eines abschüssigen, von der Wallfahrtskirche Nossa Senhora de Monserrate gekrönten Hügels liegt. Namentlich am Hafen hat man einen entzückenden Blick. Um einen Wald von Schiffsmasten, welchen eine inmitten des Hafens gelegene Insel unterbricht, gruppiren sich die Berge in malerischer Weise. Kaffeeladende Dampfer und die unmittelbar am Ufer erbauten grossen Kaffeelagerräume, in welchen reges Leben herrschte, liessen ahnen, dass sich, wie es thatsächlich der Fall ist, in Santos das gesammte Interesse auf den Kaffee konzentrirt. Im Erdgeschoss der grossen Handelshäuser waren die kostbaren Bohnen zu hohen Haufen aufgeschüttet. Arbeiter fuhren mit flachen Holzschalen in diese Kaffeehügel hinein und warfen die aufgenommene Menge in appetitliche Leinensäcke, welche andere Arbeiter offen hielten. Mit je einem Sack waren immer nur zwei Mann beschäftigt, ein Hineinwerfender und ein Haltender. Vier Schalen voll genügten einen Sack zu füllen, welch letzterer hierauf vom Sackhaltenden auf die Wage geschleppt wurde. Hier stand ein dritter Arbeiter, dem das Wiegen des Sackes oblag und der, je nach Ueber- oder Untergewicht, mittelst einer kleineren Holzschale etwas Bohnen abhob oder solche aus einem nebenanstehenden, kaffeeerfüllten Behälter hinzufügte. Ein vierter Arbeiter trug schliesslich den Sack zum Zunähen. So ging es mit militärischer Präzision zu in allen Magazinen, an denen wir vorüberkamen. So wimmelte es überall von Menschen, welche ihr ganzes Leben nur mit Verpacken der geschätzten Kaffeebohnen verbringen.

Auf dem Wege zur Bahn wurden wir nach echt brasilianisch, natürlich-ungenirter Weise von einem uns vollständig Unbekannten angesprochen, welcher sich hierauf vorstellte und nichts weiter wollte, als uns über unsere Eindrücke von Brasilien und unsere Reiseprojekte zu interviewen. Die gleiche Beschäftigung setzte er dann im Waggon fort, indem er unaufgefordert sich uns zugesellte. Es war nicht das erste Mal, dass uns Solches in Brasilien begegnete, da man sich daselbst, wie schon öfters gesagt, im gesellschaftlichen Verkehr höchst einfach und natürlich benimmt.

Um 4 Uhr Nachmittags verliessen wir Santos, auf dem gleichen Wege, auf welchem wir gekommen, nach São Paulo zurückzukehren. Ehe der Fuss der Serra erreicht wurde, passirte der Zug ausgedehnte Bananenpflanzungen. Dann begann die Bergfahrt, welche wir, um Bahnbau und Gegend besser übersehen zu können, in einem niederbordigen, offenen Güterwagen, einer Lowry, zurücklegten. Auf vier sich folgenden, schiefen Ebenen mit einer Steigung von 1 : 10 wird die Höhe erklommen. Die Ebenen oder Sektionen sind durch je eine Plattform geschieden, auf welcher eine stationäre Dampfmaschine der dem Zug vorgespannten

Lokomotive hilft, die Wagen hinaufzuziehen. Die Drahtseilbahn, welche jetzt seit etwa 23 Jahren besteht, hat noch keinen Unfall zu verzeichnen. Die Seile sind drei Jahre lang verwendbar und laufen in dieser Zeit eine Strecke von 40 000 miles.[1]

Leider beeinträchtigte während unseres Anstieges Nebel den Aufblick nach der Gebirgswelt. Doch blieb uns anfangs noch die Aussicht in die Tiefe unbenommen, auf den herrlichen Urwald, welcher sich uns zu Füssen entrollte und viel Wild, Cutiá, Paca, Tatú[2]) und andere Thiere, bergen soll. Schliesslich musste unser Zug auch in das wogende Nebelmeer einfahren, sodass wir keine 40 Schritte weit sehen konnten. Auf dem Hochplateau erst wurde der Nebel geringer, um endlich ganz zu verschwinden. Epidendreen, welche auf einer Station feilgeboten wurden, nahmen wir als Andenken an die Wälder der Serra de Cubatão mit. Als die Dunkelheit hereingebrochen war, zogen, wie vor zwei Tagen, unzählige leuchtende Käfer langsamen Fluges geheimnissvoll durch die stille Nacht Die Luft war schwül und Alles wäre dazu angethan gewesen, uns in eine Märchenwelt hineinzuträumen, wenn nicht das Rütteln des Zuges und der Pfiff der Lokomotive uns in die prosaische Wirklichkeit zurückversetzt hätte. Um 7 Uhr waren wir wieder in São Paulo angelangt.

São Paulo—Rio de Janeiro. Dienstag, den 2. Oktober.

Heute früh 6 Uhr dampfte der Zug, welcher uns nach Rio zurückführen sollte, aus dem freundlichen São Paulo hinaus. Die ersten viereinhalb Stunden gab es nichts als Campos in ihren verschiedenen Formen zu verzeichnen. Dann, in Pindamonhangaba, fesselte unsere Aufmerksamkeit ein winziges, reizendes Vögelchen, welches einen Schopf hatte und etwa Platyrhynchus mystaceus Vieill. gewesen sein könnte. Um 11 Uhr Vormittags maassen wir $25{,}5^0$ C.

Da sich uns heute landschaftlich nichts Neues bot, hatten wir mehr Zeit, die Einrichtungen der von uns gerade benutzten Bahn, der Ferrovia S. Paulo e Rio de Janeiro, zu beachten und überhaupt Betrachtungen über das brasilianische Eisenbahnwesen anzustellen. Das Abläuten der Züge am Bahngebäude fällt auf den meisten Bahnen weg, wird jedoch auf dieser Ferrovia mittelst der auf der Lokomotive angebrachten Glocke bewerkstelligt. Da dieselbe den Klang einer Kirchenglocke hat, kann man jedesmal meinen, zu irgend einem Gottesdienst gerufen zu werden. Die Namen der Stationen werden hier, wie auf nahezu allen brasilianischen Bahnen, nicht ausgerufen und sind auch an den Stationsgebäuden häufig nicht angebracht. Dafür

---

[1]) Da die Bahn englischer Construktion ist, beziehen sich die uns gemachten Längenangaben sicher auf englische Maasse und handelt es sich hier somit um eine Strecke von 64 360 km.

[2]) Dasyprocta Azarae Licht., Coelogenys Paca L. und Dasypodidae, vielleicht verschiedener Species.

geht der Schaffner nach jeder Station durch den ganzen Zug, in allen Waggons fragend, ob für die nächstfolgende Station keine Passagiere vorhanden seien. Auf den von uns befahrenen Bahnen fanden wir nirgends eine dritte Klasse, und die zweite ist schlecht; der grösste Theil der Reisenden benutzt in Folge dessen die erste. Die Waggons sind meistens in zwei Räume getheilt, von denen ein jeder Bänke und Lehnsessel, und einen in der Mitte durchlaufenden Gang enthält. Auf den besseren Bahnen sind nur Bänke, und zwar für zwei Personen berechnete angebracht. Zwischen zwei solch gegenüberstehenden Bänken befindet sich je ein Wandtisch, den man nach Belieben aufschlagen und zusammenklappen kann.

Am Frühnachmittag fuhren wir neuerdings dem Südfuss des gewaltigen Itatiaya entlang. Obwohl der Bergriese heute noch mehr als vor drei Tagen sein ehrwürdiges Haupt in Wolken barg, wirkte er durch die Mächtigkeit seiner, unvermittelt aus ebener Thalsohle ansteigenden, einzig sichtbaren unteren Hänge, nichtsdestoweniger geradezu überwältigend.

Noch erfreuten wir uns am Anblick der von uns zum vierten Mal durchfahrenen Gebirgslandschaft zwischen Barra do Pirahý und Belem, der schönsten Strecke des ganzen heutigen Weges. Dann zog die Nacht herauf, und nicht lange darnach hatten wir wieder das paradiesisch herrliche Rio de Janeiro erreicht.

KAPITEL XXIII.

Die letzten Tage in Brasilien.

Rio de Janeiro. Mittwoch, den 3. Oktober.

Es naht der Tag der endgiltigen Abreise von Rio, und nun gilt es, da und dort ein letztes Lebewohl zu sagen.

Aus dieser Veranlassung fuhren wir heute nochmals nach dem uns liebgewordenen Petropolis hinauf, uns von den Majestäten zu verabschieden. Nebel beeinträchtigte die entzückende landschaftliche Schönheit der Fahrt, doch passte die trübe Natur zu unserer Abschiedsstimmung. Der Kaiser war, wie er dies in Petropolis alltäglich zu thun pflegt, bei Eintreffen des Zuges auf der Station. Er forderte uns sogleich auf, der heute stattfindenden Feier in der grossen Waisenanstalt mit ihm, der Kaiserin und der Kronprinzessin beizuwohnen. Diese wohlthätige Anstalt ist von einem Priester gegründet und ganz aus Privatmitteln erbaut worden. Sie enthält gegenwärtig 75 Zöglinge, unter anderen manche Deutsche. Diese letzteren können in Folge ihres hellblonden Typus ihre Abkunft nicht verläugnen, haben aber, wenn früh elternlos geworden, keine Gelegenheit, ihre heimische Sprache zu pflegen. So berührte es uns eigenthümlich, ein dem Aussehen nach typisch deutsches Mädchen keines Wortes ihrer Muttersprache mächtig zu finden.

Die Feier begann mit einer heiligen Messe, welche der Bischof von São Paulo in der zur Anstalt gehörigen Kirche Nossa Senhora do Amparo las. Und zwar celebrirte er an einem von der Mayer'schen Kunstanstalt in München gelieferten Altare. Hierauf folgte eine Huldigung der Majestäten durch die Anstaltsjugend, mittelst Aufsagens von Gedichten, Ueberreichung kleiner Arbeiten und Anderem mehr. Wir sahen, wie klein die Erde ist, denn diese Feier unterschied sich in nichts von den in Europa gebräuchlichen; und wir meinten uns zurückversetzt nach der alten Welt und zu all den Schulprüfungen und Schulfesten, welchen wir seit unserer Kindheit angewohnt hatten. Ein Rundgang durch die Anstalt, zum Zweck, sie uns zu zeigen, beschloss den lehrreichen Vormittag. Wie alle bisher von uns besuchten gemeinnützigen Gebäude in Brasilien ist auch dieses hier sehr luftig und reinlich gehalten. Die Schulzimmer sind einfach, die Schlafsäle gross, die Waschgelegenheiten neben diesen auf dem Gange. Die Waisenmädchen erhalten Unterricht im Waschen, Kochen, Nähen und zum mindesten in den Fächern der Elementarschule. Dass in der Anstalt »pão allemão«, d. h. deutsches Brot, gebacken wird, zeigte den Einfluss der hiesigen deutschen Kolonie.

Nach beendeter Feier suchten wir wieder unser villenartiges Hôtel Inglez auf, in welchem wir während unserer vorhergegangenen Aufenthalte verschiedene Einzelheiten brasilianischer Obstkultur kennen gelernt hatten. So erhält man in Petropolis die besten und frischesten Gartenerdbeeren, und von hier werden sie auch nach der Hauptstadt hintergesendet. Ferner erhält man allerlei Sorten von Bananen, deren es etwa zwanzigerlei in allerhand Grössen giebt und von denen einige nur als Dessertobst, andere nur als Kochobst Verwendung finden.

Nachmittags verbrachte ich noch eine gemüthliche Stunde bei den Majestäten und der Kronprinzessin in der letzteren Salon. Zum letzten Male, wenigstens in Brasilien, sollte ich mit dem hochherzigen Kaiserpaare zusammen sein, dessen einziges Streben das Glück des ihm anvertrauten Volkes ist. Nochmals erfreute ich mich an den reichen Geistesgaben des hohen Herrn. Auch war es mir eine Erquickung, neuerdings seiner Vorurtheilslosigkeit und Einfachheit, seiner Freiheitsliebe und seines unerschöpflichen Interesses für die Wissenschaften inne zu werden. Zu bemerken ist, dass sich letzteres mit einer ausgesprochenen Verurtheilung von Materialismus und Atheismus paart. Das anregende Gespräch zwischen dem Kaiser, der Kronprinzessin und mir, schloss mit einer lebhaften Diskussion über die Frage, ob man in Brasilien Klöster zulassen solle oder nicht. Vor dem Abschied übergab mir der vielseitige Monarch eine Copie seiner portugiesischen Original-Gedichte, seiner poetischen Uebersetzungen aus dem Lateinischen, Italienischen, Französischen, Deutschen, Englischen, Russischen und Quechúa und seiner Prosaübertragungen aus dem Tupí, Altgriechischen, Hebräischen, Arabischen und Sanskrit. Letzteres war ein Abriss aus dem Hitopadesa, einem Thierfabelbuch, welches ein schwieriges Stück Sanskritliteratur repräsentirt.

Nun musste aber geschieden sein. Kaiser, Kaiserin und Princeza Imperial gaben mir noch das Geleite zur Bahn, und bald entführte mich der Zug nach Rio aus der Nähe dieses edlen, herrlichen Fürstenpaares. Von der Kaiserin bleibt mir eingeprägt, das Bild einer nie versagenden Herzensgüte, vom Kaiser, dass er, wie sich ein deutscher Gelehrter treffend ausgedrückt, »der Beste aller Brasilianer« ist[1]) und viele seiner Landsleute »leider nicht wissen, was sie an ihm besitzen«[2]).

---

[1]) Karl von den Steinen: Unter den Naturvölkern Zentralbrasiliens S. 2.

[2]) Aus einem Privatbrief von Karl von den Steinen.

Derselbe deutsche Gelehrte fällte ferner das Urtheil, dass die Einsicht des Kaisers die der übrigen Brasilianer übertreffe. Auch äusserte er sich, dass, aus mehreren eingehenden Gesprächen mit dem hohen Herrn, er die aufrichtigste Hochachtung vor seinem wissenschaftlichen Geiste heimgetragen habe und er ihm vor allen anderen ihm bekannt gewordenen Brasilianern, ohne jedwede Rücksicht auf seinen Rang, den echtesten Forschertrieb und den edelsten Charakter zuschriebe.

Rio de Janeiro. Donnerstag, den 4. Oktober.

Der heutige Tag war unser letzter in Rio de Janeiro.

Es gelang uns, an demselben noch den Ausflug nach der Tijuca auszuführen, den einzigen berühmten Punkt in Rios Umgegend, den wir bisher noch nicht hatten besuchen können.

Nebel und Regen begleiteten unsere frühe Wagenfahrt, welche zunächst durch ein hübsches Villenviertel führte. Dann lichteten sich die Häuserreihen immer mehr, und Rasenplätze und grosse, alte, dunkelbelaubte Bäume traten an ihre Stelle. Unmittelbar hinter diesen stiegen die Steilhänge der Tijuca über 1000 m in die Höhe. In grossen Kurven wand sich nun die Strasse zwischen waldbestandenen Abdachungen bergan. Da und dort lehnte eine vereinsamte Villa am Hang. Bei etwa 300 m über dem Meere hatten wir mit Alto da Boa Vista die Passhöhe erreicht, und nun ging es ziemlich eben in der Einsattelung zwischen den steilansteigenden Lehnen der Tijuca und des Corcovado hindurch. Während man bei Alto da Boa Vista nach Nordosten eine entzückende Aussicht geniesst auf die tief unten gelegenen, nördlichsten Stadttheile von Rio und die inselbesäte Bai, thut sich, bei weiterem Vordringen in der Einsattelung, südwestlich ein Blick in die Tiefe auf, nach dem unbegrenzten, blauschimmernden Ocean. Von reizenden Gärten umgebene Hotels liegen auf dem unebenen Terrain zerstreut. In den Floresta, den von der Regierung geschaffenen Anlagen, erheben sich stolze Palmen und wiegen Alsophilen und andere Baumfarne ihre zarten Wedel. Ein hoher Wasserfall, die Cascatinha, schäumt im träumerischen Schatten tropisch üppiger Pflanzenfülle, über eine dunkle Felswand, zerstäubend thalwärts.

Die Heimfahrt war von der Witterung begünstigter. Den Gebirgshängen entlang zogen keine neckenden Nebelstreifen mehr, bald die Höhen verbergend, bald sie wieder aus ihrer feuchten Umhüllung befreiend. —

Den Nachmittag waren wir eingeladen, in der Vorstadt Larangeiras, im Palacio Isabel, bei der sympathischen Kronprinzessin und ihrer Familie zu verbringen. Der von Aussen vollständig villenartige Palacio behält diesen Charakter auch im Innern bei. Bis auf einen grossen Salon sind sämmtliche Räume eher klein. Von dem in Brasilien gebräuchlichen Mangel an bequemer, gemüthlicher Einrichtung ist hier, wie in der kronprinzesslichen Villa in Petropolis, abgegangen worden. Europäischer Geschmack hat seinen Einzug gehalten. Bilder stehen auf Staffeleien herum, hübsche Möbel füllen die Zimmer in künstlerischer Anordnung, und Albums und Nippsachen bedecken die Tische und eleganten Wandgestelle. In den Ecken sind einzelne Skulpturen angebracht und die Wände zieren schöne Gemälde, Familienbildnisse und Landschaften, die meisten von französischen Künstlern gemalt. Der Reichthum an Bildern erklärt sich dadurch, dass der Kaiser seiner Tochter an Geburts- und Namenstagen gewöhnlich ein oder zwei Gemälde schenkt. Die getroffene Auswahl giebt Zeugniss vom künstlerischen Verständniss des Monarchen.

Nicht nur Kunstschätze birgt der Palast der Princeza Imperial. Der Prinz von Grão Pará, der älteste Sohn der Kronprinzessin und dereinstige Erbe der brasilianischen Kaiserkrone, hat sich kleinere wissenschaftliche Sammlungen angelegt. Die hervorragendste unter diesen ist die Mineraliensammlung, welche sich namentlich durch Reichthum an brasilianischen Mineralien auszeichnet. Von letzteren will ich nur Steinkohlen aus den Südprovinzen nennen. Unter den Petrefakten sind viele aus der Quartärzeit und sind überhaupt vor Allem Fische vorhanden. Auch die Zoologie hat Berücksichtigung gefunden durch Schlangen, z. B. Crotalus terrificus Laur., die einzige, in Brasilien vorkommende Klapperschlangenart, ferner durch Froschlurche, Conchylien und Anderes. Die präcolumbische Zeit Brasiliens ist vertreten vornehmlich durch Austernschalen und Steinwerkzeuge aus den Sambaquis. Die indianische Jetztwelt wird repräsentirt durch Federkronen, Halsschmuck von Thierzähnen, einen von Jivaro reduzirten und mumifizirten Menschenkopf, eine mit Tukanfedern gezierte Klapper und noch allerhand sonstige ethnographische Gegenstände.

Der Prinz und seine jüngeren Brüder haben sich übrigens nicht mit todtem Material allein begnügt. Eine kleine Menagerie im Garten beherbergt unter Anderem einen Tapir und ein Nabelschwein (Dicotyles), Thiere, welche in den Wäldern der Serra dos Orgãos anzutreffen sind. Nur während die Dicotylen sich noch häufig vorfinden, und zwar in ihren zwei Species, sind die Tapire in der Provinz Rio de Janeiro schon auf den Aussterbeetat gesetzt[1]). Im Hause selbst halten die Prinzen einen Cassicus persicus L., welcher das Lied »Gerad' aus dem Wirthshaus komm' ich heraus« vorträgt, und ferner zwei vom Amazonas stammende Affen, nämlich einen ganz jungen Macaco de cheiro (Chrysotrix sciurea L.) und einen Wollaffen (Lagothrix), welcher aufrecht geht, wie ein Mensch, und sich mit der Zutraulichkeit eines Kindes gleich an mich anklammerte.

Ein Ritt durch den ausgedehnten Garten unter Führung des liebenswürdigen Hausherrn, des Grafen Eu, machte uns mit den botanischen

---

[1]) Goeldi: Os mammiferos do Brazil p. 100 e s.

Schätzen des beneidenswerthen Besitzes bekannt. Hier gab es Goldblattbäume (Chrysophyllum Cainito L.), Sapotaceen, welche weniger durch ihre nicht sonderlich hübsche Form, als durch die glänzende Bronzefarbe ihrer Blattunterseite wirken. Dort erhoben sich einzelne Miritípalmen (Mauritia flexuosa L.) und breitete eine Bertholetia excelsa Hb. et Bpl. ihr riesiges Laubdach aus. Unfern dem Palaste endlich wuchsen mehrere Exemplare einer dritten Pflanzenspecies der Amazonasgegenden, nämlich Ravenala Guyanensis Benth. Es sind dies auf Guyana und Nordbrasilien beschränkte Musaceen, welche bei Anbohrung der Blattstiele, einem Brunnen gleich, reichlich Wasser spenden.

Die höhergelegenen Theile des Gartens, welch letzterer schliesslich in einen Park übergeht, bieten herrliche Aussichtspunkte sowohl nach Süden, über die enger begrenzte Botafogobucht, als nach Osten, über den Stadttheil Cattete mit der ganzen, grossen Bai von Rio im Hintergrund und, nach Westen, in das grüne, wellige, bergige Land hinein, mit seinen vegetationsüberwucherten Thaleinschnitten. Leider kam uns keiner der kleinen, wilden Affen zu Gesicht, welche auf den Bäumen des Parkes heimisch sind. Sie gehören der Species Hapale penicillata Kuhl an, sind also Sahuýs mit schwarzen Ohrpinseln, deren Verbreitungsgebiet sich über die mittleren Gegenden Brasiliens erstreckt.

Vor einbrechender Dunkelheit sassen wir bei Tisch, wobei uns unter Anderem zwei im kronprinzesslichen Hause angestellte deutsche Diener, ein Bayer und ein Sachse, bedienten. Dann galt es Abschied zu nehmen von den so überaus einfach liebenswürdigen Gastgebern, welche uns den letzten Abend in Rio zu einem so angenehmen gestaltet hatten.

An Bord der »Frankfurt«. Montag, den 8. Oktober.

Vergangenen Freitag, den 5. früh, sollte der von uns zur Ueberfahrt nach Europa gewählte Bremer Dampfer »Frankfurt« aus dem Hafen von Rio de Janeiro in See gehen.

Es war ein warmer Morgen und schon um 7 Uhr stand das Thermometer auf 25° C. Der ganze, um die Bai sich schliessende Kranz von Bergen zeichnete sich, wie zum letzten Lebewohl, in vollster Klarheit vom Horizont ab.

Zu zeitig hatten wir unser reizendes Tusculum auf dem Morro de Santa Thereza verlassen, denn das Dampfschiff war verspätet und lief erst nach Mittag aus. Hierdurch wurde uns aber die Gelegenheit geboten, vom Bord aus das einzig schöne Landschaftsbild so recht unserem Gedächtnisse einzuprägen. Endlich setzte sich die Schraube unserer »Frankfurt« in Bewegung und hinaus ging es in die offene See. Einer nach dem anderen der uns vertraut gewordenen Gebirgszüge verschwand aus unseren Blicken, nur der Corcovado und dann die Gavea blieben noch stundenlang nach dem Auslaufen sichtbar.

Später stellte sich abwechselnd Regen ein und die Luft war frisch.
Samstag Morgens sah man keine Küste. Nachmittags grüsste uns
aus dem Nebel heraus ein alter Bekannter, der charakteristische Monte
Mestre Alvaro bei Victoria. Das Hamburger Dampfschiff »Petropolis«,
welches einige Stunden vor uns den Hafen von Rio verlassen hatte, kam
fern am Horizont in Sicht. Der Himmel war tagsüber vielfach bewölkt
und das Thermometer zeigte zu Mittag nur 24 ° C. Unsere »Frankfurt«
schlingerte und stampfte und lief wegen Gegenwindes nur neun Knoten
die Stunde.

Dieser unser Dampfer ist ein Schiff von 2500 Tonnen. Er hat nur
Platz für 14—28 Passagiere erster Klasse, keinen für solche zweiter und
dient hauptsächlich dem Waarenverkehr. Wir haben ihn aber trotzdem
gewählt, da er die uns genehmen Häfen anläuft. Ausser uns sind an
Bord nur noch zwei Passagiere erster Klasse, ein deutscher Offizier und
ein vlämischer Missionär, welcher in Südamerika die Seelsorge in einer
deutschrussischen Kolonie ausübt. Als Zwischendeckpassagiere haben
wir etliche dreissig Spanier aus Buenos Ayres, ungefähr ebenso viele
Portugiesen aus Rio de Janeiro, ausserdem eine wenig zahlreiche deutsche
Familie. All diese Leute kehren nach dem alten Europa zurück, theils,
weil ihnen Amerika nicht das geboten, was sie gehofft, theils, weil
sie sich etwas erspart haben und dies nun in der Heimat verzehren
wollen.

Gestern, Sonntag, hatte es Früh und Mittag 25 ° C. Der Himmel
war wieder bewölkt; es wehte ein frischer Gegenwind, und der Dampfer
stampfte wie Tags zuvor. Den ganzen Tag war kein Land zu sehen.
Nachmittags passirte Backbord ein französisches Dampfschiff, welches Süd-
kurs steuerte. Gegen Abend stieg die Temperatur auf 26° C. und nahm
nach Sonnenuntergang noch eher zu, wohl, da der Wind abflaute. Wir
konnten nur kurze Zeit Segel führen. Als es Nacht geworden, entwickelte
sich ein wunderbares Meeresleuchten. Wie Sternchen blitzte es auf den
dunklen Wogen, gleich flüssigem Silber flossen die vom Dampfer auf-
gewühlten Wellen in die weite See hinaus, und die Wellenkämme
waren zu funkelnden Lichtströmen geworden, welche immer wieder verschwanden, um immer wieder von Neuem phosphorisch aufzuglänzen und
aufzusprühen.

Nachts, von gestern auf heute, entlud sich ein Gewitter. Früh
morgens war die Luft so klar, dass man den steilen, in vollstem Sonnenschein warm gelb getönten Küstenabfall deutlich unterscheiden konnte.
Gegen 8 Uhr blieb die Maschine unserer »Frankfurt« urplötzlich stehen und
wir lagen stille — die Kurbelstange der Kaltwasserpumpe war gebrochen.
Da nun der Dampfer keine Fahrt mehr bekam und folglich dem Ruder
nicht mehr gehorchte, trieben wir, machtlos dem Spiel der Wellen preis-

gegeben, volle sechs Stunden auf offener See umher. Gut, dass es heute nicht stürmte, denn unfern, wenn auch jetzt nicht gerade in Schweite, befand sich, wie wir wussten, die Küste. Und unser Dampfer hätte bei schwerem Wetter wohl das Schicksal so manch anderen wackeren Schiffes getheilt, dessen Wrack, sei es im Sande, sei es auf einem Korallenriff festsitzend, die streckenweise gefährlichen brasilianischen Küstenstriche melancholisch säumt.

Während wir scheinbar stille lagen, nur von dem ewig wogenden Meere langsam gehoben und gesenkt, war die Hitze mitunter unerträglich. Schon um neun einhalb Uhr zeigte das Thermometer 26° C.; wolkenlos wölbte sich der Himmel über uns und ohne Erbarmen brannte die Sonne auf uns herab. Der durch die Fahrbewegung entstehende Luftzug, welcher die Wärmeempfindung herunterstimmt und oft allein das Reisen in den Tropen ermöglicht, fiel heute Vormittag natürlich weg.

Wir suchten die Zeit unseres unfreiwilligen Aufenthaltes durch allerhand Beobachtungen zu kürzen. Wundervoll war die Farbe des Wassers unmittelbar um unser Schiff herum, theils ganz dunkelblau, theils cobalt- und theils vergissmeinnichtblau. Tief unter der Oberfläche des Meeres schwammen kleine Fische, wohl irgendwelche Bastardmakrelen (Caranx); sie erglänzten ganz silbern, wie diejenigen Gegenstände, welche man in der blauen Grotte von Capri in das Wasser hält. Lila bis violett schimmernde grosse Seeblasen (Caravella maxima Hkl.) segelten mit ihrem welligen Hautkamm einher. Mittelst eines Schiffseimers machten wir Jagd auf sie, und es gelang uns, eine dieser Hochseemedusen zu fangen und unserer Sammlung einzuverleiben. Während sich diese Scenen aus dem Thierleben in nächster Nähe abspielten, sprangen weiter draussen Delphine (Delphinidae), Zahnwale, von denen die brasilianische Küste mehrere Arten besitzt.

Gegen 2 Uhr konnte die »Frankfurt« ihre Fahrt wieder aufnehmen. Um diese Zeit zeigte das Thermometer 26,5° C. Die Luft war Nachmittags dunstig, und still und glatt breitete sich der Meeresspiegel vor uns aus.

An Bord. Im Hafen von Bahia. Dienstag, den 9. Oktober.

Bei Tagesanbruch warfen wir Anker Angesichts von Bahia, und eine Stunde später schon begaben wir uns an das Land. Unsere Schritte richteten sich zunächst nach dem Museum, welches sowohl ethnographische Gegenstände, wie eine kleine zoologische Sammlung enthält. Unter ersteren befinden sich einige Acangatára oder indianische Kopfbinden.[1] Eine derselben, welche uns besonders in die Augen fiel, besteht aus einem, von kurzen blauen Ararafedern hergestellten Kranz und drei langen rothen

---

[1] Siehe weiter oben Seite 132.

Steuerfedern eines Aracanga (Ara macao L). An indianischen Pfeilen besitzt das Museum einen höchst merkwürdigen, wie wir einen solchen noch nirgends gesehen. Die Spitze dieses Pfeiles ist nämlich durch eine Art kleiner Schaufel ersetzt. Die zoologische Abtheilung erweist sich namentlich reich an Vögeln. So konnten uns hier einige Zweifel über die auf unseren Reisen im Innern beobachteten Vogelarten gelöst werden. Ich will aus der Menge nur einige nennen, die Canarios (Sycalis flaveola L.), die merkwürdigen orangerothen Klippenvögel (Rupicola crocea Vieill.) von Pará, mit ihrem hohen, seitlich zusammengedrückten Scheitelkamm aus Federn, und die auf Südostbrasilien beschränkten braunbrüstigen Periquitos (Conurus cactorum Wied).

Da es in Strömen, ja ganz wolkenbruchartig regnete, eine zur Frühjahrszeit in Bahia ungewöhnliche Erscheinung, und da die Strassen sich in wirkliche Bäche verwandelten, mussten wir uns nach dem Besuch des Museums binnen Kurzem wieder unter Dach und Fach retten. Der Zufall führte uns in den Vorplatz des Gymnasiums, wo wir bald von neugierigen, fragenden Schülern umringt wurden. Einer derselben verstieg sich sogar in politische Betrachtungen und schwärmte, auf Kosten der brasilianischen Verhältnisse, von den segensreichen Zuständen in den Vereinigten Staaten von Nordamerika. Auf meine bündige Bemerkung, dass die Ehrlichkeit der dortigen Beamten sehr viel zu wünschen übrig lasse[1]) und die dortigen Zustände für einen Brasilianer keineswegs so begehrenswerth seien, starrte mich der politisirende grüne Junge höchst verwundert an. Bekehrt werde ich ihn wohl kaum haben, mir aber eröffnete dieses kurze Zwiegespräch einen Einblick in den Umfang, welchen die republikanischen Sympathien auch unter der jüngsten Jugend schon erreicht haben müssen. Ich kann das Umsichgreifen dieser umstürzenden Tendenzen nur lebhaft bedauern. Denn Brasilien wird keinen glücklichen Tausch eingehen, wenn es an Stelle der weisen, väterlichen Regierung des Kaisers versuchen sollte, die in den romanischen Ländern Amerikas ganz besonders schwankende republikanische Regierungsform zu setzen. —

Nachmittags besuchten wir in einem kleinen, vor der Stadt gelegenen Orte, der Quinta Soledade, ein Nonnenkloster, in welchem Frauen das Fertigen von Federblumen gelehrt wird. Die Tracht der dortigen Nonnen ist schwarz, nur der ebenfalls schwarze, hübsch nach rückwärts geschlagene Tuchschleier weiss gefüttert. Als wir an die Pforte traten, hatte eine der Nonnen dieses für die Tropen etwas heisse Ordenskleid am Halse geöffnet, als sie uns hierauf hinter einem Doppelgitter empfing, jedoch wieder sorgfältig geschlossen. Bei ihr, gleichwie bei der einzigen

---

[1]) Mit der Gewissenhaftigkeit der brasilianischen Beamten soll es übrigens auch im Argen liegen.

ihrer Mitschwestern, die wir zu Gesicht bekamen, waren die Haare an den Schläfen sichtbar, ein Anblick, den man bei europäischen Nonnen niemals hat. Von der schon durch Prinz Wied erwähnten[1]) Federblumenindustrie der Nonnen Bahias nahmen wir als Probe einige wohlgelungene weisse Kamelien mit.

Den Schluss des Tages bildete der Ausflug nach Rio Vermelho, woselbst wir zwar, gelegentlich unseres ersten Aufenthaltes in Bahia, schon gewesen waren, der schönen Vegetation halber jedoch wieder zurückkehren wollten. Der Eindruck war aber heute ein anderer, als das erste Mal. Die Ueppigkeit des Pflanzenwuchses um Rio de Janeiro hatte unser Auge verwöhnt, und nun schien uns hier die grünende und blühende Natur fast armselig.

Uebrigens blieb unser Ausflug wenigstens in zoologischer Hinsicht nicht ohne Interesse. In Rio Vermelho sahen wir einen Negerknaben, welcher zwei ziemlich grosse, ganz hochrothe Fische trug, welche vermuthlich Gefleckte Rothbarte (Upeneus maculatus Bl.) waren.[2]) Solche Meerbarben sind in Brasilien sowohl an der Küste, wie in den Landseen verbreitet, und ihr weiches, fettes Fleisch findet als Nahrungsmittel Verwendung.

Der Abend an Bord war genussreich. Tausende von Lichtern blitzten und funkelten vom Lande aus zu uns herüber und zeichneten in Feuerlinien auf dunklem Grunde die Ausdehnung der unteren und oberen Stadt längs der schöngeschwungenen Uferhöhen.

An Bord. — Vor Bahia. Mittwoch, den 10. Oktober.

Wieder zu früher Stunde fuhren wir nach Bahia hinüber. Heute, dem letzten Tage auf brasilianischem Boden, sollte eine endgiltige Vermehrung unserer Menagerie vorgenommen werden. Die in Rio gekauften Vögel waren zu Grunde gegangen und von all unseren Thieren nur der muntere Mocó aus Maranguape übrig geblieben. Der Thiermarkt in Bahia bot nun reichliche Auswahl an lebendem Material. Von dem Ankauf einer Boa constrictor standen wir ab, ebenso von dem niedlicher, aber äusserst zarter junger Seidenäffchen (Hapale jacchus L.) aus der Umgegend Bahias. Auch ein grösserer, intelligenter Affe reizte nicht unsere Kauflust, da man ihm das gefährliche Kunststück gelehrt hatte, Streichhölzer anzuzünden, welche er dann, ohne die möglichen Folgen zu ahnen, brennend in eine Ecke warf. Auf das Mitnehmen eines Sabiá da praia, einer

---

[1]) Wied: Reise nach Brasilien I. 275.

[2]) Ich kann mich zwar nicht entsinnen, dass die von mir gesehenen Fische ein paar schwarze Flecken auf den Seiten gehabt hätten, wie sie der Upeneus maculatus zu haben pflegt; doch sagt Cuvier (Histoire des Poissons III 479), dass er Individuen ohne solche schwarze Flecken gesehen habe.

Küstenspottdrossel (Mimus lividus Licht.) verzichteten wir trotz ihres reizenden Gesanges gleichfalls, weil ihr Preis von 20 milreis[1]) zu hoch schien, in Anbetracht des Wagnisses, sie in ein kälteres Klima zu versetzen. Und der gleiche Grund hinderte uns am Kaufen eines durch sein prächtiges, ganz blaues Gefieder anlockenden Hyacinthararas (Anodorhynchus hyacinthinus Lath.), für welchen die hohe Summe von 80 milreis[2]) gefordert wurde. Endlich einigten wir uns über einen Coatí, einen erwachsenen männlichen Rüsselbären (Nasua socialis Wied), welchen man uns als zahm geschildert. Und unter den zahlreich vertretenen Vögeln fiel die Wahl auf einige Tanagriden, einen Finken und einige Papageien. An ersteren erwarben wir eine Blutfarbige Tangara (Rhamphocoelus brasilius L.), einen jener prachtvollen, roth und schwarzen Vögel, von welchen wir Exemplare auf unserer Reise in Espirito Santo beobachtet hatten; ferner zwei Zinnoberrothe Tangara (Pyranga saira Spix), gleich den vorhergehenden auf Südbrasilien beschränkte Tanagriden. Im Finken haben wir eine Guiraca cyanea L. erworben, eines jener zarten dunkelblauen Vögelchen, welche im Norden Südamerikas und bis nach Südbrasilien hinunter angetroffen werden. Die gekauften Papageien sind: zwei Conurus haemorrhous Spix, Keilschwanzsittiche, welche, das Grünblau von Stirne und Vorderkopf und das Kupferroth der Schwanzfedern abgerechnet, ein einfarbig glänzend grasgrünes Gefieder haben und von Bahia westwärts bis zur Grenze Boliviens vorkommen; zwei Pyrrhura leucotis Licht., anmuthige ostbrasilianische Psittaciden, welche die denkbar bunteste Farbenmischung zeigen und gleich den vorerwähnten Papageien zu denjenigen Spezies zählen, welche im Handel selten nach Europa gelangen; endlich zwei Brotogerys tirica Gm., Periquitos deren Artgenossen uns vom Rio Doce her bekannt sind und welche, wenn sie auch im Vorwiegen des grünen Federkleides erstgenannter Papageienart ähnlich sind, doch allein schon in der geringeren Grösse sich merklich von derselben unterscheiden.

Was an lebendem Material nicht zu erlangen war, ersetzten wir durch Erwerbungen in einer Naturalienhandlung. Leider versäumten wir, daselbst das schöne Fell eines Puma oder Silberlöwen zu kaufen, eines jener grösseren brasilianischen Raubthiere, welche mehr in den Wald- als in den Camposgegenden anzutreffen sind. Wir wählten statt dessen Vogelbälge: zwei von Sahy's oder Zuckervögeln (Coerebidae), nämlich den prachtvoll türkisblau schimmernden Balg der Dacnis cayana L., und den, bis auf den blaugrünen Scheitel, tiefblauen und sammtschwarzen der Coereba cyanea L., ferner den in allen Abstufungen von blau, grün und gelb spielenden Balg der Sete-côres (Calliste tricolor Gm.), eines auf Süd-

---

[1]) Circa 45 Mk.
[2]) Circa 182 Mk.

ostbrasilien beschränkten Tanagriden, und endlich den cobaltblauen und rothviolett leuchtenden Balg des Halsband-Cotingas (Cotinga cincta Kuhl), eines dem Südosten Brasiliens eigenthümlichen Fruchtvogels.

Zum Schluss kauften wir einige Desmonota variolosa Weber aus der Umgegend Bahias, prächtige smaragdgrüne Schildkäfer (Cassididae) mit goldglänzend gerandeten, buckeligen, über und über mit vertieften Punkten gezeichneten Flügeldecken.

Mittags wurde eine Fahrt dem Strand entlang, nordwärts, nach der Vorstadt Bom fim unternommen. Von der hochgelegenen dortigen Wallfahrtskirche gleichen Namens hat man eine schöne Aussicht auf Bahia, welches sich in geschwungener Linie nach Südosten hinzieht, von den Fluthen der himmelblau schimmernden Bai bespült. Unfern dem Kirchplatze trippelten Lavandeiras (Fluvicola climacura Vieill.), kleine weisse Vögel mit schwarzen Flügeln und schwarzem Schwanze, welche mir namentlich durch ihr schneeweisses Köpfchen und überhaupt den Farbencontrast ihres Gefieders auffielen. Es sind dies auf Ostbrasilien beschränkte, aber dort sehr häufige Tyranniden von etwa 13 Centimeter Länge.

Auf dieser Fahrt zog zum letzten Mal der ganze Zauber tropischer Vegetation an uns vorüber. Ueppige, palmenbestandene Wiesen breiteten sich vor unseren Blicken, rosablühende, baumförmige Magnoliaceen, wohl Talauma Juss., erfreuten das Auge, Mamoeiras (Carica papaya L.) breiteten ihre grossen, charakteristischen Blätter aus und Bougainvilleen legten die in sattem Roth erglühenden Hüllblätter mantelartig über die Baumkronen hinüber.

Auf dem Rückwege von Bom fim besuchten wir das Asylo da Mendicidade, eine der vielen Wohlthätigkeitsanstalten Bahias. Durch Zufall wurden wir auf das palastartige, in einem schönen Garten gelegene Gebäude aufmerksam; und als wir an die Pforte kamen, uns nach seiner Bestimmung zu erkundigen, lud man uns ein, dasselbe zu besichtigen. Hier, wie anderwärts in Brasilien wird man nicht nach seinem Namen gefragt; die gemeinnützigen Anstalten scheinen dem Besuch der Fremden offen zu stehen, und die Brasilianer sind sogar stolz, ihre in dieser Beziehung meist vortrefflichen Einrichtungen dem Ausländer zeigen zu können.

Das aus Privatmitteln erbaute Asylo da Mendicidade oder Armenhaus Bahias entspricht in seinem Innern dem anziehenden Aeussern. Es ist schön, luftig und peinlich sauber. Im Erdgeschoss befinden sich die grossen, hohen Speisesäle, daneben die geräumigen, ebenso hohen Schlafsäle. In letzteren fehlen sowohl Tische, wie Stühle, und so ist anzunehmen, dass die Insassen ihre Tage bei Regen in den Speisesälen, sonst, dem Klima gemäss, im Freien zubringen. In den ersten Stock, in welchem sich weitere Schlafräume befinden, führt eine schöne, breite, teppichbelegte Holztreppe. Die Mitte des Gebäudes nehmen die Kirche und der Sitzungssaal ein, und in einem Nebenhaus ist die geräumige Küche untergebracht. In diesem Armenhause werden alle Erwerbsunfähigen ohne Unterschied der Nationalität aufgenommen. Sobald einer die Erwerbsfähigkeit wieder erlangt, wird er entlassen, wenn er sie nicht erlangt, zeitlebens in der Anstalt behalten. Die Verköstigung der Leute besteht aus Stockfisch und Carne secca[1]), an Sonn- und Feiertagen aus frischem Fleisch; den Kranken wird letzteres täglich verabreicht. Wie man uns sagte, verwendet die Regierung jährlich eine Summe im Werth von über 80 000 Mk., das Asyl zu unterhalten. Von den Weibern, welche wir sahen, waren viele mit Anfertigung von Spitzen beschäftigt, hiermit eine in Nordbrasilien heimische Industrie bethätigend. Die Leute, welche in allen Farbenschattirungen vorhanden waren, machten durchschnittlich den Eindruck, zufrieden zu sein. Und wir verliessen die Anstalt mit der wohlthuenden Erinnerung, dass auch für Arme in Brasilien, in diesem herrlichen Klima, welches grosse, luftige Räume zulässt, ja erfordert, das Leben ein ganz erträgliches sein muss.

Noch ein letzter wehmüthiger Abschiedsblick auf Bahias paradiesische Landschaft war uns vom Passeio Publico aus gegönnt. — Dann bestiegen wir schweren Herzens das Boot, welches uns dem gastlichen Lande entführen sollte, in dem sich uns all die Wunder der Tropenwelt erschlossen hatten. Um 4 Uhr waren wir an Bord zurück. Wir fanden den Dampfer umlagert von kleinen Schiffen, in welchen auf langen Brettern in Reih und Glied angekettete Kurzflügelpapageien mit rothem Flügelbuge (Chrysotis aestiva L.) zum Kaufe angeboten wurden. Es waren dermaassen viele solcher armer, freiheitberaubter Thiere in jedem einzelnen Boote, dass letztere, von oben gesehen, ganz grün erschienen. Bedenkt man, dass jeder nach Europa fahrende Dampfer Dutzende und aber Dutzende solcher Vögel mitnimmt — unsere »Frankfurt« hat allein nahezu hundert an Bord — und bedenkt man ferner, dass fast jede paar Tage ein solcher Dampfer Bahia verlässt, so kann man sich eine Vorstellung davon machen, welche ungeheure Menge Amazonenpapageien exportirt werden; es ist schier zu verwundern, dass die Urwälder Brasiliens in dieser Hinsicht noch nicht entvölkert sind. Auch wir widerstanden der Versuchung nicht, zwei dieser ausdauerndsten und deshalb am häufigsten ausgeführten Papageien um den hiesigen Durchschnittspreis von 5 milreis[2]) zu erwerben. Unsere Menagerie besteht jetzt somit aus vierzehn Köpfen, zwei Säugethieren und rundweg einem Dutzend Vögel.

---

[1]) Siehe weiter oben S. 245.
[2]) Ca. 11,4 Mk.

Gegen 8 Uhr Abends lichtete unser Dampfer die Anker zur Fahrt über den atlantischen Ocean. Ausser der »Frankfurt« waren heute noch zwei überseeische Dampfschiffe im Hafen Bahias gelegen. Lange blieben die Lichter der Stadt in Sicht, dann erloschen auch sie, und wie ein Traum versanken in das Meer der Vergangenheit die herrlichen Tage, welche wir in dem Wunderlande »Brasilien« verbracht.

Die See war ruhig und wir fuhren, in Gedanken verloren, in die stille Mondnacht hinaus.

KAPITEL XXIV.

Ueberfahrt nach Europa.

An Bord der »Frankfurt«. Samstag, den 13. Oktober.

Den ersten Tag unserer Oceandurchquerung kam weder Schiff, noch Land in Sicht, obwohl wir noch unfern der Küste steuerten. Zu Mittag überstieg das Thermometer 27 ° C. Es zeigten sich die ersten Flugfische, von denen an der brasilianischen Küste, ausser dem Gemeinen Flughahn (Dactylopterus volitans L.) und dem Prionotus punctatus Cuv. & Val., mindestens drei Arten Hochflugfische (Exocoetus)[1]) beobachtet worden sind.

Eine prachtvolle Mondnacht leitete uns in den folgenden, den gestrigen Tag, hinüber. An diesem hatte es früh 9 Uhr 26.5 ° C. und Mittags 27,25 ° C. Wie all die vorhergehenden Tage, seit wir uns eingeschifft, kämpfte unser Dampfer mit Gegenwind und Gegenströmung. Wir befanden uns noch in dem nach Südwest gerichteten Brasilienstrom, einer Fortsetzung der Südostpassattrift. Zu Mittag waren wir unter 9° 6' s. Br. und 34° 42' westl. Länge und hatten in den letzten 24 Stunden nur 204 Knoten zurückgelegt. Unsere Frankfurt ist schon lange nicht mehr gedockt worden und dies verspricht eine langsame Fahrt.

Eine Schwalbe setzte sich flüchtig an Bord. Einer meiner schönen bunten Papageien (Pyrrhura leucotis Licht.), der Tags vorher ausgekommen und von der Mars wieder herabgeholt worden war, verendete unerwartet.

Heute, den dritten Tag unserer Seefahrt seit Bahia, ging die zweite Pyrrhura zu Grunde und ihr folgte eine der Zinnoberrothen Tangaras. Das Sterben unter der gefiederten Welt hat bedenkliche Dimensionen angenommen und unsere Vorsicht in Bahia, keine allzu theueren Vögel zu erwerben, gerechtfertigt. Diese entzückenden, farbenprächtigsten Bewohner der brasilianischen Tropen vermögen wohl das Verlassen der

---

[1]) Zwei für diese Regionen speziell verzeichnete Arten sind schon S. 5, Anmerkung 1, erwähnt worden. Die dritte der hier gemeinten Species ist der überall im Atlantischen Ocean vorkommende E. evolans L.

Heimath nicht zu ertragen, eine Vermuthung, in welcher wir dadurch bestärkt werden, dass man dieselben niemals auf europäischen Vogelmärkten antrifft. Die Temperatur erreichte heute Mittags nur 26° C., nachdem sie früh 8 Uhr 25,75° C. betragen hatte. Wir fuhren heute unter dem Parallelkreise der Sonne hindurch und nun werden unsere Schatten wieder nach Norden fallen, nachdem wir sie fast vier Monate lang südlich von uns beobachtet haben. Abends passirte auf drei Seemeilen Backbord ein Dampfer mit Kurs nach Süden. Nachts zwischen 11 und 12 Uhr erreichten wir die Höhe von Fernando de Noronha, welches sich, in Mondlicht gebadet, pyramidenförmig gegen den Horizont abzeichnete.

Es ist diese Insel die grösste aus einer acht englische Meilen langen Kette kleiner Inseln. Sie liegt, unter 3° 50' südl. Breite und 32° 25' westl. Länge, ungefähr 200 englische Meilen von der beim Cap de São Roque befindlichen Ponta de Petitinga, dem nächsten Punkte der brasilianischen Küste, entfernt. Ihre Länge beträgt fünf, ihre grösste Breite zwei englische Meilen. Sie erhebt sich zu einem etwa 230 m hohen Phonolithpik, welcher bezeichnender Weise den Namen Pyramide trägt. Ausser aus Phonolith besteht die Insel auch aus anderem Durchbruchsgestein, ausserdem aus wahrscheinlich pliocänem Sandstein und aus Korallenkalk. Die Flora von Fernando de Noronha entspricht im Grossen und Ganzen derjenigen von Guyana und Nordostbrasilien, ist aber in Folge des sehr trockenen Klimas keineswegs von tropischer Ueppigkeit. Auch die Thierwelt, welche eine Mischung nordbrasilianischer und kosmopolitischer Formen zeigt, ist eher arm zu nennen und nur reich an Seevögeln und einstmals eingeschleppten Ratten (Mus rattus L.). Da die Insel Brasilien als Deportationsplatz für seine Verbrecher dient und folglich keine Schiffe dort anlegen dürfen, entfiel für unsere Frankfurt von vornherein jedwede Ursache, daselbst anzulaufen. Und so verschwand auch bald dieses letzte Stück brasilianischer Erde aus unserem Gesichtskreis.

An Bord. Donnerstag, den 18. Oktober.

Seit fünf Tagen haben wir kein Land gesehen. Inzwischen ist auch meine zweite Zinnoberrothe Tangara (Pyranga saira Spix) zu Grunde gegangen, und täglich fliegen Leichen von Amazonenpapageien (Chrysotis aestiva L.) über Bord. Letztere Vögel waren vor Verlassen des amerikanischen Bodens von Rückwanderern und Schiffsmannschaft gekauft worden, sei es, um ein Andenken vom fernen Westen in die Heimath mitzunehmen, sei es, um sie drüben im alten Europa mit Gewinn wieder loszuschlagen. Wir sind gespannt, zu sehen, wie viele der armen, ihren herrlichen Wäldern entrissenen Thiere überhaupt noch die jenseitige Küste des Atlantik erreichen werden.

Uns die Zeit zu vertreiben, mustern wir täglich mehrmals unsere eigene kleine Menagerie und was sich sonst noch an exotischen Thieren an Bord befindet. Zwei Riesentukane (Rhamphastos toco Müll.), Repräsentanten einer charakteristisch neotropischen Familie, wissen uns kein besonderes Interesse abzugewinnen; es sind stumpfe, langweilige Vögel. Um so abwechslungsreicher geberden sich die verschiedenen Amazonenpapageien. Sie wiederholen allerhand portugiesische Worte und kreischen dieselben um die Wette hinaus; einer von ihnen aber ahmt täuschend das Lachen der Negerweiber nach, welches er wohl auf dem von Negerinnen besetzten Bahienser Markte erlernt hat. Die Säugethiere beschränken sich auf etliche junge Seidenäffchen (Hapale jacchus L.), welche sorgfältigst vor rauher Luft gehütet werden, auf meinen munteren Mocó (Cavia rupestris Wied), der sich in Riesensprüngen an Bord herumtummelt, und auf zwei Rüsselbären, einem Coati do bando und einem noch unerwachsenen Coati ruivo (Nasua socialis Wied var. rufa Pelzeln). Da die Rüsselbären viel mit ihren Tatzen greifen und halten, erinnern sie mitunter an Affen; auch ist ihr sonstiges Gebahren oft affenmässig. So hat sich mein altes Thier einmal von seinen Fesseln befreit, eine Kajüte besucht, dort Alles darunter und darüber gebracht und mit den in Tinte getauchten Krallen seine Anwesenheit auf frischer Wäsche beurkundet. Die zwei Coatis harmoniren nicht mit einander. Der junge möchte wohl öfters mit dem alten spielen, doch jeder solche Versuch wird von letzterem schnöde zurückgewiesen; und während wir bei Tisch sitzen, hören wir fast täglich das Zischen und Pfauchen, welches solche Nasenbärschlachten begleitet. —

Wir haben uns in diesen letzten Tagen auch über die Einrichtungen unseres Dampfers orientirt und sind in den verschiedenen Räumen herumgestiegen. Das Schiff hat vier Stockwerke und zerfällt ausserdem in Vorschiff, Mittsschiff und Achterschiff. Letztere drei sind durch wasserdichte Querschotten voneinander getrennt, um die Schwimmfähigkeit des Dampfers, bei allenfallsigem Leckwerden zu erhöhen. Im Zwischendeck sind die Auswanderer, bezw. Rückwanderer untergebracht. Sie schlafen auf Pritschen, immer vier nebeneinander und acht auf einem Gestell. Weitere acht liegen darüber. Männer, Weiber und Kinder sind zusammen auf einen einzigen Raum beschränkt, ein Missstand, welchen man in den neueren Auswandererschiffen zu vermeiden sucht. Unter dem Zwischendeck befinden sich die Provianträume mit den Conserven, dem Bier-, Wein- und Eiskeller. Im Raum[1]) des Vorschiffes ist weiterer Proviant aufgestapelt, von dem ich nur Säcke mit Erbsen und Kartoffeln erwähnen will. Das Vorschiff enthält ferner die Schlafstellen für die Matrosen. Sowohl im Vor-, als im Mitts- und Achterschiff sind die Waaren gestaut, Piassavawurzeln zur Besenfabrikation, Holzschwellen, über 1000 Pack Tabak, 10 000 Säcke Kaffee, Schafwollballen und 7000 Stück Rindshäute. —

[1]) Raum = der tiefste Ladungsraum eines Schiffes.

Schaaren von Flugfischen, welche über die Wellenkämme flatterten, fesselten mitunter unsere Aufmerksamkeit. Einen Tag zeigte sich eine ganze Wolke von Möven; fern dem Schiff spielte ein Trupp Delphiniden und wühlte das Wasser zu Streifen Schaumes auf.

Täglich legten wir zwischen 233 und 254 Seemeilen zurück. Den 15., Nachts 2 Uhr, wurde die Linie passirt. Die ersten zwei Tage, nachdem wir an Fernando de Noronha vorübergefahren waren, zeigte das Thermometer früh zwischen 8 und 9 Uhr an 26° C. und stieg gegen Mittag nur mehr um Weniges. Die folgenden Tage war die Temperatur des Morgens höher und heute endlich hatten wir von 8 Uhr Morgens bis 9 Uhr Abends 29° C., welche nur um Mittag eine Steigerung von einem Viertel Grad erfuhren. Wir befanden uns die letzten Tage hindurch in der Kalmenzone und hatten demgemäss Windstille, theilweise Bewölkung und heftige Regenniederschläge. Nun sind wir in die Regionen des Nordostpassates eingetreten. Heute Mittag wurde die geographische Lage zu 13° 1′ nördl. Br. und 25° 31′ westl. L. bestimmt.

Die ersten drei Tage seit wir Fernando de Noronha hinter uns gelassen, kam kein Schiff in Sicht. In ewigem Einerlei breitete sich der Himmel über und das Wasser unter uns. Gestern endlich belebten sich die uferlos gedehnten Meeresfluthen. Bis zu Mittag passirten Steuerbord ein englischer Dampfer und eine Lübecker Bark, Backbord ein Schooner und eine aus der Nähe von Bremen stammende Bark. Da auf der Brücke ein Buch aufliegt mit dem Verzeichniss sämmtlicher deutscher Schiffe und der vier lateinischen Buchstaben, welche jedes Schiff führt, die gestern vorbeisteuernden Barks aber auf vier Wimpeln ihre Buchstaben signalisirten, konnte der Wachoffizier die Namen der beiden Schiffe nachschlagen und feststellen. Unsere »Frankfurt« hisste, als Dampfer, die Flagge zum Gruss nur einmal, die Segelschiffe hissten die ihre dreimal. Nachmittags passirten weitere zwei Barks Backbord, und Abends segelte bei Mondschein ein Vollschiff Steuerbord ganz nah vorbei, in der verschwommenen Beleuchtung scheinbar zu riesigen Dimensionen anwachsend. Auch heute früh wurde ein Segelschiff Steuerbord sichtbar.

An Bord. Montag, den 22. Oktober.

Freitag, Nachts 1 Uhr, erreichten wir die Höhe der südlichsten der Kap Verdischen Inseln, der Insel Brava, welche schon seit drei Stunden in Sicht gewesen. Dieses ziemlich steil ansteigende, tafelbergförmige Eiland, welches von Negern bewohnt wird, ist geradezu unschön. Es blieb wenige Seemeilen von uns Steuerbord liegen. Unser Dampfer nahm den Kurs zwischen der westlichen und östlichen Gruppe der aus 14 Inseln bestehenden Gesammtgruppe dieser Eilande hindurch, welche den Portugiesen seit dem Jahre 1456 gehören und zur Deportation benutzt werden. Oestlich von dem unbedeutenden Brava zeigte sich nun die

Insel Fogo mit ihrem 2750 m hohen Pik, einem noch thätigen Vulkan. Derselbe ragte, vornehm ansteigend, als majestätische Pyramide in den Nachthimmel empor. Magisch lag das Mondlicht auf den Berginseln und blitzte in silbrigem Strom auf dem windgepeitschten Meere. Unser Dampfer stampfte durch die Wellen emsig vorwärts.

Um 5 Uhr früh weckte uns das Alles überschwemmende Waschen des Oberdeckes unbarmherzig aus unseren nächtlichen Naturbetrachtungen und jagte uns in die heisse Kajüte. Vormittags wurde Steuerbord in schwachen Umrissen noch die Insel Boa Vista sichtbar, Backbord São Nicolão, welches erst Nachmittags wieder unseren Blicken entschwand. Letztgenannte der Kap Verdischen Inseln, rollte ihre langgestreckten, gelblichgrünen Hänge viele Stunden hindurch auf, sich zu verschiedenen vulkanischen Gipfeln und bis zu einer Höhe von über 1200 m erhebend.

Am Abend dieses Tages fiel ein Hochflugfisch (Exocoetus evolans L.) auf Deck und wanderte für unsere Sammlung in ein weingeistgefülltes Glas.

Diesen ganzen Tag kam nur eine Bark in Sicht und an den folgenden Tagen kein einziges Schiff. Wir waren wieder allein zwischen Himmel und Wasser. Kein Land grüsste aus der Ferne zu uns herüber, kein Segel glänzte am fernen Horizont. In bedrückender Eintönigkeit wölbte sich das Firmament zu unseren Häupten, wogte das unbegrenzte Meer zu unseren Füssen.

Die Temperatur ist nun auch in langsamer Abnahme begriffen. Während wir im Bereich der Kap Verdischen Inseln Früh und Mittags noch 27,25° C. bezw. 28,25° C. hatten, zeigte das Thermometer die letzten zwei Tage Früh zwischen 7 und 8 Uhr 25° C. und 23° C. und zu Mittag kaum über 26" C. Schlingern und Stampfen des Schiffes waren abwechselnd an der Tagesordnung. Einzig die herrlichen Mondnächte entschädigten für die Langeweile der Tage.

Gestern Abend passirten wir den Wendekreis des Krebses und verliessen somit die Tropenzone, deren unbeschreibliche Reize wir mehr als vier Monate hindurch genossen hatten.

Die Fahrt unseres Dampfers verlangsamte sich zusehends. Von 254 Knoten in 24 Stunden, die wir einmal erreicht, war schon lange keine Rede mehr. Die Zahl der zurückgelegten Seemeilen betrug per Tag 218, 204 und 214, heute gar nur 198. Wir sind schon 18 Tage eingeschifft und noch ist nicht abzusehen, wann wir Europa erreichen werden.

An Bord. Dienstag, den 23. Oktober.

Der heutige Tag sollte uns wenigstens den Genuss bringen, nach 11 Tagen wieder einmal den Fuss an das Land setzen zu können. Zum Kohlenfassen musste unser Dampfer irgend einen Hafen anlaufen und der Kapitän wählte als solchen Las Palmas auf Gran Canaria. Letztgenannte

Insel, die drittgrösste der dreizehn Inseln, welche die Gruppe der Islas Canarias bilden, hat einen Flächeninhalt von 1376 qkm und eine Bevölkerung von 90 000 Seelen.

Schon Morgens 8 Uhr konnte man die dunstverschleierten Umrisse Gran Canarias unterscheiden. Nach und nach entrangen sich die vegetationslosen Bergrücken dem leichten Morgennebel immer deutlicher, und bald lag die ganze Insel in greller Sonnenbeleuchtung vor unseren erwartungsvollen Blicken. Es waren keine unter Tropenvegetation begrabene Hänge, die uns da entgegengrüssten, keine grünen Berglehnen, wie wir sie von Brasilien her gewöhnt waren. Nein, dürr und sonnen-

Teneriffa.
Nach Natur skizzirt von der Verfasserin, ausgeführt von E. Berninger.

verbrannt wie die südlicheren Küsten des Mittelmeeres, starrten uns diese Höhen an, aber auch mit der gelben und rothen Farbengluth, welche nur den pflanzenentkleideten Landschaften eigen ist. Der afrikanische Charakter der Insel prägte sich deutlich aus; die Kanarischen Inseln sind auch diejenige Inselgruppe des Atlantik, welche dem afrikanischen Kontinente am nächsten liegt. Während wir noch in den ersten Anblick Gran Canarias versunken waren, arbeitete sich fern im Westen der Pico de Teyde aus der Nebelhülle heraus. Anfangs, da sein Fuss noch in der auf dem Meere lagernden Dunstschicht verborgen war, schien der Pico de Teyde wie eine schneeige Fatamorgana hoch oben in den Lüften zu schweben, wie eine wunderbare Vision sich vom blauen Firmamente abzuheben. Später wurde die ganze Insel Teneriffa sichtbar. Und nun sah man, dass der 3715 m hohe vulkanische Berg sanft und doch majestätisch aus den blauen Fluthen ansteigt, von Südwesten herauf steiler, von Nordosten in etwas geschwungener Linie. Die oberste Pyramide, welche im Winter eine Schneedecke trägt, hatte auch jetzt, auf der nordöstlichen Seite, ihren Schneemantel umgehängt.

Bis Mittag waren die edlen Formen Teneriffas hinter den Gebirgen Gran Canarias verschwunden, und einige Stunden später rasselte Angesichts von Las Palmas die Ankerkette in die Tiefe.

Las Palmas, die Hauptstadt der Insel Gran Canaria, zählt 18 000 Einwohner und hat durch ihre schneeweissen Häuser und flachen Dächer einen orientalischen Anstrich. Malerisch ziehen sich die Strassen vom Strand die Höhe hinauf. Eine Menge schlanker Palmen und anderer hübsch gruppirter Pflanzen erhebt sich zwischen den blendend hellen Gebäuden.

Kaum hatte unser Dampfer Anker geworfen, so wimmelte es schon auf Deck von Verkäufern. Da wurden namentlich Thiere feilgeboten, ein grauer Affe der alten Welt, eine Unzahl der hier heimischen Kanarienvögel (Serinus canaria L.) und einen der in Westafrika sehr gemeinen Rothschwänzigen Graupapageien (Psittacus erithacus L.). Es war eine kleine Musterkarte afrikanischer Thierwelt.

Ein Boot brachte uns an das Land, ein Wagen in die Stadt. Die gewöhnlichen hiesigen Gefährte sind zweirädrig, nach allen Seiten offen und mit einem Dach versehen, welches auf vier Eisenstangen ruht. Die Stadt ist unleugbar spanischen Charakters, wie die Städte Brasiliens den portugiesischen Einfluss nicht verleugnen können. Es fehlen in Las Palmas weder die berühmten Rejas, noch Einzelheiten maurisch-gothischer Architektur, auch fehlt nicht in der Kathedrale der Chor im Centrum der Kirche. Die Männer tragen sich in annähernd spanischer Tracht; die Frauen werfen, an Stelle der malerischen Spitzentoca, schwarze oder weisse Wolltücher über den Kopf.

Doch nicht speziell die Stadt wollten wir besuchen, und zum Studium der daselbst befindlichen Guanchischen Alterthümer reichte die Zeit nicht aus. Uns drängte es hinaus in die afrikanische Bergwelt, Tafira zu. In erster Linie interessirten uns die unmittelbar hinter der Stadt beginnenden, zur Cochenillezucht angelegten Cacteenpflanzungen, welche mit Mais- und Bananenfeldern wechselten. Diese Pflanzungen bedecken ziemlich grosse, rechteckige Flächen. Die auf letzteren gezogenen, Nopal genannten Opuntienarten werden ganz niedrig gehalten. Aus der Ferne erscheinen die Stengelglieder der Cacteen wie überzogen von einer weisslichen, wolligen Masse. In der Nähe besehen erkennt man in diesem Ueberzug die weissbereiften Echten Cochenilleläuse (Coccus cacti L.) und ihre weissen Ausschwitzungen, mit welchen sie die Pflanzen wie mit Schimmel überdecken. Diese farbliefernden Läuse, lauter ungeflügelte Weibchen, sind hübsche, eiförmige Thiere; sie haben auf ihrer weichen Oberfläche vertiefte Punkte, von welchen strahlige Furchen sternartig ausgehen. Mit der Hand zerdrückt, lösen sich diese Cocciden in einen dunkelrothen Brei auf. Sie werden mittelst Messers und Händen von den Opuntien abgestreift und in Gefässe gesammelt, hierauf getrocknet, in Säcke verpackt und so in den Handel gebracht. Vor 25 Jahren bezahlte man auf Gran Canaria das Kilo, d. h. circa 140 000 Thierchen, zu 8—9 Franken.[1]) Wie der Preis jetzt steht, konnte ich nicht in Erfahrung bringen. Vor Regen müssen diese Schildläuse zugedeckt werden, da sie derselbe leicht hinwegspült und vernichtet. Eine neue Cochenillezucht anzulegen, genügt es, in einer frischen Opuntienpflanzung ein Mutterthier auf ein Stengelglied zu setzen, worauf sich dann in kurzer Zeit junge Thiere entwickeln, ausbilden und weiter vermehren.

Aus diesen Plantagen führte die Strasse tiefer zwischen die Berge hinein. Kahle, schluchtenzerrissene Höhen stiegen steil empor, gelb und steinig dehnte sich das Bergland. Nur in den Thälern war es grün und entwickelte sich eine üppige Vegetation. Dattelpalmen (Phoenix dactilifera L.) wiegten dort ihre stolzen Kronen über die Terrassendächer blendendweisser Landhäuser, und Kiefern mit dünnen, bis zu 27 cm langen Nadeln, die für diese Gegenden charakteristischen Pinus canariensis Chr. Smith, erhoben sich am Wege, stauübärflogen. In grossen Kurven stieg die Strasse bergan. Endlich war die Höhe erklommen und eröffnete sich uns der Ausblick über eine echt nordafrikanische Landschaft. Dürre, von wasserlosen Rinnen durchfurchte Hänge, auf welchen die glühenden Ostwinde jede Spur von Vegetation ertödtet, streckten sich thalwärts. Zwischendurch zogen sich Bodensenkungen, in denen ein reicher Pflanzenwuchs Schutz gefunden hatte. Dahinter ragte das mächtige, vulkanische Gebirge bis zu 1951 m auf, breitgelagert, in mehreren hintereinander verlaufenden Kämmen und Zacken endend. Weit unten wogte und schimmerte der unbegrenzte blaue Ocean. Es war ein grossartiges, überwiegend in gelbrothe Tinten getauchtes Bild, himmelweit verschieden von der in üppigster Vegetation prangenden Natur des tropischen Amerikas, welche auch nicht ein Fleckchen Erde von grünem Pflanzenteppich unbedeckt lässt.

Bei unserer nun erfolgenden Rückfahrt durch die Stadt fiel uns, wie bei der Hinfahrt, auf, dass an allen Häusern Käfige mit Kanarienvögeln hingen. Diese Canarios waren aber keine wilden, grünlichen, welche auf Gran Canaria seltener zu sein scheinen als auf Teneriffa; es waren durchweg gelbe, also durch andauernde Zucht veränderte. Als wir in einer Vogelhandlung nach solchen niedlichen Thierchen fragten, zeigte man

---

[1] Fritsch: Reisebilder von den Canarischen Inseln S. 26 (Petermann's Geographische Mittheilungen, Ergänzungsband V.)

uns ebenfalls nur gelbe und verlangte für dieselben den hohen Preis von etwa 16 Pesetas[1]) das Stück. Die wilden, andersfarbigen Stammvögel sollen indessen weit billiger sein.

Abends 8 Uhr waren wir an Bord zurück, und um 10 Uhr setzte unser Dampfer, welcher hier 160 Säcke mit getrockneten Cochenilleläusen geladen hatte, seine Fahrt europawärts fort. Anderthalb Stunden später erlitt dieselbe wieder eine kurze Unterbrechung, da die Maschine sich etwas warm gelaufen hatte und man sie, vor weiterer Arbeit, erst abkuhlen lassen musste.

Heute war uns, vom Tropenklima Verwöhnten seit Monaten zum ersten Male kalt geworden und zwar auf der Fahrt in die Berge. Nachdem wir uns jetzt erst in der Höhe von Mittelegypten befinden, wird bei der nahebevorstehenden Rückkehr in die deutsche Heimath, die dortige Spätherbsttemperatur wohl sehr unangenehm von uns empfunden werden.

Vigo. Sonntag, den 28. Oktober.

Die letzten Tage unserer Oceandurchquerung zeichneten sich durch merkliche Abnahme der Temperatur aus. Des Morgens um 8 Uhr zeigte das Thermometer durchschnittlich 21° C., in den Mittagsstunden ebensoviel oder höchstens 22° C. Mittwoch schlingerte die »Frankfurt« sehr heftig, Donnerstag weniger und vorgestern, Freitag, kaum merklich. Ihre Fahrgeschwindigkeit hatte wieder zugenommen und war einen Tag bis auf 232 Knoten gestiegen. Vorgestern Mittag ergaben Spiegelsextant und Chronometer die geographische Lage zu 36° 51' nördl. Br. und 10° 27' westl. L.; wir befanden uns somit schon in der Höhe von Europa. Tags vorher passirte ein Dampfer der Chargeurs réunis Backbord. Am Freitag selbst bekundete das Zunehmen der in Sicht kommenden Segelschiffe die Nähe des Landes. Nachdem wir schon einige vorhergehende Abende etwas Meeresleuchten beobachtet hatten, phosphorescirten am Abend des 26. die Fluthen in noch prachtvollerem bläulichem Schimmer. Um 9 Uhr blitzte das Licht eines Leuchtthurmes durch Nacht und Nebel zu uns herüber. — Also Land! Das Festland Europas!

Mit halber Fahrt näherten wir uns der Küste und hielten Nachts 2 Uhr vor der Tejomündung stille. Bei den ersten Strahlen der Morgensonne ging unter gehobenen Gefühlen die Einfahrt in den seegleichen Fluss von Statten. Und nun lag Lissabon, das Ziel unserer langen Seereise vor unseren freudetrunkenen Blicken.

Aber noch waren wir nicht erlöst, noch wollte uns die »Frankfurt« nicht freigeben. In Las Palmas hatte man unser Schiff nur nach den sanitären Verhältnissen von Santos, und zwar speziell nach etwaiger Blatternepidemie behandelt. Da wir in dieser Beziehung reines Gewissen hatten, war die Pratica ertheilt worden. Hier in Lissabon gestalteten sich

---
[1]) Ca. 13 Mk.

die Dinge anders und wurde der Gesundheitspass von Rio de Janeiro verlangt. Dieser aber war, wegen Gelbfieberfällen in der brasilianischen Hauptstadt, nicht rein und sollten wir deshalb eine Quarantäne von acht Tagen halten. Weil uns diese Aussicht jedoch nicht anlockte, beschlossen wir kurzweg, bis zum nächsten spanischen Hafen, bis nach Vigo, wo uns eine gleiche Passbehandlung wie auf Gran Canaria erwartete, an Bord unseres Dampfers zu bleiben.

So war es uns, statt gestern früh, erst heute Abend, nach dreiundzwanzigtägiger Seefahrt, vergönnt, den Fuss wieder auf europäischen Boden zu setzen. Aber bewegte uns auch beim Betreten der alten Welt eine Art Heimathsgefühl, im Innersten des Herzens blieb doch die Sehnsucht zurück nach jenem Wunderlande jenseits des Oceans, wo die Natur ihre reichsten Gaben ausgeschüttet und zu einem Bilde vereinigt hat, welches auf der weiten Erde seines Gleichen kaum mehr finden kann.

ANHANG.

I. Die mitgebrachten lebenden Thiere.

Da ich die von uns aus Brasilien mitgebrachten Thiere längere Zeit hindurch beobachten konnte und über die Charaktereigenschaften und intellektuellen Anlagen einiger der betreffenden Thierarten in den zoologischen Büchern zum Theil gar nicht, zum Theil nur unvollkommen berichtet worden ist, halte ich es für angezeigt, meine Beobachtungen der Oeffentlichkeit zu übergeben.

Von dem Dutzend Vögel, mit welchen wir uns eingeschifft hatten, waren, wie schon im Reisebericht erwähnt ist, vier auf der See zu Grunde gegangen, zwei Tangaren und zwei Keilschwanzsittiche. Unterwegs, an Bord, hatten wir noch einen der in grosser Auswahl vorhandenen Chrysotis aestiva L. erworben, welcher im Vergleich zu den in Bahia gekauften ungefähr um die Hälfte theurer zu stehen kam. Mit der nun wieder auf neun Köpfe angewachsenen Vogelschaar und den zwei Säugethieren erreichten wir glücklich München, obwohl die Landreise von Spanien durch Frankreich bei einer ungewöhnlich niederen Novembertemperatur stattfand.

Von den Vögeln ging im Laufe des ersten Winters die Blutfarbige Tangara (Rhamphocoelus brasilius L.) in Folge eines kalten Bades und der durch dasselbe verursachten Lungenentzündung zu Grunde. Es war ein in seinem Benehmen sehr anmuthiges Thierchen, voll Aufmerksamkeit für Alles, was im Zimmer vorging; auch war das kleine Wesen gar nicht scheu, eher von spatzenähnlicher Dreistigkeit.

Der dunkelblaue Fink (Guiraca cyanea L.) hingegen zeigte sich als ein scheuer, ängstlicher Vogel, der sich gegen äussere Eindrücke ziemlich stumpf verhielt. So uninteressant er in seinen geistigen Regungen war, so entzückend muthete sein ganz leiser, melodischer Gesang an. Er schien widerstandsfähiger gegen das nordische Klima, als der Rhamphocoelus, entkam aber im folgenden Sommer auf Nimmerwiederkehr, und so fanden alle Beobachtungen über ihn ein jähes Ende.

Einer der beiden Periquitos (Brotogerys tirica Gm.) verunglückte durch Sich Erhängen Ende des ersten Jahres, in welchem er sich in meinem Besitz befand. Der andere hielt es etwa zwei Jahre in Deutschland aus, erlag aber dann der Diphtheritis. Beide waren mässig intelligente Thiere, welche sich dermaassen aneinander gewöhnt hatten, dass der eine derselben nur frass, wenn der andere ihm das Futter in den Schnabel steckte. Da der Fütternde zuerst zu Grunde ging, fürchtete man, dass der Ueberlebende verhungern würde, und schaffte ihm einen Jendaya (Conurus jendaya Gm.), einen ostbrasilianischen Keilschwanzsittich, als Gefährten an. In wenig Tagen gewöhnten sich die Vögel aneinander, doch der Periquito hatte inzwischen wieder gelernt, allein zu fressen.

Von den zwei Keilschwanzsittichen mit blauer Stirne (Conurus haemorrhous Spix), welche in ihrer gegenseitigen Liebe rührend waren, ertrug der eine die Gefangenschaft in Deutschland acht Jahre lang, der andere lebt noch. Da diese intelligenten Papageien selten zu uns in den Handel kommen, ist anzunehmen, dass sie sich schwer acclimatisiren lassen. Daher durfte es von Interesse sein, hiermit zu erfahren, wie gut diese beiden, durch uns importirten Exemplare die Uebersiedlung nach dem kälteren Europa ausgehalten haben.

Eine ähnliche Widerstandsfähigkeit ist von zweien unserer drei Amazonenpapageien (Chrysotis aestiva L.) zu erwähnen. Da jedoch diese Papageienart unter allen brasilianischen Arten sich weitaus am ehesten bei uns klimatisch zurechtfindet, ist in dieser Langlebigkeit nichts Aussergewöhnliches zu erblicken. An Intelligenz überragen diese Chrysotis alle anderen von uns mitgebrachten Psittaciden weit. Ihre intellektuellen Eigenschaften sind aber zu wohl bekannt, als dass ich dieselben einer näheren Besprechung zu unterziehen brauchte.

Fast gar nichts hingegen ist über Verstand und Charakter des von den Brasilianern Mocó genannten Felsenmeerschweinchens (Cavia rupestris Wied) bekannt geworden. Es scheint der Mocó nicht einmal durch den Handel aus seiner engeren Felsenheimath hinaus zu kommen, denn mehrmals wurde ich in Brasilien von Einheimischen gefragt, welches ihnen unbekannte Thier ich da mit mir führte. Mein niedliches Thierchen, das ich anderthalb Jahre lang besass, war in kürzester Zeit vollständig zahm geworden. Es war übrigens nicht nur zahm, sondern geradezu frech. Liess man es im Zimmer laufen, so setzte es behende über die Möbel hinweg und sprang vom Boden in einem Satz auf die Stühle und uns auf den Schooss; mit ein paar Sätzen war ein grosses Zimmer durchmessen. Beim Laufen liess das Thier fortwährend ein Glucksen vernehmen. Von dem Stumpfsinn unserer Meerschweinchen (Cavia cobaya Schreb.) konnte man an meinem Mocó gar nichts bemerken. Das Thier zeigte Ueberlegung. Wenn es vom Amazonenpapagei gehackt worden war, passte es den Augenblick ab, wo der Vogel, ihm den Rücken kehrend, gravitätisch weiterschritt, und zauste ihn dann unversehens am Schwanz. Ebenso, wenn ihm Jemand irgend eine zerstörende That untersagt hatte, wartete es ruhig auf den Moment, bis der Betreffende den ganzen Auftritt vergessen zu haben schien, um sich hinterlistig herbeizuschleichen und ihn zu beissen. Der Zerstörungssinn des Mocó war gross, kein Papier, kein Leder, kein Holz konnte vor ihm sicher sein. Am meisten zogen das Thier Bücher und Albums an, seine Nagezähne daran zu erproben; aber auch die Zeitung, die man in der Hand, der

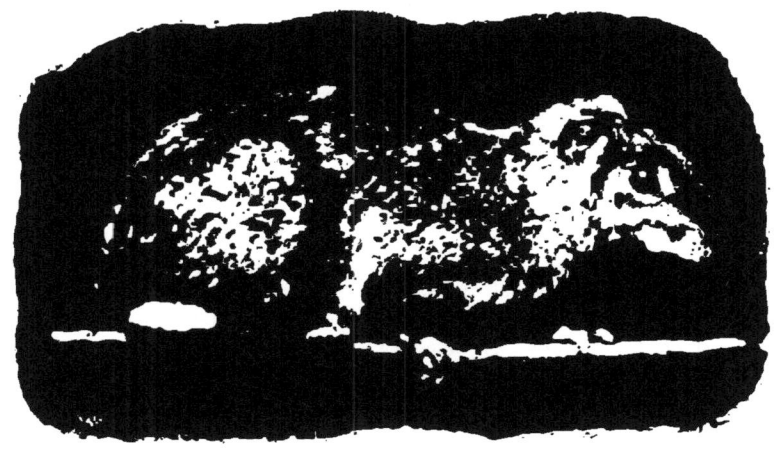

Mocó. Cavia rupestris.
Nach dem Leben photographirt, ca. ⅔ natürlicher Grösse.

Stiefel, den man am Fuss hatte, waren seinen Angriffen ausgesetzt. Trotz dieser unangenehmen Eigenschaft und trotzdem, dass der Mocó auch vollständig unmotivirt die Menschen, mit denen er in Berührung kam, beissen konnte, musste man ihm doch gut sein. Es war ein frischer, immer munterer Geselle, von übrigens fast zu grosser Unruhe und Lebhaftigkeit. Als der Mocó in Folge einer unbefugten Flanellmahlzeit von seiner letzten Krankheit befallen wurde, war die Weise, in welcher er beim Menschen Hilfe suchte, geradezu rührend. Er schmiegte sich innig an und war bis zum letzten Athemzuge nicht mehr zu bewegen, den menschlichen Arm zu verlassen.

Interessanter noch und auch sympathischer liess sich mein alter Coati oder Rüsselbär (Nasua socialis Wied) an. Da ich das Thier fast vier Jahre lang besass und dasselbe viel bei mir im Zimmer hatte, lernte ich seinen Charakter genau kennen und muss, wenigstens für mein Exemplar, manches von Rengger[1]) und auch Brehm[2]) über die Rüsselbären Behauptete als unrichtig zurückweisen. Der Wahrheit entsprechend hingegen ist die Bemerkung Cazals[3]), dass diese Thiere so zahm werden wie Hunde. Mein Coati wurde Anfangs an einer Kette oder in einem grossen Käfig gehalten, und da zeigte sich an ihm die von den Nasenbären oft berichtete Eigenschaft, unaufhörlich in Bewegung zu sein. Weil aber der angebundene oder eingesperrte Rüsselbär sich nicht in normalem Zustand befindet, berechtigt sein Benehmen in dieser Zeit der Freiheitsberaubung nicht zu einem Rückschluss auf seine sonstigen Gewohnheiten, ebenso wenig, wie z. B. das rastlose Hin- und Herlaufen anderer Raubthiere im Käfig darauf schliessen lassen darf, dass dieselben ein Gleiches in der Freiheit zu thun pflegen. Mein Rüsselbär, den ich schon nach einigen Monaten frei im Zimmer liess, brachte denn auch wirklich den grössten Theil des Tages ruhend zu. Den Charakter eines auf Bäumen lebenden Thieres verleugnete er niemals. Er war durchaus nicht zu bewegen, auf dem Boden zu liegen; stets suchte er sich auf einem Kasten, einem Tisch, auf dem Ofen oder der Lehne eines Armstuhles niederzulassen und da immer möglichst an der Kante. Je höher das Möbel war, um so mehr zog es ihn an. Am sympathischsten berührte ihn aber entschieden eine in einem Zimmer befindliche Wendeltreppe, an deren polirtem Geländer er mit unglaublicher Geschicklichkeit hinaufkletterte und auf deren obersten Stufen er gewöhnlich seine Lagerstätte aufschlug. Da, in höchster Höhe, fühlte er sich geborgen und vermeinte sich wohl in seinen heimischen Hochsitz auf Urwaldbäumen zurückversetzt. Mein Zimmer auf dem Lande betrachtete er als sein Eigenthum und bewachte es wie ein treuer Hund. Niemand durfte dasselbe betreten, der ihm nicht genehm, und wagte es eine ihm unliebsame Persönlichkeit dennoch, so jagte er dieselbe durch Angriffe auf ihre Füsse schleunigst wieder hinaus. Im Grossen und Ganzen war mein Coati kein Held, sondern im Gegentheil sehr furchtsamer Natur. Pferde flössten ihm eine solch unbändige Angst ein, dass er bei deren Anblick vollständig die Fassung verlor; auch grosse Hunde waren für ihn ein unbezwinglicher Schrecken, kleine hingegen griff er von rückwärts an. Er kannte merkwürdiger Weise keine Furcht vor dem Menschen. Diesem gegenüber beherrschten ihn ausgesprochene Sympathien und Antipathien. Leute mit ruhigem, bestimmtem Wesen mochte er im Ganzen wohl. Lebhafte Leute aber konnte er nicht leiden, ebensowenig solche, die in ihren Bewegungen unbeholfen waren, und auch

---

[1]) Rengger: Die Säugethiere Paraguays, S. 102 u. ff.
[2]) Brehm's Thierleben. Säugethiere II. 203 u. ff.
[3]) Cazal: Corographia Brasilica, I 53.

Herren fanden, mit wenig Ausnahmen, keine Gnade vor seinen Augen. Kaminfeger erregten seine Wuth; vielleicht erinnerten ihn dieselben an die Neger auf dem Markt in Bahia und hatte er von letzteren manchmal eine unsanfte Behandlung erdulden müssen. Sein Gedächtniss war erstaunlich. Als er nach dreivierteljähriger Unterbrechung wieder auf das Land kam, stürmte er, ohne sich zu besinnen, die Treppe der Villa hinauf und vor meine Thür, gerade als wenn er keinen Tag abwesend gewesen wäre. Nach vielen Monaten erkannte er Personen, die nur vorübergehend in seinen Gesichtskreis getreten waren, ihm aber eine Wohlthat erwiesen hatten, und begrüsste sie mit dem Freudenlaute »Zizi«. Ebenso blieben Solche in seiner Erinnerung haften, die er nur ein paar Mal gesehen, durch die ihm aber irgendwie Unangenehmes zugefügt worden war. Diesen bewahrte er seinen Hass, wie den Anderen seine Liebe. Ueberhaupt unterschied mein Coati sämmtliche Persönlichkeiten seiner Umgebung und auch Fremde, die er nur selten sah, und hatte gegen jeden Einzelnen eine besondere Art des Benehmens. Von dem Mangel an Intelligenz, welche man den Rüsselbären vorwirft, konnte ich an meinem Thiere nichts bemerken, ebensowenig von der Ausdruckslosigkeit der Augen. Einmal, als sein Quälgeist, der Amazonenpapagei, den Rücken gekehrt, forderte er mich durch Blicke und Bewegungen geradezu auf, mit ihm einen gemeinsamen Angriff auf den frechen Vogel zu unternehmen. Ein ander Mal gab er, ebenfalls durch Bewegungen und beredte Augensprache, zu verstehen, man möge das für ihn bestimmte Bisquit zuerst in Wasser tauchen. Und gar, als das arme Thier schwer krank wurde, gewann sein Blick einen wahrhaft menschlichen Ausdruck von Hilflosigkeit, Trauer und flehentlichem Bitten.

Mein Coati, dem ich mit der Zeit eine bedingte Reinlichkeit beigebracht hatte, gehorchte nur mir. Abends ging er folgsam zur Ruhe, nachdem ich ihm zuvor auf meinem Schoosse das Fell regelrecht gebürstet hatte. Sobald ich abwesend war, rissen alle Bande der Disciplin. Er weigerte sich dann, seinen Schlafkasten aufzusuchen, und einmal entkam er in ein unbewohntes Zimmer, legte sich in das daselbst befindliche Bett und war drei Tage lang nicht mehr zu bewegen, den ihm angenehmen Raum zu verlassen. Von der ersten Stunde an, da ich zurückkehrte, gehorchte er wieder, als wäre nie eine Zeit der Unfolgsamkeit dazwischen gelegen. Anderen, denen er nicht zu folgen brauchte oder vielmehr, die nicht verstanden hatten, ihn zum Gehorsam zu zwingen, brachte er mehr Liebe entgegen als mir. In mir sah er vor Allem seine Bändigerin, die ihm ihren Willen aufnöthigte. Er unterwarf sich, aber nicht mit Freude. Musste ich ihn züchtigen, so schäumte er wohl aus Wuth, wagte aber nicht, zu beissen. Zum Zeichen, dass ich keine Furcht vor ihm hatte, legte ich dem soeben gezüchtigten, noch tieferregten Thiere die Hand ruhig auf den Kopf; dies wirkte suggestiv. Die letzten Tage seines Lebens kam aber seine ganze Anhänglichkeit an mich zum Vorschein. Da folgte er mir in rührender Weise auf Schritt und Tritt wie ein Hund und lag mir zu Füssen, seine traurigen Augen auf mich gerichtet; wie sonst auf ein Möbel hinaufzuspringen fehlte ihm schon die Kraft. Mein Coati war ein gemüthvolles, gutmüthiges, aber auch sehr eigensinniges Thier. Aus Bosheit biss er niemals; er biss nur, wenn er erschrak oder wenn ihm Jemand unleidlich unsympathisch war. Jedes metallische Geklapper, das Klirren von Schlüsseln, das Gerassel von Säbeln, der Lärm eines fallenden Essbestecks, das Läuten einer Handglocke reizten ihn auf unbeschreibliche Weise. Da schnappte er beissend nach Allem, was er erreichen konnte, nach Menschen und nach Gegenständen. War aber nichts Anderes in der Nähe, an dem er seine Erregung auslassen konnte, so zauste er seinen eigenen Schweif und biss ihn sogar blutig.

An possirlichen Affenstreichen fehlte es nicht. Einmal stahl sich das Thier unbemerkt aus dem Zimmer, fand irgendwo eine mit Petroleum gefüllte Kanne, warf dieselbe um, rieb seinen buschigen Schwanz mit dem Steinöl ein und schlich sich wieder an seinen Platz zurück. Sämmtliche Hausdienerschaft wurde wegen des umgeschütteten Petroleums verhört, Niemand bekannte sich schuldig. Erst später entdeckte man durch den petroleumduftenden Schweif im Bären den wahren Missethäter. Ein ander Mal kam der Coati über eine Wichsbüchse und wichste regelrecht die Haare seiner Standarte; da er mit letzterer dann alles beschmierte, musste man ihn in eine leere Kammer einsperren bis die schwarze Brühe eingetrocknet war. Ein drittes Mal diente ihm Fischleim zur Befriedigung seines Instinktes, den Schweif gegen Ungeziefer einzureiben. Das Nachspiel war, dass das Thier sich die Hälfte seiner verklebten Schwanzhaare ausriss. Schlimmere Folgen, als die ebenerwähnten, hätte ein weiterer seiner Streiche haben können. Während ich verreist war, geschah es, dass der Bär eines Tages über die kleine Hausapotheke gerieth, die Flaschen entkorkte und sich gelegentlich seines Schweifwaschens mehr als nöthig mit dem Flascheninhalt bekannt machte. Unter allen Zeichen einer Carbolvergiftung fand man ihn dann in meinem Bette verkrochen, und nur dem schleunigen Herbeirufen eines Veterinärarztes, welcher Gegenmittel gab, war es zu verdanken, dass das Thier damals am Leben blieb. Uebrigens nicht nur in Bezug auf Einreiben seines Schweifes, auch sonst hatte der Rüsselbär die drolligsten Einfälle. So liess er sich gern in offenstehenden Schubladen häuslich nieder, ferner stahl er manchmal Zeitungen und andere Gegenstände für sein Tageslager zusammen, und einmal entwendete er einen Schlüssel, den man lange schmerzlich vermisste und der sich endlich in seinem Schlafkasten wiederfand.

Der Hang, fortzulaufen, die Freiheit zu suchen, war meinem Coati vollständig fremd. Das ursprünglich wilde Thier fühlte sich nirgends glücklicher als im Zimmer. Wenn man dasselbe auch in den Garten liess, wo es, schnüffelnd und Rinden untersuchend, mitunter von Baum zu Baum sprang, war sein Trachten doch immer, baldmöglichst wieder in das Haus zurückzugelangen. Es bewegte sich in kurzem, aber so ausgiebigem Galopp, dass man es kaum einholen konnte.

In der Nahrung zeigte sich mein Rüsselbär nicht sonderlich wählerisch. Er fand Geschmack an Bier, und es mundeten ihm Suppen, süsse und andere gekochte Speisen; auch holte er sich gelegentlich das für die Tafel bestimmte eingemachte Obst vom Anrichttische herunter. Doch sein Lieblingsfutter waren immer Froschlurche, Insekten, Spinnen und Regenwürmer. Gegen niedere Temperatur blieb er stets sehr empfindlich, und Husten und Schnupfen stellten sich bei ihm ein, sobald die kühlere Herbstwitterung begann. So musste er oft von Anfang September bis in den Mai, aber auch an frischen Sommertagen im warmen Zimmer gehalten werden. Nachts wurden ihm das ganze Jahr hindurch Flanelldecken übergebreitet. Trotz all dieser Sorgfalt entwickelte sich bei ihm aber schliesslich doch ein mit Herzaffektion verbundenes Lungenleiden, an welchem er im Verlaufe einiger Monate zu Grunde ging.

II. Die mitgebrachten lebenden Pflanzen.

In Porto do Cachoeiro erwarben wir 100 Stück Orchideen aus den Wäldern von Espirito Santo, auf einer Station zwischen Santos und São Paulo einige Epidendreen aus der dortigen Gegend.

In Folge ungenügender Verpackung und des Transportes zur kalten Jahreszeit, gingen, bis auf 10 Stück, sämmtlichen Orchideen auf der Reise zu Grunde. Die Ueberlebenden, welche dem botanischen Garten in München zur Pflege übergeben wurden, sind folgende:

Tribus Epidendreae:

Cattleya labiata Lindl. var. Gaskelliana Hort. Sand. 1 Stück. Dieselbe hat bis jetzt nur einmal geblüht.

Cattleya Forbesii Lindl. 1 Stück. Dieselbe hat bisher dreimal geblüht.

Cattleya Schilleriana Reichenb. fil. 2 Stück. Von diesen hat die eine bisher dreimal,[1] die andere noch garnicht geblüht. — Es scheint das Vorkommen dieser Orchideenspecies in Espirito Santo, also südlich vom Rio das Contas, bisher nicht bekannt gewesen zu sein.

---

[1] Eine schöne Chromolithographie dieser Pflanze ist erschienen in Neubert's deutschem Gartenmagazin. Jahrgang XLIV, Januarheft.

Laelia pumila Reichenb. fil. 4 Stück. Von diesen hat eine schon zweimal, die drei anderen haben noch gar nicht geblüht.

Tribus Vandeae:

Oncidium Marshallianum Reichenb. fil. 2 Stück. Von diesen brillant goldgelb blühenden Orchideen hat eine einmal, die andere noch nicht geblüht.

Da zur Zeit meiner Anwesenheit in Brasilien keine Samen von Araucaria brasiliana A. Rich. Lam. aufzutreiben waren, liess ich mir solche nachsenden. Es waren etwa 180 Stück, welche sich alle als noch keimfähig erwiesen. Von den jungen Pflanzen, die später dem Treibhause entnommen wurden, gingen jedoch die meisten zu Grunde. Die in richtiger Pflege Verbliebenen wachsen und gedeihen vortrefflich.

Hauptsächlich benützte Litteratur.

Sievers: Amerika.
Reclus: Nouvelle Géographie Universelle XIX.
Wappäus: Kaiserreich Brasilien.
Sellin: Das Kaiserreich Brasilien.
Das Kaiserreich Brasilien auf der Weltausstellung von 1876 in Philadelphia.
Santa-Anna Nery: Le Brésil en 1889.
Levasseur: Le Brésil.
Dent: A year in Brazil.
Kidder and Fletcher: Brazil and the Brazilians.
Spix u. Martius: Reise in Brasilien I. II. III.
Prinz zu Wied: Reise nach BrasilienI u. II.
Biard: Deux années au Brésil.
Canstatt: Brasilien Land und Leute.
Schanz: Das heutige Brasilien.
Leclerc: Lettres du Brésil.
Esche: Aus dem Wunderlande der Palmen.
Kupfer: Der brasilianische Urwald und seine Bewohner (Westermann's Illustrirte deutsche Monatshefte Band XXXIII).
Zöllner: Die Deutschen im brasilischen Urwald I.
Detmer: Botanische Wanderungen in Brasilien.
Avé-Lallemant: Reise durch Nordbrasilien I u. II.
Schichtel: Der Amazonenstrom.
Bates: The naturalist on the river Amazons.
Brown and Lidstone: Fifty thousand miles on the Amazon and its Tributaries.
Souza: Lembranças e curiosidades do Valle do Amazonas.
José Verissimo: Revista Amazonica I u. II.
Osculati: Esplorazione delle regioni equatoriali.
Schütz-Holzhausen: Der Amazonas.
Keller-Leuzinger: Vom Amazonas und Madeira.
A. R. Wallace: Travels on the Amazon and Rio Negro.
Smith: Physical Geography of the Amazons Valley (The American Naturalist XIX).
Hensen: Ergebnisse der Plankton-Expedition.
I. Krümmel: Reisebeschreibung der Plankton-Expedition.
Baena: Informações sobre as comarcas da provincia do Pará.
Cerqueira e Silva: Corografia Paraense.
Silva Araujo: Diccionario topographico, historico, descriptivo da comarca do Alto-Amazonas.
Ribeiro de Sampaio: Diario da Viagem á Capitania do Rio Negro.
José Pompeu de A. Cavalcanti: O Ceará em 1887.
Näher: Land und Leute der Provinz Bahia.
Tschudi: Reisen durch Südamerika I—V
Halfeld und v. Tschudi: Minas Geraes (Ergänzungsheft No. 9 zu Petermann's Geographischen Mittheilungen).
Carvalho Daemon: Provincia do Espirito-Santo.
Steains: An Exploration of the Rio Doce and its Northern Tributaries (Proceedings of the Royal Geographical Society X).

Ehrenreich: Land und Leute am Rio Doce. (Verhandlungen der Gesellschaft für Erdkunde zu Berlin XIII.
Orville A. Derby: Contribução para o estudo da Geographia Physica do Valle do Rio Grande.
Koseritz: Bilder aus Brasilien.
Montet: Brésil et Argentine.
Von den Steinen: Durch Centralbrasilien.
— Unter den Naturvölkern Zentralbrasiliens.
Ehrenreich: Südamerikanische Stromfahrten (Globus LXII).
Hassler: Central-Südamerikanische Forschungen (Fernschau II).
Schomburgk: Reisen in Britisch-Guiana I. II. III.
Henrique: Les Colonies Françaises II: Colonies d'Amérique.
Azara: Voyage dans l'Amérique méridionale.
Rengger: Reise nach Paraguay.
Ramon de la Sagra: Histoire physique, politique et naturelle de l'ile de Cuba.
Fritsch: Reisebilder von den Canarischen Inseln (Petermann's Geographische Mittheilungen Ergänzungsband V).
Aldama Ayala: Compendio geografico de Portugal.
Abreu e Lima: Compendio da Historia do Brasil.
Silva Netto: Estudos sobre a emancipação dos escravos no Brasil.
Breitenbach: Ueber das Deutschthum in Südbrasilien.
Mossé: Dom Pedro II. Empereur du Brésil.
Gonçalves Dias: Diccionario da Lingua Tupy.
Braz da Costa Rubim: Vocabulario Brasileiro.
Diccionario portuguez e brasiliano por . . .
Montoya: Gramatica y Diccionarios de la lengua Tupí ó Guaraní.
Seybold: Restivo: Vocabulario de la lengua Guaraní.
Andree: Geographie des Welthandels I.
Brougier: Der Kaffee. Dessen Kultur und Handel.
Leech: Table of the Coffee-Statistics 1895-96.
Göldi: Relatorio sobre a Molestia do Cafeeiro na Provincia do Rio de Janeiro. (Archivos do Museu Nacional de Rio de Janeiro VIII).

Nouveau Dictionnaire d'Histoire Naturelle I u. ff.
Archivos do Museu Nacional de Rio de Janeiro I. II. III. IV. V. VI. VII.
Boletim do Museu Paraense de HistoriaNatural e Ethnographia I. II. 1.
Ermann: Reise um die Erde. Naturhistorischer Atlas.
Annalen des Wiener Museums · der Naturgeschichte I 1836.
Seba: Thesaurus rerum naturalium II. III. IV.
Verhandlungen der Gesellschaft deutscher Naturforscher und Aerzte 1890. II.
Pison: Historia naturalis Brasiliae.
Lichtenstein: Die Werke von Marcgrave und Piso über die Naturgeschichte Brasiliens (Abhandlungen der K. Akademie der Wissenschaften zu Berlin 1816—1817 und 1820—1821.
Ladisláu Netto: Le Muséum National de Rio-de-Janeiro et son influence sur les sciences naturelles au Brésil.
Liais: Climats, Géologie, Faune et Géographie Botanique du Brésil.
Brown: The civil and natural History of Jamaica.
Catesby: The Natural History of Carolina. Florida and the Bahama Islands I u. II.
Piso: De Indiae Utriusque re naturali etc.
Naturkundig tijdschrift voor Nederlandsch Indië. Deerde Jaargang.
Hann: Handbuch der Klimatologie.
Morize: Esboço de uma Climatologia do Brazil.
Loefgren: Dados climatologicos dos annos 1887 e 1888 (Boletim da Commissão Geographica e Geologica da Provincia de São Paulo).
— Dados climatologicos do anno de 1889 (Boletim da Commissão etc.)
— Dados climatologicos do anno de 1890 Boletim etc.).
Loefgren. Dados climatologicos do anno de 1891 (Commissão Geographica e Geologica de São Paulo. Secção meteorologica).
Schneider: Dados climatologicos do anno de 1892 Commissão etc. de São Paulo. Secção meteorologica).
Peschel: Völkerkunde.
Ranke: Der Mensch I. II.
Ratzel: Anthropogeographie.

Loefgren: Os sambaquís de S. Paulo (Boletim da Commissão Geogr. e Geol. de S. Paulo).

Hermann Meyer: Muschelhügel (Sambaki) u. Urnenfeld bei Laguna (Brasilien). (Globus LXIX 388 u. ff.).

Quatrefages: L'homme fossile de Lagoa-Santa (Comptes rendus de l'Académie des Sciences XCIII b).

Kollmann: Hohes Alter der Menschenrassen (Zeitschrift für Ethnologie XVI).

Virchow: Crania Ethnica Americana.

A. B. Meyer: Ueber künstlich deformirte Schädel.

Rüdinger: Die willkürlichen Verunstaltungen des menschlichen Körpers.

Andree: Ethnographische Parallelen I.

Bastian u. Hartmann: Zeitschrift für Ethnologie IV, VI, VII.

Martius: Beiträge zur Ethnographie und Sprachenkunde Amerikas zumal Brasiliens I und II.

Ladisláu Netto: Conférence au Muséum National.

Mello Moraes: Revista da Exposição Anthropologica Brazileira.

Guia da Exposição Anthropologica Brazileira.

Conto de Magalhães: O Selvagem. I. II.

Ehrenreich: Die Eintheilung und Verbreitung der Völkerstämme Brasiliens nach dem gegenwärtigen Stande unserer Kenntnisse (Petermann's Mittheilungen aus J. Perthe's Geographischer Anstalt XXXVII 1891).

— Beiträge zur Völkerkunde Brasiliens (Veröffentlichungen aus dem Kgl. Museum für Völkerkunde zu Berlin II).

Hermann Meyer: Bogen und Pfeil in Centralbrasilien.

Kupfer: Die Cayapóindianer in Matto Grosso. (Zeitschrift der Gesellschaft für Erdkunde zu Berlin V 1870).

Barboza Rodrigues: Rio Jauapery. Pacificação dos Crichanás.

Gonçalvez Tocantins: Estudos sobre a tribu »Mundurucú« (Revista do Instituto Historico, Geographico e Ethnographico do Brazil XI, 2).

Goeldi: O estado actual dos conhecimentos sobre os Indios do Brazil, especialmente sobre os Indios da foz do Amazonas no passado e no presente (A Provincia do Pará XXI. Dezembro).

Rey: Étude anthropologique sur les Botocudos.

Ehrenreich: Ueber die Botocudos der brasilianischen Provinzen Espiritu Santo und Minas Geraes (Zeitschrift für Ethnologie XIX).

Colini: Osservazioni etnografiche sui Givari (Reale Academia dei Lincei CCLXXX).

Parra: Descripcion de diferentes piezas de Historia Natural.

Keller: Das Leben des Meeres.

Ermann: Verzeichniss von Thieren und Pflanzen.

Thomé: Thier- und Pflanzengeographie.

Mikan: Delectus Florae et Faunae brasiliensis.

Buffon: Histoire naturelle I—X.

Linné: Systema Naturae I.

Leunis: Synopsis der drei Naturreiche. Zoologie I und II.

The Zoological Journal II.

Proceedings of the Zoological Society of London III 1835.

Revue Zoologique par La Société Cuvierienne. Jahrgang 1840.

Guérin: Revue et Magazin de Zoologie III, 1851.

Humboldt et Bonpland: Recueil d'Observations de Zoologie et Anatomie comparée I und II.

Guérin: Iconographie du Règne Animal.

Brehm: Thierleben I—X.

Proceedings of the Zoological Society of London 1859, 1868, 1870, 1871, 1872.

Wallace: Die geographische Verbreitung der Thiere I und II.

Lesson: Centurie zoologique.

Der Zoologische Garten XVI 1875.

Göldi: Miscellen (Spengel: Zoologische Jahrbücher II).

Eschholtz: Zoologischer Atlas.

Swainson: Zoological Illustrations. First Series I, II, III. Second Series I, II, III.

Freycinet: Voyage autour du monde. Zoologie

Duperrey: Voyage autour du monde sur la Corvette Coquille. Lesson: Zoologie I u. II.

Reise der Novara: Zoologischer Theil I—V.

Report on the Scientific Results of the Voyage of the Challenger. Zoology XXVIII, XXXI, XXXII.

Castelnau: Animaux nouveaux ou rares de l'Amérique du Sud II. III.
Orbigny: Voyage dans l'Amérique du Sud, Band V und andere.
Prinz zu Wied: Beiträge zur Naturgeschichte von Brasilien I. II. III. IV.
Burmeister: Systematische Uebersicht der Thiere Brasiliens I. II. III.
Burmeister: Erläuterungen zur Fauna Brasiliens.
Lund: Blik paa Brasiliens Dyreverden Danske Videnskabernes Selskab naturvidenskablige og mathematiske Afhandlinger V. VIII. IX.
Branner: Notes on the fauna of the islands of Fernando de Noronha (The American Naturalist XXII b.).
De Kay: Zoology of New York.
Barker-Webb et Berthelot: Histoire naturelle des Iles Canaries I. II.
Schlegel: De Dieren van Nederland.
Siebold: Fauna Japonica.
Wagner: Berichte über die Leistungen in der Naturgeschichte der Säugethiere 1844.
Wiegmann: Archiv für Naturgeschichte XI.
Schreber: Die Säugethiere. Supplementband I. IV. V.
Giebel: Die Säugethiere.
Waterhouse: A Natural History of the Mammalia I. II.
Zoology of the Voyage of Erebus and Terror. Mammalia.
Wagner: Beiträge zur Kenntniss der Säugethiere Amerikas (Abhandlungen der mathematisch-physikalischen Klasse der Kgl. Bayer. Akademie der Wissenschaften V).
— Diagnose neuer Arten brasilischer Säugethiere Wiegmann: Archiv für Naturgeschichte VIII 1).
Pelzeln: Brasilische Säugethiere.
Goeldi: Monographias Brazileiras: Os mammiferos do Brasil.
Hensel: Beiträge zur Kenntniss der Säugethiere Südbrasiliens (Abhandlungen der Kgl. Akademie der Wissenschaften zu Berlin. 1872).
Rengger: Naturgeschichte der Säugethiere von Paraguary.
Reichenbach: Die vollständigste Naturgeschichte der Affen.

Schlegel: Muséum d'Histoire Naturelle des Pays-Bas VII. Monographie 40 Simiae.
Wallace: On the Monkeys of the Amazon (Annals of Natural History XIV. 1854).
Forbes: On the Uakari Monkeys (Proceedings of the Zoological Society of London 1880).
Spix: Simiarum et Vespertilionum Brasiliensium Species novae.
Gray: Catalogue of Monkeys, Lemurs and fruit-eating Bats in the Collection of the British Museum.
Göldi: Fressen die Phyllostoma-Arten (Vampire) Früchte oder nicht? (Der Zoologische Garten XXVIII.)
Gray: On the Canidae (Proceedings of the Zoological Society of London 1868.)
— Catalogue of Carnivorous, Pachydermatous and Edentate Mammalia in the British Museum.
— Catalogue of Seals and Whales in the British Museum.
Pictet: Observations sur quelques rongeurs épineux du Brésil (Mémoires de la Société de Physique de Génève IX).
Gray: Catalogue of Ruminant Mammalia in the British Museum.
— Synopsis of Whales and Dolphins.
Scammon: The Marine Mammals.
Segelhandbuch für den Atlantischen Ocean. (Einiges über Wale.)
Flower: On the Characters and Divisions of the Family Delphinidae (Proceedings of the Zoological Society of London).
Gray: Description of a new Species of Dolphin etc. (Annals of Natural History XVIII).
Gervais: Notes on the fresh-water Dolphins of South-America (Annals of Natural History XVII).
Göldi: Biologische Miscellen aus Brasilien (Sotalia brasiliensis) (Spengel: Zoologische Jahrbücher III.)
Oldfield Thomas: Catalogue of the Marsupialia and Monotremata in the British Museum.
Giebel: Thesaurus Ornithologiae I. II. III.
Lesson: Traité d'Ornithologie.
Latham: Index Ornithologicus I.
Edwards: A natural History of Birds.
Catalogue of the Birds in the British Museum I—XXVII.

Gray: Handlist of Genera and Species of Birds I. II. III.
— The Genera of Birds I—III.
Schlegel: Muséum d'Histoire Naturelle des Pays-Bas III. IV. V.
Gmelin: Système de la Nature. Oiseaux II.
Bonnaterie et Vieillot: Tableau encyclopédique et méthodique des trois règnes de la Nature. Ornithologie I—IV.
Temminck: Manuel d'Ornithologie I u. II.
Bonaparte: Conspectus generum avium I. u. II.
Wagler: Systema Avium I.
Hahn: Ornithologischer Atlas.
Latham: Synopsis of Birds II. IV.
Swainson: On the natural history and classification of Birds II.
Illiger: Tabellarische Uebersicht der Vertheilung der Vögel über die Erde (Abhandlung der K. Akademie der Wissenschaften zu Berlin 1812. 1813).
Oken: Isis 1829.
Sclater: The Ibis I u. II.
Newton: The Ibis. Quarterly Journal of Ornithology I u. II New Series.
Laurence: Catalogue of a Collection of Birds (Annals of the Lyceum of Natural History of New-York).
Spix: Avium species novae I u. II.
Einige ornithologische Artikel von Sclater in Proceedings of the Zoological Society of London. Band XXVI.
Cabanis: Museum Ornithologicum Heineanum I. II. III.
— Journal für Ornithologie I. III. IV.
Smithsonian: Miscellaneous Collections XIII: Kidder and Fletcher: Oölogy.
Sclater and Salvin: Exotic Ornithology.
Reichenow: Vogelbilder aus fernen Zonen.
Wilson: American Ornithology I—IX.
Audubon: The Birds of America VII.
Pelzeln: Zur Ornithologie Brasiliens.
Goeldi: Monographias Brasileiras: As Aves do Brasil I.
— Ornithological Results of a Naturalist's Visit to South Guyana (Ibis 1897).
Sclater: List of Birds collected by Mr. Wallace on the Lower Amazonas and Rio Negro (Proceedings of the Zoological Society of London 1867).
— On a collection of Birds by Bates from the Amazon. (Proceedings of the Zool. Soc. of London XXV).
Azara: Apuntamientos para la historia natural de los Pajaros del Paraguay I u. II.
Sclater: On the Birds received in Collections from S. Fé de Bogotá (Proceed. of the Zool. Soc. of London XXIII).
Sumichrast: Birds of Southwestern Mexico (Bulletin of the United States National Museum IV).
Swainson and Richardson: Fauna Boreali-Americana. Part Second. The Birds.
Bonaparte: Birds of Europe and North-America.
Naumann: Naturgeschichte der Vögel Deutschlands.
Le-Vaillant: Histoire des Perroquets I u. II.
Bourjot: Histoire Naturelle des Perroquets III. (Ergänzungsbd. zu den Bänden von Le-Vaillant.)
Wagler: Monographia Psittacorum (Abhandlungen der mathematisch-physikalischen Klasse der Akademie der Wissenschaften in München I., 1832).
Kuhl: Conspectus Psittacorum (Verhandlungen der Kaiserl. Leopold.-Carolin. Akademie der Naturforscher X., 1. Theil).
Gray: List of the specimens of Birds in the Collection of the British Museum III. Psittacidae.
Finsch: Die Papageien I. II.
Russ: Die sprechenden Papageien.
— Die fremdländischen Stubenvögel III. Die Papageien.
Sturm: Gould's Monographie der Ramphastiden.
Cassin: A study of the Ramphastidae (Proceedings of the Academy of Natural Sciences of Philadelphia 1867).
Sclater: Jacamars and Puffbirds.
Pelzeln: Neue und wenig gekannte Arten der kaiserlich. ornithologischen Sammlung. (Sitzungsberichte der kaiserl. Akademie der Wissenschaften. Mathematisch-naturwissenschaftliche Klasse XX).
Lichtenstein: Die Gattung Dendrocolaptes (Abhandlungen der Kgl. Akademie der Wissenschaften zu Berlin 1820—1821).

Göldi: Der Lehmhans (Der zoologische Garten XXVII).
Lesson: Histoire Naturelle des Oiseaux-Mouches I. II. III.
Lesson: Les Trochilidées.
Jardin: The natural History of Humming Birds I. II.
Audebert et Vieillot: Oiseaux dorés ou à reflets metalliques I u. II.
Sundevall: Några arter af Fogelslägtet Euphone (Vetenskaps-Akademiens Handlingar 1833).
Heine: Ueber die Gattung Cyanocorax Boie (Cabanis: Journal für Ornithologie VIII., 1860).
Pelzeln: Uebersicht der Geier und Falken etc. (Verhandlungen der k. k. zoologisch-botanischen Gesellschaft in Wien. Band XII).
Temminck: Les Pigeons I u. II.
Histoire des Pigeons et Gallinacés I. III.
Gould: On the family Procellaridae (Annals of Natural History XIII).
— On a new species of the genus Prion (Proceedings of the Zoological Society of London XXIII).
Bonaparte: An Account of four Species of Stormy Petrels (Journal of the Academy of Natural Sciences of Philadelphia III).
Carte: On an Undiscribed Species of Petrel from the Blue Mountains of Jamaica (Proceedings of the Zool. Soc. of Lond. 1866).
Gould: On the genous Anous Leach (Proc. of the Zool. Soc. of London XIII).
Duméril: Erpetologie I—IX.
Daudin: Histoire des Reptiles I. u. ff.
Schinz: Naturgeschichte und Abbildungen der Reptilien.
Duméril: Catalogue Méthodique de la Collection des Reptiles.
Peters: Herpetologische Notizen (Monatsbericht der k. preussischen Akademie der Wissenschaften zu Berlin 1877).
Guichenot: Histoire Naturelle des Reptiles et des Poissons.
Wiegmann: Herpetologia Mexicana.
Hoolbrook: North American Herpetology.
Videnskabelige Medelelser fra den naturhistoriske Forening: Kjöbenhavn 1859—61: Bidrag til Kundskab om Brasiliens Padder og Krybdyr.

Schöpf: Naturgeschichte der Schildkröten.
Gray: Handlist of the specimens of Shield Reptiles in the British Museum.
— Catalogue of Shield Reptiles: I. Testudinata. II. Emydosaurians etc.
— Catalogue of Tortoises, Crocodiles and Amphisbaenians.
Boulenger: Catalogue of the Chelonians, Rhynchocephalians and Crocodiles in the British Museum.
Spix: Animalia nova sive species novae Testudinum et Ranarum.
Göldi: Bedeutung, Fang und Verwerthung der Schildkröten am Amazonas (Der Zoologische Garten XXVII).
— Ueber eine vermuthlich neue Schildkröte der Gattung Podocnemis vom Rio Negro.
Gray: Synopsis of Crocodiliaus or Emydosaurians (Transactions of the Zoological Society of London VI).
A Synopsis of the Species of Alligators (Annals of Natural History X).
D'Alton und Burmeister: Der fossile Gavial von Boll in Württemberg mit Bezugnahme auf die lebenden Krokodilinen.
Natterer: Südamerikanische Alligatoren (Annalen des Wiener Museums der Naturgeschichte II).
Gray: Catalogue of Lizards.
Boulenger: Catalogue of the Lizards in the British Museum. I. II. III.
Spix: Lacertae.
Jan: Elenco Sistematico degli Ofidi.
Jan et Sordelli: Iconographie Générale des Ophidiens I u. ff.
Schlegel: Essai sur la physiognomie des serpents.
Lenz: Schlangenkunde.
Boulenger: Catalogue of the Snakes in the British Museum I. II. III.
Günther: Catalogue of Colubrine Snakes in the British Museum.
Spix et Wagler: Serpentes Brasilienses.
Cope: North American Snakes (Proceedings of the United States National Museum XIV).
Wagler: System der Amphibien.
— Descriptiones et Icones Amphibiorum.
Shaw: General Zoology III. Amphibia.
Tiedemann: Naturgeschichte der Amphibien.
Merrem: System der Amphibien.

Daudin: Histoire Naturelle des Rainettes, Grenouilles et Crapauds.
Günther: Catalogue of the Batrachia salienta in the British Museum.
Boulenger: Catalogue of the Batrachia salienta in the British Museum.
Schlegel: Abbildung neuer oder unvollständig bekannter Amphibien. Mit Text.
Chun: Die pelagische Thierwelt in grossen Meerestiefen.
Lindemann: Die Seefischereien (Petermann's Geographische Mittheilungen. Ergänzungsband XIII, Heft 60).
Cuvier et Valenciennes: Histoire Naturelle des Poissons II. III. IX. XVIII. XIX.
Bloch u. Schneider: Systema ichthyologiae.
Bloch: Ichthyologie I—VI.
Lacépède: Histoire Naturelle des Poissons I—VI.
Willughbei: Historia Piscium.
Müller u. Troschel: Horae ichthyologicae III.
Günther: Catalogue of the fishes in the British Museum I—VIII.
Bloch: Naturgeschichte der ausländischen Fische I—V.
Spix et Agassiz: Pisces brasiliensis.
Schomburgk: Fishes of British Guiana I u. II.
Costa: Fauna del Regno di Napoli III. Pesci 3.
Ranzani: De novis speciebus piscium (Novi Commentarii Academiae scientiarum instituto bononiensis V).
Lesneur: Observations on several genera and species of fishes belonging to the natural family of Esoces (Journal of the Academy of Natural Sciences of Philadelphia II).
Steindachner: Die Gymnotidae des k. k. Hofnaturalienkabinets zu Wien (Sitzungsberichte der k. k. Akademie der Wissenschaften LVIII).
Kaup: Catalogue of the Lophobranchiate fishes.
Müller u. Henle: Systematische Beschreibung der Plagiostomen.
Latham: Essay on the various Species of Sawfish. (Transactions of the Linnean Society II.)

Möbius: Die Bewegungen der fliegenden Fische durch die Luft. Zeitschrift für Zoologie XXX, Supplement 1878.
Seitz: Das Fliegen der Fische (Spengel: Zoologische Jahrbücher V).
Dahl: Die Bewegungen der fliegenden Fische durch die Luft. (Spengel: Zoologische Jahrbücher V.)
Lamarck: Animaux saus vertebres III. V. VI. VII.
Fabricii Species Insectorum I u. II.
— Systema Entomologiae.
Fabricius: Entomologia Systematica I—IV.
Fabricii Supplementum Entomologiae Systematicae.
Fabricius: Mantissa Insectorum.
Fabricius et Coquebert: Illustratio Insectorum I—III.
Latreille: Encyclopédie Méthodique: Histoire Naturelle IV—X. Insectes.
— Genera Crustaceorum et Insectorum I.
— Histoire Naturelle des Crustacés et des Insectes I u. II.
Germar: Insectorum Species.
De Geer: Mémoire pour servir à l'histoire des Insectes III. IV.
— Geschichte der Insekten VII.
Olivier: Entomologie I—VI.
Burmeister: Handbuch der Entomologie I—V.
Schlechtendahl u. Wünsche: Die Insekten.
Taschenberg: Praktische Insektenkunde I u. II.
Rösel: Insektenbelustigung IV.
Blanchard: Histoire Naturelle des Insectes III.
Kirby and Spencer: Entomologie I—IV.
The Transactions of the Entomological Society in London 1869. 1874.
Westwood: Drurys Exotic Entomology.
Perty: De Insectorum in America meridionali habitantium etc.
Spruce: Notes on some Insect - or other Migration observed in Equatorial America (The Journal of the Linnean Society Zoology IX).
Spix: Delectus Animalium articulatorum in Brasilia collectorum.
Pohl und Kollar: Brasiliens vorzüglich lästige Insekten.

Wallace: On the Insects used for Food by the Indians of the Amazon (Transactions of the Entomological Society. New Series II).

Palisot de Beauvois: Insectes recueillis en Afrique et en Amérique.

Fabricius: Systema Eleutheratorum I u. II.

Dejean: Catalogue des Coléoptères.

Lacordaire: Histoire Naturelle des Insectes Coléoptères I—XII.

Herbst: Natursystem der Käfer I—X.

Gemminger et Harold: Catalogus Coleopterorum I—XII.

Illiger: Monographie der Elateren (Magazin für die neuesten Entdeckungen der Naturkunde I).

Germar: Beiträge zu einer Monographie der Gattung Pyrophorus (Germar: Zeitschrift für Entomologie III).

De Laporte: Essai d'une révision du genre Lampyre (Annales de la Société entomologique de France I. Série II).

Schoenherr: Genera et Species Curculionidum I—VIII.

Thomson: Systema Cerambycidarum.

Fabricii Systema Piezatorum.

Smith: Catalogue of Hymenopterous Insects in the Collection of the British Museum.

Spinola: Compte rendu des Hymenoptères etc. (Memorie della R. Academia delle Scienze di Torino. Serie II. Tomo 13).

— Hymenoptères (Annales de la Société entomologique de France I. Série X).

Say: Description of North American Hymenoptera (Boston Journal of Natural History I).

Dahlbom: Hymenoptera Europaea.

Latreille: Des espèces d'Abeilles vivant en grande société (Annales du Muséum d'Histoire Naturelle V).

Smith: Brazilian Honey Bees (The Transactions of the Entomological Society of London. Third series I).

Drory: Ueber Melliponen (Bienenzeitung XXVIII und XXIX).

Saussure: Études sur la famille des Vespides I. II. III.

Kohl: Die Hymenopterengruppe der Sphecinen (Annalen des K. K. naturhistorischen Hofmuseums V. 1890).

Latreille: Histoire Naturelle des Fourmis.

Dalla Torre: Catalogus Hymenopterorum. Volumen VII: Formicidae.

Mayer: Myrmecologische Studien (Verhandlungen der K. K. zoologisch-botanischen Gesellschaft in Wien XII).

— Neue Formiciden (Verhandl. d. K. K. zool.-botan. Gesellsch. z. Wien XX).

— Formicidae novae americanae (Annuario della Societa di Naturalisti di Modena I).

— Südamerikanische Formiciden (Verhandlungen der zoologisch-botanischen Gesellschaft XXXVII. 1887).

Forel: A fauna das formigas do Brazil (Extrahido do Boletim do Museu Paraense I. fasc. 2).

Lund: Sur les Habitudes de quelques Fourmis du Brésil (Annales des Sciences naturelles XXIII).

Ihering: Die Ameisen von Rio Grande do Sul (Berliner Entomologische Zeitschrift XXXIX).

Boisduval: Histoire Naturelle des Insectes Lepidoptères I. V—X.

Herbst: Schmetterlinge I—XI.

Hübner: Lepidoptera I—IV.

Felder: Lepidopterologische Fragmente. (Wiener Entomologische Monatsschrift IV).

Cramer: De uitlandsche Kapellen I—IV.

Herrich-Schäffer: Sammlung aussereuropäischer Schmetterlinge.

Esper: Die ausländischen Schmetterlinge.

Staudinger: Exotische Schmetterlinge.

Clerck: Icones Insectorum Rariorum.

Bates: Contributions to an Insect Fauna of the Amazon Valley (The Transactions of the Entomological Society of London. New Series V).

— Contributions to an Insect Fauna of the Amazon Valley (The Journal of Entomology I and II).

— Contributions to an Insect Fauna of the Amazon Valley (Transactions of the Linnean Society XXIII).

Felder: Specimen faunae lepidopterologicae riparum fluminis Negro etc. (Wiener Entomologische Monatsschrift VI).

Wallace: On the habits of the Butterflies of the Amazon Valley (Transactions of the

Entomological Society of London. New Series. II).
Bates: On butterflies from Maranhão (Trans. of the Ent. Soc. of Lond. III Series. V).
Felder: Verzeichniss von Makrolepidopteren (Verhandlungen der zoologisch-botanischen Gesellschaft in Wien XII).
Kirby: A Synonimyc Catalogue of Diurnal Lepidoptera.
Doubleday: The Genera of Diurnal Lepidoptera I und II.
Gray: List of the Specimens of Lepidopterous Insects in the Collection of the British Museum I Papilionidae.
Guenée: Note sur un groupe du genre Morpho Latr. (Annales de La Société Entomologique de la France III Série. VII$_1$).
Deyrolle: Notice sur cinq Morpho nouveaux (Annales de la Société Entomologique de la France III Série. VIII$_1$).
Bates: A catalogue of Erycinidae (Journal of the Linnean Society X).
Walker: List of the Specimens of Lepidopterous Insects in the Collection of the British Museum. Lepidoptera Heterocera I—XXXV.
Kirby: Catalogue of Lepidoptera Heterocera I.
Fabricii Systema Antliatorum.
Gray: List of dipterous insects in the British Museum.
Wiedemann: Aussereuropäische zweiflügelige Insekten I und II.
Macquart: Diptères exotiques I und II.
Karsten: Beitrag zur Kenntniss des Rhynchoprion penetrans (Bulletin de la Société Impériale des naturalistes de Moscou XXXVII$_2$).
Fabricii Systema Rhynchotorum.
Stål: Enumeratio Hemipterorum.
Amyot et Serville: Histoire des Insectes Hémiptères.
Walker: Catalogue of Heteropterous-Hemipterous in the Collection of the British Museum I. V. VI.
Hahn: Die wanzenartigen Insekten.
Stoll: Cicaden und Wanzen.
Smith: Monograph of the Genus Cryptocerus (The Transactions of the Entomological Society of London. New Series II, 1852).

Walker: List of the Specimens of Homopterous Insects in the Collection of the British Museum.
Stoll: Cicaden.
Rambur: Histoire des Insectes Névroptères.
Hagen: Synopsis of the Neuroptera of North-America (Smithsonian Miscellaneous Collections IV).
— Notizen beim Studium von Brauers Novara-Neuropteren (Verhandl. der zool.- botan. Gesellsch. Wien 1867).
Charpentier: Orthoptera.
Westwood: Catalogue of Orthopterous Insects in the Collection of the British Museum I.
Walker: Catalogue of Blattaria in the Collection of the British Museum.
Brunner de Wattenwyl: Nouveau Système des Blattaires.
Stoll: Naturlijke Afbeeldingen en Beschrijvingen der Spoken, Wandelnde Bladen, Zabel-Springhanen etc.
Lichtenstein: A dissertation on two Genera hitherto confounded under the Name of Mantis (Transactions of the Linnean Society VI).
Saussure: Synopsis des Mantides Américains.
Walker: Catalogue af the Specimens of Dermaptera Saltatoria in the Collection of the British Museum I—V.
Schiödte: Beretning om Galatea - Expeditionens Udbytte of Odonater (Oversigt over det kgl. danske Videnskabernes Selskabs Forhandlinger 1855).
Hagen: Synopsis of the Odonata of America (Proceedings of the Boston Society of Natural History XVIII).
Brauer: Beschreibung neuer exotischer Libellen. (Verhandl. der zool.-botan. Gesellsch. Wien 1867.)
— Neue exotische Odonaten (Verhandl. der zool.-botan. Gesellsch. Wien 1867.
De Selys-Longchamps: Monographie des Caloptérygines (Mémoires de la Société royale des sciences de Liège IX).
— Addition au Synopsis des Caloptérygines. — Addition au Synopsis des Gomphines (Bulletins de l'Académie Royale de Belgique 2ieme Série VII).
— Seconde Addition au Synopsis des Calop-

térygines (Bulletins de l'Académie Royale de Belgique 2ieme Série XXVII).
— Seconde Addition au Synopsis des Gomphines (Bulletins de l'Académie Royale de Belgique 2ieme Série XXVIII).
— Troisième Addition au Synopsis des Caloptérygines (Bulletins de l'Académie Royale de Belgique 2ieme Série XXXV).
— Synopsis des Agrionines (Bulletins de l'Académie Royale de Belgique 2ieme Série X, XIII, XIV, XVI, XXa, XLI, XLII).
— Revision du Synopsis des Agrionines (Mémoires etc. publiés par l'Académie de Belgique XXXVIII).
Hagen: Monographie der Termiten (Linnaea Entomologica X, XII, XIV).
F. Müller: Die Wohnungen unserer Termiten (Jenaische Zeitschrift für Medizin VII).
Hahn u. Koch: Die Arachniden I, II, III, IX, XIV.
Koch: Uebersicht des Arachnidensystems.
Walkenaar: Histoire des Insectes, Aptères I bis IV.
Cuvier: Le Règne Animal: Arachnides et Annélides.
Hahn: Monographie der Spinnen.
Walkenaar: Tableau des Aranéides.
Latreille: Vue générale sur les Aranéides (Nouvelles Annales du Museum d'Histoire Naturelle I).
Albin: A natural History of Spiders.
Kayserling: Die Spinnen Amerikas.
Koch: Systematische Uebersicht über die Ordnung der Zecken (Wiegmann's Archiv für Naturgeschichte X1).
Cuvier: Le règne animal. Les Crustacés.
Milne-Edwards: Histoire naturelle des Crustacés I, II, III.
— Observations sur la classification des Crustacés (Annales des Sciences naturelles 3ieme Série. Zoologie XVIII et XX).
Herbst: Krabben und Krebse I, II, III.
Desmarest: Considérations générales sur la Classe des Crustacés.
Milne-Edwards: Crustacés nouveaux ou peu connus (Archives du Muséum d'histoire naturelle VII.
Gerstäcker: Carcinologische Beiträge (Wiegmann: Archiv f. Naturgeschichte Bd. XXII).

Randall: Catalogue of the Crustacea brought by Nuttale and Townsend etc. (Journal of the Academy of Natural Sciences of Philadelphia VIII).
Miers: On a collection of Crustacea etc. Proceedings of the Zoolog. Society of London 1877).
United States Exploring Expedition XIII Crustacea.
Dana: On the geographical distribution of Crustacea.
Smith: On Brazilian Crustacea (Transactions of the Connecticut Academy of Arts and Sciences II).
— Notes on American Crustacea (Transactions of the Conecticut Academy of Arts and Sciences II.
Martens: Südbrasilianische Süss- und Brackwassercrustaceen. (Archiv für Naturgeschichte Band 35.)
Bell: On the Crustacea of the Coasts of South-America (Transactions of the Zoological Society of London II).
Martens: Ueber cubanische Crustaceen (Archiv für Naturgeschichte Band 38).
Saussure: Mémoire sur divers Crustacés nouveaux du Méxique et des Antilles.
Stimpson: Notes on the North-American Crustacea (Anales of the Lyceum of Natural History of New-York VII).
Gill: Description of two new species of terrestrial Grapsoid Crustaceans etc. (Annals of the Lyc. of Nat. Hist. of New-York VII).
Smith: Notes on New or little known species of American Cancroid Crustacea (Proceedings of the Boston Society of Natural History XII).
Milne-Edwards: Études zoologiques sur les Portuniens récents (Archives du Muséum d'histoire naturelle X).
Ordway: Monograph of the Genus Callinectes (Boston Journal of Natural History VII).
Heller: Beiträge zur näheren Kenntniss der Macrouren (Sitzungsberichte der Kaiserl. Akademie der Wissenschaften XLV1).
Darwin: A Monograph of the Cirripedia II.
Reeve: Conchologia Iconica I—XX.
Martini u. Chemnitz: Conchyliencabinet I, II, III, IV, V, VIII, X, XI. Neues Conchyliencabinet XI.

Sowerby: Conchological Illustrations.
Paetel: Catalog der Conchyliensammlung I u. III.
— Familien- und Gattungsnamen der Mollusken.
Chenu: Manuel de Conchyliologie I u. II.
Adams: The Genera of Recent Mollusca I. II.
Deshayes: Catalogue of the Conchifera in the Collection of the British Museum I u. II.
Orbigny: List of the shells of South America in the Collection of the British Museum.
Kiener: Spécies général et iconographie des coquilles vivantes. Famille des canaliféres I.
Göldi: Biologische Miscellen aus Brasilien VII. Der Kaffeenematode Brasiliens. (Spengel: Zoologische Jahrbücher IV.)
Verrill: Notes on the Radiata in the Museum of Yale College (Transactions of the Connecticut Academy of Arts and Sciences I).
Agassiz: Monographie des Echinodermes.
— Revision of the Echini (Memoirs of the Museum of Comparative Zoology at Harvard College. Vol. III).
Lütken: Bidrag til Kundskab om Echiniderne (Videnskabelige Meddelelser fra den naturhistoriske Forening i Kjøbenhavn 1863).
Agassiz: The North American Starfishes (Memoirs of the Museum of Comp. Zool. at Harv. Coll. Vol. V).
Chamisso et Eysenhardt: De Animalibus quibusdam e classe Vermium Linneana (Verhandlungen d. Kaiserl. Leopold-Carolin. Akademie der Naturforscher, X. 1. Theil).
Cuvier: Le Règne Animal. Zoophytes.
Blainville: Manuel d'Actinologie ou de Zoophytologie.
Eschscholtz: System der Akalephen.
Lesson: Histoire Naturelle des Zoophytes. Acalèphes.
Dana: Zoophytes (United States Exploration Expedition VII).
Agassiz: Contribution to the Natural History of the United States of North-America. III. u. IV. Acalephs in General. Ctenophorae. Discophorae. Hydroidae.
Chun: Die Ctenophoren des Golfes von Neapel etc.
Haeckel: Das System der Medusen (Denkschriften der medizinisch-naturwissenschaftlichen Gesellschaft zu Jena. Bd. I).

Agassiz: Contribution to the Natural History of the Acalephae of North-America (Memoirs of the American Academy of Arts and Sciences IV).
Agassiz: North-American Acalephae Illustrated Catalogue of the Museum of Comp. Zool. at Harv. Coll.).
Brandt: Schirmquallen (Mémoirs de l'Académie Imp. des Sciences de St. Petersbourg. Série VI. Tome IV).
Grenacher und Noll: Beiträge zur Anatomie und Systematik der Rhizostomeen (Abhandlungen der Seckenbergischen Naturforschenden Gesellschaft X).
Haeckel: Ueber die Crambessiden (Siebold und Kölliker: Zeitschrift für wissenschaftliche Zoologie XIX).
Péron: Voyage de découvertes aux terres australes. Partie historique I.
Milne-Edwards: Histoire Naturelle des Coralliaires I. u. II.
Haeckel: Planktonstudien (Jenaische Zeitschrift für Naturwissenschaften XXV).
Hansen: Einige Ergebnisse der Planktonexpedition (Sitzungsberichte der Königl. Preuss. Akademie der Wissenschaften 1890, I).
Steudel: Nomenclator botanicus.
Kunth: Enumeratio plantarum.
Endlicher: Genera plantarum.
De Candolle: Prodromus Systematis universalis regnis vegetabilis I u. ff.
Engler u. Prantl: Die natürlichen Pflanzenfamilien.
Bentham et Hooker: Genera plantarum I. II. III.
Leunis: Synopsis der drei Naturreiche. Botanik I. II. III.
Salomon: Handbuch der höheren Pflanzenkultur.
Rosenthal: Synopsis plantarum diaphoricarum I u. II.
Annales des Sciences Naturelle, V. Série. I. Botanique.
Denkschrift der K. Bayerischen Botanischen Gesellschaft in Regensburg. Band III.
Linnaea: Journal für Botanik IV. VI. XLI. XLII.
Curtis: The Botanical Magazine IV.
Grisebach: Die Vegetation der Erde.
Müller: Das Buch der Pflanzenwelt.

Ave-Lallemant: Wanderungen durch die Pflanzenwelt der Tropen.
Kerner von Marilaun: Pflanzenleben I.
Jaquin: Selectarum Stirpum Americanum Historia.
Castelnau: Expédition dans l'Amérique du Sud VI. Botanique.
Bonpland et Humboldt: Nova genera et species plantarum I.
Martius: Tabulae physiognomicae.
Martii Flora brasiliensis 12.—XV2.
Martius: Nova Genera et Species Plantarum Brasilianum I. II. III.
Pohl: Plantarum Brasiliae Descriptiones.
Bentham: Report on Spruce's Collection of Plants from North-Brazil (Hooker's Journal of Botany III).
Spruce: Letters written during a Botanical Mission on the Amazon (Hooker's Journal of Botany III).
Botanical Excursion on the Amazon (Hooker's Journal of Botany II. III. V. VI. VII).
— Botanical Objects from the Amazon (Hooker's Journ. of Bot. V. VII).
Schwacke: Skizze der Flora von Manáos in Brasilien (Jahrbuch des K. botanischen Gartens zu Berlin III.
Spruce: Edible fruits of the Rio Negro. (Hooker's Journ. of Bot. V.)
— Vegetable oils of South-America (Hooker's Journ. of Bot. VI).
Radlkofer: Ueber fischvergiftende Pflanzen (Sitzungsberichte der mathem.-physik. Klasse der K. Bayer. Akademie der Wissenschaften zu München. XVI. Jahrg. 1886).
Martius: Ueber die Bereitung des Pfeilgiftes Urari etc. (Repertorium für die Pharmacie XXXVI.
Schwacke: Bereitung des Curare-Pfeilgiftes bei den Tecuna-Indianern (Jahrbuch des K. Botanischen Gartens zu Berlin III).
Malcher: Estatistica das arvores silvestres da Provincia do Pará.
Vellozo: Flora fluminensis IX.
Barbosa Rodrigues: Hortus fluminensis.
Bentham: On the botanical labours of the Vellosian Society of Rio Janeiro (Hooker's Journ. of Bot. V.
Loefgren: Contribuções para a botanica paulista (Boletim da Commissão Geographica e Geologica do Estado de São Paulo No. 5).
Aublet: Histoire des Plantes de la Guiane Française II.
Karsten: Auswahl neuer und schöner Gewächse Venezuelas.
Grisebach: Flora of the West Indian Islands.
Rumphius: Het amboinsche Kruid-boek.
Schimper: Die indo-malayische Strandflora.
Flore des Serres et des Jardins de l'Europe II. IV.
Endlicher: Paradisus Vindobonensis.
Durand: Index generum phanerogamorum.
Schenk: Beiträge zur Biologie und Anatomie der Lianen I u. II.
Schimper: Die epiphytische Vegetation Amerikas.
Bentham: On North-Brazilian Euphorbiaceae (Hooker's Journ. of Bot. VI).
Radlkofer: Ueber Cupania (Sitzungsberichte der mathem.-physik. Klasse der K. Bayer. Akademie 1879).
Spruce: Brazilian Rubiaceae (Hooker's Journ. of Bot. V.
Veitch and Sons: A Manuel of Orchidaceous Plants I.
Reichenbach: Xenia Orchidacea I. II.
— Beiträge zu einer Orchideenkunde Centralamerikas.
Antoine: Phyto-Iconographie der Bromeliaceen.
Martius: Historia naturalis Palmarum I u. II.
Wallace: Palm trees of the Amazon.
Spruce: Palmae Amazonicae (The Journal of the Linnean Society. Botany XI).
Trail: Palms of the Valley of the Amazon (Journal of Botany XV).
Schott: Synopsis Aroidearum.
— Genera Aroidearum.
— Aroideae.
Endlicher: Synopsis Coniferarum.
Beissner: Handbuch der Nadelholzkunde.
Martius: Icones Plantarum Cryptogamicarum.
Salomon: Nomenclator der Gefässkryptogamen.
Langsdorff et Fischer: Icones Filicum.
Raddi: Plantarum Brasiliensum Nova Genera I Filices.
Endlicher: Nova Genera et Species plan-

tarum ‚Beiband zu Hooker and Greville: Icones Filicum'.

Schenk: Brasilianische Pteridophyten ‚Hedwigia Organ für Kryptogamenkunde XXXV, 1896'.

Agardh: Species Genera et Ordines Algarum II.

Krempelhuber: Lichenes Brasilienses (Flora oder allgemeine botanische Zeitung. Jahrgang LIX'.

Süss: Das Antlitz der Erde.

Zirkel: Lehrbuch der Petrographie.

Bulletin de la Société Géologique de France Deuxième Série XXV.

Hartt: Geology and Physical Geography of Brazil.

Orville A. Derby: Physikalische Geographie und Geologie Brasiliens. (Mitteilungen der Geographischen Gesellschaft zu Jena, V). Contribution to the Geology of the Lower Amazonas.

— Os picos altos do Brazil. ‚Boletim da Sociedade de Geographia do Rio de Janeiro V'.

— A denominação Serra da Mantiqueira. (Revista do Instituto Historico e Geographico de S. Paulo I'.

— On the flexibility of Itacolumit ‚The American Journal of Science CXXVIII 1884'.

Bulletin of the Cornell University Science I, Number 1 and 2.

Orville A. Derby: On Nepheline Rocks in Brazil. ‚Qnarterly Journal of the Geological Society 1887.)

— Meteoritos brazileiros ‚Extrahido da Revista do Observatorio'.

Carvalho: Meteorito do Bendegó.

Orville A. Derby: Contribuções ao Estudo da Geologia do Brazil: Geologia do Diamante. ‚Revista da Engenharia IV'.

— Os modos de Occurencia do Diamante no Brazil.

— Modes of Occurence of the Diamond in Brazil ‚The American Journal of Sciences CXXIV 1882'.

— The Geology of the Diamantiferous Region of the Provincia of Paraná.

Gorceix: Sur le gisement du diamant etc. ‚Comptes rendus de l'Académie des Sciences XCVIII'.

— Sur les minéraux qui accompagnent le diamant etc. ‚Comptes rendus de l'Académie des Sciences XCVIII'.

Soetbeer: Edelmetall - Produktion ‚Petermann's Geographische Mittheilungen. Ergänzungsheft 57'.

Orville A. Derby: Peculiar Modes of Occurence of Gold in Brazils. ‚The American Journal of Science XXVIII'.

— Occurence of Monazite etc. ‚The American Journal of Science XXXVII'.

Kobell: Mineralogie.

Groth: Tabellarische Uebersicht der Mineralien.

Zittel: Handbuch der Paläontologie II, III, IV.

Cope: Contribution to a Vertebrate Paleontology of Brazil ‚Proceedings of the American Philosophical Society XXIII 1886'.

Orville A. Derby: The Amazonian Upper Carboniferous Fauna ‚The Journal of Geology II'.

Gürich: Ditrochosaurus capensis ‚Zeitschrift der deutschen Geologischen Gesellschaft Jahrgang 1889'.

Clarke: As trilobitas do Grez de Ereré e Maecurú. Estado do Pará. ‚Archivos do Museu do Rio de Janeiro IX'.

Hirsch: Handbuch der historisch - geographischen Pathologie I.

Scheube: Die Krankheiten der warmen Länder.

Stokvis: Ueber vergleichende Rassenpathologie und die Widerstandsfähigkeit des Europäers in den Tropen.

Schellong: Die Malariakrankheiten.

Martin: Aerztliche Erfahrungen über die Malaria der Tropenländer.

Avé-Lallemant: Das gelbe Fieber.

Gruber: Pasteur's Lebenswerk im Zusammenhange mit der gesammten Entwicklung der Mikrobiologie.

Schuster: Die Pasteur'sche Methode zur Verhütung der Hydrophobie bei Gebissenen ‚Deutsche Medizinische Wochenschrift XI 1885, IV'.

Wolffberg: Ueber die Maassregeln zur Bekämpfung der Hundswuth mit besonderer

Berücksichtigung der Pasteur'schen Methode der Wuthimpfung (Centralblatt für öffentliche Gesundheitspflege VI 1887).

Bujwid: Einige Mittheilungen über Tollwuth und Pasteur'sche Kur (Centralblatt für Bakteriologie und Parasitenkunde. II. Jahrgang. Band II 1888).

Protopopoff: Zur Immunität für Tollwuthgift bei Hunden (Centralblatt für Bakteriologie und Parasitenkunde. II. Jahrgang. Band IV 1888).

Helman: Études sur les formes furieuse et paralytique de la rage chez les lapins (Annales de l'Institut Pasteur II 1888).

Personen- und Sach-Register.

A.

Abacachí, die 76.
Ablagerungen, mesozoische 21, 222.
– paläozoische 21, 222.
Abolboda grandis var. minor Gris. 137.
Abrolhos Inseln 237.
Abutilon Bedfordianum 437.
Adiantum cuneatum Lgsd. et Fisch. 254.
Adiantum pulverulentum L. 127.
Acacallis cyanea Lindl. 140.
Acalipha macrostachya var. sidaefolia Müller Arg. 31.
Acanthaceen 41.
Achat 278.
Achlyodes Bromius Stoll 42.
Achyrocline saturoides var. Vargasiana DC 269, 274.
Acraea Thalia L. 256.
Acrocomia sclerocarpa Mart. 30, 51, 459.
– – – var. Wallaceana Dr. 69.
Acrostichum osmundaceum Hooker 254.
Aechmea setigera Mart. 129, 136.
Affen 106, 124, 132, 141, 165, 169, 171, 181, 186, 220, 232, 281, 299, 357, 363, 372, 474, 478.
Aganisthos Odius Fabr. 354.

Agaveen 263.
Ageratum conyzoides L. 354.
Ageronia 256.
– Iphtime Bates 178.
Agulhas negras 458.
Agutí 220, s. a. Dasyprocta.
Aï Diabo 338.
Ai-purusá, der 94.
Akazien 185.
Alagôas, Prov. 214, 223.
Alcedinidae 110.
Aldeamento 341, 342, 347, 351, 355.
Alegre, Monte 66.
Alicorne s. Palamedea.
Alligatoren 99, 135, 165, 221, 299, 358, 366, 371, s. a. Caiman.
Almecega branca s. Protium Burm.
– vermelha s. Protium heptaphyllum.
Almeirim 63.
Alocasia indica Schott 31.
Alto da Boa Vista 472.
Alto da Serra 416, 455, 464.
Alsophila armata Mart. 254.
– paleolata Mart. 254.
– Taenitis Kze. 254.
Alsophilen 285, 441, 459, 472.
Amarelloholz 305, ebenda Anmerk. 1.
Amaro, Santo 226–230, 236, 294, 466.

Amaryllis L. 327.
Amasonia punicea Vahl. 41.
Amazonas, der 11, 15–26, 29, 33, 37–45, 47–49, 53, 57–80, 82, 84, 86, 89, 94–97, 105--109, 112, 114, 116–118, 121, 122, 125–129, 164, 166, 168, 169, 171–174, 178, 179, 182–184, 187, 189, 194, 195, 198, 206, 208, 212, 214, 219, 220, 227, 232, 235, 253, 254, 261, 263, 274, 279, 285, 286, 293, 305 Anmerk. 1. 307, 316, 320, 342, 346, 352, 354, 356, 362, 369, 371, 378, 396, 398–400, 402–405, 473, 474.
Amazonas, die Provinz 13, 14, 17, 71, 86, 183, 208, 289, 296.
Amazonenpapagei 26.
Ambaúba s. Cecropia adenopus.
Amblianthera leptophylla Müll. Arg. 331, Anmerk. 2.
Amblyomma rotundatum Koch 273.
Ameisen 51, ebenda Anmerk. 2, 128, 132, 187, 222, 253, 256, 337, 415, 422.
Ameisenbär 186, 270, 337, s. a. Myrmecophaga u. Tamanduá.

Ameiva surinamensis Laur. 118, 221.
Amethyst 278.
Amöeda, Maler 429.
Amphidesma obliquum Wood 381.
— recticulatum Sow. 381.
Amphisbaena fuliginosa L. 55.
Anableps tetrophthalmus Bl. 172.
Anacá s. Deroptyus 164.
Anacardium occidentale L. 142, ebenda Anmerk. 2, 197.
Anaea Morvus Feld ♀ 178.
Ananas sativus Schult. 26, 39, 127, 142, 270, 286, 336, 462, 464.
Anartia Amalthea L. 178.
Anartia Jatropha L. 118.
Anchieta 388, 390.
Anchieta, Padre José de 388.
Andalusit 276, 278.
Anden 180.
Andigena bailloni Vieill. 327, ebenda Anmerk. 4.
Andiroba s. Carapa guianensis.
Andradea floribunda Allem. 252.
Andrée 177 Anmerk. 1.
Ancimia Mandiocana Raddi 254.
Angocoris sexpunctatus Fabr. 56.
Anicoré, die 76.
Anil, Rio 189.
Aninga 54.
Aningães s. Montrichardia.
Anodorhynchus hyacinthinus Lath. 282, 479.
Anolis punctatus Daud. 221.
Anomalocardia trapezia Ds. 381.
Anonaceen 196.
Anous stolidus L. 6.
Anthropophagie 15, 83, 88, 90 Anmerk. 1, 95 Anmerk. 3, 144, 299, 347.
Anthurien 137, 138, 329, 425.
Anthurium Schott 172.
Antonio, Cap St. 225, 436.

— Leuchtthurm von 234.
— S., Insel 211.
Anús s. Crotophaga Ani L.
Apatura Laurentia Godt. 334.
Apatelodes firmiana Sepp. 257.
Aphobus chopi Vieill. 270 Anmerk. 2.
Apocynaceen 252.
Apodemia campestris Bates 178.
Apuhy s. Clusia.
Aquamarin 276.
Ara 61, 73, 78, 111, 127, 323, 330, 359.
— ararauna L. 282, 403.
— chloroptera G. R. Gr. 110 Anmerk. 2, 327, 366.
— macao L. 26, 110 Anmerk. 2, 182, 477.
— nobilis L. 358.
— severa L. 65, ebenda Anmerk. 1.
Araçá s. Psidium.
Aracaty, Leuchtthurm von 200.
Araceen 36, 37, 41, 58, 93, 113, 138, 163, 172, 193, 236, 329, 425, s. a. Aroideen.
Araguaya, der 403.
Aramides chiricote Vieill. 334.
— saracura Spix 221.
Aramucú, der 63.
Arapaima gigas Cuv. 86.
Araparý-Insel 49, 51, ebenda Anmerk. 3.
Araponga s. Chasmorynchus nudicoll.
Arara s. Ara.
Arassuahy 278.
Aratanha, Serra de 197—199.
Araucaria brasiliana A. Rich. Lamb. 264, 266, 267, 275, 421, 425, 438, 453, 454, 461, 462, 500.
Araucaner, die 398.
Arca umbonata Lam. 381.
Ardea candidissima Gm. 227.
— çocoi L. 70, ebenda Anm. 4.
— egretta 65, 111.
Argemone mexicana L. 373.
Argentinien 399.

Ariadne Cramer 42.
Aricuna, die 396.
Aristida pallens Cavanilles 462.
Aristolochien 314.
Armadill 115, 337, s. a. Dasypus u. Praopus.
Armee, brasilianische 49, 276, 431, 432, 451.
Aroideen 37, 136, 171, 252, 254, 270, 289, 314, 336, 438.
Arráuschildkröte s. Podocnemis.
Artilleriekaserne in Rio 432.
Artocarpaceen 50, 207, 212, 215, 235.
Artocarpus incisa L. 47, 50.
— integrifolia L. 50.
Aruaquí, die 83, 84, 90 Anmerk. 1, 130, 400.
Aruan, die 400.
Asclepiadeen 252.
Assacú s. Hura.
Assaï siehe Euterpe.
Assucar, Pão d' 241, 242, 251, 253, 304.
Astralium latispinum Phl. 380.
Astrocaryum Ayri Mart. 326, 331.
— gynacanthum Mart. 67 Anmerk. 3, 113, ebenda Anmerk. 1, 2.
— Jauary Mart. 93, 116.
— Mumbáca Mart. 40.
— Murumuru Mart. 51, 68, 72, 75, 113, ebenda Anmerk. 2.
— Tucumá Mart. 25, 93, 102, 104.
— vulgare Mart. 55.
Atalaia, Leuchtthurm der Ponta de 9.
Ateles 220.
— paniscus L. 124, ebenda Anmerk. 3.
Atta cephalotes 128, ebenda Anmerk. 1, 132.
Atta sexdens 256, 337.
Attacus 257.
Attalea excelsa Mart. 30, 47.
— humilis Mart. 262, 335.

— Indaya Dr. 311, 314 Anmerk. 1, 262.
Atticora melanoleuca Neuwied 93.
August, Mineraliensammlung des Prinzen 451, 452.
Aussatz 200, 314, 458.
Austern 231, 306, s. a. Ostrea.
Avé-Lallemant
  66 Anmerk. 3
  69   »   3
  83   »   1
  177 »   2
  192 »   1.
Avicennia nitida Jacq. 228.
Avicularia vestiaria De Geer. 129.
Aymorés, die 224.
— Serra dos 15, 295.
Ayrípalmen 347.
Ayres de Cazal
  79 Anmerk. 6
  198   »   1
  225   »   1, 2
  303   »   1.
  457, ebenda Anmerk. 2, 3.
  496 Anmerk. 3.

B.

Bacába s. Oenocarpus.
Baccharis genistelloides 269, 274, 424.
— platypoda DC. 269, 274.
— retusa DC. 268, 274.
— tarchonanthoides DC. 268, 274.
— truncata Gardn. 268, 274.
Bacanga, Rio 189.
Bactris 136, 173.
— bifida Mart. 124.
  Maraja Mart. 67, ebenda Anmerk. 3.
— vulgaris B. Rodr 252.
Bacuráus s. Caprimulginae.
Bärlapp s. Selaginella.
Bahia, (Bai) de Todos os Santos 225, 227, 230, 236.

Bahia, die Prov. 14, 15, 208, 222, 223, 230, 235, 237, 274, 277, 287, 297, 325, 446, 451, 479.
Bahia, S. Salvador da 192, 213, 215—218, 223, 225, 228, 229, 231—234, 236, 275, 281, 283, 294, 455.
Museum 476, 478, Armenhaus 480—483, 493, 497.
Bakaïri, die 403.
Balaio 134.
Balsam 303.
Balsamo 326, ebenda Anmerk. 1.
Balanus tintinnabulum L. 466.
Bambus 251, 252, 270, 285, 299, 314, 329, 347, 407, 420.
Bananal 440, 442.
Bananen 26, 35, 71, 207, 215, 227, 234, 275, 367, 396, 442, 459, 467, 471, 489, s. a. Musa.
Baniba, die 86, 134 Anmerk. 5.
Banyanenbaum s. Ficus indica.
Barba de Paia s. Nepsera.
Barbacena 264, 265, 268 Anmerk. 1.
Barbacenien 269.
Barbatia Helblingii Ch. 381.
Barboza Rodrigues
  9 Anmerk. 4
  18   2
  33   3
  45   »   3
  53   »   8
  79   5
  83   »   1
  84 ebenda Anmerk. 2
  85   1
  95   »   5
  99   »   1
  170   »   4
  348   2
  360   1
  407   »   »   1.
Baré, die 83, 86, 96, 97 Anmerk. 1.
Barra 300, 303, 466.
Barra, Morro da 466.

Barra do Rio Doce 379.
Barrigudo s. Chorizia crispiflora.
Bartkukuk s. Bucconidae.
Baryphthengus ruficapillus Vieill. 221.
Bastheind. indianisches 405, 406.
Batelões 87, 132.
Bates 23 Anmerk. 3.
  45   3.
  77   1.
  102   2.
  115   1.
  137   »   4.
Batagueiras s. Conobea.
Bauhinien 41, ebenda Anmerk. 7, 127, 136, 323, 327.
Baumfrösche s. Hylidae.
Baumhacker s. Dendrexetastes.
Baumwolle, 211, 223, 224, 239, 258, 266, 296, 303, 346, 360, s. a. Gossypium.
Baumwollfelder 197, 203.
Baumwollwaarenfabrik 422, 423.
Bebedouro 215, 216.
Beberibe, Rio 211.
Begonia angularis Raddi 327.
Belem 261, 469.
Belone hians C. et V. 390.
— raphidoma Ranz 390.
— taeniata Günth., ebenda Anmerk. 2.
— truncata Les. 390.
Bem-te-ví 73, ebenda Anmerk. 3, 106, s. a. Pitangus und Tyrannidae.
Bendegó, Eisenmeteorit von 446.
Benevente s. Anchieta.
Bergbauschule in Ouro-Preto 276, 401.
Bergkrystalle 278.
Bergwerke von Minas Geraes 259.
Berninger, F. 200, 307, 343, 488.
Bertholletia excelsa Humb. 40, 87, ebenda Anmerk. 2, 474,

Beroidae 9.
Berylle 401.
Beutelnester von Troupialen 369.
Beutelthier s. Didelphis mur.
Bevölkerung d. Prov. Alagôas 214.
» Amazonas 17.
» » Bahia 224.
» Stadt 226, 231.
v. Bebedouro 216.
» Brasilien 12-16.
» » Porto do Cacho- eiro 313.
d. Prov. Ceará 191.
» » Espirito Santo 296.
v. St. Cruz 375.
» v. Fortaleza 194.
d. Prov. Grão Pará 16.
Stadt S. Luiz 189.
Prov. Maranhão 183.
» » Minas Ge- raes 259. 265.
v. Ouro-Preto 275.
Parahyba do Norte 205.
Prov. Pernam- buco 210.
v. Petropolis 418.
» Rio Grande do Norte 203.
» » Rio de Janeiro 245, 246.
Blabera gigantea Stoll 155.
Blaserohr 102, 134, 396, eben- da Anmerk. 1.
Blastemanthus gemmiflorus Mart. et Zucc. 139.
Blastocerus campestris F. Cuv. 186.
— paludosus Desm. 343.

Blechnum serrulatum Rich. 380.
Bletia undulata Reichb. s. Schomburgkia undulata.
Biard 28. 59, 64, 138.
Bibliothek in Rio 446.
Bicho do pé s. Rhynchoprion penetrans.
Bienen 111, ebenda Anmerk. 3. 187.
Bignoniaceen 251, 378, 379. 463.
Bignonien 95 Anmerk. 5, 327, 361 Anmerk. 3, 362.
Bilbergia pyramidalis Lindl. 424.
Boa constrictor L. 26, 51, 130, 171, 221, 282, 478.
Boa-Vista 278.
— Serra da 285. 288.
— Topasminen von. 267.
Bohnen, schwarze 340.
Boi, Ilha do 304.
Bolivien 395. 398, 399. 405, 479.
Bombaceen 30. 33. 50, 53. 63, 192, 329.
Bombax Monguba Mart. 58, 65. 67. 110, 193.
Boragineen 252.
Borreria verticillata G. F. W. Meyer 274.
Botanischer Garten in Rio 405.
Botafogo 245.
Botafogobucht 250. 252. 474.
Botokuden, die 15. 122 An- merk. 1, 224, 225, 259, 294. 296. 297. ebenda An- merk. 1, 2, 3, 4, 298—300, 304, 340—360. ebenda An- merk. 1, 362, 364—366, 368. 371, 396—398. 457.
Bougainvilleen 189. 247, 323, 480.
Bougainvillea pomacea Choisy 193.
— spectabilis Willd. 362.
— Willd. 312.
Boulenger 371 Anmerk. 1.
Bowdichia virgiloides H. B. K. 40, ebenda Anmerk. 1.

Brachyglene Auriflamma Hübn. 257.
Brachyurus 220.
Bradypus 169, 220.
Branco, Rio 19 Anmerk. 4. 76. 130.
Brassolis Astyra Godt. 256.
— Sophorae L. 256.
Brauneisenerz 278.
Braunstein s. Pyrolusit.
Braz da Costa Rubim 37 An- merk. 3.
Brehm 115 Anmerk. 4. 172. 496, ebenda Anmerk. 2.
Breves 58, 166.
Brillenkaiman s. Caiman.
Bromelia 378, 779.
Bromeliaceen 36, 37, 127, 136. 139, 171. 184, 185, 235. 251. 252, 254, 262. 269. 270, 285, 289, 314. 329. 336, 371. 379, 424, 428. 436, 438, 441, 459.
Brommy-Littrow 447 Anmerk. 1.
Brosimum discolor Schott 130.
Brotbaum s. Artocarpus.
— Brotbaumfrucht 53.
Brotogerys 106, 441.
Brotogerys chiriri Vieill. 117 Anmerk. 5.
— tirica Gm. 64, ebenda An- merk. 1, 330, 391, 479, 494.
Brown 19 Anmerk. 5.
Brüllaffen s. Mycetes.
Brunneria brasiliensis Sauss. 116.
Buccolinidae 221.
Buenos Ayres 475.
Bufo crucifer Wied 221, 319 Anmerk. 1.
— marinus L. 34, 81 An- merk. 1, 221, 402. 423. 441.
Bugres, die 357, 358, 362, 457.
Bulla striata Brug. 376.
Bulweria bulweri Jard. et Selb. 2.
Burípalme s. Diplothemium caud.
Burmeister 86 Anmerk. 1

Burmeister 87 Anmerk. 8
   116 » 1
   136 » 2, 5
   137 » 4
   270 1
   463 » 3
Bursera leptophloeos Mart. 40 Anmerk. 2
Buru s. Botokuden.
Buschan 122 Anmerk. 2, 177 Anmerk. 1.
Buschmesser s. Terçado.
Byrsonima 273.
— inundata Benth. 94.

C.

Caa-pim (Gramineae) 62, 128. ebenda Anmerk. 3.
Caba 69.
Cacao 77, 87, 211, 223, 333.
Cacaobäume 37, 50, 124.
Cacaoal 42. 45, 46, 68, 69
Cacaopflanzung s. Cacaoal.
Cachaça 52. 365.
Cachinána, die 122. 123 Anmerk. 1.
Cachoeira, Igarapé da 131. ebenda Anmerk. 1.
Cachoeiro 300, 333, 386.
Cachoeirinha, Igarapé da 123. 144.
Cachorro do Matto s. Chrysocyon jubatus.
Cacteen 185.
Caesalpinia brasiliensis Sw. 48, ebenda Anmerk. 1.
Caesalpiniaceen 219.
Cafuza s. Mischling.
Cafuzos 12 Anmerk. 3.
Caheté, die 205.
Caica leucogaster Ill. 171.
Caiman latirostris Daud. 221, 370.
— niger Spix 99 Anmerk. 2. 153.
— sclerops Schneid. 55, 99. Anmerk. 2, 221, 370, 371, ebenda Anmerk. 1.
— trigonatus Schn. 99, Anmerk. 2.

Cairina moschata L. 231.
Cajúbaum s. Anacardium.
Cajú bravo s. Spondias.
Cajueiros s. Anacardium occid.
Caladien 314, 329.
Caladium bicolor Vent. 31.
Calháo 278.
Caligo Eurylochus Cram. 253.
Callicore Clymene Cram. 330.
Callinectes Danae Smith 231.
Calliomma Nomius Boisd. 49.
Callista purpurata Lam. 466.
Calliste tricolor Gm. 479.
Callithrix 220.
— caligata Natterer 141.
— personata Geoffr. 357.
Calycophyllum Spruceanum Hook. fil. 67, 75, 110. 136.
Camé, die 457.
Cameleão, Insel 90.
Camellia japonica L. 421.
— Thea Link 463.
Camello, Monte 379.
Campinas, Lagôa de 67.
Campo Bello 458.
Camponotus sericeiventris (Guér.) Mayr. 256.
Camposwald 17, 184—187, 218, 220, 263—266, 268—270, 273. 274, 401, 453, 457, 459—464.
Cana-rana 67, 69, 70, 111. 165, 371.
Canarios s. Sycalis flaveola
Cancãos, s. Ibicter american.
Cancroma cochlearia L. 221.
Canna polyclada Wawra 424.
Canstatt 319 Anmerk. 1, 342 Anmerk. 3.
Cantagallo 284. 285, 288— 290, 292, 293.
Cantareira. Serra da 462.
Capibaribe, Rio 211.
Capitahí 110.
Capivara s. Hydrochoerus.
Capões s. Camposwald.
Caprimulginae 91, ebenda Anmerk. 1, 92.
Capsus pyrrhula 257.
Caraça, Serra do 271.

Caracara-i s. Ibycter.
Carapa Guianensis Aubl. 45. 87.
Caranguidae 230.
Carapatos s. Zecken.
Carapina 382, 383.
Caravella gigantea Hkl. 5. Anmerk. 2.
— maxima Hkl. 5, 476.
Caravellas, Rio 237.
Carcharias limbatus Müll. et Henle 230.
Cardium muricatum L. 377.
Carica papaya L. 235. 285, 326, 480.
Caribocas, die 12.
Carijó, die 456, 457.
Carioca, Serra da 242.
Caripuná, die. 17, 405.
Carnapijú, Ilha 57.
Carnaúbas s. Copernicia.
Carne secca 245.
Carrasco s. Camposwald.
Caruba s. Caesalpinia.
Carvalho Daemon
   295 Anmerk. 1
   303 » 1, 2
   304 » 1
   382 » 1
   386 » 1
— Lomellino de 36 Anmerk. 3.
Carvoeiro 122.
Cascatinha 421, 422.
Casearia inequalilatera Camb 253.
Cassia leiandra Benth. 110.
Cassicus persicus L. 30, 49. 53. 93, 118, 217, 369, 473.
Cassididae 480.
Castanha s. Bertholletia.
Castanheiro s. Bertholletia.
Castelnau 419 Anmerk. 3.
Casuarinaceae 403, 459.
Catagramma Hydaspes 256. 330, 334, 354.
Catharina, St. 274, 297, 372, 398.
Catharistes atratus Bartram 26. 36. 466.
Cathartes papa L. 212, 220. 282.

Catinga s. Camposwald.
Catodon macrocephalus Lacép. 218, ebenda Anmerk. 1.
Catolés s. Cocos comosa.
Catopsilia 37.
— Argante Fabr. 118.
— Philea L. 30.
Catopsis nutans Bak. 379, 382.
Cattleya Forbesii Lindl. 499.
— labiata Lindl. var. Gaskelliana Hort. Sand. 499.
— Schilleriana Reichenb. 499.
— superba Schomburgk 171.
Caucams 336 Anm. 3, s. a. Ibicter american.
Cauixánas, die 15, 123 Anmerk. 1.
Cavia Aperea Erxl. 282.
— rupestris Wied 186. 199, 485, 494, 495.
Cayapó, die 259, 457.
Cayriri, die 203, 210, 215, 224.
Ceará, die Provinz 190—192. 194, 197, 198. 200. 203, 210, 211, 234, 289. 461.
Cebus cucullatus Spix 132.
— gracilis Spix 106.
— variegatus Geoffr. 363. 372.
Cecropia adenopus Mart. 64, 67, 70. 424.
— concolor Willd. 63, Anmerk 4,
- leucocoma Micq. 50.
Cecropien 280, 285, 335. 362, 369, 371, 422, 441, 459.
Ceiba Samauma Schum, 25, 40. 46, 64, 110.
Centratherum punctatum Cass. 31.
Ceratophrys boiei 221.
— cornuta L. 99, 116.
— dorsata Wied 99 Anmerk. 3. 221, 316.
Cercolabes 220.
- prehensilis L. 216.
Cercoleptes caudivolvulus Ill. 92, ebenda Anmerk. 4 92 .
Cereus 194, 196. 212, 234, 378.
Cerithium atratum Born. 380.

Cerqueira e Silva
11 Anmerk. 1
20 » 2
21 » 1
115 » 1
170 » 6.
Cerrado s. Camposwald.
Ceryle 306.
— amazona Lath. 68.
— americana Gm. 34.
— inda L. 75.
— torquata L. 75.
Chaetura funosa Sal.61,68,74.
Chamaedorea fragrans Mart. 41.
Chamaepelia talpacoti Temm. 127, ebenda Anmerk. 6.
Charneca s. Camposwald.
Chartergus Chartarius Sauss. 132.
Chasmorynchus nudicollis Vieill. 221, 253, 286, 316, 327, 331. 336, 391, s. a. Araponga.
Chelone mydas L. 217.
Chicriabá, die 259.
Chili 395.
Chinarinde 441.
Chinesische Arbeiter, Einführ. von 423.
Chione crenulata Ch. 381.
Chiromachaeris gutturosa Desm. 220.
Chokoladebaum 333, s. a. Theobroma.
Chopotó, Rio 268 Anmerk. 1.
Chorizia crispiflora H. B. K. 326, ebenda Anmerk. 2, 335.
Chromglimmer 278.
Chrysauge Dichroa Pert. 256.
Chrysoberyll 276, 278.
Chrysocyon jubatus Desm. 186, 282.
Chrysolampis moschitus L..419. ebenda Anmerk. 3.
Chrysophyllum Cainito L. 32. 474.
Chrysotis 97.
— aestiva L. 26, 481, 484, 493, 494.
— amazonica Briss. 26, 74. 110.

- farinosa Bodd. 93, ebenda Anmerk. 1.
— festiva L. 76. 101.
— rhodocorytha Salvad. 221, 351.
Chrysotrix sciurea L. 110. 151, 473.
Chubrena, Igarapé 105.
Cicaden 34, 56, 99. 293, 331. 382.
Cigano s. Opisthocomus.
Cinchona calysaia Wedd. 441.
Cinnamomum ceylanicum Breyn. 32.
Cinobá 277.
Cipó 'Schlange' 55. ebenda Anmerk. 2, 257 s. a. Herpetodryas und Leptophis.
— 'Schlingpflanzen' 64, ebenda Anmerk. 2, 323, 327. 369.
Cladonia rangiferina var. pycnoclada Pers. 142.
Clarke 276 Anmerk. 1.
Clytolaema rubinea Gm. 221.
Clusia insignis Mart. 45, ebenda Anmerk. 3, 68.
Coassus rufus F. Cuv. 102. 124, 128, 130, 132, 220. 281. 343. 353. 354.
— simplicicornis Illig. 186. 220 Anmerk. 1.
Coatá s. Ateles paniscus.
Coati s. Nasua.
Cobeu, die 95 Anmerk. 1, 396.
Cobra d'agua s. Rhadinaea merr.
Cobra coral s. Ilysia.
Cobras coraes 94.
Cobras, Ilha das 245. 447.
Cocastrauch s. Erythroxylon.
Coccoloben 127, ebenda Anmerk. 4.
Coccus cacti L. 489.
Cochenillezucht 489, 490.
Cocos comosa Mart. 196, 199.
— botryophora Mart. 335, 369. ebenda Anmerk. 1, 421. ebenda Anmerk. 1.
— flexuosa Mart. 266. 267, 310.

Inajá-í Trl. 95.
— Martiana Dr. et Glaz 365. 366, 369.
— Mikaniana Mart. 252.
— nucifera L. 203, 234, 372.
— speciosa Barb. Rodr. 117.
Cocosnüsse 26, 206, ebenda Anmerk. 1, 391.
Cocospalmen 25, 30, 193, 198, 204—207, 212, 215, 227, 311.
Codiaeum variegatum Müller Arg. var. genuinum M. A. 31.
Coelogenys Paca 115, 128, 232, 281, 337, 363.
Coeloscelis smaragdulus Fabr. 255.
Coereba cyanea L. 251, 479.
Coffea arabica L. 50.
Cogniaux 142 Anmerk. 1.
Coïx Lacrima L. 130.
Colaenis 37.
— Dido L. 256.
— Julia Fabr. 178, 256.
— Phaerusa L. 178.
Colaptes campestris Vieill. 186.
Colibri 30, 40, 49, 79 Anmerk. 5, 127, 189, 221, 233, 419, 426, 441.
Colini 79 Anmerk. 5.
Collares 11.
Columba plumbea Vieill. 221. 336.
— rufina Temm. 330 Anmerk 2.
Columbella mercatoria L. 376.
Comolia violacea Triana 273.
Congo-Soco 260.
Connarus punctatus Planch. 136.
Conobea scoparoides Benth. 38.
Conocephalus irroratus Burm. 353.
Contraveneno das Cobras s. Xanthosoma.
Conurus aeruginosus L. 217.
— — aureus Gm. 61, ebenda Anmerk. 3, 327.
— cactorum Wied. 477.
— guarouba Gm. 182.
— haemorrhous Spix. 479, 494.

— jendaya Gm. 494.
— leucophthalmus Müll. 65, ebenda Anmerk. 1.
Conus emarginatus Rv. 376.
Copahybaöl 87.
Copaifera trapezifolia Hayne 331.
Cope 400 Anmerk. 4.
Copernicia cerifera Mart. 196, 197, 203.
Copochó, die 259.
Corarezinho 107, 109, 119.
Corcovado 242, 250, 251, ebenda Anmerk.1, 253—255. 406, 415, 472, 474.
Coretú, die 86.
Coroados, die 238, 259.
Coropó, die 259.
Corréas 421, 422, 436.
Costa 363 Anmerk. 3.
Cotegipe, Barão de 280.
Cotinga cincta Kuhl 220, 323, 480.
Cotochó, die 224, 296.
Cracidae 90.
Crambessa Tagi Haeck. 390.
Craspedotae 204.
Crassulaceen 378.
Crataeva tapia L. 326 Anmerk. 4.
Cratosomus bufo Dejean 42.
Crax (Hokko) 221, 282.
— carunculata Temm. 331, 336, 346, 371.
Crescentia Cujete L. 50, 121, 299.
Crichaná, die 84, ebenda Anmerk. 2, 85, 99, 103, 105, 121, 169, 294, 403.
Crotalus terrificus Laur. 185, ebenda Anmerk. 2, 473.
Croton Urucurana Baill. 335 Anmerk. 2.
— salutaris Casaretto, ebenda
Crotophaga ani L. 37, 106, 173, 311, 328, 361, 353.
— major Gm. 34, 53, 369, 378.
Cruz, St. 313 Anmerk. 1, 375, 377, 380.

— Fort 242.
— Hafen 375.
— Rio 375, 376.
Cryptocerus atratus (L. Fabr. 256.
Cryptogramma Brasiliana Gm. 381.
Crypturus noctivagus Wied. 358, 361.
— scutatus Wied 361.
Cuandú s. Cercolabes preh.
Cubatão 455.
— Rio 465.
— Serra de 468.
Cucurbitaceen 391.
Cucuri s. Carcharias limb.
Cuiá 50, 121, 346, 397.
Cuiá-Industrie 122.
Cumarú 87.
— Insel 77.
Cunari, die 20.
Cunha 456.
Cuphea Melvilla Lindl. 117.
— ingrata Cham. et Schl. 424, 438.
Cupinharós, die 183.
Cupiubeira s. Spondias.
Curuachiá, die 76.
Cururú s. Ceratophrys.
Curralinho 58, ebenda Anmerk. 1, 166.
Cutiá s. Dasyprocta.
Cuvier 5 Anmerk. 3, 478 Anmerk. 2.
Cyanit s. Disthen.
Cyanurus 113, ebenda Anmerk. 3.
Cyathea arborea Smith. 254.
Cyatheaceen 314.
Cyatheen 285, Anmerk. 1.
Cycadeen 408.
Cyclocephala castanea Fabr. 120.
Cymophan s. Chrysoberyll.
Cyphorinus musicus Bodd. 137. Anmerk. 4.

D.

Dacnis cayana L. 251, 479.
Dactylometra lactea Agass. 284.

Dactylopterus volitans L. 5,483.
Danais 34.
Daptonura Haire Godt. 256.
Dasypodidae 128.
Dasyprocta 128, 281, 403.
— Aguti Erxl. 51, 181.
Dasypus 42, 137.
Datura suaveolens Humb. et Bonpl. 421.
Davallia inaequalis Kunze 254.
Dedo de Deos 416, 440.
Delphine 2. 284. 476. 486.
Dendrexetastes paraënsis 48,49.
Dendrocolaptidae 221.
Dendrocycna discolor Scl. et Salv. 128 Anmerk. 2.
— viduata L. 77.
Deportation 484. 486.
Derby, Orville A.
  10 Anmerk. 2
  18   2
  21   2
  63   » 3
  68   2
  263   1
  276   › 1
  400, ebenda Anmerk. 1,
  401,
  440 Anmerk. 1,
  458   1
  460   » 4
  462   » 1.
Deroptyus accipitrinus L. 164.
Desgraça, Serra da 329.
Desmodium adscendens DC. 368. 379.
Desmoncus 40.
Desmonota variolosa Weber 480.
Devonformation 21, 400.
Diamanten 246, 259, 263, 276. 277, ebenda Anmerk. 1, 401, 451.
Diamantina 259, 278.
Diastatops pullata Burm. 101.
Dicholophus cristatus 186, 279.
Dicotyles 251. 473.
— labiatus Cuv. 220, 232. 282. torquatus Cuv. 169 Anm. 3, 220, 282.

Didelphys cancrivora Gm. 220.
— marsupialis L. var. typica Oldf. Thom. 321.
— murina L. 220.
Didonis Biblis Fabr. 256.
Dieffenbachia Seguine Schott 127.
Dileniaceen 127, ebenda Anmerk. 3.
Dinocoris melanoleucus Westw. 257.
Dinoponera grandis L. 42.
Dione 37.
— Lucina Feld. 178.
Dioscorea 424.
— alata L. 363.
Divisa 458.
Doce, Rio 263, 268, 271, 278, 295, 297, 300, 329, 333. 335, 339. 340, 342, 343, 355—362, 365 —368, 370, 375, 396, 397, 438, 479.
— Dampfschifffahrt auf dem 366, 370.
Diplothemium caudescens Mart. 366.
Diplusodon serpyllifolius DC. 274.
Dipteracanthus Schauerianus N. ab E. 324. 336.
Dipterix tetraphylla Spruce 87 Anmerk. 3.
Dolomedes aerugineus Hhn. 257.
Discophorae 204.
Disthen 278.
Dysdaemonia Boreas Cram. 257.
Dysdercus annulus Fabr. 257.

E.

Echimyidae 402.
Echinometra subangularis Desml. 377 Anmerk. 1, 378.
Ecuador 19, 170, 395, 405.
Ehrenreich
  9 Anmerk. 4
  14   1
  15   2
  84, ebenda Anmerk. 4
  89 Anmerk. 1

Ehrenreich
  95 Anmerk. 3
  122   2
  170   7
  224
  239   1
  297   » 1, 2, 3. 4
  298   1
  342   1. 2
  358   » 1
  359   1
  374   2
  405, ebenda Anmerk. 3.
Eichen, deutsche 425.
Eichhornia azurea Kunth. 117.
Eichhornien 309.
Eichhörnchen s. Sciurus.
Eidechsen 39, 100, ebenda Anm. 1, 118, 237, 282, 286, 288, 299.
Einbäume 227, 306, 341, 355.
Einrichtung bras. Häuser 88, 387, 425.
Einsiedlerkrebs 377.
Eintheilung tropisch. Häuser 27, 229. 311.
Eisen 276, 277, 455.
Eisenbahnwesen, brasilianisches 260, 285, 416, 435, 468.
Eisenglanz 278.
Eisenkies 277.
Eisenkraut s. Amasonia.
Eisenmeteoriten von Bendegó 446.
Eisvogel s. Ceryle.
Elaeis Guineensis L. 215, 234.
Elaps corallinus Wied. var. B. 255.
— spixii Wagl. 55.
Elemibaum s. Protium.
Elephantiasis Graecorum 200, 314.
Enchente 18, 47, 89, 91, 114. 131, 339, 366, s. a. Hochwasser.
Engenho 49, 51—53, 197, 261.
Enguá-Guacú 465, 466.
Entre Rios 261.
Enyalius catenatus Wied. 221.
Epicrates cenchris L. 118.

Epidendreen 468, 499.
Epidendrum cochleatum L. 136.
— superbum Reichb. s. Cattleya superba.
Epiphyten 22, 42, 48, 184, 219, 234, 358, 369, 371, 378, 416, 422, 424.
Eragrostis 31.
Erdbeeren 471.
Erdpalme s. Geonoma.
Eriobotrya japonica Thb. 421, ebenda Anmerk. 3. 464.
Eriodes hypoxanthus Wied. 220.
Eriope macrostachya Mart. 437.
Ersteigen von Bäumen 53.
Erythemis bicolor Hag. 129.
Erythrina 263. 331, ebenda Anmerk. 1.
Erythrolamprus aesculapii L. 94 Anmerk. 2.
Erythroxylon Coca Lam. 31, 118.
Erziehungsanstalt bei Manáos 122.
Esche 420 Anmerk. 1.
Espigão geral dos Vertentes 266. ebenda Anmerk. 4.
Espinhaço, Serra do 263, 265, 268. 271, 276, 339.
Espinheiros s. Mimosa sepiaria.
Espirito Santo, Bahia do 303, ebenda Anmerk. 1, 382.
— — Ilha do 304, ebenda Anmerk. 1, 382, 387.
— — die Provinz 237, 238, 292, 294—297, 300, 309, 316 Anmerk. 1. 317, 319 Anm. 1, 324, 333, 337, 339, 342, 351, 357, 367, 385, 389, 393, 413, 422, 427, 436.
— — Küste der Prov. 375.
Estrella, Serra da 415, 427, 429.
Eulen 100. ebenda Anmerk. 2, 186.
Eumolpus fulgidus Oliv. 372.
— surinamensis Fabr. 178.
Eunectes murinus L. 114, 130. 221.

Eunica Eurata Cram. 42, ebenda Anmerk. 5.
Eupatorium serratum Spreng. var. alpestris Baker 274.
Euphorbiacee 50, 338, s. a. Codiaeum.
Eupsychortyx sonnini Temm. 182.
Eurema 37.
— Albula Cram. var. Sinoe Godt. 330.
— Deva Doubl. ♀ 179.
Euterpe 33, 67, 75, 94. ebenda Anmerk. 1, 164.
— — edulis Mart. 323, 326, 369.
— oleracea Mart. 25, 29, 40, 51, 64, 124, 140, 173.
Exocoetus evolans L. 483 Anmerk. 1, 487.
— Rondeletti Cuv. u. Val. 5.

F.

Fahlerz 277.
Faulthier s. Bradypus.
Favia conferta Verill 377.
Fächerbananen s. Ravenala.
Federblumenindustrie 403, 477, 478.
Feijões pretos 340.
Felis concolor L. 220.
— macroura Wied. 282.
— onça L. 109. ebenda Anmerk. 2, 121, 220.
— pardalis L. 130.
Feldheuschrecken s. Heuschrecken.
Felseninschrift am Rio Negro 94.
Fereiro s. Hyla faber.
Fernando de Noronha 431, 484, 486.
Ferreirea spectabilis Allem. 305 Anmerk. 1.
Feuerfliegen s. Pyrophorus.
Flamingo s. Phoenicopterus.
Flächeninhalt der Provinz Amazonas 17.
der Provinz Bahia 224.
von Brasilien 12.
der Provinz Espirito Santo 295, ebenda Anmerk. 1.

der Provinz Grão Pará 16.
» Hylaea 21.
— » Insel Marajó 168.
» Provinz Maranhão 183.
» » Minas Geraes 258.
der Provinz S. Paulo 453.
» » Pernambuco 210.
— der Provinz Rio de Janeiro 238.
Fledermäuse 90, 99, 100, 132, 207.
— blutsaugende 66, 95. 115. ebenda Anmerk. 1, 198. 264.
Flower 111 Anmerk. 1.
Flussmuscheln 368.
Fluvicola climacura Vieill. 480.
Ficus indica Roxb. 50.
Fidicina 257.
— mannifera Fabr. 56.
Figueirado, Pedro Americo de 428.
Fische, fliegende 3, 5, 483. ebenda Anmerk. 1. 486, 487.
Fischarten des Amazonas 23.
Fischfang 174, 218.
Fischotter s. Lutra brasiliensis.
Fissurella patagonica Orb. 376.
Fortaleza 192 — 195, 199, 200, 201, 208. 260.
Fourcroya 247, 263, 382, 459.
— gigantea Vent. 285, 333.
Frade Leopoldo 306.
Morro do 416.
Frades. Ilha dos 227.
Francisco, São 191, 227, ebenda Anmerk. 2, 228, 230.
— Rio São 208, 210. 218. 263, 266.
Francisceen 425. ebenda Anmerk. 1.
Freimaurerei 413.
Fringillidae 37.
Frio. Cabo 241, 377, 392.
Fritsch 490 Anmerk. 1.
Froschlurche 92 Anmerk. 3. 93, 109, 221, 293. 316. 310 ebenda Anmerk. 1, 402, 473.

Frösche 92, ebenda Amerk. 3
99. 221. 319.
Fuchsia integrifolia Cam. var.
  mollis Dingler 437, ebenda
  Anmerk. 1.
Fuchsit s. Chromglimmer.
Fulgora laternaria L. 118.
Funil, Rio 268.
Furnarius albigularis Spix 270.
  ebenda Anmerk. 1.
- rufus Burm. 270 Anmerk. 1.
- Vieill. 186.
Fusus multicarinatus Orb. 380.

G.

Galbula rufoviridis Cab. 312.
Gallesia Gorazema Moq. 323,
  326, ebenda Anmerk. 3, 335.
Gallo do mato s. Baryph-
  thengus ruficap.
Gambá s. Didelphys cancr.
Gamelleiras 335 Anmerk. 3, s. a.
  Urostigma.
Gandaréla 278.
Garças s. Ardea.
Caribás s. Mycetes.
Garrafão der 440.
Gasteiner Thal bei Petropolis
  428.
Gato do matto s. Felis ma-
  croura.
Gavea 241, 242, 250, 253,
  406, 415, 474.
Gavião s. Ibycter.
Gaycurú, die 14.
Geko s. Hemidactylus mabouia
  Dum. 100, ebenda An-
  merk. 1.
Gelasimus mordax Smith 30,
  173.
Gelbfieber 174—177, ebenda
  Anmerk. 2, 248, 412, 413,
  422, 455, 465, 492.
Gelidium corneum Huds. 377.
Genipa americana L. 50, 196,
  311.
Genipapeiros s. Genipa
  americana.
Genipaposee, der 116.

Geologische Physiognomie der
  Prov. Alagôas 214.
— des Amazonasgeb. 21, 63, 68.
— der Prov. Bahia 222, 227,
  229, 337.
- - des Rio Doce-Thales 341.
— der Prov. Espirito Santo 303.
- der Umgegend von Ouro-
  Preto 268.
- der Prov. Rio de Janeiro
  239, 241, 251, 285.
Geonoma baculifera Kth. 46,
  ebenda Anmerk. 1.
— elegans Mart. 252.
Geonoma Schottiana Mart. 252.
Geonomen 124, 136, 336.
Gês, die 14, 183, 210, 224, 259,
  296, 457.
Giftbaum s. Tephrosia.
Glaucidium ferox Vieill. 100.
  ebenda Anmerk. 2.
Gneiss 214, 222, 229, 239,
  241, 242, 251, 285, 303,
  304, 341, 387, 415, 440,
  446, 447, 458, 464.
Gneisglimmerschiefer 278.
Gobernador, Ilha do 427, 446.
Goeldi 66 Anmerk. 3
  87   »   8
  97   »   2
  111   »   1
  236   1
  239   1
  284   1
  292   »   6
  336   3, 5
  400   3
  402   1
  463   3
  473   1.
Gold 259, 276—278, 288, 452.
Goiababaum s. Psidium piriferum.
Goldblattbaum   s.   Chrysophyllum.
Goldminen 267, 277.
Gomes, Componist 169, 434
  Anmerk. 2.
— Dias 93 Anmerk. 2
  100   »   2

Dias 388 Anmerk. 2.
Gonçalvez Tocantins 79 An-
  merk. 2, 5, 83 Anmerk. 1.
Goniopsis cruentatus De Haan
  206, ebenda Anmerk. 1.
  228.
Gossypium 39, ebenda An-
  merk. 5, 50.
— religiosum L. 199.
Governador, Ilha do 415.
Goyanás, die 457.
Goyatacá, die 14, 224, 238.
  259, 296, 348, 457
Goyáz. die Prov. 17, 277, 380,
  437 Anmerk. 2.
Gracilaria confervoides L. 377.
Granat 278.
Granaten s. Palaemon.
Granatglimmerschiefer 277.
Granit 237, 241, 458.
Grão Pará, die Provinz 16. 17,
  71, 166.
Gravatá s. Bromelia.
Gray 102 Anmerk. 3
  111   1
  236   »   1
  437   ,   1.
Greisenbart s. Tillandsia
  usneoides.
Grillen 222, 316, 331.
Groahira. die 203 Anmerk. 1.
Groth 278 Anmerk. 1.
Grünling 278 Anmerk. 1.
Guahibá, Ilha 466.
Guajajara, die 183.
Guanambé s. Cyanurus.
Guandú 342.
Guaraná 87.
Guaraný 398.
Guarapary 303.
Guarapary, Rio 303.
— Serra de 303, 386.
Guaratinguetá 459.
Guarda-Rio s. Crotophaga.
Guatteria venificorum Mart. 50
  Anmerk. 4.
Guadua pallescens Doell. 407.
Günther 3 Anmerk. 2
  363   »   3
  390   »   2.

Gürtelthier 220. 270. s. a. Armadill.
Guilielma speciosa Mart. 38, 51, 140, 165.
Guiraca cyanea L. 493.
Gummibaum s. Hevea.
Gurupá 62. 163, 164.
Guyana 21. 30, 51, 55, 69, 99, 111 Anm. 3. 139, 173, 179. 274, 474.
Gymnetis hebraica Drapiez 55.
Gymnotus electricus L. 174, 402.
Gynaecia Dirce L. 178.
Gynerium parvifolium Nees ab Esenbeck 310. 355, 365, 369.
— saccharoides H. B. K. 68, 112.

H.

Haeckel 236 Anmerk. 2.
Hämatit s. Eisenglanz.
Hängematten 54, 99, 109, 134, 135, 164, 177, 197, 229.
Hagen 51 Anmerk. 3
111 » 2.
Hahnenkämpfe 466.
Halfeld 342 Anmerk. 2
318 » 1
360 » 1.
Handel s. Industrie.
Hann 23 Anmerk. 5
24 » 2
209 » 1.
Hapale argentata Kuhl 232.
— chrysopyga Natt. 427.
— jacchus L. 478, 485.
— penicillata Kuhl 474.
Hapalidae 251.
Hartt 9 Anmerk. 2, 4
18 » 2
114 » 1
185 » 2
190 » 1
222 » 1
237 » 1, 2
241 » 2
276 » 1
297 » 3
298 » 1

Hartt 299 2
306
307 1
340 1
360 1
374 2
375 2
399 2
440 2.
Hausgeräth, indianisches 85, 102. 121—123, 130, 133. 134 Anmerk. 5, 143, 169, 299, 346, 355, 397, 405, 473.
Heilipus cauterius Bohem 255.
Heliconia metallica Planch. et Lind 462.
Heliconien 33. 136. 335, 465.
Heliconius Phyllis Fabr. 256. 378, 379.
— Vesta Cr. 173.
Helicopis Acis Fabr. 178.
— Cupido L. 42.
Helicops carinicauda Wied 221 Anmerk. 1.
Heliornis fulica Bodd. 221.
Heliotropum peruvianum L. 421.
Hemithelien 285, 441.
Hensen 236 Anmerk. 2.
Herpestes Monniera H. B. et Kth. 254.
Herpetodryas carinatus L. 221 Anmerk. 1, 257.
Hesperiden 42.
Hevea Brasiliensis Müll. Arg. 172.
26, ebenda Anmerk. 1, 41.
— Guyanensis Aubl. 26 Anmerk. 1, 33.
Heuschrecken 34, 42, 187, 222, 382.
Hibiscus sabdariffa L. 30.
Hirsch 177 Anmerk. 2.
Hirundo erythrogastra Bodd. 207.
Hochwasser des Amazonas 71. ebenda Anmerk. 2. 74, ebenda Anmerk. 3, 116.
— des Rio Negro 99, 123.
— des Rio Tarumá-assú 139.

Hokkohühner 102, 336, s. a. Crax.
Hooker 62 Anmerk. 2
93 2
134 5.
Hoploxypterus cayanus Lath. 371.
Humboldt 21.
Hura crepitans L. 50.
Hyacinth s. Zirkon.
Hyacintharára siehe Anodorhynchus hyacinth.
Hyanuarysee 124. 128, s. a. Januarysee.
Hydraspis radiolata Mik. 221.
Hydrochoerus Capybara Erxl. 116, 128, 171, 281, 353, 361. 370.
Hydroidpolypen 9.
Hyla boans Daud. 81.
— crepitans Wied 81 Anmerk. 1. 135, 222.
— faber Wied 109, 135, 222, 316. 331, 360.
— marmorata Laur. 316, ebenda Anmerk. 2.
Hylaea, die 21. 22, 25. 183—185. 187, 207, 219, 220, 222. 235. 270, 286, 314. 329. 335, 358.
Hylidae 61, ebenda Anmerk. 4.
Hylocharis cyanea Vieill. 354.
— sapphirina Gm. 189 Anmerk. 2.
Hymenea L. 264.

I.

Ibycter americanus Bodd. 336.
— ater Vieill. 74, ebenda Anmerk. 2.
— chimachima Vieill. 77. 463, ebenda Anmerk. 3.
Ibis rubra Vieill. 182.
Içá, der 19, 170. 405.
Içana, die 134 Anmerk 5.
Icarahybucht 251.
Ichnanthus candicans Nees. var. virescens Döll. 253.
Icó, die 203 Anmerk. 1.

Icterus cayanensis L. 49.
— chrysocephalus L. 137.
— jamacaii Gm. 186.
Idyia ovata Eschsch. 9 Anmerk. 2.
Igarapé 33, ebenda Anmerk. 1.
Igarité 87 Anmerk. 1, 90, ebenda Anmerk. 4.
Iguana tuberculata Laur. 118.
Ilex paraguariensis St. Hil. 372.
Ilheos 297.
Hysia scytale L. 51, ebenda Anmerk. 1.
Imbú-rana s. Bursera.
Inajáholz 403.
Inajápalmen 93, s. a. Maximiliana.
Inca 169, ebenda Anmerk. 2, 395.
Indaya 114, 311 s. a. Attalea Ind.
Indianer, Charakter der, 16, 70, 79, 80, 83, 85, 142, 151, 299, 355, 360.
 Gesammtzahl der 14.
 Procente der civilisirten, in den einzelnen Provinzen 16, 63, 183, 191, 203. 205, 210, 224, 238, 259, 296, 456.
Industrie der Prov. Alagôas 214.
— der Prov. Amazonas 47, 52.
— » » Bahia 223, 224.
 Brasiliens 102, 140, 287, 292.
— der Prov. Ceará 197.
 am Rio Doce 339, 374.
— der Prov. Espirito Santo 295, 296.
— der Prov. Grão Pará 47.
—   Minas Geraes 258.
 S. Paulo 454.
 Pernambuco 208, 211.
 Rio de Janeiro 239.
 von Rio de Janeiro 240.
— der Prov. Rio Grande do Norte 203.
— am Tagipurúkanal 164.

Inga ingoides Willd. 50, ebenda Anmerk. 1.
Inhambú s. Tinaminae.
Inia amazonica Spix 95, 153.
Insekten, Verzeichniss der in der Amazonasniederung gesammelten 178.
—, Verzeichniss der in Rio gesammelten 255.
Ipanéma 455.
Iphigenia Brasiliensis Lam. 381.
Ipomoea Batatas Lam. 436.
— fastigiata Sw. 34.
Ipurina, die 405.
Iriartea 291.
— setigera Mart. 136.
Iriarteen 403.
Irijú, die 76.
Irrenanstalt in Rio 408.
Isabel, Palacio 411, 472.
Itabapuana, Rio 271, 300.
Itabirá do Campo 260, 278.
Itacoatiára 75, ebenda Anmerk. 3, 76, 77, 80, 88.
Itacolumit 277.
Itacolumý, der 267—270, 273, 275, 277, 278, 300, ebenda Anmerk. 3.
Itamaratý, der 424, 425.
Itaparica, Ilha de 225, 227.
Itapémirim, der 300—303, 391.
— Serra de 300.
Itapetinga 401 Anmerk. 1.
Itapetý, Serra de 460.
Itapuazinho, Ponta 225.
Ithomia Flora Cram. 178.
Ithomien 253.
Itatiaya, der 458, 469.
Ixodes flavidus Koch 273.
— humanus Koch 273.
Izabel, St. 295.

J.

Jacami s. Psophia.
Jacarandá s. Machaerium firmum.
— holz 365, 366, 375.
Jacarehy 400.
Jacú 336, ebenda Anmerk. 4, s. a. Ortalis albiventris.

Jacupéba s. Penelope jacucaca.
Jacupémba s. Penelope superciliaris.
Jacutínga s. Pipile Jacut.
Jaboticaba s. Myrciaria Jab.
Jaburána s. Amphisbaena.
Jabutí s. Testudo.
Jabuticabas s. Myrciaria caul.
Jabutí — Mutá — Mutá s. Bauhinia.
Jagdgeräth, indianisches 85, 102, 103, 110, 119, 121, 132, 133, 134, 142, 169, 212, 299, 346, 355, 396, 405.
Jaguar 130, 169, 207, 230, 281, 346, s. a. Felis onça.
Jaguará 215.
Jaguaribe, Rio 200.
Jahó s. Crypturus noctivagus.
Janauacá-See 110, 111.
Jangada 192, 193, 195, 201, 204, 214.
Januarysee 124 Anmerk. 1.
Japiá-soca s. Tigrisoma.
Japim 34, 37, 110, 117, 128, s. a. Cassicus persicus L.
Japurá, der 19, 50, Anmerk. 4, 88, 95, 123 Anmerk. 1, 403, 405.
Jaraguá, Serra da 462.
Jararáca s. Lachesis.
— Ilha de 57.
Jasmin s. Bougainvillea pomacea.
Jatobá s. Hymenea 264.
Jauapery, die s. Crichaná.
— Rio 84, 90.
Jauary s. Astrocaryum.
Jivaro, die 79, 395, 405, 473.
Joanna, S., Rio 332, 359.
João de Barro s. Furnarius albigul.
João S. Fort 242.
— — Morro de 406.
— — Rio 357, 358.
Jonidium Ipecacuanha Vent. 380.
José, S. 456.
— — do Queimado 309.
— Menino, Serra de 466.

— 527 —

Jubatí s. Raphia.
Juiz-de-fóra 262.
Julien 434 Anmerk. 2.
Jumá, die 76, 86, 170, 403.
Jumána, die 170, ebenda Anmerk. 4.
Jupará s. Cercoleptes.
Juparaná, Rio 368.
— Lagôa de 367.
— -mirim, Lagôa de 367, 368.
Juquí, die 76.
Jura 400.
Jurí, die 50 Anmerk. 4.
Juruá, der 19, 88, 169, 170.
Jurujúbabucht 251.
Juru-mirim, Cachoeira de 277.
Jussiaea octonervia Lam. 373, 379.
Justino-See 116, 117.
Jutahy, der 19.
— Serra de 63, ebenda Anmerk. 3.

K.

Käsefabrikation in Petropolis 426.
Kaffee 211, 223, 258, 263, 281, 312, 313, 333, 356, 376, 485.
Kaffeebaum s. Coffea.
Kaffeebrennen der Botokuden 354.
Kaffeeexport 240, 241, 339, 375, 376, 389, 391, 454, 455, 467.
Kaffeefruchtbehandlung 291 — 293.
Kaffeeplantagen 197, 261, 279, 288—293, 329, 364, 366, 458, 459, 463.
Kaffeestrauchkrankheit 292.
Kalabassenbaum s. Crescentia.
Kalanchoë Brasiliensis Camb. 380.
Kanarienvogel 490, s. a. Serinus canaria.
Kanarische Inseln 487, 488.
Kapuzinerkresse s. Tropaeolum.
Karaiben, die 14, 78, 84, 134, 210, 403.

Karayá, die 403.
Karipuna, die 403.
Kauana s. Thalassochelys caretta.
Kautschukbaum 45, 65, s. a. Hevea.
Kautschukbereitung 30, 47.
Kautschuk 77, 87.
Kayapó, die 183.
Keller-Lenzinger 9 Anmerk. 4.
18 2.
46
87 1.
Keramik, prähistorische 101, 365, 399.
Keulenbäume s. Casuarinceae.
Kirche, die katholische, in Brasilien 342, 388.
Kirchhöfe von Rio de Janeiro 447, 448.
Klima der Prov. Bahia 223.
— des äquator. Brasilien 23.
— der Prov. Ceará 191.
— der Prov. Espirito Santo 295, ebenda Anmerk 2, 3.
— von St. Leopoldina 313.
— der Prov. Maranhão 187.
— der Prov. Minas Geraes 259, 260.
— von Nova Friburgo 240.
— der Prov. Parahyba do Norte 205.
— der Prov. S. Paulo 455, 456.
— der Prov. Pernambuco 209, ebenda Anmerk. 3.
— der Prov. Rio Grande do Norte 203.
— der Stadt Rio de Janeiro 239, 240.
Köcher 396, 403.
Königspalme s. Oreodoxa.
Kohlpalmen 215.
Kolibri 30, 189, 233, 353, 402, 403, 419, 426.
Kolonisation (Einwanderung) in Brasilien 13, 286—288, 290, 313, 321 Anmerk. 1, 322, 410, 419, 427, 435, 436, 456, 461.
Korallenkalk 484.

Korallenriffe 190, 214, 277.
Korallenrollschlange s. Ilysia.
Korallenschlange 94, ebenda Anmerk. 2.
Krabben 377.
Krankenhaus in Rio 411.
Kreide 21, 210, 222, 227, 229, 237, 400, 452.
Kreuz, südliches 7, 61.
Kröten 92, ebenda Anmerk. 2. 358, s. a. Bufo.
Kronprinzessin von Brasilien, die 283, 411, 423. 425, 448—451, 471, 472.
Kupfer 277, 348 Anmerk. 2.
Kupferkies 277.
Kurzflügelpapagei s. Chrysotis.
Kurzschwanzpapagei 42, 76.
s. a. Psittacidae.

L.

Lacépède 3 Anmerk. 2.
Lacerda 15 Anmerk. 3, 170 Anmerk. 5, 398 Anmerk. 3.
— e Peixoto 298 Anmerk. 1.
Labre 95.
Lachesis lanceolatus Lacép. 45.
— mutus L. 221.
Laelia pumila Reichenb. 500.
Lafayette 260, 266, 279.
Lagarto, Serra do 241, 441.
Lagenaria vulgaris Ser. 130, 299, 355.
Lagothrix caua Geoffr. 114, 165, 220, 281, 303, 473.
Lameirão, der 304, 305, 306, 382, 387.
Lampyrinen 445, ebenda Anmerk. 1.
Langusten 378.
Lantana camara L. 288, 311.
— lilacina Desf. 437.
Larangeiras 411.
— Thal 245.
Larus gelastes Thienem. 6.
Latanien 403.
Laurineen 90, 269.
Lavoisiera compta DC. 273.

Lavras. Serra das 441.
Lecidea piperis Sprengler 271.
Leclerc 449, Anmerk. 1.
Lecythis 285, 346.
— amazonum Mart. 40.
— angustifolia Endl. 252.
— Pisonis Camb. 299, 326, 365.
Leguane s. Anolis u. Iguana.
Lemoniine 42, 178, 178.
Leonurus sibiricus L. 368.
Leopoldina, St., Kolonie 311 —313, ebenda Anmerk. 1, 320, 323.
Leopoldine, Kaiserin 433.
Leopoldinia Piassaba Wallace 87 Anmerk. 6.
Leptagrion flammeum ♀ Bates 129.
Leptodactylus ocellatus L. 92 Anmerk. 3, 221.
— typhonius Daud. 221.
Leptophis liocercus Wied 55.
Leptopila reichenbachi Pelz. 353, 361.
— rufaxilla Rich. et Bern. 173.
Leuchtkäfer 461, 468.
Leucochloris albicollis Vieill. 426.
Levasseur 10 Anmerk. 1
   13 „ 2
   17 1
   53 2
   71 » 2
   78 2
   182 3
   259 1
   372 1
   449 1
   456 2.
Liais 21 Anmerk. 2
  22 „ 2
  24 1
  209 3
  372 1.
Libellula umbrata Fabr. 179.
Lidstone 19 Anmerk. 2.
Liliaceenbäume 269.
Limnanthemum Humboldtianum var. parvifol. Gris. 373.

Limnopardalus nigricans Vieill. 403.
Limonit s. Brauneisenerz.
Linhares 360, 367—369, 380.
Liophis melanostigma Wagl. 255.
Lippenpflöcke 298, 344, 364, 397.
Lippensteine 399.
Lippia microcephala Cham. 269, 275.
Lochotter s. Lachesis.
Loefgren 177 Anmerk. 2
   399 » 2
   465 » 2.
Logura s. Bougainvillea pomacea.
Loncheres 220.
— armata Geoffr. 116, ebenda Anmerk. 1.
Loranthaceen 184, 401.
Lorbeer s. Laurineae.
Lordops Gyllenhali Dalm. 255.
Lorena 458, 459.
Lorenz 49 Anmerk. 1.
Lucina Jamaicensis Lam. 212.
Luftspiegelungen 74.
Luiz, S., de Maranhão 183. 188—190, 192, 194, 208, 226.
Luso-Brasilianer 61, ebenda Anmerk. 1 313.
Lutra solitaria Natt. 325, ebenda Anmerk. 1.
— brasiliensis Cuv. 169 Anmerk. 5.
Lycalopex vetulus Lund 186.
— fulvicaudus Burm. 186.
Lycognathus cervinus Lavr. 55.
Lycopodium cernuum L. 39.

M.

Macaco de cheiro s. Chrysotrix sciurea.
— barrigudo s. Lagothrix.
Macairea Theresiae Cogn. sp. nov. 142 Anmerk. 1, 143.
Macapá 180.

Macedo, Bischof von Pará 450.
— 84 Anmerk. 1
  304 » 1.
Macció 214—216.
Machacali, die 259.
Machaerium 136, ebenda Anmerk. 6.
— firmum Benth. 335.
Mactra Portoricensis Sh. 381.
Macucú s. Tinamus solitar. 439.
Macuní, die 259.
Madeira, der 18, 19. ebenda Anmerk. 6, 74. 76— 78, 80, 170, 180, 403. 405. die Insel 2.
Magalhães, Couto de
 9 Anmerk. 4
 13 „ 1
 16 » 1
 47 » 3
 79 » 1
 182 » 2.
Magé 442, 445.
Magneteisenerz 278.
Magnetit s. Magneteisenerz.
Magnetkies 277.
Magnoliaceen 37, 189.
Magoary s. Ardea.
Mais 258, 263, 290, 291, 296. 329, 333, 341, 347. 436. 489.
Maipure, die 14.
Malachit 452.
Malali, die 259.
Malaria 29, ebenda Anmerk. 1. 88, 91, 98, 109, ebenda Anmerk. 1, 129, 130, 144. 248, 369, 390, 455.
Malcher
 37 Anmerk. 3
 45 » 3
 48 1.
Malerei, brasilianische 429, 430.
Malha, Serra da 386.
Mallosoma zonatum Sahl. 255.
Malvaceae 41.
Mamangão s. Pepsis.
Mamelucos, die 12, 13, 58.
Mamoeira s. Carica pap.
Manajós, die 183.

Manáo, die 83. 86, 96. 97 Anmerk. 1.
Manáos 23. 26. 48, 84, 86, 88, 89, 91, 95, 103. 104, 116, 119—124, 128—132, 135, 137 Anmerk. 4, 142 bis 144, 174, 177, 187, 194.
Manatus americanus Desm. 402.
— inunguis Natt. 87, ebenda Anmerk. 8, 402.
Mandioca 197, 239, 263, 290, 291, 296, 391, 457.
Mangarahý 310 Anmerk. 1. Rio 304, 310. ebenda Anmerk. 1. 311, 312.
— Serra do 386.
Mangifera indica L. 33. 37. 233. 407.
Mangobäume s. Mangifera.
Mangroven 25, 28, 50. 173, 191. 206, 228, ebenda Anmerk. 2. 306, 377, 465, 466 s. a. Rhizophora.
Mangue, Canal do 447. 448.
Mangueira s. Mangifera.
Manicaria saccifera Gärtn. 30, 37, 165.
Mantiqueira, Serra da 261, 263, 268, 271. 453, 458—460.
Mar, Serra do 241, 242, 251, 252, 254, 261, 295, 339, 416, 439, 453, 455, 457. 458, 460, 461, 465.
Maracajuhú 204.
Maracanã s. Ara u. Conurus.
Marajá s. Bactris.
Marajó 11, 57, 58, 65, 101. 166, 168, 180, 400.
Maranguape 195, 196—198, 200, 260, 478.
— Serra de 192, 197, 198, 200.
Maré, Ilha de 227.
Maranhãoinsel 188, 194.
— die Provinz 181, 183, 184. 187, 188, 191, 203, 204, 209.
Marañon s. Amazonas.
Marantaceen 424.
Marapatá, Insel 105.
Maraquirý, Paraná 113.

Marcetia cinerea Triana 269, 274.
— taxifolia DC. 269, 273.
Marco da Legoa 38.
Marcos, S., Bai von 189.
Marí-marí s. Cassia.
Maria-assú, Kanal 382, ebenda Anmerk. 1.
Maria, St., de Belem do Grão Pará 9.
— Rio 304—312, 329, 332, 359.
María-já-é-dia s. Zonotrichia.
Marine, brasilianische 431.
Marinearsenal in Rio de J. 446.
Markham 78 Anmerk. 2.
Marquiritari, die 134, ebenda Anmerk. 4.
Martin
29 Anmerk. 1
109   »   1.
Martit 278.
Martius
9 Anmerk. 4
15   »   1. 2. 4
18   »   2
19   »   2. 3. 4. 6
21   »   1
26   »   1
33   »   2
37   »   3
40   »   3
45   »   3
48   »   1
50   »   4
53   «   8
69   »   3
70   »   2, 3
76, ebenda Anmerk. 2
79 Anmerk. 1, 2, 3, 4. 5.
89   1
93   »   2
94   »   1
95   »   1, 2, 5
98   »   1
99   »   3
101   1
113   3
123   »   1
130   »   1

Martius
134   »   4, 6
141   »   1
185   3
203   »   1
224
274   »   1. 2
296   »   1
297   »   1
299   1
305   1
335   3
342   1. 2
348   2
372   »   1
380   5
390
398   1
405
421   »   1
424   »   2
457   »   1.
Massarandúba s. Mimusops.
Matayba marginata Radlk. 269, 273.
Maté 372.
Matipú, Rio 278.
Mato Grosso 17, 296, 372, 405, 451.
— virgem 219, s. a. Urwald.
Mauá 416, 435.
— die 113, ebenda Anmerk. 4. 114.
Maué, Mauhé, die 16. 70. 73, 80, 95 Anmerk. 1, 121.
Mauritia flexuosa 25, 29. 33, 45, 51. 58, 61, 63. 94. 140, 136, 161, 164, 194, 233, 474.
Maximilian, Kaiser von Mexico 66 Anmerk. 2
134   »   1
135   »   2
139   »   1
316   »   1
361   »   2.
Maximiliana regia Mart. 33, 51, 89. 124.
Medusen 204, 390.
Meerleuchten 475, 491.
Megalura 334, ebenda Anmerk. 1.

- Peleus Sulz. 378.
Megasoma Typhon Oliv. 255.
Melastomaceen 273, 378.
Meliaceae 45.
Mello Moraes
   9 Anmerk. 4
  15 » 4, 5
  20 » 4, 5
  70 » 2, 3
  76   3
  79   5
  83 » 1
  84 » 2. 3
  85 » 1
  89 » 1
 123 » 1
 141 » 1
 170 » 5
 298 » 1
 348 » 2.
Mephitis chilensis F. Cuv. 186.
Mercilles, Victor dos 429.
Mertensia rigida Kunze 275.
— Willd. 269, 428, 436.
Mesomphalia sexpustulata Fabr. 255.
Mestizen 9, 13, 16, 47, 100, 105, 113, 192, 207, 296, 341.
Mestre Alvaro 306—309, 381, 382, 386, 475.
Meteoreisen 277.
Meyer, A. B. 398 Anmerk. 1, 402 Anmerk. 2.
  II., 398 Anmerk. 2.
Miconia Eichlerii Cogn. 438.
  Guianensis var. a. vulg. Cogn. 139.
 - Guianensis var. β ovalis Cogn. 137.
  hirtella var. ovata Cogn. 380.
 - macrophylla Triana var. serrulata Cogn. 274.
Microlicia fulva Cham. 273.
Midas ursulus Hoffm. 181, 232.
Miesmuscheln s. Mytilus.
Miltonia 426.
  spectabilis Lindl., ebenda Anmerk. 1.
 - Clowesii Lindl., ebenda Anmerk. 1.

Milvulus tyrannus L. 186.
Mimosa sepiaria Benth. 193, 212.
Mimoseen 33. 50, 53, 172.
Mimusops elata All. 45 Anmerk. 3.
Mimus lividus Licht. 182, 425, 479.
— saturninus Licht. 86. ebenda Anmerk. 1, 186, 391.
Minas Geraes, die Provinz 258, 259, 260, 262, 263, 265, 266, 269, 270 Anmerk. 1, 273—279, 289, 297, 300, 339, 340, 372, 421, 422, 424, 436, 437 Anmerk. 2, 451, 453, 456, 457, 460. 463.
Minasneger 14, 229.
Mineiros, die 265.
Mineralien, Verzeichniss der auf d. Itacolumý gesammelten 277.
Miranha, die 14, 88, 95, 405.
Mirití s. Mauritia.
Mission 341, 342.
Mistelgewächse 401 s. a. Loranthaceen.
Mitracarpus frigidus var. Humboldtianus Schumann 269, 274.
Mitua mitu L. 102.
Möwen 5, 6, 61, 69, 128, 303, 306, 486.
Mogy das Cruzes 461.
Mohrenkaiman 99 Anmerk. 2.
Monacha nigrifons Spix 68.
Monazit 278.
Mongoyó, die 224.
Mongubeira s. Bombax Monguba.
Monochó, die 259.
Monte Alegre 66. 112.
Montrichardia arborescens Schott 25, 29, 54, 64, 235.
— linifera Schott 235, 371.
Montrichardieu 30. 50, 112.
Moreira Pinto
  10 Anmerk. 1

Moreira Pinto
  11 Anmerk. 1
  19 » 1
  21 » 1
  69 » 1
  76   2
  95 » 2
 166 » 1
 194 » 1
 195 » 2
 228 » 1
 237 » 1.
Moreno, Monte 304.
Morgue in Rio 403.
Morize
 209 Anmerk. 3
 239 » 2.
Morpho Achilles L. 42.
—— var. Deidamia Hübn. 173.
- Anaxibia Esp. 257.
- Rhetenor Cramer 117.
  Helenor Guenée 256.
- - Menelaus L. 173.
Morphidae 42.
Morro Velho 277.
Mossé
 434 Anmerk. 2
 436 » 1
 449 » 1.
Moura
  10 Anmerk. 1
  11 » 1
  76 » 2
  95 » 2
 185 » 3
 194 » 1
 203 » 1
 237 » 1
 268 » 1
 296 » 1
 460 » 3.
Moxo, die 405.
Moyobamba 130.
Mucajá s. Acrocomia.
Mückenplage 19, 55. 82, 111.
Müller u. Henle 363.
Muirapinima s. Brosimum.
Mumbáca s. Astrocaryum.
Mumificiren der Köpfe feindl. Stämme 79, 395. 397. 473.

Munduructí, die 16, 78, ebenda
 Anmerk. 2, 79, ebenda An-
 merk. 5, 80, 88, 130, 397.
Mungúbas s. Bombax.
Muquissaba 303, 305.
Mura, die 15, 17, 80. 84. 106,
 109, 113, 114, 119, 130.
Murahütte, Einrichtung einer
 106.
Murex Senegalensis Lam. var.
 Brasil. Sow. 376.
Murucututú s. Glaucidium.
Murúmurú s. Astrocaryum.
— Insel 57.
Mururí s. Pontederiaceae.
Musa sapientum L. 68.
Musaceen 37, 235.
Museum in Bahia 476.
— in Pará 168.
— in Pernambuco 212.
— in Rio 395—402, 429.
Musikinstrumente 38, 299.
Mutúm s. Crax, Nothocrax und
 Mitua.
— das Aldeamento 339, 341,
 343, 345, 347, 353, 355 bis
 357, 362, 364, 372, 397.
Mycetes 73, ebenda Anmerk. 2,
 220.
— ursinus Wied 232, 336,
 337, 366.
Myrciaria cauliflora Berg 275.
— Jabuticaba Berg 326.
Myristica sebifera Swartz 45,
 165.
Myrmecophaga 220.
— jubata L. 186, ebenda An-
 merk. 1.
Myrsine leuconera Mart. 274.
— Rapeana Roem. et Schult.
 forma communis 139.
Myrtaceen 219, 269.
Mytilus 231.
— elongatus Ch. 466.

N.

Näher 227, Anmerk. 2
 228, » 1
 319, » 1
Nak-nanuk, die. 300, 397.

Napeocles Jucunda Hübn. 178.
Nastus barbatus Ruprecht 314
 Anmerk. 1.
Nasua socialis Wied. 27, 171,
 181. 220. 251, 270, 282,
 279, 485, 495.
— — — var. rufa Pelzeln 282,
 485.
Natal 204, 208, 214.
Natica mammilaris Lam. 376.
Nazareth 38.
Neger 12, 13. 17, 27, 31, 38, 49,
 122, 151, 152, 155, 191,
 194, 200, 203, 210, 214,
 226, 231, 238, 245, 259,
 265, 289, 290, 293, 296,
 305, 341, 436, 466, 478,
 497.
Negro, Rio 15, 17, 19, ebenda
 Anmerk. 4, 21, 81—85.
 87—100, 104—106, 111 bis
 114. 120, 121, 124, 127,
 131—135, 137, 142, 144,
 169, 171, 180, 294, 396,
 403.
Nephelin-Syenit 458.
Nepsera aquatica Naud 39.
Neritina virginea L. 376.
Nephrodium villosum Presl. var.
 subincisum Baker 41.
Nettion brasiliense Briss. 66,
 ebenda Anmerk. 1.
Netto, Ladisláo 192 Anmerk. 1
 297 » 1
 299 » 1
 399 » 2
 400 » 2
Neuwied 298 Anmerk. 1.
Nictheróy 249—251, 284, 285.
 293.
Nothura media Spix 186.
Nitophyllum laceratum Gm.
 377.
Norte, Lagôa do 215.
Nothocrax urumutum Spix 90,
 ebenda Anmerk. 2.
Nova Friburgo 240. 286. 288,
 290, 292.
Novo, Rio 300.
Nu-Aruak, die 14. 83. 84. 95.

 ebenda Anmerk. 1. 97 An-
 merk. 1. 123 Anmerk. 1. 400.
Nyctipithecus 220.
— vociferans Spix 181.
— felinus Spix 181.
Nycticorax gardeni Gm. 72.
— pileatus Lath. 128.
— violaceus L. 309.
Nymphalinen 42, 178, 246. s.
 a. Prepona.
Nymphea rubra 394.
— Rudgeana G. F. W. Meyer
 39.
Nymphidium nov. spec. 179.
 ebenda Anmerk. 6.
Nyssicus quadriguttatus Sved.
 55.

O.

Obidos 68, ebenda Anmerk. 2,
 69, 150.
Ochsenfrosch s. Hyla.
Ochthodromus wilsoni Ord. 309.
 ebenda Anmerk. 1.
Ocypete setulosa Hahn 100.
Oelpalmen s. Elaeïs.
Oenocarpus Bacaba Mart. 25.
 40, ebenda Anmerk. 4. 58,
 90.
— distichus Mart. 165.
— minor Mart. 94.
Oenops 74.
— aura L. 270.
Olaria 29, 31, 450.
Olinda 211.
Oliva mutica Say 380.
— parvula Mart. 376.
Omphalius viridulus Gm. 381.
Onças, Ilha das 29, 35, 37.
 171, 369.
Oncidium Marshallianum
 Reichenb. 500.
Opisthocomus hoazin Müller
 61, 110, 153.
Opuntia 234, 378.
Orchideen 58, 136. 140. 171.
 185, 252, 336, 426. 437.
 499.
d'Orbigny 100 Anmerk. 2, 380.

Oreodoxa 189, 251.
— regia Humb., Bonpl. et Kih. 26, 51, 87. 407 Anmerk, 1.
— oleracea Mart. 233, 407, ebenda Anmerk. 1.
— Willd. 227.
Orgãos, Serra dos 242, 252, 415. 429, 437 Anmerk. 2, 439, 440—443, 473.
Orangen 263, 442.
Orangenbäume 311, 333, 364, 464.
Orophoma Caraná Spruce 94.
Ortalis albiventris Wagl. 282.
Osculati 10 Anmerk. 1
    79 » 5
    186 » 2.
Ostrea rhizophora Gld. 377.
— spreta d'Orb. 306.
Ouro Branco, Serra de 266.
Ouro-Preto 260, 266—268, ebenda Anmerk. 1, 271, 272. 274—278, 281, 401. 457.
Outeiro 122.
Oxyrrhopus petolarius L. 55.
Ozelot s. Felis pardalis.

P.

Paca 115, 137, 220, 251, s. a. Coelogenys.
Pachypoma imbricatum Gm. 376.
Paço da Cidade s. Residenz, kaiserl. alte.
Pacoval, Paraná de 75.
Paepalanthus planifolius Kcke. 269, 275.
Paetel 466 Anmerk. 1.
Pagés, die 70, ebenda Anmerk. 2, 300.
Paineiras 252—254.
Palacios, Pedro 386.
Palaemon 231.
Palamedea cornuta L. 77.
Palatinato, deutsche Kolonie in Petropolis 435.
Palisander 296, 365, s. a. Jacarandá.
Palmas, las 489.
— Ilhas das 366.
— Lagôa das 366.
Palmkohl 369.
Pampashirsche s. Blastocerus.
Pampeos, die 398.
Pancas, Rio das 360.
Pandanaceen 247, 403.
Pandanus 233, 407.
Panhamé, die 259.
Pannati, die 203 Anmerk. 1.
Pano, die 14, 403.
Panulirus argus White 378.
— echinatus Smith 378.
Páo d'alho s. Gallesia Goraz.
Páo da terra 37.
Páo-mulato 165, s. a. Calycophyllum.
Papageien 26, 61, ebenda Anmerk. 3, 64, 65, 68, 72, 74, 93, ebenda Anmerk. 1, 101, 106, 110, 117, 119, 134, 137, 251, 282, 335, 358, 361, 391, 402, 479.
Papageienbraten 351, 354.
Papanazes, die 296.
Papilio Agavus Dr. 256.
— Ascanius Cram. 378.
— Dardanus 256.
- Hippason loc. var. Paraensis Bates 42.
— Lycophron Hübn. 334.
— Phaeton Luc. 382 Anmerk. 2.
— Polydamas L. 101.
— Scamander Boisd. 382 Anmerk. 2.
— Thyastes D. 334.
Papilionaceen 40. 219.
Papyrus 285, 416.
Paquequer pequeno, Rio 436, 438.
Paquetá 446.
Pará 23, 25—33, 36, 38—40, 46—50, 54, 57, 62, ebenda Anmerk. 1, 64, 68, 84, 86, 127, 131, 166, 168, 171, 173, 174, 177, 178, 181, 187, 188, 192, 194, 208, 219, 229, 230. 402, 431, 450.
— der 49, 168, 174. 182, s. auch Amazonas.
— die Prov. 333. 477.
Paraguay 431.
Parahyba 206—208.
— der 239, 261, 291. 440, 457—462.
— do Norte, der 206—208, 215, 228.
— — die Provinz 205. 210.
Parahybuna, der 262.
Paraná 297, 398, 451, 453.
— der 263, 265, 461.
— -assú s. Amazonas.
Paranacaché s. Pentaclethra.
Paránüsse s. Bertholletia.
Paraúaú, Furo 166.
Parecí, die 134 Anmerk. 5.
Pari 278.
Paricatúba 101, 103, 133, ebenda Anmerk. 1.
Parintins 73.
— Serra dos 71.
Parintintin, die 397.
Pariquí, die 76.
Parnahyba, der 183, 184. 190. 191.
Paroaria gularis L. 217.
— larvata Bodd. 86.
Parra jaçana L. 128. 378. 382.
Parú, der Rio 63 Anmerk. 3.
— Serra de, ebenda, 65.
Passé, die 86, 96, 97, ebenda Anmerk. 1.
Passagem 277.
Patagonien 395.
Patelloidea subrugosa Orb. 381.
Patí s. Cocos botryoph.
Patióba s. ebenda.
Paulinia sorbilis Mart. 87.
Paulo, S. 287, 401, 450, 453, 461—464, 468, 499.
Paulo, S., die Provinz 208, 240, 274, 289, 292, 398, 400, 427, 451, 453—457, 459, 462, 463.
— -Affonsofälle 210, 215.
Pauxis, die 68.
Pavonia cancellata var. deltoidea St. Hilaire 143.

— multiflora A. Juss. 327.
Payacú, die 203 Anmerk. 1.
Payana, die 86.
Pectunculus tellinaeformis Rv. 381.
Pedro I., Dom 246.
Pedro II., Dom 260, 280, 283, 409—411, 420, 423, 425—427, 430—436, 446, 449, 450, 464. 470, 471—473.
Peixe-boi s. Manatus.
Peixoto 297 Anmerk. 1, 298 Anmerk. 1.
Pekari s. Dicotyles.
Pelagia cyanella Péron et Lessueur 204.
Pelidnota laevissima Burm. 55.
Pelzeln 23 Anmerk. 1, 2

87	»	8
100	»	2
111	»	1
116	»	1
137	»	4
325	»	1
336	»	3, 5.

Penedo 210, 215.
Penelope (Hokko) 221.
— jacucaca Spix 282, ebenda Anmerk. 1, 336 Anmerk. 4.
— superciliaris Illig. 336 Anmerk. 4.
— superciliosa Cuv. 282 Anmerk. 1.
Penha, Nossa Senhora da 304, 381. 385. 386.
Penna, F. 399 Anmerk. 2, 3.
Pentaceros reticulatus Linck 388.
Pentaclethra filamentosa Benth. 33, 53.
Pepsis heros Fabr. 42.
— viridisetosa Spin. 256.
Periplaneta americana Fabr. 293.
Pernambuco 208—212, 377, 455, s. auch Recife.
— die Provinz, 208—211, 223, 224.
Perrhybris Pyrrha Fabr. Q 179.

Perty 111 Anmerk. 3.
Peru 19, 41, 395, 398, 399, 405.
Peschel 15 Anmerk. 4.
Petitinga, Ponta de 484.
Petrefacten 276, 400, 452, 473.
Petropolis 320, 322. 324. 325 Anmerk. 1, 409, 413, 415, 416—418, 420, 425, 427. 429, 433—436, 439, 470, 471.
Pfahlbau 165.
Pfeifen z. Rauchen 397.
Pfeile 80, 119. 121, 299, 346, 396, 477.
Pfeilgift s. Uirari.
Pfeilspitzen 397.
Phaëtusa magnirostris Licht 128.
Pharmacosicea vermifuga Miq. 252.
Phaseolus derasus 340.
Phileurus didymus L. 255.
Philodendren 138, 371.
— eximium Schott. 136.
PhoenicopterusruberBonn. 182.
Phoenix dactilifera L. 490.
Phonolit 484.
Phrynonax sulphureus Wagl. 221 Anmerk. 1.
Phyllostoma hastatum Pall. 95.
Physalus Brasiliensis Gray 236, ebenda Anmerk. 1.
Piabanha, der 421, 436.
Piassaba 87.
Pica-páo s. Dendrexetastes.
Pico, Serra do 300.
Picolaptes bivittatus Licht. 186.
Piedade 440, 445.
Pierinen 37. 179. 256, s. a. Catopsilia.
Pileopsis intortus Meusch 376.
Pinotus bicuspis Germ. 255.
Pimenteira, die 210.
Pionias maximiliani Kuhl. 391.
Piossocas s. Parra jaçana L.
Pinto de Lima Guedeo 400 Anmerk. 1.
Pinzon, Vicento Yanez 157.
Pipile Jacutinga Spix 282,

336 Anmerk. 4, 347 Anmerk. 1.
Piptadenia colubrina Benth. 253.
Pirahy, Barra do 201, 457, 458, 469.
Piranga, der 268.
Piranhas, Serra das 71.
Piraque-assú, Rio 376.
— -mirim, Rio 376.
Pirarucú 87, s. a. Arapaima.
Pitangus lictor Licht. 61, ebenda Anmerk. 2, 93, ebenda Anmerk. 3, 306, 370.
— Sw. 97.
— sulphuratus L. 30.
Pithecia 220.
Pitinga, der 228.
Pisang 64.
Pistia stratiotis L. var. obcordata Engler 117.
Piuma 390, 391.
Plankton 236, ebenda Anmerk. 2.
Platemys spixii D. et B. 221.
Platyrhynchus mystaceus Vieill. 468.
Plicatula depressa Lam. 381.
Podocnemis dumeriliana Schw. 102, ebenda Anmerk. 3.
— expansa Schw. 55, 97, 102, 110, 119, 402.
Pohl u. Kollar 51 Anmerk. 3. 77 » 1.
Poinsettia pulcherrima Willd. 386.
Polistes annularis F. var decolorata 178.
Polygala galioides Poir. var. molluginifolia St. Hill. 463.
Polygamie 70, 300.
Polypodium fraxinifolium Jacq. 379.
— macropterum Kaulf. var. connexus Baker 41.
— phyllitides L. 379.
Polytechnicum in Rio d. J. 447.
Pomba rolla s. Chamaepelia.
Pompeu 191 Anmerk. 2 194 » 1

Pompeu 195 Anmerk. 1.
Pompilidae 222.
Pontederiaceen 58, 408.
Pontederia cordata L. 33.
Pontederien 62, 309.
Popunha-rana s. Cocos speciosa.
Pororóca 11, ebenda Anm. 1
  20. 168.
Porto do Cachoeiro 311—313.
  316, 321. 380.
Porto de Pedra 309.
Potiguára, die 203 Anmerk. 1,
  205.
Pottfische s. Catodon macroceph.
Praia Vermelha 432.
Prainha 65, 66, 122.
Praopus novemcinctus L. 115.
Preá s. Cavia aperea.
Prepona Demophon L. 30, 34.
Preto, Rio 297.
Priestermangel 385.
Prionotus punctatus Cuv. et
  Val. 483.
Pristis antiquorum Lath. 363
  Anmerk. 3.
— pectinatus Lath. 363.
  ebenda Anmerk. 3.
— perrottetti Müll. et Henle
  363 Anmerk. 3.
Procnias tersa L. 251.
Procyon cancrivorus Cuv. 220.
Protium Burm. 41.
— heptaphyllum March. var.
  brasiliensis Engler 40.
Providencia 109, 112. 116, 178
  Anmerk. 4.
Pseudalopex Azarae Wied 220
Psidium L. 335.
— coriaceum Mart. 335 Anmerk. 4.
— piriferum L. 50.
Psittacidae 26.
Psittacula passerina L. 110,
  ebenda Anmerk. 1, 171.
Psittacus erithacus L. 489.
Psophia 282.
Psychotria trichoclada Muell.
  Arg. 274.
Pteris 269, 461.

Pteris aquilina L. 266.
— deflexa L. 137.
Pterocaulon virgatum DC. 354.
Pteroglossus humboldti Wagl.
  118.
— wiedi Sturm 327 Anmerk. 4.
Pupunha 75, s. auch Guilielma.
Purí, die 238, 239 Anmerk. 1,
  259, 296, 390, 457.
Purupurú, die 86.
Purús, der 19 Anmerk. 6, 76.
— Alto, der 405.
Pygmornis pygmaeus Spix 30.
Pyranga saira Spix 479, 484.
Pyrit 277.
Pyroderus scutatus Shaw 220,
  361, 366.
Pyrolusit 278.
Pyrophorus 81, 222, 293, 445
  Anmerk. 1.
Pyrophorus candens Germ. 255.
— noctilucus L. 72, 73,
  ebenda Anmerk. 1.
Pyrrhura leucotis Licht. 479,
  482.

Q.

Quartär 473.
Quatrefages 267 Anmerk. 2.
Quatro-olhos s. Anableps.
Quarz 277.
Quebra-Cangalho, Serra do 460.
Queimado 309, 310, 342.
Queimados, Morros 288.
Queluz 260, 266, 459.
Quinta Imperial in Petropolis
  s. Residenz, kaiserl.
Quitandinha, der Rio 426—428.

R.

Rabengeier s. Catharistes.
Ramos, Furo dos, der 74.
Rana catesbiana Shaw 402
  Anmerk. 3.
Ranke 15 Anmerk. 4.
Raphia taedigera Mart. 58.
Rathburn 276 Anmerk. 1.
Ratos, Ilha dos 245.
Ravenala 194, 247, 403.
  Guyanensis Benth. 37, 233,
  474.

Recife 208, 209, 211—214,
  223.
Reclus
  24 Anmerk. 2
  133   »   1
  196
  228   »   1
  237   »   1
  382   »   1
  454.
Reeve 212, ebenda Anmerk.
  3, 380.
Regencia 367, 369, 371—373.
Regenpfeifer 371. s. a. Ochthodromus wils.
Reiher 61, 65. 68—70. 110,
  111, 128, 221, 227, 309.
Reis 239, 391.
Reis Magos, Fort dos 205.
Rengger 496, ebenda Anmerk. 1.
Residenz, Kaiserl. 245, 393,
  409, 411, 420, 425. 426,
  433.
  alte 246, 449, 450.
  der Kronprinzessin von
  Brasilien 411, 473.
Ressaquinha 265.
Rey 16 Anmerk. 2
  297   »   3
  298   »   1
  299   »   2
  348   »   4.
Rezende 458.
Rhadinaea merremii Wied 255,
  388.
Rhamphastidae 221.
Rhamphastos dicolorus L. 361.
  441.
— toco Müll. 485.
Rhamphocoelus brasilius L.
  306, 369, 379, 493.
Rhea americana L. 186. 285.
— macrorhyncha Scl. 186, 193.
Rhenania, Kolonie 427.
Rhipidocera marginata Kirb.
  255.
Rhizophora Mangle L. 29,
  206, 228.
Rhynchoprion penetrans L. 413,
  414.

Rhynchotus rufescens Temm. 186.
Riacho 357, 362.
Ribeiro de Sampaia
20 Anmerk. 5
76 » 2
95 » 2.
Ricinus 212.
Riesenameise s. Dinoponera.
Rio cheio s. Hochwasser.
Rio Grande do Norte, der 204.
— die Provinz 203, 205, 206.
— — — Sul 208, 278, 286, 372.
— de Janeiro 177, 218, 237, 239, 240—251, 255, 257. 260, 261, 264, 278, 280, 281, 283, 293, 294, 309. 316, 357, 377, 380, 387, 389, 393, 395—403, 405 bis 408, 411, 415, 420, 422, 429, 431, 432, 446—448, 453, 454, 457, 459, 461, 465, 468—470, 472, 474, 475, 492.
— Bai von 240, 241, 249, 251, 252, 254, 381, 392, 416, 427, 430, 440, 441, 445, 474.
— — — die Provinz 14, 139, 208, 237—240, 262, 274, 281, 284, 285, 289, 292, 296, 351, 421, 425 Anmerk. 1, 426, 445, 473.
Vermelho, Dorf 225. 234, 235.
Rochen 230, ebenda Anmerk. 1. s. a. Trygon.
Rockling 85 Anmerk. 1
99 1.
Rodrigo de Freitas, Lagôa 253, 406.
Roque, S., Cap de 203, 484.
— — Kanal von 204.
Rouxinol s. Icterus.
Rubiaceen 75, 252.
Rubus rosaefolius Smith var. coronarius DC. 437, 463.
Rupicola crocea Vieill. 477.

Rüsselbär s. Nasua.
Rüsselkäfer s. Cratosomus.

S.

Sabdariffe-Eibisch s. Hibiscus.
Sabiá 137, s. a. Turdus, und Mimus.
Sacramento 37, 38.
Sägefisch s. Pristis.
Säulencactus s. Cereus.
Sahuý s. Hapalidae.
Sais Rosalia Cram. 354.
Salix Martiana Leyb. 64, 67.
Saltatorien 293.
Salto 458.
Salvia altissima Pohl 437, ebenda Anmerk. 2.
Salvinia auriculata Aub. 117.
Salz 339, 355. 397.
Sambabaia da pluma s. Lycopodium.
Sambaquí 398, ebenda Anmerk. 2, 399, 415, 473.
Samydeen 252.
Sandflöhe s. Rhynchoprion penetrans.
Sandstein, pliocäner 484.
— rother 89, 95.
— tertiärer 63.
Sangue de drago s. Croton.
Santa-Anna Nery 47 Anmerk 1
53 » 2
209 » 3
239 » 2
241 1
277 » 1
305 1
372 » 1.
Santos 381, 454. 455, 464 bis 467, 491, 499.
São Christovão. Palast von, s. Residenz, kaiserl.
Sapindaceen 254.
Sapotaceen 252.
Sapucaia s. Lecythis Pison.
Sapubira s. Bowdichia.
Sarantha Moritziana Eichl. 254.
Sartori 79 Anmerk. 4.
Sassuhy-grande, Rio 340.
Saudade, Morro da 406.

Savannengras 460, ebenda Anmerk., 462, 464.
Scardafella squamosa Temm. 109 Anmerk. 3.
Schädel, künstl. deformirte 398.
— prähistorische 398.
Schakalfuchs s. Lycalopex. u. Pseudalopex.
Schauerklapperschlange s. Crotalus.
Schenk 185 Anmerk. 3.
Schellong 29 Anmerk. 1
109 1
144 2.
Scheube 177 Anmerk. 2.
Schilde 396
Schildkröten 87, 182, 215, 217, 221, 282, 368, 375, 402.
— fang 102, 103.
— zubereitung 97, ebenda Anmerk. 2.
Schimper 228 Anmerk. 2
465 1.
Schlegel 94 Anmerk. 2
336 5.
Schmetterlinge 23, 30, 34, 37, 40, 42, 53, 94, 117, 118, 127, 173, 222, 253, 256, 330, 334, 378, 379, 382.
Schmuck, indianischer 85, 130, ebenda Anmerk. 1, 132. 169, 212, 230, 246, 298, 344, 395—397, 403, 473, 476.
Schnecken 376.
Schomburgk 101 Anmerk. 1
137 4
170 7.
Schomburgkia undulata Lind. 171.
Schütz 9 Anmerk. 1
19 » 4.
Schwacke 94 Anmerk. 1
95 5
170 » 7.
Schwalben 6, 77, 92, 132. 361.
Schwarzwasserflüsse 19, 22, 82, 367.
Schwein 231.
— Wild- 232.
Schwertfisch s. Xiphias.

Sciurus aestuans L. 27 Anmerk. 1, 220.
— gilvigularis Natt. 27, ebenda Anmerk. 1.
Sclater 137 Anmerk. 4.
— u. Salvin 183 Anmerk. 1.
Seeigel 377, ebenda Anmerk. 1, 378.
Seerose s. Nymphea.
Seeschwalbe s. Anous u. Sterna.
Seestern 388.
Selaginella Parkeri Hook. Grev. 39, 127.
Sellin 295 Anmerk. 3.
Sergipe 218, 223.
Seriema s. Dicholophus crist.
Serigí, der Rio 228, 231.
Serinus canaria L. 489.
Serpa, Ilha de 75.
— Paraná de 75.
Serra, Morro da 382, 383, 386.
Serracura s. Aramides chiricote.
Sertão 185, ebenda Anmerk. 3.
Sida macrodon DC. 462.
— rhombifolia L. 379.
Silberlöwen 220, 281, 479.
Silur 21, 400.
Silva Araujo
9 Anmerk. 4
11 » 1
18 » 1, 2
20 » 4
21 » 1
48 » 1
70 » 2, 3
75 » 2
80 » 3
95 » 1, 2
133 » 1
141 » 1
170 » 2, 3, 4
305 » 1.
— Continho 295 Anmerk. 1
303 » 1, 1
310 » 1
339 » 1
374 » 1
382 » 1.
Netto 289, Anmerk. 1.

Sittiche 42.
Sklavenemancipation 52, 289, 290.
Skulptur, brasilianische 429.
Smaragde 452.
Smilax 285.
Smith 18 Anmerk. 2
19 » 1
23 » 1
111 » 3.
Socú s. Nycticorax.
Sol, Bahia do 11.
Solanum subscaudens Vell. 274.
Solimões s. Amazonas.
Sotalia brasiliensis E. van Beneden 284.
Souza 11 Anmerk. 1
17 » 2
19 » 2
20 » 5
21 » 1
45 » 3
47 » 3
53 » 2
70 » 2
84 » 1
97 » 2
141 » 1
170 » 6.
Sparattosperma lithontripticum Mart. 463 Anmerk. 2.
Speotyto cunicularia Mol. 186.
Sphingidae 49.
Spilotes pullatus 221 Anmerk. 1.
Spindel 346, 347.
Spinnen 100, 222, 237, 257, 288.
Spitzen-Industrie 207, 481.
Spix 270 Anmerk. 1
282 » 1
309 » 1
319 » 1
336 » 3
342 » 1, 2
348 » 2.
— u. Martius 170 Anmerk. 7.
Spizaetus manduyti 220.
— tyrannus Wied 220.
Spondias lutea Linn. 40.
— purpurea L. 33, ebenda Anmerk. 2.

Spruce 22 Anmerk. 1
45 » 3
68 » 2.
Stachelschwein s. Cercolabes preh.
Stalachtis Calliope L. 179.
Steains 347 Anmerk. 2.
Steinen, v. d. 224, 471, ebenda Anmerk. 1, 2, 472.
Steinkohlen 21, 400, 473.
Steinwerkzeuge 85, 121, 398, 399, ebenda Anmerk. 2, 473.
Steinzeit 86, 298, 399, 457.
Steno pallidus Gervais 111, ebenda Anmerk. 1, 120.
— Tucuxi Gray 106.
Stenocline chioneae DC. 269, 274.
Stenorrhynchus orchioides L. C. Rich. 437.
Stenospermatum Spruceanum Schott 41.
Stenotaphrum glabrum Trinius 377.
Sterculiaceen 33.
Stereosternum tumidum Cope 400, 401.
Sternkoralle 377.
Sterna dougalli Mont. 6.
— superciliaris Vieill. 77.
Stinkthier s. Mephitis.
Stokvis 144 Anmerk. 1.
Strategus aloeus L. 55.
Strauss s. Rhea.
Streptochaeta spicata Schrader 254.
Streusandbüchsenbaum s. Hura.
Strigilla carnaria L. 377.
Stryphnodendron microstachyum Poepp. 116, ebenda Anmerk. 2.
Sucupira amarella 305 Anmerk. 1.
Sucurijú s. Eunectes.
Süss 10 Anmerk. 2
21 » 2.
Süsswassertertiär 460, 464.
Sula fusca Vieill. 225.
Sumaúma s. Ceïba.
Sumaumeiras s. Ceïba.

Surinam 316 Anmerk. 2.
Surucucú s. Lachesis mutus.
Sycalis flaveola L. 312, 477.
Synanthereen 268.
Syngonium Vellozianum var.
Poeppigi Schott. 39.

T.

Tachycineta albiventris Bodd. 361.
Tachypetes aquilus Vieill. 227.
Tactayás, die 457.
Tabak 97, 211, 223, 258, 263, 339, 454, 485.
Tabanus 56.
— miles Wied 179.
Tabatinga 18.
Tätowirung 50, 79, 130.
Tagelus gibbus Spgl. 376.
Tagipurú-Kanal 58, 61, 62, 81, 164, 165.
Tajá s. Caladium.
Talauma Juss. 480.
Tamandua bivittata Desm. 270.
Tamanduatchý. Rio 464.
Tamarindus indica L. 50.
Tamoyo, die 457..
Tangurú-pará s. Monacha.
Tapajóz, der 19 Anmerk. 6. 67, 70. 78, 156,157,178,179.
Tapióca 102.
Tapir 130, 239, 246, 282, 353, 361. 473.
Tapirus americanus L. 330.
Tapuios, die 9, 86, 90, 92, 94, 97, 102, 106, 110, 124. 129. 132, 141, 165.
Tariana, die 95 Anmerk. 1.
Tartaruga s. Podocnemis.
Tarumá s. Vitex.
— die 86, 101. 141.
— -assú, Fluss 90, 133 Anmerk. 1, 135. 139, 140. 141.
— wasserfall 138.
Tatucuára 90.
Tatu s. Dasypodidae, Praopus u. Gürtelthier.
Tatú, Faktorei 333, 340, 357. 367.

Tatuhý 456.
Tauapessassú 92, 96. 98, 99, 100.
Tauiribast 170, ebenda Anmerk. 1.
Taygetis Thamyra Cram. 173.
Tecuna, die 17, 170, ebenda Anmerk. 7, 403, 405.
Tecoma aurea DC. 465.
— speciosa DC. 336, ebenda Anmerk. 1, 361.
Teffé, der 19.
Teius s. Tupinambis teguix.
Telaugis aenescens Burm. 55.
Tellina lineata Turt. 381.
— fausta Pultn. 381.
— punicea Born 376.
Tembé, Serra de 459.
Temenis Laothea 42, ebenda Anmerk. 2, 173, 256.
Temperaturangaben 1, 3, 7. 9—11, 23, 24, 29, 36, 49, 54, 61, 66, 69, 87, 89, 95. 100, 115. 119, 124. 129. 132, 144. 164. 174. 187, 188. ebenda Anmerk. 1. 190. 191, 204, 209, 210, 217, 233. 236, 237, 239, 241. 264, 266, 272, 273, 275, 279, 293, 295, ebenda Anmerk. 3, 306, 310, 313, 330, 341, 353, 358, 365, 370, 388, 391, 392, 394, 411, 422, 423, 427, 428, 431, 436, 439, 446, 448, 455, 458, 468, 474—476, 483, 484, 486, 487, 491.
Teneriffa 488—490.
Tephrosia toxicaria Pers. 39.
Terçado 54, 55, 128, 129, 137, 138, 163, 271, 327, 334, 337, 359.
Termes cumulans Kollar 263. 272, 331.
— devastans Kollar 51 Anmerk. 3.
— Rippertii Rambur 50, ebenda Anmerk. 3, 111 Anmerk. 2
— similis Hagen 263.
Termiten 77, 111, 187, 263.

269, 272. 311. 459, 461, s. a. Termes.
Terra alta, Morro da 365.
Tertiär 65. 210, 215. 222. 229. 239, 303. 400, 415. 452.
Testudo tabulata Walb. 182. 221.
Teyde, Pico de 488.
Thalassochelys caretta L. 375.
Thamnodynastes nattereri Mik. 388.
Thecla 37, 42, 334.
— Gabriela Cram. 330.
Theeplantagen 454. 462, 463.
Theobroma cacao L. 33.
— Mariae Schumann 37 Anmerk. 3.
Theraphosa Blondii Latr. 288.
Thereza, St. 250, 311. 313. 320—322. 324, 380. 393.
Therezopolis 436, 439. 440.
Thomé, S., Leuchtthurm von Cap 237.
Thonschiefer 277.
Thrasactus harpya L. 282.
Tiari, die 76.
Tibouchina semidecandra Cogn. 273.
Tibouchinen 463.
Tieté, der 461.
Tigrisoma brasiliense L. 110. ebenda Anmerk. 3.
Tijé-pyranga s. Rhamphocoelus bras.
Tijucaberge, die 242, 250. 253. 254, 394, 415, 472.
Tijuca nigra Less. 289.
Tillaea 378, ebenda Anmerk. 1.
Tillandsia usneoides L. 286, 310. 327, 328. 361, 362, 369, 378, 424. 438.
Timbó Coca 39.
Timborana 40, ebenda Anmerk. 2.
Timbuhý 320.
Tinamidae 282.
Tinamus major Gm. 100.
— solitarius Vieill. 221. 439.
Tityra cayana L. 77.

Tocantins. der 57, ebenda Anmerk. 1.
Todtenbestattung der Botokuden 300.
— — Crichaná 85.
— — Maué 70.
— — Miranha 88.
— — Mundurucú 79.
— Mura 80.
— Tarumá 101.
— — Uaupé 94.
Töpfervögel s. Furnarius.
Topase 276, 278, 401.
Topasminen 267.
Tora, die 76.
Toró s. Loncheres.
Touros, Cap 204.
Tracajá s. Podocnemis.
Trapp, basaltischer 237.
Traripe, der Rio 228.
Trebú comará 41.
Triasablagerungen 400.
Trichomanes pixidiferum L. 438.
Trichterwinden s. Ipomoea.
Trigona pallida Latr. 111, ebenda Anmerk. 3.
Trilobiten 276, ebenda Anmerk. 1.
Trinidadinsel s. Cumarú.
Troly 442, 459.
Trombetas, der 69.
Trompetenbaum s. Tecoma speciosa.
Trompetervogel s. Psophia.
Tropaeolum Brasiliense Casar. 262.
— Warmingianum Rohrb. 262.
Tropidurus torquatus Wied 288.
Trygon pastinaca L. 230.
Tschudi 9 Anmerk. 4
265　　2
342　　1, 2
358　　1
360　　1
389　　2.
Tucano, die 95 Anmerk. 1.
Tuchauás, die 79, 80, 168, 379, 405.
Tucumá s. Astrocaryum.

Tucuyus, Insel 163.
Tukane 365, s. a. Andigena, Rhamphastidae und Rhamphastos.
Tunantins der 123 Anmerk. 1.
Tupí, die 9 Anmerk. 4, 14, 62, 70, 79, 83, 182—184, 194, 203, ebenda Anmerk. 1, 205, 215, 224, 238, 296, ebenda Anmerk. 1. 298, 300, 365, 445, 457.
Tupísprache, die 20, 63 Anm. 5, 99 Anmerk. 3, 102, 113 Anmerk. 3, 170, 184, 185, 268, 278, 300 Anmerk. 2, 348, 365, 388, 405, 433, 434, ebenda Anmerk. 1, 464, 471.
Tupinambá, die 296 Anmerk. 1, 303.
Tupinambis teguixin L. 221, 282, 286.
Tupiniquim, die 296, 457.
Tupinambarána, Ilha de 74.
Turdus phaeopygus Cab. 137 Anmerk. 4.
Turiuáras, die 398.
Turmalin 276, 278.
Turnera odorata Urban 373.
Tnrurí, die 76.
Tympanoterpes gigas Olivier 56.
Typytí 123, 133.
Tyrannus melancholicus Vieill. 128.

U.

Uairirambas s. Alcedinidae.
Uanapú, der 58.
Uariquena, die 396.
Uaupé, die 15, 20, 83, 94, 95, 113 Anmerk. 4, 134 Anmerk. 5, 396, 403, 405 s. a. Mauá.
Ubussúpalmen s. Manicaria.
Uça cordata L. 228 Anm. 4.
— una Martens 228, ebenda Anmerk 4, 230.
Ucuúba s. Myristica.

Uerequéna, die 86.
Uirarigift 50, ebenda Anmerk. 4, 88, 103, 169, 170.
Umauá, die 95.
Upeneus maculatus Bl. 478, ebenda Anmerk. 2.
Uraçú s. Thrasaetus harp.
Uraniscodon umbra L. 221.
Urena lobata L. var. reticulata Gürke 41.
Urochroma purpurata Gm. 137.
Urostigma 275, 422.
— dolarium Miq. 333, 335, 365.
— organense Miq. 436.
— subtriplinervium Miq. 424.
Urubuquára, der 66.
Urubú-rei s. Cathartes papa.
Urubús s. Catharistes u. Oenops.
Urucurípalme s. Attalea.
Uruguay 283, 399.
Urwald 35, 37, 39, 43, 48, 55, 58, 61, 64, 66, 67, 69, 71, 72, 77, 80, 90, 91, 96, 98, 99, 109, 116, 117, 124 bis 128, 131, 133—136, 138, 139, 142, 163—166, 173, 183 187. 218—222, 225, 229, 253, 254, 258, 259, 262, 270, 271, 280, 294, 295—297, 304, 314, 316, 319, 320, 323, 325—327, 329—332, 334—337, 340, 347, 353, 354, 358, 361 bis 363, 365, 366, 369, 375, 378, 401, 427, 428, 438, 481.

V.

Vanilla planifolia Andr. 118.
Vanillosmopsis Erythropappa Schultz-Bip. 274.
Veado s. Coassus.
Vellosia carunculata Mart. 269 Anmerk. 1.
— compacta Mart., ebenda.
— wahrscheinl. nov. spec. 377.
Venezuela 21.
Verbenaceen 41.
Verdischen Inseln, die Cap 486

— 539 —

Verissimo 18 Anmerk. 2
         47 » 3
         53 » 7
         70 » 2
         120 » 3.
Vermelho, Rio 478.
Vernonia desertorum Mart. var. longipes Baker. 274.
— oppositifolia Less. 253.
— scorpioides Pers. var. tomentosa Mart. 269, 274, ebenda Anmerk. 1, 368, ebenda Anmerk. 2, 380.
Verrill 190 Anmerk. 1, 377 Anmerk. 2.
Verzeichniss der auf dem Corcovado gesammelten Thiere 255.
— der auf dem Itacolumý gesammelten Pflanzen 273.
— der in S. Cruz erhaltenen Gastropoda etc. 380.
— der in der Amazonasniederung gesammelten Insekten 178.
— der in Rio gesammelten Thiere 257.
Vicente, S.. 466.
— Rio 465.
Victoria 294. 300, 303, ebenda Anmerk. 1, 304, 306, 310, 312, 329, 357, 358, 381, 385—388, 390, 393, 422, 475.
— Bucht von 303, ebenda Anmerk. 1.
Victoria regia 116, 117, 120.
Viehbremse s. Tabanus.
Viehzucht in der Prov. Bahia 223, 228.
    in der Prov. Ceará 198.
— am Rio Doce 333.
— in der Prov. Espirito Santo 309.
— auf Marajó 168.
— in der Prov. Minas Geraes 258, 263, 264 Anmerk. 2, 277.
    in der Prov. Parahyba da Norte 205.

— in der Prov. S. Paulo 454.
— in der Prov. Pernambuco 211.
— in der Prov. Rio de Janeiro 239.
Vieraugen s. Anableps.
Villa Rica, Morro da 268.
Villa Velha 304, 385, 386.
Vinagreira s. Hibiscus.
Vinca rosea L. 373, 379.
Virchow 297 Anmerk. 3, 4
        398 » 3.
Vitex triflora Vahl. 68, 77, 116.
Vochysia obscura Warm. 305 Anmerk. 1.
Volucella obesa Fabr. 257.
Voturões, die 457.

W.

Wachspalme s. Copernicia.
Wagler 92 Anmerk, 3.
Wagner 73 Anmerk. 2
      87 » 8.
Waisenanstalt in Petropolis 470.
Waldtaube 109, 127, 137, ebenda Anmerk. 3, 173, 221, 330, ebenda Anmerk. 2, 336, 353.
Wallace
    19 Anmerk. 3, 6
    22   1
    23   ›   1, 2, 3, 4
    40   ›   3
    45   3
    66   3
    67   1
    73   ›   2
    93   2
    94   3
    95   1, 4
    98   »   1
    109   ›   1
    113   3
    115, ebenda Anmerk. 1. 3
    134 Anmerk. 5
    180   ›   1
    183   1
    348   2
    402   »   2.

Walthierfang 218.
Wanzen 222.
Wappaeus
    10 Anmerk. 1
    24   »   3
    183   2
    191   »   1
    209   4
    225   »   1. 2
    227   2
    241   ›   2
    268   ›   1
    319   »   1
    342   »   2.
Waschbär s. Procyon.
Wasserleitung in Rio 250.
Wasserschwein s. Hydrochoerus.
Wegwespe s. Pepsis.
Weichthiere, Verzeichniss der in S. Cruz erhaltenen 380.
Weinreben 454, 464.
Weinpalme s. Oenocarpus.
Weisswasserflüsse 19. 22.
Wespe 69, 256.
Wespennest 132.
Westphalia, deutsche Kolonie in Petropolis 436.
Wied 55 Anmerk. 2
    86   »   1
    92   3
    94   2
    109   3
    127   6
    137   ›   4
    186   ›   2
    220   1
    270   »   1
    271   1
    314   1
    316   3
    330   2
    331   1
    336   3
    342   1, 2
    360   »   1
    361   3
    463   3
    478.
Wiegandt 175, 247, 301. 305. 383.

Wiener 399 Anmerk. 2.
Wilson 309 Anmerk. 1.
Winkerkrabbe, bissige s. Gelasinus.
Wirtel 346.
Wollbäume s. Bombaceen.
Wuthschutzimpfung. Institut zur 430, 431.

X.

Xanthosoma helleborifolium Schott 118.
Xenodon neuwiedii Günth. 388.
Xenotim s. Ytterspath.
Xibé 102.

Xingú, der 62, 63, 67, 78, 163, 180, 403.
Xiphias 237.
Xyris plantaginea Mart. 269, 275.

Y.

Yamswurzel s. Dioscorea alata.
Ypiranga 464.
Yryrityba s. Anchieta.
Ytterspath 278.

Z.

Zauberer s. Pagés.
Zecken 273, s. a. Amblyomma u. Ixodes.

Zeitalter, mesolithisches 400.
Ziegelbrennerei 189, s.a. Olaria.
Zimmtbaum s. Cinnamomum.
Zinnia multiflora L. 372.
Zirkon 278.
Zitteraal s. Gymnotus.
Zonotrichia pileata Bodd. 37.
Zuckerbranntwein 52, 365.
Zuckerexport 52, 224, 240.
Zuckerfabrikation 52, 53, 140, 364.
Zuckermühle 367, 378.
Zuckerrohrplantage 197, 280. 288, 290, 291, s. a. Engenho.
Zuckerrohr 203, 239, 258, 261. 296, 333, 329, 364, 454.

Berichtigungen.

Seite 11. 8. Zeile von unten statt noch lies auch.
» 11. 7. Zeile von unten statt 800 lies 1277 und statt letzteren lies ersteren.
» 17. 15. Zeile von oben statt Muras lies Mura.
» 17. 16. Zeile von oben statt Caripunas, Ticunas, Miranhas lies Caripuná, Tecuna, Miranha.
» 21. 20. Zeile von unten statt Hyläa lies Hylaea.
» 22. 7 und 15. Zeile von oben statt Hyläa lies Hylaea.
» 25. 13. Zeile von unten statt bacaba lies Bacaba.
» 25. 9. Zeile von unten statt samaúma lies Samauma.
» 25. 6. Zeile von unten statt Hyläa lies Hylaea.
» 26. 1. Zeile von oben und 3. Zeile von unten statt brasiliensis Müll. lies Brasiliensis Müll. Arg.
» 26. 19. Zeile von oben statt Mart. lies Humb. Bonpl. et Kth.
» 26. 3. Zeile von unten statt guyanensis lies Guyanensis.
» 33. 1. Zeile von oben statt guyanensis lies Guyanensis.
» 34. 2. Zeile von oben statt Ipomea lies Ipomoea.
» 37. 5. Zeile von oben statt guianensis lies Guyanensis.
» 37. 14. Zeile von unten statt Ani lies ani.
» 40. 12. Zeile von oben statt samaúma lies Samauma.
» 40. 19. Zeile von unten statt munbáca lies Munbaca.
» 40. 17., 6., und 1. Zeile von unten statt bacaba lies Bacaba.
» 41. 1. Zeile von oben statt Chamaedora lies Chamaedorea.
» 41. 3. Zeile von oben statt brasiliensis Müller lies Brasiliensis Müll. Arg.
» 42. 14. Zeile von unten statt cupido lies Cupido.
» 41. 15. Zeile von unten statt spruceanum lies Spruceanum.
» 42. 16. Zeile von oben statt F. lies Fabr.
» 42. 21. Zeile von oben statt Cramer lies Cram.
» 42. 13. Zeile von unten statt Cr. lies Cram.
» 43. statt L. Wiegandt lies B. Wiegandt; darunter soll stehen: Das Original im Besitz der Verfasserin.
» 45. 22. Zeile von oben statt guianensis lies Guianensis.
» 46. 12. Zeile von unten statt samaúma lies Samauma.
» 49. 17. Zeile von unten statt nomius lies Nomius.
» 50. 19. Zeile von unten statt cujete lies Cujete.
» 51. 3. Zeile von oben statt Mart. lies Humb. Bonpl. et Kth.
» 51. 9. Zeile von oben statt aguti lies Aguti.
» 51. 6. Zeile von unten statt ripertii lies Ripertii.
» 55. 19. Zeile von oben statt Dum. lies Schneid.
» 56. 4. Zeile von oben statt F. lies Fabr.
» 64. 5. Zeile von oben statt martiana lies Martiana.

Seite 65.	3. Zeile von oben statt L. lies Gm.		
» 65.	12. Zeile von oben statt Serras de lies Serra dos.		
» 65.	21. Zeile von oben statt constant lies mitunter.		
» 67.	3. Zeile von oben statt 3. Juli lies 5. Juli.		
» 68.	20. Zeile von oben statt Tamburí lies Tangurú.		
» 72.	6. Zeile von unten statt Sokó lies Socó.		
» 76.	9. Zeile von oben statt Juná lies Júma.		
» 80.	18. Zeile von unten statt Mauhé lies Maué.		
» 84.	8. Zeile von unten statt Nauegação lies Navegação.		
» 87.	8. Zeile von oben statt Mart. lies Humb. Bonpl. et Kth.		
» 87.	12. Zeile von unten statt guianensis lies Guianensis.		
» 94.	2. Zeile von unten statt de Rio lies do Rio.		
» 110.	9. Zeile von oben statt Wied lies L.		
» 115.	21. Zeile von unten statt Paka lies Paca.		
» 115.	21. Zeile von unten statt Wagn. lies L.		
» 118.	9. Zeile von oben statt F. lies Fabr.		
» 120.	7. Zeile von unten statt F. lies Fabr.		
» 129.	15. Zeile von unten statt Hagen lies Hag.		
» 130.	3. Zeile von oben statt Moyabamba lies Moyobamba.		
» 132.	13. Zeile von unten statt F. lies Fabr.		
» 137.	11. Zeile von oben statt Qm. lies Gm.		
» 172.	10. Zeile von unten statt brasiliensis lies Brasiliensis.		
» 178.	9., 11., 17. Zeile von oben statt F. lies Fabr.		
» 178.	12. Zeile von unten statt F. lies Fabr.		
» 178.	9. Zeile von unten statt campestris lies Campestris.		
» 181.	8. Zeile von unten statt Hoffm. lies Hoffmgg.		
» 186.	21. Zeile von oben statt Spectyto lies Speotyto.		
» 189.	16. Zeile von oben statt Deckblätter lies Hüllblätter.		
» 219.	7. Zeile von unten statt Latanen lies Lantanen.		
» 221.	17. Zeile von unten statt Strauch lies Daud.		
» 221.	16. Zeile von unten statt Dum. lies Schneid.		
» 225.	21. Zeile von oben statt ; lies ,		
» 233.	14. Zeile von unten statt guyanensis lies Guyanensis.		
» 234.	9. Zeile von unten statt guincensis lies Guincensis.		
» 248.	5. Zeile von oben statt einer lies eine.		
» 252.	12. Zeile von oben statt Andradeae lies Andradea.		
» 255.	12. Zeile von unten statt Pyrophora lies Pyrophorus.		
» 255.	18. Zeile von unten statt Coeloscelus lies Coeloscelis.		
» 256.	26. Zeile von oben statt Heliconia lies Heliconius.		
» 256.	4. Zeile von unten statt dichroa lies Dichroa.		
» 269.	15. Zeile von oben statt vargasiana lies Vargasiana.		
» 274.	15. Zeile von unten statt vargasiana lies Vargasiana.		
» 282.	11. Zeile von oben statt aperea lies Aperea.		
» 297.	1. Zeile von unten statt dolichokaphel lies dolichokephal.		
» 304.	12. Zeile von unten statt Peschier lies Pecher.		
» 306.	19. Zeile von unten statt Ramphocoelus lies Rhamphocoelus.		
» 336.	17. Zeile von oben statt Ibicter lies Ibycter.		
» 366.	19. Zeile von oben statt Miq. lies Dr. et Glaz.		
» 398.	8. Zeile von unten statt Masse lies Maasse.		

Erklärung der ethnographischen Tafeln.

Tafel I.

1—4. Pfeile mit seitlich eingepechter Knochenspitze; Länge 1.42, 1.50, 1,65, 1.66 m. Crichaná.
5. Pfeil mit Bambusspitze; Länge 1,50 m. Crichaná.
6. Pfeil mit Holzspitze und Widerhaken auf zwei Seiten; Länge 1,65 m. Crichaná.
7. Blaserohr; Länge 2,90 m. Uaupé.

Tafel II.

1. Fischpfeil mit Holzspitze; Länge 1,19 m. Indianer am Solimões.
2. Dazu gehöriger Bogen; Länge 1,22 m.
3. Harpunenpfeil zur Schildkrötenjagd; Gesammtlänge 1,30 m. Mura.
4. Pfeil mit Holzspitze und Widerhaken auf einer Seite; Länge 1.68 m. Mura.
5. Thongefäss mit Pfeilgift, mittelst Tauribast geschlossen. Indianer am Rio Içá, Ecuador.
6. Köcher; Länge 26 cm. Amazonas- vermuthlich Rio Negro-Gebiet.
7. Keule; Länge 1,29 m. Amazonasgebiet.
8. Bogen mit Fadenumwicklung; Länge 1,86 m. (Wahrscheinlich) Amazonasgebiet.
9. Klapperstab zum Leiten der Tänze; Länge 93 cm. Amazonasgebiet.

Tafel III.

1. Pagaia (Handruder); Länge 1,19 m. Amazonasgebiet.
2. Gefäss aus Gürtelthierpanzer; ¹/₈ nat. Grösse. Amazonasgebiet.
3. Kamm; ¹/₁ nat. Grösse. Amazonasgebiet.
4. Balaio (Korb); ¹/₈ nat. Grösse. Maquiritari, Südvenezuela.
5. Kopfputz aus Ararafedern; ca. ¹/₆ nat. Grösse. Nördliches Amazonasgebiet.
6. Gefäss aus der Frucht einer Lagenaria vulgaris; ca. ¹/₈ nat. Grösse. Indianer am Rio Branco.
7. Pagaia; Länge 1,04 m. Amazonasgebiet.
8. Steinbeil, etwas gekielt; Länge 11,8 cm. Crichaná.
9. Steinbeil; Länge 31 cm. Crichaná.

Tafel IV.

1. Baumwollbeutel mit Endstück aus Bambusrohr; ¹/₅ nat. Grösse. Botokuden.
2. Cacaiu, Netz aus Pflanzenfasern; ¹/₆ nat. Grösse. Botokuden.

3. u. 4. Gefässe aus Früchten der Lagenaria vulgaris; Höhe 10 resp. 8 cm. Botokuden.
5. Schale aus einer Crescentiafrucht; Durchmesser am oberen Rand 10 cm. Botokuden.
6. Capanga, Tasche aus Baumwollfäden; circa ⅕ nat. Grösse. Botokuden.
7. Spindel; Länge 26 cm. Botokuden.
8. Vogeljagdpfeil; Länge 1,50 m. Botokuden.
9. Pfeil mit Holzspitze und Widerhaken; zu Kriegszwecken und zur Jagd auf höhere Thiere; Länge 1,50 m. Botokuden.
10. Kriegspfeil mit Bambusspitze; Länge 1,50 m. Botokuden.
11. Pfeile mit Bambusspitzen, zur Jagd auf höhere Thiere; Länge 1,50 m. Botokuden.
12. Bogen, an beiden Enden mit Rindenumwicklung; Länge 1,62 m. Botokuden.

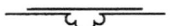

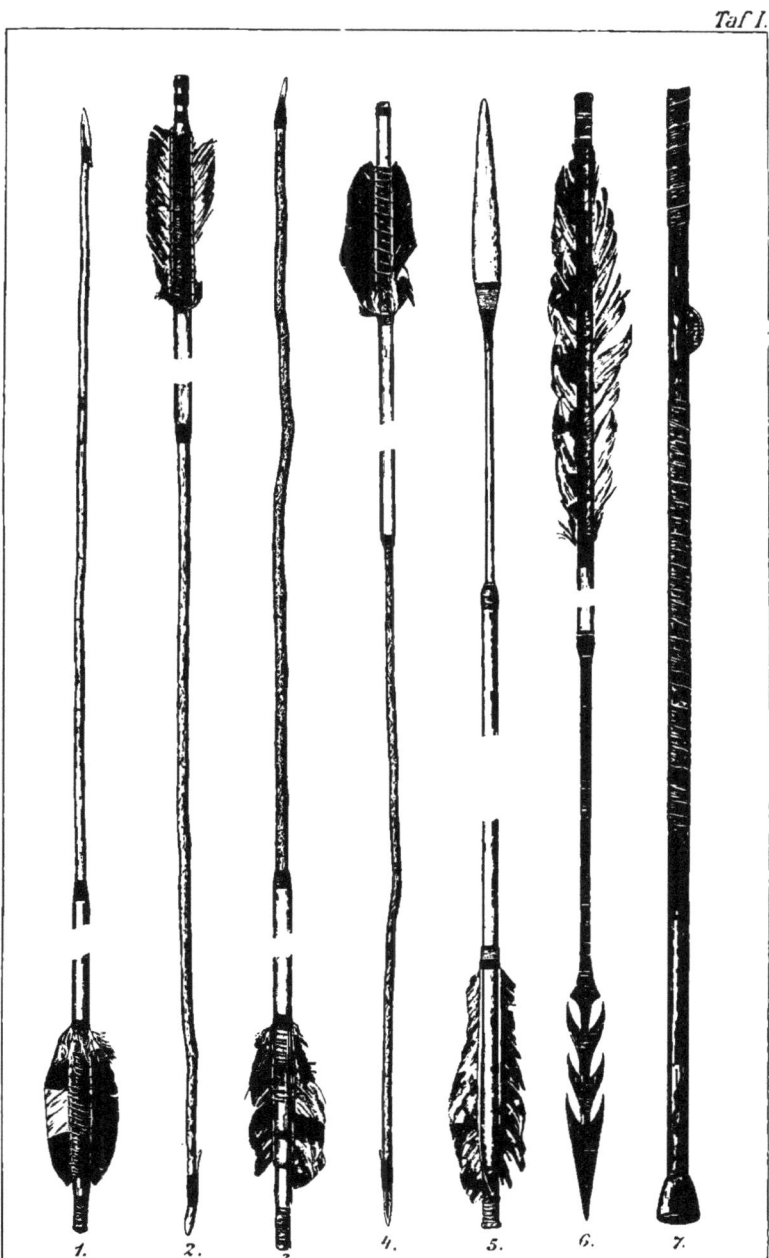

Taf I.

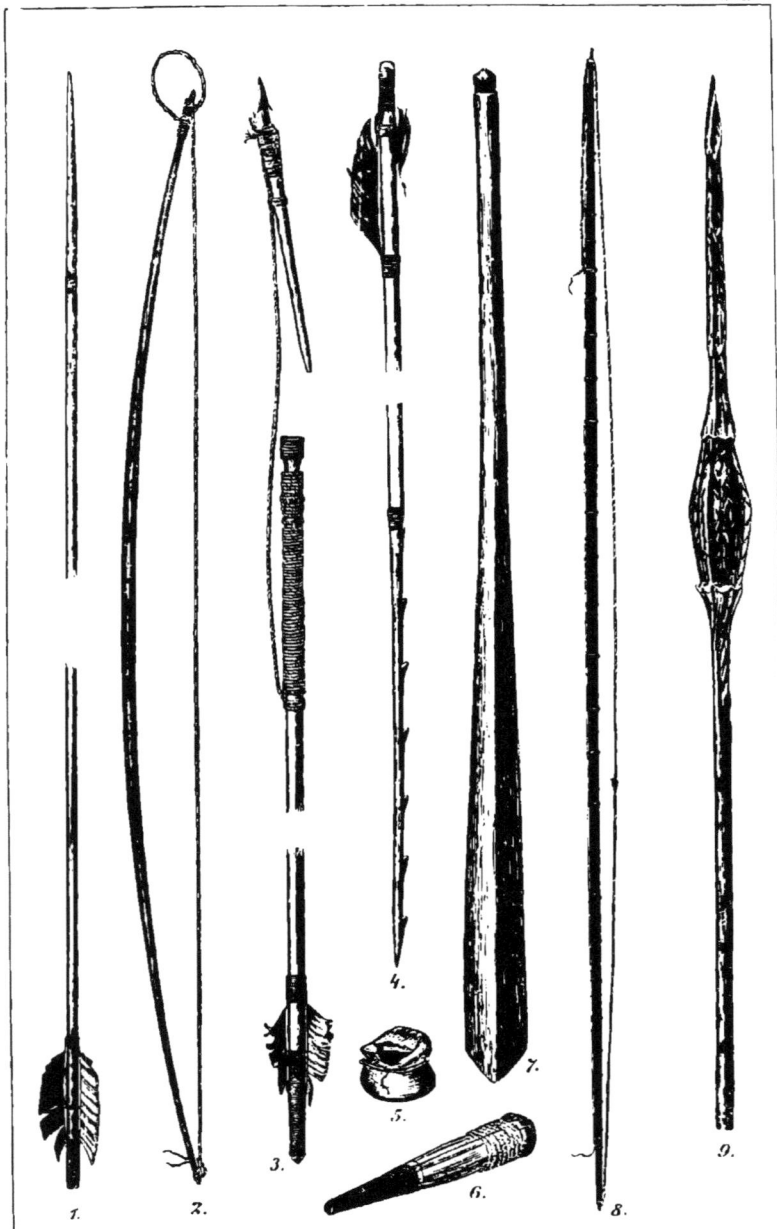

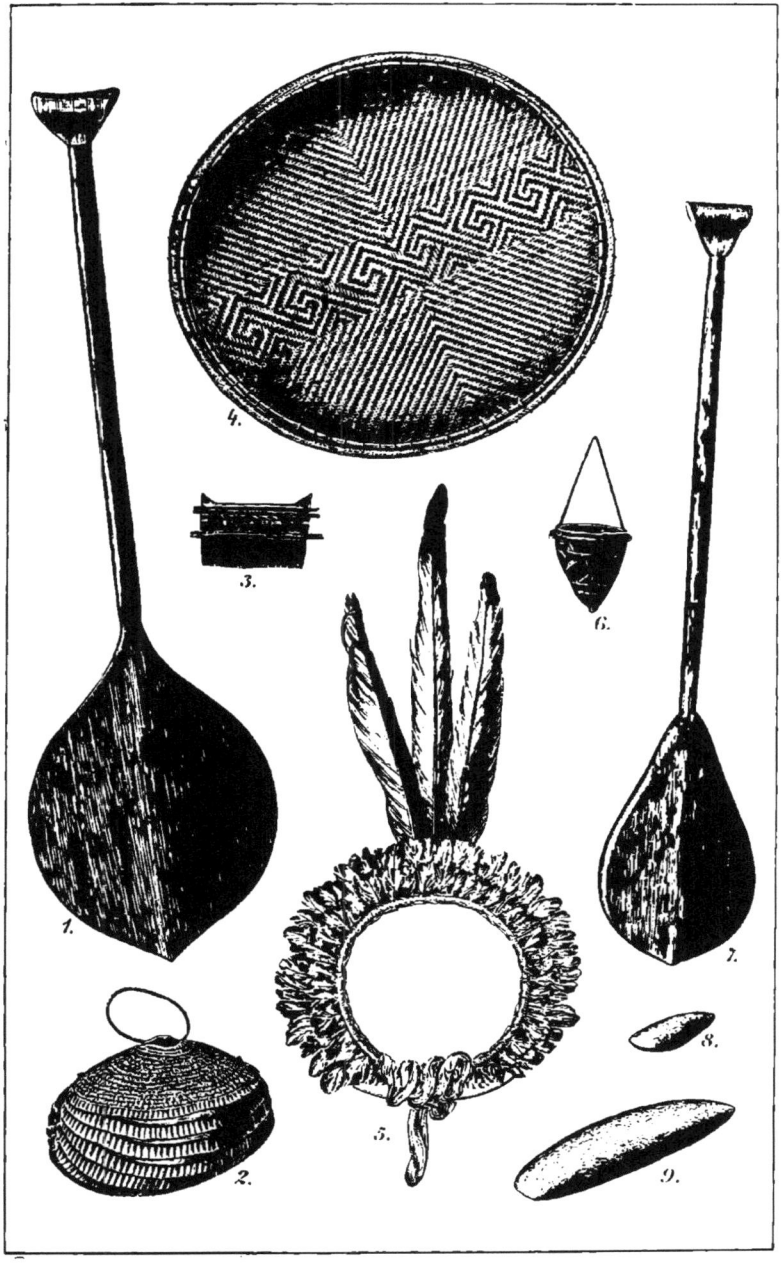
Taf. III.

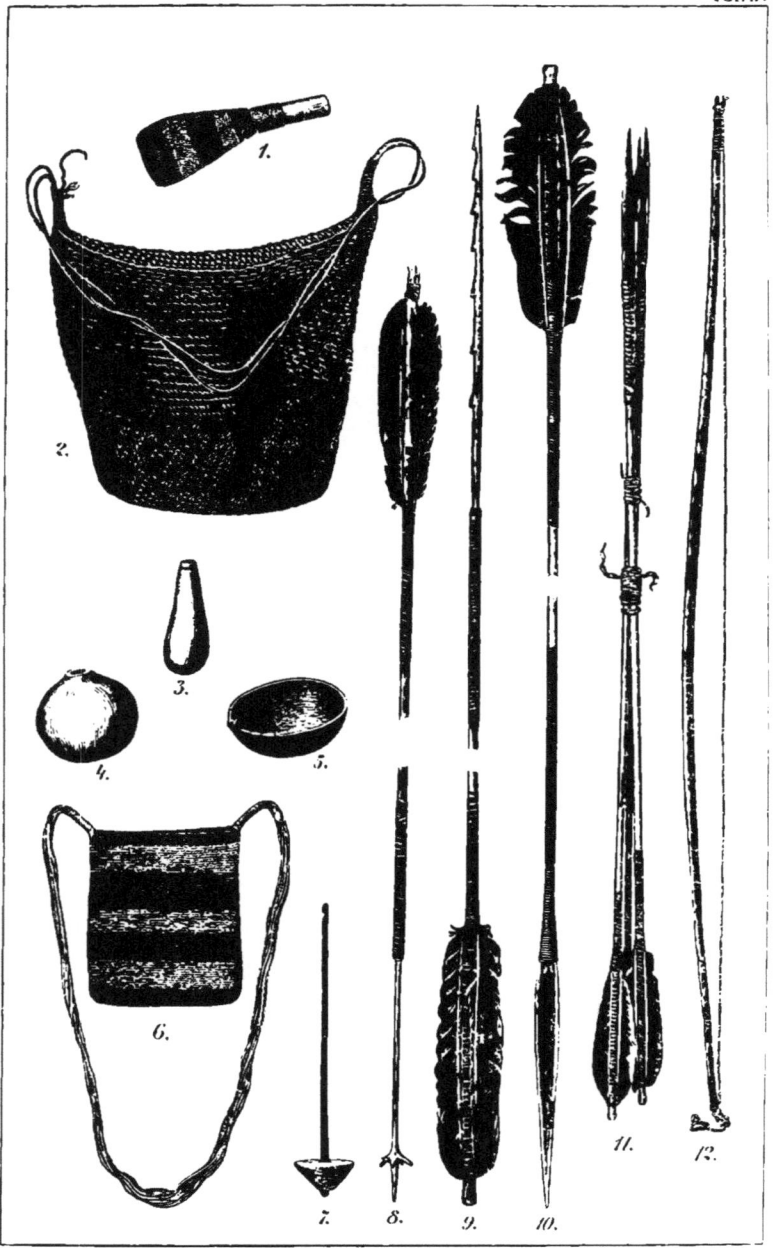

Taf. IV.

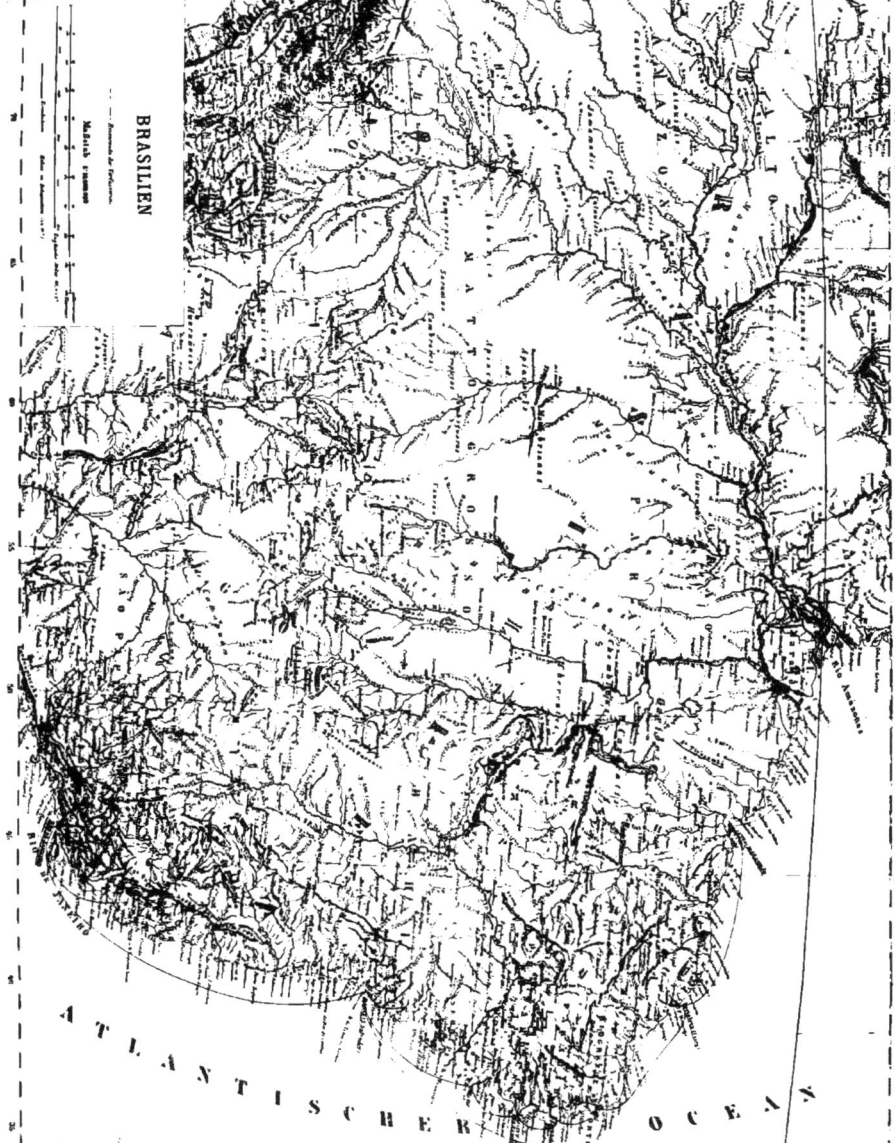